böhlau

# :: INTELLEKTUELLES PRAG IM 19. UND 20. JAHRHUNDERT

Herausgegeben von
Steffen Höhne (Weimar), Alice Stašková (Prag/Berlin)
und Václav Petrbok (Prag)

Band 1

# AUGUST SAUER
## (1855–1926)

Ein Intellektueller in Prag zwischen
Kultur- und Wissenschaftspolitik

Herausgegeben von
Steffen Höhne

2011

BÖHLAU VERLAG KÖLN WEIMAR WIEN

Gedruckt mit freundlicher Unterstützung
durch den Herder Forschungsrat e.V., Marburg

Steffen Höhne ist Professor am Institut für Musikwissenschaft,
Hochschule für Musik FRANZ LISZT Weimar-Jena.

Bibliografische Information der Deutschen Nationalbibliothek:
Die Deutsche Nationalbibliothek verzeichnet diese Publikation in der
Deutschen Nationalbibliografie; detaillierte bibliografische Daten
sind im Internet über  http://dnb.d-nb.de  abrufbar.

Umschlagabbildung:
Portrait A. Sauers aus: Festschrift August Sauer.
Zum 70. Geburtstag des Gelehrten am 12. Oktober 1925
dargebracht von seinen Freunden und Schülern, Stuttgart o.J.

© 2011 by Böhlau Verlag GmbH & Cie, Köln Weimar Wien
Ursulaplatz 1, D-50668 Köln, www.boehlau-verlag.com

Redaktion: Sibylle Höhne, Carsten Wernicke, Wolf-Georg Zaddach
Druckvorlage: Carsten Wernicke, Wolf-Georg Zaddach
Druck und Bindung: MVR Druck GmbH, Brühl
Gedruckt auf chlor- und säurefreiem Papier
Printed in Germany

ISBN 978-3-412-20622-2

# Inhaltsverzeichnis

# Vorwort

Man muss nicht die Stereotype vom dreifachen Ghetto Prag bemühen (Pavel Eisner), um auf die vielfältigen kulturellen und intellektuellen
Interdependenzen zwischen Deutschen, Tschechen, Slowaken, Juden u. a. in
Prag und den Böhmischen Ländern zu verweisen. Tatsächlich bildet Prag seit
dem späten 18. Jahrhundert einen intellektuellen Mikrokosmos, in dem sich
nicht nur kultur- und wissenschaftspolitische Entwicklungen und Konflikte
der gesamten Habsburger Monarchie fokussieren, sondern in gewisser Weise
steht Prag stellvertretend für den zwischen 1938/39 und 1945 untergegangen
Typus ostmitteleuropäischer Kulturstädte.

In Prag wirkten Intellektuelle nicht nur im engeren akademischen
Rahmen, sondern suchten immer auch Anbindung an kultur- und wissenschaftspolitische Diskurse bzw. initiierten diese. Aufgrund der ‚multikulturellen‘ Determinanten finden sich in Prag besondere Voraussetzungen für
Diskurse und Kontexte, die ihre prägende Bedeutung nicht nur auf die Stadt,
sondern auf die Böhmischen Länder bzw. die Tschechoslowakei, aber auch
über Habsburg hinausgehend auf Mitteleuropa insgesamt entfalten konnten.

Ausgehend von intellektuellen Entwicklungen der Neuzeit – Aufklärung,
josephinische Reformen, tschechische ‚Wiedererweckung‘ – möchte die Reihe
*Intellektuelles Prag im 19. und 20. Jahrhundert* in ‚germanobohemischer‘ Tradition
Persönlichkeiten, Diskurse und Kontexte in den Blick nehmen.

Mit dem vorliegenden Band zu August Sauer, nach zwei Vorläuferbänden zu
*Deutschen, Tschechen, Böhmen im 20. Jahrhundert* und zu *Pavel Eisner*, die in den
*Bausteinen zur slavischen Philologie und Kulturgeschichte* erschienen, liegt der erste
Band der neuen Reihe vor. Mit diesem Band soll keineswegs das Desiderat
einer Biographie kompensiert, wohl aber die Vielfalt der Möglichkeiten
an Biographie und ihrer historischen Bedingtheit und grundsätzlichen
Kontingenz offengelegt und ein Blick auf Deutungsmuster, Denkhorizonte
und Handlungsorientierungen eröffnet werden. Herausgeber und Beiträger
hoffen damit, der August-Sauer-Forschung einen wesentlichen Baustein hin-
zufügen zu können.[1]

---

1   Zur Zitation der *Deutschen Arbeit* in diesem Band: Zitierte Bände werden im Literaturver-
    zeichnis mit Jahrgang/Nummer sowie Erscheinungsmonat gekennzeichnet. Der in zwei Teil-
    bänden erschienene fünfte Jahrgang wird als 5,1 (1. Teilband) und 5,2 (2. Teilband) geführt.

Steffen Höhne

# August Sauer – ein Intellektueller in Prag im Spannungsfeld von Kultur- und Wissenschaftspolitik

## 1. Perspektivische Annäherung an August Sauer

Warum die Beschäftigung mit August Sauer? So könnte man ketzerisch fragen und der Befürchtung einer germanistischen Nabelschau im fachhistorischen Kontext Ausdruck verleihen, deren Thematik das Interesse kleinerer Zirkel Eingeweihter wohl kaum überschreitet. Allerdings zeigt schon ein oberflächlicher Blick auf Texte und Wirken, dass August Sauer seine Berufung auch darin sah, an den vorherrschenden öffentlichen Diskursen der Zeit teilzunehmen und deren Thematik und Richtung zu bestimmen. Auf Sauer lässt sich die Dahrendorfsche (2006) Kategorie des öffentlichen Intellektuellen anwenden, der als Produzent und Vermittler von Ideen und Weltbildern gerade aus dem Bewusstsein heraus agiert, sich in einer marginalisierten politisch-sozialen Situation in einem zunehmend dominanten tschechischen Umfeld zu befinden und nur in spezifischen Teilöffentlichkeiten Wirkungen entfalten zu können (Kroll 2007: 15).

Eine personengeschichtliche Annäherung an August Sauer (12.10.1855-17.9.1926) findet ihre Legitimation zunächst im Stellenwert, den die Prager Jahre in seinem Leben bilden, zweifellos Schlüsseljahre einer Wissenschaftlerbiographie, aber auch im Stellenwert, den Sauer im Hinblick auf die deutsch-böhmische intellektuelle Szene einnahm. Sauer, der von 1873-77 Germanistik in Wien studierte, wurde 1877 zum Dr. phil.[1] promoviert, 1877/78 war er Gasthörer bei Wilhelm Scherer in Berlin, der gewissermaßen zu seinem Mentor in methodischer Hinsicht avancierte, 1879 folgte die Habilitation in Wien für Deutsche Sprache und Literatur,[2] ab Herbst war Sauer dann Supplent

---

1   Mit der Arbeit *Joachim Wilhelm von Brawe und seine Beziehungen zu G. E. Lessing. Ein Beitrag zur Literaturgeschichte des XVIII. Jahrhunderts.*

2   Mit der Arbeit *Ueber den fünffüssigen Iambus von Lessing's Nathan.*

des germanistischen Extraordinariats für Deutsche Philologie in Lemberg, wo er die von Hugo Mareta angeregte Textreihe *Wiener Neudrucke* (11 Bände, 1883-1886) sowie Editionen zur Literatur der deutschen Aufklärung, zum Sturm und Drang und zum österreichischen Biedermeier begründete. 1883 sieht man ihn als o. Prof. in Graz, wo er zusammen mit Jakob Minor und Richard M. Werner die Beiträge zur *Geschichte der deutschen Literatur und des geistigen Lebens in Österreich* begründet.

Ab 1886 ist Sauer dann a. o., ab 1892 o. Prof. an der Deutschen Universität Prag, der Carolo Ferdinandea, an der er im akademischen Jahr 1907/08 als Rektor amtierte. In den Prager Jahren kommt es zur entscheidenden, der Scherer-Schule verpflichteten Editionstätigkeit: *Grillparzer, Sämmtliche Werke* und (zus. mit Reinhold Backmann) *Wiener Ausgabe* sowie die *Prag-Reichenberger Stifter-Ausgabe*. Zu nennen wäre aber auch der 1894 gegründete *Euphorion*, der mehrere germanistische Forschungsrichtungen vereinigt.

Neben seiner fachlich-wissenschaftlichen Bedeutung muss die personengeschichtliche Annäherung auch das bildungs-, kultur- und wissenschaftspolitische Wirken Sauers in den Blick nehmen, schon seine literaturhistorischen Arbeiten sind vom ideellen Erbe Habsburgs und den aktuellen ethnischen Konflikten gleichermaßen geprägt. Und stehen Reihen wie die *Bibliothek älterer deutscher Übersetzungen* (1894ff.), die *Bibliothek Deutscher Schriftsteller aus Böhmen* (1894ff.) sowie die *Prager Deutschen Studien* (1905ff.) noch in einem engeren wissenschaftlich-akademischen bzw. wissenschaftspolitischen Kontext – hier wäre auf die Rektoratsrede *Literaturgeschichte und Volkskunde* von 1907 zu verweisen, die gleichwohl auch eine kulturpolitische Dimension eröffnet[3] –, so verraten sein Engagement für die *Gesellschaft zur Förderung deutscher Wissenschaft, Kunst und Literatur in Böhmen* und die Gründung der *Deutschen Arbeit* ein über den akademischen Kontext hinausweisendes bildungs- und kulturpolitisches Engagement.[4]

---

3  Mit der Rektoratsrede *Literaturgeschichte und Volkskunde* (Sauer 1907), in der das Riehlsche Paradigma der Volkskunde Aufnahme in der Germanistik fand, erreichte Sauer eine nachhaltige Wirkung: „Gestützt auf das Geschichtsbild K. Lamprechts problematisierte er – in bewußter Antithese zum elitären Literaturverständnis der George-Schule – die Erforschung der gesamten mündlichen und schriftlichen Überlieferung der deutschen Nationalliteratur vor ihrem kulturgeschichtlichen Hintergrund als essentielle Aufgabe des Literarhistorikers." (Pichl 1988: 439) Daraus folgt die empirische Ermittlung der Zusammenhänge zwischen Literatur und Volkstum, zwischen historischen Bedingungen und individuellen, den Dichter prägenden „Landschafts- und Stammesmerkmalen". Dies ermöglicht exakte Beschreibungskriterien des „Nationalgeistes", die in der Nationalliteratur transparent werden. Damit verbunden ist nach Pichl Sauers Verdienst, die kulturgeschichtliche Eigenständigkeit der österreichischen Literatur empirisch erfasst zu haben.

4  Seit 1894 war Sauer im Vorstand, 1918 Vorsitzender der Gesellschaft (N. N. 1926: 4).

Eine ereignisgeschichtliche Einordnung August Sauers findet ihre Begründung in dem für den Zeitraum von 1886 bis 1926, Sauers Prager Zeit, konstitutiven Prozess einer fortschreitenden Desintegration in den Böhmischen Ländern auf der einen, dem abzusehenden Zerfall der Habsburger Monarchie auf der anderen Seite – Entwicklungen auf der politischen Ebene, die die akademischen wie lebensweltlichen Kontexte eines Prager Hochschullehrers beeinflussen mussten. Innenpolitisch sind für die Donaumonarchie wachsende Erfolge der nationalen Emanzipationsbewegungen und eine Zunahme an nationalen Konflikten zu konstatieren, bezogen auf Böhmen sei nur an die durch Egon Erwin Kisch berühmt gewordene Kuchelbadschlacht 1881 und weitere ‚Grabenschlachten' erinnert bzw. als zweites Ereignis, unmittelbar vor Sauers Ankunft in Prag, an die Teilung der Prager Universität 1882 in die k.k. Deutsche und die k.k. Böhmische Karl-Ferdinands-Universität, ein Höhepunkt der intellektuellen Desintegration in den böhmischen Ländern[5] und Abschluss eines Prozesses, der 1866 mit dem tschechischen Antrag im Landtag auf vollständige Utraquisierung der Prager Universität einsetzte. Die deutsche Seite dagegen sprach sich für die Teilung der Universität aus, fürchtete man doch de facto eine Tschechisierung und signalisierte somit die Bereitschaft „zum Rückzug in eine Art staatlich geschütztes Reservat" (Burian 1984: 33).[6]

Eine strukturgeschichtliche Einordnung wird, erneut bezogen auf die Lebensdaten Sauers, den 1. Weltkrieg als das Säkularereignis dieser Generation, die „Mutterkatastrophe des Jahrhunderts", so Golo Mann, identifizieren, mit dem der Untergang der Pentarchie der großen Mächte in Europa und die Herausbildung eines Systems politisch selbständiger kleiner Nationen verbunden ist, wobei Rückbindungen an Prag bzw. Böhmen zu konstatieren sind. Die Prozesse der Nationalisierung bzw. Tschechisierung ließen utraquistische Traditionen obsolet werden, es setzten sich Konzepte partikularer Identitäten durch, welche die Zugehörigkeit zu einem größeren nationalkulturellen Kollektiv verbürgten. Die Deutschböhmen reagierten auf den Verlust ihrer ursprünglichen Monopolstellung im öffentlichen Raum mit Rückzugs- und Sammlungsbewegungen, ihre neue Positionierung alternierte zwischen Vor-

---

5 Zum Status der beiden Universitäten s. Pešek (2003: 149f.). Bereits 1868 kam es zur Teilung des 1806 gegründeten Prager Polytechnikums. Zur Teilung s. Goll (1908), Skilling (1949), Havránek (1997, 2001) sowie die Sammelbände Historia (1982) und Teilung (1984).

6 Zur Kritik der Utraquisierung s. Schmied (1984). Am 22.1.1866 wurde erstmals im Böhmischen Landtag, in dem die tschechischen Parteien die Mehrheit hatten, der Antrag auf völlige Utraquisierung der Universität eingebracht.

posten im Grenzlandkampf und bedrohter Minderheit. Diese Entwicklung
führte zu einem Ende des innerböhmischen Dialogmodells und zu einer allmählichen Segregation der beiden Volksgruppen in der Kultur, im Schulwesen sowie in der höheren Bildung. Erst das Aufkommen der Prager Moderne
1894/1895 eröffnete Möglichkeiten, nationalistische Verengungen zu überwinden, letztlich blieb diesen Ansätzen eine Massenwirksamkeit aber versagt.


## 2. August Sauer als Kulturpolitiker im Kontext seiner Zeit


> In Böhmen war es nie einfach, Germanistik unpolitisch zu betreiben. Die tschechisch-
> deutschen Spannungen ließen dies kaum zu, und nur herausragende Persönlichkeiten
> konnten sich in gewissen Intervallen des Mißbrauchs ihres Wissens erwehren (Goldstü-
> cker 1989: 285).

Dieser Erfahrung Eduard Goldstückers, entnommen der 1989 erschienenen
Autobiographie, hätte August Sauer zweifellos zugestimmt. Ausgehend von
einer Bestimmung des Intellektuellen, der zu bestimmten Phasen zentrierend-
integrative und mobilisierende Wirkungen im unmittelbaren akademischen
Feld, aber auch darüber hinaus initiiert, popularisiert und etabliert, lassen sich
bei August Sauer Wirkungen auf einer horizontalen Ebene von der Universitätspolitik im engeren Sinne bis hin zur Volksbildung im Allgemeinen, auf der
vertikalen Ebene von einer philologischen Spezialforschung bis zu populären
kulturpolitischen Programmschriften zum Zwecke nationalpolitischer Integration erkennen, ergänzt um nachhaltige Institutionalisierungsinitiativen wie
der *Gesellschaft zur Förderung deutscher Wissenschaft, Kunst und Literatur*. Aus einer
Besprechung lässt sich Sauers Anspruch und Selbstverständnis als Intellektueller mit weiterreichender Wirkung erkennen. Sauer würdigt den Physiologen
Adolf Fick als Vertreter einer alten Gelehrtengeneration, als einen vorbildlichen Gelehrtentypus wie

> Strauß und Zeller, Lagarde und Vischer, Mommsen und Treitschke […], die nicht bloß
> über alle wichtigen Fragen der nationalen Entwicklung und der internationalen Politik ihre
> selbständige Meinung sich bildeten, sondern ihr auch freimütig und laut Ausdruck gaben
> und so weit größere Kreise beeinflußten, als die ihrer unmittelbaren Zuhörer und Schüler.
> (Sauer 1906c: 63)

Sauer kam 1886 in schwieriger Zeit nach Prag. Wenige Jahre zuvor war die Universität geteilt worden, obwohl bereits seit 1848 die meisten Vorlesungen auch auf Tschechisch gehalten wurden und obwohl 1866 eine formelle Gleichstellung der beiden Sprachen in den Lehrveranstaltungen erreicht worden war. Die Teilung war somit nicht nur, wie erwähnt, Symptom der intellektuellen Desintegration in Böhmen, sondern auch Menetekel sich radikalisierender nationaler Konflikte, die immer auch Rückwirkungen auf die und von der ‚Straße' hatten und gerade unter den Prager Deutschen das Gefühl einer wachsenden Marginalisierung erzeugten, die auch an demographischen Verschiebungen deutlich wurde: 1847 lebten 66.000 Deutsche, 37.000 Tschechen und 6.000 Juden in Prag, 1880 betrug das Verhältnis 38.591 Prager Deutsche inklusive der jüdischen Bevölkerung gegenüber 213.122 Tschechen, 1910 nach der Eingemeindung der industriellen Vororte bereits 442.000 Tschechen bei nur mehr 32.000 Deutschen. Mit der demographischen Verschiebung verlief eine Auseinandersetzung um den öffentlichen Raum, die alle gesellschaftlichen Bereiche erfasste. Demonstrationen im Rahmen von Gedenktagen wandelten sich zu nationalen Manifestationen: 1873 der 100. Geburtstag Josef Jungmanns, dessen Denkmal 1878 von Antonín Barvitius und Ludvík Šimek geschaffen wurde, 1874 die Enthüllung des Žižka-Denkmals, die Beisetzung Palackýs 1876. Zwar gelang der Regierung Taaffe eine vorübergehende Entschärfung, entsprechende Verordnungen stellten beide Sprachen als äußere Verwaltungssprachen gleich, allerdings verstärkte sich damit unter den Deutschböhmen ein kollektives Gefühl weiterer Marginalisierung, auf die man – wie zuvor die Tschechen – mit parlamentarischer Obstruktion reagierte. 1883 verloren die Deutschböhmen ihre Mehrheit im Landtag, 1884 brachte man einen Antrag auf Teilung des Landes entlang der sprachlich-nationalen Grenzen ein, der 1886 erneut vorgelegt und von der tschechischen Mehrheit abgeschmettert wurde, worauf sich die deutschböhmischen Abgeordneten am 22. Dezember aus dem Parlament zurückzogen und dieses bis zum Mai 1890 boykottierten!

Bildungs-, kultur- und sprachpolitische Prozesse sind hier nicht voneinander zu trennen. „Sein oder Nichtsein der […] Tschechen und Deutschböhmen schien […] einzig und allein davon abhängig zu sein, gesetzlich genau festzuschreiben, wann die jeweilige Sprache anzuwenden oder nicht anzuwenden wäre." (Scharf 1998: 95) Konkret ging es um den Gebrauch der jeweils landesüblichen Sprache als äußere (Parteienverkehr) und innere (innerhalb der Behörden) Amtssprache, wobei man auf tschechischer Seite ‚landesüblich' traditionalistisch-etatistisch auf das gesamte Königreich Böhmen bezogen interpretierte, auf deutschböhmischer Seite ethnisch auf Basis der deutschsprachigen Homogenität der meisten Randgebiete. Spätestens mit den gescheiterten Ausgleichsverhandlungen von 1867[7] sowie der kaiserlichen Ablehnung[8] des Programms der Regierung Hohenwart (1871), welches u. a. eine volle Gleichberechtigung der Sprachen und Prag als zweisprachige Stadt vorsah und so die Perspektive einer „monarchischen Schweiz" (Rieger) eröffnete, kam es zu einer Radikalisierung in Böhmen.

Die Jahre 1890 bis 1892 stehen im Zeichen erfolgloser Ausgleichsverhandlungen der Regierung Taafe,[9] in deren Rahmen es 1891 zu Krawallen in Prag kam, ausgehend von farbentragenden deutschen und tschechischen Studenten sowie dem Beschluss des Prager Stadtparlaments vom 11. November 1891, deutsche Straßenbezeichnungen und Firmeninschriften zu entfernen.[10] 1893 kam es zu erneuten Ausschreitungen in der Folge der Omladina-Affäre sowie anlässlich der Feiern zu Ehren des Heiligen Nepomuk im Mai, von Jan Hus im Juli. Mit dem Sturz der Regierung Taafe im Oktober 1893 scheiterte der Versuch, einen Minimalkonsens zwischen Tschechen und Deutschen herbeizuführen (Hoensch 1992: 376). Am Ende blieb nur noch die Verhängung des Ausnahmezustandes in Prag.

---

7   Der Artikel 19 dieses als Dezemberverfassung bezeichneten Staatsgrundgesetzes von 1867 lautete: „(1) Alle Volksstämme des Staates sind gleichberechtigt, und jeder Volksstamm hat ein unverletzliches Recht auf Wahrung und Pflege seiner Nationalität und Sprache. (2) Die Gleichberechtigung aller landesüblichen Sprachen in Schule, Amt und öffentlichem Leben wird vom Staate anerkannt. (3) In den Ländern, in welchen mehrere Volksstämme wohnen, sollen die öffentlichen Unterrichtsanstalten derart eingerichtet sein, daß ohne die Anwendung eines Zwanges zur Erlernung einer zweiten Landessprache jeder dieser Volksstämme die erforderlichen Mittel zur Ausbildung in seiner Sprache erhält." (Fischel 1910: 168f.) — Auf die Aufhebung des Sprachenzwangsgesetzes aus der Dezemberverfassung von 1867 reagierten die tschechischen Parlamentarier mit einem bis 1879 andauernden Boykott des Wiener Reichsrates.

8   Mit Hinblick auf die Gründung des Deutschen Reiches sollte eine Schwächung des Deutschtums vermieden werden.

9   Bei den Wiener Punktationen vom 19.1.1890 handelte es sich um Verhandlungen der Alttschechen mit der Regierung in Wien, die letztlich eine Aufteilung Böhmens in einen deutschsprachigen und einen zweisprachigen Teil bedeutet hätten, was zu einer Gegenkampagne der Jungtschechen führte. Die Punktationen wurden aber auch von den Deutschen in Schlesien, Mähren, Kärnten und der Steiermark abgelehnt. In der Folge kam es zu einem Wahlsieg der Jungtschechen über die Alttschechen und einer weiteren Radikalisierung vor allem in Prag.

10  In der erwähnten Besprechung zitiert Sauer (1906a: 64) Ficks Kritik an der sprachpolitischen Situation in Prag: „Wie demütigend ist es, wenn wir heute in Prag fast nur tschechische Inschriften an den Läden sehen, nachdem im Anfange dieses Jahrhunderts ein böhmischer Gelehrter sagte, er wolle die merkwürdigen Reste einer aussterbenden Sprache der Nachwelt wenigstens schriftlich überliefern."

Ein noch größeres Potential an Gewalt sollte dann die Badeni-Krise des Jahres 1897 freisetzen,

> die wohl schwerste Staatskrise, die die späte Monarchie erschüttert hat, eine Orgie an Gewalt, Dummheit, antislawischer und antisemitischer Pöbelei in den Straßen *und* im Parlament, ein Menetekel, das den von vielen als unvermeidlich gesehenen Untergang eines längst als anachronistisch empfundenen Staatsgebildes vorwegzunehmen schien (Burger 1998: 201; Herv. i.O.).[11]

In der Folge der am 5.4.1897 für Böhmen, am 22.4.1897 für Mähren erlassenen Sprachenverordnungen, mit denen in den Kronländern Böhmen und Mähren beide Landessprachen „im inneren und äußeren Dienstverkehr der Behörden einander gleichgestellt" wurden (Hoensch 1992: 393), kam es zu massiven Ausschreitungen, in deren Folge die Sprachenverordnungen gekippt wurden und Badeni zurücktreten musste, was dann zu blutigen Ausschreitungen tschechischer Radikaler, einhergehend u. a. mit der Zerstörung deutscher Hochschulinstitute, führte. Diese Ereignisse waren Ausdruck des sich allmählich landesweit durchsetzenden integralen Nationalismus, der das Bestehen zweier oder mehrerer Sprachen nicht als Ausdruck kulturellen Reichtums verstand, sondern das Ideal monolingualer, nationaler Integration propagierte, die eben auch Künste und Wissenschaften erfasste.

In dieser Zeit sich verstärkender nationaler Polarisierung kam es zu Prozessen der Abgrenzung und Konzentration der Deutschböhmen, in Prag zog man sich auf das *Deutsche Haus* (das *Deutsche Casino*) am Graben zurück, das als Stütze des deutschen Kulturlebens fungierte und wo sich mit der Zeit mehr als 200 deutsche Vereine organisierten (Čermák 2003). 1891 wurde als Kompensation für die 1890 tschechisierte Akademie der Wissenschaften die *Gesellschaft zur Förderung deutscher Wissenschaft, Kunst und Literatur*, die spätere *Deutsche Akademie der Wissenschaften* (1891-1945), gegründet,[12] deren Aktionsradius laut Statut bis 1924 auf Böhmen begrenzt war und die seit 1918 von August Sauer, der seit 1894 im Vorstand wirkte, geleitet wurde (N. N. 1926: 4). Die Gesellschaft verstand sich als eine Fördergesellschaft, die u. a. die *Bibliothek deutscher Schriftsteller aus Böhmen, Mähren und Schlesien* herausgab, um

---

11  Burger unternimmt in ihrem Beitrag den Versuch einer Ehrenrettung Badenis (s. a. Burger/Wohnout 1995), dessen Sprachenverordnungen auf dem Prinzip sprachlicher und nationaler Gleichberechtigung basierten (Burger 1998: 209). Zu den Sprachreformen siehe auch Macková (1998), Mikušek (1998) und Hall (2008); ferner Abdruck der Sprachenverordnungen bei Fischel (1910: 246ff.).

12  Die *Gesellschaft* avancierte zu dem zentralen deutschböhmischen Forum der Wissenschafts- und Kulturförderung (Hemmerle 1986: 247). – 1904 wurde zudem die *Deutsche Wissenschaftliche Gesellschaft* in Reichenberg gegründet.

mit ihrer Hilfe, so Josef Pfitzner (1928: XXIX), „an Großen wie Kleinen den Deutschböhmen und der Welt zu zeigen, wie eng ihr Lebenswerk mit der Heimat verwurzelt sei, was sie von ihr ererbten und erwarben."

Geht man von den zentralen Anforderungen an Kulturpolitik im 19. Jahrhundert aus, der Nutzung bzw. Instrumentalisierung von Künsten und Kultur sowie ästhetischen Praxen; ihre Hilfe bei der Integration, Legitimation und Mobilisierung sozialer Gruppen; die Erzeugung von Wir-Gefühl, von nationaler Identität, so suchte die *Gesellschaft* diese Ziele u. a. über Kulturförderung zu verwirklichen. Die Abteilung für Kunst vergab Stipendien und Aufträge an Künstler, u. a. für Denkmäler für Goethe (Franzensbad [Františkovy Lázně]) und Mozart (Prag) sowie für Franz Joseph I. (Gablonz an der Neiße [Jablonec nad Nisou]) und Joseph II. (Teplitz [Teplice]) und organisierte Ausstellungen; die Abteilung für Dichtkunst förderte den Nachwuchs mit Zuwendungen und Ehrengaben, u. a. für Rainer Maria Rilke, die Abteilung für Tonkunst förderte Komponisten, u. a. Gustav Mahler. Ferner bemühte man sich um die Gründung eines deutschen Konservatoriums in Prag als Alternative zum tschechischen, was erst 1920 realisiert werden konnte. Diese Aktivitäten sollten gleichermaßen die Loyalität zu Habsburg, aber auch die Zugehörigkeit zu einer weiter gedachten deutschen Kultur mit all ihren Qualitätszuschreibungen wie höherer Status und Alter beweisen. Die eigene Kunst, so Franz Servaes anlässlich der Reichenberger Ausstellung 1906,[13] wurde in den Dienst der nationalen Erweckung gestellt, gleichsam das erfolgreiche Vorbild der tschechischen Gesellschaft kopierend, der seit dem Vormärz ein erfolgreicher Emanzipationsprozess nicht nur in kultureller und wissenschaftlicher, sondern auch in ökonomischer und sozialer Hinsicht gelungen war, und die schon vor dem 1. Weltkrieg über alle Attribute staatlicher Selbständigkeit verfügte, ohne diese selbst schon zu erreichen (Křen 1996), aus der sich aber Überlegenheitsansprüche ableiten ließen.

> Den Deutschen im Böhmerland ist die mächtige Bundesgenossenschaft, die die Kunst ihrem nationalen Ringen zu leisten vermag, keineswegs verborgen geblieben. Je stärker der Rückhalt war, den die Tschechen an dem künstlerischen Emporblühen ihres Volkes fanden – an diesem erobernden Vordringen ihrer Musik und Dichtung und neuerdings auch Malerei – desto zwingender drängte sich deutschen Kreisen die Überzeugung auf, daß es notwendig sei, hier ein vollgültiges Gegengewicht zu schaffen. Nichts stählt so sehr das Selbstbewußtsein eines Volkes als das Gefühl seines innigen Verwachsenseins mit einer

---

13  1906 dokumentierte man mit der *Deutsch-böhmischen Ausstellung in Reichenberg* unter Ausschluss aller nichtdeutschen Elemente die wirtschaftliche und kulturelle Stärke und damit die „Berechtigung der darauf fussenden politischen und nationalen Forderungen unseres deutschböhmischen Volkes" (zit. n. Heerde 1996: 237).

Kunst, die die allen eingeborene Rasse in ihrem Tiefsten und Feinsten sowohl repräsentiert als verklärt. (Servaes 1906: 365)

Identifikation und Integration per Kunst erfolgten innerhalb Böhmens in Abgrenzung zu einem erfolgreichen tschechischen Prozess kultureller Emanzipation, aber darüber hinaus fungierte die „deutsch-böhmische Kunst [doch] als eine Provinz der großen deutschen Kunstrepublik." (Servaes 1906: 366) In einer Reaktion auf den Plan von Adolf Bartels, das Weimarer Hoftheater zu einer Nationalbühne für die deutsche Jugend zu erweitern (Barzantny 2002: 103), betonte auch August Sauer die Zugehörigkeit der Schweiz und Österreichs, „eines der vielen Anzeichen dafür, daß die Schranken, die uns vom deutschen Reiche trennen, immer höher werden," (Sauer 1907d: 1). Sauer schlug daher vor, derartige Jugendfestspiele nach Weimarer Vorbild auch in Prag zu etablieren, allerdings mit einer leichten Modifikation des Spielplans: Grillparzer müsse „mehr und öfter zu Wort kommen als in Weimar." (Sauer 1907d: 2)

## 3. Die *Deutsche Arbeit* als Forum nationalkultureller Sammlung

Da die von der *Gesellschaft* herausgegebenen *Mitteilungen* weder den Anforderungen nach Aktualität noch nach Publizität genügten,[14] wurde die Gründung einer Monatsschrift angeregt, die den Anspruch erhob, die gesamte deutsche Bevölkerung in Böhmen zusammenzuschließen und zur führenden kulturellen und politisch-ideologischen Institution der Deutschböhmen zu werden. Als unmittelbarer Vorläufer erschien 1900 in Berlin der Sammelband *Deutsche Arbeit in Böhmen*, eine Bestandsaufnahme der deutschböhmischen Kultur und zugleich Pendant zum Almanach des Thronjubiläums Franz Joseph I. 1898.[15] Über die Präsentation der Errungenschaften wollte man „zur geistigen Stär-

---

14  Ab 1893 gab man ferner ein Jahrbuch heraus mit einer „Übersicht über die Leistungen der Deutschen in Böhmen auf dem Gebiete der Wissenschaft und Kunst" (Hemmerle 1986: 240).

15  „Das Ziel der *Deutschen Arbeit in Böhmen* war eine einheitliche Darstellung über das kulturelle, landeskundliche und wirtschaftliche Leben der Deutschen in Böhmen. Dabei sollte die gegenwärtige Situation wie auch die im Laufe der Jahrhunderte vollzogene Entwicklung nähergebracht werden." (Köpplová 2002: 146)

kung des Nationalgefühls bei den Deutsch-Böhmen" (Köpplová 2002: 146)
beitragen, „zur Anfeuerung ihres Widerstandsmutes," so der Herausgeber
Hermann Bachmann (1900: IV), und den Deutschen außerhalb Böhmens
zeigen „welch gewaltige Summe geistiger und materieller Arbeit in dem seit
einem Jahrtausend mit deutschem Blut und Schweiß gedüngten böhmischen
Boden geborgen liegt" (Bachmann 1900: VI). Die ab Oktober 1901 erscheinende Gesellschaftsrevue *Deutsche Arbeit* (1901-1944) stellte sich in die Tradition des Sammelbandes (Mandlerová 1995). Ihre Gründung, „Sauers wertvolls-
tes Werk für das Sudetendeutschtum" (Pfitzner 1928: XXVI), erfolgte aus
einer Defensivhaltung heraus mit dem Ziel, eine überregionale Öffentlichkeit
herzustellen im Dienste einer kulturpolitischen Sammlung und Organisierung
der, so Sauer (1910a: 2), „weithin zerstreuten Landsleute [...] für eine neue
gesegnete Epoche geistigen und künstlerischen Lebens in Böhmen."[16] Kultur
wurde dabei von Anfang an als ein deutsch-tschechisches Kampffeld verstanden, so dass, obwohl die *„Deutsche Arbeit* als ein ‚Zentralorgan' des geistigen
Lebens", welches die Deutschböhmen „ohne strenge partei- wie tagespoliti-
sche Bindung" zusammenführen sollte, doch die nationale Exklusion zunehmend ins Zentrum rückte (Köpplová: 2002: 151). Zwar grenzt man sich von
der Tagespolitik ab, handele es sich nach Sauer (1907c: 544) bei der *Deutschen
Arbeit* doch um „keine politische, sondern nur eine nationale Zeitschrift", die
in „ihrer ganzen Entstehung und Anlage nach ein rein politisches Organ auch
niemals werden" könne, was allerdings in einer Zeit, in der alle Lebensbereiche der nationalen Frage untergeordnet und somit politisiert wurden, besten-
falls als Euphemismus gelten darf, sind doch gerade Literatur und Publizistik
Teil eines kulturellen Systems, in dem sich Selbstentwürfe einer Gruppe über
Strategien kollektiver (nationaler) Identitätsbildung entwickeln, ja überhaupt
erst herausbilden – was Sauer selbst sehr wohl wusste.[17]

---

16  Zur Auflage siehe Köpplová (2002: 149).
17  Redakteur der ersten drei Hefte war Richard Batka, ab dem 4. Heft des 1. Jg. bis zum 9.
    Heft des 4. Jg. übernahm Adolf Hauffen die Schriftleitung, von der ihn August Sauer
    ablöste. Am 1.1.1913 übernahm dann Sauers Schüler Ullmann die Redaktion. – Die antipo-
    dische Konzeption zum ebenfalls von Sauer begründeten *Euphorion*, dem wissenschaftliche
    Texte vorbehalten waren und der ein hochkulturell-überregionales Profil vertrat, während
    die *Deutsche Arbeit* populär-regional orientiert war, ist auffällig. Allerdings wurden im *Eupho-
    rion* Verweise auf literaturwissenschaftliche Arbeiten, die in der *Deutschen Arbeit* erschienen,
    abgedruckt. Zur Gründung des *Euphorion* siehe den Beitrag von Richter und Müller in
    diesem Band, ferner die grundlegende Studie von Adam (1995).

## 3.1. Integration

Das Alleinstellungsmerkmal der Zeitschrift ergab sich nach Sauer erstens aus der Reaktion auf die Zurückdrängung des Deutschen, in Böhmen „wußte man bald nichts mehr von einer zweiten gleichberechtigten Nationalität" (Sauer 1910a: 2), zweitens aus der kulturellen Sammlung: „Die ganze Zeitschrift sollte so gewissermaßen eine Übersicht sein über die geistigen und künstlerischen Leistungen der Deutschen in Böhmen." (Sauer 1910a: 3); drittens über die Dokumentation deutschböhmischer Leistungen im übernationalen Kontext, zwar sei die *Deutsche Arbeit*, „eine bloße Heimatzeitschrift [...] von der Heimat, für die Heimat, über die Heimat," (Sauer 1910a: 4)[18] man legte aber großen Wert auf den Auslandsvertrieb (also außerhalb Böhmens). Die *Deutsche Arbeit* habe als einzige unabhängige deutsche Revue des Landes die Hauptaufgabe, als Gegengewicht zu den *„gut geleiteten und gut ausgestatteten tschechischen Wochen- und Monatsschriften, die die Opferwilligkeit einer gemeiniglich zu den kleinen gerechneten Nation in so reicher Zahl erhält,"* (Sauer 1905a: 3, Herv. i. O.) eine Gegenöffentlichkeit zu etablieren.

Es ging, nicht zuletzt in Sauers Beiträgen, um Identitätsbehauptungen per kultureller Inklusion und Exklusion über nationale Kategorisierung von Sprache, Literatur, Kunst und Wissenschaft. Wie lässt sich, so könnte man eine kulturpolitische Leitmaxime der *Deutschen Arbeit* formulieren, eine kollektive deutschböhmische Identität herausbilden? Und wie lässt sich ein solcher intendierter Vergemeinschaftungsprozess steuern und kontrollieren? Welche operativen Maßnahmen wären zu ergreifen? Neben der Stärkung der Bildung auf allen Ebenen spielte der Aufbau kultureller und wissenschaftlicher Institutionen für Sauer eine zentrale Rolle. „Alles," so Sauer in einem Entwurf für *Eine deutsche Nationalbibliothek für Böhmen*, „was mit der Entstehung und Entwicklung des deutschen Volkes, mit seiner Vergangenheit, Gegenwart und Zukunft zusammenhängt, alles was die deutsche Geschichte und Kulturgeschichte, deutsche Kunst und Literatur betrifft, wird zu dem Zwecke zusammengefaßt, um das Wesen des deutschen Volkscharakters zu ergründen und zu erklären." (Sauer 1908b: 256) Ausgehend von dieser Prämisse konzipierte Sauer eine deutschböhmische Literaturgeschichte nicht aus einer gattungs- oder epochenspezifischen Bestimmung heraus, sondern aus einer die regio-

---

18 Dabei praktizierte man, wie Sauer vermerkt, Arbeitsteilung zwischen dem *Verein für die Geschichte der Deutschen in Böhmen* und der *Gesellschaft* mit ihrer *Bibliothek deutscher Schriftsteller aus Böhmen*.

nale Verankerung betonenden nationalphilologischen,[19] der, immer mit Blick
auf das erfolgreiche tschechische Beispiel, das Narrativ vom Erwachen und
Erstarken zugrunde lag:

> So würde unsere keineswegs ruhmlose ältere Literatur mit einem Schlag in den Mittel-
> punkt unserer nationalen Betrachtung rücken und könnte für die Politik der Gegenwart
> fruchtbar gemacht werden; die Prager Literaturgeschichte brauchte nicht bloß eine pa-
> pierne Scheinexistenz zu führen; sie könnte ein vertieftes Heimatsgefühl zu einem Bo-
> den erzeugen, von dem man uns fast schon verdrängt zu haben glaubte; sie könnte der
> Ausgangspunkt werden für neue nationale Literaturkämpfe der Gegenwart und Zukunft.
> (Sauer 1907b: 455)

Nach Sauer stehe Wissenschaft in enger Korrelation mit der nationalen Entwicklung, auch der Literarhistoriker habe, so der akademische Lehrer Wilhelm
Scherer in seinem System nationaler Ethik, wichtige nationalpädagogische
Pflichten zu übernehmen (Adam 1995: 4).[20] Die Literaturgeschichte, in kulturhistorischen Kontexten verankert,[21] müsse auf eine „stammheitliche" Basis, so Sauer in seiner Rektoratsrede (1907a), gestellt werden. Allerdings liefert
Sauer keine nähere Bestimmung für sein Verständnis von „Stammesart", er
formuliert eher ein Desiderat, als dass er ein erprobtes Konzept liefert (Adam
1995: 14). Seiner Argumentation liegt eine primär kulturpolitische Intention
zugrunde, keine genetische wie bei Josef Nadler, so wie eine konsequente
Überformung der landestypischen durch nationalantagonistische Kategorien
erst bei Sauers Schülern Josef Nadler und Josef Pfitzner erfolgte, die Analyse
durch Synthese ersetzten:

> Dennoch wirkte im gesamten Sudetenraume das eine große, positive Gemeinsame: die
> Nachbarschaft zwischen Deutschen und Tschechen, die letztlich die beiden Einheiten:
> Tschechen – Sudetendeutsche formte. (Pfitzner 1928: XXXIII)

Die Struktur des antagonistischen Diskurses ist allerdings auch Sauer nicht
fremd, wenn er die Idee einer deutschböhmischen Biographie entwickelt, die

> alle Volksgenossen in sich aufnehmen müsse, welche in irgend einer Richtung sich her-
> vorgetan, ihr Gedächtnis der Zukunft hinterlassen haben, von den Königen und Fürsten

---

19  Die Rektoratsrede postuliert einen Zusammenhang von Literatur und Volkstum, „Jedes
    Literaturprodukt ist der Ausfluss und der Ausdruck einer bestimmten Welt- und Lebens-
    auffassung seines Erzeugers" (Sauer 1907d: 2).
20  Siehe Abdruck des Scherer-Textes im ersten Heft des *Euphorion* 1894/1 sowie das Vorwort
    von August Sauer (1894).
21  „Wir wollen die Literatur im Zusammenhange mit der gesamten nationalen Entwickelung
    betrachten, wollen alle Fäden verfolgen, welche zur politischen und Kultur-Geschichte, zur
    Geschichte der Theologie und Philosophie, zur Geschichte der Musik und der bildenden
    Künste hinüberleiten." (Sauer 1894: IV)

angefangen bis zum Verbrecher herab, wenn seine Abscheulichkeit oder Grausamkeit oder Verwegenheit ihn über das übrige Verbrecherheer emporgehoben hat. (Sauer 1905b: 114)

Anders als Pfitzner war dem an Goethe geschulten Sauer der Zweifel nicht fremd, da er eindeutige nationale Zuordnungen zumindest problematisierte, also „die Frage der sicheren Zugehörigkeit zu unserer Nationalität" (Sauer 1905b: 115),[22] wenn auch nicht als ontologische Konstrukte in Frage stellt. Goethe hatte das Hybride der böhmischen Kultur sehr wohl erkannt, als er im „Gegensatz von Deutschem und Slawischem [...] zugleich die stärkste Verbindung" erkannte. „Denn wenn die böhmischen Dichter, selbst indem sie alten Mustern folgen, nicht umhin können, durch Sinnesart, Ausdrucksweise und Gedichtformen doch auch in heutiger Bildung Deutsche zu sein, so sind hinwider die deutschen Dichter in Böhmen durch entschiedene Neigung und stetes Zurückgehen zum Altnationalen ihrerseits recht eigentlich böhmisch." (Goethe/Varnhagen 1830: 199)

Diese Traditionen eines eher kulturellen Wettbewerbs verraten auch strategische Empfehlungen Sauers zur Wiederaneignung als verloren attribuierter Territorien und Traditionen. Ab 1907 wird die Rubrik *Prag im Spiegel der deutschen Literatur* eingefügt, mit der eine Aufwertung eigenkultureller Traditionen intendiert war, dass Prag „nicht mehr als eine rein tschechische Stadt betrachtet wird, sondern als die doppelsprachige Hauptstadt eines von zwei gleichwertigen und gleichberechtigten Volksstämmen bewohnten Landes." (Sauer 1907c: 544) Damit verbindet Sauer einen Appell gegen unterstellte Tschechisierungstendenzen, nach denen Prag „von den letzten kärglichen Resten des verhaßten Deutschtums möglichst und möglichst gründlich gereinigt werden müsse" (Sauer 1907c: 545). Deshalb müsse „Prag [...] nicht nur gehalten, es muß im wahrsten Sinn des Wortes Schritt für Schritt wieder erobert werden, bis wir wieder gleichberechtigt mit den Tschechen dastehen." (Sauer 1907c: 274f.) Allerdings handelt es sich dabei um eine eigenkulturelle, ausschließlich die deutschen Traditionen betonende Aneignung Prags,[23] anders als die Bekenntnisse zur nationalen Verständigung, wie sie wenig später Franz Werfels programmatische *Glosse zu einer Wedekind-Feier* vom 18. April 1914 oder Rilkes Tschechophilie dokumentieren (Krolop 2005).

Inklusion und Exklusion dienen zugleich der Legitimation einer deutschböhmischen Interessenpolitik mit dem weitergehenden Ziel der Integration.

---

22 Es gab sogar Überlegungen, Tschechen aufzunehmen.

23 Ausdruck ist die Ankündigung der neuen Rubrik *Prag im Spiegel der deutschen Dichtung*, mit der eine Traditionsbehauptung aufgestellt wird; s. z. B. den Verweis auf Klaar und das goldene Prag, „vergoldet durch den Sonnenglanz der deutschen Dichtung." (Sauer 1907c)

„Die bedrängte Zukunft unseres Volkstums," so August Sauer mit militäri-
scher Metaphorik im Oktober 1909, „die gefährdete Stellung der Deutschen
in ganz Österreich, der heilige Krieg, den die slavischen Völker zur Vernich-
tung des Germanentums in Österreich predigen, erheischt aber noch ganz
andere Mittel der Abwehr und des Schutzes." (Sauer 1909: 1) Kulturpolitik
dient hier nicht länger ausschließlich der Selbstprofilierung der Deutschen in
Böhmen, sondern erhält eine Aufwertung im Kontext nationaler Schutzarbeit, die Teil einer gesteuerten Sprach- und Bildungspolitik zur Stabilisierung
der Sprachgrenze sein müsse. Gewarnt wird vor einer „drohenden Zersplitterung des Schutzwesens", vor einer „ungleichen Ausbreitung des zu ziehen-
den Netzes und eine Bevorzugung einzelner Gegenden", gefordert wird ein
„Kataster der deutschen Bewohner und des deutschen Besitzstandes", prognostiziert werden „Villenvororte deutscher Städte" „an der Sprachgrenze"
sowie eine „förmliche Neukolonisation" mit der Ansiedelung „ganzer Familien in der bedrängten Gegend", selbst die auf Friedrich List zurückgehen-
de Idee einer Umlenkung der überseeischen Auswanderung nach Österreich
wird aufgegriffen (Sauer 1909: 2). Damit verbunden werden Appelle an die
Unternehmer, Mitarbeiter aus den bedrohten Gebieten einzustellen. „Und
warum müssen nur immer slawische Arbeiter aus Österreich in Deutschland
Verwendung finden!" (Sauer 1909: 2) ‚Grenzlandarbeit' dient in erster Linie
der Aufrechterhaltung der kulturell-sprachlichen Hegemonie.

Integration erhofft sich Sauer auch über Maßnahmen zur kulturellen
Volksbildung.[24] Anlässlich des Intendantenwechsels am Prager deutschen
Theater erörtert er die Rolle des Theaters im Hinblick auf Volksbildung und
-erziehung. Durch „große Kunstwerke" könne die „eigene Nation" (Sauer
1911a: 287) erhoben werden, so die Wirkung des Performativen, die „nationale Vergangenheit ersteht in alter Herrlichkeit, die Bilder einer ersehnten
besseren Zukunft werden uns vorgezaubert." (Sauer 1911a: 287) Angesprochen werden sollen Schüler und Studenten, die aus dem Umland nach Prag
kommen – hier schwebt ihm sicher das tschechische Nationaltheater vor –,
dem „Theater sollte ein großer Teil der Kunsterziehung unserer Jugend zu-
fallen" (Sauer 1911a: 288), womit sich auch eine entsprechende öffentliche
Subventionierung legitimieren lässt. Ein nationaler Kanon für den Spielplan
sieht die „wichtigsten Dramen Lessings, Goethes und Schillers" vor, ferner
Kleist und Grillparzer, Hebbel und Otto Ludwig, „ein vaterländischer Ein-

---

24  Eine Intensivierung der Volksbildung zeigt sich seit 1869 mit der Gründung des *Deutschen
    Vereins zur Verbreitung gemeinnütziger Kenntnisse* in Prag, 1911 zusammen mit der *Deutschen
    Gesellschaft für Altertumskunde* zum *Landesverband für Deutsches Volksbildungswesen* zusammen-
    geführt.

schlag wäre erwünscht, daher seien Halm, Bauernfeld, Raimund, Nestroy, Anzengruber in geschickter Auswahl für den Spielplan empfohlen; Martin Greifs ‚Prinz Eugen' wäre vom gesamtösterreichischen Standpunkte warm zu begrüßen" (Sauer 1911a: 289), von der übrigen Weltliteratur Shakespeare, Calderón, Molière, Ibsen und Hauptmann. Sauer vertraut der mobilisierenden Wirkung von Kultur, insbesondere dem Theater.

Die integrative Leistung der Hochkultur in nationalpolitischer Hinsicht steht für Sauer, der mehrfach als kostbarste Güter die nationale Kultur, Sprache, Kunst und das Volkstum nennt (Sauer 1933a: 70; 1933c: 96), ohnehin außer Frage, was sich insbesondere in der Denkmalpolitik zeigt. Das Denkmal, so Sauer zur Enthüllung des Goethe-Denkmals in Franzensbad, dient nicht nur dem „Dichter des Faust", sondern als Ausweis deutscher Kultur in der Gegenwart: „als ein flammendes Wahrzeichen hebt es sich empor, zu zeugen für das eingeborne deutsche Volkstums dieses Landes und die unerschöpfte Kraft unseres Stammes." (Sauer 1933b: 1) Damit lässt sich Goethe in Franzensbad, analog zu Walther von der Vogelweide, der ein Denkmal in Bozen erhielt, auch unter den Bedingungen des Grenzlandkampfes aktualisieren und instrumentalisieren: „So halten unsere deutschen Rolande treue Wacht an den Grenzen dieses Ostreiches, unsere kostbarsten Güter schützend und schirmend, unsere Sprache, unsere Dichtung, unsere Kunst." (Sauer 1933b: 17f.)

## 3.2. Zentrierung

Neben der Integration geht es Sauer um Zentrierung:

> Auf das ganze Land wollen wir wirken und im ganzen Lande werden wir gehört. Die Zeitschrift ist ein Mittelpunkt geworden für die vielen im Lande zerstreuten Kräfte; über den Parteien stehend, vereinigt sie zur Mitarbeit Angehörige aller Parteien; frei von den Fesseln der wechselnden Tagespolitik hat sie die ersehnte politische Einigung aller Deutschen in Böhmen auf geistigem Gebiet vorweggenommen. (Sauer 1905a: 1)

Intendiert ist eine Überbrückung regionaler Vielfalt bzw. Entfremdung, vor allem zwischen den Prager Deutschen und den Deutschen der Grenzgebiete.[25] Sauer betrachtet rückblickend die Politik der *Gesellschaft* als Ausdruck einer föderalen Kulturpolitik mit identifikatorischer Wirkung nach innen und

---

25 Dabei besteht auch ein explizites Interesse an der Provinz, so an der Vielfalt der deutsch-böhmischen Mundarten und die Verbindung zwischen städtischer und ländlicher Kultur.

Imagebildung nach außen und er akzentuiert die zentrierende Leistung der *Deutschen Arbeit*, „eine Zeitschrift, welche die, vier verschiedenen deutschen Volksstämmen entstammenden und vier verschiedene Mundarten sprechenden Deutschen in Böhmen besser mit einander bekannt" machte (Sauer 1920: 17). Die *Deutsche Arbeit* erhält damit unter Vermeidung von „Kirchtumpolitik und Krähwinkelei" sowie einem Anspruch auf Autonomisierung im Sinne einer Unabhängigkeit von Wien und Berlin eine Vorbildfunktion für andere deutsche Provinzen: „Wir suchten Deutschböhmen zu sein und dadurch Deutsche zu bleiben." (Sauer 1920: 17)

Einer Volksbildungstagung in Prag wird nationale Bedeutung zugeschrieben gerade durch die Kontakte von Prager Kollegen mit denen aus den Grenzgebieten, dass es, so Sauer (1911: 2f.), „überhaupt zu einer Aussprache zwischen den Prager Deutschen und denen in den andern Landesteilen kam." Ein deutsches Prag solle zentrierende Funktionen übernehmen, was sich ja auch in Sauers Argumentation gegen eine Verlagerung der Universität in das geschlossene deutsche Siedlungsgebiet (Sauer 1907e: 29)[26] oder in der Forderung nach Konzentration weiterer akademischer Institutionen in Prag ablesen lässt (Sauer 1907c: 477). Sauers Interesse an Integration und Aufwertung zeigt sich vor allem in seinen Bemühungen um die Stärkung der Prager deutschen Universität, die tatsächlich unter Substanzverlust auch aufgrund der spannungsreichen Prager Atmosphäre litt.[27] Zur Erhöhung der Studienattraktivität schlug Sau-

---

26  Am 29.12.1897 wurde auf dem deutschen Akademikertag in Eger vor dem Hintergrund der Badeni-Unruhen, die sich auch gegen die Deutsche Universität in Prag richteten und bei denen Institute verwüstet wurden, erstmals die Forderung nach einer Verlagerung in eine nordböhmische Stadt erwogen (Schmied 1984: 23). – Sauer (1920) äußerte sich skeptisch zu einer Verlagerung der Universität, die nur als Neugründung funktionieren könne, wobei man ähnliche Nachteile wie in Prag nur ohne das kulturelle Angebot der Metropole erwarten müsse. Als wichtigstes Hindernis erkennt Sauer die fehlende Universitätsbibliothek, höchstens die Nähe zur deutschen Bevölkerung wäre ein Vorteil. Sauer plädiert daher für die Gründung einer zweiten Hochschule.

27  Zu den stagnierenden Zahlen bei den Immatrikulationen an der Philosophischen Fakultät der Deutschen Universität s. Schmidt-Hartmann (1984: 106). In dem auf Vorschlag von Emanuel Rádl ursprünglich für das *Nové Atheneum* verfassten Bericht, den Sauer (1920) nach Aufforderung durch den Rektor August Naegele auch auf deutsch vorlegte, liefert er einen knappen Abriss der seit 1848 utraquistischen Universitätsgeschichte, die er in zwei Phasen (bis 1897/98 und bis 1918) unterteilt. Die Abnahme der Studentenzahlen konnte trotz wachsenden politischen Drucks in der zweiten Phase gestoppt werden, was mit der „Erkenntnis, daß es Pflicht aller jungen Deutschen im Lande sei, in Prag zu studieren," erklärt wird (Sauer 1920: 7), ferner wirke die Fürsorge der Alma Mater für die Studentenschaft von Wohnungen über Mensa bis hin zur Einrichtung von volkstümlichen Hochschulkursen und Lehrerferialkursen.

er ganz pragmatisch volkstümliche Universitätsvorlesungen, Ferialkurse und Städtestipendien vor, er verwies auf neue Studentenheime und eine Mensa sowie auch auf „die Studentenverbindungen und Vereine [die] neue, geschütztere Unterkunft" erhielten (Sauer 1907c: 274; s. a. 1906b; 1920). Angesichts der Attraktivität anderer Universitäten, insb. Wien, wo das Studium „angenehmer und bequemer, das Studentenleben harmloser und ungezwungener" sei (Sauer 1907c: 274), man „sorgloser dahin [lebe, da] nicht an jeder Ecke der nationale Gegner [drohe und] die Politik nicht das alles verschlingende Ungetüm" sei (Sauer 1907c: 274), argumentiert Sauer auf der einen Seite institutionsbezogen, wenn er Prag als Arbeitsuniversität von der Wiener Massenuniversität abgrenzt, dabei aber einen Zuwachs auch für Prag fordert:

> Je mehr Studenten, desto größer der Einfluß der Universität nach oben und unten, nach rechts und links. […] Je besuchter alle Vorlesungen, Seminarien und Laboratorien sind, desto leichter ist es, eine Vermehrung der Lehrkräfte durchzusetzen, desto leichter ist es, bei Berufungen den Vorschlägen der Lehrkörper den nötigen Nachdruck zu verleihen; (Sauer 1907c: 275)

– man wird hier glatt an heutige Kapazitätsverordnungen und Mittelzuweisungen in Relation zu den Studentenzahlen erinnert. Auf der anderen Seite argumentiert Sauer im Rahmen des nationalen Diskurses, wenn er dazu auffordert, einen Teil des Studiums in Prag zu verbringen: „Es gäbe keinen Mangel an deutschen Priestern und deutschen Beamten in Böhmen, wenn alle Deutschböhmen ihre Kraft der Heimat widmeten." (Sauer 1907c: 276) Wie bereits in der Fick-Besprechung formuliert geht es Sauer um die Motivierung und Mobilisierung der Studenten für die nationale Sache, um deren Orientierung auf „die hohen Aufgaben nationaler Kulturarbeit." (Sauer 1906c: 64) Ein Studium in Prag wird so zur nationalen Pflicht! Nicht vorenthalten sei ein Werbevorschlag Sauers, der sich an Studenten auch außerhalb Böhmens richtet, „O Prag, du tolle, du feierliche Stadt," so ein Zitat Wilhelm Raabes als Slogan, „du Stadt der Märtyrer, der Musikanten und der schönen Mädchen, – nach Prag, wo das deutsche Volk seine älteste geistige Hochburg zu verteidigen hat" (Sauer 1907c: 477).

Zusammenfassend betrachtet argumentiert Sauer dezidiert gegen die Los-von-Prag-Bewegung, die eine Stärkung der Peripherie, der deutschböhmischen Grenzgebiete, zugunsten der böhmischen Hauptstadt propagiert. Neben der Integration wird somit ein neues Gruppenbewusstsein durch Aufwertung und Anerkennung evoziert. Die *Deutsche Arbeit* habe daran mitgewirkt,

> der deutschböhmischen Kunst die Anerkennung des Staates und die Achtung des nationalen Gegners zu erringen. Unseren Künstlern ist es gelungen, erziehend auf unser Volk zu wirken, auch die widerstrebenden und ungeschulten Betrachter mit fortzureißen, den Weg zum Herzen der deutschen zu finden. (Sauer 1905a: 2)

## 3.3. Separation statt Utraquismus

Das letzte Thema behandelt die Tradition des Utraquismus im Sinne eines kulturellen Wettbewerbs, womit Sauer auch auf Palacký zurückgreift bzw. ein Zeitschriftenprojekt wie den *Witiko* antizipiert. Fraglich ist allerdings, ob die *Deutsche Arbeit*, die sich explizit in die Tradition von *Ost und West* stellte (Sauer 1905a: 1), stärker integrativ oder desintegrativ wirkte, zumal immer wieder Misstrauen gegen die Utraquisierung als Tschechisierung formuliert wurde und man von einer fast völligen Nichtbeachtung der tschechischen Kultur sprechen kann[28] verbunden mit kritischen Diskussionen um die Aufnahme von Texten jüdischer Autoren. Von einem Brückenschlag zwischen den Kulturen wie bei *Ost und West* lässt sich sicherlich nicht sprechen (Köpplová 2002: 174). Sauer selbst äußert sich mehrfach kritisch zu den Traditionen des Utraquismus,[29] zumal offenkundig ein starker Zwang zum nationalen Bekenntnis bestand, aus dem ein grundsätzliches Dilemma des Utraquismus resultierte: „So kommt es, daß manche, die beider Landessprachen kundig sind, dem Einflusse ihrer Umgebung weichend, die Nationalität verleugnen, zu der sie früher gehalten haben." (Rauchberg 1902: 5) Auch Sauer sieht in der Utraquisierung eher eine Gefahr. In seinem Bericht über das deutschböhmische Bibliothekswesen weist er auf die desolate Situation an der Prager Universität und deren zu geringen Anschaffungsetat, die unzureichenden Räumlichkeiten sowie die nationale Parität bei der Ausstattung hin, da bei der Teilung der Universität die Kapazitäten der Bibliothek nicht verdoppelt wurden. Sauer warnt aber vor einer institutionellen Umgestaltung, bei der die Universität an Einfluss verlöre, da dann möglicherweise aus der Universitätsbibliothek „eine tschechische Nationalbibliothek hervorginge, in der es zwar auch deutsche Bücher gäbe, aber nur mit tschechischen Etiketten versehen, in tschechischen Katalogen verzeichnet, von tschechischen Beamten verwaltet." (Sauer 1906a: 347) Strikte Separierung und stärkere nationale Identifikation sind somit Vor-

---

28  Lediglich vereinzelt findet man Rezensionen zu tschechischen Texten, so zu Übersetzungen von Julius Zeyer und Jaroslav Vrchlický (1903/04) bzw. Jan Jakubec und Arne Novák (1909/10), s. Köpplová (2002: 168-170).

29  Zur Skepsis am Utraquismus s. den Hinweis auf die „sogenannte utraquistische Kunstakademie", „an der 1, sage ein Professor allen übrigen gegenüber das deutsche Element vertritt" (Sauer 1910b: 533). S. a. Sauers (1908b: 255) Ablehnung einer utraquistischen Institution, begründet mit der Erfahrung der vergangenen Jahrzehnte: „Die Schaffung eines neuen utraquistischen Landesinstitutes aber wird uns nach den reichlich gemachten üblen Erfahrungen kein objektiv Denkender mehr zumuten."

aussetzung der akademischen Bildung: „Und dann wird unser deutsches Volk um ein wohlausgestattetes und ihm kostbares Bildungsinstitut reicher sein, dessen Segen ihm deutlicher ins Bewußtsein treten wird, als es bisher der Fall war." (Sauer 1906a: 347) Insofern verwundert die Distanzierung des Stifter-Herausgebers vom supranationalen Stifter wohl nicht:

> Betrachtete doch Stifter wie fast alle seine dichterischen Zeitgenossen die tschechische Geschichte des Landes wohlwollenden Blickes als unsere eigene und ließ sich zu ihrer Darstellung verleiten; weit aber liegt jene versöhnungsfreudige Zeit hinter uns, in der er seinen Roman ‚Witiko' dem Bürgermeister und dem Rate der Stadt Prag widmen konnte. (Sauer 1933c: 96)

Nicht nur bei Stifter erfolgt eine Rückbindung des Dichters an das bedrohte nationale Kollektiv, auch die Vereinnahmung Schillers erfolgt unter der Prämisse, dass es diesem nicht um ein ‚l'art pour l'art'-Prinzip ging, sondern um die Fundierung einer deutschen Nationalliteratur, „die ganze geistige und sittliche Kraft der Nation war zu heben und zu bilden; […], eine nationale, eine sittliche, nicht bloß eine literarische Leistung war zu vollbringen." (Sauer 1933a: 51) Eine Integration des kosmopolitischen Schiller gelingt über eine themenspezifische, zeithistorisch aktualisierbare Rezeption.

> Er hat den Deutschen ihre Vergangenheit wieder nahegerückt, den geschichtlichen Sinn des Volkes geweckt. […] zu uns spricht aus der Jungfrau und aus dem Tell ein volles Verständnis für nationale Ehre und nationale Schmach, ein volles Erfassen der im Volkstum ruhenden Kraft und Sicherheit. (Sauer 1933a: 62)

Schiller avanciert zu einem Begründer nationalemanzipativer Traditionen, aus der sich aktuelle Aufgaben der akademischen Lehre, aber auch Verpflichtungen der Studenten ableiten ließen:

> Erfüllen wollen wir Sie mit einer festen, geschlossenen Weltanschauung, erziehen wollen wir Sie zu starken, in ihrer eigenen Wurzel ruhenden Persönlichkeiten, die Totalität Ihres Wesens wollen wir ausbilden im Sinne Schillers, stählen wollen wir ihren Willen, stärken wollen wir Ihre Widerstandskraft, festigen wollen wir Ihren deutschen Charakter. Legen aber auch Sie sich in dieser dem Gedächtnis eines unserer größten Genien geweihten Stunde im Innersten Ihres Herzens das Gelöbnis ab, Ihr Leben lang unverbrüchlich festzuhalten an den großen geistigen Errungenschaften der deutschen Vergangenheit, Ihr Volkstum unversehrt und makellos zu bewahren. (Sauer 1933a: 70f.)

Utraquistische Konzepte vertraten dagegen Sauer-Schüler wie Franz Spina und Johannes Urzidil. Spina entwickelte sein bildungs- und sprachpolitisches Programm, ausgehend von einem rein praktischen Bedürfnis zur Erlernung der zweiten Landessprache, womit er eine erhöhte Konkurrenzfähigkeit per „Stärkung des deutschen Elements in der Beamtenschaft" prognostiziert (Spina 1906: 440) – mit durchaus idealistischen Argumenten, da eine Über-

windung der ethnozentrischen Perspektive über eine bessere Wahrnehmung
der jeweils anderen Kultur zu gewärtigen wäre:

> Gewiß würde der nationale Kampf minder schroffe Formen annehmen, wenn der Deut-
> sche seinen nationalen Konkurrenten versteht, wenn er persönlich ihm gegenüber nicht
> mehr stumm (‚němec') ist. [...] So würde das, was als Mittel im nationalen Kampfe ein-
> setzt, zu einer Kulturtat werden, indem es zwei aufeinander angewiesene Völker einander
> näher bringt. (Spina 1906: 442)

Derartige, explizit auf Ausgleich bedachte Äußerungen findet man bei August
Sauer vor 1918 nicht, der keinen Zweifel daran lässt, das die entscheidende
Kategorie in der Beurteilung von Dichtung in der nationalen Loyalität liege:
„Wir heutigen fragen, wenn wir den Wert eines Dichters bemessen, zuerst
nach seiner nationalen Gesinnung" (Sauer 1933a: 61).

Nach 1918 tritt Sauer für eine prinzipiell unpolitische Orientierung der
Universität ein, auch wenn die Verhältnisse die Institution „kopfüber mitten
in die Politik hineingeworfen" haben (Sauer 1920: 1). Er revidiert gar einige
seiner zentralen Positionen. So reflektiert er als Aufgabe für die Wissenschaft
„die weitere ungestörte Herüberleitung deutschen Geisteslebens in das neue
Staatswesen", womit eine Verbindung von „Ost und West" erreicht würde
(Sauer 1920: 23). Dieser Transfer einer ursprünglich deutschböhmischen Integration auf die neue Republik wird mit Hinweisen auf die Entfremdung
zwischen den beiden Prager Universitäten verbunden, für die er – auch bei
sich selbst – mangelnde Sprachkompetenz verantwortlich macht, allerdings
mit dem Hinweis, dass er „für die Erlernung der tschechischen Sprache durch
unsere Studenten eingetreten" sei (Sauer 1920: 24).[30]

Gravierender erscheint aber Sauers grundsätzliche Problematisierung
nationaler Zuweisungen. „Wie weit gibt es überhaupt eine nationale Kultur,
insbesondere eine nationale Wissenschaft?" (Sauer 1920: 17) Mit Verweis auf
Goethe, der bekanntlich Patriotismus in Kunst und Wissenschaft bezweifelt,
werden national eindeutige Zuweisungen als Fiktion entlarvt, wenngleich eine
Rückbindung an national determinierte Kontexte erfolgt.[31] Anders als seine
Schüler Josef Nadler und Joseph Pfitzner bezweifelt Sauer Kategorisierungen

---

30  1906 wurde an der Prager deutschen Universität ein Tschechisch-Lektorat eingerichtet, das
    Sauers Schüler Franz Spina übernahm. Zur besseren wissenschaftlichen Kenntnisnahme
    und Wirkung empfiehlt Sauer zudem eine Zeitschrift zur Vermittlung „der tschechischen
    gelehrten Tätigkeit in deutscher Sprache" (Sauer 1920: 24), damit Projekte wie die *Germa-
    noslavica* oder die *Slavische Rundschau* antizipierend.

31  Sauer verweist auf Walter Goetz' *Das Wesen der deutschen Kultur*, der das Konstrukt einheitli-
    cher Rassen bezweifelt, „daß kein Volk aus sich allein herausgewachsen ist und zu wachsen
    vermag." (Goetz 1919: 19)

von Kultur als deutsch und tschechisch, da „eine scharfe Abgrenzung, reinliche Scheidung und sichere Einzelbewertung unmöglich ist." (Sauer 1920: 19) Man mag diese Äußerungen als taktische Replik auf mögliche Nationalisierungstendenzen in den Wissenschaften nach 1918 interpretieren, doch lässt sich ein pragmatischer Umgang mit den neuen politischen Rahmenbedingungen nicht verkennen. Ausgehend von der grundsätzlichen Überlegung, ob ein „günstiges Klima für die deutsche Wissenschaft in Prag überhaupt noch einmal geschaffen werden" könne (Sauer 1920: 27), werden eher praktische Bedingungen für die weitere Arbeit der Universität formuliert. Sauer nennt äußere Ruhe, die Zahl der Studenten, wobei er Potentiale bei den bisher nach Wien orientierten deutschen Mährern und Schlesiern sowie den Deutschen aus der Slowakei erkennt, ferner praktische Probleme wie Wohnungsnot und Inflation. Positiv wird zudem die Gehaltserhöhung der Professoren vermerkt. Letztlich dokumentiert Sauer Vertrauen in die neue Republik, denn: „für die ungehinderte Ergänzung des Lehrkörpers sorgt die demokratische Grundlage des Staates." (Sauer 1920: 25)

Sauers austriazistische Einstellung wird in der Betonung provinzieller Eigenständigkeit deutlich, die mit der Kritik an einer kleindeutschen Reichsgründung verbunden wird: „Mit der Gründung des neuen Reiches ging ein langgehegter Wunschtraum in Erfüllung, wovon ausgeschlossen zu sein vielen Deutschen in Österreich sehr schwer fiel." (Sauer 1920: 14) Sauer kritisiert sowohl die preußische Hegemonie innerhalb des deutschen Reiches, gegen die sich „Widerstand der einzelnen deutschen Landschaften und Stämme gegen die Tyrannei Preußens" artikuliere, als auch den „Versuch, ein einheitliches *österreichisches* Volk zu schaffen", angesichts der „Gegensätze zwischen Alpen- und Sudetendeutschen" eine Unmöglichkeit (Sauer 1920: 15). Sauers Gegenposition akzentuiert kulturelle Autonomie gegen kulturhegemoniale preußisch-norddeutsche Ansätze, verbunden mit Forderungen nach Herausbildung nationaler und völkischer Eigenständigkeit unter Berücksichtigung des Wechselseitigkeitskontextes:

> Ist es ein Zufall, daß die neue, trotz der Bekämpfung durch volksfremde Gegner siegreich vordringende Betrachtung der Literatur- und Kunstgeschichte nach Stämmen und Landschaften [...] von Prag ihren Ausgangspunkt genommen hat [...]? (Sauer 1920: 16)[32]

---

32 Krolop (2005: 161) erkennt an diesem „Fehlen eines Primärbezugs auf nationalliterarisches Identitätsbewusstsein, dessen Vorhandensein die deutsche Literaturgeschichtsschreibung seit Gervinus unterstellt und das der ins Lager Bismarcks übergelaufene Österreicher Wilhelm Scherer ins Wilhelminische transportiert hatte [...] eine Voraussetzung für die dort [in Prag] entstandene Literaturgeschichtskonzeption Joseph Nadlers, [...]."

Insbesondere die „nahe und fortwährende Berührung mit einem fremden Volkstum" sei der Grund für die Herausbildung eines völkischen Standpunktes. „So wurden wir nationaler als die deutsche Nation, völkischer als das deutsche Volk." (Sauer 1920: 16) Was hier nach 1918 offen formuliert wurde, deutet sich in den kulturpolitischen Konsequenzen schon der Rektoratsrede an:

> die Opposition gegen den wilhelminischen Byzantinismus der Scherer Schule, aus der auch Sauer hervorgegangen war, eine Opposition gegen deren borrussozentrische Tendenz, die Entwicklung der gesamten deutschsprachigen Literatur ,von oben' als finalen, auf die Reichsgründung von 1871 abzielenden Prozess zu interpretieren und von ,unten aus' feststellbare gegenläufige Bewegungen zu unterschlagen oder zu bagatellisieren. (Krolop 2005: 162)

## 3.4. Die *Deutsche Arbeit* nach dem Rückzug Sauers

Da, wo Heinrich Rauchberg 1902 noch Kritik am Volkstumskampf übt und sich für eine Wahrung des Gleichgewichts ausspricht, gebe es doch „keine dringendere nationale Aufgabe [...] als die weitere wirtschaftliche und soziale Hebung des deutschen Volksstamms, kein törichteres und auf die Dauer vergeblicheres Beginnen, als den Vorteil des eigenen Volkstums in der Schädigung des rivalisierenden zu suchen (Rauchberg 1902: 31),[33] da warnt Franz Jesser knapp zehn Jahre später (1913: 325)[34] emphatisch vor der „nationalen Zersetzung des deutschen Gebietes", vor

> der Steigerung des politischen Einflusses der Tschechen – [der] Verkleinerung des Geltungsgebietes unserer Sprache, der umfassenden tschechischen Kulturarbeit – de[m] Verlust unseres Kulturmonopols, der fortschreitenden Emanzipation vom deutschen Einflusse – die Abnahme unserer Assimilationskraft;

während Hermann Ullmann (1913: 270) Österreich als „Außenposten deutscher Art und Sprache" beschwört. Das neue Leitmotiv lautet sprachlich-kul-

---

33  Heinrich Rauchberg (1860-1938) war Professor für Statistik, Verwaltungslehre und das österreichische Verwaltungsrecht, später Völkerrecht an der deutschen Universität Prag, 1911/12 Rektor sowie Leiter der Volkszählung von 1890 und u. a. Verfasser des dreibändigen Werkes *Der nationale Besitzstand in Böhmen*, 1905.

34  Franz Jesser (1869-1954) war seit 1898 Wanderlehrer des Bundes der Deutschen, nach 1905 Sekretär der Deutschen Agrarpartei in Böhmen, seit 1907 Reichsratsabgeordneter der Agrarpartei, von 1911-1918 der Deutschen Volkspartei, von 1920-1933 Senator der DNSAP im Prager Parlament. Zusammenarbeit mit Franz Spina im Sinne des Aktivismus, Schöpfer der Bezeichnung ,sudetendeutsch' (1902).

turelle Abgrenzung und Intensivierung des nationalen Kampfes, der bisher nur „Symptombehandlung" gewesen sei, um der Bedrohung durch „das Eindringen von Slawen in deutsche Gebiete" und damit verbunden „Geburtenrückgang, Landflucht und Entwurzelung, Rassenverschlechterung und Volksentfremdung" (Ullmann 1912: 2) wirksam zu begegnen. Damit rückt auch in der *Deutschen Arbeit* der Diskurs um Volkszugehörigkeit und Volksbürgertum als eine alle Deutschen umfassende Klammer in den Vordergrund. Sauer, der eine Solidarbeziehung zwischen Reichsdeutschen und Deutschösterreichern durchaus einkalkulierte und sich davon eine Stärkung im Grenzlandkampf versprach,[35] ist von solchen Chauvinismen frei. Allerdings bildete sich auch unter seiner Schriftführerschaft das Modell eines permanenten böhmischen Dualismus heraus. Anders aber als die Apologeten des Volkstumskampfes sucht Sauer die Existenzgefährdung der eigenen Gruppe nicht durch radikale Exklusion und Abgrenzung zu lösen, sondern durch Implantierung eines neuen Selbstbewusstseins mit Hilfe von Kultur und Geschichte. Die Idee eines gleichberechtigten kulturellen Wettbewerbs ist unter Sauers Redaktion der *Deutschen Arbeit* noch lebendig: „Gesittete Völker aber kämpfen nur ‚mit des Geistes Waffen'." (Mitteilungen 1906: 144)

In Folge der Einstellung von Landessubventionen kam es zu einer Kooperation der *Deutschen Arbeit* mit dem Bund der Deutschen in Böhmen, zu dem zuvor schon enge personelle Kontakte bestanden. Allerdings mussten inhaltliche Zugeständnisse gemacht werden, mit denen die *Deutsche Arbeit* eine stärker nationale Orientierung erhielt, die Sauer in einem Aufruf *An unsere Leser* ankündigte. Schließlich gehe es nicht nur um eine organisatorische Umstrukturierung, sondern

> auch den Inhalt der Zeitschrift wollen wir *umgestalten* und *erweitern*. Zwar wird unsere engere Heimat nach wie vor der Mittelpunkt der Zeitschrift bleiben; aber wir werden die Einheit künftig weniger in den einzelnen Persönlichkeiten suchen, die dem Lande entstammen oder zufällig hier wirken, als vielmehr in der *Idee des Nationalismus*, die das ganze deutsche Volk durchdringt und in diesem Grenzlande nur ganz besonders starken Ausdruck findet; wir hoffen auf diese Weise zwischen dem deutschen Österreich und dem Deutschen Reiche eine neue Brücke schlagen zu können (Sauer 1912: 715; Herv. i. O.).

Konzeptionell soll eine Zurückdrängung des Historischen zugunsten des Aktuellen erfolgen, ferner werden kürzere, leserfreundlichere Beiträge sowie Übersichten über „die Leistungen der Deutschen in Böhmen" nicht mehr bloß als bibliographische Aufzählung, sondern – kommentierend – in „kritischer"

---

35 „Unser Volkstum wäre jenseits der politischen Grenzen in Millionen deutscher Herzen tief verankert" (Sauer 1909: 3).

und „zusammenhängender Darstellung" angekündigt (Sauer 1912: 715). Mit dem Jahrgang 12 (1912/13) erfolgte zudem eine neue Binnengliederung der Rundschau, die u. a. ff. Rubriken erhielt: *An der Grenze, Volkserziehung und Volksbildung, Von den Gegnern, Schutzarbeit.* Die programmatische Neupositionierung unter Hermann Ullmann, zuvor in Dresden Redakteur des *Kunstwarts* und Schriftführer des *Dürerbundes,* lautete: Mittlerfunktion zwischen Sudetendeutschen und Reichsdeutschen und Verbindung der Deutschen im Reich und in Österreich (Köpplová 2002: 158). Neben August Sauer zogen sich 1912 auch die deutschjüdischen Autoren zurück, die Redaktion der *Deutschen Arbeit* wurde nach Berlin verlegt.

Ullmann rekapituliert zum 25. Jahrgang die bisherigen 24 Bände als ein „besonderes Stück deutschen Lebens" (Ullmann 1925: 2), aus denen sich ein Prozess der Integration und nationalen Distinktion einer „kleinen Gemeinschaft von Gleichgesinnten" und ein Prozess der Entösterreicherung ablesen lasse:

> *Deutschböhmen* sondert sich geistig und seelisch als eigenes Gebilde ab vom österreichischen Wesen […]. Deutschböhmen sammelt seine Kräfte wie an anderen Stellen so auch hier und beginnt sich als besonderen Teil des Gesamtdeutschtums zu empfinden. Zunächst fast unpolitisch, künstlerisch-literarisch, weniger tendenziös als instinktiv. (Ullmann 1925: 2, Herv. i. O.)

Doch mit dem Wechsel von 1912 kam es zu „schärferen Formulierungen und Forderungen nach beiden Seiten hin," die „Idee der vom Staate unabhängigen *Volkheit*," (Ullmann 1925: 3, Herv. i. O.) setzte sich durch, das Bewusstsein eines „neuen Grenzlandes" entstand:

> Was nach 1918 in der Zeitschrift zum Ausdruck kam, galt für das Grenzland überhaupt, die Zeitschrift stellte sich in den Dienst jener Bewegungen, die im Reiche mächtig anschwollen und den Schutz des Grenz- und ‚Auslands'deutschtums bezwecken. (Ullmann 1925: 4)

Damit einher verlief eine mal deutlichere Distanzierung, Sauer als Jude und Judenfreund – so Gottfried Rothacker –, eine mal vorsichtigere, so Josef Pfitzner (1928: XXXV), nach dem Sauer „duldsam in allen religiösen und Rassefragen" gewesen sei, zudem „ein geschworener Feind jeder Gewaltanwendung bei der Auseinandersetzung in nationalen und weltanschaulichen Dingen, […]."[36] Im sudetendeutschen Selbstviktimisierungsdiskurs wurde zumindest der Kulturpolitiker August Sauer allmählich zu einem unpolitischen

---

36  Unterschiedliche Anschlussmöglichkeiten bot auch der ‚Wissenschaftler' Sauer, was sich an seinen Schülern zeigte: Josef Nadler akzentuierte eher den auf seine nationale Aufgabe verpflichteten Kulturpolitiker Sauer, während Stefansky den eine geistesgeschichtliche Literaturbetrachtung antizipierenden Philologen hervorhob (Adam 1995).

und somit anachronistischen, in der völkischen Auseinandersetzung wenig hilfreichen Intellektuellen, der partiell in Vergessenheit geriet.[37]

## Literatur

Adam, Wolfgang (1995): Einhundert Jahre ‚Euphorion‘. Wissenschaftsgeschichte im Spiegel einer germanistischen Fachzeitschrift. – In: *Euphorion* 88/1, 1-72.

Bachmann, Hermann (Hg.) (1900): *Deutsche Arbeit in Böhmen. Kulturbilder.* Berlin: Concordia.

Barzantny, Tamara (2002): *Harry Graf Kessler und das Theater. Autor, Mäzen, Inititator 1900-1933.* Köln, Weimar, Wien: Böhlau.

Bichlmeier, Harald (2008): Zur sprachlichen Situation und der Sprachenpolitik der Habsburgermonarchie in den böhmischen Kronländern zwischen 1848 und 1914. – In: Kohler, Gun-Britt/Grübel, Rainer/Hahn, Hans-Henning (Hgg.), *Habsburg und die Slavia* (= Mitteleuropa-Osteuropa. Oldenburger Beiträge zur Kultur und Geschichte Ostmitteleuropas, 10). Frankfurt/M.: Lang, 117-148.

Burger, Hannelore (1998): Die Badenischen Sprachenverordnungen 1897 – ein Modell für Europa 1997? – In: *Die Sprachenfrage und ihre Lösung in den Böhmischen Ländern nach 1848* (= ACTA Universitatis Purkynianae, 35). Ústí nad Labbem: Ústav slovansko-germánských studií, 201-214.

Burger, Hannelore/Wohnout, Helmut (1995): Eine ‚polnische Schufterei‘? Die Badenischen Sprachenverordnungen für Böhmen und Mähren 1897. – In: Gehler, Michael/Sickinger, Hubert (Hgg.), *Politische Affären und Skandale in Österreich. Von Mayerling bis Waldheim.* Thaur, Wien, München: Kulturverlag, 79-98.

Burian, Peter (1984): Die Teilung der Prager Universität und die österreichische Hochschulpolitik. – In: *Die Teilung der Prager Universität 1882 und die intellektuelle Desintegration in den böhmischen Ländern* (= Vorträge der Tagung des Collegium Carolinum in Bad Wiessee). München: Oldenbourg, 25-36.

---

37 „Was meine Stellung im Landtage betrifft, so ist es meine Meinung, daß der Rektor der Universität, der dem Landtage nicht dauernd auf Grund seiner politischen Überzeugung, sondern nur vorübergehend kraft seines Amtes angehört, außerhalb aller Parteien stehen, und solange es keinen einheitlichen, alle deutschen Abgeordneten verfassenden Klub gibt, keiner anderen Vereinigung beitreten soll." (zit. n. Pfitzner 1928: XXXVIII) — Zu diesem Vergessen s. den Beitrag von Ulbricht in diesem Band.

Čermák, Josef (2003): Das Kultur- und Vereinsleben der Prager Studenten. Die Lese- und Redehalle der deutschen Studenten in Prag. – In: *brücken* NF 9/10, 107-189.

Dahrendorf, Ralf (2006): *Versuchungen der Unfreiheit. Die Intellektuellen in Zeiten der Prüfung.* Bonn: BpB.

Fischel, Alfred (²1910): *Das österreichische Sprachenrecht. Eine Quellensammlung.* Brünn: Friedrich Irrgang.

Goethe, Johann Wolfgang von/Varnhagen v. Ense, Karl August (1907 [1830]): Rezension zur Monatsschrift der Gesellschaft des vaterländischen Museums in Böhmen. – In: Hellen, Eduard von der (Hg.), *Goethe. Sämtliche Werke. Jubiläumsausgabe* Bd. 38: Schriften zur Literatur Teil 3 (Einleitung und Anmerkungen von O. Walzel). Stuttgart, Berlin: Cotta [erstmals in: *Jahrbücher für wissenschaftliche Kritik* 4, 1830].

Goldstücker, Eduard (1989): *Prozesse. Erfahrungen eines Mitteleuropäers.* München, Hamburg: Knaus.

Goll, Jaroslav (1908): *Rozdělení Pražské university Karlo-Ferdinandovy roku 1882 a počátek samostatné university české* [Die Teilung der Prager Karl-Ferdinands-Universität 1882 und der Beginn einer selbständigen tschechischen Universität]. Prag: Nak. Klubu historického.

Gutschmidt, Karl (2008): ‚Sprachenkämpfe' in der Donaumonarchie. – In: Kohler, Gun-Britt/Grübel, Rainer/Hahn, Hans-Henning (Hgg.), *Habsburg und die Slavia* (= Mitteleuropa-Osteuropa. Oldenburger Beiträge zur Kultur und Geschichte Ostmitteleuropas, 10). Frankfurt/M.: Lang, 101-116.

Hall, Adéla (2008): *Deutsch und Tschechisch im sprachenpolitischen Konflikt. Eine vergleichende diskursanalytische Untersuchung zu den Sprachverordnungen Badenis von 1897.* Frankfurt/M.: Lang.

Havránek, Jan (Hg.) (1997): *Dějiny University Karlovy* [Geschichte der Karlsuniversität Prag]. Bd. 3: 1802-1918. Prag: Karolinum.

Havránek, Jan (2001): Die Teilung der Prager Universität 1882. Zerfall eines Universums oder natürliche Entwicklung? – In: Koschmal, Walter/Nekula, Marek/Rogall, Joachim (Hgg.), *Deutsche und Tschechen. Geschichte, Kultur, Politik.* München: Beck, 645-650.

Heerde, Jeroen B. van (1996): Kunst als politisches Instrument. Die staatliche Kunstförderung in Österreich, 1895-1918. – In: Hojda, Zdeněk/Prahl, Roman (Hgg.), *Český lev a rakouský orel v 19. století. Böhmischer Löwe und österreichischer Adler im 19. Jahrhundert.* Prag, 227-245.

Hemmerle, Josef (1986): Die Gesellschaft zur Förderung deutscher Wissenschaft, Kunst und Literatur in Böhmen. – In: Seibt, Ferdinand (Hg.), *Vereinswesen und Geschichtspflege in den Böhmischen Ländern* (= Bad Wiesseer Tagungen des Collegium Carolinum). München: Oldenbourg, 231-247.

Historia (1982): *Historia* Universitatis Carolinae Pragensis. Příspěvky k dějinám Univerzity Karlovy [Überblick über die Geschichte der Prager Karlsuniversität]. – In: *Tomus* 22/1. Prag: Carolinum.

Hoensch, Jörg K. (1992): *Geschichte Böhmens*. München: Beck.

Jesser, Franz (1913): Wesen und Werden der nationalen Frage. – In: *Deutsche Arbeit* 12/6, 325-328.

Köpplová, Petra (2002): Die Gesellschaft zur Förderung deutscher Wissenschaft, Kunst und Literatur in Böhmen und die Deutsche Arbeit. – In: *Brücken* NF 8, 143-178.

Kroll, Thomas (2007): *Kommunistische Intellektuelle in Westeuropa. Frankreich, Österreich, Italien und Großbritannien im Vergleich (1945-1956)*. Köln, Weimar, Wien: Böhlau.

Krolop, Kurt (2005): *Studien zur Prager deutschen Literatur*. Hrsg. von Klaas-Hinrich Ehlers, Steffen Höhne und Marek Nekula. Wien: Präsens.

Křen, Jan (1996): *Die Konfliktgemeinschaft. Tschechen und Deutsche 1780-1918* (= Veröffentlichungen des Collegium Carolinum, 71). München. Oldenbourg.

Lemberg, Hans (2003): Universität oder Universitäten in Prag – und der Wandel der Lehrsprache. – In: *Universitäten in nationaler Konkurrenz. Zur Geschichte der Prager Universitäten im 19. und 20. Jahrhundert*. Im Auftrag der Historischen Kommission für die böhmischen Länder hrsg. von dems. (= Veröffentlichungen des Collegium Carolinum, 86). München: Oldenbourg, 19-32.

Luft, Robert (1986): Der ‚Deutsche Verein zur Verbreitung gemeinnütziger Kenntnisse‘ in Prag 1869-1938. Ein Beitrag zur Volksbildung. – In: Seibt, Ferdinand (Hg.), *Vereinswesen und Geschichtspflege in den Böhmischen Ländern*. München: Oldenbourg, 139-178.

Macková, Marie (1998): Die Badenischen Sprachenverordnungen und ihre Auswirkung im Leben der Bezirksstadt Landskron. – In: *Die Sprachenfrage und ihre Lösung in den Böhmischen Ländern nach 1848* (= ACTA Universitatis Purkynianae, 35). Ústí nad Labem: Ústav slovansko-germánských studií, 135-142.

Mandlerová, Jana (1995): Die Gesellschaft zur Förderung deutscher Wissenschaft, Kunst und Literatur in Böhmen 1891-1914. – In: *Germanoslavica* II/1, 41-48.

Mikušek, Eduard (1998): Der ‚Bänkelsang‘ über die Badenikrise nach den Obstruktionskarten aus der Leitmeritzer Sammlung. – In: *Die Sprachenfrage und ihre Lösung in den Böhmischen Ländern nach 1848* (= ACTA Universitatis Purkynianae, 35). Ústí nad Labem: Ústav slovansko-germánských studií, 143-165.

Mitteilungen (1906): Čechische Revue. 1. Jg. Heft 1. Oktober 1906. – In: *Deutsche Arbeit* 6/2 (November), 144.

N. N. (1906): Deutsche, lernt tschechisch! – In: *Deutsche Arbeit* 6/3 (Dezember), 207.

N. N. (1926): August Sauer †. – In: *Deutsche Arbeit* 26/1 (Oktober), 2-5.

Pešek, Jiří (2003): Die Prager Universitäten im ersten Drittel des 20. Jahrhunderts: Versuch eines Vergleichs. – In: *Universitäten in nationaler Konkurrenz. Zur Geschichte der Prager Universitäten im 19. und 20. Jahrhundert.* Im Auftrag der Historischen Kommission für die böhmischen Länder hrsg. von Hans Lemberg (= Veröffentlichungen des Collegium Carolinum, 86). München: Oldenbourg, 145-166.

Pfitzner, Josef (1928): August Sauer als Kulturpolitiker. – In: *August Sauers kulturpolitische Reden und Schriften.* Im Auftrage der Deutschen Gesellschaft der Wissenschaften und Künste für die Tschechoslowakische Republik eingeleitet und herausgegeben von dems. Reichenberg: Franz Kraus, V-LIV.

Pichl, Robert (1988): Sauer August. – In: *Österreichisches biographisches Lexikon 1815-1950. Bd. 9: Rázus Martin – Savić Žarko.* Hrsg. von der Österreichischen Akademie der Wissenschaften. Redigiert von Eva Obermayer-Marnach. Wien: Verl. d. ÖAW, 438f.

Rauchberg, Heinrich (1902): Das Zahlenverhältnis der Deutschen und der Tschechen in Böhmen. – In: *Deutsche Arbeit* 2/1 (Oktober), 1-33.

Rosenbaum, Alfred (1925): *August Sauer. Ein bibliographischer Versuch.* Prag: Gesellschaft der deutschen Bücherfreunde in Böhmen.

Sauer, August (1894): Vorwort. – In: *Euphorion* 1/1, III-VI.

Sauer, August (1905a): An unsere Leser. – In: *Deutsche Arbeit* 5,1/1 (Oktober), 1-3.

Sauer, August (1905b): Eine deutschböhmische Biographie. – In: *Deutsche Arbeit* 5,1/2 (November), 113-115.

Sauer, August (1906a): Unsere Bibliotheken II. Noch einmal die Prager Universitätsbibliothek. – In: *Deutsche Arbeit* 5,1/5 (Februar), 346f.

Sauer, August (1906b): Bericht über die volkstümlichen Hochschulkurse an der Prager deutschen Universität im Studienjahr 1904-05. – In: *Deutsche Arbeit* 5,1/5 (Februar), 358f.

Sauer, August (1906c): [Besprechung] Adolf Fick. Vermischte Schriften einschließlich des Nachlasses. Würzburg (Stahel) 1906. – In: *Deutsche Arbeit* 6/1 (Oktober), 63-65.

Sauer, August (1907a): *Literaturgeschichte und Volkskunde. Rektoratsrede.* Prag: K.K. Deutsche Karl-Ferdinands-Universität.

Sauer, August (1907b): Zur Prager Literaturgeschichte. – In: *Deutsche Arbeit* 7/7 (April), 452-55.

Sauer, August (1907c): „Deutsche Studenten – nach Prag!" – In: *Deutsche Arbeit* 7/5, 7, 8 (Februar, April/Mai), 274-276, 477f., 544f.

Sauer, August (1907d): Jugendfestspiele. – In: *Deutsche Arbeit* 8/1 (Oktober), 1-3.

Sauer, August (1907e): Prag und seine deutschen Hochschulen. – In: Ders., *Kulturpolitische Reden und Schriften.* Im Auftrage der Deutschen Gesellschaft der Wissenschaften und Künste für die Tschechoslowakische Republik eingeleitet und herausgegeben von Josef Pfitzner. Reichenberg [1928]: Sudetendeutscher Verlag Franz Kraus, 28-39.

Sauer, August (1908a): Ein tschechisches Kulturdokument in richtiger Beleuchtung. – In: *Deutsche Arbeit* 8/2 (November), 65-68.

Sauer, August (1908b): Eine deutsche Nationalbibliothek für Böhmen. – In: *Deutsche Arbeit* 8/3 (Dezember), 255-258.

Sauer, August (1909): In partibus infidelium. – In: *Deutsche Arbeit* 9/1 (Oktober), 1-3.

Sauer, August (1910a): Dem zehnten Jahrgang zum Geleite. – In: *Deutsche Arbeit* 10/1 (Oktober), 1-6.

Sauer, August (1910b): Die Prager Hochschulen. Eine notgedrungene Abwehr. – In: *Deutsche Arbeit* 9/9 (Juni), 527-533.

Sauer, August (1911a): Klassikervorstellungen für die Jugend. – In: *Deutsche Arbeit* 10/5 (Februar), 287-290.

Sauer, August (1911b): Die neuen Volksbildungsbestrebungen der Deutschen in Böhmen. – In: *Deutsche Arbeit* 11/1 (Oktober), 1-5.

Sauer, August (1912): An unsere Leser. – In: *Deutsche Arbeit* 11/12 (September), 715.

Sauer, August (1920): *Über die Bedeutung der deutschen Universität in Prag.* Reichenberg: Franz Kraus.

Sauer, August (1928): *Kulturpolitische Reden und Schriften.* Im Auftrage der Deutschen Gesellschaft der Wissenschaften und Künste für die Tschechoslowakische Republik eingeleitet und herausgegeben von Josef Pfitzner. Reichenberg: Franz Kraus.

Sauer, August (1933a [1904]): Rede auf Schiller. – In: Ders., *Probleme und Gestalten.* Mit einem Vorwort von Hedda Sauer hrsg. von Otto Pouzar. Stuttgart: Metzler, 47-71.

Sauer, August (1933b [1906]): Rede zur Enthüllung des Goethe-Denkmals in Franzensbad am 9. September 1906. – In: Ders., *Probleme und Gestalten.* Mit einem Vorwort von Hedda Sauer hrsg. von Otto Pouzar. Stuttgart: Metzler, 8-18.

Sauer, August (1933c [1906]): Rede bei der Enthüllung des Stifterdenkmals in Oberplan am 26. August 1906. – In: Ders, *Probleme und Gestalten.* Mit einem Vorwort von Hedda Sauer hrsg. von Otto Pouzar. Stuttgart: Metzler, 83-97.

Scharf, Christian (1998): Nach Einführung des Dualismus: Der deutsch-tschechische Sprachenstreit als Mittel zum Zweck? – In: *Die Sprachenfrage und ihre Lösung in den Böhmischen Ländern nach 1848* (= ACTA Universitatis Purkynianae, 35). Ústí nad Labem: Ústav slovansko-germánských studií, 95-104.

Schmidt-Hartmann, Eva (1984): Die philosophische Fakultät der tschechischen Universität um 1882. Kontinuität und Wandel. – In: *Die Teilung der Prager Universität*

*1882 und die intellektuelle Desintegration in den böhmischen Ländern* (= Vorträge der Tagung des Collegium Carolinum in Bad Wiessee). München: Oldenbourg, 95-110.

Schmied, Erich (1984): Die altösterreichische Gesetzgebung zur Prager Universität. Ein Beitrag zur Geschichte der Prager Universität bis 1918. – In: *Die Teilung der Prager Universität 1882 und die intellektuelle Desintegration in den böhmischen Ländern* (= Vorträge der Tagung des Collegium Carolinum in Bad Wiessee). München: Oldenbourg, 11-23.

Servaes, Franz (1906): Die Kunst auf der Reichenberger Ausstellung. – In: *Deutsche Arbeit* 5,2/11 (August), 365-372.

Spina, Franz (1906): Die Erlernung des Tschechischen in unseren deutschen Lehranstalten. Zugleich ein Beitrag zu unserer Beamtenfrage. – In: *Deutsche Arbeit* 5,2/6 (März), 439-442.

Skilling, Gordon H. (1949): The Partition of the University in Prague. – In: *The Slavonic and East European Review* 27, 430-449.

Takebayashi, Tazuko (2005): *Zwischen den Kulturen. Deutsches, Tschechisches und Jüdisches in der deutschsprachigen Literatur aus Prag. Ein Beitrag zur xenologischen Literaturforschung interkultureller Germanistik.* Hildesheim, Zürich, New York: Olms.

Teilung (1984): *Die Teilung der Prager Universität 1882 und die intellektuelle Desintegration in den böhmischen Ländern* (= Vorträge der Tagung des Collegium Carolinum in Bad Wiessee). München: Oldenbourg.

Ullmann, Hermann (1912): Unsere Aufgaben. – In: *Deutsche Arbeit* 12/1 (Oktober), 1-3.

Ullmann, Hermann (1913): Was können die Reichsdeutschen von uns lernen? – In: *Deutsche Arbeit* 12/5 (Februar), 269-272.

Ullmann, Hermann (1925): Zum Beginn des 25. Jahrgangs. – In: *Deutsche Arbeit* 25/1 (Oktober), 2-6.

Justus H. Ulbricht

# Kulturelle Prägung und politische Versuchung.
# August Sauer – Vaterfigur der jungen Generation?

*meiner „großen Schwester",*
*der ähnlich Heimatlosen...*

## 1. Einführung

Da der Verfasser im Folgenden versuchen möchte, einer Vaterfigur auf die
Spur zu kommen, sei ein Hinweis auf den ursprünglich sehr persönlichen
Zugang zum Thema gestattet. Ausgangspunkt auch für meine Überlegungen
kann eine Formulierung des Schriftstellers Jörg Bernig (2009: 3) sein:
„Mitteleuropa begegnete mir zuerst in Form meiner Familie, aber ich wusste
lange nicht, dass es Mitteleuropa war, das mir auf diese Art begegnete."

Vor nunmehr drei Jahren meinte ich eher beiläufig im Gespräch mit Steffen
Höhne,[1] man könne doch mal eine Tagung über August Sauer machen. Dem
war vorausgegangen, dass ich vor etwa drei Jahrzehnten erstmals (und seitdem
mehrmals wieder) die Nachlasskiste meiner Eltern geöffnet und dort auch die
Studienbücher meines Vaters zu Gesicht bekommen hatte – als ich acht Jahre alt
war, starb er, und knapp zwei Jahre darauf auch meine Mutter. So lernte ich erst
viel später, nun selbst Student der Geschichte und Germanistik (wie mein Vater),
das frühere Leben meiner Eltern aus einem, vermutlich etwas gesäuberten,
Familiennachlass kennen. Darunter fand sich auch die Tatsache, dass mein Vater
Herbert Ulbricht 1929 an der Deutschen Universität in Prag in Germanistik promoviert wurde, an der er seit dem Wintersemester 1919/20 studiert und mehrere Seminare bei August Sauer und Adolf Hauffen besucht hatte.

Seitdem steige ich als Sohn und Historiker mit wachsender Neugier meinem Vater hinterher und versuche zu verstehen, was den geistigen Kosmos

---

1  Mit ihm und seinen Studenten konnte ich zwischen 2006 und 2009 auf Exkursionen nach
   Brno, Bratislava, Budapest, Lviv, Czernivci, Ljubljana und Triest so mancher ‚kakanischen'
   und mitteleuropäischen Spur nachgehen. Als publizistischen Niederschlag solcher Suchbe-
   wegungen s. Ulbricht (2006, 2008a und b, 2009).

von ‚Sudetendeutschen'[2] ausmacht – denn als solcher verstand sich mein Vater
(zumindest einige Jahre lang), der am 9. Oktober 1900 in Aussig an der Elbe
geboren ist. Damit war er ein Altersgenosse von Josef Hanika (* 30.10.1900).[3]
Beide Erstsemester dürften sich bereits 1919/20 in den Seminaren Sauers
getroffen haben. Ein weiterer Kommilitone, nämlich Kurt Oberdorffer, hat
1941 in der Festschrift zu Erich Gierachs 60. Geburtstag auf die Bedeutung
der Lehrer Sauer und Hauffen für diese junge Nachkriegsgeneration hingewiesen (Weger 2006: 179).

Einige Namen, die man aus den Forschungen der vergangenen
Jahre zum ‚sudetendeutschen' Eliten- und Intellektuellennetzwerk der
Zwischenkriegszeit kennt, tauchen auch im rudimentären Briefwechsel meines Vaters auf. Er gestaltete in den 1930er Jahren in Berlin die Kulturarbeit
des *Sudetendeutschen Heimatbundes* mit; in der *Publikationsstelle* – dem Knoten
im Netzwerk der *Volksdeutschen Forschungsgemeinschaften* – arbeitete er ab Juni
1936 an einer deutschen Sprachenkarte (Fahlbusch 1999: 159),[4] verwaltete
außerdem die „Volkstumskartei Böhmen und Mähren" und fungierte schließlich gar als dienstoffizieller Verbindungsmann zur *Reinhard-Heydrich-Stiftung*
(Wiedemann 2000)[5] in Prag.[6] Die kurze Karriere Herbert Ulbrichts in der
Dahlemer Publikationsstelle unter Johannes Pappritz wurde gekrönt durch
die Verleihung des Archivratstitels im Jahre 1944; die Ernennungsurkunde
trägt das Signum „des Führers". – Solche Funde erfreuen mich zwar nicht
unbedingt, waren und bleiben jedoch Anlass genug, diversen Spuren weiter
zu folgen.

---

2   In diesem Aufsatz werden dieses Wort und dessen adjektivische Form immer in Anfüh-
    rungsstrichen auftauchen, denn es ist eine konstruierte Identitätschiffre mit einer höchst
    problematischen ideologisch-politischen Wirkungsgeschichte, keine neutrale Bezeichnung
    für eine so ohnehin nicht existente Bevölkerungsgruppe. Zum Problemfeld ‚sudeten-
    deutsch' vgl. Lemberg (2006); Weger (2008: 30-51).

3   Hanika, seit 1917 – anders als Herbert Ulbricht – völkischer Wandervogel, studierte bei
    Primus Lessiak, August Sauer, Adolf Hauffen, Gustav Jungbauer; slawistische Seminare
    und Vorlesungen hörte er bei Reinhold Trautmann, Gerhard Gesemann und Franz Spina
    (Weger 2006; Zückert 2001; Schroubek 1984; Lozoviuk 2008: 189ff.).

4   Dort wird – neben Erwin Winkler in Prag und Hugo Hassinger in Wien (*Südostdeutsche
    Forschungsgemeinschaft*), Otto Albrecht Isbert (*Deutsches Auslandsinstitut*), Franz Doubek und
    Margarete Klante (*Publikationsstelle Dahlem*) auch Herbert Ulbricht als Bearbeiter der Spra-
    chenkarte Tschechoslowakei genannt.

5   Dort wird mein Vater namentlich nicht erwähnt.

6   „Herbert Ulbricht war Referent für das Protektorat Böhmen und Mähren und das Sude-
    tengebiet und unterhielt damit den Kontakt zur 1942 gegründeten Reinhard-Heydrich-
    Stiftung in Prag, die von Hans Joachim Beyer geleitet wurde. Ulbricht beaufsichtigte auch
    die Bearbeitung der Deutschen Volksliste und Volkstumskartei." (Fahlbusch 1999: 559)

Im Herbst 2007 schrieb ich einen Aufsatz zu den Anfängen der Jugendbewegung in Sachsen und stieß dabei auf die engen Kontakte zwischen thüringischen, sächsischen und böhmischen Wandervögeln vor dem Ersten Weltkrieg (Ulbricht 2007). Im Gaublatt *Burschen heraus!*[7] des 1913 als eigenständig gegründeten „Gau Deutschböhmen" (einer Unterabteilung des *Österreichischen Wandervogels*, der selbst erst 1911 in Nordböhmen gegründet worden war), fand ich im Juni-Heft 1917 die Notiz, dass nun auch „K. Ulbricht" aus Aussig eine Ausweiskarte erhalten und somit die Anwartschaft zur Mitgliedschaft im Wandervogel erworben habe.[8] Karl Ulbricht, der in den 1980er Jahren in „Karl-Marx-Stadt", heute wieder Chemnitz, gestorben ist, war der jüngere Bruder meines Vaters – ich habe ihn nie kennen gelernt, wofür die deutsche Teilung sowie die Distanz zwischen den Brüdern Herbert und Karl gesorgt hatte. Zur Jugendbewegung hat mein Onkel vielleicht über seinen Turnlehrer auf der Aussiger Realschule gefunden, den späteren Reichenberger Gymnasialprofessor Hans Dittrich,[9] der 1907 nach Prag gekommen war, um Germanistik zu studieren. Dort traf er Josef Mattauch, Johannes Stauda, Julius Janiczek (der sich später in Walter Hensel umbenannte) und Hans Moutschka (der sich in Mautschka verdeutschte).[10]

Da sind sie alle beisammen: die Gründungsväter der Prager und böhmischen Vorkriegsjugendbewegung – und alle waren Studenten und Schüler

---

7   Schriftleiter dieses Organs der Böhmischen Wandervögel wurde alsbald Johannes Stauda; zu diesem s. Jacques (2007). – Von Stauda wird noch öfter die Rede sein.

8   Vgl. *Österreichischer Wandervogel*, Juni 1917 [= 5. Jahrgang von *Burschen heraus!* 1916/17], S. 15.

9   Hans Dittrich gehörte als „Urpachant" [„B/Pachanten" oder „Vaganten" nannten sich die frühen Wandervögel; erstere Bezeichnung kommt nicht von Bacchus, sondern von Vagant!] zur Gründergeneration der Prager und deutschböhmischen Wandervogelbewegung. Geboren 1885 in Hermannsthal bei Reichenberg, kommt er 1899 auf das Gymnasium in Aussig, wechselt 1907 vom Deutschen Gymnasium in Prag-Weinberge an die dortige Universität und trifft dort Hans Mautschka. Beider Berufsziel ist es, Turn- und Französischlehrer am Gymnasium zu werden. 1910 trifft D. auf Julius Janiczek, einem Studenten von Adolf Hauffen, der 1923 die Finkensteiner Singbewegung ins Leben rief. 1912/13 ist Dittrich Bundesführer des Wandervogels in Prag. Als Aussiger Turnlehrer meldet er sich 1914 freiwillig und gerät in russische Kriegsgefangenschaft – zusammen mit Erich Gierach! D. setzt ab 1920 seine Zusatzausbildung zum Deutschlehrer fort und promoviert. Danach ist er als Gymnasialprofessor in Reichenberg tätig, wo er ab 1926 in der von Gierach gegründeten „Anstalt für sudetendeutsche Heimatforschung" als Mundartforscher aktiv ist. Dittrich stirbt am 1. Juli 1981 in Köln-Sürth. Kurzbiographie [mit einer typischen Lücke zwischen 1926 und 1945] in Stauda (1978: 11f.). Weitere Hinweise zu Dittrich und dessen Bundesbrüdern in Stauda (1975). Zum erwähnten „Arbeitskreis" s. Konrad (2008).

10  Zu diesen Herren später mehr.

August Sauers, manchmal zugleich auch Adolf Hauffens, sowie Anhänger
der zeitgenössischen bildungsbürgerlichen Reformbewegungen.

## 2. Spurensuche

> *Wenn man keinen guten Vater hat, so soll man sich einen
> anschaffen.*
>
> Friedrich Nietzsche

Wer immer sich mit Biographie und Werk des seinerzeit hochberühm-
ten Prager Germanisten August Sauer befasst, stößt auf eine auffällige
Diskrepanz in der historiographischen, kulturhistorischen und fachwissenschaftlichen Wahrnehmung dieses Gelehrten und seines allein schon quantitativ beeindruckenden Œuvres (Rosenbaum 1925).[11] Es existiert keine
monographische Würdigung Sauers, keine Werk- oder Gelehrtenbiographie
– nur an wenigen Stellen der Sekundärliteratur wird etwas gründlicher auf
ihn Bezug genommen.[12] In Klaus Weimars Grundlagenwerk zur *Geschichte der
deutschen Literaturwissenschaft* hat es Sauer immerhin bis in die Anmerkungen
und auf einige dort erstellte Listen von germanistischen Lehrstuhlinhabern
geschafft (Weimar 2003: 431/Anm. 108, 438, 439, 455, Anm. 210, 456, Anm.
215, 483, Anm. 337). Allenfalls in der Masse der Stifter- und Grillparzer-
Forschung – die der Verfasser in Gänze jedoch weder überschaut noch durch-
forstet hat – darf man mit verstreuten, etwas ausführlicheren Bemerkungen
zu Sauers Leben und Werk rechnen (Hofmann 2001; Becher 2007).[13] Sucht
man – von der Geschichtsschreibung der deutschen Literaturwissenschaft etwas enttäuscht – nunmehr in der Geschichtswissenschaft nach Hinweisen,
zum Beispiel in der grundlegenden Arbeit zur *Volksgeschichte* von Oberkrome
(1993), so trifft man ein einziges Mal auf Josef Nadler (Oberkrome 1993: 97),
nicht jedoch auf dessen prägenden akademischen Lehrer. Das *Handbuch zur*

---

11  Knapp 51 Seiten dieser 63 Seiten starken Bibliographie sind mit den Werken Sauers gefüllt,
    wobei dessen Zeitungs- und Zeitschriftenartikel noch nicht einmal lückenlos erfasst sind.
12  Die Mehrheit dieser Ausnahmen von der Regel wird in diesem Aufsatz noch herangezogen
    und an betreffender Stelle zitiert.
13  Zur „maßgeblichen" Rolle Sauers und einiger seiner Schüler bei der Entdeckung und Po-
    pularisierung Stifters s. Pohl (2008).

‚*Völkischen Bewegung*' nennt Sauer zweimal, an entscheidender Stelle jedoch in falschem Zusammenhang. Denn dort wird die Rektoratsrede von 1907 bereits als Startschuss zur „völkischen Radikalisierung" der Literaturwissenschaft rubriziert.[14] Ein anderes wichtiges Handbuch, in dem man Sauer hätte vermuten können, kennt nur eine Doris Sauer (Jacobeit/Lixfeld/Bockhorn 1994).[15] In den gewichtigen Dokumentationen zur deutschen Jugendbewegung, in denen die Namen zahlreicher Schüler des Prager Professors auftauchen, wird er selbst nicht genannt (s. Register in Kindt 1968; 1974). Ironie der Geschichte! –, denn bereits Sauer (1911: 98) selbst klagte: „Die allgemeinen deutschen Nachschlagebücher nehmen auf Böhmen viel zu wenig Bedacht."

Erst recht erstaunt aber die Tatsache, dass in einer der wenigen einschlägigen Darstellungen der Aktivitäten ‚sudetendeutscher' Jugendbewegter,[16] die freilich noch von der Zeitzeugen-, Mitläufer- und in manchen Fällen eben auch der Tätergeneration selbst verfasst worden ist, Sauers Name nicht einmal en passant erwähnt wird: In Peter Nasarskis (1967) *Deutsche Jugendbewegung in Europa*[17] tauchen hingegen sämtliche Personen als Autoren oder namentlich auf, die zwischen 1900 und 1945 in Prag, Deutschböhmen und Österreich als Jugendbewegte, Lehrer, Volksbildner oder gar Professoren tätig gewesen sind und die nach 1945 umso deutlicher von Europa[18] sprachen, je weniger sie Willens und in der Lage waren, die eigenen völkischen Prägungen präzise und offen zu thematisieren.[19] Jüngere Arbeiten über die deutschnational-völkisch-jugendbewegten Netzwerke in Deutschland,

---

14   „Maßgeblich für […] die später einsetzende völkische Radikalisierung ist die Rektoratsrede des Prager Literaturprofessors August Sauer 1907 und die Literaturgeschichte seines Schülers Josef Nadler." (Schumann 1996: 867)

15   Adolf Hauffen findet dort nur eine einzige Erwähnung.

16   Eine aktuellen Forschungsstandards und Problemperspektiven der Erinnerungskultur genügende Darstellung der Jugendbewegung in Österreich und dessen Nachfolgeterritorien zwischen 1900 und 1949 ist ein absolutes Desiderat der Jugendbewegungsforschung. Hier dominiert bis heute eine „reichsdeutsche" Perspektive. Zur Orientierung unverzichtbar sind die Quelleneditionen von Werner Kindt (1968; 1974).

17   Dort schreiben u. a. Karl Thums, Sepp Großschmidt, Hans Christ, Kurt Oberdorffer, Wilhelm Jesser, Willi Horak, deren Aktivitäten vor 1945 noch genauer nachzugehen wäre.

18   Freilich geht der Blick Nasarskis und seiner Autoren auf besondere Weise nach Europa, nach England und Frankreich, Polen (Ostpreußen, Schlesien!), und Italien (Südtirol!) oder gar in die Sowjetunion (Russland) – bewegt sich also auf den Spuren der Auslands- und Grenzlandfahrten der Bündischen Jugend in der Zwischenkriegszeit. Der Schwerpunkt der Darstellungen liegt im ‚Sudetenland'.

19   Vgl. die äußerst kritische, wiewohl berechtigte und begründete Sicht auf das ‚sudetendeutsche' Denken in den Beiträgen des Buches von Hahn (2007). Unverzichtbar auch Weger (2008).

der ersten Tschechoslowakischen Republik, dem „Sudetengau" und dem
„Reichsprotektorat Böhmen und Mähren" existieren wenige (Berthold 1988;
Becher 1993; Luh 1988).

Andererseits fehlt Sauers Name in kaum einer der einschlägigen
Forschungsarbeiten zur komplexen und komplizierten (Kultur-)Geschichte
der deutsch-,deutschböhmisch'-tschechisch-,sudetendeutschen' Beziehungen
seit Ende des 19. Jahrhunderts,[20] wo er dann zumeist als Impulsgeber und
Anreger für eine produktive, damals auch recht neue Beziehung zwischen
Literaturwissenschaft und Volkskunde, als engagierter Verfechter deutschböhmischer Kultur, als inspirierender akademischer Lehrer, als zentrale Figur
des deutschböhmischen Vereinslebens und als Prager Kulturaktivist seit etwa
1890 gewürdigt wird. Wenn in diesem Zusammenhang überhaupt einmal auf
ein konkretes Werk Sauers eingegangen wird, dann ist es dessen bereits erwähnte Rektoratsrede *Literaturgeschichte und Volkskunde* von 1907, die zumeist
jedoch nur erwähnt, aber kaum systematisch interpretiert wird.[21]

Zieht man die einschlägigen lexikalischen Nachschlagewerke zu Rate
(Seibt 2000: 597f.; König 2003: 1568-1571; NDB 2005 451f.), fällt in den
betreffenden Artikeln über Sauer sofort dessen großes Engagement im
akademischen und außeruniversitären bürgerlichen Vereinswesen ins
Auge. Das *Internationale Germanistenlexikon 1800-1950* etwa nennt insgesamt drei Akademien und zwölf Vereinigungen, in den Sauer mal Mitglied,
mal Gründungsmitglied, mal Vorsitzender oder Vorstand gewesen ist. In
unserem Zusammenhang besonders wichtig sind Sauers Funktionen als
Gründungsmitglied der *Gesellschaft zur Förderung deutscher Wissenschaft, Kunst und
Literatur in Böhmen* (Hemmerle 1986; Köpplová 2002), der *Deutschen Gesellschaft
für Altertumskunde in Prag*, des *Landesverbands für deutsches Volksbildungswesen in
Böhmen* (Gründungsvorsitzender), des *Deutschen Vereins zur Verbreitung gemeinnütziger Kenntnisse* in Prag (Luft 1986) und der *Gesellschaft deutscher Bücherfreunde
in der Tschechoslowakei* (Gründungsmitglied, Präsident). Schließlich saß er
auch im Vorstand der *Deutschen Liga für Völkerbund und Völkerverständigung
in der Tschechoslowakischen Republik* – im politisch aufgeheizten Klima der
Nachkriegszeit keine Selbstverständlichkeit.

Dieses große Engagement in Vereinen ist allerdings – so eine neuere
Einschätzung – für die erste Generation der deutschen Prager Germanisten
durchaus typisch gewesen, wobei diese dabei wohl weniger „ihr Fach in der

---

20  Er taucht interessanterweise nicht auf bei Luh (1988).
21  Auch wir werden auf diesen Text zurückkommen. – Vgl. aber auch den Beitrag von Karl
    Braun in diesem Band.

Öffentlichkeit" repräsentierten[22] als vielmehr ihre kulturelle und politische Gesinnung (die freilich in ihren eigenen Augen nur eine unpolitische war) öffentlich kundtaten. Auch Vodražková-Pokorna (2007: 101, Anm. 34) betont, dass sich Sauer „jenseits politischer Interessen" im Bereich der Kulturpolitik engagiert und sich auch als Rektor mit Virilstimme im Böhmischen Landtag keiner der deutschen Parteien angeschlossen habe. Doch ist gerade die Distanz zur Parteipolitik Kennzeichen jenes politisch folgenreichen „unpolitischen Deutschtums" (Fritz Stern) zahlreicher deutscher Bildungsbürger mit impliziten politischen Interessen.

August Sauers Person und Wirkung habhaft werden zu können ist also in der Regel eine Spurensuche in höchst heterogenen Textwelten und den Netzwerken soziokultureller Bewegungen der Zwischenkriegszeit. Die Sache wird dadurch komplizierter, dass deren Geschichte bis heute in einer Art ‚reichsdeutsch'-österreichisch-tschechischen Arbeitsteilung – und dadurch oftmals nicht im gebotenen Zusammenhang – erforscht worden ist.[23] Die einzige Überblicksdarstellung der in unserem Zusammenhang wichtigen deutschen bürgerlichen Jugendbewegung, die den deutschböhmischen und ‚sudetendeutschen' Filiationen dieser sozialen Bewegung breiten Raum gibt, ist die vom Geist des Nationalsozialismus affizierte Darstellung Luise Ficks (1939). Dies ist kein Wunder, denn es war der völkische Wandervogel, ‚sudetendeutsche' Volkstumsaktivist und spätere Nationalsozialist Kleo Pleyer,[24] Bruder des nicht minder aktiven ‚sudetendeutschen' Schriftstellers Wilhelm Pleyer,[25] der diese Untersuchung angeregt hat. Die jüngeren bundesrepublikanischen Darstellungen der Jugendbewegung bleiben auf die binnendeutschen Verhältnisse fixiert und

---

22  So die – von mir nicht geteilte – Einschätzung von Lenka Vodražková-Pokorná (2007: 98). – Im Übrigen schildert die Autorin umfassend und präzise das Vereinsengagement der Prager Professoren, vor allem das Hauffens und Sauers. Details aber sollen hier nicht wiederholt werden.

23  Dabei reproduziert sich eine Signatur der deutsch-tschechischen Kultur der ersten Hälfte des 20. Jahrhunderts in der aktuellen Forschungslandschaft. Während zahlreiche tschechische Forscherinnen und Forscher aufgrund ihrer doppelten Sprachkompetenz die deutschen Arbeiten nutzen können, sind die entsprechenden tschechischen Produktionen nur denjenigen Deutschen oder Österreichern zugänglich, die des Tschechischen mächtig sind – und das sind wenige, vor allem außerhalb der engeren Fachgrenzen von Slavistik und Bohemistik.

24  Kurzbiographie von Kleo[phas] Pleyer – mit wichtigen Quellenhinweisen – bei Breuer/ Schmidt (2010: 387-389).

25  Wer sich mit dem Geist völkisch radikalisierter Sudetendeutscher bekannt machen möchte, der lese Wilhelm Pleyers (1934) autobiographisch getönten Roman *Der Puchner. Ein Grenzlandschicksal*. – Zum Kontext s. Schroubek (1982); Reif (1995). Zu Pleyer auch Berger (1993; 1995). Interessant sind auch die tschechischen Kontexte, dazu Rinas (2008).

kommen allenfalls am Rande oder in Exkursen auf diejenigen Verhältnisse und Regionen zu sprechen, die in unserem Zusammenhang einschlägig sind.[26]

Umso näher liegen daher Hinweise aus dem unmittelbaren kulturellen Kontext des Sauerschen Lebens und Schreibens; so geht der Blick nach Böhmen und nach Prag – um auch dort höchst Heterogenes anzutreffen: Im Jahre 1922 erschien unter dem Titel *Der Heimatforscher* in dritter Auflage ein seinerzeit in den Kreisen der deutschböhmischen und „sudetendeutschen" Lehrerschaft geschätztes Buch des Lehrers und Heimatforschers Josef Blau.[27] Gewidmet ist dies Werk zwar „dem Herrn Universitätsprofessor Dr. Adolf Hauffen in Prag, der zuerst die Lehrerschaft Deutschböhmens zur planmäßigen Arbeit auf dem Gebiet der Volks- und Heimatkunde angeleitet" hat, doch an wichtiger Stelle, nämlich im Schlusskapitel „Die Heimat als Bildungsboden", findet sich ein zustimmend aufgenommenes (und folglich kursiv hervorgehobenes) wörtliches Sauer-Zitat.

> Jeder Mensch ist durch seine Familie, durch seine Sippe mit dem Volksstamm verbunden, aus dem er hervorgegangen ist und dadurch mit der Landschaft, in der dieser Volksstamm siedelt, und diese nennen wir seine Heimat. (Blau 1922: 256)[28]

Das komplette Zitat findet sich in einem programmatischen Aufsatz Sauers von 1920 *Noch ein Wörtchen über Heimatbildung*[29] – auf den Sachzusammenhang kommen wir zurück.

Im Jahre 1962 erschien in Zürich Johannes Urzidils voluminöse Studie *Goethe in Böhmen*. Der erste Satz des Vorwortes lautet: „Die Geschichte dieses Buches beginnt im germanistischen Seminar Professor August Sauers an der Prager deutschen Universität im Jahre 1914." (Urzidil 1962: 7; Takebayashi 2005: 103, Anm. 106)[30]

---

26 Georg Seewanns ältere Arbeiten zur österreichischen Jugendbewegung lagen mir zu diesem Zeitpunkt nicht vor. Hinweise auf unseren Zusammenhang auch in der älteren Darstellung von Ursin/Thums (1961).

27 Zu Blau und dessen Gesinnungsgenossen Emil Lehmann s. Lozoviuk (2008: 238ff.).

28 Bei dieser 3. Auflage handelt es sich um einen unveränderten Abdruck der 2. umgearbeiteten und bedeutend erweiterten Auflage des Buches *Der Lehrer als Heimatforscher*. Widmung nach dem Titelblatt, unpag.; Sauer-Zitat s. Blau (1922: 256).

29 „Jeder Mensch ist durch seine Familie, durch seine Sippe mit dem Volksstamm verbunden, aus dem er hervorgegangen ist und dadurch mit der Landschaft, in der dieser Volksstamm siedelt, und diese nennen wir seine Heimat. So muß jeder Mensch aus seiner Heimat heraus für seine Heimat erzogen und gebildet werden; das nennen wir Heimatbildung." (Sauer 1920: 203)

30 Urzidils Buch war erstmals 1932 in Wien und Leipzig erschienen, die Zürcher Ausgabe wurde beträchtlich erweitert und überarbeitet. Dort taucht Sauer noch öfter auf, allerdings ausschließlich als Goethe-Forscher und somit als wissenschaftlicher Referenzautor.

Josef Mühlberger[31] legte 1981 eine erweiterte und überarbeitete Auflage seiner erstmals 1929 erschienenen Arbeit *Die Dichtung der Sudetendeutschen in den letzten fünfzig Jahren* unter dem Titel *Geschichte der deutschen Literatur in Böhmen 1900–1939* vor. Das Nachwort endet mit dem Satz:

> Ich widme das Buch meinem Lehrer an der Deutschen Universität in Prag, August Sauer, der meine erste sudetendeutsche Literaturgeschichte angeregt hatte, und dem Verleger Johannes Stauda, dessen langjähriger Mitarbeiter und Autor ich sein durfte. (Mühlberger 1981: 414)[32]

Der erste Band der zuerst berühmten, später auch berüchtigten *Literaturgeschichte der deutschen Stämme und Landschaften* von Josef Nadler – auch er ein Schüler August Sauers[33] – enthält eingangs nicht nur die Widmung „Dem Andenken August Sauers", sondern außerdem ein Zitat aus Franz Grillparzers *Der arme Spielmann*: „Man kann die Berühmten nicht verstehen, wenn man die Obskuren nicht durchwühlt hat." (Nadler 1939: Vorblatt innen, unpag.)[34]

Wollte man dies Wort auf Sauer selber anwenden, dann bedeutete es, erst einmal Josef Nadler, Josef Pfitzner, Josef Hanika, Otto Kletzl, Johannes Stauda, Emil Lehmann und zahlreiche andere Wissenschaftler, Publizisten und Autoren der Zwischenkriegszeit – darunter manch „Obskuren" – lesen zu müssen, um deren Impulsgeber Sauer angemessen zu verstehen.

Man ist stattdessen jedoch eher geneigt, den Germanisten, akademischen Lehrer, Vereinsaktivisten und deutschböhmischen Vordenker Sauer vor zahlreichen seiner angeblichen (und einiger tatsächlicher) Schüler oder gar Jünger

---

31 Trotz der Aktivitäten eines Freundeskreises ist dieser Autor der heutigen Öffentlichkeit kaum noch bekannt. Doch stellen Mühlbergers Person und Werk einen der interessantesten „Fälle" deutschböhmisch-„sudetendeutscher" Existenz im „Zeitalter der Extreme" (Eric Hobsbawm) dar (Becher 1989; Berger 2000; siehe nun auch das Mühlberger-Sonderheft der *Germanoslavica* 20/1 [2009]).

32 Der national empfindende, der tschechischen Kultur gegenüber offene Intellektuelle Mühlberger und der völkische Wandervogel, Verleger und Volkstumsaktivist Stauda waren kurzfristig ein Team bei der Herausgabe der Zeitschrift *Witiko* (Höhne 2009). Die Zeitschrift kritischer sieht Christian Jacques (2007: Anm. 14).

33 Die bisher umfassendste Würdigung von Leben und Werk findet sich, freilich zeitgeistig getönt, im Vorwort von Josef Pfitzner zu August Sauers *Kulturpolitischen Schriften und Reden* (Pfitzner 1928).

34 Es handelt sich bei dieser Ausgabe um die vierte, vollkommen überarbeitete des zwischen 1912 und 1918 erstmals erschienenen, vierbändigen Opus Magnum Nadlers, das in der ersten Auflage noch den Titel *Literaturgeschichte der deutschen Stämme und Landschaften* trug. Über die freiwilligen ideologischen Anpassungsleistungen, die Nadler zwischen der ersten und der vierten Auflage dem Nationalsozialismus gegenüber erbrachte, informiert in aller Kürze Ranzmaier (2005).

in Schutz zu nehmen, statt deren Tun und Denken eindeutig auf das des berühmten Prager Grillparzer- und Stifter-Editors[35] zurückzuführen. Der nati-
onalliberale Enthusiast deutschböhmischer Kultur hat bei allem Engagement
für die Sache „der Deutschen" den Ausgleich mit „den Tschechen" nicht aus
dem Auge verloren, sich nach 1918/19 auf den Boden des neuen Staates gestellt – und hätte folglich mit der politischen Radikalisierung und extrem nationalistischen Verengung im Denken zahlreicher seiner ehemaligen Studenten
und Bewunderer wenig im Sinn gehabt.[36] Er wäre also in Haltung und Sprache
kaum ein dezidierter ‚Sudetendeutscher' geworden – was letztlich jedoch spe-
kulativ bleiben muss, zumal eine Gesamtwürdigung Sauer – wie schon gesagt
– noch aussteht.[37]

Ein weiterer Gesichtspunkt kommt hinzu: Wer den geistigen Anstößen für
die jungen ‚deutschböhmischen' und später programmatisch ‚sudetendeutschen' Intellektuellen, Lehrer, Schriftsteller und Künstler nachgeht, trifft neben Sauer sogleich auf andere nicht minder wichtige Impulsgeber, Vorbilder
oder gar ‚Vaterfiguren' aus unterschiedlichen Generationen und weltanschaulichen Lagern: auf Adolf Hauffen und Erich Gierach (Haar 2006), Franz
Spina,[38] Theodor Mayer (Kolař 2003) und Wilhelm Wostry (Kolař 2003;
Lohmann 2008), auf Eduard Winter (Němec 2008)[39] und Gustav Jungbauer –
nicht zuletzt auch auf den Brünner und Wiener Staatsrechtler Othmar Spann,
dessen Schüler- und Assistentengeneration aus der Mitte der 1920er Jahre –
namentlich Walter Heinrich, Walter Becher und Helmut Brand[40] – später eine
höchst problematische deutsch-tschechisch-‚sudetendeutsche' Geschichte in

---

35  Die Verehrung Stifters verbindet Sauer mit vielen seiner Schüler und Leser. In der deutsch-
    böhmischen und sudetendeutschen Jugendbewegung war Stifter – heute würde man sagen
    – Kult. Hinweise dazu bei Becher (2002) u. Hofmann (2001).

36  Das betont noch einmal Becher (2007), der auch eine Sauer anerkennende zeitgenössische
    tschechische Quelle zitiert, in der dessen gemäßigte Position im deutsch-tschechischen
    Nationalitätenkonflikt ausdrücklich unterstrichen und gelobt wird.

37  Auf dies Desiderat hat jüngst noch Peter Becher (2007) hingewiesen. – Ich danke Peter
    Becher für die Übersendung des Manuskripts dieses Aufsatzes.

38  Spina war einst der Deutschlehrer von Julius Janiczek/Walter Hensel auf dem Gymnasium
    in Mährisch-Trübau gewesen.

39  Der berühmteste Student Winters und Angehöriger des katholischen Bundes *Staffelstein*
    war Eugen Lemberg.

40  Vgl. den freilich zu unkritischen Artikel von Walter Becher (1993); s. auch Berthold (1993:
    16f.). Zum Spann-Kreis zählten weiterhin Heinrich Rutha (Sudetendeutscher Wandervogel,
    Gründer des Rutha-Kreises und der Sudetendeutschen Jungenschaft), Franz Künzel, Ernst
    Kittel und Wilhelm Sebekowsky, die später wichtige Positionen im Deutschen Turnver-
    band und der Sudetendeutschen Heimatfront/Sudetendeutschen Partei einnahmen. Walter
    Heinrich war Assistent von Spann, Helmut Brand wiederum Assistent von Heinrich.

nationalsozialistischen Kontexten weiter geschrieben und damit zu einem denkbar katastrophalen Ende geführt hat.[41]


## 3. Begegnungen – die Schlüsseljahre 1907 bis 1911

> *Erziehung ist wohl nichts anderes als Umgang.*
> Adalbert Stifter (zit. n. Grolman 1929: 22)


Das Zusammentreffen mehrerer junger Männer an der Deutschen Universität in Prag, die durch das Wirken jenes Freundeskreises zur Geburtsstätte des *Böhmischen Wandervogels*, der später dann zu politisch problematischen Aktivitäten im deutsch-tschechischen Nationalitätenkampf führte, ist wohl alles andere als zufällig gewesen.

Zum einen war August Sauer seit 1886 außerordentlicher und seit 1892 ordentlicher Professor für Germanistik in Prag und zugleich eine der rührigsten Professorengestalten in den deutschen Kulturvereinen der Stadt und der Region. Bereits vor 1900 hatte er sich als Propagandist der deutschen Kultur in Prag und Böhmen überregional profiliert – ohne allerdings ein radikaler Nationalist zu sein, wie jüngst noch Tazuko Takebayashi unterstrichen hat.[42] Auf diese Differenzierung legten jedoch schon einige Zeitgenossen Wert, so etwa Otto Pouzar in seiner Rezension der *Kulturpolitischen Schriften* Sauers. Dieser habe „ohne Hass" agiert und der tschechischen Kultur „achtungsvolle Anerkennung" gezollt.[43]

Zum zweiten hatte Sauers berühmt gewordene Rektoratsrede vom 18. November 1907 *Literaturgeschichte und Volkskunde*,[44] deren Ideen Josef Nadler zu seiner „stammlichen" Literaturgeschichtsschreibung inspirierten (Ranzmaier

---

41  Die eben erwähnten Personen gehörten zum 1926 – dem Todesjahr Sauers – gegründeten *Kameradschaftsbund*. Zu dessen Geschichte und Denken s. die knappe, präzise Studie von Hoensch (2001).

42  „Um einem Missverständnis vorzubeugen, sei hier klargestellt, dass August Sauer kein radikaler Nationalist war." (Takebayashi 2005: 86)

43  Vgl. Otto Pouzars Rezension, erschienen in *Witiko* 3 (1931), S. 57f.; zit. n. Höhne (2009: 51f.).

44  Sauer bezieht sich in seinem Konzept der Volkskunde auf Hauffen, der einst in Graz sein Schüler gewesen war. Auf die interessante Beziehung Sauer-Hauffen gehe ich ausführlich nicht weiter ein.

2008),[45] einen Diskurs genutzt und weitergeschrieben, der spätestens seit dem kulturkritischen Bestseller *Rembrandt als Erzieher* von 1890 (Behrendt 1984; Bollenbeck 2007: 206-215) und den Manifesten der Heimatkunstbewegung um 1900 auch die germanistische Fachwissenschaft erreicht hatte.

Sauers argumentative Verankerung der Literaturwissenschaft in der Wissenschaft vom (eigenen) Volk, seine Erläuterungen zur notwendigen, faktisch unumgänglichen, ja wünschenswerten „Verwurzelung" hoher Literatur im tiefen Boden des Volkes[46] war in dieser Rede an eine kurze und knappe Philippika gegen die „internationale Luftballonliteratur" (Sauer 1907: 15) gekoppelt, gegen „Hyperkultur, Ästhetentum, Spekulation, Künstelei, Spielerei, Virtuosentum", die von Zeit zu Zeit das „Einfachere, Primitive, Gesunde überwuchert und erstickt." (Sauer 1907: 14) Damit bewegte sich der Rektor im Sprachspiel der Heimatkunstbewegung[47] und befand sich in Nachbarschaft des – freilich en detail unterschiedlichen – Geistes von Friedrich Lienhard, Adolf Bartels und Ernst Wachler. Lienhards Motto „Los von Berlin" wäre in Sauers Kontexten in ein „Los von Wien" und bei anderen sudetendeutschen Heimatautoren der Zwanziger und Dreißiger Jahre in ein „Los von Prag" zu übersetzen. Doch der kulturkritischen Einsicht, dass die Kunst der internationalen Avantgarden und der Großstadt eine Gefahr für jede „echte" Literatur sei, folgt bei Sauer umgehend der kulturregenerative Trost: „Bisher aber hat sich immer noch das zurückgedrängte Volkstum durch das ärgste Gestrüpp und Unkraut ans Licht zu ringen gewusst." (Sauer 1907: 14)

Klar ist, dass solch ein Ton und solche Deutungsmuster diejenigen Mitglieder der jüngeren Generation zu erreichen wussten, die ihrerseits auf der Suche nach einer intakten kulturellen Identität waren,[48] sich entsprechend modernitäts- und kulturkritisch positionierten[49] und ebenfalls

---

45  Dort wird ausführlich auf die Prägungen Nadlers durch Sauer (und Hauffen) eingegangen (Ranzmeier 2008: 75-81). Ranzmaier arbeitet auch die Unterschiede zwischen Sauer und Nadler heraus.

46  Siehe dazu den Beitrag von Karl Braun in diesem Band.

47  Monographisch bisher nur einmal erfasst von Rossbacher (1975). Auf einem neueren Forschungsstand ist die Skizze von Dohnke (1998).

48  Grundlegende Überlegungen zur Rolle von Gebildeten und Intellektuellen für die Konstruktion nationalkultureller Identitäten bei Giesen (1993) u. Giesen/Junge/Kritschgau (1994).

49  Vgl. die Tagebucheintragung von Hans Mautschka, dem Gründer des *Prager Wandervogel*, vom 14. Mai 1911: „Wenn man heimkehrt von einer Wanderfahrt, wie widert einen da das steinerne Häusermeer an, wie viel mehr aber noch die Gigerln und Koketten mit Schnürbrust und Stöckelschuhen. Da fühlt man so recht, wie tief die ‚Kultur'-Menschheit in Unkultur steckt." (zit. n. Stauda 1978: 13)

in der Kunst des Volkes die regenerative Basis kultureller und literarischer Erneuerungsbewegungen erblickten. Diese Tendenzen bündelte man nicht an der Moldau, sondern an der Ilm in Weimar zur Chiffre von der „Deutschen Renaissance",[50] die auch in Zeitschriften wie dem „Kunstwart"[51] aus Dresden beschworen wurde. Über diese kulturkritische, kulturreformerische und dabei zum Teil höchst innovative Zeitschrift heißt es in Staudas Chronik des Böhmischen Wandervogels:

> Der ‚Kunstwart' war das Leibblatt des Kreises, das jeder lesen mußte. Schultze-Naumburgs Kulturarbeiten-Bände [(Kerbs 1993-96; Ulbricht 2000; Borrmann 1989)] wurden studiert. Poperts Roman ‚Helmut Harringa', vom Dürerbund herausgegeben, [(Herrmann (1986/87)] ging von Hand zu Hand. Das Blaue Buch ‚Wir jungen Männer' von Hans Wegener [(1906)[52]] galt als eine Art Gesetzbuch. Die Schutz- und Volksbildungsarbeit der Heimat, soziale und andere Fragen fanden bei diesen Studenten Beachtung und Mitarbeit. Viele von ihnen waren Schüler Professor Sauers. (Stauda 1975: 15)

Hans Dittrich ergänzte Jahrzehnte später (1959) die Skizze des geistigen Kosmos dieser Prager Studenten:

> Wir alle wollten bewusst gesund leben. Wir gingen in die ‚Vegetarische' essen, und später mußte uns die Kostfrau möglichst vegetarisch kochen. Es gab eine Zeit, da ‚fletscherten'[53] wir. ‚Mazdaznan' [(Linse 2001)] war uns geläufig. Daß wir täglich ‚müllerten' [54] war bei unserer Einstellung selbstverständlich. (Stauda 1975: 15)

Und ein Traum Hans Mautschkas vom eigenen Wandervogel-Nest offenbart weitere geistige Vorlieben:

---

50  Zu diesen Denkfiguren und deren Propagandisten Ulbricht (1995).

51  Dazu existiert leider bisher nur eine einzige ältere Monographie von Kratzsch (1969). – Der *Kunstwart* war jedoch beileibe keine deutschnationale, gar völkische Zeitschrift, sondern eine offene Plattform heterogener Persönlichkeiten und Ideen der Gebildetenreformbewegung. Vom *Kunstwart* wechselte 1912 Hermann Ullmann in die Redaktion der Sauerschen *Deutschen Arbeit*.

52  Von diesem Buch, das in kongenialer Weise Maximen der Lebensreform (Antialkoholbewegung, Sexualhygiene), Bilder jugendlichen Avantgardismus', Hinweise auf ein befriedigendes Sexualleben, konservative Frauenbilder und volks- bzw. rassenhygienische Überzeugungen koppelt, erschien 1922 das 254. Tausend! – Zum Thema Sexualität und Jugendbewegung s. Linse (1985). Dort wird Poperts „Harringa" als eine Art Lehrbuch der sexuellen Diätetik bezeichnet (Linse 1985: 263).

53  Horace Fletcher (1849-1919) war ein in Kreisen der Körperkulturbewegung populärer Ernährungstheoretiker.

54  Der Däne Jens Pedersen Müller (1868-1938) war ein ‚Guru' der Gymnastikbewegung zwischen Kaiserreich und Weimarer Republik. Zahlreiche Hinweise zu ihm bei Wedemeyer-Kolwe (2004).

Eine Bude müssen wir kriegen: da wollen wir Eichendorff und Stifter[55] lesen und Schwindrazheim[56] und über Heimatschutz, wollen Hans-Sachs-Schwänke aufführen, zupfen und singen, Bilder betrachten und sparen für den Frühling [also für die nächsten Fahrten]. (Stauda 1975: 20)[57]

Es war selbstverständlich nicht allein die Heimatkunst, auf die August Sauer bei der nationalen Erziehung der jüngeren Generation setzen wollte. Dafür wollte er auch das ‚klassische Erbe‘ mobilisieren.

Im Feld der national- und kulturpolitischen Indienstnahme deutscher Klassiker durch deutsche Germanisten existiert eine interessante, ideelle Beziehung zwischen Weimar und Prag. Im Schiller-Jahr 1905 veröffentlichte der radikal antisemitische Literaturkritiker, Publizist, Schriftsteller und multiple völkische Verbandsfunktionär Adolf Bartels seine Programmschrift *Das Weimarische Hoftheater als Nationalbühne für die deutsche Jugend*. Im Mai 1906 konstituierte sich in der Klassikerstadt eine Ortsgruppe des *Deutschen Bundes Heimatschutz*. In dieser engagierte sich auch Paul Schultze-Naumburg, dessen frühe Schriften – wie schon erwähnt – zum geistigen Rüstzeug der Prager Wandervögel und Sauer-Schüler zählten. Im September 1906 schließlich fand der erste sogenannte ‚Nationalbühnentag‘ in Weimar statt, auf dem sich der *Deutsche Schillerbund* gründete, der dann 1909 erstmals die „Nationalfestspiele für die deutsche Jugend" im Weimarer Hoftheater ausrichten sollte – all dies Zusammenhänge, die uns en detail an dieser Stelle nicht weiter interessieren (Ulbricht 1997; Neumann 1997).

Der Impuls des – so Sauer – „bekannten Hebbelverehrers und Heinefeindes" (Sauer/Pfitzner 1928: 48)[58] Bartels zündete allerdings nicht

---

55 Unter Stifters Werken genoss vor allem der *Witiko* in den Kreisen der jungen Deutsch-böhmen und späteren „Sudetendeutschen" Kultstatus, wofür vor allem Johannes Stauda nach 1918 gesorgt hatte. Die dortige Rezeption – dazu Pohl (2008) – verfehlte jedoch zumeist die eigentliche Intention Stifters, der in diesem Roman für den Ausgleich der deutsch-böhmischen/tschechischen Gegensätze votiert (Müller-Funk 1996). Eine schöne zeitgenössische Quelle zum Stifter-Kult siehe bei Karl Franz Leppa (1928).

56 Der Hamburger Zeichner und Schriftsteller Oskar Schwindrazheim (1865-1952) war neben Alfred Lichtwark und Justus Brinckmann nach 1900 einer der führenden Theoretiker und Verfechter der „Volkskunst", also auch ein Stichwortgeber der Heimatkunstbewegung.

57 „Zupfen" meint Gitarrespielen, das Instrument hieß in der Bewegung „Zupfgeige". Davon leitete sich der Name des wohl berühmtesten Liederbuches der Wandervögel ab, des *Zupfgeigenhansl* (König 2003).

58 Bartels hat Sauer abgelehnt und ihn – vollkommen unzutreffend – als Teil des „jüdische[n] Zustroms zur Germanistik und Literaturwissenschaft" gewertet (Bartels 1919: 676). Zudem behauptete der antisemitische Literaturkritiker, er habe Sauers Idee der Beziehung von Literaturgeschichte und Volkskunde vor diesem gehabt und entwickelt (Neumann 1997: 90).

allein an Saale und Ilm, sondern ein Jahr darauf auch an der Moldau. *Jugendfestspiele* – so lautete Sauers Zeitschriften-Artikel, in dem er versuchte, die „reichsdeutsche" Idee für die eigenen „deutschböhmischen" Belange fruchtbar zu machen. Dabei spielte er verschiedene Varianten durch: Denkbar waren für ihn Reisen deutschösterreichischer und böhmischer Schüler nach Weimar; naheliegender in jeder Hinsicht aber wäre die Idee, das Wiener Hoftheater zu einer „Nationalbühne" umzuwidmen und dort einen entsprechenden Festspielbetrieb zu installieren. Dies könne dann – laut Sauer – die Rolle eines „Kunstparlaments" in Ergänzung des „Volksparlaments" spielen mit der entscheidenden Variante:

> Alle Völker des Reiches müssten Anteil an diesen Festspielen haben. Vielleicht nimmt die Abneigung gegen die deutsche Sprache bei den nichtdeutschen Völkern Österreichs ab, wenn ihrer Jugend eine größere Ehrfurcht vor der deutschen Kunst eingeflößt wird. (Sauer 1928: 50)

Schließlich aber machte sich Sauer dafür stark, das *Deutsche Theater* in Prag im Sinne der Bartelschen Ideen zu nutzen, wobei der Weimarer Spielplan im anderen kulturellen Kontext der „goldenen Stadt" erweitert und verändert werden müsse. Konkret solle „Grillparzer mehr und öfter zu Wort kommen als in Weimar." (Sauer 1928: 51)

Interessant an Sauers Konzept ist in unserem Zusammenhang die Tatsache, dass er sich mit seinem Vorschlag für künftige Prager Jugendfestspiele nicht allein in die zeitgenössischen Diskurse zur Theaterreform und Festspiel-Bühnen-Idee einreiht, sondern einen alten Gedanken Schillers aufgreift, der seit dessen Mannheimer Rede *Was kann eine gut stehende Schaubühne eigentlich wirken?* von 1784 im intellektuellen Raum stand. Schiller hatte seinerzeit ja den Moral prägenden Charakter des Theaters betont, abschließend aber auch die nationalpädagogischen Wirkungsmöglichkeiten der Bühne akzentuiert und sich damit in den Nationaltheater-Diskurs eingeschrieben, der seit Mitte des 18. Jahrhunderts deutsche Intellektuelle fasziniert und beschäftigt hat (Alt 2000/I: 372-388). Etwa 150 Jahre später werden ähnliche Überlegungen erneut angestellt im Kontext einer Gebildetenrevolte gegen die Moderne (Ulbricht 1999; 2002/2), die nationale Identitätspolitik betreiben möchte und dabei nicht zuletzt auf die nachwachsende Generation als Publikum setzt. Auch in diesem Falle – Sauers Pläne blieben Pläne – ist die enge Beziehung von ‚Heimatschutz'-Ideen, nationalpädagogischen Theaterkonzepten und Klassikerverehrung zu akzentuieren, die dann auch zum organisatorischen Schulterschluss der in diesem Feld aktiven Persönlichkeiten und Organisationen geführt hat. Die Laien- und Festspielkultur deutschböhmischer, ‚sudetendeutscher', damit aber auch

deutschnationaler Prägung vor, besonders aber nach 1918 wäre genauer zu
erforschen. Der enge Konnex von Jugendbewegung und Laienspiel war den
Beteiligten selbstverständlich und ist für Deutschland ansatzweise erforscht
(Kaufmann 1991).[59]

## 4. *Deutsche Studenten – nach Prag!*

> *Wer einsam je auf deutschen Posten stand,*
> *jahrhundertweit, ist euer Sekundant.*
> *Wer je aus dumpfem Druck zum Himmel sah*
> *Nach deutschen Glanz, ist euch vertraut und nah.*
> Robert Hohlbaum, *Den Prager Studenten (1914)*

Im Jahre 1907 hielt Sauer nicht allein seine Rektoratsrede[60] (und erste
Ansätze zur Organisation der deutschböhmischen Jugendbewegung wurden
sichtbar), sondern in eben diesem Jahr beschwor Sauer die deutschen, aus
den ländlichen Regionen Böhmens stammenden Studienanfänger, wenigstens einige Semester in Prag zu verbringen. In einer Artikelserie[61] in der von
Sauer als dem damaligen Präsidenten der *Gesellschaft zur Förderung deutscher
Wissenschaft, Kunst und Literatur in Böhmen* schon 1901 gemeinsam mit seinem
Prager Kollegen Hauffen begründeten Zeitschrift *Deutsche Arbeit*[62] beschwor
der Germanist seine Leser unter dem Titel *Deutsche Studenten – nach Prag!*,

---

59  Kaufmann (1991: 106) weist auch auf die Auslandsspielfahrten ‚reichsdeutscher‘ Gruppen
    nach Böhmen hin.

60  Diese wird etwas eingehender besprochen bei Takebayashi (2005: 83-87); Lozoviuk (2008:
    99-104); vgl. auch Hohmeyer (2002: 368-372).

61  Es handelt sich um Sauers (1928: 21-47) Artikel *Deutsche Studenten – nach Prag!*; *Prag und seine
    deutschen Hochschulen*; *Deutsche Studenten – nach Prag!*; *Deutsche Studenten – nach Prag, Ein Schluss-
    wort*. Sämtliche Artikel erschienen erstmalig in der *Deutschen Arbeit*, *Prag und seine deutschen
    Hochschulen*" in der *Bohemia* (Sauer 1928: 217).

62  Ein Wiener Projekt zur Digitalisierung und Erschließung dieser zur Erkenntnis der Prager
    Verhältnisse eigentlich unverzichtbaren Kulturzeitschrift stockt momentan aus Geldnöten;
    wichtige inhaltliche Hinweise zu diesem Organ bei Takebayashi (2005: 82-90) und Köpplo-
    vá (2002). – Otto Kletzl (s. u.) nannte in der Gauzeitschrift *Burschen heraus* die *Deutsche
    Arbeit* unseren „Deutschböhmischen Kunstwart" – was offenbart, welches Zeitschriften-
    vorbild hier eine wesentliche Rolle gespielt hat (Stauda 1978: 147).

sich in der goldenen Stadt zu aktiven und kenntnisreichen Vertretern der
deutschen Kultur prägen zu lassen, die sich kämpferisch gegen die tschechischen Bestrebungen in ähnlicher Sache zu positionieren hätten. Dieser
Appell erinnerte an eine Intention der seit einigen Jahren an der Carolina
laufenden „volkstümlichen Universitätsvorlesungen und Ferialkurse",[63]
die um die „zünftigen Lehrer und strebenden Laien ein festeres Band ge-
schlungen" hätten (Sauer 1928: 21). „Nicht früh genug" könnten die jungen
Akademiker „den nationalen Kampf kennenlernen." (Sauer 1928: 22) „Der
deutsche Student braucht Prag, als Mittel zum Zweck, als Ansporung zum
Eifer, als Vorübung zum Kampf." (Sauer 1928: 23). Zudem seien kleinere Universitäten gerade für Studienanfänger besonders attraktiv, wäre doch
dort der Kontakt zwischen Lehrenden und Lernenden intimer. Außerdem er-
leichtere eine kleine, ruhigere Universität die „Konzentration des Studiums."
(Sauer 1928: 32) – Interessanterweise warb Sauer an dieser Stelle für das
Verständnis seiner Argumentation mit einer „kleinen Agitationsschrift"
aus Jena *Jena als Universität und Stadt* (Sauer 1928: 33). Und dann rief er den
Kommilitonen zu:

> Wie können wir es anders sagen als: hieherzukommen ist Eure Pflicht; hieher, wo Ihr bloß
> geduldet, wo Ihr angefeindet, wo Ihr bedroht seid; hieher in die Landeshauptstadt, wo
> man Euch Landeskindern das Recht streitig machen will, Euch heimisch und gemütlich zu
> fühlen; hieher, wo Ihr den nationalen Gegner, der Euch leider Euer ganzes Leben lang im
> offenen oder heimlichen Kampfe gegenüberstehen wird, schon früh kennenzulernen die
> beste Gelegenheit habt. (Sauer/Pfitzner 1928: 35f.)

Mit solch flammenden Appellen, die auch eine gewisse Verhärtung der
Argumentation und Einstellung[64] bei Sauer selber verraten,[65] goss der
Germanist Öl ins Feuer des zwischen 1905 und 1907 wieder aufflam-
menden und nicht zuletzt von den Prager deutschen Studenten getrage-
nen Nationalitätenkampfes (Lönnecker 2008: insb. 44-55) und provozierte

---

63  Siehe den Artikel *Volksthümliche Hochschulkurse der deutschen Karl-Ferdinands-Universität* (Sauer
     1928: 1-9).

64  In der Rückschau aus dem Jahr 1920 meinte Sauer (1920: 7): „Durch die Angriffe auf die
     Universität hatte sich eine gewisse Unsicherheit und Unruhe in den Reihen ihrer Angehö-
     rigen eingeschlichen, die durch die verstärkte Wiederholung dieser Angriffe im Studienjahr
     1907/08 wesentlich zunahm."

65  Auffällig ist die Sprache Sauers, die sich freizügig aus dem Vokabular des Militärischen
     bedient. Es ist die Rede von „Kampf" (Sauer 1928: passim), „Heerlager" (Sauer 1928: 29),
     „Fahnenflucht" (Sauer 1928: 29), „Gegner" (Sauer 1928: 36 u. ö.), „Truppenschau" (Sauer
     1928: 76), „Vorposten" (Sauer 1928: 93), „Kriegszustand" (Sauer 1928: 93), „Angreifer"
     [die Tschechen], „Verteidiger" [die Deutschen] (Sauer 1928: 94), „Felddienst" (Sauer 1928:
     100), „Heerschau über unsere geistigen Truppen" (Sauer 1928: 103).

zwangsläufig zahlreiche Gegenstimmen der tschechischen Intelligenz. In Sauers Worten:

> Diese [gemeint sind die erwähnten Artikel *Deutsche Studenten – nach Prag!*, JHU] ruhigen sachlichen Ausführungen erregten neuerdings das heftigste Missfallen der tschechischen Presse. (Sauer 1928: 44)

Sauers Idee, deutsche Studenten in Prag seien letztlich eine Art Vorposten oder Vortrupp einer Nationalisierungspolitik in ganz Böhmen (auf das sich Sauers kulturpolitische Aufmerksamkeit in der Regel beschränkte), gar in Mähren und anderen – später so genannten – ‚deutschen Sprachinseln‘, also die von ihm unterstellte Avantgarde-Funktion junger deutscher Akademiker musste diejenigen besonders ansprechen, die sich selbst schon als Avantgarde empfanden (die Prager Anhänger der Abstinenz-, Lebensreform- und Jugendbewegung). Deren Denken war schon vor und ohne Sauers Reden in den deutschen Schul- und Schutzvereinen sowie den eigenen Familien (nicht wenige waren Lehrersöhne und wurden später ebenfalls Lehrer) nationalisiert worden. Das Engagement zahlreicher Sauer-Schüler der Erstsemesterjahrgänge 1907 bis 1911 in den österreichischen und deutsch-böhmischen Wandervogel-Gruppen dürfte diese Idee, nationale Avantgarde zu sein, weiter verstärkt haben.

Sauers Rektoratsrede und sein Votum für Prag als Studienort fällt genau in jene Jahre, in denen junge Prager und böhmische Studenten erste Kontakte zur ‚reichsdeutschen‘ Jugendbewegung knüpften – und umgekehrt. Denn seit den frühen Tagen des *Wandervogels* in Steglitz gehörten ‚Böhmerwaldfahrten‘ zum selbstverständlichen Repertoire der Jugendbewegten aus Deutschland.[66] Im Eleonorenhain im Böhmerwald traf Hans Moutschka (später Mautschka) im Sommer 1907 erstmals eine Gruppe ‚reichsdeutscher‘ Wandervögel. Ein Jahr darauf erhielt er Besuch aus Jena von Ferdinand Vetter, dem Gründer des *Wandervogel. Deutscher Bund* (Kindt 1968: 142-175). „Der Prager Wandervogel geht zu guter Letzt auf jenen herrlichen Abend zurück, den ich mit Vetter am Moldauufer im Angesicht des Hradschins verlebte", erinnerte sich Mautschka 1911 (Stauda 1975: 17) – man assoziiert dazu den freilich anders gemeinten Titel Mühlbergers *Die Knaben und ein Fluss* (Popp 2009).

Ebenfalls 1908 gründet Mautschka die *Abstinentenschaft Freiland* in Prag. Es ist auffällig, wie eng damals Schüler-, Studenten- und Jugendbewegung mit

---

66  Hermann Hoffmann-Fölkersamb, der als erster mit seinen Schülern am Steglitzer Gymnasium das Wandern anfing, ging 1899 auf die alsbald ‚klassisch‘ genannte Böhmerwaldfahrt. Mit dabei war auch Hans Breuer, der dann für die ersten böhmischen Wandervögel wichtig werden sollte. Zu den Anfängen des Wandervogels vgl. Ille/Köhler (1987).

der Lebensreform-, speziell der Abstinenzbewegung[67] verschwistert waren.
Vetter war Alkoholgegner, Mautschka seit 1907/08 ebenfalls, in Eger entstand 1908 der abstinente Schülersportverein *Olympia*, vom Vegetarismus der
Prager Studenten um Mautschka war schon die Rede. Wie in Sachsen sind
oftmals auch in Deutschböhmen abstinente Schülerverbindungen oder ver-
gleichbare, lebensreformerisch engagierte Zusammenschlüsse zur Keimzelle
späterer Wandervogel-Gruppen geworden.

Für die Beziehung zwischen der deutschen Lebensreformbewegung und
der böhmischen, ab 1902 mit dem Neologismus des Sauer-Schülers Franz
Jesser ,sudetendeutschen'[68] Literatur- und Kulturbewegung, steht nicht allein
Sauers persönlicher Kontakt zum Reichenberger Arzt Gustav Rösler,[69] dessen
*Neudeutschen Kulturbund* sowie der Zeitschrift *Neues Leben*, sondern auch die
Person des aus Teplitz stammenden Hermann Ullmann,[70] der seit 1908 in
der *Deutschen Arbeit* publizierte, ab 1910 in der *Kunstwart*-Redaktion saß und
seit 1912 dann die Redaktion der *Deutschen Arbeit* personell verstärkte.[71] Im
gleichen Jahr trat er in den *Deutschen Volksrat in Böhmen* ein.

Der Impuls dazu könnte die sogenannte „Kulturversammlung" am 19. März
1911 im *Deutschen Haus* in Prag gewesen sein, die auf Initiative des Volksrates
zustandegekommen war und Protagonisten wie Anhänger der Schutzvereine,
des *Kulturbundes* sowie einzelner Volksbildungsinitiativen zusammenführte.
Sauers programmatischer Vortrag *Die Organisation des Volksbildungswesens in
Böhmen* (Sauer/Pfitzner 1925: 92-99) führte unmittelbar nach der Tagung zur
Gründung eines *Deutschen Landesverbandes für das Volksbildungswesen in Böhmen*,
den neben Sauer Adolf Hauffen mit angeregt hatte. Überliefert ist, dass die
meisten der schon erwähnten Sauer-Schüler, die zu den Gründungsfiguren

---

67  Neben der ,Mädchenfrage' und dem Antisemitismus blieb die Debatte pro und contra
    Alkohol ein Dauerthema der frühen Bewegung (Linse 2006).
68  Darauf, dass diese Bezeichnung nicht von Jesser allein und zuerst geprägt worden ist, ver-
    weisen sowohl Lemberg als auch Weger (2008), wobei beide betonen, dass sich der Termi-
    nus ,sudetendeutsch' erst nach 1918, vor allem aber ab 1925 durchgesetzt habe.
69  Hierbei handelt es sich um einen radikal-völkischen Mediziner, Abstinenzler und Lebens-
    reformer, dessen Zeitschrift *Neues Leben* anfangs zum Forum völkischer Lebensreform,
    später dann zu einem der wichtigsten Blätter der völkisch-religiösen Bewegung wurde. Zu
    Rösler finden sich verstreute Hinweise bei Stauda (1975; 1978), vgl. auch Ulbricht (1988-
    1992) und Hufenreuther (2007: insb. 181-185).
70  Vgl. die tendenziöse Einschätzung bei Franzel (1990: 287), wo Ullmann als „weitblickend"
    charakterisiert wird.
71  Nach 1918 wird er dann Herausgeber der *Deutschen Arbeit* sein und das Blatt stetig deutsch-
    national, zuletzt gar völkisch-rassistisch radikalisieren und es vor allem für die Belange der
    kulturellen Arbeit des Auslandsdeutschtums öffnen.

des Prager und Böhmischen Wandervogels gehört haben, bei jener Konferenz
anwesend waren (Stauda 1975: 15).

Mit einer Osterfahrt begründete Mautschka im April 1911 den *Prager
Wandervogel*[72] – auch dies mag durch Sauers Appell zur Sammlung aller Kräfte
der Deutschböhmen angeregt worden sein. Als „Prager Frühling" ist die-
ses Osterereignis in das Gedächtnis der Wandervogelbewegung eingegangen.
Mautschka, Johannes Stauda und Josef Mattauch (auch er Germanistikstu-
dent) (Stauda 1978: 16f.)[73] waren die ersten Führer auf den Fahrten der *Prager
Wandervögel*. Der „Gau Deutschböhmen" leistete sich dann 1912 ein eigenes
Fahrtenblatt (*Burschen heraus!*), das ab 1913 von Stauda redigiert wurde. Im
Jahre 1912 wurde der Musiklehrer Julius Janiczek der „Singewart" der Prager
Gruppen – seine künftige Frau, die Opernsängerin Olga Pokorny, lernte er
im Seminar von Adolf Hauffen kennen, wo beide alte deutsche Volkslieder
sangen. Als Walter Hensel[74] wird Janiczek 1923 dann die Finkensteiner
Singbewegung begründen.

Liest man die von Stauda und Kindt verfassten Chroniken des Wandervogels
in Böhmen genau,[75] so wird deutlich, wie eng das nationale Milieu Prags, die
bürgerlichen Schutz- und Kulturvereine, die Volksbildungsbestrebungen in
Deutschböhmen und die aufkeimende Jugendbewegung verzahnt gewesen sind.
Junglehrer, Lehrerseminaristen und ‚Mittelschulprofessoren' spielten dabei eine
wesentliche Rolle. Diese fungierten – anders als bei den meisten Wandervogel-
Gruppen innerhalb des Deutschen Reiches – oftmals als Führer der neuen
Jugendbünde. – Für die weitere Forschung wichtig wären quellengesättigte
Netzwerkanalysen, insbesondere zur Rolle der Jung- und Mittelschullehrerschaft

---

72  Die von Mautschka im Sommer 1909 gegründete Ortsgruppe des DB (= *Wandervogel. Deut-
    scher Bund*) war wegen Mautschkas Studienortwechsel nach Berlin sanft wieder entschlafen.

73  Mattauch (*Hirschberg 1891-1969 †Nürnberg) kam wie Mautschka aus der Abstinenten-
    schaft Freiland; er wurde später Gymnasiallehrer in Böhmisch-Leipa und engagierter Lai-
    enspieler.

74  Der Name spielt auf Walther von der Vogelweide an und nutzt das tschechische Diminutiv
    von Hans/Jan = Hänschen/Janiczek = Hensel!

75  Allein aus Platzgründen wird hier darauf verzichtet, den Prozess der Ausbildung des Wan-
    dervogels in Böhmen nachzuzeichnen, die vorliegenden Arbeiten sind hier erschöpfend
    auskunftsfähig, in ihren Wertungen allerdings mit Vorsicht zu genießen. Die völkische
    Militanz und der Antisemitismus vieler Jugendbewegter ist in den durch die Zeitzeugen
    verfassten Chroniken abgemildert. In den bei Stauda auftauchenden Biographien stellen
    sich immer wieder charakteristische Lücken ein; vor allem in der Zeit nach 1933 und der
    ersten Nachkriegszeit – die bei Stauda ohnehin nur als Ausblick vorkommt. Weitere Infor-
    mationen jedoch bei Berthold (1988) und Becher (1993).

in der deutschböhmischen und sudetendeutschen Kulturpolitik nach 1918.[76] Für Deutschland jedenfalls kann man sagen, dass diese Klientel und ihr Engagement außerhalb der beruflichen Institution Schule[77] bisher kaum in den Blick der Forschung gerückt sind. Die Selbststilisierung zahlreicher Jugendbewegter als Rebellen gegen Elternhaus und Schule hat dazu geführt, dass man die maßgebliche Rolle zahlreicher Lehrer und Lehramtskandidaten ‚innnerhalb' dieser sozialen Bewegung chronisch unterschätzt hat.

Im Blick auf die politisch-kulturellen Identitätsbildungsprozesse der Deutschen in Böhmen, schon gar der ‚Sudetendeutschen' wären solche Fragen allerdings von höchster Relevanz. Hier müssen vereinzelte Hinweise genügen:

In Leitmeritz wurde Karl Metzner, damals Professor an der dortigen Oberrealschule, alsbald der dominante Förderer des örtlichen Wandervogels. Im Herbst 1913 initiierte er den *Jugendrat für höhere Schulen Deutschböhmens*, dahinter stand auch der *Deutsche Volksrat in Böhmen*. Nach seinem Kriegsdienst gründete er 1919 in Leitmeritz eine „Jugendsiedlung", die Keimzelle der späteren „freien Schulgemeinde", die von Hermann Lietz' und Gustav Wynekens Ideen geprägt war und von den tschechischen Behörden, sogar von Masaryk selbst, unterstützt wurde. Das Projekt war so erfolgreich, dass Metzner in Hammerstein eine Dependance aufmachen konnte. Das Jahr 1938 brachte jedoch das Ende dieser pädagogischen Experimente – zu klären wäre noch, welche Gründe genau dafür vorlagen (Stauda 1978: 28f.; Brosche 1967).

In Reichenberg zählte der Volkskundler Gustav Jungbauer[78] zu den Initiatoren einer Wandervogelgruppe, Startschuss war ein Vortrag Hans Lißners aus Jena. Über den Gymnasialprofessor Hans Baer, den Führer der Gruppe, bestanden Kontakte zum *Neudeutschen Kulturbund* Gustav Röslers. Nach 1918 avancierte Reichenberg im Übrigen zu einem Zentrum der (‚sudeten-)deutschen' Schulreformbestrebungen (Kasper 2006). Der völkische Pädagoge Rudolf Lochner, Mitglied in der Abstinentenschaft „Freiland", Kommilitone Otto Kletzls (s. u.) und erster Bundeswart des 1919 gegrün-

---

76  Eine Fundgrube in dieser Hinsicht ist der voluminöse Band von Keil (1967). – Keil wurde im Juni 1919 auf dem Gautag des *Böhmischen Wandervogels* in Waltsch bei Duppau zum Gauwart gewählt (Stauda 1975: 76); weitere biographische Hinweise in Stauda (1978: 151f.).

77  Interessante Befunde zum ‚sudetendeutschen' Schulleben nach 1918 bei Němec (2004).

78  Jungbauer hatte bei Sauer, Hauffen und Karl Kraus 1909 promoviert und wurde danach Supplent am Staatsgymnasium in Reichenberg. Nach dem Krieg wieder Gymnasiallehrer in Rumburg (1922-1925), habilitierte er 1922, war dann Privatdozent und erhielt 1930 eine Professur für Volkskunde an der Deutschen Universität. Weitere Hinweise zu den Arbeiten Jungbauers bei Lozoviuk (2008: 141-158); vgl. auch Braun (2006).

deten *Sudetendeutschen Wandervogels*, begründete dort 1923 eine „Anstalt für Erziehungs- und Seelenwissenschaft."[79]

In Böhmisch-Leipa ging 1912 die Gründung der Wandervogel-Ortsgruppe vom Mittelschullehrer Karl Grund aus, der ab 1913 in Salzburg lehrte. Im Jahre 1913 entstanden neue Gruppen in Karlsbad, Gablonz, Pilsen, Eger, Aussig, Braunau und Saaz. Nun kam es auch zum eigenständigen „Gau Deutschböhmen" im Österreichischen Wandervogel. Die Bewegung war inzwischen so etabliert und regional verbreitet, dass es zu einer kleinen Wanderungsbewegung deutscher Wandervogel-Gymnasiasten an die Deutsche Universität in Prag kam. Es scheint, als hätten Sauers vier Jahre zuvor getätigten Aufrufe, doch auf jeden Fall ein paar Semester in Prag zu studieren, Früchte getragen. Binnen kurzem wurde diese Stadt, deren deutsches Milieu und die *Deutsche Universität*, die deutschnationalen Studentenverbindungen, aber auch die neuen freistudentischen Zusammenschlüsse umfasste, unverzichtbarer Stützpunkt und organisatorische Ausgangsbasis der weiteren jugendbewegten Volkstums- und Kulturarbeit.

## 5. Ausblicke

> *Aber Heil dem, der in liebevollem Sichversenken in den Weg und die Art seines Volkes seine Seele weitet, dass sie groß wird und flugstark! Der in der Flut der Volksgeschichte, in dem Tau der Heimat seine Seele badet, dass sie rein wird und fest und treu!*
>
> Hans Wegener, *Wir jungen Männer* (1917: 119)

Dabei ist deutlich, wie früh zahlreiche böhmische Wandervögel radikal-völkische Haltungen teilten bzw. entwickelten. Ähnlich wie in Turnerkreisen, wo der Turnkreis XV (Deutschösterreich) besonders früh und konsequent den „Arier-Paragraphen" durchgesetzt und die Idee des „völkischen Turnens" forciert hatte (Luh 1988: 49ff.), radikalisierten sich die frühen böhmischen Wandervögel oftmals antisemitisch. Schon im Herbst 1915 versuchten Oskar

---

79 Lochner war enger Mitarbeiter Erich Gierachs und Mitstreiter Emil Lehmanns. Er wurde 1935 in Breslau habilitiert, lehrte von 1942 bis 1945 an der Reichsuniversität in Posen, ab 1946 in Celle und schließlich seit 1951 in Lüneburg, wo er 1978 starb.

Just, Ernst Leibl und Heinz Rutha (Gründer des „Wrchhabener Kreises")[80] das
Prinzip der „rassischen Auslese" im Gau durchzusetzen. Ignatz Göth, später
Iglauer Sprachinsel-Forscher, zählte zu den Führern. Auf einem Fahrtenbild
im „Vorfrühling" 1918 ist dann auch der junge Kurt Oberdorffer zu entde-
cken (Stauda 1975: 48 [Gruppenphoto]). Die Völkischen Julius Janiczek (Leiter
der Wandervogel-Gemeinde „Lützow" an der Prager Handelsakademie) und
Otto Kletzl[81] hatten stetig zunehmenden Einfluss in der Bewegung. Letzterer
war begeistert von den Ideen des völkischen Schriftstellers und Volksbildners
Georg Stammler,[82] einem radikal-völkischen Vordenker der reichsdeutschen
Jugendbewegung.

Im Doppelheft der Gauzeitung von 1919, dem so genannten „Führerspie-
gel", stellt Kletzl als Forderungen für den künftigen Wandervogel auf:

> Möglichst rein-deutsches Blut und strengste Auslese dem Charakter, dem Wesen nach [...]
> Ausschluss aller Blutfremdlinge jüdischen, slawischen oder mongolischen Blutes. (zit. n.
> Stauda 1975: 71)

Und ohne Anführungsstriche fährt der Wandervogel-Chronist Stauda fort:

> Führertum, Rasse, Auslese, Volksschulwandern, soziale Arbeit und anderes. Stefan Georges
> Bundes- und Reichsgedichte gaben den Rahmen. Alle diese Ideen, die bisher nur im nord-
> böhmischen Führerkreis Ruthas sektiererisch vertreten worden waren, wurden jetzt von
> Kletzl als Forderungen an allen [sic] Gemeinden des Gaues vorgetragen." (Stauda 1975: 72)

Im August 1918 wird auf dem letzten Kriegsgautag von Karl Metzner, Hans
Watzlik, Johannes Stauda, Otto Kletzl, Heinz Rutha und anderen Führern
des Wandervogels das „Herzogtum Böhmen" ausgerufen. „Unvergeßlich die
Stunde, wo Hans Watzlik den Schwur aus seinem Buche ‚O Böhmen' vorlas."
(Stauda 1975: 69)

Das Kriegsende, der Untergang der k. u. k. Monarchie und die Revolutionen
in Mitteleuropa, vor allem aber die Proklamation und Gründung des tschechischen Nationalstaates stellten die aus dem Kriege heimgekehrten Studenten
und Wandervögel sowie die nachgewachsene Generation national gesonnener
Schüler vor eine vollkommen neue Situation. Dies gilt auch in sozialgeschicht-
licher Hinsicht, denn durch die staatliche Neugestaltung einer tschechischen

---

80  Zu Rutha, dem späteren Initiator des „Kameradschaftsbundes", zahlreiche Hinweise bei
    Hoensch (2001), Berthold (1988), Luh (1993; 1988: 240-261).

81  Kletzl beerbt 1918 Stauda als Schriftleiter des Gaublattes *Burschen heraus* und wird im glei-
    chen Jahr Gauwart. Später ist er dann Schriftleiter des *Böhmerland-Jahrbuchs*, das sich ab 1925
    *Sudetendeutsches Jahrbuch* nennt.

82  Stammler, eigentlich Ernst Emanuel Krauss, ist eine Zentralfigur der völkisch gestimmten
    Lebensreform- und Jugendbewegung gewesen, dazu Ulbricht (1988-1992: 132-139).

Nation schwanden schlagartig die Chancen für deutsche Akademiker, im Staats- und Schuldienst Fuß zu fassen.

Hatten sich gemäßigte Deutschböhmen – auch August Sauer – schon vor 1918 subjektiv in der Situation des „Abwehrkampfes" gegen „die Tschechen" empfunden,[83] so wird nun die eigene Lage aus Sicht der neuen Minderheitenposition im tschechischen (und dann auch noch demokratischen) Nationalstaat als permanente Notwehrsituation interpretiert. Die Militarisierung des Denkens und Empfindens in und durch den Krieg tat ein Übriges, um die politische Haltung zahlreicher Deutschböhmen, vor allem aber die der Ideologen unter ihnen, noch weiter zu radikalisieren. Traf schon vor 1914 auf die deutschböhmischen Fraktionen der Jugend- und Reformbewegung nicht zu, was Frank Trommler (1985) im Blick auf die innerdeutsche Jugendbewegung einmal „Mission ohne Ziel" genannt hat, also eine eher inhaltsleere Tatbereitschaft, so wusste man ab 1918 noch viel klarer, was für das eigene Volkstum zu tun war.

Bereits im Dezember 1918 kommt es in Prag zur Wiederbelebung der Abstinentenschaft *Freiland*, die sich bald darauf in die Freischaren *Greif* und *Fichte* teilen wird. Rudolf Lochner, Werner Steinitz, Hilde Rösler (die Tochter Gustav Röslers), Julius Janiczek, Kurt Oberdorffer und Otto Kletzl sind die bekanntesten Gründungsmitglieder (Stauda 1978: 142-147).[84]

Am 5. Januar 1919 trifft man sich wieder mit vielen anderen Kriegsheimkehrern und Schülern auf der Ruine Schreckenstein bei Aussig, ruft dort die *Jungdeutsche Gemeinschaft Böhmerland* aus, begründet also den Böhmerlandbund. Nun kennt man „keine Parteien [mehr], sondern nur Deutsche" – der Zweite ‚Schreckensteiner Leitsatz' erneuert symbolisch mit diesem berühmten Zitat Wilhelms II. das Augusterlebnis, das zu diesem Zeitpunkt knapp fünf Jahre zurückliegt. Die seitdem alljährlich stattfindenden *Böhmerlandwochen* werden zu einem der wichtigsten „Knoten" im ‚sudetendeutsch'-völkischen Netzwerk der Zwischenkriegszeit.

Der 4. März 1919 beschert – durch die Überreaktionen des tschechischen Militärs – der ‚Bewegung' ihren alsbald glorifizierten ersten ‚Märtyrer', einen neuen Typus des „Märzgefallenen". Der von Hans Watzlik umgehend in expressionistischem Pathos besungene *Jüngling von Eger*, der allerdings schon in der Nacht vom 3. auf den 4. März bei Straßenkämpfen erschossene Josef Christl – war ein Wandervogel.

---

83  Von einer „Politik der Defensive" spricht Steffen Höhne (2009: 42). – Erstmals zu *Witiko* Michael Berger (1991/92).

84  Nach einer Mitteilung Harald Lönneckers an den Verf. ist *Freiland* bisher nicht erforscht.

Trauerwilden Auges, Knabe
Nahst du
Gott.
Schuldloses Opfer,
deutest schmerzlich auf dein zartes,
ungelebtes Leben,
legst den Finger
hin auf die zerstörte Brust,
die in hartem Quellstoß
Blut quillt, dass die Lilienwolke
Unter deinem Fuß erpurpurt.

ER, dem Macht und Wunder ist verliehn,
greift gewaltig in dein staunend Blut,
sprengt es über deutscher Menschen Land.

Sieh, da lodert dein entrissner
Heilger Lenz in deinem Volk empor:
Schweigend heben sie die Seelen
Auf zu dir wie Flammenschilde.
Und du schaust darin die Schwurschrift
Still und unausrottbar glänzen,
stehst erschüttert, lächelst, leuchtest,
denn du lauscht in künftge Größe.
Und kein Opfer glüht vergebens.

Sterne kränzen dein geweihtes Haupt. (Watzlik 1919: 7)[85]

Am 4. März gewannen die späteren „Sudetendeutschen" nicht allein mehrere „Blutzeugen" – leider blieb es nicht bei einem Toten – sondern auch einen identifikatorisch hoch besetzten Erinnerungsort (Braun 1996; Weger 2006).

Pfingstsonntag 1919 erklang dann in der Stadtkirche zu Waltsch bei Duppau erstmalig das von Julius Janiczek vertonte und von Ernst Leibl verfasste *Böhmerländische Weihelied*, das es aus mentalitätsgeschichtlichen Gründen ebenfalls verdient zitiert zu werden, denn es illustriert in wünschenswerter Eindeutigkeit das dominante Selbstbild zahlreicher Deutschböhmen nach dem Krieg:

---

85 Man findet heutzutage dies Gedicht auch im Netz – auf einer tschechischen Seite (mit Übersetzung): http://www.kohoutikriz.org/data/w_watzl.php. – Zu den Märzereignissen das Kapitel „Der 4. März 1919" bei Pleyer (1934: 96-100).

Wir heben unsere Hände
aus tiefster, bittrer Not.
Herr Gott den Führer sende,
der unsern Kummer wende
Mit mächtigem Gebot!

Erwecke uns den Helden,
der seines Volks erbarmt!
Des Volks, das nachtbeladen,
verkauft ist und verraten
in unserer Feinde Arm.

Erwecke uns den Helde,
der stark in aller Not,
Deutschböhmen mächtig rühret,
Deutschböhmen gläubig führet
Ins junge Morgenrot!

Wir weihen Wehr und Waffen
Und Haupt und Herz und Hand!
Laß nicht zu Schanden werden
Dein lichtes Volk der Erden
Und meiner Mutter Land! (zit. n. Stauda 1978: 150)

Als „junges Morgenrot" der deutschböhmischen Zukunft sahen sich vor allem die Jüngeren. Der bereits im Kriege aufgebrochene Generationskonflikt innerhalb der deutschböhmischen Kulturbewegung nahm in den nächsten Jahren weiter zu (Kasper 2005), Mitte der Zwanziger Jahre sollte sich Ähnliches in der Turnbewegung abzeichnen (Luh 1988: 133-161). Die ‚Jungen' begannen, die ‚Alten' langsam zu verdrängen – das heißt auch und gerade, die alten deutschnationalen und alldeutschen Positionen hinter sich zu lassen, um noch radikaler zu werden. Eine fundamentalistische Revolte, eine Art „konservativer Revolution"[86] brachte das überkommene Gefüge deutschböhmischer Vereins- und Denkstrukturen durcheinander und führte zu einer Fülle von Neugründungen (Berthold 1993) und Neubesinnungen. Dabei gerieten sämtliche Positionen (und deren Vertreter) eines deutsch-tschechischen Ausgleichs zunehmend ins Hintertreffen und wurden zur Minderheit in der Minderheit.

---

86 Dieser Begriff, einst von Arnim Mohler in die Welt gesetzt, ist seit längerem umstritten (Breuer 1993). Die von Breuer herausgearbeiteten Merkmale konservativ-revolutionären Denkens scheinen mir aber auf manche Filiationen ‚sudetendeutscher' Ideologie zuzutreffen. Daneben existierten allerdings radikal-völkische Positionen. Zur Abgrenzung derartiger Diskurse von anderen s. die Vorschläge von Breuer (2008).

Dazu zählte auch August Sauer, für den der Zusammenbruch der Monarchie vermutlich ein größerer Schock war als für diejenigen, die schon vor 1918 auf das deutsche Volkstum in großdeutschen Kontexten bzw. das ‚stammliche' Denken innerhalb der Monarchie und nicht auf das Staatsvolk in Böhmen und Österreich gesetzt hatten.[87]

Die wachsende Distanz zwischen der Vaterfigur Sauer und den meisten seiner Schüler und Verehrer kommentierte 1928 Josef Pfitzner, auch so ein verlorener Sohn:

> manche seiner [Sauers] Anschauungen deckten sich nicht mehr mit denen eines Großteiles der das Sudetendeutschtum betreuenden Männer oder besser gesagt, diese entfremdeten in manchem den Sauerschen Gedankengängen. [...] So blieb Sauer mehr im Hintergrunde, seitwärts stehen und verfolgte eher als Zuschauer, denn als Mittätiger, die Zurüstung der neuen sudetendeutschen Kulturanstalten. (Pfitzner 1928: XLIV, XLV)

Doch sei andererseits – so Pfitzner (1928: XLV) weiter – „Sauersches Gedankengut" „inzwischen Besitz vieler geworden."[88]

In der unmittelbaren Situation des Umbruchs und der Neuorientierung beschwor der Prager Ordinarius selbst zwar weiterhin das seit langem ausgeprägte deutschböhmische Bewusstsein –

> Wir lernten täglich [vor 1918; JHU] und stündlich, wie ein Volkstum genährt, gestärkt, gestützt wird und wie man alles nur vom völkischen[89] Standpunkt aus betrachten müsse. So wurden wir nationaler als die deutsche Nation, völkischer als das deutsche Volk. (Sauer 1920: 16)

– setzte aber weiterhin auf die ihm vertrauten, „veralteten" und dennoch „zählebigen" Werte (Bollenbeck 1994): Bildung und Kultur.

> Wir glauben nach wie vor an die Kraft und die Stärke des deutschen Volkes und an einen neuen Aufstieg; wir glauben fest an die deutsche Wissenschaft. Das deutsche Volk ist besiegt, aber es ist nicht beseitigt. Oder wie einer unserer schneidigsten [sic!] Publizisten (Emil Lehmann, Deutsche Arbeit, Jahrgang 19, S. 70) sehr gut ausgedrückt hat: ‚Das deutsche Schwert ist zerschlagen und gebrochen, aber die deutsche Bildung lebt noch.' (Sauer 1920: 20)[90]

---

87 „Schon lange hatten viele nicht mehr an Österreich geglaubt." ( Stauda 1975: 73)

88 An dieser Stelle macht Pfitzner Erich Gierach zu einem der Nachfolger Sauers, der dessen Denken in die Tat umgesetzt habe.

89 Das Wort „völkisch" verweist bei Sauer allerdings nicht auf eine im engeren Wortsinne völkische, also rassistische Einstellung. Das Wort „völkisch" – bei manchen Autoren existiert die Formulierung „volklich" – hat eine recht verwickelte Begriffsgeschichte (Hartung 2001; Puschner 2007).

90 „Schneidig" im Bezug auf Lehmann ist nett gesagt, dieser war ein zutiefst völkisch-radikal denkender Pädagoge und Heimatforscher. – Hinweise zu Lehmann und dessen Idee von „Volkskunde" bei Braun (2010).

Doch in diese Selbstermutigung mischen sich resignative und verhalten aggressive Töne, die den liberalen, humanistischen Gehalt des traditionellen deutschen (und Sauerschen) Bildungsbegriffs auszuhöhlen trachten.

Einen Artikel zur *Bedeutung des Deutschen Landestheaters in Prag für die deutsche Kunst in Böhmen* (Sauer 1928) lässt Sauer mit Versen Mörikes ausklingen, in denen die Todesahnungen Mozarts auf der Reise nach Prag eingefangen sind und schließt die Frage an: „Soll das auch unser Todesgesang sein?" (Sauer 1928: 135) In einer Festrede weist er auf den „Rhein, der einst ein deutscher Strom war und an dessen Ufern jetzt eine siegestrunkene Soldateska barbarisch haust." (Sauer 1928: 195) Er mahnt seine Zuhörer zur Selbstbesinnung und beschwört sie mit folgenden Worten und Argumenten:

> Das deutsche Volk ist zwar besiegt, aber es ist keinesfalls vernichtet worden […] Jetzt leben wir unter lauter Fremden, belauscht und bewacht. […] Ein Weg der Entsagung, ein Weg des Leidens steht dem deutschen Volke bevor, an dessen Ende aber ragt ein neues Ziel empor. […] Eine vertiefte nationale Bildung muß sich durchringen […] wir brauchen neue Ideale. […] Wir Alten sind abgedankt; ein ganzes mittleres Zeitalter ist übersprungen, ist gar nicht zur Herrschaft gelangt. Die Jugend hat sofort ohne Übergang das Erbe der Alten anzutreten. […] Sie, meine jungen Freunde, sind hineingeboren in das Chaos der Welt und Sie müssen mitwirken, sich die neue Heimat zu zimmern […] darum arbeiten Sie, arbeiten Sie zuerst an sich selbst.[…] Wir müssen aufhören, träumerisch, versonnen, in uns versunken zu sein; wir müssen aufhören, anschmiegsam, untertänig, unterduckend zu sein. Ich stelle mir das neue deutsche Geschlecht vor, mutig und kühn, blitzenden Auges, drohenden Blicks; mit zusammengepreßten Lippen, wortkarg, schweigsam; vielleicht trotzig und verschlossen, hartnäckig und unbeugsam; gefasst und auf alles gefasst, sprungbereit und, wenn es sein muß, todesbereit. Ein solches Geschlecht hat hart und schwer an sich zu erziehen. (Sauer 1928: 196f.)

Mit solchen Worten aber hatte das suggestive Bild des deutschen Frontkämpfers (Hüppauf 1993) Eingang in die kulturpolitischen Diskurse eines alten Professors gefunden, der damit die „Zukunft" des deutschen Volkes in die Hände seiner jungen Zuhörer legte.[91] Mehrheitlich hatten diese den Krieg gerade eben überlebt und waren selbst auf dem Weg, ein hartes Geschlecht zu werden[92] und sich bündisch zu formieren. Die Rede und die Bilder vom Kampf, von Helden und Kriegern, von Front und Heimat sind bald nach 1919 integraler Bestandteil des Selbstbildes der Bündischen Jugend, vor allem derer völkischen Bünde, halten aber auch Einzug in das Vokabular der Kulturpolitik und Volksbildung. Aus ‚Deutscher Bildung' wird ‚Heimatbildung', und diese formuliert sich in der Geste der Notwehr – noch bei Sauer selbst:

---

91 Sauer (1928: 201): „In Ihre Hand ist die Zukunft Ihres Volkes gegeben. Retten Sie davon in eine neue bessere Zeit hinüber, was sich retten lässt."

92 Vgl. das Vorwort zur Kriegsausgabe von Wegener (1917): „Das Echte und Starke hat sich in wortkarger [!] Tat bewährt. Unser Volk hat standgehalten." [geschrieben 1917!]

Vom Mutterland abgetrennt, an fremdes Volkstum grenzend, von diesem umgeben, ja im Augenblicke von diesem beherrscht mit der ausgesprochenen und unausgesprochenen Absicht der Herrschenden, uns unserer völkischen Eigenart zu berauben oder uns diese auszutreiben und zu verekeln, liegt die große Gefahr für uns nahe, daß wir die Fühlung mit der Entwicklung des Mutterlandes allmählich verlieren, in die gewohnte Eigenbrötelei verfallen und bei allem Streben nach Heimatbildung im slawischen Fremdtum versinken und darin zugrunde gehen. (Sauer 1928: 207)[93]

Sauer warnt in diesem Aufsatz allerdings vor einer zu starken Verengung der „deutschen Bildung" auf „Heimatbildung", verwies wiederum auf die wichtige Rolle der Deutschen Universität in Prag und versuchte die *Gesellschaft zur Förderung deutscher Wissenschaft, Kunst und Literatur in Böhmen* in eine vom Staat unterstützte deutsche „Akademie der Wissenschaften" umzuwandeln (Sauer 1921). Andere, wie Rudolf Lochner (1921), träumten vom neuen Typus des „Heimatstudenten" als Volkserneuerer mit antisemitischer Grundhaltung oder von der vollkommenen Umgestaltung des deutschen Hochschulwesens (Diehl 1921).[94] – Diese Debatten zwischen den Jahren 1919 und 1925 wären jedoch noch genauer zu rekonstruieren.

In seinem 70. Lebensjahr bespricht August Sauer im nun *Sudetendeutsches Jahrbuch* genannten Periodikum emphatisch Josef Nadlers *Literaturgeschichte der deutschen Stämme und Landschaften* (Sauer 1925)[95] – letzte Spur einer Lehrer-Schüler-Beziehung, die im Wintersemester 1904/05 an der Deutschen Universität unter ganz anderen zeitgeschichtlichen Umständen begonnen hatte. Kurz darauf wird er selbst am gleichen Ort geehrt durch einen Aufsatz Adolf Hauffens (1925).

Am 17. September 1926 entschlief Sauer. Erich Gierach sprach ihm die letzten Worte ins offene Grab nach. Ein Sinnbild seltener Weihe.[96]

Ohne zu pathetisch zu werden, könnte man sagen, dass man im September 1926 nicht nur August Sauer zu Grabe getragen hat, sondern längst schon jeden Versuch von deutschböhmisch-‚sudetendeutscher‘ Seite auf eine Verständigung mit den Tschechen beerdigt hatte. Was dann noch folgte, ist leider allzu bekannt.

---

93 Sauer warnt in diesem Aufsatz allerdings vor einer zu starken Verengung der „deutschen Bildung" auf „Heimatbildung".

94 Eine Geschäftsstelle für diese Umgestaltung existierte in Obersedlitz bei Aussig.

95 Inzwischen hatte nicht nur der Namen gewechselt, sondern Johannes Stauda war gezwungen gewesen, aus politischen Gründen seinen *Böhmerland-Verlag* von Eger nach Augsburg zu verlegen – der Preis für seine unausgesetzte völkische Agitation gegen die Tschechoslowakische Republik.

96 Mit diesem Satz endet Pfitzners (1928: LII) Lebensbild.

Hier ging es um den verschiedene Milieus und Fachdiskurse überschauen-
den Versuch, in einem weiten, politisch oftmals verminten Gelände einen intellektuellen Vaterschaftstest durchzuführen, der allerdings so lange Fragment
und in seinen Folgerungen vorläufig sein muss, als nicht sämtliche publizistischen Arbeiten Sauers, vor allem diejenigen nach 1918, akribisch ausgewertet
worden sind. Ebenso blieb hier notgedrungen die Frage außen vor, welche
(kultur-)politischen Optionen des Prager Ordinarius sich in den Texten seines
umfangreichen wissenschaftlichen Œuvres verbergen oder vielmehr offenbaren.[97] – Dies zu beantworten, wäre allerdings eine umfassende monographische Anstrengung wert. So wünscht man sich also für Sauer eine ebenso
kritische wie um Objektivität bemühte Biographin, wie sie Josef Nadler in
Irene Ranzmaier (2005) gefunden hat.

# Literatur

Alt, Peter Andre (2000): *Schiller. Leben – Werk – Zeit.* 2 Bde. München: Beck.

Bartels, Adolf (1919): *Geschichte der deutschen Literatur.* Hamburg, Braunschweig, Berlin:
Westermann.

Becher, Peter (Hg.) (1989): *Josef Mühlberger. Beiträge des Münchner Kolloquiums.* München:
Adalbert-Stifter-Verein.

Becher, Peter (Hg.) (1993): *Deutsche Jugend in Böhmen 1918-1938. Beiträge des Waldkraiburger Kolloquiums.* München.

Becher, Peter (2002): Unser sudetendeutscher Klassiker… Aspekte der deutsch-
böhmischen Stifterrezeption 1918-1938. – In: Lachinger, Johann (Hg.), *Adalbert
Stifter. Studien zu seiner Rezeption und Wirkung II: 1931-1988.* Kolloquium II. Linz:
Adalbert-Stifter-Institut des Landes Oberösterreich, 84-96.

Becher, Peter (2007): August Sauer als Gründer der wissenschaftlichen Stifter-
Forschung. – In: Tvrdík, Milan/Wiesmüller, Wolfgang (Hgg.), *Stifter und Böhmen.
Symposium* (= Jahrbuch des Adalbert-Stifter-Instituts des Landes Österreich, 14).
Linz: Stifter-Haus, 33-38.

---

97  Eine unrühmliche Rolle spielte Sauer in der (verhinderten) akademischen Karriere Josef
    Körners (Eichner 2001).

Becher, Walter (1993): Der Kameradschaftsbund. Eine Mittlergruppe zwischen Jugendbewegung und verantwortlicher [sic!] Politik. – In: Becher, Peter (Hg.), *Deutsche Jugend in Böhmen 1918-1938. Beiträge des Waldkraiburger Kolloquiums*. München: P. Becher, 134-139.

Behrendt, Berndt (1984): *Zwischen Paradox und Paralogismus. Weltanschauliche Grundzüge einer Kulturkritik in den neunziger Jahren des 19. Jahrhunderts am Beispiel August Julius Langbehns*. Frankfurt/M. u. a.: Lang.

Berger, Michael (1991/92): ‚Witiko‘ (1928–1931) – eine Zeitschrift zwischen Metropole und Provinz. – In: *brücken* NF 1, 51-63.

Berger, Michael (1993): „Wir wollen freie Deutsche sein!“ Die Jugendbewegung als Erlebnishintergrund sudetendeutscher Schriftsteller. – In: Becher, Peter (Hg.), *Deutsche Jugend in Böhmen 1918-1938. Beiträge des Waldkraiburger Kolloquiums*. München: P. Becher, 109-125.

Berger, Michael (1995): Von der böhmischen Heimat ins sudetendeutsche Grenzland. Differenzierungsprozesse in der deutschböhmischen Literatur von 1848 bis 1939. – In: *brücken* NF 3, 241-277.

Berger, Michael (2000): Von Bescheidwissenschaft und Halbwissen. Ein Nachtrag zur neuerlichen Wiederentdeckung eines Schriftstellers. – In: Ehlers, Klaas-Hinrich/ Höhne, Steffen/Maidl, Václav/Nekula, Marek (Hgg.), *Brücken nach Prag. Deutschsprachige Literatur im kulturellen Kontext der Donaumonarchie und der Tschechoslowakei*. Festschrift für Kurt Krolop zum 70. Geburtstag. Frankfurt/M. u. a.: Lang, 395-418.

Bernig, Jörg (2009): *Niemands Welt. Sieben Nachrichten aus Mitteleuropa*. Essay. Dresden: Thelem.

Berthold, Dunja (1988): *Die sudetendeutsche Jugendbewegung und die Turnerjugend des Deutschen Turnverbandes in der Ersten Tschechoslowakischen Republik von 1919 bis 1938* (= Materialien zur sudetendeutschen Zeitgeschichte, 10). München: Sudetendeutsches Archiv.

Berthold, Dunja (1993): Die sudetendeutsche Jugendbewegung. – In: Becher, Peter (Hg.), *Deutsche Jugend in Böhmen 1918-1938. Beiträge des Waldkraiburger Kolloquiums*. München: P. Becher, 16-48.

Blau, Josef (³1922): *Der Heimatforscher* (= Schriften zur Lehrerfortbildung, 6). Prag, Wien, Leipzig: Haase.

Bollenbeck, Georg (1994): Veraltet und doch zählebig. Die Krise des Deutungsmusters als Modernisierungskrise. – In: Ders., *Bildung und Kultur. Glanz und Elend eines deutschen Deutungsmusters*. Frankfurt/M.: Insel, 225-288.

Bollenbeck, Georg (2007): *Eine Geschichte der Kulturkritik. Von J. J. Rousseau bis G. Anders*. München: Beck.

Borrmann, Norbert (1989): *Paul Schultze-Naumburg. Maler – Publizist – Architekt 1869-1949*. Essen: Bacht.

Braun, Karl (1996): Der 4. März 1919. Zur Herausbildung sudetendeutscher Identität. – In: *Bohemia* 37, 353-389.

Braun, Karl (2006): Die Sudetendeutsche Zeitschrift für Volkskunde. – In: *brücken* NF 14, 77-95.

Braun, Karl (2010): „Der Waffenmeister neben den Kämpfenden". Zur politischen sudetendeutschen Volkskunde. – In: Höhne, Steffen/Udolph, Ludger (Hgg.), *Deutsche – Tschechen – Böhmen. Kulturelle Integration und Desintegration im 20. Jahrhundert* (= Intellektuelle in Prag. Personen, Konzepte, Diskurse, 1). Köln, Weimar, Wien: Böhlau, 265-285.

Breuer, Stefan (1993): *Anatomie der Konservativen Revolution.* Darmstadt: WBG.

Breuer, Stefan (2008): Gesichtspunkte zu einer Differentialdiagnostik. – In: Ders., *Die Völkischen in Deutschland. Kaiserreich und Weimarer Republik.* Darmstadt: WBG, 7-22.

Breuer, Stefan/Schmidt, Ina (2010): *Die Kommenden. Eine Zeitschrift der Bündischen Jugend (1926–1933)* (= Edition Archiv der deutschen Jugendbewegung, 15). Schwalbach/ Ts.: Wochenschau.

Brosche, Wilfried (1967): Die ‚Freien Schulgemeinden' in Leitmeritz und Hammerstein. – In: Keil, Theo (Hg.), *Die deutsche Schule in den Sudentenländern. Form und Inhalt des Bildungswesens.* Im Auftrag der Arbeitsgemeinschaft sudetendeutscher Erzieher. München: Lerche, 374-378.

[Diehl, Erich] (1921): Die künftige Gestaltung unseres deutschen Hochschulwesens. – In: *Böhmerlandjahrbuch für Volk und Heimat* 1, 78-81.

Dohnke, Kay (1998): Heimatliteratur und Heimatkunstbewegung. – In: Kerbs, Diethart/Reulecke, Jürgen (Hgg.), *Handbuch der deutschen Reformbewegungen 1880-1933.* Wuppertal: Hammer, 481-493.

Eichner, Hans (2001): Josef Körner (1888–1950). – In: König, Christoph/Barner, Wilfried (Hgg.), *Jüdische Intellektuelle und die Philologien in Deutschland 1871-1933.* Göttingen: Wallstein, 309-319.

Fahlbusch, Michael (1999): *Wissenschaft im Dienst der nationalsozialistischen Politik? Die „Volksdeutschen Forschungsgemeinschaften" von 1931-1945.* Baden-Baden: Nomos.

Fick, Luise (1939): *Die deutsche Jugendbewegung.* Jena: Diederichs.

Franzel, Emil (1990): *Sudetendeutsche Geschichte. Eine volkstümliche Darstellung.* Mannheim: Kraft.

Giesen, Bernhard (1993): *Die Intellektuellen und die Nation. Eine deutsche Achsenzeit.* Frankfurt/M.: Suhrkamp.

Giesen, Bernhard/Junge, Kay/Kritschgau, Christian (1994): Vom Patriotismus zum völkischen Denken. Intellektuelle als Konstrukteure der deutschen Identität. – In: Berding, Helmut (Hg.), *Nationales Bewusstsein und kollektive Identität* (= Studien zur Entwicklung des kollektiven Bewusstseins in der Neuzeit, 2). Frankfurt/M.: Suhrkamp, 345-393.

Grolman, Adolf von (1929): Adalbert Stifters Haltung in unserer Gegenwart. – In: *Witiko. Zeitschrift für Kunst und Dichtung* 2, 19-22.

Haar, Ingo (2006): „Sudetendeutsche" Bevölkerungsfragen zwischen Minderheitenkampf und Münchener Abkommen: Zur Nationalisierung und Radikalisierung deutscher Wissenschaftsmilieus in der Tschechoslowakischen Republik. – In: *Historical Social Research* 31/4, 236-262.

Hahn, Hans Henning (Hg.) (2007): *Hundert Jahre sudetendeutsche Geschichte. Eine völkische Bewegung in drei Staaten* (= Die Deutschen und das östliche Europa. Studien und Quellen, 1). Frankfurt/M.: Lang.

Hartung, Günter (2001): *Deutschfaschistische Literatur und Ästhetik. Gesammelte Studien.* Leipzig: Leipziger Univ.-Verl., 75-98.

Hauffen, Adolf (1925): August Sauer. – In: *Sudetendeutsches Jahrbuch* 2, 19-23.

Hemmerle, Josef (1986): Die Gesellschaft zur Förderung deutscher Wissenschaft, Kunst und Literatur in Böhmen. – In: *Vereinswesen und Geschichtspflege in den böhmischen Ländern. Vorträge der Tagungen 1983 und 1984* (= Bad Wiesseer Tagungen des Collegium Carolinum). München: Oldenbourg, 231-247.

Herrmann, Ulrich (1986/87): „Ein Krieger im Heere des Lichts" – Hermann Poperts „Helmut Harringa" als Spiegel-Bild lebensreformerischen Strebens in der Jugendbewegung. – In: *Jahrbuch des Archivs der deutschen Jugendbewegung* 16, 45-62.

Hoensch, Jörg K. (2001): Der Kameradschaftsbund, Konrad Henlein und die Anfänge der Sudetendeutschen Heimatfront. – In: Mühle, Eduard (Hg.), *Mentalitäten, Nationen, Spannungsfelder. Studien zu Mittel- und Osteuropa im 19. und 20. Jahrhundert.* Beiträge eines Kolloquiums zum 65. Geburtstag von Hans Lemberg (= Tagungen zur Ostmitteleuropa-Forschung, 11). Marburg: Herder-Institut, 101-135.

Hofmann, Alois (2001): Aufbruch der Stifter-Forschung in Prag. August Sauer und sein Kreis. – In: Lachinger, Johann (Hg.), *Adalbert Stifter. Studien zu seiner Rezeption und Wirkung I: 1868-1930.* Kolloquium I (= Schriftenreihe des Adalbert-Stifter-Instituts, 39). Linz: Adalbert-Stifter-Institut des Landes Oberösterreich, 79-95.

Hohmeyer, Andrea (2002): *‚Böhmischen Volkes Weisen'. Die Darstellung der deutschsprachigen Dichtung in den böhmischen Ländern der Jahre 1895 bis 1945. Probleme und Perspektiven territorialer Literaturgeschichtsschreibung in Mitteleuropa.* Münster: Lit.

Höhne, Steffen (2009): Josef Mühlbergers (1928-1931) ‚Witiko' im Kontext böhmischer Ausgleichsversuche. – In: *Germanoslavica. Zeitschrift für germano-slawische Studien* 20/1 [Sonderheft zu Mühlberger], 39-59.

Hüppauf, Bernd (1993): Schlachtenmythen und die Konstruktion des „Neuen Menschen". – In: Hirschfeld, Gerhard/Krumeich, Gerd u. a. (Hgg.), *Keiner fühlt sich hier mehr als Mensch... Erlebnis und Wirkung des Ersten Weltkriegs.* Essen: Klartext, 43-84.

Hufenreuther, Georg (2007): Konzepte und Strukturen völkischer Erwachsenenbildung im Kaiserreich zwischen 1894 und 1918. – In: Ciupke, Paul/Heuer,

Klaus/Jelich, Franz-Josef/Ulbricht, Justus H. (Hgg.), *„Die Erziehung zum deutschen Menschen".* Völkische und nationalkonservative Erwachsenenbildung in der Weimarer Republik (= Geschichte der Erwachsenenbildung, 23). Essen: Klartext, 173-186.

Ille, Gerhard/Köhler, Günter (Hgg.) (1987): *Der Wandervogel. Es begann in Steglitz. Beiträge zur Geschichte der deutschen Jugendbewegung.* Berlin: Stapp.

Jacobeit, Wolfgang/Lixfeld Hannsjost/Bockhorn, Olaf (Hgg.) (1994): *Völkische Wissenschaft. Gestalten und Tendenzen der deutschen und österreichischen Volkskunde in der ersten Hälfte des 20. Jahrhunderts.* Wien, Köln, Weimar: Böhlau.

Jacques, Christian (2007): Über die Erfindung des Sudetendeutschtums: Johannes Stauda – ein sudetendeutscher Verleger. – In: Hahn, Hans Henning (Hg.), *Hundert Jahre sudetendeutsche Geschichte. Eine völkische Bewegung in drei Staaten* (= Die Deutschen und das östliche Europa. Studien und Quellen, 1). Frankfurt/M.: Lang, 193-205.

Kasper, Tomáš (2005): Einige Merkmale sudetendeutscher Jugendbewegung. – In: *brücken* NF 13, 167-182.

Kasper, Tomáš (2006): Sudetendeutsche Schulreform. Versuch eines deutsch-tschechischen Vergleichs. – In: *brücken* NF 14, 109-120.

Kaufmann, Andreas (1991): *Vorgeschichte und Entstehung des Laienspieles und die frühe Geschichte der Laienspielbewegung.* Unveröff. Diss. Stuttgart.

Keil, Theo (Hg.) (1967): *Die deutsche Schule in den Sudetenländern. Form und Inhalt des Bildungswesens.* Im Auftrag der Arbeitsgemeinschaft sudetendeutscher Erzieher. München: Lerche.

Kerbs, Diethart: „Vestigia terrent". Paul Schultze-Naumburg: Vom Lebensreformer zum Rassetheoretiker. – In: *Jahrbuch des Archivs der deutschen Jugendbewegung* 18 (1993-96), 219-232.

Kindt, Werner (Hg.) (1968): *Die Wandervogelzeit. Quellenschriften zur deutschen Jugendbewegung 1896-1919* (= Dokumentation der Jugendbewegung, II). Düsseldorf, Köln: Diederichs.

Kindt, Werner (Hg.) (1974): *Die deutsche Jugendbewegung 1920 bis 1933. Die bündische Zeit* (= Dokumentation der Jugendbewegung, III). Düsseldorf, Köln: Diederichs.

König, Christoph (Hg.) (2003): *Internationales Germanistenlexikon 1800-1950.* Bd. 3. Berlin, New York: de Gruyter, 1568-1571.

König, Helmut (2006): Der ‚Zupfgeigenhansl' und seine Nachfolger. Drei Phasen der Jugendbewegung im Spiegel repräsentativer Liederbücher. – In: Herrmann, Ulrich (Hg.), *„Mit uns zieht die neue Zeit...".* Der Wandervogel in der deutschen Jugendbewegung. Weinheim, München: Juventa 232-275.

Köpplová, Petra (2002): Die Gesellschaft zur Förderung deutscher Wissenschaft, Kunst und Literatur in Böhmen und die Deutsche Arbeit. – In: *brücken* NF 8, 143-178.

Kolař, Pavel (2003): Eine Brutstätte der Volksgeschichte? Überlegungen zur Geschichte der Prager deutschen Historiographie 1918-1938 im Gesamtkontext der deutschsprachigen Geschichtswissenschaft. – In: Lemberg, Hans (Hg.), *Universitäten in nationaler Konkurrenz. Zur Geschichte der Prager Universität im 19. und 20. Jahrhundert.* München: Oldenbourg, 109-135.

Konrad, Ota (2008): Die Sudetendeutsche Anstalt für Landes- und Volksforschung 1940-1945. „Wissenschaftliche Gründlichkeit und völkische Verpflichtung". – In: Albrecht, Stefan/Mališ, Jiří/Melville, Ralph (Hgg.), *Die sudetendeutsche Geschichtsschreibung 1918-1960. Zur Vorgeschichte und Gründung der Historischen Kommission der Sudetenländer* (= Veröffentlichungen des Collegium Carolinum, 114). München: Oldenbourg, 71-95.

Kratzsch, Gerhard (1969): *Kunstwart und Dürerbund. Ein Beitrag zur Geschichte der Gebildeten im Zeitalter des Imperialismus.* Göttingen: Vandenhoeck & Ruprecht.

Lemberg, Hans (2006): Von den Deutschböhmen zu den Sudetendeutschen: Der Beitrag von Geschichtswissenschaften und Geschichtspolitik. – In: Brenner, Christiane u. a. (Hgg.), *Geschichtsschreibung zu den böhmischen Ländern im 20. Jahrhundert. Wissenschaftstraditionen – Institutionen – Diskurse* (= Bad Wiesseer Tagungen des Collegium Carolinum, 28). München: Oldenbourg, 95-107.

Leppa, Karl Franz (1928): Rede bei der Enthüllung des Stifter-Denkmals in Friedberg im Böhmerwalde, am 15. August 1928. – In: *Witiko* 1, 325-329.

Linse, Ulrich (1985): „Geschlechtsnot der Jugend". Über Jugendbewegung und Sexualität. – In: Koebner, Thomas/Janz, Rolf-Peter/Trommler, Frank (Hgg.), *„Mit uns zieht die neue Zeit". Der Mythos Jugend.* Frankfurt/M.: Suhrkamp, 245-309.

Linse, Ulrich (2001): Mazdaznan – die Rassenreligion vom arischen Friedensreich. – In: Schnurbein, Stefanie von/Ulbricht, Justus H. (Hgg.), *Völkische Religion und Krisen der Moderne. Entwürfe „arteigener" Glaubenssysteme seit der Jahrhundertwende.* Würzburg: Königshausen & Neumann, 268-291.

Linse, Ulrich (2006): „Wir sträuben uns auch ein wenig gegen fanatische Reformer". Jugendbewegter Lebensstil oder lebensreformerische Jugenderziehung. – In: Herrmann, Ulrich (Hg.), *„Mit uns zieht die neue Zeit…". Der Wandervogel in der deutschen Jugendbewegung.* Weinheim, München: Juventa, 205-231.

Lochner, Rudolf (1921): Vom deutschen Heimatstudenten. – In: *Böhmerlandjahrbuch für Volk und Heimat* 1, 72-77.

Lohmann, Nina (2008): „Heimat und Volk". Der Historiker Wilhelm Wostry zwischen deutschböhmischer und sudetendeutscher Geschichtsschreibung. – In: Albrecht, Stefan/Mališ, Jiří/Melville, Ralph (Hgg.), *Die „sudetendeutsche Geschichtsschreibung 1918-1960. Zur Vorgeschichte und Gründung der Historischen Kommission der Sudetenländer* (= Veröffentlichungen des Collegium Carolinum, 114). München: Oldenbourg, 127-149.

Lönnecker, Harald (2008): „…freiwillig nimmer von hier zu weichen…". Die Prager deutsche Studentenschaft 1867-1945. Bd. I: Verbindungen und Vereine des deutschnationalen Spektrums. Köln: SH.

Lozoviuk, Petr (2008): *Interethnik im Wissenschaftsprozess. Deutschsprachige Volkskunde in Böhmen und ihre gesellschaftlichen Auswirkungen.* Leipzig: Univ.-Verl.

Luft, Robert R. (1986): Der ‚Deutsche Verein zur Verbreitung gemeinnütziger Kenntnisse' in Prag 1869-1938. – In: *Vereinswesen und Geschichtspflege in den böhmischen Ländern. Vorträge der Tagungen 1983 und 1984* (= Bad Wiesseer Tagungen des Collegium Carolinum). München: Oldenbourg, 139-178.

Luh, Andreas (1988): *Der Deutsche Turnverband in der Ersten Tschechoslowakischen Republik. Vom völkischen Vereinsbetrieb zur volkspolitischen Bewegung* (= Veröffentlichungen des Collegium Carolinum, 62). München: Oldenbourg.

Luh, Andreas (1993): Sudetendeutsche Jugendbünde und ihr Einfluß auf Politik und Verbände in der Ersten Tschechoslowakischen Republik. – In: Becher, Peter (Hg.), *Deutsche Jugend in Böhmen 1918-1938. Beiträge des Waldkraiburger Kolloquiums.* München: P. Becher, 141-165.

Mühlberger, Josef (1981): *Geschichte der deutschen Literatur in Böhmen 1900-1939.* München: Langenmüller.

Müller-Funk, Wolfgang (1996): Integration und Integrität: Die Böhmischen Länder und die ‚reichische' Idee in Adalbert Stifters ‚Witiko'. – In: *Bohemia* 37, 341-352.

Nadler, Josef (1939): *Literaturgeschichte des Deutschen Volkes. Dichtung und Schrifttum der deutschen Stämme und Landschaften.* Bd. 1: Volk (800-1740). Berlin: Propyläen.

Nasarski, Peter (Hg.) (1967): *Deutsche Jugendbewegung in Europa. Versuch einer Bilanz.* Köln: Wissenschaft und Politik.

NDB (2005): *Neue Deutsche Biographie.* Bd. 22. Berlin: Duncker & Humblot, 451f.

Němec, Jiří (2004): Der Schulalltag in den deutschen Schulen der Tschechoslowakei (1918-1938) im Spannungsfeld zwischen Staat und Volksgruppe. – In: *brücken* NF 12, 195-221.

Němec, Jiří (2008): Eduard Winter und sein Prager Kreis. – In: Albrecht, Stefan/ Malíř, Jiří/Melville, Ralph (Hgg.), *Die sudetendeutsche Geschichtsschreibung 1918-1960. Zur Vorgeschichte und Gründung der Historischen Kommission der Sudetenländer.* (= Veröffentlichungen des Collegium Carolinum, 114). München: Oldenbourg, 113-125.

Neumann, Thomas (1997): *Völkisch-nationale Hebbel-Rezeption. Adolf Bartels und die Weimarer Nationalfestspiele.* Bielefeld: Aisthesis.

Oberkrome, Willi (1993): *Volksgeschichte. Methodische Innovation und völkische Ideologisierung in der deutschen Geschichtswissenschaft 1918-1945.* Göttingen: Vandenhoeck & Ruprecht.

Oberdorffer, Kurt (1967): Ein Träger der Böhmerländischen Heimatbewegung – Josef Blau. – In: Keil, Theo (Hg.), *Die deutsche Schule in den Sudetenländern. Form und Inhalt des Bildungswesens.* Im Auftrag der Arbeitsgemeinschaft sudetendeutscher Erzieher. München: Lerche, 413-419.

Pfitzner, Josef (1928): August Sauer als Kulturpolitiker. – In: *August Sauers kulturpolitische Reden und Schriften*. Im Auftrage der Deutschen Gesellschaft der Wissenschaften und Künste für die Tschechoslowakische Republik eingeleitet und herausgegeben von dems. Reichenberg: Franz Kraus, V-LIV.

Pleyer, Wilhelm (1934): *Der Puchner. Ein Grenzlandschicksal.* München: Langen.

Pohl, Karin (2008): Adalbert Stifter – ein sudetendeutscher Heimatdichter? Zur politischen Instrumentalisierung eines Schriftstellers. – In: *Stifter-Jahrbuch* N. F. 22, 69–100.

Popp, Wolfgang (2009): Josef Mühlberger: „Die Knaben und der Fluß", Josef Holub: „Der rote Nepomuk": zwei Erzählungen um Jungenfreundschaften. – In: *Germanoslavica* 20/1 [Mühlberger-Sonderheft], 125-134.

Puschner, Uwe (2007): Völkisch. Plädoyer für einen ‚engen' Begriff. – In: Ciupke, Paul/Heuer, Klaus/Jelich, Franz-Josef/Ulbricht, Justus H. (Hgg.), *„Die Erziehung zum deutschen Menschen". Völkische und nationalkonservative Erwachsenenbildung in der Weimarer Republik* (= Geschichte der Erwachsenenbildung, 23). Essen: Klartext 53-66.

Ranzmaier, Irene (2005): *Germanistik an der Universität Wien zur Zeit des Nationalsozialismus.* Wien, Köln, Weimar: Böhlau, 102-123.

Ranzmaier, Irene (2008): *Stamm und Landschaft. Josef Nadlers Konzeption der deutschen Literaturgeschichte.* Berlin: de Gruyter.

Reif, Wolfgang (1995): Kalter Zweifrontenkrieg. Der Grenzlandroman konservativer und (prä-)faschistischer Autoren der Zwischenkriegszeit. – In: Faber, Richard/ Naumann, Barbara (Hgg.), *Literatur der Grenze – Theorie der Grenze.* Würzburg: Königshausen & Neumann, 115-135.

Rinas, Karsten (2008): Die andere Grenzlandliteratur. Zu einigen tschechischen Romanen mit antideutscher Tendenz. – In: *brücken* NF 16/1-2, 115–163.

Rosenbaum, Alfred (1925): *August Sauer. Ein bibliographischer Versuch.* Prag: Ges. deutscher Bücherfreunde.

Rossbacher, Karlheinz (1975): *Heimatkunstbewegung und Heimatroman. Zu einer Literatursoziologie der Jahrhundertwende.* Stuttgart: Klett.

Sauer, August (1907): *Literaturgeschichte und Volkskunde. Rektoratsrede, gehalten in der Aula der K. K. Deutschen Karl-Ferdinands-Universität in Prag am 18. November 1907 von Prof. Dr. August Sauer.* Prag: Karl-Ferdinands-Universität.

Sauer, August (1920): *Über die Bedeutung der deutschen Universität in Prag.* Reichenberg: Franz Kraus.

Sauer, August (1921): Eine staatliche deutsche ‚Akademie der Wissenschaften' für die tschechische Republik. – In: *Böhmerlandjahrbuch für Volk und Heimat* 1, 68-69.

Sauer, August (1925): Josef Nadler und seine ‚Literaturgeschichte der deutschen Stämme und Landschaften'. – In: *Sudetendeutsches Jahrbuch* 1, 63-66.

Sauer, August (1928): *Kulturpolitische Reden und Schriften*. Im Auftrag der Deutschen Gesellschaft der Wissenschaften und Künste für die Tschechoslowakische Republik, eingeleitet und herausgegeben von Josef Pfitzner. Reichenberg: Franz Kraus.

Schroubek, Georg R. (1984): Isolation statt Kommunikation. Forschungsinteressen der deutschen und der tschechischen Universitäts-Volkskunde in Prag. – In: *Die Teilung der Prager Universität 1882 und die intellektuelle Desintegration in den böhmischen Ländern*. Vorträge der Tagung des Collegium Carolinum vom 26. bis 28. November 1982 (= Bad Wiesseer Tagungen des Collegium Carolinum. Hrsg. v. Ferdinand Seibt). München: Oldenbourg, 127-146.

Schumann, Andreas (1996): Völkische Tendenzen in Germanistik und Philologie. – In: Puschner, Uwe/Schmitz, Walter/Ulbricht, Justus H. (Hgg.), *Handbuch zur ,Völkischen Bewegung' 1871-1918*. München: Saur, 859-873.

Schroubek, Georg R. (1982): Regionalismus und Nationalismus in der deutschböhmischen Literatur 1918–1938. – In: *Kultur und Gesellschaft in der Ersten Tschechoslowakischen Republik* (= Bad Wiesseer Tagungen des Collegium Carolinum). München, Wien: Oldenbourg, 63-77.

Seibt, Ferdinand u. a. (Hg.) (2000): *Biographisches Lexikon zur Geschichte der böhmischen Länder*. Bd. 3. Hrsg. im Auftrag des Collegium Carolinum. München: Oldenbourg.

Stauda, Johannes (1975): *Der Wandervogel in Böhmen 1911-1920*. Hrsg. v. Kurt Oberdorffer. Teil 1: Darstellung. Reutlingen: Harwalik.

Stauda, Johannes (1978): *Der Wandervogel in Böhmen 1911-1920*. Hrsg. von Kurt Oberdorffer. Teil 2: Quellen und Vermerke. Reutlingen: Harwalik.

Takebayashi, Tazuko (2005): *Zwischen den Kulturen. Deutsches, Tschechisches und Jüdisches in der deutschsprachigen Literatur in Prag. Ein Beitrag zur xenologischen Literaturforschung interkultureller Germanistik*. Hildesheim, Zürich, New York: Olms.

Trommler, Frank (1985): Mission ohne Ziel. Über den Kult der Jugend im modernen Deutschland. – In: Koebner, Thomas/Janz, Rolf-Peter/Ders. (Hgg.), *„Mit uns zieht die neue Zeit". Der Mythos Jugend*. Frankfurt/M.: Suhrkamp, 14-49.

Ulbricht, Justus H. (1988-1992): Bücher für die „Kinder der neuen Zeit". Ansätze zu einer Verlagsgeschichte der deutschen Jugendbewegung. – In: *Jahrbuch des Archivs der deutschen Jugendbewegung* 17, 77-140.

Ulbricht, Justus H. (1995): „Deutsche Renaissance". Weimar und die Hoffnung auf die kulturelle Regeneration Deutschlands zwischen 1900 und 1933. – In: John, Jürgen/Wahl, Volker (Hgg.), *Zwischen Konvention und Avantgarde. Doppelstadt Jena-Weimar*. Weimar, Köln, Wien: Böhlau, 191-208.

Ulbricht, Justus H. (1997): „Wo liegt Weimar?" Nationalistische Entwürfe kultureller Identität. – In: Härtl, Ursula/Stenzel, Burkhard/Ders. (Hgg.), *Hier, hier ist*

*Deutschland... Von nationalen Kulturkonzepten zur nationalsozialistischen Kulturpolitik.* Göttingen: Wallstein, 11-44.

Ulbricht, Justus H. (1999): Die Geburt der Deutschen aus dem Geist der Tragödie. Weimar als Ort und Ausgangspunkt nationalpädagogischer Theaterprojekte. – In: Wilderotter, Hans/Dorrmann, Michael (Hgg.), *Wege nach Weimar. Auf der Suche nach der Einheit von Kunst und Politik.* Berlin: Jovis, 127-142.

Ulbricht, Justus H. (2000): „Deutscher Stil". Über einen Traum von Paul Schultze-Naumburg und anderen. – In: *Schriftenreihe der Saalecker Werkstätten e. V.* 2, 13-33.

Ulbricht, Justus H. (2002): „Weimar ist unser Olympia geistiger Kraft". ‚Ilm-Athens' Festspielkultur, eine Annäherung. – In: Heister, Hanns-Werner (Hg.), *„Entartete Musik" 1938. Weimar und die Ambivalenz.* Bd. 1. Saarbrücken: Pfau, 536-556.

Ulbricht, Justus H. (2006): Produktive Ratlosigkeit oder: Europa – „aber wo liegt es…". – In: *Europa (er)finden. Kulturelle Identitäten in Europa.* Hrsg. Von der Heinrich-Böll-Stiftung Thüringen e. V. Erfurt, 8-23.

Ulbricht, Justus H. (2007): Aufbruch an Saale und Elbe. Anfänge sächsischer Jugendbewegung. – In: *Dresdner Hefte* 26/90, 4-16.

Ulbricht, Justus H. (2008a): Zwischen den Meeren. Über die Möglichkeit zur Zusammenarbeit europäischer Regionen. – In: Caysa, Volker/Kozera, Bartlomiej/ Ders. (Hgg.), *Kultur – Nation – Europa. Nationalkulturelle Identitäten auf einem imaginären Kontinent.* Frankfurt/M. u. a.: Lang, 17-31.

Ulbricht, Justus H. (2008b): Wer die Mitte sucht, muss über die Ränder sprechen. Skeptische Fragen nach dem Kern europäischer Identität. – In: Kathrin Pöge-Alder, Christel Köhle-Hezinger (Hgg.), *Europas Mitte – Mitte Europas. Europa als kulturelle Konstruktion.* Jena: CEJ, 56-75.

Ulbricht, Justus H. (2009): „Auch ich in Kakanien". Erinnerungsversuche zwischen ‚Ilm-Athen' und ‚Klein-Jerusalem'. – In: Höhne, Steffen/Ders. (Hgg.), *Wo liegt die Ukraine? Standortbestimmungen einer europäischen Kultur.* Köln, Weimar, Wien: Böhlau, 19-44.

Ursin Karl/Thums, Karl (1961): Der Österreichische Wandervogel. Die erste Welle. – In: Ziemer, Gerhard/Wolf, Hans (Hgg.), *Wandervogel und Freideutsche Jugend.* Bad Godesberg: Voggenreiter, 294-326.

Urzidil, Johannes (1962): *Goethe in Böhmen.* Zürich, Stuttgart: Artemis.

Vodražková-Pokorna, Lenka (2007): *Die Prager Germanistik nach 1882. Mit besonderer Berücksichtigung des Lebenswerkes der bis 1900 an die Universität berufenen Persönlichkeiten.* Frankfurt/M. u. a.: Lang.

Watzlik, Hans (1919): *Zu neuen Sternen.* Eger: Böhmerland.

Wedemeyer-Kolwe, Bernd (2004): *‚Der neue Mensch'. Körperkultur im Kaiserreich und in der Weimarer Republik.* Würzburg: Königshausen & Neumann.

Wegener, Hans (1906 [1917]): *Wir jungen Männer. Das sexuelle Problem des gebildeten jungen Mannes vor der Ehe.* Düsseldorf u. a: Langewiesche.

Weger, Tobias (2006): ‚Völkische' Wissenschaft zwischen Prag, Eger und München. Das Beispiel Josef Hanika. – In: Brenner, Christiane u. a. (Hgg.), *Geschichtsschreibung zu den böhmischen Ländern im 20. Jahrhundert. Wissenschaftstraditionen, Institutionen, Diskurse* (= Bad Wiesseer Tagungen des Collegium Carolinum, 28). München: Oldenbourg, 177-208.

Weger, Tobias (2006): Die Konstruktion einer Gruppe. Der 4. März 1919 als zentraler sudetendeutscher Erinnerungsort der Zwischenkriegsjahre. – In: *brücken* NF 14, 63-75.

Weger, Tobias (2008a): *Volkstumskampf ohne Ende? Sudetendeutsche Organisationen 1945-1955* (= Die Deutschen und das östliche Europa. Studien und Quellen, 2). Frankfurt/M.: Lang.

Weger, Tobias (2008b): ‚Sudetendeutsch' – Facetten eines ‚völkischen' Begriffs. – In: Ders., *Volkstumskampf ohne Ende? Sudetendeutsche Organisationen 1945-1955* (= Die Deutschen und das östliche Europa. Studien und Quellen, 2). Frankfurt/M.: Lang, 30-51.

Weimar, Klaus (2003): *Geschichte der deutschen Literaturwissenschaft bis zum Ende des 19. Jahrhunderts*. Paderborn: Fink.

Wiedemann, Andreas (2000): *Die Reinhard-Heydrich-Stiftung in Prag (1942-1945)* (= Hannah-Arendt-Institut, 28). Dresden: Hannah-Arendt-Inst. für Totalitarismusforschung.

Zückert, Martin (2001): Josef Hanika (1900-1963). Volkskundler. Zwischen wissenschaftlicher Forschung und ‚Volkstumskampf'. – In: Glettler, Monika/Mišková, Alena (Hgg.), *Prager Professoren 1938-1948. Zwischen Wissenschaft und Politik*. Essen: Klartext, 205-220.

Zückert, Martin (2008): Die Volkskunde als Nachbardisziplin der ‚sudetendeutschen' Geschichtsschreibung. Gegenseitige Beeinflussung und parallele Forschungsinteressen. – In: Albrecht, Stefan/Malíř, Jiří/Melville, Ralph (Hgg.), *Die sudetendeutsche Geschichtsschreibung 1918-1960. Zur Vorgeschichte und Gründung der Historischen Kommission der Sudetenländer* (= Veröffentlichungen des Collegium Carolinum, 114). München: Oldenbourg, 183-199.

Gertrude Cepl-Kaufmann

# August Sauer. Zur Positionierung zwischen Wissenschaft und Öffentlichkeit

## 1. Motivation und Erkenntnisziel

In Beileidsbriefen kulturhistorische Erkenntnisse zu erwarten, mag verwegen klingen, doch in essayistischer Herangehensweise möchte dieser Beitrag den Quellenbestand im Archiv der *Akademie věd České republiky* [Akademie der Wissenschaften der Tschechischen Republik] in Prag nutzen, um mithilfe eben dieser Fülle von in der Regel vernachlässigten Archivalien August Sauers Bedeutung für die späten Jahre seines Lebens auszuloten. Dieser Bestand ist, wie für die Fülle solcher Post üblich, bei der Archivierung nur gesichtet, nicht aber einzeln verzeichnet worden. Die sich an runden Geburtstagen, vor allem von alternden Persönlichkeiten, und ein letztes Mal im Kontext der Beerdigung ansammelnde Post wurde aber nicht aussortiert. Auch dies, so zeigt ein Blick auf die gängige Archivpraxis, ist üblich, sei es aus Pietätsgründen, sei es, weil man es hier mit letzten Erinnerungsträgern zu tun hatte. Auch diese bemerkenswerte Memorialpraxis reizt, sie auszuwerten.

Thema meines Beitrags ist die Frage nach der gesellschaftlichen Selbstpositionierung, die sich mit Sauers Handeln in den letzten Jahren seines Lebens feststellen lässt. An sie gebunden ist die Fremdwahrnehmung, die sich gegen dieses Bild oder mit ihm ergibt. Welche Erwartungen wurden an ihn herangetragen und wie hat er sich gegen sie bzw. mit ihnen in den Aktionsfeldern, in denen wir ihn antreffen, verhalten? Der Gewinn, den dieser kultursoziologische Ansatz verspricht, mag auf den ersten Blick gering erscheinen, doch verspricht der quellenbasierte Blick auf das Ritual der Totenfeier für Sauer und die retrospektiv angelegte Untersuchung der Beteiligung Sauers an der Genese und der Arbeit des geplanten „Instituts für Heimatforschung" gerade in der latenten Widersprüchlichkeit einen Gewinn. Es lässt sich zeigen, dass Sauers Einsatz für die wissenschaftliche Fundierung vor dem Hintergrund der gegenläufigen Intentionen, die sich immer wieder mit Erich Gier-

ach und dem Gedanken einer Übersiedlung der Deutschen Universität nach
Reichenberg verbindet, der Bedeutung Sauers einen besonderen Stellenwert
sichert. Sauers späte Aktivitäten hatten Gewicht, wenn auch das Totengedenken, das die von ihm dominierte *Deutschen Gesellschaft der Wissenschaften
und Künste für die tschechoslowakische Republik*, wie die als *Gesellschaft zur Förderung
deutscher Wissenschaft, Kunst und Literatur in Böhmen* 1891 gegründete Institution sich nach der Republikgründung nannte,[1] für ihn inszenierte, dem kaum
gerecht werden konnte.

## 2. Totengedenken an eine Honoratiorenpersönlichkeit

Als August Sauer im Jahr 1926 starb, erschienen wenige Tage später Todesan-
zeigen in den Prager Zeitungen. Wie üblich erhielt die Familie, in diesem Fall
Sauers Ehefrau Hedda, den bevorzugten Platz bei der Setzung der Anzeige.
Auch ‚der' Institution, die die Federführung in diesem Trauerfall übernommen hatte, ließ man bei der öffentlichen Vermittlung der Todesbotschaft den
Vortritt: dem Vorstand der *Gesellschaft*. Die Anzeige listet hierarchisch alle beruflichen Funktionen und Ehrenämter auf und berichtet vom Ableben des

> Ordentlichen Professors der deutschen Sprache und Literatur an der deutschen Universität
> in Prag, emer. Dekans der philosophischen Fakultät und Rektors der Universität, korre-
> spondierendes Mitglied der Akademie der Wiss. in Wien und der bayrischen Akademie
> der Wiss. in München, Ehrenmitgliedes des Literarischen Vereins in Wien, der Modern
> Language Association of Amerika, des Vereins deutscher Schriftsteller und Künstler in
> Böhmen ‚Concordia'.

Genannt werden auch die Funktionen, in denen er in der *Gesellschaft* gewirkt
hatte: als

---

1   Im Archiv der *Akademie věd České republiky* in Prag findet sich ein umfangreicher, im Einzelnen nicht verzeichneter Bestand, der Auskunft gibt über die Aktivitäten im Kontext
von August Sauers Tod. Im Folgenden wird, soweit nicht eigens vermerkt, aus diesem
Quellenbestand zitiert bzw. auf ihn verwiesen. Alle Quellen im „Soupis korresponden-
dence a osobních spisů" [Verzeichnis der Korrespondenz und persönlichen Schriften],
Best. 42; vgl. auch Míšková/Neumüller (1994: 326). Im Folgenden gilt das Interesse der
Entwicklung der zwanziger Jahre, die *Deutsche Gesellschaft der Wissenschaften und Künste für die
Tschechoslowakische Republik* wird zitiert als *Gesellschaft*.

gründendes wirkliches Mitglied, als Mitarbeiter in Vier Abteilungen und mehreren ständigen Kommissionen, als langjähriger Obmann der Abteilung für deutsche Dichtkunst, als Anreger und Leiter der frühen Monatsschrift für das geistige Leben der Deutschen in Böhmen *Deutsche Arbeit* und der *Bibliothek deutscher Schriftsteller aus Böhmen, Mähren und Schlesien*.

Stellen wir fest: Es war nicht die Universität, die die Federführung bei der Gestaltung des Gedenkens an den Toten und die Trauerzeremonie organisatorisch übernahm und die den Tenor bestimmte. Bis hin zur Übernahme der Kosten für die Blumen zur Beerdigung in Höhe von 446,50 Kronen lag die Initiative und Durchführung in den Händen der *Gesellschaft*. Diese war zwar eng an die deutsche Universität gebunden, vertrat aber vor allem die deutsche Elite in der Stadt Prag. Wenn wir von Pierre Bourdieus Theorie des sozialen Feldes ausgehen, bewegen wir uns damit nicht auf dem der Germanistik als Wissenschaft, obwohl sich August Sauer in der Nachfolge Wilhelm Scherers einige Meriten erworben hatte, sondern im gesellschaftlichen Kontext. Damit gewinnen Öffentlichkeitsstrukturen ein besonderes Interesse. Hier ist die akademische Trauerfeier von besonderem Gewicht, denn diese universitäre Gedenkveranstaltung hat eine lange Tradition und spiegelt stets in besonderer Weise die Bedeutung des Verstorbenen auf dem Feld der Wissenschaft und der Universität. Auf sie zu verzichten, hieße einen bewussten Schritt aus der Tradition zu unternehmen. Ob sich Sauer selbst diesen Verzicht gewünscht hatte, wissen wir nicht. Die Quellen im Prager Akademie-Archiv geben keinen Hinweis auf einen möglicherweise vorausgegangenen Konflikt. Doch selbst in einem solchen Fall hätte die Regel, an die oberste Stelle des öffentlichen Gedenkens die akademische Trauerfeier zu setzen, greifen müssen. Wenn wir auch nur eine spekulative Antwort auf die Frage der Motivation für die Unterlassung geben können, da die Abläufe uns zeigen, welch eminente Position die *Gesellschaft* in diesem Zusammenhang einnimmt. Sie hatte das Heft in der Hand!

Dennoch: Zunächst gilt es zu vermerken, dass die Aktivitäten der Universität mit der der *Gesellschaft* abgestimmt waren, denn eine gleich große Anzeige mit einem mächtigen, über einem Zentimeter breiten bildumrahmenden schwarzen Druckstreifen folgte der Anzeige der *Gesellschaft*. Sie listete aber lediglich die Funktionen Sauers an der Universität auf. Die Anzeige enthält genaue Hinweise auf Sauers Dekanate in den Jahren 1897/98 und 1899 und die Zeit seines Rektorats 1907/08. Ein Vergleich der Anzeigen macht deutlich, dass die Definitionsmacht über Sauers Verdienste klar bei der *Gesellschaft* lag. Sie hatte die lange Liste der öffentlichen Aktivitäten zu präsentieren, auch wenn einzelne Funktionen durchaus zur Rolle des Hochschullehrers gezählt werden konnten.

Im Bestand des Akademie-Archivs gibt eine Liste Auskunft über die Empfänger der separat von der *Gesellschaft*, nicht der Universität, verschickten Anzeige. Hier lassen sich die Kontakte Sauers außerhalb Prags ablesen. So geht eine Nachricht z. B. an die Universität Wien, an Prof. Dr. Oswald Redlich, den Präsidenten der *Wiener Akademie der Wissenschaften*, den Schüler Josef Nadler in Königsberg und das Rektorat der „tschechischen Karls-Universität in Prag".

Im Gegenzug erfahren wir bei Sichtung der Archivalien, welche Beileidsbekundungen die *Gesellschaft* erhalten hat:

Am 23. September 1926 schreibt die Kanzlei des Präsidenten der Republik. Aus Berlin meldet sich Alfred Klaar, der dort in der Kulturredaktion der *Vossischen Zeitung* arbeitete, mit einem Telegramm: Der „begründer der Concordia" erwecke in ihm Trauer. Er zeigte sich „tief ergriffen vom tode august sauers des berufenen forschers und führers" und drückte „innigstes beileid" aus.

Eine Sonderstellung erhalten die Deutschen Vereine in Prag. Sie drückten nicht nur ihr Beileid aus, sondern fanden sich zusammen, um zu Ehren Sauers und aus Anlass seines Todes am 15. Oktober im Mozarteum eine Feier auszurichten, zu der die mitveranstaltenden Vereine jeweils 150 Kronen beitrugen. Es waren dies die *Deutsche Musikakademie*, der *Schutzverband deutscher Schriftsteller in der ČSR*, die *Lese- und Redehalle für deutsche Studenten*, der *Deutsche Männergesangverein Urania* und der Verein *Frauenfortschritt*, der in Prag ein Lehrerinnenheim unterhielt, Vorträge und Diskussionsabende organisierte, einen „Stellungs-Nachweis" und Unterrichtskurse anbot, letztlich auch „Rat und Auskunft" bis hin zur „Rechtshilfe" leistete. Wie in allen offiziellen Einladungslisten fanden sich also auch zu diesem traurigen Anlass die Vereine mit deutschem Aushängeschild zusammen und füllten mit ihren Reihen schon rein quantitativ die gesellschaftliche Formation, die zu einem solchen Ereignis zu erwarten war. Die städtische Ebene wurde da mit eigenen Veranstaltungen aktiv, wo dezidiert deutsche Bekenntnisse und deutsche Stadtkultur angesagt waren. Die *Germania. Lese- und Redeverein der deutschen Hochschüler in Prag* kondolierte sowie der *Deutsche Literarisch-künstlerische Verein in Prag*. Damit erhielt das Totengedenken ein erkennbar städtisches Profil, getragen von der deutschsprachigen Stadtkultur.

Welchen Stellenwert hatte Sauers Identität als Hochschullehrer in diesem Kontext? Reaktionen, die unmittelbar den Hochschullehrer und dessen Rang als Wissenschafter ansprachen, waren die Ausnahme. Dr. Karl Hans Strobl, Verfasser von deutsch-nationalistischen Studentenromanen zu Beginn des 20. Jahrhunderts, z. B. *Die Vaclavbaude*, ein Wiener Jurist und Schüler von Sauer, rühmte den Verblichenen brieflich aus Wien. Er hielt den Tod für einen „Schlag für die gesamte wissenschaftliche Welt, in der Sauer zu den vornehmsten und weitest hin bekannten Vertretern deutscher Literaturwissenschaft gehörte."

Nicht nur die lokale Elite kondolierte. Auch die *Deutsche Liga für Völkerbund und Völkerverständigung in der Tschechoslowakischen Republik* meldete sich zu Wort und sandte am 20. September ein Kondolenzschreiben, die *Deutsche Frauenliga für Frieden und Freiheit* am selben Tag.

Was hatte die Universität Prag zum Tod von Sauer zu sagen? Rektor und Kanzler schickten ein Beileidschreiben, dem ein persönlicher Ton kaum abzugewinnen ist. In der Tendenz sehr formalisiert, richtet es sich an die *Gesellschaft* und betont eher Sauers Präsenz und die Verdienste für diese, als dass sie die Facetten des Toten als Wissenschaftler in den Blick nimmt. Genau genommen sprach das Schreiben der *Gesellschaft* ihr Mitgefühl darüber aus, dass mit Sauers Tod nun die Arbeit in ihr erheblich schwieriger werden würde. Separat, doch im gleichen Ton, schrieb noch am 20. November der Direktor der Rektoratskanzlei der *Deutschen Universität Prag*.

Der Wissenschaftsaspekt wird eher von ausländischen Institutionen vertreten, als dass er vor Ort eine entscheidende Rolle gespielt hätte. Hier jedoch hatte man es mit einem Trauerschreiben nicht so eilig. Die *Preußische Akademie der Wissenschaften*, vertreten durch Max Planck, meldete sich erst am 1. November 1926, äußerst knapp und ohne irgendeinen besonderen Aspekt, der auf eine intensivere Begegnung hätte schließen lassen. Lediglich der Rektor der Universität Hamburg betonte, dass sich August Sauer „im Ausland außerordentlicher Wertschätzung" erfreut habe. Richard von Schaukal und Walter von Molo, beide nicht nur Mitglieder der Preußischen Akademie, sondern ebenfalls korrespondierende Mitglieder in der Prager *Gesellschaft*, sandten persönliche Schreiben.

Stellen wir fest: Selten erwähnt werden in der Summe der Kondolenzschreiben die wissenschaftlichen Verdienste Sauers. Post mortem begegnet er uns ganz als eine gesellschaftlich hoch stehende Honoratiorenperson. Wir können aber auch feststellen, dass der Tenor der Schreiben aus dem städtischen Umfeld, ausländischer und auswärtiger Kulturfunktionäre und Institutionen sich im Tenor gänzlich unideologisch gibt. Die Texte geben keinerlei politische Meinung preis.

Wie hält es die trauernde Nachwelt in diesem Kontext mit der Rolle des Germanisten Sauer als Vertreter eines sudetendeutschen Gedankens? Der Bürgermeister von Reichenberg reagierte zurückhaltend. Erwähnenswert ist die *Deutschpolitische Arbeitsstelle* in Prag, die sich an die Trauerhaltung des Empfängers der Beileidsbekundungen anhing: „Auch wir verlieren in Herrn

Hofrat, Universitätsprofessor Dr. August Sauer unseren hervorragendsten
und unermüdlichen Mitarbeiter und Berater in allen Kulturfragen des Sudetendeutschtums". Die *Deutsche Gesellschaft für Wissenschaft und Kunst* in Brünn
schrieb, ohne ihrem Schreiben einen persönlichen Ton zu geben, auch die
*Gesellschaft deutscher Bücherfreunde in Böhmen*, ebenfalls die *Deutsche wissenschaftliche
Gesellschaft* in Reichenberg. Sie kondolierte durch ihren Obmann, Univ. Prof.
Dr. Erich Gierach. Spätestens hier verwundert die stereotype Schreibweise,
denn Gierach hatte gerade in den letzten Jahren regelmäßigen und intensiven
Kontakt zu Sauer. Darüber ist noch zu sprechen. Zieht man einmal die Tatsache ab, dass Trauerschreiben an Institutionen wenig Spielraum bieten, lässt
sich dennoch die Zielmarke ex negativo erkennen. Hier wurde eine Persönlichkeit post mortem in ihrer hochrangigen Repräsentanz für die Stadt anerkannt, kaum aber als Interessenvertreter eines Sudetentums, das sich nach der
Etablierung der Tschechoslowakischen Republik in besonderer Weise zu positionieren suchte. Zu dieser mittleren Gruppe zählt auch die *Adalber- Stifter-
Gesellschaft* in Wien. Sie ließ, wenn auch erst am 13. Oktober 1926, wissen, wie
sehr sie den Tod als „Verlust für die Deutsche Wissenschaft und insbesondere
für das deutsche Schrifttum in Oesterreich" empfindet.

Neben der Fülle von unpersönlichen und unideologischen Beileidsbekundungen finden sich einige wenige verbale Bekenntnisse, die sich von ihnen
abheben. Der *Deutsche Kulturverband in Prag* resümiert am 23. September, dass
„alle Volksgenossen" Schmerz verspüren über den Verlust. Der Tod habe „in
die Reihen der opferwilligen Vorkämpfer für unseres Volkes Recht und Ehre
eine empfindliche Lücke gerissen." Diese Bekenntnisse sind verbal ungleich
emphatischer als die Stimmen, die vom Großteil der deutschsprachigen Eliten und Funktionäre in der Stadt kamen. Auch unter den Briefen, die aus dem
Ausland bei der *Gesellschaft* eingingen, lassen sich solche Bekenntnisse finden.
Hören wir Prof. Dr. em. Hibsch:

> Wenn ich auch infolge verschiedener Umstände jetzt im ‚Ausland' leben muss, so nehme
> ich doch an den Geschicken des Deutschtums in meiner Heimat und der Deutschen Ge-
> sellschaft der Wissenschaften und Künste nach wie vor den innigsten Anteil. Deshalb bin
> ich betrübt, dass wieder eine Lücke gerissen ist in die Reihe der Mitglieder der Gesellschaft
> in Prag, die in der einen Hand die Kelle, das Werkzeug für wissenschaftliche und nationale
> aufbauende Arbeit führen müssen, in der anderen Hand das Schwert zur Abwehr der
> Feinde unseres Volkes.

Hibschs Blick in die Zukunft verrät, dass ihm an der Ausfüllung der Lücke
mehr gelegen war als an der Trauer um eine starke Persönlichkeit. Er wünscht
sich bald wieder „einen aufrechten, treudeutsch gesinnten Manne der Wissenschaft" zum „Wohle unseres Volkes."

Ziehen wir ein Fazit: Vermissen wird man über die Anerkennung Sauers als Wissenschaftler hinaus die Stimmen der politischen sudetendeutschen Leitfiguren, die, hätten sie Sauer auf ihrer Seite gesehen, ihrer Verlusterfahrung konkreteren Ausdruck hätten verleihen können. In diese Richtung zielen nur die Bekenntnisse von der Basis, von Personen und Gruppen, die seinen Tod als Verlust für ein spezifisches Deutschtum in schwierigen Zeiten empfunden haben.

Am 23. Oktober fand die Trauerfeier für August Sauer statt, und zwar in den Räumen der *Gesellschaft*. Erinnert man sich, dass die Gesellschaft den vornehmen Clam-Gallas-Palast als Sitz längst verloren hatte und lange Zeit heimatlos war, bevor sie in der Salmgasse 6 unterkam, wundert es, dass nicht die angemessenere Aula im Haupthaus der Universität als Ort der Gedenkfeier gesucht wurde, zumal Sauer gerade in den letzten Jahren, wie zu zeigen sein wird, in enger Kooperation mit ihr gestanden hatte. Doch die Universität war hier nicht gefragt. Tatsächlich lässt auch das Programm der Feier wenig wissenschaftliches Ambiente erkennen.

Weihbischof Dr. W. Frind sprach als stellvertretender Vorsitzender einen „kurzen Nachruf" und ein „Lebensbild von Hofrat Sauer" wurde durch den Volkskundler Prof. Dr. Adolf Hauffen der Trauergemeinde vermittelt.

Weitere Einzelheiten über die Atmosphäre und den Tenor der Trauerfeier lässt sich den Zeitungsberichten entnehmen. In den Presseberichten ist wenig vom Wissenschaftler die Rede, umso deutlicher wird, dass in dieser medialen Welt die öffentliche Person gewürdigt werden sollte. Man war bemüht, „die Bedeutung des Verstorbenen für die Gesellschaft und das deutsche Geistesleben unserer Republik überhaupt" zu betonen. Nur aus den Presseberichten ist zu schließen, dass während der Trauerfeier Auszüge aus den zahlreichen Beileidsschreiben verlesen wurden, „an der Spitze ein warmes Beileidsschreiben der Kanzlei des Präsidenten der Republik." Somit lässt sich nicht nur auf der Ebene derer, die den Tod des Germanisten in würdiger Form begleiten sollten, erkennen, dass eine Honoratiorenpersönlichkeit zu Grabe getragen und betrauert wurde, sondern dass das Ereignis selbst Möglichkeiten der Darstellung des Eigenen zuließ. Ein hohes Maß an Selbstreferentialität ist erkennbar!

Am Grab, so erfahren wir aus der Presse, sprach der Kollege Gierach. Auch hier hatte man auf einen offiziellen Beitrag der Universitätsspitze verzichtet. Auch hier war die *Gesellschaft* unter sich! Bestätigt wird eine solche Interpretation durch ein Schreiben der Universität vom 14. Oktober 1926. Ihm ist zu entnehmen, dass eine akademische Trauerfeier nicht stattfinden würde. Ein Grund wird in diesem Schreiben nicht angegeben.

## 3. Sauers Wissenschaftsengagement in den zwanziger Jahren bis zu seinem Tod

Der weitgehende Verzicht, anlässlich der Trauerfeier auf Sauers Bedeutung für die Wissenschaft einzugehen, steht in einem spannungsreichen Verhältnis zum Wirken des Germanisten in den letzten Lebensjahren. Zwar war Sauer Emeritus, doch er nutzte die Möglichkeiten, die ihm gerade mit der engen Anbindung der *Gesellschaft* an die Deutsche Universität gegeben waren, um einer in seinen Augen offensichtlich nicht sinnvollen und politisch problematischen Entwicklung entgegenzuwirken: Der Verlagerung der Universität nach Reichenberg.

Sauer nutzte für seinen Gegenkurs die bereits über Jahre hinweg etablierte Kommissionsarbeit, mit der er sich sehr gut auskannte. Auch wenn sich die Schwerpunkte in Richtung einer latenten Heimattümelei bewegten, hielt er doch die Fahne der Wissenschaft hoch. Nicht zuletzt war in seiner Ägide der letzten Jahre sichergestellt, dass die „Kommissionen",[2] die in dieser Zeit für einzelne Forschungsaufgaben gegründet wurden, so sehr sie auch einem neuen Trend folgen mochten, im universitären Milieu angesiedelt blieben.

Im Folgenden werden exemplarisch die Aktivitäten der Heimatforschung in die Untersuchung einbezogen. Quellen für die Interpretationen sind die vollständig erhaltenen Protokolle der Sitzungen, die sich in der Prager *Akademie věd České republiky* befinden.

### 3.1. Die Kommission für Heimatforschung

In ihrer Sitzung am 9. November 1921 hatte die „Gesellschaft / Abteilung Wissenschaft" beschlossen, eine „Kommission für Heimatforschung" zu bilden. Am 28. Juni 1922 unterzeichnet Sauer einen Antrag „an das Ministerium für das Schulwesen und Volkskultur", ein von der Fakultät beschlossenes „Institut für Heimatforschung" begründen zu dürfen. Im Antrag an die „philosophische Fa-

---

2   Vgl. die Quellen *Obecná registratura Společnosti* [Allgemeine Registratur der Gesellschaft] im *Archiv Akademie věd České republiky*, Best. 31, Kommissionen, Kommission für die Heimatforschung; vgl. auch Mišková/Neumüller (1994: 429). Mein Dank für die Breitstellung, Betreuung und Hilfe gilt Alena Mišková.

kultät der deutschen Universität" hatten die Initiatoren zuvor ihr Wissenschaftsverständnis eingebracht, das nun, wörtlich übernommen und nur durch wenige Vorschläge für die Einbeziehung von existierenden Forschergruppen ergänzt, an das Ministerium weitergeleitet wurde. Dem Papier entnehmen wir eine durchaus emotionslos und ideologiefrei daherkommende Begründung für diese Forschung: „Die Heimatkunde ist die Wissenschaft von der Heimat, welche die Erforschung der Zustände und Dinge in Gegenwart und Vergangenheit der Heimat zur Aufgabe hat." In durchaus sachlicher Sprache werden Präliminarien und Kriterien entwickelt. Begriffe wie „seelische Bande" und „Volksgemeinschaft" werden fast unpathetisch genannt, dienen der pragmatischen Abgrenzung zur „Landeskunde und Landesgeschichte." Hier steht nicht der „große Gang der Ereignisse" im Vordergrund, „sondern vielmehr die örtlichen Verhältnisse". Begründet wird das Interesse mit der Förderung von Werten, die auch für die Wissenschaft gelten. Mundart, Flurnamen, Siedlungsgeschichte stellen für die Wissenschaft Quellen bereit. Das Papier sieht sich hier mit vergleichbarem Interesse am Fremden wie am Eigenen. Die Kategorie „Heimatschutz" als bewahrende Tendenz ist heute sicher obsolet, doch sollte man heutige ideologische Konnotationen nicht retrospektiv auf den Begriff übertragen. Übrigens sind solche Institute auch im Deutschen Reich, etwa für „Heimatschutz" in Bonn, etabliert worden. Nicht zuletzt der Aspekt, dass examinierte Akademiker hier ein Betätigungsfeld finden könnten, zeigt den Pragmatismus. Nicht zu klären ist hier, inwieweit sich dieses Papier einem Zwang zur Zurückhaltung unterwerfen musste. Möglicherweise ist der Antrag, mit dem der Kompetenzbereich der Volkskunde erweitert, ja umgedeutet wurde, auch durch den Kanon von Schulfächern motiviert, für die man sich stark machen musste, um in den wirtschaftlich angespannten Zeiten ein neues Institut etablieren zu können, das auch die Bedürfnisse der Schule hätte bedienen sollen.

Die Akten *K.2, Registratura* verzeichnen die differenzierte Zusammensetzung der am 9. November 1921 gegründeten „Kommission für Heimatforschung". Ihre Mitglieder waren weitgehend Professoren der Deutschen Universität in Prag: Erich Gierach, Germanistikprofessor aus Bromberg, ein Vorkämpfer für die Verlagerung der Universität nach Reichenberg; Adolf Hauffen, Prof. für Volkskunde; Samuel Steinherz, Professor für Österreichische Geschichte und Historische Hilfswissenschaften; Ottokar Weber, Prof. für Neuere Geschichte; Oskar Bail, Prof. für Hygiene; Wilhelm Wostry, Prof. für Tschechoslowakische Geschichte; Hans Tschinkel, Direktor des Deutschen Mädchengymnasiums in Prag, und August Sauer.[3]

---

3  Über die ebenfalls in die Kommission gewählten Rietsch und Hiesch liegen keine Personalakten im *Archiv Akademie věd České republiky* vor.

Damit war die Kommission nicht nur differenziert besetzt, sondern hatte auch, obwohl strukturell der *Gesellschaft* zugehörend, ein eindeutiges Universitätsprofil. Von besonderem Gewicht war, außer Sauer, Gierach. Dieser lebte zunächst in Prag, übersiedelte dann nach Reichenberg und wurde zum entscheidenden Motor im Bemühen einer Verlagerung der Universität auf sudetendeutsches Gebiet.

Die Kommission wurde in Prag gegründet und hatte auch hier ihren Sitz. Alle Umstände im Kontext der Gründung und des Plans, ein Institut für Heimatforschung an der deutschen Universität Prag einzurichten und nicht etwa in Reichenberg, deuten auf den Einfluss Sauers hin. Das Bemühen um eine Universitätsverlagerung nach Reichenberg datiert erst später, doch hätte man sicher der sudetendeutschen Bewegung mit einer Zuweisung eines solchen Instituts nach Reichenberg schon im Vorfeld einen Bonus geben können. So blieb diese latent ideologisch motivierte Institutsidee an ein urbanes und universitäres Milieu und damit an die vielen in Prag agierenden deutschen kulturellen Vereine und Institute gebunden.

Die Archivalien lassen einen Überblick über die Aktivitäten, aber auch die Probleme der Kommission zu. Die Sitzungen fanden anfänglich in den Räumen der *Gesellschaft*, dann durchweg in der Universität statt. In ihnen wurde insbesondere über Publikationen, z. B. über Hausbau und Flurnamen, gesprochen. Damit blieb man im Bereich des bisher geltenden Wissenschaftsinteresses und gab sich analog zur Ausrichtung der tradierten Volkskunde, die auch in Deutschland in dieser Zeit eine Hochblüte erlebte. Es wurde eine „Subkommission" gegründet, die sich ausschließlich um die Weiterarbeit am „Volkskundeatlas" zu kümmern hatte, auch dies zählte zur wissenschaftlichen Pflichtaufgabe in den volkskundlichen Arbeitsstellen, etwa in der Bonner Abteilung.

Die Aktivitäten zur Etablierung eines eigenen Institutes aber erhielten schon bald einen Dämpfer. Laut Protokoll vom 17. Januar 1923 teilte Gierach im Carolinum mit, dass „das Ministerium die Errichtung der Professur und des Instituts für Heimatforschung aus Mangel an Mitteln abgelehnt habe." Noch einmal im selben Jahr wird darüber diskutiert: Im Protokoll der Sitzung der Kommission für Heimatforschung vom 22. November 1923, die inzwischen durchweg im Senatssaal der Universität, dem Carolinum stattfand, wird vermerkt, dass wohl keine Möglichkeit bestehe, das „Institut für Heimatforschung" in absehbarer Zeit zu errichten.

Damit war die Gefahr einer Schwerpunktverlagerung der Heimatforschung nach Reichenberg gegeben, denn nur ein eigenes Institut und ein eigener Lehrstuhl hätten für eine dauerhafte Anbindung an Prag gesorgt. Vor diesem Hintergrund ist die weitere Kommissionsarbeit von besonderem Interesse. Die einzelnen Initiativen, die nach der Ablehnung des Universitätsinstitutes aus diesem Kreis angestoßen wurden, betonten das Interesse an einer spezifisch deutschen Orientierung, die die Gefahr einer Ideologisierung im Ansatz enthielt und der Entfremdung vom Wissenschaftsbetrieb in Prag zuarbeitete.

August Sauer war fast ohne Ausnahme an den Sitzungstagen anwesend und etliche Vorfälle zeigen, dass er dieser Tendenz einer Abwanderung keinerlei Raum gewährt hat. Er setzte die Möglichkeiten, die die *Gesellschaft* bot, als Instrumentarium ein. So erteilte er einem Gesuch von Josef Kern, Lehrer in Leitmeritz, „um Förderung seiner Betätigung auf dem Gebiete der Heimatforschung" eine Absage. Die einstimmige Ablehnung der beantragten Förderung ist begleitet von der prinzipiellen Begründung, dass „nur für *bestimmte wissenschaftliche* [kursiv im Original] Arbeiten von der Gesellschaft Subventionen erteilt werden können."

Auch die Konzentrierung der Forschungsinitiativen wird man unter diesem Interesse an einer Stärkung des Prager Wissenschaftsbetriebs sehen können.

Es ist erkennbar, dass die Heimatforschung eine Art Leitdisziplin werden sollte. Am 15. Februar 1922 berichtete Friedrich (Fritz) Machatschek, Prof. für Geographie an der Deutschen Universität Prag, über seine Gespräche mit den übrigen Kommissionen „wegen deren Einverleibung in die Kommission für Heimatforschung." Dort hatte sich Widerstand ergeben, so dass man nun eine günstigere Situation suchte, indem man einen „fertigen Organisationsentwurf direkt der Abteilung für Wissenschaft" unterbreiten wollte. Zweifellos suchte man hier den stärksten Partner und fand ihn in der Abteilung für Wissenschaft. Das Ziel, die Schaffung einer Einrichtung „zur heimatkundlichen Durchforschung der deutschböhmischen Gebiete" wurde ganz in den klassischen Wissenschaftsmustern gehalten: Sie sollte „aus zwei Abteilungen bestehen, einer naturwissenschaftlichen und einer philologisch-historischen." In diese beiden Abteilungen sollten alle bisherigen Ausschüsse eingehen. Die „Gesamt-Kommission" wird ausdrücklich von „Hofrat Sauer" protegiert. Er

> setzt sich *für* eine derartige Zentral-Kommission […] ein, namentlich mit Rücksicht auf die in Aussicht stehende Errichtung einer Lehrkanzel für Heimatforschung an der philosophischen Fakultät. Falls auch an der naturwissenschaftlichen Fakultät eine derartige Lehrkanzel entstünde, könnte dann die gemeinsame Kommission der Gesellschaft, die beide Richtungen umfassen würde, den eigentlichen Mittelpunkt der gesamten Heimatforschung bilden. [Herv. i. O.]

Sauer kann sich mit seiner Vorstellung durchsetzen. Im Protokoll vom 18. Mai 1922 wird vermerkt, dass eine gemeinsame Sitzung der „Kommissionen für Heimatforschung und für Volksüberlieferung" im Senatssaal stattgefunden habe. Hauffen stellte den formellen Antrag, beide Kommissionen zu vereinigen unter dem Namen „Kommission für Heimatforschung". Dieser Antrag wurde einstimmig angenommen und von Gierach, Hauffen, Machatschek, Rietsch, Sauer, Steinherz, Tschinkel und Weber unterzeichnet.

Damit war auch einem neuen Wissenschaftskonzept Genüge getan, denn das Interesse an der „Volksüberlieferung" war bisher auf die Anwendungsfelder Bräuche, Advents- und Weihnachtsspiele, also klassische Bereiche der Volkskunde, beschränkt, während die neue Kommission für Heimatforschung einen ganzheitlichen Ansatz anstrebte, sowohl inhaltlich als auch topographisch. Ihr Ziel wurde klar akzentuiert:

> Damit würde prinzipiell die Tätigkeit der Kommission auch auf die deutschen Sprachinseln der Slowakei ausgedehnt, in Uebereinstimmung mit der geplanten Erweiterung der Tätigkeit der Gesellschaft auf die deutschen Gebiete des Gesamtstaates.

Das Ziel der Aktivitäten, „prinzipiell die Tätigkeit der Kommission auch auf die deutschen Sprachinseln der Slowakei" auszudehnen, stabilisierte die sprachwissenschaftliche Fragestellung gegenüber politischen Interessen, eine klar erkennbare wissenschaftspolitische Ausrichtung, an der Sauer offenbar ein herausragendes Interesse hatte.

Die Kommission achtete tatsächlich darauf, dass die Forschungen auf der Ebene der Universität und somit akademischen Standards verpflichtet blieben und lehnte den Antrag eines Oberlehrers, der bestimmte Flurnamen untersuchen wollte, ab. Um dies zu gewährleisten, suchte man dezidiert die Zusammenarbeit mit dem Ministerium. So stellten Rudolf Kubitschek, Gymnasialprofessor und Heimatforscher aus Eger, und Ernst Schwarz, Prof. für ältere deutsche Sprache und Literatur an der Deutschen Universität Prag, eigene wissenschaftliche Mitarbeiter ab, um die Flurnamen zu untersuchen. Dies trug zur Akademisierung der Heimatkunde bei und erfreute sich ganz offensichtlich der Zustimmung August Sauers. Gierach regte zwar die „Herausgabe einer Bibliographie für Heimatforschung an", doch blieb dieses Gebiet im Einflussbereich Sauers. Erst nach dessen Tod verlagerte sich das Interesse nach Reichenberg, wo die Arbeitsstelle dann auch letztlich gelandet ist.

Es spricht nichts dafür, dass Sauer, etwa nach dem negativen Bescheid des Ministeriums über den beantragten Lehrstuhl und das Institut, an seiner Meinung etwas geändert hätte. Abweichtendenzen können wir aber bei Gierach erkennen. Ein Artikel im *Prager Tageblatt* (Nr. 257 vom 1.11.1924) berichtete über die „Heimattagung der Arbeitsvereinigungen für Heimatforschung in Nordwestböhmen." In Komotau hatte Gierach einen Vortrag zum Thema „Geschichte der alten Deutschen in Böhmen und Mähren" gehalten. Bei dieser Gelegenheit hatte man ihn nach der Zukunft der heimatkundlichen Forschungen befragt:

Univ. Prof. Gierach berichtete über den Stand der heimatkundlichen Forschungen an der Universität und zwar zunächst über den Stand der Mundartforschung. Über die Herausgabe deutscher Dichtungen des Mittelalters, über die Gründung eines Institutes für Heimatforschung, das wahrscheinlich in Reichenberg zustande kommt.

Das war eindeutig! Offensichtlich hatte Sauer, der augenscheinlich nicht nach Reichenberg wollte, in Prag die Oberhoheit und konnte sie auch bis 1925 behalten.

# 4. Die Verlagerung der Universität nach Reichenberg

Sauer versuchte einerseits, die Etablierung der Heimatforschung in enger Anbindung an die Universität in Prag durchzusetzen, und verhielt sich andererseits in Sachen Verlagerung der Universität äußerst zurückhaltend.

Die Verlagerung der Prager deutschen Universität nach Reichenberg war von den im deutschen parlamentarischen Verband vereinigten Parteien sowohl im Abgeordnetenhaus als auch im Senat beantragt worden. Diese Entscheidung stand nicht unmittelbar im Ermessen der am Diskurs um eine deutschböhmische Identität beteiligten *Gesellschaft*. Wohl aber konnte die Politik der *Gesellschaft* wesentliche lenkende und begleitende Aktivitäten einleiten.

Es gab einen „Hochschulausschuss" in Reichenberg, der 1921 die Initiative ergriff, in der Stadt eine „Bücherei der Deutschen" zu gründen, die „nach der erfolgten Verlegung der Prager deutschen Hochschule diesen zur Verfügung zu stehen hätte." So formulierte es ein Rundbrief, der am 21. Juni 1922 an Honoratioren, die man zu gewinnen hoffte, versandt wurde. Der zu gründende Verein sollte vor allem Verleger motivieren, ihre Neuerscheinungen als „Freistücke" zuzuschicken, um damit einen Grundstock für die Bibliothek zu legen.

Auch die *Gesellschaft* wurde angeschrieben und trat mit Schreiben vom 8. März 1923 als „Stifter" mit einem „einmaligen Beitrage" von 1.000,- Kronen bei. Dieser Stifterbeitrag war festgelegt, ebenso ein „Gründerbeitrag" in Höhe von 5.000,- Kronen. Die Gesellschaft hätte also auch als Mitgründer auftreten können, hat aber darauf verzichtet. Darüber hinaus zeigt das Verhalten, das sie während der Gründungsphase zeigte, dass sie sich durchaus bewusst zurückhalten wollte. Während ein Schreiben an die Honoratioren

ohne Hinweis auf die vorwiegend als Wissenschaftsbibliothek zu etablierende Sammlung verfasst ist, hatte die Gesellschaft ein alternatives Schreiben
unterzeichnet, das im Tenor die Wissenschaftsseite einerseits betont, andererseits die ideologischen Implikationen sehr viel deutlicher erkennen lässt. Es
war „Mit deutschem Grusse" persönlich und mit Namensnennung von den
Rektoren der Deutschen Hochschulen gezeichnet, den Bürgermeistern von
Außig, Reichenberg, Mähr. Schönberg, Sternberg, Jägerndorf und Troppau,
den Präsidenten der Handels- und Gewerbekammern in Eger, Reichenberg
und Troppau und Graf Clam-Gallas. Die Aufforderung, das Schreiben zu
unterzeichnen, hatte auch die *Gesellschaft* erhalten und sie zeichnete es auch,
bestand aber darauf, „ohne dass eine einzelne Persönlichkeit dabei als Repräsentant genannt wird."

Es fällt auf, dass das öffentliche Schreiben, dass im August 1922 „infolge unvorhergesehener Hemmungen verzögert", wie es am unteren Rand des
Blattes heißt, verschickt wurde, eine Reihe von namentlich genannten Prager
Persönlichkeiten enthält, darunter den Rektor der Universität, Karl Krattner
als Professor an der Kunstakademie Prag, Alexander Zemlinsky, Rektor der
Akademie für Musik und darstellende Kunst in Prag, Prof. Dr. August Geßner als Rektor der deutschen Technischen Hochschule in Prag. August Sauer
fehlt auch auf diesem repräsentativen Blatt, das doch eine so lange Vorlaufzeit hatte: Angesichts seiner Bedeutung ebenso wie seiner Bereitschaft zum
Bekenntnis in öffentlichen Dingen erstaunt diese Zurückhaltung. Es erstaunt
aber nicht, ihn nicht unter den 18 Namen zu finden, wenn man diesen Verzicht im Kontext seiner Bemühungen um die Stärkung des Universitäts- und
Heimatforschungsstandortes Prag liest.

Sauer lässt sich auch nicht in den üppig bestückten „Vorstand der ,Bücherei der Deutschen'" aufnehmen. Immerhin rund fünfzig Namen, die in
Prag ebenso wie in allen Städten mit einem besonderen Anteil an deutschsprachiger Bevölkerung bekannt sind, werden mit den jeweiligen Funktionen
aufgelistet. Auch hier fehlt August Sauer. Diese Art der Öffentlichkeit scheute
er offensichtlich. So erscheinen 1923 die 60.000 Exemplare eines Prospektes,
das kostenlos „an die Deutschen aller Gesellschaftsklassen und Stände in dem
Gesamtgebiete der Tschechoslowakei" mit einer Liste der inzwischen eingetroffenen Buchtitel versendet werden soll, ohne seinen Namen.

Auch in anderen Aktivitäten und Unterkommissionen, die stark von Reichenberg aus bestimmt werden, hält sich Sauer zurück.

## 4.1. Die Sudetendeutschen Lebensbilder

Sauer hat durchaus Interesse gezeigt an der biographischen Forschung, ja, sie entsprach seinen positivistischen Vorstellungen. Die Idee dazu hat er unterstützt, doch er suchte immer auch Lösungen, die die Fokussierung auf eine sudetendeutsche Identität nicht ins Ideologische geraten ließ. Als 1924 die „Gesamtorganisation aller heimatkundlicher Vereinigungen", genauer, der *Deutsche Verband für Heimatforschung in Aussig,* der alle volkskundlichen Forschungen wie die zu den Weihnachtsspielen bündelte, mit dem Plan an die *Gesellschaft* herantrat, „Böhmische Biographien" herauszubringen, konnten sie mit der vollen Unterstützung Sauers rechnen. Er entwarf aber sogleich den Horizont und nannte Persönlichkeiten von ungleich höherem Format, als sie auf einer rein sudetendeutschen Namensliste aufzulisten gewesen wären. Für Johannes Kepler und Christoph Willibald Gluck, also renommierte Persönlichkeiten der Weltgeschichte, wolle er sich gerne einsetzen.

Im Kontext der Fragen einer „sudetendeutschen Biographie" erregten sich tatsächlich die Gemüter, da nie ganz klar wurde, wer in diesen Kreis hineingehörte. Für das Selbst- und Fremdbild Sauers im Spannungsgefüge von gesellschaftlicher Bedeutung und seinem Image als Wissenschaftler findet man in der *Akademie věd České republiky* im Ordner *Kommission für die Herausgabe der Sudetendeutschen Lebensbilder* und den vorliegenden Protokollen aussagekräftige Quellen.[4]

Die Federführung für das Biographieprojekt hatte Gierach übernommen. Doch er konnte kaum Autoren akquirieren und so lief die Sache nur schleppend. Über Jahre entwickelt ist es faktisch zu Lebzeiten Sauers zu keinem wirklichen Erfolg des Projektes gekommen. Auch danach liefen die Dinge schleppend, so verzeichnet noch das Protokoll über die Sitzung der Kommission vom 23. Januar 1929: „Das Unternehmen leidet daran, dass es ausserordentlich schwer ist, entsprechende Mitarbeiter zu gewinnen."

Möglicherweise waren die repräsentativen Publikationen über Persönlichkeiten aus dem sudetendeutschen Leben schon durch den Druckort Reichenberg besonders belastet. Zwar war die Entscheidung, die Publikationen in Reichenberg drucken zu lassen, unter rein merkantilen Gesichtspunkten

---

4   Vgl. die Quellen *Obecná registratura Společnosti* im *Archiv Akademie věd České republiky Praha,* Best. 32, Kommissionen, Kommission für die Herausgabe der „Sudentendeutschen Lebensbilder; vgl. auch *Společnost pro podporu německé vědy, umění a literatury v Čechách (Německá akademie věd Praze),* wie Anm. 1, S. 429.

beschlossen worden, wie das Sitzungsprotokoll vom 15. Jänner 1925 erkennen lässt, doch Prag geriet damit aus dem Blick und das Projekt wurde
zunehmend der Kontrolle Sauers entzogen. Nachdem Verhandlungen mit
einem anderen Verlag gescheitert waren, wurde der *Sudetendeutsche Verlag
Franz Kraus* in Reichenberg mit dem Druck beauftragt. Die Wahl des Ver-
lagsortes begünstigte die mögliche weitere Loslösung vom Prager Einfluss.
Irritationen ergaben sich darüber hinaus in der Zielsetzung. Wer sollte in die
Biographie aufgenommen werden? Welche Kriterien sollten greifen? Das
Protokoll der Sitzung vom 22. Mai 1924 gibt einen interessanten Einblick
in die Problem- und gleichzeitig in die Gemütslage der Projektmacher. Hier
hatte August Sauer mitzureden. Schon das Protokoll vom 17. Januar 1923
von der Sitzung im Carolinum hatte Sauers Interesse gezeigt. Auf seinen
Vorschlag hin sollte die Herausgabe der Biographie „auf die ganze Republik ausgedehnt werden." Sollten Karl IV. oder Ladislaus Posthumus einen
Zuschlag erhalten, obwohl sie nach Steinherz' Bedenken nicht den Kriterien
entsprachen, „im Lande als zweifellos Deutsche geboren" worden zu sein?
Sollte man sich vielleicht „scharf auf die beschränken, die hier lange Zeit
gewirkt und Bedeutendes geschaffen haben, weil sonst jede sichere Basis
aufgegeben werde"? Dann könnte es ja, so Steinherz, letztlich „zur Aufnahme Nichtdeutscher" kommen. Das Problem, zu Kepler ja zu sagen und zu
Tycho de Brahe nein, erschien unlösbar.

Hier schaltete sich Sauer ein: Man könne auch statt „Biographie" besser
„Lebensbilder" sagen. Offensichtlich waren dann Herkunft und Grad der
Anbindung an die Region zweitrangig. Außerdem meinte Sauer, sei „zu erwä-
gen, ob ‚sudetendeutsch' für die ganze Republik passe." Er stellte den Antrag
auf die Erstellung von „*Richtlinien*", die per „Genehmigung" zur Obligatorik
werden sollten. Um das Erscheinen nicht herauszuzögern, könne man ja in
„den *1. Band nur Einwandfreie*" aufnehmen [Herv. i. O.]. Außerdem könnten
„für Zweifelhafte Nachtragsbände" erscheinen. Nach Sauer sollte es keine
Beschränkung auf eine kleinräumige sudetendeutsche Perspektive geben. So
stellte er gleich im Anschluss einen Antrag, nach Erscheinen des ersten Bandes „für das nächste Jahr zunächst für Böhmen, dann für Mähren, Schlesien
und die Slowakei ein *Namensverzeichnis*" zu erstellen. Ihm schwebten dabei die
bekanntesten Persönlichkeiten vor, deren Daten aus Nachschlagewerken zu
eruieren seien. Erst danach „könnten dann auch die Persönlichkeiten, die von
nur örtlicher Bedeutung" wären, aufgenommen werden.

Dem Antrag Sauers mochte sich Gierach nicht verschließen. Er hatte aber
Bedenken, ob er „*bestimmte*" [Herv. i. O.] Biographien an Bearbeiter weiter-
reichen könne. Das Projekt über den Reichenberger Raum hinaus auszuwei-

ten, hatte Gierach abgelehnt. Er vertrat eine Lösung, die sich ganz auf die Kernregion des „Sudetenlandes" bezog. In der Sitzung vom 27. Februar 1924 lag ein Ersuchen vor, die *Gesellschaft für Wissenschaft und Kunst* in Brünn zum Mitherausgeber der „Sudetendeutschen Biographie" zu machen, doch wurde das als „unzweckmäßig" abgelehnt.

Gierach und Sauer bleiben die Macher, wobei Sauer die inhaltliche Festschreibung, Gierach das Geschäft der praktischen Umsetzung verblieb.

Im Jahr 1924 wird das Thema „Sudetendeutsche Biographie" mehrfach behandelt. Man verfasst den Aufruf: „Eine sudetendeutsche Biographie" und verschickt ihn an 45 ordentliche und 131 korrespondierende Mitglieder der *Gesellschaft*, außerdem an alle ordentlichen und außerordentlichen Professoren der Prager deutschen Universität, soweit sie nicht Mitglieder der *Gesellschaft* waren. Genannt werden 76 Personen, zudem alle ordentlichen und außerordentlichen Mitglieder der *Prager deutschen Technischen Hochschule*, also etwa 40 Personen, alle ordentlichen und außerordentlichen Professoren der Brünner *Deutschen technischen Hochschule*, also 32 Personen, und die drei deutschen Professoren der Prager *Akademie der bildenden Künste*. Bedacht wurden auch alle deutschen Mittelschulen der Republik, einschließlich der Handelsakademie und Staatsgewerbeschulen, eine Zahl von 131, und zuletzt die in dem Aufruf genannten Mitarbeiter, soweit sie nicht unter anderem Titel bereits den Aufruf erhielten. Ein groß dimensioniertes, ehrgeiziges Unterfangen, dem aber kein nennenswertes Ergebnis gefolgt zu sein scheint!

Das Papier nennt auch die Verteilung der Themen. Sauer wird auf der Liste als Autor einer Biographie über Marie von Ebner-Eschenbach aufgeführt und Gierach als Verfasser von Werken über „die Könige und Fürsten der Markomannen und Quaden". Als trotz dieser aufwändigen Aktion nur ein mäßiger Erfolg feststellbar war, stagnierte das Projekt.

1924 ist das Vorwort für den ersten Band fertig, verfasst von Gierach. In gewisser Weise scheint die Ausgabe die Handschrift Sauers zu tragen. Obwohl Gierach als Promotor für Reichenberg gilt, fehlt eine ideologisierende oder polemische Selbstpositionierung, stattdessen wird Sauer zum geistigen Zeugen für die Reihe berufen. Gierach geht in seinem Vorwort ausführlich auf dessen Beitrag *Eine deutsch-böhmische Biographie* ein, die 1905 in der *Deutschen Arbeit* erschienen war. Darin hatte Sauer die Grundlinien für dieses Projekt vorgegeben. Sauer hat sein Biographiekonzept deutlich von den Herausgeberprinzipien der ADB, der im deutschsprachigen Raum generell hoch angesehenen *Allgemeinen deutschen Biographie* abgeleitet. Diese Standards aus positivistischer Perspektive und die der ADB bleiben der Referenzcode, beide werden durch August Sauer legitimiert und gesichert.

Wenn wir ein Fazit ziehen, lässt sich zur sudetendeutschen Biographie, die im Sinne Sauers in der Titelei als „Lebensbilder" firmierte, sagen, dass das Unternehmen letztlich dessen Handschrift trug, wenn auch zu Lebzeiten nur der erste, 1924 auf den Markt gelangte Band erschien. Gierach hätte möglicherweise einen größeren Erfolg erzielen und der Reihe seinen Stempel aufdrücken können, wenn ihm bei seiner Suche nach Autoren ein größerer Erfolg beschieden und damit auch ein Ansatzpunkt für seine eigene Politik gegeben gewesen wäre. Er scheiterte aber an der mangelnden Infrastruktur, am Mangel an Autoren und an mangelnder Durchsetzungskraft. Bis fast an sein Lebensende konnte August Sauer Einfluss nehmen. Noch 1924, so lässt sich erkennen, ist er an entscheidender Stelle tätig. Er bestimmte, wer in die Reihe aufgenommen werden soll. So schrieb er z. B. am 1. April 1924 einen Brief an Direktor Heinrich Teweles, der über seine Arbeitsweise und das anhaltende Interesse Auskunft gibt:

> Die Gesellschaft besitzt 2 umfangreiche Verzeichnisse über die aus Böhmen stammenden Männer [...]. Möchten Sie sich diese Verzeichnisse in unserer Kanzlei nicht einmal ansehen? Weinberge, Budecská 6, 1. Stock, Amtsstunden Vormittag. Ich selbst bin immer Dienstag von ½ 1 ab dort. Ich kann Ihnen die Verzeichnisse aber auch für einige Zeit in Ihre Wohnung senden.

Auf Vorschlag Sauers veröffentlichte ein Lehrer in der *Heimatbildung* alle sudetendeutschen Namen aus der *Allgemeinen deutschen Biographie*. Einzelne Fragen werden in der Korrespondenz mit Gierach geklärt, doch Sauer bleibt der der erste Ansprechpartner in Prag. Die Kommissionssitzungen mit den neun Mitgliedern sind jedenfalls bis an Sauers Lebensende auf ihn zugeschnitten, wie die Protokolle erkennen lassen.

Nicht zuletzt blieb Sauer in seiner Eigenschaft als Vorsitzender der *Gesellschaft* über Fragen der Finanzierung einflussreich. Die *Gesellschaft* verwaltete das für die Publikation nötige Geld, das dann nach Bedarf „durch den Obmann der Kommission flüssig gemacht werden" konnte, wie es in einem Brief über Sauer als Vorsitzenden der *Gesellschaft* an die Kommission für Heimatforschung heißt.

Im Jahr 1925 geht es, wie angedeutet, um die Benennung der Reihe. Wer hatte das Recht der Benennung, die Definitionsmacht? Es war nicht der Herausgeber Gierach, der tätig wurde, sondern Sauer selbst. So teilt er Ende des Jahres in einem Brief an Gierach mit:

> Ich beehre mich Ihnen mitzuteilen, dass die Vollversammlung der Gesellschaft vom 12. Dez. 1925 beschlossen hat, die Kommission für Heimatforschung zu ermächtigen, den Titel der Sudetendeutschen Biographie [hs. „im Einvernehmen mit Ihnen endgiltig"] festzustellen Durchschrift zur Kenntnisnahme an die Kom. f. Heimatforschung.

Die Einverständniserklärung, die von Gierach eingeholt werden sollte, blieb ein rein rhetorischer Schlenker, denn tatsächlich hatte Sauer auch bei der Etablierung der „Lebensbilder" das Sagen.

## 5. Fazit

August Sauer war bis zum Ende seines Lebens ein hoch anerkannter Mann. Wenn auch seine Meriten als Germanist nicht mehr die Referenzebene abgaben, auf die bezogen man ihn wahrnahm, hat er doch an seinen Wissenschaftszielen festgehalten und sie auch in Zeiten drohender ideologischer Veränderungen verteidigt. Hier allerdings konnte er von seiner starken Persönlichkeit her wirken und brauchte keine Theorieschlachten mehr anzuzetteln noch zu bestehen.

Der Germanist und Kulturmacher blieb bis zu seinem Lebensende eine hochgeschätzte Leitfigur der Gesellschaft, ihr Aushängeschild. Nicht zuletzt ließ er sich so auch im Tod noch zugunsten der *Gesellschaft* vermarkten. Ob er dies wirklich wollte, ob er es nicht lieber gesehen hätte, wenn die Universität das tradierte Recht wahrgenommen hätte, die Außenwirkung durch ihre eigenen Rituale zu bestimmen, darüber kann man nur spekulieren. Schenken wir dem Herausgeber einer postum erschienenen Sammelschrift Glauben und übertragen die von Sauer autorisierte Entscheidung für den Tenor dieser Publikation auf den Ablauf der Trauerfeierlichkeiten, so ist dies mit Sauers Billigung, möglicherweise auch aufgrund seines eigenen Votums so geschehen.

## 5.1. Epilog: *Kulturpolitischen Reden und Schriften*

Die Priorität der gesellschaftlichen Rolle, die August Sauer am Ende seines Lebens zugewiesen wurde, verstärkte eine Publikation, die 1928 „Im Auftrag der deutschen Gesellschaft der Wissenschaften und Künste für die Tschechoslowakische Republik" herausgegeben wurde. Es sind die *Kulturpolitischen Reden und Schriften*, „eingeleitet und herausgegeben von Josef Pfitzner". Sie erschienen im *Sudetendeutschen Verlag* von Franz Kraus in Reichenberg, der auch die sudetendeutschen Lebensbilder betreute. Die Publikation war in Ganzleinen gebunden und kostete 62 Kronen (Sauer 1928).

Es ist wiederum bemerkenswert, dass zum Gedenken an einen Wissenschaftler nicht dessen Bedeutung für die Forschung im Vordergrund stand. Als Ertrag und veröffentlicht wurde das, was sein Wirken in der Öffentlichkeit ausmachte: seine Voten zu Fragen einer kulturellen Identität der Deutschen in Prag. Am Ende der über fünfzig Seiten umfassenden Einleitung des Herausgebers findet sich der Hinweis, die Edition sei „ein letztwillig geäußerter Wunsch August Sauers" (Sauer 1928: LIV) gewesen. Die Herausgeber hatten offensichtlich Rücksicht genommen auf die politische Lage und zwei Texte, „weil allzu polemisch" (Sauer 1928: LIV), nicht aufgenommen. Dazu zählte der die Unterversorgung der Deutschen Universität nach der Republikgründung monierende Artikel *Die Prager Hochschulen*. Pfitzner hatte die Textauswahl nicht alleine getroffen, sondern eine Kommission hatte sich darum gekümmert. Die Quellen zeigen, dass sich der Volkskundler Hauffen besonders für die Ausgabe stark gemacht hatte.[5] Doch die Kommentierung verantwortete allein Josef Pfitzner.

## 5.2. *Über die Bedeutung der Deutschen Universität in Prag* (1920)

Aus dem Katalog kulturpolitischer Aufsätze soll an dieser Stelle nur Sauers umfangreiche Positionierung der Deutschen Universität nach der Republikgründung Beachtung finden, da sie unmittelbar auf die Problematik dieses Beitrags bezogen werden kann. Auch hierzu hat Pfitzner in seiner Einleitung einen Kommentar abgegeben. So schreibt er, Sauer habe nach der politischen Wende eine Wende zum „Provinzdeutschtum" gemacht, denn, so Pfitzner,

> Sauer wäre nicht der große Kulturbehüter der Sudetendeutschen gewesen, hätte er sich den vom geschlossenen Sprachgebiet ausgehenden Wünschen blindlings zugunsten eines alleinseligmachenden Prags verschlossen. Im Gegenteil! (Sauer 1928: XXLIX)

So konstruiert Pfitzner die Idee einer zweiten Deutschen Universität, die Sauer vertreten habe.

---

5   Hauffen 2. Dez. 1927 an Kaulfersch: „Wer sitzt in Kommission für Pfitzner-Ausgabe. Wie viel Bogen, welche Kosten, weitere Unterschriften des Vorstandes fehlen". Es gab offensichtlich Probleme, am 22.5.1928 fragt Gierach beim Vorsitzenden, nachdem er die Fahnen gelesen hat, um eine Kommissionssitzung an.

Die Einlassungen Pfitzners und der Text von August Sauer ergeben ein Spannungsgefüge. So lässt sich fragen, als ‚was' der Verstorbene gewürdigt, und ‚wie' diese Persönlichkeit konstruiert wurde. Dies zeigt sich in Sachen Universitätsverlegung besonders deutlich. So hebt Pfitzner die Problematik in politischen Zusammenhängen auf eine emotionale Metaebene, wo Sauer viel pragmatischer argumentiert. Für Pfitzner zeigt sich in der Verlegungsfrage ein Sauer, der erfüllt gewesen sei in „Verantwortung von sich und seinem Volke mit heiligster Ehrfurcht." So habe er entsprechend für zwei Universitäten, eine in Reichenberg und eine in Prag, votiert gemäß seinem Lebensziel, in der Gesellschaft zu wirken und jede Gelegenheit zu nutzen, „auf das sudetendeutsche wissenschaftliche und künstlerische Leben den größten Einfluss auszuüben." Das lässt sich im Blick auf Sauers Artikel als Konstrukt entlarven, denn wenn Sauer von akademischen Strukturen in Reichenberg spricht, meint er Handelshochschulen oder medizinische Akademien, die ein universitäres Klima erst einmal vorzubereiten gehabt hätten. Er verwendet also die erwünschte, aber nicht existente Vorform der Hochschule deutlich als Argument gegen die Verlegung.

Auch in einem weiteren Punkt ist Skepsis gegenüber Pfitzner angesagt. Sauers Aufsatz vorangestellt war eine Motto, das dem Briefwechsel zwischen Jakob Grimm und Wilhelm Wackernagel entnommen war: „Kann man denn geistige Dinge, wie die Universität, zersägen gleich Kanonen!" Dieses Zitat, das in vielerlei Weise deutbar ist, war Pfitzner offensichtlich zu eindeutig als Votum gegen eine Zweiteilung der Universität erschienen, so dass er es im Text weggelassen und in die Anmerkungen verschoben hat.

In Pfitzners Textanordnung erscheint der Aufsatz Sauers zwischen zwei kurzen Beiträgen, die hier mehr sind als in additivem Verfahren einbezogene Betrachtungen zum kulturellen Leben in Prag: Sie dokumentieren und wirken wie das kulturelle Leben, auf das sich Sauer im Universitätstext als Argument gegen eine Übersiedlung in die kulturlose Provinz beruft: *Die Bedeutung des Deutschen Landestheaters in Prag für die deutsche Kunst in Böhmen* (1919) und *Eine Deutsche Akademie der Wissenschaften und Künste für die Tschechoslowakische Republik* (1920). Beide fordern eine Intensivierung des kulturellen Lebens in Prag. Vor allem der Akademiebeitrag erinnerte an die Legitimation von Akademien überhaupt: Sie bedürfen einer Elite und schaffen sie; sie bedürfen einer hohen öffentlichen Reputation ihrer Mitglieder und schaffen sie; sie bedürfen einer besonderen Freiheit, um ihrem antiken Idealziel, der Diskursgemeinschaft freier Geister, näher zu kommen, und diese bedarf ihrer. Alle drei Ziele aber wären mit Reichenberg eher gefährdet gewesen.

Die beiden Artikel, die Sauers Einlassungen zum Thema Universität einschließen, sind in wichtigen Zeitungen erschienen: der Theateraufsatz in der *Neuen Freien Presse* in Wien und der Akademiebeitrag im *Prager Tagblatt*. Auch hier hatte Sauer politisches Gespür bewiesen, wo und wie man sich auf der Suche nach einer stabilen kulturellen Identität zu positionieren hatte: ex negativo gesagt – am schlechtesten in Reichenberg! Wie die beiden begleitenden Artikel war auch der Universitätsbeitrag an exponierter Stelle erschienen. In tschechischer Übersetzung war er in der von Emanuel Rádl herausgegebenen Zeitschrift *Nové Atheneum II* gedruckt worden, bevor er im Reichenberger Kraus Verlag als Broschüre verlegt wurde. Nicht zuletzt zeigen die von Pfitzner angegebenen Rezensionen, dass Sauers Vorstellungen lebhaft kommentiert und rezensiert worden waren. Was war das besondere der Universitätsschrift?

Bemerkenswert ist die Argumentationsstruktur des sehr rational vorgehenden Textes, der wohl gerade in der sehr genauen Referierung historischer Daten auf einen Prager, in Universitätsdingen informierten Expertenkreis zielte.

Zunächst referiert Sauer die Geschichte der gesamten Universität, die Strukturen, Besetzungen der Lehrstühle, die Erfolge ihrer Professoren: Er errichtet ein Denkmal, etabliert post mortem die erfolgreiche und üppige Institution einer Prager Deutschen Universität zur Zeit der k. u. k. Monarchie.

Auf einer zweiten Ebene implantiert er in die Erfolgsbilanz die Krisenjahre 1882, das Jahr der Trennung von tschechischer und deutscher Universität, den Winter 1897/1898 als Krisenzeit der deutsch-tschechischen Geschichte, die auch vor der Universität nicht halt machte, und letztlich 1918, das Ende der k. u. k. Monarchie. Ablesbar ist die Botschaft, dass diese Krisen gemeistert wurden, also auch in dieser Stunde nur vorausschauende Ruhe zu deren Überwindung führen könne – ‚nur ja keine Flucht nach Reichenberg‘, ließe sich sagen!

Immanent entwickelt Sauer die Kriterien, die einer Universität Not tun: Vielseitigkeit in der Methode, Austausch der Lehrmeinungen und die Ausbildung eines internationalen Wissenschaftsdiskurses. Er fordert, dass sich die Universität in der veränderten politischen Lage zu bewähren habe. Auch dies ist eindeutig gegen eine Verlegung gerichtet.

Vom engeren Feld der Universität wechselt Sauer sodann auf das weitere: Die Universität hat sich auch in der Gesellschaft zu positionieren, da sie sich als „Repräsentant der Volkskultur" zu verstehen habe. Als Nachweis, dass die Gesellschaft diese Aufgabe bisher erfolgreich wahrgenommen habe, zählt er deren Aktivitäten auf. Nach innen hat die *Deutsche Arbeit* ebenso identitätsbildend gewirkt wie das Sammeln von Überlieferung und die Dialektforschung. Dies sei aber nur die eine Seite gewesen, „aber zugleich", so Sauer, habe die Gesellschaft ihre Mitglieder als Forscher in die Welt gesandt, denn sie habe kein „Krähwinkel" sein und keine „Kirchturmpolitik" betreiben wollen. Das war nun schon sehr eindeutig gegen eine Verengung des Blicks gerichtet, wie er sich notwendigerweise aus einer Verlegung in die Provinz ergeben musste.

An dieser Stelle beginnt die politische Positionierung, die Sauer mit seinem Beitrag vornimmt. Er stellt sich die Frage „Was ist Wissenschaft, was ist Kultur" und stellt fest, dass sich diese immer im Kontext einer Volksidentität zu behaupten habe. Die aber habe von einer Selbstbehauptung der Stärke auszugehen: „Wir glauben nach wie vor an die Kraft und Stärke des deutschen Volkes und an einen neuen Aufstieg; wir glauben fest an die deutsche Wissenschaft." (Sauer 1928: 171) Sauer kommt auf der Suche nach einem Vorbild für eine stabile und starke „neue Gemeinschaft", die nun vonnöten sei, auf Hölderlin. Die Generation des deutschen Idealismus hatte mir ihrer gläubigen Hingabe an hohe Ziele und ihrem hohen Bildungsanspruch weit mehr im Auge gehabt, als Sauer es nun in der jungen Generation um sich herum sieht. Hier warnt er subtil aber inständig vor einer Jugend, die sich durch einen rousseauschen Hass auf die städtische Kultur auszeichne. Gemeint waren hier zweifellos die lebensreformerisch gestimmten Wandervögel, die für eine ideologische Festlegung auch ihrer politischen Ziele anfällig waren. Sie durfte man im Reichenberger Klima erwarten.

Zum Schluss wird Sauer höchst pragmatisch und listet auf, was man an Mitteln für eine Universität brauchte. Er lässt auch erkennen, dass es weitaus schwieriger sein dürfte, diese Mittel vom fernen Reichenberg aus einzuklagen, ja, er warnt, dass es mit einer Umsiedlung zu einem Absinken des wissenschaftlichen Niveaus kommen werde. Stattdessen empfiehlt er beständiges Vorsprechen bei den neuen Machthabern, getragen von einem stabilen Gefühl an die Erwartung, dass der Staat für das „Gedeihen der Kultur" Verantwortung trage. Man solle nicht den Verlust dessen provozieren, was man schließlich noch besitze.

Das waren klare Worte! Nicht zuletzt angesichts der Tatsache, dass man die Insignien der Universität, die bis dahin noch in den Händen der Deutschen waren, ebenso in die tschechische nationale Hoheit übernommen hatte, erschien es Sauer wichtig, weiterhin in der Stadt Präsenz zu zeigen, um nicht noch mehr in der Bedeutung abzusinken. Der Germanist hatte ein durchaus bemerkenswertes Gespür für die Symbole der Macht.

Sauer erinnert an sein eigenes Votum von 1905, mit dem er die Etablierung eines vorakademischen Milieus in Reichenberg zur Gründung einer dortigen zweiten Universität gefordert hatte. Gerade weil diese Forderung niemals erfüllt worden ist, kann nun keine Universität in Reichenberg etabliert werden, weil es an einem solchen akademischen Milieu mangele. Nun müsse man in Reichenberg den Verlust eines nötigen Bildungsumfeldes befürchten. Sauer gibt damit jeder Verlegungsidee eine Absage. Ein neues Argument kommt abschließend hinzu: In Zeiten der Not muss es ein geistiges Zentrum geben. Das konnte nur Prag sein!

Sein Aufsatz mündet konsequenterweise darin, dass er in dieser schwierigen Lage die Bedeutung der Gesellschaft aufwertet. Sie könne und müsse gerade mit ihrer Bindung an die Stadt die Vermittlungsfunktion übernehmen, um letztlich die Existenz der deutschen Universität und deren Lebensbedingungen zu sichern.

> Eine Universität kann im geistigen Leben einer Nation nicht vereinzelt dastehen. Sie braucht Hilfen und Stützen, Verbindungsglieder mit den im Lande zerstreut lebenden Gelehrten, vielgliedrigen Organismen: Forschungsinstitute, Bibliotheken neben der Zentralbibliothek und neben den Institutsbibliotheken; Zeitschriften, die das Erforschte aufnehmen und verbreiten; Sammelwerke für Dissertationen und dgl. mehr. (Sauer 1928: 187)

Die Infrastruktur, die wie in einem natürlichen Prozess auf eine zentrale Hochschule hinauslaufe, kann mit der Gesellschaft nicht nur nach außen vertreten, sondern eigentlich nur von ihr auf Dauer gesichert werden.

August Sauer positionierte sich entsprechend am Ende seines umfangreichen Beitrages als Vorsitzender einer Gesellschaft, die ihren Status als Bindeglied zur Universität einklagt und die entsprechend den Titel „Akademie" führen will. Sauer greift in die Geschichte der Gründung zurück und betont ihre Identität als „kulturelle, nationale Körperschaft", die analog zur Tschechischen Akademie verstanden werden wolle und müsse. Sie sei keine „politische" Einrichtung, betont Sauer (1928: 190). Hier liegt letztlich die Begründung für die Resistenz, die Sauer gegenüber einer Verlegung der Deutschen Universität nach Reichenberg vertrat: Universitäten sind wie Akademien repräsentative Organe und sichern die Identität derer, die sie vertreten: die Universität gegenüber der Wissenschaft, die Akademien gegenüber der Öffentlichkeit.

Hier liegt letztlich die Erklärung für die Positionierung Sauers am Ende seines Lebens: Die Universität vermochte ihren Teil der Aufgabe nicht mehr zu vertreten, also hatte die Gesellschaft deren Aufgaben mit zu übernehmen, einschließlich, so lässt sich mit Blick auf Sauers Tod sagen, der Rituale, die sich über Jahrhunderte entwickelt hatten.

# Literatur

Míšková, Alena/Neumüller, Michael (Hgg.) (1994): *Společnost pro podporu německé vědy, umění a literatury v Čechách (Německá akademie věd Praze). Materiály k dějinám a inventář archivního fondu* [Die Gesellschaft zur Förderung deutscher Wissenschaft, Kunst und Literatur in Böhmen (Deutsche Akademie der Wissenschaften in Prag). Materialien zu ihrer Geschichte und Inventar des Archivbestandes] 1891-1945. Prag: Akademie věd České republiky.

Sauer, August (1928): *August Sauers kulturpolitische Reden und Schriften.* Im Auftrage der Deutschen Gesellschaft der Wissenschaften und Künste für die Tschechoslowakische Republik eingel. und hrsg. v. Josef Pfitzner. Reichenberg: Kraus.

Mirko Nottscheid

# „Seltsame Begegnung im Polenlande" – August Sauer in Lemberg. Die unveröffentlichte Korrespondenz mit Wilhelm Scherer als Quelle für eine wenig bekannte Phase seiner wissenschaftlichen Biografie[1]

## 1. Einleitung

Unter der einprägsamen Überschrift *Deutsche Studenten – nach Prag!* warb August Sauer 1907 in einer Reihe von Artikeln leidenschaftlich für die Stärkung der Prager deutschen Universität. Sauers Ziel war es vor allem, die einheimischen akademischen Eliten von der Abwanderung abzuhalten, das ‚deutsche Element' in Böhmen sollte langfristig dadurch gestärkt werden, dass möglichst viele deutsch-böhmische Studenten zumindest einen Teil ihrer Studien in Prag absolvierten. Sauer musste freilich einräumen, dass bei allen Vorzügen der deutschen Universität der „heiße Boden Prags" (Sauer 1928 [1907a]: 26) einer ruhigen, von äußeren Störungen freien Studienatmosphäre abträglich sein konnte. Mit Blick auf Universitäten wie Wien, Graz oder Innsbruck schrieb Sauer:

> Zweifellos ist das Studium an diesen Orten angenehmer und bequemer, das Studentenleben harmloser und ungezwungener, das Verbindungswesen zwar nicht forscher und strammer, aber gemütlicher und ungefährlicher […] Man lebt auch außerhalb der Universitätsräume unter den eigenen Landesgenossen, man braucht sich nicht in der Fremde zu fühlen. Das Herz geht einem bei jedem Gang ins Freie auf. Man lebt sorgloser dahin. Nicht an jeder Ecke droht der nationale Gegner. Die Politik ist nicht das alles verschlingende Ungetüm. Eine harmonischere Ausbildung öffnet ihre sanfteren Arme. (Sauer 1928 [1907a]: 22)

---

1 Überarbeitete Fassung des am 6.11.2008 in Prag gehaltenen Vortrags. Das Titelzitat ist einer Karte Sauers an Scherer (Lemberg, 23.1.1880. ÖNB, Nachl. Sauer: 421/6-15) entnommen. Für wertvolle Hinweise, Diskussion und Material ist der Verfasser Elisabeth Grabenweger, Elisabeth Köhler, Myriam Richter, Hans-Harald Müller, Pedram Sarhangi, Harald Stockhammer und Jan Surman verpflichtet.

Tazuko Takebayashi hat mit Bezug auf diese Schilderungen darauf hingewiesen, dass Sauer hierbei neben seinem Alltag in Prag auch an die
Erfahrungen gedacht haben dürfte, die er bereits als junger Dozent „an
der vom Nationalitätenkonflikt überschatteten Universität in Lemberg"
(Takebayashi 2005: 109, Anm. 137) gemacht hatte. Takebayashi weist in diesem Zusammenhang auf einen Brief hin, in welchem Sauer im April 1883 dem
befreundeten Kollegen Bernhard Seuffert seine bevorstehende Versetzung
von Lemberg nach Graz anzeigte:

> Ich bin aus diesen unerquickl[ichen] Verhältnissen für immer erlöst; darf wieder Mensch
> u. wieder Deutscher sein. Zu solchem Völkerkampfe tauge ich nicht; da gehören härtere
> Naturen dazu oder leichtlebigere Menschen. Ich bin bei weitem nicht mehr das, was ich
> vor 4 Jahren gewesen u. will nur hoffen, daß ichs wieder werde. Im Herbst, wenn alles gut
> geht, wandre ich und Galizien sieht mich nie mehr wieder.[2]

Obschon der immerhin beinahe vierjährige Aufenthalt in Lemberg,[3] dem
Zentrum des östlichen Teiles des habsburgischen Kronlandes Galizien, den
jungen August Sauer offenbar nachhaltig geprägt hat, wird Sauers Lemberger
Phase in den vorliegenden biografischen Darstellungen, wenn überhaupt,
nur kurz gestreift (Seuffert 1927; Stefansky 1927; Pfitzner 1928; Hauffen
1934; Lorenz 1970; Buxbaum 2000). Ähnlich zurückhaltend agiert auch
die Fachgeschichte. Während die nicht sehr zahlreichen übergreifenden
Darstellungen zur Geschichte der Germanistik in Polen ihre Ausführungen zu
Lemberg meist erst mit Sauers Freund und Nachfolger Richard Maria Werner
beginnen lassen (Kleczkowski 1995 [1948]: 48f.; Sauerland 1995: 140, Anm.
9),[4] widmet die einzige einschlägige Studie zur Geschichte der germanistischen

---

2   Sauer an Seuffert, Brief aus Lemberg, 3.4.1883. ÖNB, Nachl. Sauer: 422/1-33. – Den von
    Takebayashi (2005: 109) nach Pfitzner (1928: VIII) zitierten Auszug hat Seuffert in seinem
    auch sonst aufschlussreichen Nachruf auf Sauer (Seuffert 1927: 330f.) zuerst mitgeteilt.
    Myriam Richter und Hans-Harald Müller gestatteten mir freundlicherweise die Benutzung
    ihrer Transkriptionen aus dem Briefwechsel Sauer/Seuffert. Vgl. auch ihren Beitrag im
    vorliegenden Band.

3   Im Folgenden werden für Lemberg (ukrainisch: Lwiw; polnisch: Lwów) und andere slawi-
    sche Orte der ehemaligen habsburgischen Kronländer durchgängig die deutschen Bezeich-
    nungen benutzt. Die Namen slawischer Persönlichkeiten werden jedoch unter Umgehung
    etwaiger germanisierter Namensformen (gegebenenfalls ins lateinische Alphabet transkri-
    biert) wiedergegeben.

4   Eine der wenigen Ausnahmen bietet die kurze, aber lesenswerte Übersicht zur Geschichte
    der polnischen Germanistik bei Jan Papiór, der zu Sauer ausführt: „[Eugeniusz Janotas]
    Nachfolger [in Lemberg] wurde für vier Jahre der Privatdozent Dr. August Sauer. Da er
    sich jedoch weigerte, die polnische Sprache zu erlernen [...] wurde er 1883 abberufen."
    (Papiór 1981: 272) Für einen bibliographischen Überblick der Arbeiten zur polnischen

Lehrkanzel in Lemberg zwar sowohl Werner als auch Sauer eigene Abschnitte, erschließt aber für den letzteren kaum unveröffentlichte Quellen, sodass wichtige lebens-, mentalitäts- und sozialgeschichtliche Hintergründe seines Lemberger Aufenthaltes im Dunkeln bleiben (Tuschel 1980: 117-130). Soweit ich sehe, hat bisher lediglich Erich Leitner im Zusammenhang der Berufung Sauers von Lemberg nach Graz eine Reihe von auch für diesen Gegenstand aufschlussreichen Dokumenten ausgewertet (Leitner 1973: 98, 101-118).

Zweifellos hat Sauers wirkungsmächtige, annähernd 40-jährige Stellung als Prager Ordinarius die relativ kurze, krisenhafte Phase als Dozent ohne feste Stelle in Lemberg überschattet, während der er weder bedeutende institutionelle noch pädagogische Erfolge zu verzeichnen hatte. Eine ausgezeichnete Personalquelle für Sauers Lemberger Zeit wie überhaupt für seine frühe Biografie und wissenschaftliche Entwicklung stellt der umfangreiche Briefwechsel mit seinem Berliner Lehrer Wilhelm Scherer (1841-1886) dar.[5] Aus den Jahren 1877 bis 1886 ist eine annähernd 90 Stücke umfassende Korrespondenz zwischen den beiden überliefert, größtenteils in Sauers Nachlass in der Österreichischen Nationalbibliothek.[6] Sauer hatte bald nach Scherers Tod seine in dessen Nachlass befindlichen Briefe zurückerbeten, „da es mir", wie er der Witwe Marie Scherer schrieb, „wertvolle Zeugnisse für meine eigene Entwicklung später einmal sein würden".[7] Dieses Korpus, das bisher nie für wissenschaftsgeschichtliche Untersuchungen herangezogen wurde, will ich im Folgenden unter zwei Aspekten vorläufig auswerten: (1) als Dokument, das einen intimen Einblick in die persönlichen Beziehungen zwischen Lehrer und Schüler während Sauers krisenhafter beruflicher

---

Germanistik – meist Aufsätze zur Geschichte einzelner Institute – s. Joachimsthaler (2007: 15f., Anm. 7).

5   Zu Scherers Biografie und wissenschaftsgeschichtlicher Stellung siehe zuletzt Müller (2000) und Martus (2007), außerdem die Brief- und Dokumentenedition von Nottscheid/Müller (2005). Die ältere Literatur weist der Artikel zu Scherer im *Internationalen Germanistenlexikon* (Höppner 2003) nach.

6   Der überwiegende Teil der Korrespondenz, 43 Briefe und Karten von Scherer und 45 von Sauer, liegt im Teilnachlass Sauers der Österreichischen Nationalbibliothek. Eine gemeinsam mit Richard Maria Werner unterzeichnete Karte sowie zwei weitere Briefe Sauers befinden sich im Teilnachlass Scherers der Staatsbibliothek zu Berlin – Preußischer Kulturbesitz. Die Briefe werden hier mit freundlicher Genehmigung der besitzenden Institutionen zitiert. Der Verfasser bereitet eine Gesamtedition der Korrespondenz vor. Ergänzend zu den Briefen werden im Folgenden weitere unveröffentlichte Quellen aus staatlicher und universitärer Überlieferung herangezogen. Eine Liste der Archivstandorte steht dem Literaturverzeichnis voran.

7   Sauer an Marie Scherer, Brief aus Prag, 15.10.1886. SBBPK, Nachl. Scherer: 392.

Anfangsjahre gewährt und es erlaubt, einen Teil ihres wissenschaftlichen Gesprächs zu rekonstruieren; (2) als biografische Quelle für die noch weitgehend im Dunkeln liegende Lemberger Periode Sauers und ihre möglichen Einflüsse auf seine späteren kulturpolitischen Positionen im deutsch-tschechischen Nationalitätenkonflikt.

## 2. Scherer und Sauer: Umrisse und Stationen einer Lehrer/Schüler-Beziehung

August Sauer gehörte mit Jakob Minor, Richard Maria Werner und Joseph Eduard Wackernell zu jener Gruppe junger, aussichtsreicher Nachwuchswissenschaftler auf dem Gebiet der deutschen Philologie, denen Ende der 1870er Jahre aus Mitteln des österreichischen Unterrichtsministeriums postgraduale Studien an Universitäten des Deutschen Reiches ermöglicht wurden (Eggelmeier 1994: 220).[8] Im Herbst 1877, kurz nach seiner Wiener Promotion bei Karl Tomaschek, meldete sich Sauer mit seinem Kommilitonen Richard Maria Werner auf einer gemeinsamen Postkarte zu den literaturhistorischen Übungen an, mit denen der eben aus Straßburg berufene Wilhelm Scherer sein erstes Berliner Semester eröffnete.[9] Wie aus einer auf seinen Bildungsweg bezogenen biografischen Skizze hervorgeht, die Sauer 1884, also noch zu Lebzeiten Scherers, für Bernhard Seuffert verfasste, stand er jedoch schon während seines Wiener Studiums ganz im Banne Scherers. Als Vermittler nennt Sauer hier Richard Heinzel, den Wiener Nachfolger Scherers, der sich einmal als dessen „ältesten und ersten Schüler" (Heinzel 1907 [1886]: 146)

---

8    Eine übergreifende Untersuchung zur österreichischen Scherer-Schule fehlt. Zu den institutionengeschichtlichen Rahmenbedingungen, unter denen die Scherer-Schüler seit den frühen 1880er Jahren nach und nach beinahe alle wichtigen germanistischen Lehrstühle in Österreich besetzten, siehe ausführlich Eggelmeier (1994); wichtige Vorarbeiten und aufschlussreiche Quellen enthalten die Studie von Leitner (1973) zur Geschichte der Germanistik in Graz und die von Faerber (2004) vorgelegte Biografie zu Jakob Minor, die eine kommentierte Ausgabe seiner Korrespondenz mit August Sauer enthält.

9    „Die unterzeichneten wünschen sich an den in aussicht gestellten übungen zu beteiligen." (Karte vom 30.10.1877. SBBPK, Nachl. Scherer: 235)

bezeichnet hat.[10] Heinzel habe jedoch, wie Sauer Seuffert wissen ließ, „zum Glück wenig Eigenes" gegeben,

> sondern es waren wörtlich u. buchstäblich Scherers Collegien, die er uns mittheilte u. so bin ich indirect vom ersten Semester an Scherers Schüler gewesen. Und er erfüllte uns mit solchem Enthusiasmus zu seinem gleichaltrigen, begabteren Freunde, sprach mit solcher Ehrfurcht und doch wieder mit solcher Liebe und Hingebung von ihm und seinen Arbeiten, daß wir Scherer als den Mittelpunkt unserer Wissenschaft ansahen, uns auf alles stürzten, was aus seinem Munde kam und ihm uns mit Leib und Seele zu eigen gaben.[11]

Angesichts dieses Bekenntnisses kann es nicht erstaunen, dass bereits Sauers Wiener Dissertation über den Lessing-Intimus Joachim Wilhelm von Brawe, die zwar von Tomaschek angeregt, aber unter Scherers Anleitung für den Druck überarbeitet wurde, bei ihrem Erscheinen als ein typisches Produkt aus Scherers „Straßburger Schule" (Anonymus 1879) bewertet wurde.[12] Seine erste Begegnung mit Scherer beschreibt Sauer fast wie ein Erweckungserlebnis, ganz in derselben Manier, wie Scherer selbst rückschauend seiner ersten Gespräche mit Jacob Grimm oder Karl Müllenhoff verklärend gedacht hatte (Nottscheid 2003):

> Endlich kam die heiß erflehte Zeit. Ich stieg die Stufen zu seiner neu eingerichteten Wohnung in Berlin hinauf und stand vor ihm, scheu, vor Freude und Schrecken sprachlos: ähnlich wie Grillparzer vor Goethe. In Berlin habe ich erst arbeiten gelernt. In wenigen Tagen war ich mir klar bewußt, daß ich trotz meinem Doctor weniger von Methode verstände als ein Schüler Scherers im dritten Semester. Ich habe von da ab Tag und Nacht ununterbrochen gearbeitet und heute noch zehre ich von meinen Berliner Excerpten [...][13]

---

10  Sein persönliches Verhältnis zu Heinzel schildert Sauer gegenüber Scherer als ambivalent: „Meine Absicht war, mit Prof. Heinzel bei meinem ersten Besuche darüber [über seinen Wunsch, sich in Wien zu habilitieren] zu sprechen. Um Ihnen, lieber Herr Professor, die Wahrheit zu gestehen: bin ich nicht dazu gekommen, habe es nicht über mich gebracht. So freundlich mir Prof. Heinzel nach der Hercegowina schrieb, so liebenswürdig er mich empfieng und begrüsste: so zurückhaltend und fremd schien er mir im weiteren Gespräche, das einen anderen Verlauf nahm, als ich beabsichtigte. Solange ich mit Prof. Heinzel verkehre, nie noch bin ich ihm unbefangen gegenüber gestanden: es schnürt mir fast die Kehle zu. Ich weiss, dass dieses Gefühl wol nur auf Einbildung beruht; es ist möglich, dass er eine viel bessere Meinung von mir habe, als ich mir vorstelle, dass er mir ganz wol will: er scheint mir abstossend und ablehnend." (Brief aus Wien, 26.1.1879. ÖNB, Nachl. Sauer: 421/6-5)

11  Sauer an Seuffert, Brief aus Graz, 4.9.1884. ÖNB, Nachl. Sauer: 422/1-44.

12  Das Buch ist zwar „Karl Tomaschek in Dankbarkeit zugeeignet" (Sauer 1878: V), erschien aber in der von Scherer in Straßburg gegründeten Reihe *Quellen und Forschungen zur Sprach- und Literaturgeschichte der germanischen Völker*.

13  Sauer an Seuffert, Brief aus Graz, 4.9.1884. ÖNB, Nachl. Sauer: 422/1-44.

Die ehrfurchtsvolle Haltung, die hier zum Ausdruck kommt, prägt auch den im Mai 1878 einsetzenden regelmäßigen Briefwechsel Sauers mit Scherer. Wie nahe dieser Sauer bereits während dessen kurzem Berliner Aufenthalt 1877/78 gekommen war, belegt der bestürzte Brief, mit dem Scherer im August 1878 auf die Nachricht reagierte, dass Sauer als Reserveoffizier am österreichischen Okkupationsfeldzug gegen Bosnien-Herzegowina teilnehmen musste:

> In all den großen Kriegen, die ich erlebt, in dem von 1866, in dem von 1870, hatte ich niemanden im Feld, der meinem Herzen nahe stand. Österreichische, preußische, französische Kugeln konnten mir niemand rauben, dessen Tod eine Lücke in mein eigenes Leben gerissen hätte. Und nun soll ich vor bosniakischen Kugeln zittern! Wir wollen hoffen daß Sie verschont bleiben, lieber Freund, und uns nicht vor der Zeit düsteren Gedanken hingeben. […] Ich darf Ihnen Ihr Herz nicht schwer machen; aber gestehen will ich: das meinige ist es schon. Vielleicht […] würde Sie eines wenigstens freuen: zu fühlen wie lieb ich Sie habe u. wie leid es mir thut, Sie aus Ihren Studien herausgerissen und solchen Strapazen, solchen Gefahren ausgesetzt zu wissen.[14]

Während Scherer mit diesem Brief zu der vertraulichen Anrede „Lieber Freund" überging, betont Sauers Brieﬀormular mit der förmlichen Anrede „Hochverehrter, lieber Herr Professor" und steif anmutenden Grußformeln wie „Hochachtungsvoll, Ihr treuer, dankbarer Schüler Dr. August Sauer" bis zuletzt den unterschiedlichen Status, den Lehrer und Schüler im akademischen Leben einnahmen.[15] In einem gewissen Kontrast dazu steht der durchaus private Charakter der Korrespondenz, vor allem von Sauers Seite, der Scherer nicht allein in allen fachlichen Fragen zu Rate zog, sondern ihn beispielsweise auch in intime Familienangelegenheiten einweihte wie ein vorübergehendes Zerwürfnis mit seinen Eltern oder eine unglückliche Liebesbeziehung. In freundschaftlichem Kontakt stand Sauer auch zu Scherers Mutter Anna Stadler, die er bereits in Berlin kennen gelernt hatte (Stefansky 1927: 3), und der er in beinahe allen Briefen Grüße bestellen lässt. Scherer selbst erscheint in vielen Briefen Sauers, vor allem bei dringenden beruﬂichen Konsultationen, als geradezu allmächtiger Lenker des Schicksals, so wenn Sauer im Januar 1879 einen um die Frage seiner Eignung zur Habilitation kreisenden Brief mit dem Ausruf schließt:

> Sie haben so manche verwickelte Verhältnisse Ihrer Schüler und Freunde ruhigen und sicheren Blickes geordnet, so manches junge Leben ins richtige Geleise eingeführt, so manche Zukunft fest und dauerhaft begründet. Versagen Sie also auch mir nicht Ihren

---

14  Scherer an Sauer, Brief aus Franzensbad, 21.8.1878. ÖNB, Nachl. Sauer: 416/10-3.

15  Den Spitznamen „der Schwarze", den Sauer aufgrund seiner schwarzen Haare erhalten hatte, benutzte Scherer nur in der Korrespondenz mit anderen Mitgliedern des Scherer-Kreises und seiner Frau Marie (Nottscheid/Müller 2005: 311).

väterlichen, wolmeinenden Rat; verzeihen Sie mir aber jedenfalls diesen Brief und meine volle Aufrichtigkeit.[16]

Scherers Antworten fielen meist wesentlich knapper und sachlicher aus als die sorgfältig entworfenen, in Schönschrift ausgeführten Briefe Sauers. Seine besondere Wertschätzung drückt sich weniger in verbaler Anteilnahme als in den vielen fachlichen und institutionellen Hilfestellungen für Sauer aus, die die Korrespondenz überliefert. So korrespondierte er immer wieder in Sauers stockenden Berufungs- und Gehaltsfragen mit Kollegen und Hochschulbehörden in Wien, Lemberg, Graz und Prag. Besonders aufschlussreich ist ein ausführliches Gutachten, mit dem sich Scherer im Februar 1883 bei dem ukrainischen Lemberger Slawisten Omel'an Ohonovs'kyj[17] für Sauer einsetzte: „Ich habe von Dr. August Sauer's litterarhistorischen und philologischen Leistungen eine sehr gute Meinung", schreibt Scherer, „und diese Meinung wird von allen urtheilsfähigen Fachmännern getheilt. Gäbe es in Deutschland eine grössere Anzahl von Professuren für neuere deutsche Litteratur, so würde er ganz gewiss längst zu einer solchen berufen sein." Sauers vorliegende Arbeiten zeugten von seinem Fleiß, seiner Genauigkeit und Begabung und bekundeten überall „den bewährten Litterarhistoriker, der zu forschen und darzustellen, den Dichter wie seine Werke zu construiren und zu charakterisiren versteht". Neben der Tätigkeit als Herausgeber stellt Scherer vor allem Sauers Beiträge zur Goethe-Forschung als mustergültig heraus:

Und wir haben überhaupt auf dem gesammten Gebiete litterarhistorischer Untersuchung, so weit ich es kenne, wenig Arbeiten, welche sich mit seiner Abhandlung über die verschiedenen Texte von Goethes ‚Götz' in den Studien zur Goethe-Philologie [Minor/Sauer 1880] vergleichen können. Eine Arbeit, welche sonst nur mechanisch betrieben zu werden pflegt, bei der man sonst nur Lesarten anhäuft, hat er so geistig durchdrungen und von so vielen Gesichtspunkten geschickt und umsichtig erledigt, dass er einen wichtigen Beitrag zur Entwickelung Goethes damit lieferte.[18]

Besonderes Vertrauen bewies Scherer seinem Schüler nicht zuletzt dadurch, dass er ihn 1880 in die klandestinen Vorbereitungen zur Herausgabe der *Deutschen Literatur Zeitung* einweihte, einem neuen wissenschaftlichen Referateorgan, das als Gegengewicht zu Friedrich Zarnckes *Litterarischem Centralblatt* konzipiert war,[19] und ihn 1885 frühzeitig in den Mitarbeiterkreis

---

16  Sauer an Scherer, Brief aus Wien, 26.1.1879. ÖNB, Nachl. Sauer: 421/6-5.

17  Zu Ohonovs'kyj siehe unten Abschnitt 3 und Anm. 42.

18  Scherer an Ohonovs'kij, Brief aus Berlin, 11.2.1883. ÖNB, Nachl. Sauer: 416/10-31 (Abschrift von Sauers Hand).

19  Der von Scherer unter dem Siegel der Verschwiegenheit bei Sauer bestellte anonyme „Bericht über die Hempelsche Lessing-Ausgabe" (Karte aus Berlin, 10.2.1880. ÖNB, Nachl.

der Weimarer Goethe-Ausgabe berief (Scherer/Schmidt 1963: 203; Brief
vom 21.5.1885).

In den hitzigen Jahren zwischen 1878 und 1885, in die auch die Hauptmasse
seines Briefwechsels mit Scherer fällt, veröffentlichte Sauer in schneller Folge
den größten Teil seines Frühwerkes:[20] die akademischen Abhandlungen *Ueber
den fünffüßigen Iambus vor Lessings Nathan* (1878) und über Ramlers Bearbeitung
der Gedichte Ewald von Kleists (1880), die *Studien zur Goethe-Philologie* mit
Jakob Minor (1880), die Editionen der Werke Ferdinand Raimunds (1881)
und Ewald von Kleists (1881–82) sowie etliche – nicht zuletzt aus finanziellen
Gründen übernommene – Ausgaben zu Texten des 18. Jahrhunderts in Reihen
wie *Kürschner's Deutsche National-Litteratur* oder *Deutsche Litteraturdenkmale.*
Scherer, der im gleichen Zeitraum an seinem letzten Hauptwerk, der *Geschichte
der deutschen Litteratur* arbeitete, die von 1879 bis 1883 in Einzellieferungen erschien, nahm an vielen dieser Unternehmungen lebhaften Anteil. Das Ringen
um die richtige Beurteilung einzelner Autoren in Scherers Literaturgeschichte
und methodische Standards bei der Herausgabe neuerer Texte macht die
Korrespondenz auch zu einer ergiebigen wissenschaftsgeschichtlichen
Quelle. Hierzu nur ein Beispiel: In einem ausführlichen, 11seitigen Brief legte Sauer Scherer im Juli 1880 die komplexe Überlieferungslage der Dramen
Ferdinand Raimunds dar. Als Herausgeber sah Sauer sich hier nicht nur mit
massiven Autorisierungsproblemen konfrontiert, sondern auch mit schwer
zu treffenden Entscheidungen hinsichtlich einer vollständigen oder auswäh-
lenden Verzeichnung von Varianten. Besondere Probleme bereitete ihm die
Verteilung des Dialekts in Raimunds Stücken. Sauer befürchtete, Raimund bei
einer konsequenten Aufnahme aller mundartlichen Wendungen „ganz zum
Dialectdichter zu machen", zumal dessen Gebrauch des Dialekts in höchstem
Maße inkonsequent sei:

> [A]m allerinconsequentesten [sind] die Theatermanuscripte. R. schreibt in ders. Scene ‚zu-
> sammen', ‚z'sammen', ‚z'samm', ‚zusamm'; oder ähnliches. Es findet sich sehr oft ‚sein' für
> ‚sind', i für ich; mir für ‚wir' aber in der überwiegenden Mehrzahl der Fälle schreibt er die
> Worte hochdeutsch. Überall ‚i' für ‚ich' ‚a' für ‚eine' etc. zu schreiben, hieße eigentlich R.
> ganz zum Dialectdichter machen; ich müßte dann durchgängig ‚is' für ‚ist' schreiben, etc.
> Wäre nicht der Grundsatz am besten, die Majorität der Fälle entscheiden zu lassen u. etwa
> nur dort solche Formen beizubehalten, wo sie im Reime, überhaupt im Liede vorkommen.
> Meine bisherige Textherstellung hat die R.'sche Schreibung bisher genau beibehalten, auch

---

Sauer: 416/10-16) ist nicht erschienen. Sauer wurde aber von 1881 an regelmäßiger Mitarbeiter der Zeitschrift. Zur bisher kaum beachteten Rolle Scherers und Theodor Mommsens
bei der Gründung der *Deutschen Literatur Zeitung* siehe Kindt/Müller (1999: 188, Anm. 46).

20  Für genaue bibliographische Angaben siehe Rosenbaum (1925).

ihre Inconsequenzen, zumal sich der Unterschied, wer hochdeutsch spricht u. wer nicht, ganz klar nicht jedes mal festhalten läßt.[21]

Scherer, der während seiner Gymnasialjahre in Wien noch ältere Protagonisten der Wiener Lokalposse aus der Nähe erlebt hatte, argumentierte in seinem knappen Antwortschreiben pragmatisch und überraschend modern gegen alle normierenden Herausgebereingriffe:

Sollte es nicht das beste sein, Ihren Text zu lassen wie er ist? D. h. Raimunds Inconsequenzen ruhig beizubehalten? Man hat dabei nicht die Unbequemlichkeit, jede in der Schreibung vielleicht seltsame Dialectform wiedererkennen zu müssen – u. doch eine Andeutung daß Dialect erklingt. Nestroy sprach auf der Bühne eine ganz sonderbare Mischung von Dialect u Hochdeutsch, vielleicht Raimund ebenso. Die Ausgabe wird das dann einigermaßen spiegeln. Also die philol. Treue gegen die Überlieferung, die Bequemlichkeit des Herausgebens, die Bequemlichkeit des Lesers u. sogar der geschäftliche Grund, daß das Publicum ein größeres ist, wenn der Dialect sich nicht allzu breit macht – alle diese Gründe vereinigen sich zu demselben Resultat: Beibehaltung des von Raimund geschriebenen.[22]

In seiner Ausgabe ist Sauer dieser von Scherer ausgegebenen Leitlinie weitgehend gefolgt, indem er, wo immer möglich, die schwer zu autorisierenden späteren Fassungen zugunsten Raimunds Original-Manuskripten verwarf und es zudem zur Pflicht der Herausgeber erklärte, „den duftigen Reiz, der über diesen Manuscripten liegt, auch soweit zu bewahren, daß Raimunds Sprache und Stil, sein Schwanken zwischen Schriftsprache und Wiener Dialect vollständig beibehalten wurde" (Glossy/Sauer 1881: VIII). Das Beispiel verdeutlicht zugleich, dass die aus der wissenschaftlichen Beschäftigung mit Texten aus der älteren deutschen Literatur gewonnenen methodischen Standards der ‚Berliner Schule' bei der Übertragung auf neuere Texte zwar bald an ihre Grenzen gelangten, aber bereits in dieser Phase durch pragmatische Einzelfallentscheidungen modifiziert wurden, die – freilich ohne schon eingehende theoretische Begründungen zu leisten – bereits auf differenziertere Formen der Editionstechnik vorausweisen.

Mit der Raimund-Ausgabe legte Sauer einen der ersten wichtigen Beiträge zur österreichischen Literaturgeschichte vor, die ihn neben der klassischen deutschen Literatur des 18. Jahrhunderts lebenslang beschäftigen sollte (Seuffert 1927: 328f.). Der Briefwechsel mit Scherer dokumentiert auch Sauers zunehmendes Interesse an Leben und Werk Franz Grillparzers, die ab Mitte der 1880er Jahre ins Zentrum seiner Forschung rückten. Auf die Darstellung Grillparzers in Scherers Literaturgeschichte (Scherer 1883: 696-

---

21 Sauer an Scherer, Brief aus Lemberg, 6.7.1880. ÖNB, Nachl. Sauer: 421/6-21.
22 Scherer an Sauer, Brief aus Berlin, 9.7.1880. ÖNB, Nachl. Sauer: 416/10-20.

698) reagierte Sauer zurückhaltend: „Daß Sie Grillparzer so kühl, fast ablehnend behandeln, hat gleichzeitig meinen vollen Widerspruch hervorgerufen [...]",[23] eine Kritik, für die Scherer jedoch dankbar war, da er den Abschnitt selbst nicht als gelungen empfand:

> Daß Grillparzer kühl geraten ist, habe ich auch empfunden, als er fertig war [...]. Indessen ist er durch aufmerksames Wiederlesen meines alten Aufsatzes u. des seither Erschienenen entstanden. Ich glaubte nur das schon Bekannte zusammengefaßt u die Vergleichung mit Schiller hinzugefügt zu haben – u war selbst erstaunt über das Resultat. Aber es war nun einmal in seine Form gekommen, u ich wußte es ohne neue Arbeit u Anstrengung nicht zu ändern. [...] Ich weiß noch heute nicht, wo es eigentlich fehlt. Die Gesammtbehandlung, die früheren Hinweise, die Hervorhebung neben Jean Paul und HvKleist als den Haupterscheinungen in Epos u. Drama nach Goethe weist ihm eine hohe Stellung an. Auch ist im einzelnen gelobt was ich früher lobte – u. doch bleibt der kühle Eindruck![24]

Obschon Sauer Grillparzer bereits in der Einleitung zur Raimund-Ausgabe als „größten österreichischen Tragiker" (Glossy/Sauer 1881: IV) apostrophiert hatte, war auch seine eigene Einschätzung des Dichters in diesen Jahren noch schwankend, wie ein Brief an Scherer vom Mai 1885 belegt:

> Grillparzer ist mir [...] durch Einblicke in seinen Briefwechsel mit Kathi [Fröhlich] recht verleidet worden. Er verliert als *Mensch* immer mehr, je genauer man sein *Leben* kennen lernt. Das ist doch für die, die den Dichter so sehr verehren, recht betrübend; und ich wenigstens bin vorderhand so ärgerlich über ihn, daß ich mich nur durch die äußeren Umstände bewegen lassen kann, meinen Aufsatz über die ‚Ahnfrau' abzuschließen.[25]

Um dieselbe Zeit nahmen auch die verschiedenen editorischen Projekte zu Grillparzer erste Gestalt an. Der letzte Brief an Scherer vom April 1886 kündigt die von Sauer übernommene Neuausgabe der Cotta'schen Grillparzer-Ausgabe (1887) an und umreißt in knapper Form weitere Pläne:

> Der Text der 10 Bde [bei Cotta] ist stenotypirt u. muß zunächst unverändert bleiben; in der Mitte der Neunziger Jahre dürfte dann eine neu geordnete Ausgabe möglich sein. Wahrscheinlich werde ich mich zur Ausarbeitung einer umfassenden Grillparzer Biographie vom Herbst ab entschließen.[26]

Die Ausführung von Sauers ehrgeizigen Grillparzer-Unternehmungen, die in der 1909 begonnenen 42-bändigen historisch-kritischen Gesamtausgabe gipfelten, hat Scherer nicht mehr erlebt. Von ihm war vielleicht noch die Anregung zu einer umfassenden Grillparzer-Biografie – nach dem Vorbild

---

23  Sauer an Scherer, Brief aus Graz, 1.1.1884. ÖNB, Nachl. Sauer: 421/6-32.
24  Scherer an Sauer, Brief aus Berlin, 9.2.1884. ÖNB, Nachl. Sauer: 416/10-33.
25  Sauer an Scherer, Brief aus Graz, 10.5.1885. ÖNB, Nachl. Sauer: 421/6-33. (Herv. i. O.)
26  Sauer an Scherer, Brief aus Wien, 26.4.1886. ÖNB, Nachl. Sauer: 421/6-44.

von Erich Schmidts Lessing-Biografie, deren erster Band 1884 erschienen war – ausgegangen, ein Plan, den Sauer jedoch unter dem Druck anderer Verpflichtungen früh aufgab (Hauffen 1934: 269).

## 3. Krisenjahre: Sauer als supplierender Professor in Lemberg

Nach seiner Rückkehr aus Bosnien-Herzegowina nach Wien begann für Sauer eine langjährige Phase beruflicher Unsicherheit, die die Korrespondenz mit Scherer zeitlich umklammert. Den Tod seines Wiener Protektors Karl Tomaschek im September 1878 nahm Sauer als persönliche Katastrophe auf: „Durch die Veränderungen, welche dieser Unglücksfall nach sich ziehen wird", schrieb Sauer, „ist für mich jede Aussicht auf Carriere abgeschnitten [...].“[27] Noch während Sauer in Absprache mit Scherer die Aussichten einer Wiener Habilitation bei Richard Heinzel prüfte,[28] erreichte ihn Anfang Mai 1879 ein Angebot der Philosophischen Fakultät der Universität Lemberg, als Dozent für deutsche Sprache und Literatur nach Galizien zu gehen.[29] Es handelte sich

---

27  Sauer an Scherer, Brief aus Han Domanovic, 24.9.1878. ÖNB, Nachl. Sauer: 421/6-2.

28  Scherer hatte Sauer zunächst dazu geraten, im Hinblick auf Heinzels Interessen, „eine altdeutsche Arbeit in Angriff zu nehmen: etwa die Schule [Heinrich von] Veldekes" (Brief aus Berlin, 28.1.1879, ÖNB, Nachl. Sauer: 416/10-5), die Sauer zwar begann, aber unter dem Eindruck der Lemberger Offerte, durch die eine möglichst schnelle Habilitation notwendig wurde, nicht zum Abschluss brachte.

29  Der diesbezügliche Brief des Lemberger Altphilologen Ludwik Ćwikliński, der sich im Auftrag der Fakultät in Wien nach geeigneten Kandidaten erkundigt hatte, beruft sich auf eine Empfehlung von Richard Heinzel: „Ich frage nun hiermit bei Ihnen an, ob Sie *eventuell* geneigt wären, die [Privat-]Docentur nach geschehener Habilitation an der Wiener Universität auf die unsrige zu übertragen und die Stelle eines supplirenden Professors der deutschen Sprache u. Literatur zu übernehmen." (Ćwikliński an Sauer, Brief aus Lemberg, 4.5.1879. WBR, Nachl. Sauer: 2.1.1.61; Herv. i. O.). – Ćwikliński (1853-1943) war nach seiner Berliner Promotion (1873 bei Theodor Mommsen) und vorübergehender Tätigkeit als Oberlehrer in Berlin 1876 außerordentlicher und 1879 ordentlicher Professor in Lemberg geworden. 1902 wurde er Sektionschef im österreichischen Ministerium für Kultus und Unterricht (Degener 1922: 250). Im Sommersemester 1879 hatte Ćwikliński selbst die germanistische Lehrkanzel vertreten und neben seinem obligatorischen Curriculum die Vorlesungen „sachliche Erklärung der Germania des Tacitus, als Einleitung in das Studium der deutschen Alterthumskunde" und „über die romantische Schule" sowie „germanist.

jedoch nicht um die Nachfolge des im Oktober 1878 verstorbenen Lemberger Ordinarius, des Polen Eugeniusz Arnold Janota.[30] Sowohl Janota, von Haus aus katholischer Priester und studierter Geograph mit vielseitigen Interessen, als auch sein Vorgänger, der frühere Lemberger Oberlehrer Johann Nepomuk Hloch, unter dem die germanistische Lehrkanzel 1851 gegründet worden war, gehörten noch zur Generation germanistischer Hochschullehrer ohne philologische Ausbildung; beide waren einer eher allgemeinen, literarisch-ästhetischen Betrachtungsweise verpflichtet (Eggelmeier 1994: 208).[31] Insofern deutet die Heranziehung eines Dozenten aus der Schule Scherers und Heinzels darauf hin, dass der Philosophischen Fakultät in Lemberg an einer grundlegenden wissenschaftlichen Neuausrichtung der germanistischen Studien gelegen war. Sauer sollte sich jedoch vor einer möglichen Ernennung zum Professor zunächst als Aushilfsdozent – in österreichischer Behördenterminologie: supplierender Professor – bewähren. Trotz dieser Einschränkung beurteilte Sauer die Aussichten zunächst überwiegend günstig:

> Ich muss mich zunächst hier habilitiren [...] die Docentur soll dann auf Lemberg übertragen werden und ich im October dahin abgehen. Ich werde supplierender Prof. mit 1080 fl Gehalt, 300 fl Renumeration für die Leitung des germanist. Seminars; ausserdem kann ich bestimmt auf 150 fl Prüfungstaxen und auf mindestens 100 Hörer rechnen; die Unterrichtssprache ist natürlich für diese Lehrkanzel deutsch; man stellt mir, falls die Facultät mit meinen Leistungen zufrieden ist, eine ao. oder o. Professur in kürzester Zeit in Aussicht; nur ist die Erlangung derselben an die Erlernung der polnischen Sprache geknüpft. Ich will auch das gerne versuchen. Freilich auf immer in Lemberg zu bleiben ist nicht meine Absicht; bin ich einmal dort

---

Seminarübungen" angekündigt (Litterarisches Centralblatt für Deutschland Jg. 29/1879, Nr. 17: 558). Offenbar hat Scherer auch mit Ćwikliński, der wiederholt als Dekan der Philosophischen Fakultät amtierte, über Sauers Fall korrespondiert. Am 2. November 1880 schrieb Sauer aus Lemberg: „Meine hiesige Stellung scheint sich, wesentlich durch Ihren Einfluß, lieber Herr Professor, verbessern zu wollen. Cwikliński hat sich das, was Sie ihm über mich gesagt haben, zu Herzen genommen, hat auf einmal eine recht gute Meinung von mir und will mich zum außer ord. [Professor] vorschlagen. Ob er durchdringt, ist eine andere Frage: Denn die Kaiserreise hat die Intoleranz der Polen um ein Beträchtliches gesteigert." (ÖNB, Nachl. Sauer: 421/6-23).

30 Janota (1823-1878) war 1847 zum römisch-katholischen Priester geweiht worden und unterrichtete anschließend von 1850-71 als Professor für Deutsch, Polnisch, Geschichte und Geographie an Gymnasien in Teschen und Krakau. 1860 promovierte er mit einem geographischen Thema, 1871 wurde er außerordentlicher, 1873 ordentlicher Professor für deutsche Sprache und Literatur in Lemberg, wo auf seinen Antrag hin 1873 das germanistische Seminar eingerichtet wurde (Tax 1996: 7-9; Tuschel 1980: 87).

31 Zur Frühgeschichte der Lemberger Germanistik vgl. auch Tuschel (1980: 83-89), die vor allem auf eine Schulprogrammschrift von Hloch und die Lehrtätigkeit Janotas eingeht. Über J. N. Hloch ist derzeit nur bekannt, dass er vor seiner Berufung Oberlehrer am k. k. Akademischen Gymnasium in Lemberg war und 1871 starb.

eingewöhnt, wird mich das Ministerium ungern an einen andern Ort versetzen: doch wird es nicht unmöglich sein, wenn ich nur rege wissenschaftliche Thätigkeit fortführe.[32]

Als selbstbewusster Deutsch-Österreicher und Wiener Privatdozent geriet der 24-jährige Sauer in Lemberg beinahe automatisch zwischen die Fronten des Nationalitätenkonfliktes, der in den östlichen Bezirken des habsburgischen Kronlandes Galizien zwischen der polnischen und der ukrainischen Bevölkerungsgruppe ausgetragen wurde.[33] Die Besetzung der Stelle mit einem Deutsch-Österreicher musste zumal bei den polnischen Bildungseliten Erinnerungen an den alten Habsburger Zentralismus wachrufen, der im Zuge des österreichisch-polnischen Ausgleichs seit Mitte der 1860er Jahre einer weitgehenden innenpolitischen Autonomie unter Dominanz der polnischen Mehrheitsbevölkerung gewichen war. Folglich war Sauers Tätigkeit an der inzwischen mehrheitlich polnischen Lemberger Universität von Beginn an umstritten, vor allem aufgrund der symbolträchtigen Garantie des Deutschen als Unterrichtssprache.[34] 1871 war in Lemberg das Deutsche als offizielle Unterrichtssprache von den Landessprachen Polnisch und Ukrainisch abgelöst worden. Bewerber um eine Lehrkanzel mussten von nun an entweder eine der beiden slawischen Landessprachen beherrschen, „oder, für den Fall einer Berufung sich verpflichten, binnen eines bestimmten Zeitraumes, in der Regel drei Jahre, die geforderten Sprachkenntnisse zu erwerben" (Tuschel 1980: 9). Im universitären Alltag und in den Prüfungen dominierte schon aufgrund der Herkunft der Majorität des Lehrkörpers das Polnische, das im April 1879, wenige Monate bevor Sauer nach Lemberg übersiedelte, das Deutsche auch als innere Amtssprache der Hochschule ablöste (Pacholkiv 2002: 48). Die Zahl der in Deutsch abgehaltenen Vorlesungen war seit den 1860er Jahren stark rückläufig: Schon 1874 standen 11 deutsche, 13 lateinische und 7 ukrainische einer Gesamtzahl von 59 in polnischer Sprache gehaltenen Vorlesungen gegenüber (Sauerland 1991: 135). Als Deutsch lesender Dozent gehörte Sauer damit bei seinem Amtsantritt zu einer kleinen Minderheit innerhalb des Lehrkörpers.

Bereits Sauers erste Berichte an Scherer über die Verhältnisse an der neuen Wirkungsstätte, deuten diese Konflikte an. „Meine Aufnahme in den

---

32  Sauer an Scherer, Brief aus Wien, 7.5.1879. ÖNB, Nachl. Sauer: 421/6-8.
33  Zum komplexen historischen Hintergrund des galizischen Nationalitätenkonfliktes vgl. ausführlich die Übersichten bei Kappeler (2000) und Pacholkiv (2002). Zur Bedeutung von Lemberg als wirtschaftlichem und kulturellem Zentrum siehe die Beiträge des Sammelbandes von Fässler/Held/Sawitzki (1993).
34  Bei den beiden im Folgenden angeführten gesetzlichen Regelungen zu den Unterrichtssprachen bzw. zur inneren Amtssprache an der Lemberger Universität handelt es sich um die kaiserlichen Erlasse vom 4. Juli 1871 und vom 24. April 1879 (Pacholkiv 2002: 48-50).

Professoren-Kreisen", schreibt er Anfang November 1879, rund einen Monat nach seiner Ankunft, noch vorsichtig,

> war im Ganzen eine günstige; freilich von manchen, bes. von Juristen, wurde mir nicht verhehlt, daß ich nach dem gegenwärtigen Stande der Dinge wenig oder gar keine Aussicht zu einer definitiven Anstellung hätte; bei einigen herrscht auch das entschiedene Streben vor, auch für die deutsche Lehrkanzel polnische Vortragssprache einzuführen; ob man im Ministerium schwach genug sein wird, um nachzugeben, weiß ich nicht.[35]

Ein Jahr später, im Dezember 1880, war Sauer bereits zu der festen Überzeugung gelangt,

> daß ich hier gar keine Aussicht habe, und daß man eigentlich ein recht schlechtes Spiel mit mir gespielt hat, als man mir baldige Ernennung zum ao. vorspiegelte. […] Mir sagt man direct und indirect: ich hätte wol vollkommen die wissenschaftl. Befähigung, um die hiesige Lehrkanzel zu versehen; aber ich könnte 20mal fähiger sein und perfect polnisch erlernen: Aussicht hätte ich doch keine; ich sei einmal ein Deutscher. Rechnen Sie dazu die Schwäche der Regierung, die rasche Carrière, die die polnischen Professoren machen […][36]

Die Ablehnung lag jedoch keineswegs nur auf der polnischen Seite. Sauers Beharrungsvermögen im Hinblick auf die vertraglich vereinbarte Erlernung der polnischen Sprache, das sein Fortkommen in Lemberg behinderte, dürfte nicht zuletzt mit seinen tief sitzenden Affekten gegen alles Slawische zusammengehangen haben, die in der Korrespondenz immer wieder auftreten. Schon vor Amtsantritt berichtete er Scherer beunruhigt von der ihm auferlegten „Erlernung des Polnischen" und dem bevorstehenden „Aufenthalt unter den Slaven";[37] das Eintreffen einer Büchersendung aus Wien kommentierte er kurz nach seiner Ankunft mit dem Ausruf „Seltsame Begegnung im Polenlande"[38] und die ihm nahe gelegte Veröffentlichung eines Aufsatzes in polnischer Sprache empfand er Anfang 1882 als „ein großes Opfer".[39] Zudem lebte Sauer in beständiger Furcht vor einheimischer Konkurrenz: „Man will mir einen Privatdocenten auf den Hals setzen", ließ er Scherer im Dezember 1880 wissen:

---

35  Sauer an Scherer, Brief aus Lemberg, 2.11.1879. ÖNB, Nachl. Sauer: 421/6-12.
36  Sauer an Scherer, Brief aus Lemberg, 3.12.1880. ÖNB, Nachl. Sauer: 421/6-24.
37  Sauer an Scherer, Brief aus Wien, 29.5.1879. ÖNB, Nachl. Sauer: 421/6-9.
38  Sauer an Scherer, Karte aus Lemberg, 23.1.1880. ÖNB, Nachl. Sauer: 421/6-15. Es handelte sich um Jakob Minors 1880 erschienene Dissertation über Christian Felix Weiße.
39  Sauer an Scherer, Brief aus Lemberg, 1.1.1882. SBPK, Nachl. Scherer: 173: „Jetzt redet man mir zu, einen kleinen Aufsatz polnisch drucken zu lassen. Wenn ich mich dazu entschließe, müßte es sehr rasch sein. Es ist ein großes Opfer für mich: aber es bleibt mir nichts anderes übrig." Rosenbaum (1925) weist weder für 1882 noch später Arbeiten von Sauer in polnischer Sprache nach.

„Wenn dies geschieht, muß ich natürlich freiwillig das Feld räumen. Ein Herr Max Kawczynski[40] hat ein Heft über moralische Wochenschriften geschrieben. Wenn man die ersten 3 Sätze liest, hat man genug. Überdies gehört das Buch mehr der engl. oder der vgl. als der deutschen LG an."[41]

Scherer, der Sauer wiederholt gemahnt hatte, mit dem Erlernen des Polnischen fortzufahren, sprach diesen heiklen Punkt auch in dem bereits zitierten Brief an Omel'an Ohonovs'kyj[42] von 1883 an. Die darin von Scherer vorgebrachten Argumente waren offenbar als Vorlage für die stockenden Verhandlungen der Philosophischen Fakultät über Sauers Ernennung zum Extraordinarius gedacht. Scherer dürfte in Ohonovs'kyj (den er ebenso wie Sauer mit der eingedeutschen Namensform ‚Emil Ogonowski' anprach) vor allem deshalb einen geeigneten Bündnispartner gesehen haben, da dieser zur Minderheit der ukrainischen Dozenten im Lemberger Kollegium gehörte, die sich ihrerseits – nicht zuletzt im Hinblick auf das Sprachproblem – in ihren Rechten als Hochschullehrer bedroht sahen (Pacholkiv 2002: 49-54).[43] Er war zudem der einzige Lemberger Kollege, zu dem Sauer nachweislich freundschaftliche Beziehungen unterhalten hat. Im Zusammenhang mit Sauers mangelnden Polnischkenntnissen führt Scherers Gutachten das Beispiel zweier prominenter Hochschullehrer slawi-

---

40  Maksymilian (Max) Kawczyński (1842-1906) war 1881 in Leipzig mit den von Sauer erwähnten *Studien zur deutschen Literaturgeschichte des 18. Jahrhunderts. Moralische Wochenschriften* promoviert worden und habilitierte sich 1882 zunächst für deutsche Philologie in Lemberg, wo er aber erst nach Sauers Weggang – zuerst im Wintersemester 1884 – tätig wurde. Nachdem er einige Jahre lang neben Richard Maria Werner sowohl germanistische als auch komparatistische Vorlesungen gehalten hatte, habilitierte er sich 1887 für romanische Philologie und wurde 1890 ordentlicher Professor in Krakau (Czerny 1967).

41  Sauer an Scherer, Brief aus Lemberg, 3.12.1880. ÖNB, Nachl. Sauer: 421/6-24.

42  Omel'an Ohonovs'kyj (1833-1894), auch Emil(ian) Ogonowski, studierte in Lemberg Theologie und ukrainische Philologie und wurde 1857 zum griechisch-katholischen Priester geweiht; nach seiner Promotion (1865) lehrte er zunächst aushilfsweise und seit 1870 als ordentlicher Professor für ruthenische Sprache und Literatur an der Lemberger Universität. In dieser Eigenschaft sowie als Vorsitzender kultureller und wissenschaftlicher Vereine spielte er eine wichtige Rolle bei der Organisation und Emanzipation des ukrainischen kulturellen und wissenschaftlichen Lebens in Galizien (Pacholkiv 2002: 174f.). Seine freundschaftlichen Kontakte zu Sauer sind durch sieben sehr herzlich gehaltene Briefe Ohonovs'kyjs aus den Jahren 1883-89 belegt (WBR, Nachl. Sauer: 2.1.1.297), außerdem durch die Widmung, welche Sauer seiner in Lemberg enstandenen Ausgabe der *Gedichte von Gottfried August Bürger* voranstellte: „Herrn Prof. Dr. Emil Ogonowski in dankbarer und treuer Gesinnung zugeeignet." (Sauer 1884: [3], zit. n. Rosenbaum 1925: 16, zu Nr. 63, der darauf hinweist, dass die Widmung „in den für den Buchhandel bestimmten Exemplaren" fehlt).

43  Vgl. hierzu auch Sauers Brief an Scherer vom 3. Dezember 1880 (ÖNB, Nachl. Sauer: 421/6-24), der auf die Allianz mit den ukrainischen Kollegen hinweist: „[D]ie Ruthenen, die für mich sind und sogar für mich wirkten, geben die Hoffnung jetzt auf."

scher Herkunft an, die an der Berliner Universität als Vertreter der slawischen
Philologie mit deutscher Unterrichtssprache gewirkt hatten:

> Wir haben an hiesiger Universität den Professor Jagić[44] gehabt, wir haben den Professor
> Brückner[45] berufen – beide als Vertreter der slawischen Philologie mit deutscher
> Unterrichtssprache. Wir haben uns nie erkundigt, ob sie ein vollkommen correctes Deutsch
> sprechen, sondern nur darum, ob sie ihr Fach verstehen. Bei Ihnen wird deutsche Sprache
> und Litteratur deutsch vorgetragen; Sauer's eigentliche Lehrthätigkeit wird durch seine et-
> waige mangelhafte Kenntnis des Polnischen also gar nicht tangirt. Sollte nicht die Billigkeit
> verlangen, dass man auch bei Ihnen sich nur darum bekümmerte, ob der Vertreter des
> Deutschen sein Fach versteht? Kann er den Verhandlungen der Facultät nicht folgen, kann
> er sich daran nicht betheiligen, so ist es doch sein eigener Schade in erster Linie, und er
> wird bald genug bestrebt sein, die Lücken, die er lebhaft empfinden muss, auszufüllen. Die
> Facultät kann den Minister veranlassen, dass er Herrn Dr. Sauer zur Pflicht mache, das
> Polnische sich noch vollkommener anzueignen – und sie kann es dann ihm überlassen,
> dieser Pflicht nachzukommen. Aber sie kann, *ohne eine arge Ungerechtigkeit zu begehen*, nicht die
> Behauptung aufstellen, dass Dr. Sauer wegen mangelnder Kenntnis des Polnischen nicht im
> Stande sei, in Lemberg deutsche Sprache und Litteratur deutsch vorzutragen.[46]

Trotz dieser Argumente votierte die Mehrheit der Philosophischen Fakultät
am 3. Juni 1882 gegen die Ernennung Sauers zum Extraordinarius, während
Ohonovs'kyj in einem Separatvotum darauf beharrte, die Ernennung sei
trotz Sauers mangelnden Sprachkenntnissen berechtigt, da ihm zumindest
„ein Minimal-Grad der Kenntniß der polnischen Sprache" zugesprochen
werden müsse.[47]

Sauers Aversionen gegen seine Umgebung in Lemberg wirkten sich
langfristig auch negativ auf die pädagogischen Erfolge seiner Tätigkeit aus.

---

44  Vatroslaw (von) Jagić (1838-1923), gebürtiger Kroate, war nach seinem Studium in Wien
    zunächst von 1861-70 als Gymnasiallehrer in Zagreb tätig; er promovierte 1870 in Leipzig
    und erhielt 1872 den Lehrstuhl für vergleichende Sprachwissenschaft an der neu gegründe-
    ten Universität von Odessa. 1874 wurde er ordentlicher Professor für slawische Philologie
    in Berlin, wo er das *Archiv für slawische Philologie* gründete, 1880 wurde er nach St. Petersburg
    und 1886 nach Wien berufen (ÖBL Bd. 3: 59f.).

45  Der Pole Aleksander Brückner (1856-1939) stammte aus Tarnopol in Galizien; er studierte
    in Lemberg Philosophie, promovierte 1876 in Wien und wurde 1878 Privatdozent für
    slawische Philologie in Lemberg. 1881 wurde er außerordentlicher, 1892 ordentlicher Pro-
    fessor für slawische Sprache und Literatur in Berlin (Nagórko 2001).

46  Scherer an Omel'an Ohonovs'kyj, Brief aus Berlin, 11.2.1883. ÖNB, Nachl. Sauer: 416/10-
    31 (Abschrift von Sauers Hand, Herv. i. O.).

47  Bericht des Dekanats der Philosophischen Fakultät der Universität Lemberg an das k. k. Mi-
    nisterium für Cultus und Unterricht, 26.7.1882. AGAD, Fond Ministerstwo Wyznań i
    Oświaty [Ministerium für Cultus und Unterricht], Kart. 122u, Personalakte Richard Maria
    Werner: Z. 458, Bl. 2r (Abschrift).

Zwar war er mit dem Besuch der Lehrveranstaltungen,[48] die er nach Scherers
Vorbild in Form literarhistorischer Überblicksvorlesungen, ergänzender
Spezialkollegien und Seminarübungen mit separater neuerer und älterer
Abteilung anlegte, zunächst zufrieden:

> Mit meinen Collegien bin ich sehr zufrieden; ich habe im Hauptcolleg constant 30; fast
> ebensoviel im Goethe-Colleg und in der neueren Abtheilung des Seminars; in den mhd.
> Übungen 12-15. Ich muß erwähnen, daß die philosoph. Facultät überhaupt nur 100 Hörer
> hat, daß meine Collegien im Lectionscataloge nicht angekündigt waren, daß ich von 8-9
> Uhr früh lese und daß die Juristen zu dieser Zeit viele Vorlesungen haben.[49]

Anders als seinerzeit Scherer in Straßburg konnte Sauer in Lemberg jedoch
kaum mit dem Zuzug von Studenten mit deutscher Muttersprache rechnen; seine Hörer dürften überwiegend Polen und Ukrainer gewesen sein,
die sich auf eine Laufbahn als Gymnasiallehrer oder Beamte vorbereiteten.
Die Schwerpunkte der Lehre lagen auch deshalb auf der neueren Abteilung,
weil viele Studenten nur über geringe Deutschkenntnisse verfügten, sodass
es auch auf Sprachvermittlung im engeren Sinne ankam (Weimar 1989: 55).
Sauer teilte Scherer denn auch wiederholt mit, die Kenntnisse seiner Hörer

---

48  Da die Vorlesungsverzeichnisse der Universität Lemberg nicht erreichbar waren, wurden ersatzweise die Angaben im *Litterarischen Centralblatt für Deutschland* ausgewertet, die
jedoch für das Wintersemester 1879/80 sowie Sommersemester 1881 und Wintersemester 1881/82 fehlen. Demnach kündigte Sauer im Sommersemester 1880 an: „Geschichte der deutschen Literatur von Lessing bis Schiller; Deutsche Metrik; Seminarübgn. über
Hartmann's Iwein"; im Wintersemester 1880/81: „Geschichte der deutschen Literatur
während der class. Periode; Enzyklopädie der deutschen Philologie; über Grillparzers Leben u. Werke; Seminarübgn.: a) mittelhochdeutsche Uebgn., Lectüre ausgewählter Gedichte Walthers von der Vogelweide, b) Uebgn. auf dem Gebiete der neueren deutschen
Literatur"; im Sommersemester 1882: „Geschichte der deutschen Literatur im 14. und 15.
Jahrhundert; deutsch-österr. Dichter des 18. Jahrh.; Sem.: a) althochdeutsche u. altsächs.
Uebgn., b) Stiluebgn."; im Wintersemester 1882/83: „Geschichte der deutschen Literatur;
das deutsche Drama im XIX. Jahrhundert; im Sem.: mittelhochdeutsche Uebgn.; Lectüre
und Interpretation ausgew. Oden Klopstocks"; im Sommersemester 1883: „Geschichte der
deutschen Literatur von Opitz bis Gottsched; Entwicklungsgeschichte der lyrischen und
epischen Poesie Deutschlands während der class. Periode; Sem.: a) mittelhochdeutsche
Übungen, Lectüre und Interpretation des Gregorius von Hartmann von Aue (Ausg. von
Paul, 1882), b) kritische Übungen im Anschlusse an Goethes Iphigenie, c) Übungen im
Gymnasialvortrage" (Litterarisches Centralblatt für Deutschland Jg. 30/1880, Nr. 13: 439
und Nr. 33: 1098; Jg. 32/1882, Nr. 16: 553 und Nr. 37: 1272; Jg. 33/1883, Nr. 17: 594). Vgl.
hierzu ergänzend auch Tuschel (1980: 125-130), die zwar nicht die Lücken bei den Vorlesungen ausfüllen kann, dafür aber ausführlich auf die von Sauer beim österreichischen
Unterrichtsministerium eingereichten Seminarberichte eingeht, welche beispielsweise über
die Themen der von Sauer vergebenen schriftlichen Arbeiten Auskunft geben.
49  Sauer an Scherer, Brief aus Lemberg, 2.11.1879. ÖNB, Nachl. Sauer: 421/6-12.

ließen „viel, sehr viel zu wünschen übrig".[50] Bei derartigen Allgemeinplätzen
blieb es, und es ist bezeichnend, dass in Sauers gesamter Lemberger Korrespondenz mit Scherer nicht ein einziger Student namentlich erwähnt wird.
Die sonst in Korrespondenzen dieser Art übliche Hervorhebung bedeutender
Seminararbeiten oder Bitten um Empfehlungen von Themen für aussichts-
reiche Kandidaten fehlen ganz. In einem Bericht des galizischen Statthalters
Alfred Graf Potocki an das Wiener Unterrichtsministerium heißt es 1883, die
„polnische studirende Jugend" halte sich Sauers „Vorträgen über deutsche
Sprache und Literatur größtentheils ferne", seine Vorträge würden nur noch
„durch 3 bis 5 Hörer frequentirt".[51]

Als einen der wenigen, aber wesentlichen Vorteile seiner Stellung er-
achtete Sauer die langen Ferienzeiten. Da in Galizien alle Feiertage doppelt, nach römisch- und griechisch-katholischem Ritus gehalten wurden,
sei, wie Sauer Scherer mitteilte, „das Sommersemester [...] in manchen
Jahren fast illusorisch";[52] ein Umstand, der wesentlich zu dem erstaunlichen
Arbeitspensum beitrug, das Sauer in diesen Jahren absolvierte.

Die zunehmende Isolation mündete in Depressionen und Fluchtgedanken.
In einem Ferienbrief aus Wien spricht Sauer bereits im Frühjahr 1880 „vom
grelle[n] Contrast gegen die Lemberger Einsamkeit";[53] etwas früher heißt es:
„Ansprache habe ich fast keine; für mein Fach interessirt sich ausser mir niemand; die Gymnasiallehrer sind mir alle feind, weil sie mich als Eindringling auf
einer Stelle betrachten, die ein jeder selbst ausfüllen zu können meint."[54] Seine
Isolation im wissenschaftlichen Leben suchte Sauer durch Anschluss an die in
Lemberg zahlenmäßig bereits stark reduzierte deutschsprachige Minderheit zu
überwinden. Zur engsten Vertrauten Sauers wurde die mehr als dreißig Jahre
ältere ehemalige Hofburgschauspielerin Anna Loewe (1821-1884), verwitwete
Gräfin Potocki, die einige Jahre das Lemberger Theater geleitet hatte (Seuffert

---

50   Sauer an Scherer, Brief aus Lemberg, 9.1.1880. ÖNB, Nachl. Scherer: 421/6-14. Ähnlich
     äußerte sich Sauer bereits im ersten Brief aus Lemberg vom 2.11.1879: „Meine Hörer, so
     weit ich sie kenne, zeigen recht viel guten Willen, aber ein unglaublich geringes Wissen."
     (ÖNB, Nachl. Scherer: 421/6-12)
51   Potocki an Sigmund Freiherr Conrad von Eybesfeld, k. k. Minister für Cultus und Unter-
     richt, Brief aus Lemberg, 13.4.1883. AGAD, Fond Ministerstwo Wyznań i Oświaty [Mi-
     nisterium für Cultus und Unterricht], Kart. 122u, Personalakt Richard Maria Werner: Z.
     2591 (Abschrift). Für den Hinweis auf die Sauer betreffenden Unterlagen in Richard Maria
     Werners Personalakte im Staatsarchiv Warschau danke ich Jan Surman (Wien).
52   Sauer an Scherer, Brief aus Lemberg, 2.11.1879. ÖNB, Nachl. Sauer: 421/6-12.
53   Sauer an Scherer, Brief aus Wien, 26.3.1880. ÖNB, Nachl. Sauer: 421/6-18.
54   Sauer an Scherer, Brief aus Lemberg, 9.1.1880. ÖNB, Nachl. Sauer: 421/6-14.

1927: 326f.).[55] Anna Loewe stand im Zentrum eines kleinen Kreises kulturell interessierter Lemberger, vor dem Sauer 1881 allgemeinbildende Vorträge über bedeutende Frauengestalten der klassisch-romantischen Periode hielt, die er 1885 in dem Band *Frauenbilder aus der Blütezeit der deutschen Litteratur* sammelte, welcher „meiner unvergesslichen Freundin Anna Loewe" (Sauer 1885b: [V]) gewidmet ist. Sauers intensive Kontakte zur deutschsprachigen Minderheit wurden von der polnischen Verwaltung aufmerksam beobachtet. Der galizische Statthalter berichtete dem Unterrichtsministerium 1883, Sauer meide „jede Berührung mit der polnischen Intelligenz" und beschränke sich „bloß auf den geselligen Verkehr mit deutschen, in Lemberg domizilirenden Familien". Er könne schon aufgrund seiner „exklusiven Haltung gegenüber der Landesbevölkerung als eine erwünschte Acquisition für die Lemberger Universität kaum bezeichnet werden". Sauer habe zudem in der deutsch-österreichischen Presse Artikel publiziert, die von seiner Voreingenommenheit „gegenüber Galizien und der polnischen Bevölkerung des Landes" zeugten.[56]

Sauer begann bald, sich nach beruflichen Alternativen umzusehen. Als aussichtsreichste Option erwies sich zunächst das Extraordinariat für neuere deutsche Literatur in Prag. Formell handelte es sich um die Nachfolge für Ernst

---

55 Sauer gab später im Selbstverlag einen Band mit Dokumenten aus dem Nachlass ihres Vaters, des prominenten Hofburgschauspielers Ludwig Loewe (1795–1871) heraus, dem Raimund ein Gedicht gewidmet hatte (Sauer 1885a). Zu Anna und Ludwig Loewe vgl. die Artikel in ÖBL (Bd. 5: 287; 289f.).

56 Alfred Graf Potocki an Sigmund Freiherr Conrad von Eybesfeld, k. k. Minister für Cultus und Unterricht, Brief aus Lemberg, 13.4.1883. AGAD, Fond Ministerstwo Wyznań i Oświaty [Ministerium für Cultus und Unterricht], Kart. 122u, Personalakte Richard Maria Werner: Z. 2591 (Abschrift). Konkret bezieht sich Potocki auf einen „vor etwa zwei Jahren anlässlich der Lessingfeier in der ‚Neuen freien Presse' publicirten Artikel, worin er [Sauer] den Polen nicht nur eine Gleichgiltigkeit für die Verdienste dieses bedeutenden deutschen Schriftstellers, sondern geradezu den Mangel an Zivilisation zum Vorwurfe machte". Sauers Artikel habe „die hiesige Presse zu einer scharfen Replik" gereizt, „worin ihm der Rath ertheilt wurde, das uncultivirte Land zu verlassen" (ebd.). Ein solcher Artikel Sauers konnte in der Wiener *Neuen Freien Presse*, wenigstens in den Wochen unmittelbar vor und nach dem 100. Todestag Lessings (15.2.1881), nicht ermittelt werden. Formulierungen wie sie Potocki moniert, enthält aber auch Sauers Besprechung einer Schrift des Schuldirektors Hermann Geist zu den Lessingfeierlichkeiten an seiner Posener Realschule (Geist 1881), die 1881 in der *Zeitschrift für die österreichischen Gymnasien* erschienen war. Sauer nahm Geists Buch als Beleg für die „Liebe und Verehrung", die Lessing auch im „slawischen Osten des Deutschen Reiches" zu Teil werde und fuhr dann mit Blick auf Lemberg fort: „Nicht ohne Wehmuth hebe ich dies hervor, der ich im slavischen Osten Oesterreichs den 100jährigen Todestag Lessings ungefeiert vorübergehen lassen musste; es war in Lemberg einzig und allein der jüdische Verein ‚Schomer Israel' welcher diesen Erinnerungstag festlich begieng." (Sauer 1881: 917)

Martin, der in Prag zugleich die englische Philologie vertreten hatte und 1877 einem Ruf als Nachfolger Scherers nach Straßburg gefolgt war. Die langwierigen
Verhandlungen um die Neubesetzung der Stelle zogen sich bis zur Berufung
Jakob Minors 1884 hin (Eggelmeier 1994: 223; Faerber 2004: 90-92). Eindringlich
bat Sauer Scherer, seinen Einfluss auf den Prager Ordinarius Johann Kelle geltend zu machen.[57] Scherer sandte Empfehlungsschreiben nach Prag und gab
Sauer detaillierte Anweisungen darüber, welche seiner Schriften an Kelle einzu-
senden waren. Schon Ende Dezember 1880 konnte Scherer melden:

> Gute Nachrichten! Sie sind in Prag an erster Stelle vorgeschlagen; an 2. [Bernhard] Seuffert.
> Dann ist [Hans] Lambel mit Rücksicht darauf daß er früher schon einmal genannt wurde,
> wieder erwähnt. Höchste Wahrscheinlichkeit also, daß der Vorschlag, der Sie betrifft, vom
> Ministerium als der einzig realisierbare angesehen wird.[58]

Aber obschon sich sowohl der Auswahlausschuss als auch das Collegium
der Philosophischen Fakultät in Prag für ihn aussprachen, wurde Sauer nicht
ernannt. Das Berufungsverfahren verschleppte sich, wohl auch, weil Kelle
selbst „offenbar an einem Fachkollegen kein besonderes Interesse gehabt zu
haben scheint" (Eggelmeier 1994: 223, Anm. 94). Im Sommer 1882 begann
sich schließlich die Berufung von Sauers engem Freund Jakob Minor abzuzeichnen, der sich zum Wintersemester 1882/83 von Wien nach Prag um-
habilitierte, ein Vorgang, auf den Sauer mit Verzweiflung und Resignation
reagierte:[59] „Meine Aussichten stehen so schlecht als möglich. Prag ist für
mich verloren. Hier werde ich von der Facultät nicht vorgeschlagen und ohne
Vorschlag von *diesem* Min. gewiss nicht ernannt." Es bleibe ihm nichts anderes
übrig als sein

> Bündel zu schnüren und einen andern Beruf zu ergreifen, der in Oesterreich noch Raum
> und Anerkennung hat. Minor ist wahrhaftig glücklich zu preisen, dass er seinem Vaterlande
> den Rücken kehren kann. Das sind nur mehr elende Rudera [Ruinen] eines Staates, die
> keinem stärkeren Anprall Widerstand leisten werden. Uns, die wir gute Oesterreicher wa-
> ren, erziehen die liebenswürdigen slav. Mitbürger zu jenem Standpunkt, den wir allmälig
> einnehmen.[60]

---

57  „Die Besetzung der Pragerstelle", schrieb Sauer am 2.11.1880 aus Lemberg an Scherer,
    „soll wieder in Fluß kommen; haben Sie keinen Einfluß auf Kelle?" (ÖNB, Nachl. Sauer:
    421/6-23)
58  Scherer an Sauer, Brief aus Berlin, 27.12.1880. ÖNB, Nachl. Sauer: 416/10-25.
59  Von dem Zeitpunkt der Übersiedlung Minors nach Prag an „häufen sich Missverständnisse
    und Meinungsverschiedenheiten in der Korrespondenz mit Sauer" (Faerber 2004: 55), die
    kurz nach Minors Ernennung zum Extraordinarius ins Stocken geriet und erst 1889 wieder
    regelmäßig aufgenommen wurde.
60  Sauer an Scherer, Brief aus Lemberg, 26.4.1882. ÖNB, Nachl. Sauer: 421/6-29 (Herv. i. O.).

Es kann denn auch nicht verwundern, dass Sauer seine Versetzung nach Graz im Herbst 1883 als Erlösung empfand und sogar bereit war, dafür eine wesentlich schlechtere finanzielle Stellung in Kauf zu nehmen.[61] „Wenn ich die vier Jahre dieser Übergangszeit überblicke, in der ich alles gearbeitet habe, was von mir vorliegt", schrieb Sauer ein Jahr später an Bernhard Seuffert,

> so kann ich sie nicht als günstig für meine Entwicklung bezeichnen. Ich war dem eigentlichen wissenschaftlichen Leben völlig entfremdet. Ich mußte alles aus mir selbst herausziehen […]; das ist schlecht für erst reifende Menschen, die der Anregung bedürfen, wie dürres Gras eines Gewitterregens.[62]

Die Versetzung war eine Notlösung: Sauer tauschte de facto die Stelle mit dem bisherigen Grazer Privatdozenten Richard Maria Werner, dem im Mai 1883 zum Wintersemester in Lemberg ein Extraordinariat für deutsche Sprache und Literatur übertragen worden war (Leitner 1973: 98). Die ausdrückliche Übergehung des Supplenten Sauer begründete die Lemberger Philosophische Fakultät gegenüber dem Wiener Ministerium im Zusammenhang des Berufungsvorschlags vom 26. Februar 1883, der eine ausführliche Stellungnahme zu Sauer enthält. Die Würdigung von Sauers fachlichen und pädagogischen Leistungen fiel darin – gelinde gesagt – gewunden aus. Die Fakultät bescheinigte ihm zwar, dass er „den ihm anvertrauten Gegenstand mit anerkennenswerthem Eifer gelehrt, so wie auch eine fruchtbare literarische Thätigkeit entwickelt" habe, hielt ihm aber zugleich vor, seine „ohne Zweifel recht gründlichen Studien" anders als Werner ausschließlich auf die neuere deutsche Literatur konzentriert und in keiner seiner Arbeiten „das Gebiet der mittelalterlichen Literatur oder das der Grammatik" betreten zu haben.[63] Schwerer wog indes, dass Sauer es versäumt habe, in seinen Arbeiten Beziehungen zwischen seinem Lehrgegenstand und der Umgebungskultur, insbesondere zu polnischer Sprache und Literatur, herzustellen, „wodurch das Interesse der Hörer gehoben worden und die Vorträge aus ihrer Beziehungslosigkeit herausgetreten wären und eine größere Anziehungskraft ausgeübt hätten". Angesichts dessen kommt das Gutachten zu dem wenig überraschenden Schluss, dass Sauers Integration in Lemberg gescheitert sei; er sei

---

61  Mit nur 600 Gulden jährlicher Remuneration zuzüglich Kolleggeldern halbierten sich Sauers Einnahmen in Graz gegenüber denen in Lemberg um mehr als die Hälfte. Leitner (1973: 111) schätzt, dass Sauer mit Einnahmen für Publikationen auf 1000 Gulden jährlich kam, „keine überwältigende Summe, wenn man bedenkt, daß das Durchschnittsgehalt für einen besoldeten Extraordinarius in Österreich etwa 2000 Gulden betrug".

62  Sauer an Seuffert, Brief aus Graz, 4.9.1884. ÖNB, Nachl. Sauer: 422/1-44.

63  Bericht des Professoren-Collegiums der Philosophischen Fakultät der Universität Lemberg, 26.2.1883. ÖStA/AVA: Z 17467, Bl. 15v-16r.

dem Lande und der Bevölkerung, in welchem und unter welcher er zu wirken berufen war, fern und fremd geblieben, er hat sich keine Mühe gegeben, sich in die hiesigen Verhältnisse einzuleben. H. Dr Sauer – und dies ist unzweifelhaft das wichtigste – hat trotz seines drei und einhalbjährigen Aufenthaltes in Lemberg sich durchaus keine Kenntnis der polnischen Sprache angeeignet, welche unstreitig das beste Mittel gewesen wäre, ihn mit der Universität, mit den Collegen und den Hörern inniger zu verknüpfen, so wie mit den hiesigen Verhältnissen überhaupt vertraut zu machen.[64]

Sieht man vom Sprachproblem ab, auf das freilich letztlich die gesamte Argumentation des Gutachtens zuläuft, so müssen die recht harten fachlichen Urteile über Sauer auch vor dem Hintergrund gelesen werden, dass die zitierte Stellungnahme in erster Linie das eindeutige Votum für Richard Maria Werner befestigen sollte, dessen Berufung die Lemberger Fakultät mit allen Stimmen gegen eine – vermutlich war es die des mit Sauer befreundeten Omel'an Ohonovs'kyj – bereits beschlossen hatte. Wohl auch deshalb betonte der Vorschlag zwar mit einigem Recht einerseits die fachliche Vielseitigkeit Werners gegenüber dem stärker spezialisierten Sauer, unterließ es aber andererseits, die allzu auffälligen Gemeinsamkeiten in den akademischen Lebensläufen der beiden Kandidaten zu kennzeichnen, die beide im Anschluss an ihre Wiener Studien bei Heinzel und Tomaschek das Seminar Wilhelm Scherers durchlaufen hatten.

## 4. Fazit

Die Korrespondenz zwischen Wilhelm Scherer und August Sauer ist das Zeugnis einer intellektuellen wie persönlichen Beziehung. Scherer, in dessen durch die Wissenschaftsgeschichte überliefertem Bild häufig noch immer der kühle Stratege und parteiische Sachwalter der ‚Berliner Schule' dominiert, tritt in ihr als warmherziger und diplomatischer Mentor in Erscheinung. Die Fürsorge Scherers für seinen Schüler reichte weit über den Abschluss von dessen Berliner Studien hinaus. Das intensive fachliche Gespräch zwischen beiden, das hier nur angedeutet werden konnte, macht ihren Briefwechsel auch zu einer Quelle für die Standards der jungen Disziplin neuere deutsche

---

64  Bericht des Professoren-Collegiums der Philosophischen Fakultät der Universität Lemberg, 26.2.1883. ÖStA/AVA: Z 17467, Bl. 16v.

Literaturgeschichte in ihrer deutsch-österreichischen Konstitutionsphase. Überdies darf auch der fachpolitische Hintergrund nicht übersehen werden: Seit den späten 1870er Jahren unternahm Scherer mannigfache, von Erfolg getragene Anstrengungen, seinen in den Straßburger und Berliner Jahren ausgebildeten österreichischen Schülern „Lehrstühle an den Universitäten der Donaumonarchie zu verschaffen" (Leitner 1973: 87).

Die Korrespondenz mit Scherer bietet erstmals Aufschlüsse über die biografischen und sozialhistorischen Hintergründe von Sauers Lemberger Zeit. Wenngleich seine krisenhafte berufliche Situation zweifellos durch ein politisch aufgeladenes Umfeld mitbestimmt wurde, auf das er keinerlei Einfluss hatte, wurde sie ihm zugleich durch sein starres Beharren auf seinen Rechten als „deutscher" Professor an einer slawischen Universität erschwert. In den rigiden kultur- und sprachpolitischen Positionen, die der Universitätsprofessor Sauer in Prag vertreten hat, wirkte die als demütigend empfundene sprachliche und kulturelle Isolation seiner beruflichen Anfangsjahre nach. Wie wenig sich Sauers Haltung gegenüber den nicht deutschsprachigen Bevölkerungsteilen Österreichs seither verändert hatte, erhellt auch die bekannte Tatsache, dass er sich in seiner vier Jahrzehnte andauernden Prager Tätigkeit weigerte, Tschechisch zu lernen. Wenngleich er in seinen kulturpolitischen Stellungnahmen zum deutsch-tschechischen Nationalitätenkonflikt die Konfrontation zweier gleichwertiger und gleichberechtigter „Volksstämme" betonte (Sauer 1928 [1907b]: 46), blieb Sauer in seinen Grundüberzeugungen den kulturellen und ethnischen Überlegenheitsansprüchen seines deutsch-österreichischen Herkunftsmilieus verpflichtet, die in der hier untersuchten Korrespondenz deutlich hervortreten. Im Kreis der miteinander befreundeten Scherer-Schüler war die sich abzeichnende Berufung Sauers von Graz nach Prag denn auch keineswegs unumstritten. Erich Schmidt, durch dessen Berufung auf das Wiener Ordinariat für neuere deutsche Literaturgeschichte Sauer 1881 einen zweiten einflussreichen Protektor gewann, bemerkte im Juli 1885 gegenüber Jakob Minor, er sähe Sauer „lieber in Graz als in Prag" angestellt, dieser habe „auf slawischem Boden kein Glück" (Schmidt/Minor 1955: 86; Brief vom 28.7.1885).

Die mentalen Prägungen, die zum Scheitern von Sauers Integration in Lemberg beitrugen, waren zwar unter den deutsch-österreichischen Bildungseliten seiner Generation weit verbreitet, lassen sich aber nicht undifferenziert auf die gesamte österreichische Scherer-Schule übertragen. Eine interessante Kontrastfigur zu Sauer ist in seinem Lemberger Nachfolger Richard Maria Werner zu erblicken. Innerhalb eines sich noch verschärfenden innenpolitischen Klimas hat Werner in Lemberg als Deutsch lesender Dozent von 1883 bis 1910 äußerst erfolgreich gewirkt (Tuschel 1980: 131-154). Als im mährischen Iglau gebürtiger Deutsch-Österreicher, der Schulen in Brünn, Znaim und Prag besucht hatte, verfügte Werner im Gegensatz zu Sauer bereits über persönliche Erfahrungen zum Leben innerhalb einer slawischen Kultur. Zwar sprach auch er kein Polnisch, aber die Fakultät hielt dem neuen Kandidaten zu Gute, dass er mit dem Tschechischen zumindest eine andere slawische Sprache beherrschte (Leitner 1973: 99). Werner lebte und arbeitete in Lemberg nicht nur „in harmonischer Eintracht mit seiner Umgebung", sondern übte über zahlreiche seiner Schüler, darunter Zygmunt Łempicki und Karol Irzykowski, indirekt Einfluss „auf das polnische Geistesleben" (Sauerland 1991: 136) aus. Anlässlich einer Feierstunde zu seinem 25jährigen Dienstjubiläum sagte er,

> daß ihn das Schicksal zwar in eine fremdsprachige Umgebung verschlagen habe, wo er nicht in unmittelbarer Berührung mit seinem Volk lebe, doch sei es ihm auf diese Weise vergönnt gewesen, ein anderes Volk kennen und schätzen zu lernen. (Sauerland 1991: 137)

Im fachgeschichtlichen Gedächtnis der polnischen Germanistik nimmt der Lemberger Professor Werner bis heute eine wichtige Stellung ein (Kleszkowski 1995 [1948]: 48; Kuczyński 1988; Sauerland 1991), während der unbeliebte Supplent Sauer, der als Erster versucht hatte, die methodischen Standards der Scherer-Schule an einer slawischen Hochschule durchzusetzen, in diesem Kontext so gut wie vergessen ist.

## Abkürzungen für Archive und Bibliotheken

AGAD: Archiwum Główne Akt Dawnych [Staatsarchiv Historische Akten], Warszawa.

ÖStA/AVA: Österreichisches Staatsarchiv, Allgemeines Verwaltungsarchiv, Wien.

ÖNB: Österreichische Nationalbibliothek, Wien, Handschriftenabteilung.

SBPK: Staatsbibliothek zu Berlin – Preußischer Kulturbesitz, Handschriftenabteilung.

WBR: Wienbibliothek im Rathaus, Handschriftenabteilung.

# Literatur

Anonymus (1879): Rez. von Sauer 1878. – In: *Litrarisches Centralblatt für Deutschland* 29, Nr. 15, 488.

Buxbaum, Elisabeth (2000): August Sauer – Germanist, Herausgeber und Mentor. – In: Buxbaum, Elisabeth/Kriegleder, Winfried (Hgg.), *Prima le parole e poi la musica. Festschrift für Herbert Zeman zum 60. Geburtstag*. Wien: Praesens, 268-276.

Czerny, Zygmunt (1967) [Art.]: Kawczyński, Maksymilian (1842–1906). – In: *Polski Słownik Biograficzny* [Polnisches Biographisches Wörterbuch]. Polska Akademia Nauk, Instytut Historii. T. XII. Wrocław u. a.: Zakład Narodowy Imienia Ossolińskich, 241-243.

Degener, Hermann A. L. (Hg.) (1922): *Wer ist's? Unsere Zeitgenossen. Biographien von rund 20 000 lebenden Zeitgenossen*. VIII. Ausg. Leipzig: Degener.

Eggelmeier, Herbert H. (1994): Entwicklungslinien der neueren deutschen Literaturwissenschaft in Österreich in der zweiten Hälfte des 19.Jahrhunderts und zu Beginn des 20. Jahrhunderts. – In: Fohrmann, Jürgen/Voßkamp, Wilhelm (Hgg.), *Wissenschaftsgeschichte der Germanistik im 19. Jahrhundert*. Stuttgart, Weimar: Metzler, 204-235.

Faerber, Sigfrid (2004): *Ich bin ein Chinese. Der Wiener Literarhistoriker Jakob Minor und seine Briefe an August Sauer* (= Hamburger Beiträge zur Germanistik, 39). Frankfurt/M. u. a.: Lang.

Fässler, Peter/Held, Thomas/Sawitzki, Dirk (Hgg.) (1993): *Lemberg, Lwów, Lviv. Eine Stadt im Schnittpunkt europäischer Kulturen*. Köln u. a.: Böhlau.

Geist, Hermann (1881): *Zwei Lessing-Feste gefeiert in der Städtischen Realschule I. Ordnung zu Posen an des Dichters 150jährigem Geburtstage, 22. Januar 1879, und 100jährigem Todestage, 15. Februar 1881*. Posen: Rehfeld.

Glossy, Carl/Sauer, August (1881): Vorrede. – In: Glossy, Carl/Sauer, August (Hgg.), *Ferdinand Raimund's sämmtliche Werke. Nach den Original- und Theater-Manuscripten nebst Nachlaß und Biographie*. Bd. 1. Wien: Konegen, III-IX.

Hauffen, Adolf (1934): August Sauer. – In: Gierach, Erich (Hg.), *Sudentendeutsche Lebensbilder*. Im Auftrag der Deutschen Gesellschaft der Wissenschaft und Künste für die Tschechoslowakische Republik. Bd. 3. Reichenberg: Stiepel, 263-272.

Heinzel, Richard (1907 [1886]): Rede auf Wilhelm Scherer, gehalten am 30. Oktober 1886 im kleinen Festsaale der Universität Wien. – In: Ders., *Kleine Schriften*. Hrsg. von Max Hermann Jellinek und Carl von Kraus. Heidelberg: Winter, 145-163.

Höppner, Wolfgang (2003): Scherer, Wilhelm. – In: König, Christoph (Hg.), *Internationales Germanistenlexikon. 1800 bis 1950*. Bearb. von Andrea Frindt, Hanne

Knickmann, Karla Rommel, Volker Michel und Birgit Wägenbaur. Bd. 3. Berlin u. a.: de Gruyter, 1582-1585.

Joachimsthaler, Jürgen (2007): Die Zukunft der Vergangenheit. Die Auseinandersetzung der polnischen Germanistik mit den deutschen Spuren in Polen. Endgültige Fassung. – In: Ders., *Philologie der Nachbarschaft. Erinnerungskultur, Literatur und Wissenschaft zwischen Deutschland und Polen.* Mit einem Nachwort von Marek Zybura. Würzburg: Königshausen & Neumann, 13-37.

Kappeler, Andreas (²2000): *Kleine Geschichte der Ukraine.* München: Beck.

Kindt, Tom/Müller, Hans-Harald (1999): Dilthey, Scherer, Erdmannsdörffer, Grimm – ein ‚positivistisches' Zeitschriftenprojekt in den 1860er Jahren. – In: *Berichte zur Wissenschaftsgeschichte* 22, 180-188.

Kleczkowski, Adam (1995 [1948]): Germanistik, Anglistik und Skandinavistik in Polen. – In: Ahrlt, Herbert (Hg.): *Zur Geschichte der Germanistik, Anglistik und Skandinavistik in Polen* (= Ost-, mittel und südosteuropäische Literatur-, Theater- und Sprachwissenschaft, 1). St. Ingbert: Röhrig, 8-73.

Kuczyński, Krzysztof A. (1988): Richard Maria Werner und sein Lemberger Hebbel-Kreis. Hebbel-Forschung in Polen. – In: *Hebbel-Jahrbuch 1988*, 127-131.

Leiter, Erich (1973): *Die neuere deutsche Philologie an der Universität Graz 1851–1954. Ein Beitrag zur Geschichte der Germanistik in Österreich* (= Publikationen aus dem Archiv der Universität Graz, 1). Graz: Akademische Druck- und Verlagsanstalt.

Lorenz, Franz (1970): August Sauer – Kulturpolitiker zwischen den Zeiten. – In: *Sudetenland. Vierteljahresschrift für Kunst, Literatur, Wissenschaft und Volkstum* 12/1, 1-9.

Martus, Steffen (2006): „jeder Philolog ist eine Sekte für sich". Wilhelm Scherer als Klassiker des Umgangs mit Klassikern. – In: *Mitteilungen des Deutschen Germanistenverbandes* 53/1, 8-26.

Minor, Jakob (1880): *Christian Felix Weiße und seine Beziehungen zur deutschen Literatur des achtzehnten Jahrhunderts.* Innsbruck: Wagner.

Minor, Jakob/Sauer, August (1880): *Studien zur Goethe-Philologie.* Wien: Konegen.

Müller, Hans-Harald (2000): Wilhelm Scherer. – In: König, Christoph/Müller, Hans-Harald/Röcke, Werner (Hgg.), *Wissenschaftsgeschichte der Germanistik in Porträts.* Berlin u. a.: de Gruyter, 80-94.

Nagórko, Alicja (Hg.) (2001): *Aleksander Brückner – zum 60. Todestag. Beiträge der Berliner Tagung 1999* (= Berliner Slawistische Arbeiten, 113). Frankfurt/M. u. a.: Lang.

Nottscheid, Mirko (2003): Franz Pfeiffers Empfehlungskarte für Wilhelm Scherer bei Jacob Grimm (1860). Eine Ergänzung zum Briefwechsel zwischen Grimm und Pfeiffer. – In: *Brüder Grimm Gedenken* 15, 36-41.

Nottscheid, Mirko/Müller, Hans-Harald (Hgg.) (2005): *Wilhelm Scherer, Briefe und Dokumente aus den Jahren 1852 bis 1886* (= Marbacher Beiträge zur Wissenschaftsgeschichte, 5). Unter Mitarbeit von Myriam Richter. Göttingen: Wallstein.

ÖBL [1957ff.]: *Österreichisches biographisches Lexikon 1815–1950*. Hrsg. von der Österreichischen Akademie der Wissenschaften. Bd. 1ff. Köln, Graz: Böhlau; Wien: Österreichische Akademie der Wissenschaften.

Pacholkiv, Svjatloslav (2002): *Emanzipation durch Bildung. Entwicklung und gesellschaftliche Rolle der ukrainischen Intelligenz im habsburgischen Galizien (1890–1914)* (= Schriftenreihe des Österreichischen Ost- und Südosteuropa-Instituts, 27). Wien: Verlag für Geschichte und Politik; München: Oldenbourg.

Papiór, Jan (1981): Zur Geschichte der polnischen Germanistik. – In: Ders., *Wprowadzenie do nauki o literaturze. Einführung in die Literaturwissenschaft*. Poznań: Uniwersytet Adama Mickiewicza, 269-280.

Pfitzner, Josef (1928): August Sauer als Kulturpolitiker. – In: Sauer, August, *Kulturpolitische Reden und Schriften*. Im Auftrage der Deutschen Gesellschaft der Wissenschaften und Künste für die Tschechoslowakische Republik eingeleitet und hrsg. von Josef Pfitzner. Reichenberg i. B.: Franz Kraus, V-LIV.

Rosenbaum, Alfred (1925): *August Sauer. Ein bibliographischer Versuch*. Prag: Gesellschaft deutscher Bücherfreunde in Böhmen.

Sauer, August (1878): *Joachim Wilhelm von Brawe der Schüler Lessings* (= Quellen und Forschungen zur Sprach- und Culturgeschichte der germanischen Völker, 30). Straßburg u. a.: Trübner.

Sauer, August (1881): Rez. von Geist 1881. – In: *Zeitschrift für die österreichischen Gymnasien* 32, 917.

Sauer, August (Hg.) (1884): *Gedichte von Gottfried August Bürger* (= Kürschners Deutsche Nationalliteratur, 78). Berlin u. a.: W. Spemann.

Sauer, August (Hg.) (1885a): *Aus Ludwig Loewe's Nachlaß*. Als Handschrift gedruckt. Graz: Selbstverlag.

Sauer, August (1885b): *Frauenbilder aus der Blütezeit der deutschen Litteratur*. Mit 15 Originalportraits. Leipzig: Adolf Titze.

Sauer, August (1928): *Kulturpolitische Reden und Schriften*. Im Auftrage der Deutschen Gesellschaft der Wissenschaften und Künste für die Tschechoslowakische Republik eingeleitet und hrsg. von Josef Pfitzner. Reichenberg i. B.: Franz Kraus.

Sauer, August (1928 [1907a]): Deutsche Studenten – nach Prag! – In: Ders., *Kulturpolitische Reden und Schriften*. Im Auftrage der Deutschen Gesellschaft der Wissenschaften und Künste für die Tschechoslowakische Republik eingeleitet und hrsg. von Josef Pfitzner. Reichenberg i. B.: Franz Kraus, 21-27.

Sauer, August (1928 [1907b]: Deutsche Studenten – nach Prag! Ein Schlusswort. – In: Ders., *Kulturpolitische Reden und Schriften*. Im Auftrage der Deutschen Gesellschaft der Wissenschaften und Künste für die Tschechoslowakische Republik eingeleitet und hrsg. von Josef Pfitzner. Reichenberg i. B.: Franz Kraus, 44-47.

Sauerland, Karol (1991): Deutsch-polnische Symbiosen. Groddeck, Linde, R. M. Werner u. a. – In: *LiLi. Zeitschrift für Literaturwissenschaft und Linguistik* 21/82, 133-137.

Sauerland, Karol (1995): Reflexionen zur polnischen Nachkriegsgermanistik. – In: König, Christoph (Hg.), *Germanistik in Mittel- und Osteuropa*. Berlin: de Gruyter, 137-147.

Scherer, Wilhelm (1883): *Geschichte der deutschen Litteratur*. Berlin: Weidmann.

Scherer, Wilhelm/Schmidt, Erich (1963): *Briefwechsel*. Mit einer Bibliographie der Schriften von Erich Schmidt hrsg. von Werner Richter und Eberhard Lämmert. Berlin: Erich Schmidt.

Seuffert, Bernhard (1927): August Sauer, geboren 12. Oktober 1855 in Wiener Neustadt, gestorben 17. September 1926 in Prag. – In: *Akademie der Wissenschaften in Wien. Almanach für das Jahr 1927*. Jg. 77. Wien u. a.: Hölder-Pichler-Tempsky, 323-339.

Schmidt, Erich/Minor, Jakob (1955): Zu Jakob Minors 100. Geburtstag (15. April). Briefe von Erich Schmidt an Jakob Minor, aus dessen Nachlaß im Besitz von Margarete Zoebl-Minor. Hrsg. von Eduard Castle. – In: *Chronik des Wiener Goethe-Vereins* 59, 77-95.

Stefansky, Georg (1927): August Sauer. – In: *Euphorion* 28, 1-8.

Takebayashi, Tazuko (2005): *Zwischen den Kulturen. Deutsches, Tschechisches und Jüdisches in der deutschsprachigen Literatur aus Prag. Ein Beitrag zur xenologischen Literaturforschung interkultureller Germanistik* (= Echo – Literaturwissenschaft im interdisziplinären Dialog, 8). Hildesheim u. a.: Olms.

Tax, Karl (1996): *Das Janota-Officium. Geschichte und Sprache eines ripuarischen Stundenbuchs* (= Amsterdamer Publikationen zur Sprache und Literatur, 124). Amsterdam u. a.: Rodopi.

Tuschel, Eliza (1980): *Die Anfänge der polnischen und der deutschen Literaturwissenschaft in den Randgebieten Altösterreichs (an den Universitäten Krakau und Lemberg). 1848–1914*. Diss. Wien.

Weimar, Klaus (1989): *Geschichte der deutschen Literaturwissenschaft bis zum Ende des 19. Jahrhunderts*. München: Fink.

Milan Tvrdík

# August Sauer und die
# Prager tschechische Germanistik

## I.

August Sauer kam nach Prag auf die Stelle von Jacob Minor, der nach dreijäh-
riger Lehrtätigkeit als Privatdozent nach Wien berufen wurde, nachdem die
Prager Karl-Ferdinands-Universität in eine deutsche und eine tschechische
geteilt worden war.

Die Teilung erfolgte am 28. Februar 1882, nachdem das Wiener Parlament
das entsprechende Gesetz verabschiedet hatte. Dem Paragraphen 1 dieses
Gesetzes zufolge sollten ab Beginn des Wintersemesters 1881/82 in Prag
zwei Universitäten bestehen, die „k.k. böhmische Karl-Ferdinands-Universität" und die „k.k. deutsche Karl-Ferdinands-Universität". An ersterer war
Tschechisch die ausschließliche Unterrichtssprache, an der zweiten Deutsch.
Der Gebrauch der lateinischen Sprache blieb im gewohnten Umfang auf-
rechterhalten. Beide Universitäten sollten räumlich getrennt sein und hatten
auch eine separate Organisation und Verwaltung.

Das Studium wurde so geregelt, dass die Mitglieder des Lehrkörpers nur
einer der beiden Universitäten angehören durften. Die Studierenden dagegen
konnten an der jeweils anderen Universität als außerordentliche Hörer Vorlesungen besuchen unter der Bedingung, dass sie wenigstens die Hälfte der
Stundenzahl an jener Universität hörten, an der sie immatrikuliert waren, und
das durften sie auch nur an einer der beiden Universitäten sein. In diesem
Fall wurden ihnen die an der anderen Universität besuchten Vorlesungen von
der heimischen Universität angerechnet. Dies betraf die späteren tschechischen Germanisten Josef Janko und Jan Krejčí, die als ordentliche Studenten
an der tschechischen Universität immatrikuliert waren, zugleich aber als außerordentliche Studenten an der deutschen Universität studierten, vor allem
bei Johann Kelle und August Sauer. Wie den Erinnerungen Jankos (1939) an
seine Studienzeit zu entnehmen ist, schienen ihm, dem Absolventen des Rei-

chenberger Gymnasiums und Schüler der dortigen Deutschlehrer Knieschek und Maschek, literarische Vorlesungen an der tschechischen Universität eher dem Studienniveau der Germanisten, die eine tschechische Mittelschule besucht hatten, angemessen, während die parallel gehaltenen Vorlesungen Sauers mit hohem Niveau und einer überraschenden Kenntnis der Fachliteratur eine stärkere Anziehungskraft besaßen.

Im Grunde genommen entsprach die gesetzliche Regelung nicht der Intention der tschechischen Seite, denn „die endgültige Lösung war ein Kompromiss, welcher nicht aus der freien Verständigung von zwei auf gleichem Fuß verhandelnden Völkern entstand, sondern unter einem starken Druck der Regierung zustande kam."[1] Auf deutscher Seite existierte ein auch nach außen demonstriertes Selbstverständnis, die eigentliche Erbin der alten Universität zu sein, was vor allem bei der Durchsetzung des Gesetzes deutlich wurde. Laut diesem war das Vermögen der Prager Universität oder der einzelnen Fakultäten als gemeinschaftliches Vermögen beider Universitäten beziehungsweise der Fakultäten anzusehen. Hinsichtlich der Stiftungen, für deren Verwaltung, Gründung und Präsentation der akademische Senat, der Rektor oder die einzelnen Professorenkollegien zuständig waren, waren beide Universitäten gleichberechtigt, insofern in den betreffenden Stiftungsurkunden keine einschränkenden Bestimmungen enthalten waren.

Die Fakultäten der tschechischen Universität hatten bald nach ihrer Gründung mehr Hörer als die deutschen, obwohl die tschechischen Institute nach der Teilung offensichtlich benachteiligt waren.[2] Die Prager deutsche Universität gehörte zu den mittelgroßen deutschen Universitäten. Ihr Professorenkolleg war nicht beständig. Viele Professoren – oft die bedeutendsten – wechselten an größere Universitäten und es war notwendig, sie durch Absolventen anderer Hochschulen aus Österreich oder Deutschland zu ersetzen. Profes-

---

1  Einleitungsartikel der Redaktion (1934): Universitas Carolina. Die geschichtliche Entwicklung des Verhältnisses der tschechischen und deutschen Universität. – In: *Prager Presse* 14/330. Zit. n. Mayerová (1974: 32f.).

2  Das Gesetz besagte z. B., dass Professoren an der Universität bleiben müssen, an der ihr zuständiger Lehrstuhlinhaber oder Dekan wirken wird, das bedeutete ganze Lehrstühle optierten nach der Entscheidung ihres Vorstandes. Die Vorstände der jeweiligen Institute präferierten die deutsche Universität, der dann auch folglich die Mehrheit der Professoren angehörte. Daraus folgte, dass die deutsche Universität bald alle Fakultäten aufweisen konnte, wohingegen die tschechische zu Beginn des akademischen Jahres 1882/83 nur mit einer philosophischen und juristischen Fakultät ihre Arbeit begann. Schon bei der Einführung des neu gewählten Rektors der tschechischen Universität kam es zu einer Konfrontation mit der deutschen Universität, als diese es ablehnte, die alten Insignien zu verleihen, und es nötig wurde, neue zu beschaffen (Mayerová 1974: 32f.).

soren und Studierenden wurde immer deutlicher, dass sie als Fremde in der tschechischen Stadt gesehen wurden. Fühlten sich schon die Professoren in Prag nicht wohl, obwohl sie einen zwar kleinen, aber doch einflussreichen Teil der deutschen Minderheit bildeten, so gerieten die weniger wohlhabenden Studenten aus den Grenzgebieten, von ihren Kommilitonen sprachlich und politisch separiert, in die Isolierung. Deshalb suchten nicht wenige Zuflucht bei den Burschenschaften und nahmen teil an oder initiierten sogar nationalistisch intendierte Unruhen in Prag. Die deutsche Institution verlor allmählich ihre Bedeutung trotz der ostentativen Unterstützung der Regierung und der vielfältigen Beziehungen mit anderen deutschsprachigen Universitäten. Hieraus entwickelten sich Überlegungen die deutsche Universität in das Grenzgebiet zu verlegen.[3]

In diese politische und gesellschaftliche Situation wurde im Frühjahr 1886 August Sauer als außerordentlicher Professor für Deutsche Sprache und Literatur aus Graz nach Prag berufen. Die tschechische Universität knüpfte inzwischen fleißig Beziehungen zu anderen Hochschulen aus den romanischen, angelsächsischen und slawischen Gebieten und schon in den ersten zehn Jahren ihrer Existenz wurde sie zum Zentrum des wissenschaftlichen und kulturellen Lebens der Tschechen. Sie verfügte über große Anziehungskraft auch auf mährische Studenten, die früher die Wiener Universität bevorzugt hatten. In den letzten Vorkriegsjahren waren unter ihren Hörern mehr als 20 % der Studenten aus Mähren.

In den letzten Jahren des 19. Jahrhunderts beeinträchtigten diverse Streitigkeiten und Zusammenstöße verschiedener Gruppen und Gruppierungen tschechischer und deutscher Studenten das universitäre Leben in Prag, wobei die tschechischen Gruppierungen zwar eine gemeinsame antideutsche sowie antiösterreichische Tendenz aufwiesen, aber einen verschieden starken Nationalismus und unterschiedliche demokratische Erwartungen vertraten. Um das Jahr 1897 waren radikale tschechische Nationalisten, später dann Masaryks Realisten und kurz vor dem Ende der Monarchie die Sozialdemokraten tonangebend. Nach der Teilung bestanden zwischen der deutschen und der tschechischen Universität nur wenige, rein formale Beziehungen. Die einzige gemeinsame Institution war die Universitätsbibliothek. Die deutsche Universität ging sogar so weit, dass sie Bohemistik in ihrem Studienprogramm gar nicht mehr anbot. Trotzdem bewahrte die ‚geteilte Universität‘ im politischen Leben Österreichs eine einflussreiche Stellung, wenn auch eine bescheidenere, als

---

3  Zur Geschichte der Prager Universität in dieser Zeit vgl. Mayerová (1974: 22-45); Havránek (1997: 183-188, 305-320); Vodrážková-Pokorná (2007: 67-94).

zwanzig Jahre zuvor. Der Grund mag wohl darin gelegen haben, dass Professoren und Studenten beider national determinierter Teile der Universität nach und nach angesichts der sich verschärfenden nationalen Probleme in Böhmen sich von dem eigenen liberalen Gedankengut entfernten und zunehmend radikale nationalistische Positionen einnahmen. Zur Illustration sei ein Beispiel erwähnt: Bei den deutschen Studenten gewann neben der einst liberalen und jetzt stärker sich nationalisierenden *Lese- und Redehalle* die großdeutschorientierte Burschenschaft *Germania* an Bedeutung. Die Situation verschärfte sich um 1893. 1893 sollte das Wahlrecht in zweisprachigem Böhmen verabschiedet werden, musste aber infolge einer Obstruktion der Jung-Tschechen, die es für unzureichend für tschechische nationale Interessen hielten, zurückgenommen werden. Die politische Situation in Böhmen verschärfte sich dermaßen, dass sie das Leben im Lande lähmte. Die Prager Bevölkerung demonstrierte auf den Straßen. Daran nahmen auch zahlreiche tschechische Studenten teil, von denen einige verhaftet wurden. Der darauf folgende Prozess gegen die sog. „Omladina", wie die Radikalen hießen, rief ein großes Echo in der tschechischen Gesellschaft hervor. 1895 musste die Regierung Badeni eine Wahlreform durchführen, die zwar nicht den tschechischen Ansprüchen völlig genügte, aber doch einen Fortschritt bedeutete. Um ihre eigene Position gegen die nationalistischen Kräfte im Parlament zu schützen, stützte sich die Wiener Regierung auf die jungtschechische Fraktion und ‚bezahlte‘ dafür mit den sog. Badenischen Sprachverordnungen, die dem Tschechischen in Staatsämtern und Gerichten Vorrang gaben. Mit dem Bekanntwerden der Verordnungen verstärkten sich die deutsch-tschechischen Spannungen dermaßen, dass sie zwei Jahre später widerrufen werden mussten.

Die Unruhen in Prag waren zu dieser Zeit so stark, dass ernstlich erwogen wurde, die deutsche Universität aus Prag zu verlegen. Dagegen trat entschieden der damals schon in Prag etablierte August Sauer auf, der inzwischen wegen seiner initiativen Arbeit auf dem Gebiet der Prager deutschen Germanistik und wegen seiner unermüdlichen Tätigkeit in den Gremien zur Förderung der deutschen Kultur in Böhmen größtes Ansehen unter seinen Amtskollegen an der Deutschen Universität genoss.

> Seine Anschauungen wurzelten in der Hochschätzung Prags als zum Großteil deutschen Kulturbodens. Für ihn stellte Prag mit all dem, was es an deutscher Kultur aus der Vergangenheit und Gegenwart aufwies, einen großen Wert des Deutschtums dar, den er niemals preisgeben und schwächen dürfe,

schrieb zwei Jahre nach Sauers Tod Josef Pfitzner (Sauer 1928: XLVIII) in der Einleitung zu dessen *Kulturpolitischen Reden und Schriften*. Seine Gründe und Ansichten zu dieser Frage veröffentlichte Sauer in seinen Werberufen *Deutsche*

*Studenten – nach Prag!* (Sauer 1928: 21-27) und in der Broschüre *Über die Bedeutung der deutschen Universität in Prag* (Sauer 1928: 136-191), die zuerst 1920 als Aufsatz in tschechischer Sprache im *Nové Atheneum* II (Sauer 1920) erschien.

Doch warum sollte man die deutsche Universität aus Prag in ein von Deutschen bewohntes Gebiet verlegen? Pfitzner zufolge war es nicht nur wegen der Unruhen, sondern eher eine Folge der Spaltung des Deutschtums in den böhmischen Ländern in das Prager und das der Provinz. Beide Teile waren räumlich getrennt und wiesen auch eine andere gesellschaftliche Struktur auf. Die Prager Deutschen fühlten sich durch ihre Position in Prag, wo sich Kunst, Wissenschaft, Wirtschaft und Politik konzentrierten, berechtigt, eine landesweite Führungsposition einzunehmen. Die Deutschen der Grenzgebiete sprachen den Prager Deutschen diesen Anspruch mit Verweis auf ihre geringe Anzahl ab. August Sauer setzte sich zum Ziel, beide Teile der böhmischen Deutschen mittels der Universität zu integrieren. Ihm war klar, dass eine Universität im geistigen Leben einer Nation nicht vereinzelt dastehen kann, weil sie die Verbindung mit den im Lande lebenden Gelehrten sowie Hilfe und Unterstützung für ihre Existenz notwendig brauche. Dies betraf die Prager deutsche Universität seiner Meinung nach umso mehr, weil sie sich in einem starken tschechischen Milieu befand. *Prag und seine deutschen Hochschulen* erschien 1907 (Sauer 1928: 28-39) in der *Bohemia* und Sauer formulierte hier seine Ansichten prägnant:

> Prag bedürfe des deutschen Studenten. Prag muß nicht nur gehalten, es muß im wahren Sinn des Wortes Schritt für Schritt wieder erobert werden, bis wir wieder gleichberechtigt mit den Tschechen dastehen, bis wir wieder den uns gebührenden Anteil an allen öffentlichen Anstalten, an der Führung des Geschäfts, von denen wir jetzt ausgeschlossen sind, zurück gewinnen. Das ist nur möglich, wenn die deutsche Universität wächst, an Zahl und geistiger Kraft. (Sauer 1928: 37)

Deshalb klagte er in seinem Artikel *Deutsche Studenten – nach Prag!* darüber, dass die deutschen Studenten Prag oft verlassen, um an österreichischen oder reichsdeutschen Universitäten zu studieren, während es doch eine Pflicht aller jungen Deutschen sei, in Prag zu studieren, denn jede Stärkung der deutschen Universität in Prag bedeute eine wesentliche Stärkung des Deutschtums in Böhmen. Sauer räumte ein, dass das Studium in Wien, Graz oder Innsbruck zwar viele Vorteile haben mag (nicht nur bessere wissenschaftliche Hilfsmittel, sondern vor allem das Leben unter eigenen Landesgenossen), doch kann auch Prag den Studenten manche Vorteile sogar gegenüber größeren Universitäten bieten: bessere und modern eingerichtete Institute, die nicht so überfüllt sind wie an anderen Universitäten, persönlicher Kontakt mit den Professoren, der sich an größeren Universitäten nicht so entwickeln könne und je mehr Stu-

denten an der Universität studierten, desto leichter würde es sein, Dotations-
erhöhungen zu erreichen und berühmte Lehrkräfte zu gewinnen. Sauer war
sich der Bedeutung eines Studiums im Ausland bewusst. Deshalb empfahl er
die Studien in Prag zu beginnen, um die Anfangsgründe der Wissenschaft zu
erlernen, und etwa nach drei Semestern ins Ausland zu gehen, in den letzten
Semestern aber wieder zurückzukehren und die Prüfungen in Prag abzulegen.
Sonst blieben die Studenten, die die Examina irgendwo anders ablegten, im
Ausland und seien für die nationale Sache verloren.

Sauers Aufruf im Februarheft der *Deutschen Arbeit* im Jahre 1907 fand
mannigfaltigen Widerhall. Die deutsche Presse nahm ihn positiv auf, aber unter den Tschechen rief er Kontroversen hervor. Als Reaktion auf den Aufruf
erschienen viele Flugblätter und ein paar Tage später auch zwei Artikel im
tschechischen *Nové Atheneum* (Sylaba 1907, Slavík 1907).

Die Verfasser reagierten auf zwei Behauptungen Sauers, von denen man
sich national gekränkt fühlte. Auf die erste, die Trennung der Lehrkranken-
häuser 1882 hätte einzelne deutsche Lehrkanzeln geschädigt, entgegnete die
tschechische Seite, die deutsche Universität hätte vor der tschechischen doch
größere Vorteile, die sich erstens aus ihren aufrechterhaltenen Kontakten mit
anderen deutschsprachigen Universitäten, zweitens aus der größeren Hörer-
zahl und noch größeren Anzahl von Professoren und drittens aus höheren
Dotationen ergäben. Der tschechischen Universität wäre nach der Teilung
nur eine einzige Klinik verblieben, woraus man doch nicht im Ernst auf eine
Beeinträchtigung der deutschen Lehrkanzeln schließen könne. Die zweite Behauptung, die tschechische Universität bekäme unverhältnismäßig mehr Mittel von der Regierung zugeteilt als die deutsche, wurde unter Berufung auf
das vorher Angeführte und unter Verweis auf eine Liste der zugeteilten Mittel
an beide Universitäten in den letzten fünfzehn Jahren, aus der hervorginge,
dass mehr Mittel der deutschen Universität zugeteilt worden waren, zurück-
gewiesen. Die tschechische Seite fühlte sich durch Sauers Aufrufe betroffen,
weil man vermutete, er wolle die Entwicklung der tschechischen Universität
beeinträchtigen. Dies lag Sauer aber fern. Unvoreingenommen sah er in Prag
die Hauptstadt eines zweisprachigen Landes, wo beide Nationen ihre Rechte
genießen und frei ausleben sollten. Er wollte keine Nation benachteiligen, nur
die Gewichtung gleich und gerecht verteilen. Auch deshalb setzte er sich für
volkstümliche Hochschulkurse auf dem Lande ein, die allgemein zugänglich
und unentgeltlich sein sollten; deshalb versuchte er, junge Leute nach Prag zu
locken; deshalb konnte er sich mit dem Gedanken einer Universitätsverlegung
nicht abfinden.

## II.

Aber richten wir den Blick wieder auf die Germanistik. Das Deutsche Seminar an der deutschen Karl-Ferdinands-Universität war auch nach der Teilung vollständig. Nicht aber dasselbe Seminar an der tschechischen Universität. Es musste neu aufgebaut werden, weil die meisten Professoren an der deutschen Universität verblieben. Für die tschechische Germanistik machten sich zwei ihrer Gründer – der Sprachwissenschaftler Václav Emanuel Mourek und der Literaturwissenschaftler Arnošt Kraus – verdient. Da die Teilung der Universität bei der Wiener Regierung und den zuständigen Ministerien im wahrsten Sinne des Wortes errungen werden musste und die Bestrebungen nach Gleichberechtigung auf Ablehnung des deutschen Professorenkollegiums stießen, standen die gegenseitigen Beziehungen innerhalb der Germanistik an den Universitäten auf dem Nullpunkt. Die tschechische Germanistik knüpfte von Anfang an zahlreiche Kontakte mit germanistischen Lehrstühlen im Ausland, jedoch nicht mit ihrer heimischen Schwester, obwohl sich Zusammenhänge zwischen Forschungsrichtungen an beiden Instituten nicht ausschließen lassen, denn beide entwickelten sich ja von einem gemeinsamen Fundament aus (der ursprünglich einheitlichen Germanistik an der Karl-Ferdinands-Universität), zum anderen konnte sich aber der tschechische Lehrstuhl für Germanistik in seiner Geburtsstunde eine völlige Isolierung nicht leisten. So standen beide Prager Germanistiklehrstühle unter starkem Einfluss der Germanistik in Deutschland. Dort herrschten in der zweiten Hälfte des 19. Jahrhunderts in der Literaturwissenschaft neue Methoden der positivistischen junggrammatischen Schule vor, die in der Forschung die philologische Textanalyse und das Beschreiben ihrer Ergebnisse hervorhoben. Diese positivistische Methode ist im Kontext der technologischen Entwicklung des 19. Jahrhunderts zu verstehen. Auch in der Literaturwissenschaft setzte sich die exakte Methode des Sammelns und der biographischen Kontextualisierung durch. Die sog. Scherer-Schule, der neben Erich Schmidt auch August Sauer angehörte, leistete enorme Arbeit an den Gesamtausgaben der Werke der großen Autoren.

Die Scherer-Schule stand als Hauptströmung der germanistischen Forschung in Deutschland im Vordergrund, als die Prager Universität geteilt wurde. Scherer-Anhänger und –schüler finden wir also auch unter den Prager Germanisten, an erster Stelle August Sauer. Auch er sammelte, wertete und sichtete Materialien über Autoren, die bisher am Rande des literaturhistorischen Interesses gestanden hatten, Franz Grillparzer, Adalbert Stifter und andere deutschböhmische Autoren, für die er 1894 die *Bibliothek deutscher Schriftsteller aus Böhmen* gründete. Der Umgang mit literarhistorischem Material aus Gebieten, in denen zwei oder mehrere nationale Kulturen mehr oder weniger friedlich koexistierten, brachte ihn auf die Idee, dass methodisch die Literatur nach Kriterien der Stämme und Landschaften unterscheidbar wäre. Diese Methodik referierte er dann 1907 in seiner Rektoratsrede *Literaturgeschichte und Volkskunde* (Sauer 1907). Sein Schüler Josef Nadler erfüllte diese Forderung mit der *Literaturgeschichte der deutschen Stämme und Landschaften* (Nadler 1912-1928), einem Werk, das, abgesehen von der später unternommenen ideologischen Umarbeitung im Sinne des Nationalsozialismus, eine neue Richtung der deutschen Literaturgeschichtsschreibung aufzeigte. Das gesammelte literarhistorische Material wurde nach neuen Kriterien auf Produkte der „alten" und der „neuen" Stämme gesichtet, wobei die sog. „neuen" Stämme im Osten öfters slawischen Ursprungs sind, woraus man mit den Worten Otokar Fischers „auf eine grundlegende Tatsache jeder Nationalliteratur" schließen kann, nämlich „na základní jednu skutečnost každé národní literatury: že jejím předpokladem je prostupování několika kulturních vrstev, nikoli lpění na linii jednoho jediného plemene." [daß ihre Voraussetzung nicht das Beharren auf der Linie einer einzigen Rasse, sondern das Ineinanderfließen mehrerer kultureller Schichten ist.] (Fischer 1934: 285) Es wird oft übersehen oder zumindest nicht mit Nachdruck unterstrichen, dass dieselbe Ausgangsposition neben August Sauer, die für Nadlers Ausführungen gilt, auch Arnošt Kraus in seinen Arbeiten vertritt, aber mit umgekehrtem Ziel: Nadler sucht slawische Elemente bei den Deutschen, Kraus untersucht den Einfluss der Deutschen auf die Formierung der tschechischen Kultur. Sauers Forderung nach der Sprengung der dicht gezogenen Grenzen der Schererschen positivistischen Schule ist wohl hier als ihre Ergänzung um die Ideengeschichte zu verstehen, die Scherers Zeitgenosse Hermann Hettner vertrat, und die gerade zu dieser Zeit in den ersten geistesgeschichtlichen Arbeiten zum Vorschein kam, die neben der Ideengeschichte als Abbild der Zeit und Widerspiegelung der Weltanschauungen das Gefühl und die Psychologie des Menschen in den Vordergrund der Literaturforschung rückten.

Die tschechischen Germanisten richteten sich nach denselben literaturwissenschaftlichen Methoden wie ihre deutschen Kollegen. Auch sie sammelten Material, achteten auf seine Menge und Vollständigkeit, auf Details sowie auf ihre genaue Beschreibung. Alle großen Germanisten der Jahrhundertwende richteten ihre Forschungen nach der Schererschen Methode: Václav Emanuel Mourek und Josef Janko, die sich später hauptsächlich der Sprachforschung widmeten; vor allem aber der erste Literaturwissenschaftler an dem tschechi-schen germanistischen Lehrstuhl Arnošt Kraus. Kraus war nicht ein direkter Schüler Scherers, er war eher ein Kollege, bei dem sich Scherers Einfluss vor allem im Stoffsammeln und seiner philologischen Aufarbeitung zeigte, der aber an das gesammelte Material mit ihm eigener kritischer Art heranging. Damit ist gemeint, dass die tschechischen Germanisten, wie alle ihre Zeit-genossen, zwar mit der literaturwissenschaftlichen Methodik so zu arbeiten anfingen, wie sie sie bei ihren deutschen Lehrern übernahmen, sie später aber eigenständig weiterentwickelten und ergänzten durch Methodiken aus dem nichtdeutschen Ausland.

Arnošt Kraus war Nachfolger von Václav Emanuel Mourek als Direktor der tschechischen Germanistik. Gemeinsam hatten sie Tschechisch als Un-terrichtssprache eingeführt und das deutsche Seminar und die germanistische Bibliothek gegründet. Kraus beschäftigte sich in seiner Forschung mit Stoffen aus der böhmischen Geschichte bei deutschen Autoren. Seine Abhandlungen, die man unter der Bezeichnung ‚Germano-bohemica' zusammenfassen kann, waren wichtig für die tschechische sowie die internationale Germanistik. *Stará historie česká v německé literatuře* [Die alte böhmische Geschichte in der deutschen Literatur] (Kraus 1902a) fasste den Einfluss von Personen der böhmischen Geschichte und alter Sagen auf deutsche und österreichische Autoren zusam-men und stellte fest, dass die Autoren diese Stoffe häufig ironisch, unterbewer-tend oder sogar bewusst entstellend behandelten. Sein umfassendstes Werk ist das dreibändige *Husitství v literatuře zejména německé* [Das Hussitentum in der Literatur vor allem der deutschen] (Kraus 1917-1924), in dem sich Kraus auf einen einzigen Stoff, das Hussitentum, konzentrierte und sich mit ihm kultur-politisch, historisch und historisch-philosophisch auseinandersetzte. Otokar Fischer lobte das Œuvre seines Lehrers in der *Prager Presse*:

> Diese drei Teile bedeuten im Verhältnis zur vorangehenden Monographie eine Umschich-tung und einen vielfachen Fortschritt. Nicht mehr gibt die germanistische Disziplin das einzige Kriterium ab, vielmehr erstreckt sich die Aufmerksamkeit des staunenswert belese-nen Historio- und Bibliographen auf das weite Feld der Weltliteratur. (Fischer 1929a: 5)

Arnošt Kraus, der freundschaftlich-kollegiale Beziehungen zu Hans Lambel pflegte, setzte sich auf tschechischer Seite für die tschechisch-deutsche Ver-ständigung mittels Aufarbeitung der gemeinsamen literarischen Stoffe ein, was ihn kollegial mit August Sauer verband. Auch verdankte er ihm einige Impulse für seine Forschung. 1903 veröffentlichte Sauer im *Euphorion* „ge-legentlich gesammelte Notizen" zur themabezogenen Bibliographie als Er-gänzung zur Krausschen Monographie über die alte böhmische Geschichte in der deutschen Literatur. In einem zusammenfassenden Bericht über diese

Monographie bedankte sich Kraus (1902: 577): „Dafür, daß ich zugleich einige Nachträge bringen kann, bin ich Herrn Hofrat Prof. Dr. R. Heinzel, ferner Herrn Prof. Dr. A. Sauer zu herzlichem Danke verpflichtet." Ein höfliches Dankeswort, darüber hinaus gingen die Beziehungen nicht, trotzdem beachteten die Germanisten beider Universitäten ihre Forschungen. Als sich Kraus um 1908 mit dem Thema der Grillparzer-Funde in dem südböhmischen Neuhaus [Jindřichův Hradec] beschäftigte und einen Aufsatz zu dieser Problematik an Sauer zur Veröffentlichung im *Euphorion* schickte, kam eine freundliche, zuvorkommende Antwort, aus der ich zitiere:

> Ich würde die Studien, die mich leidenschaftlich interessieren und zu dessen ich Sie beglückwünsche, sehr ungern aus der Hand geben. [...] Kennen Sie Neckers Aufsatz „Schloß Ullersdorf in Mähren", den Schauplatz von Grillparzers „Ahnfrau"? [...] Er würde vielleicht für Sie nicht ohne Interesse sein. Wenn er sonst für Sie nicht erreichbar ist, so glaube ich, daß ich ihn unter meinen Papieren finden werde.[4]

Dass Sauer es mit der Einbeziehung seiner tschechischen Kollegen und Schüler in die gemeinsame deutsch-tschechische Forschung ernst meinte, davon zeugt die Bitte, mit der er sich an die tschechischen Literaturwissenschaftler wandte, ob sie nicht Beiträge für die Zeitschrift *Euphorion* liefern könnten. Allein Kraus veröffentlichte darin zwischen 1902 und 1915 sechs literaturhistorische Aufsätze (Kraus 1902; 1905; 1908; 1911a; 1911b; 1915). Sauer bedankte sich mehrmals für die Zusammenarbeit in einigen Briefen an Kraus: „Euer Hochwohlgeboren, beehre ich mich, für die liebenswürdige Übersendung Ihrer Miszelle bestens zu danken. Es wird in einem der nächsten Hefte des Euphorion erscheinen" (6. Juli 1910), oder: „Ich werde Ihr Manuskript möglichst bald veröffentlichen und danke dafür bestens" (12. Mai 1916) (zit. n. Vodrážková-Pokorná 2007: 268).

Auch Jan Krejčí, 1891/92 außerordentlicher Hörer bei Sauer, befasste sich mit der stoffvergleichenden Thematik, tieferes Interesse hatte er aber – im Gegensatz zu Kraus – an ästhetischen Studien, vor allem in der Neueren deutschen Literatur. Krejčí bemühte sich um einen eigenen künstlerisch-wissenschaftlichen Ausdruck und eine höhere stilistische Ebene, wovon seine Studien über die neueste deutsche Literatur (1904) oder die Studie über Richard Wagner aus dem Jahre 1913 Zeugnis ablegen. Krejčí ging in dieser Zeit allmählich von den stoffvergleichenden Studien zur ästhetischen Analyse über und fand in Sauer den profunden Kenner der neueren deutschen Literaturgeschichte, Unterstützung, wofür er sich bei ihm in der Einleitung

---

4    Es handelt sich um ein Archivdokument aus dem Nachlass (zit. n. Vodrážková-Pokorná 2007: 267).

seines auf Tschechisch verfassten Buches, des ersten Beitrags der tschechischen Germanistik zur Erforschung der Neueren deutschen Literaturgeschichte mit Abhandlungen über Julius Hart, Hermann Conradi, Johannes Schlaf, Richard Dehmel, Stefan George, Bruno Wille und Detlef Liliencron, bedankte: „Srdečně děkuji prof. dru. Augustu Sauerovi z německé university pražské, který svou bohatou knihovnou se vzácnou ochotou v práci byl mi nápomocen." [Herzlich bedanke ich mich bei Prof. Dr. August Sauer von der Prager Deutschen Universität, der mir mit seiner reichen Bibliothek äußerst bereitwillig bei meiner Arbeit behilflich war] (Krejčí 1904: 1) Auch er beschäftigte sich neben anderen tschechischen Germanisten mit den Beziehungen zwischen der deutschen und tschechischen Kultur. Später dann, als er in Brünn wirkte, konzentrierte er sich auf die Erforschung der mährisch-deutschen Literatur.

Einer der bekanntesten Germanisten an der tschechischen Universität war Otokar Fischer (1883-1938), der als ehemaliger Schüler von Kraus und Bewunderer von Sauer am Lehrstuhl zeitgleich mit seinem Lehrer tätig war. Fischer lehrte und forschte im Geiste seines Lehrers Kraus sowohl in der Literatur als auch bei den deutsch-tschechischen kulturellen und literarischen Beziehungen. Sein Herangehen an literarische Werke entsprach aber den modernen Erfordernissen, vor allem in der Betonung des ästhetischen Aspektes sowie des psychologischen Hintergrundes, exemplarisch bei seinen Goethe-Studien. Durch die Einführung des psychologischen Aspekts auch bei der Rezeption von Literatur verbreitete er die Theorie seines Lehrers. In seinen wissenschaftlichen Arbeiten spiegelt sich wie bei Krejčí die Tatsache wider, dass er auch ein ausgezeichneter Lyriker, Dramatiker und Übersetzer war. Durch seine jüdische Herkunft setzte er sich produktiv mit dem Judentum als solchem auseinander, mit dem deutschen Judentum und schließlich den Beziehungen der deutschen Juden zu anderen Völkern, darunter auch zu den Tschechen. Fischer schrieb Abhandlungen über die allgemeine Literaturtheorie (Fischer 1917; 1929; 1937) und die Literaturkritik (Fischer 1947, posthum), er war als Theaterrezensent tätig, zahlreiche Studien widmete er auch der Bohemistik. Er war es, der die Wirkung Sauers auf die tschechischen Germanisten in einem Nachruf auf August Sauer 1926 im *Prager Tagblatt* zusammenfasste: „Das tiefe Wissen und die temperamentvolle Vortragskunst des Verstorbenen übten auf eine Anzahl tschechischer Germanisten ihre Anziehungskraft aus, feuerten sie zu eigenem Studium an." (Fischer 1926: 3)

Sein Schüler Vojtěch Jirát dagegen vertrat eine andere Richtung in der tschechischen Literaturwissenschaft. Von einer vergleichenden Germanistik in Bezug auf literarische Erscheinungen die tschechisch-deutschen Beziehungen betreffend gelangte er zu rein bohemistischen Positionen. In den dreißiger Jahren arbeitete er an der Fakultät nur im Bereich der Germanistik, aber in seiner Forschung wandte er sich ausschließlich bohemistischen Themen zu.

## III.

Auch wenn es zwischen der deutschen und der tschechischen Karl-Ferdinands-Universität rein äußerlich nur formale Beziehungen gab, entwickelte sich dennoch ein – wenngleich unterschiedlich intensiver – Austausch zwischen den einzelnen Prager deutschen und tschechischen Germanisten (Vodrážková-Pokorná 2007: 269-272). Dieser Austausch entwickelte sich 1) als Beziehung zwischen Hochschullehrern und Studenten, 2) wissenschaftliche Zusammenarbeit (Lambel/Kraus, Sauer/Krejčí), 3) in Besprechungen und Berichten über die wissenschaftliche Tätigkeit in der Fachpresse, 4) als im wissenschaftlichen Erfahrungsaustausch, 5) in der Publikationstätigkeit in den Organen der Fachkollegen und 6) vor allem nach 1918 in der Vortragstätigkeit (Sauer).

## Literatur

Fischer, Otokar (1917): *Otázky literární psychologie* [Die Fragen der literarischen Psychologie]. Prag: Topič.

Fischer, Otokar (1926): Sauer und die Tschechen. – In: *Prager Tagblatt* 221 (18.09.1926), 3.

Fischer, Otokar (1929): *Duše a slovo* [Die Seele und das Wort]. Prag: Melantrich.

Fischer, Otokar (1929a): Arnošt Kraus. Zu seinem siebzigsten Geburtstag am 4. November. – In: *Prager Presse* 9 (03.11.1929), 5.

Otokar Fischer (1934): Nové směry v literární vědě [Die neuen Strömungen in der Literaturwissenschaft]. – In: *Časopis pro moderní filologii* 20, 40-53, 139-152 u. 283-293.

Fischer, Otokar (1937): *Slovo a svět* [Das Wort und die Welt]. Prag: Borový.

Fischer, Otokar (1947): *Slovo o kritice* [Das Wort über die Kritik]. Prag: Petr.

Havránek, Jan (Hg.) (1997): *Dějiny Univerzity Karlovy* [Die Geschichte der Karlsuniversität]. Bd. 3: 1802-1918. Praha: Univerzita Karlova.

Janko, Josef (1939): Ze studijních vzpomínek [Aus den Erinnerungen an die Studienzeit]. – In: *Časopis pro moderní filologii* 25, 160-165.

Kraus, Ernst (1902): Die alte böhmische Sage und Geschichte in der deutschen Literatur. – In: *Zeitschrift für die österreichischen Gymnasien* 53 (1902), 577.

Kraus, Arnošt (1902a): *Stará historie česká v německé literatuře* [Die alte böhmische Geschichte in der deutschen Literatur]. Praha: Bursík & Kohout.

Kraus, Arnošt (1902b): Breite Bettelsuppen. – In: *Euphorion* 9, 417-418.

Kraus, Arnošt (1905): Schillerbriefe in Neuhaus. – In: *Euphorion* 12, 716-720.

Kraus, Arnošt (1908): Grillparzerfunde in Neuhaus. – In: *Euphorion* 15, 510-522 u. 739-753.

Kraus, Arnošt (1911a): Nochmals Schillers „Berühmte Frau". – In: *Euphorion* 18, 104-107.

Kraus, Arnošt (1911b): Zu Schillers und Goethes Anonymen. – In: *Euphorion* 18, 762-764.

Kraus, Arnošt (1915): Zur Umwelt der Räuber. – In: *Euphorion* 22, 89-91.

Kraus, Arnošt (1917-1924): *Husitství v literatuře zejména německé* [Das Hussitentum in der Literatur vor allem der deutschen] 3 Bde. Praha: Česká Akad.

Krejčí, Jan (1904): *Studie z novější literatury německé* [Studie über die neuere deutsche Literatur]. Praha: Laichter.

Mayerová, Ivana (1974): *Germanistik an der Prager Universität im 19. Jahrhundert.* Diss. Praha: FF UK.

Nadler, Josef (1912-1928): *Literaturgeschichte der deutschen Stämme und Landschaften.* 4 Bde. Regensburg: Habbel.

Pfitzner, Josef (1928): Einleitung zu den Kulturpolitischen Reden und Schriften August Sauers. – In: Sauer, August, *Kulturpolitische Reden und Schriften.* Eingel. u. hrsg. v. Josef Pfitzner. Reichenberg i. B.: Sudetendeutscher Verlag Franz Kraus, V-LIV.

Sauer, August (1907): *Literaturgeschichte und Volkskunde. Rektoratsrede.* Prag: K.K. Deutsche Karl-Ferdinands-Universität.

Sauer, August (1920): O významu německé university v Praze [Über die Bedeutung der deutschen Universität in Prag]. – In: *Nové Atheneum* 2, 106-117 u. 180-207.

Sauer August (1928): *Kulturpolitische Reden und Schriften.* Hrsg. v. Josef Pfitzner. Reichenberg i. B.: Kraus.

Sylaba, Ladislav (1907): Slovo k článku prof. Sauera [Ein Wort zum Artikel Professor Sauers]. – In: *Nové Atheneum* 2, 262-265.

Slavík, F. (1907): Poměr české a německé vědy v našem státě a článek prof. Sauera [Zum Verhältnis der tschechischen und der deutschen Wissenschaft in unserem Staate und der Aufsatz vom Professor Sauer]. – In: *Nové Atheneum* 2, 207-210.

Vodrážková-Pokorná, Lenka (2007): *Die Prager Germanistik nach 1882. Mit besonderer Berücksichtigung des Lebenswerkes der bis 1900 an die Universität berufenen Persönlichkeiten.* Frankfurt/M.: Lang.

Myriam Richter, Hans-Harald Müller

# August Sauer, die Gründung des *Euphorion* und die Modernisierung der Germanistik im Ausgang des 19. Jahrhunderts

*Wolfgang Adam zum Geburtstag*

Die Gründungsphase der neueren deutschen Literaturwissenschaft scheint ebenso gut untersucht wie die Einrichtung von Lehrstühlen für diese Disziplin, die sich zunächst im Selbstverständnis als ‚neuere' deutsche Literatur,geschichte' von der ‚germanischen' Philologie abgrenzte (Weimar 1989; Dainat 1994). Diese dynamische Entwicklung vollzog sich im Deutschen Reich in einer Zeit der heftigen Expansion nicht allein der Wissenschaften, sondern auch des Schul- und Pressewesens. Kaum beachtet wurde bisher, welches die Konsequenzen waren, die die Etablierung eines geregelten Forschungs- und Lehrbetriebs in der Disziplin nach sich zog – hierauf möchten wir unser Augenmerk lenken, denn der überaus schnelle Erfolg der neueren deutschen Literaturwissenschaft zeitigte eine ganze Reihe von interessanten Folgeproblemen, von denen hier drei knapp hervorgehoben seien.

1.  Aufgrund der hohen Zahl von Absolventen der Disziplin, die sich, selbst wenn sie Gymnasiallehrer wurden, keinesfalls ausschließlich als Pädagogen sahen und sich als lehrende und forschende Mitglieder der ‚scientific community' nicht allein verstanden, sondern auch – beispielsweise wenn sie in den regelmäßig erscheinenden Schulprogrammen publizierten – verhielten, stieg der Informations- und Kommunikationsbedarf über Forschungen und Neuerscheinungen in der Disziplin sehr schnell an.

2.  Der quantitative Anstieg von Forschern auf dem Gebiet der neueren deutschen Literaturgeschichte in den Universitäten und Schulen führte im letzten Drittel des 19. Jahrhunderts zu einer Veränderung der Forschungslandschaft selbst. Richtete sich das Forschungsinteresse in der Gründungsphase der Disziplin vor allem auf die kanonischen Texte und deren Erstellung, so führte das Pathos von Edition und empirischer Forschung dazu, dass sich immer mehr literarische Werke in Forschungsgegenstände verwandelten.

3.  Im Zuge dieser Entwicklung veränderten auch die Fachzeitschriften der Disziplin allmählich ihre Funktion. Dienten sie in der Gründungsphase

der Wissenschaft einer zunächst noch engen disziplinären Gemeinschaft vorwiegend zum Austausch über spezielle Forschungsgegenstände, so mussten sie zum Jahrhundertende immer stärker die Funktion übernehmen, in Rezensionen, Forschungsüberblicken und kommentierten, unkommentierten oder systematischen Bibliographien einerseits über das schon Erforschte und andererseits über die Desiderata der Forschung zu informieren.[1]

4. Das Bedürfnis, die Forschung zu erleichtern und zu professionalisieren, lässt sich nicht allein auf dem Gebiet des zünftigen Bibliographiewesens nachweisen; immer lauter wurden zur selben Zeit auch Forderungen, die Forschungsgegenstände in Archiven zu sammeln und zugänglich zu halten. So ist im ersten Jahrgang des *Euphorion* zu lesen:

---

1  Allerdings gab es Vorläufer: Schon 1865 hatte Richard Gosche im ersten (und einzigen) Band des *Jahrbuchs für Litteraturgeschichte* eine „systematische Ueberschau der litterarhistorischen Arbeiten aus den Jahren 1863 und 1864" vorgelegt und betont, dass in einer Zeit, in der das „mächtige Princip der Arbeitstheilung [...] Fachjournale für die speciellsten Themen hervorgebracht" habe, sein Unternehmen „nachgerade Bedürfniss für unsre Wissenschaft geworden" sei. (Gosche 1865: VI) Die „Litteraturgeschichte" habe „ihre besondere Aufgabe, ihren besonderen Stoff, ihre besondere Methode und somit begründete Ansprüche, als besondere Wissenschaft anerkannt zu werden". (Gosche 1865: VII) Seiner Beobachtung nach habe sich die Funktion der „Bibliographie, von der im Wesentlichen die Litteraturgeschichte anhob", insofern gewandelt, als sie „jetzt vollständig in den Dienst geschichtlicher, zusammenhängender Betrachtung gesetzt" (Gosche 1865: 203) worden sei; dem möglichen Vorwurf gegen seine eigene „systematische" Bibliographie, „welche bisweilen sehr unangemessen Zeitungsnotiz und ausführliche Abhandlung, Gelegenheitsschreiberei und methodische Untersuchung zusammen zu stellen scheint", begegnete er mit der Erklärung: „Aber wer ein wenig zurück litterarhistorische Untersuchungen angestellt hat, wird wissen, wie werthvoll bisweilen eine ganz gelegentliche, aber unter dem unmittelbaren Eindruck der Zeit geschriebene Notiz ist" (Gosche 1865: 448). Die ersten beiden Bände seines 1870 gegründeten *Archivs für Litteraturgeschichte*, das als „ein besonderes Organ für die Litteraturgeschichte als besondere Wissenschaft" gedacht war (Archiv für Litteraturgeschichte 1 [1870]: III), behielten diesen Überblick über die „jüngsten Litteraturbewegungen" bei; Gosche betonte das Wagnis, sich „dem Principe der vergleichenden Litteraturgeschichte zu nähern", indem „die Grenzen der Nationallitteratur, welche keine ernst vorschreitende geschichtliche Wissenschaft einhalten kann oder darf" (Archiv für Litteraturgeschichte 1 [1870]: IV), überschritten würden, gab jedoch schon 1872 die Redaktion ab mit dem Bedauern, „dass Zeit und Sinn für Litteraturgeschichte als besondere Wissenschaft immer noch nicht gekommen zu sein" schienen. Resigniert und zugleich zuversichtlich statuierte er: „Es ist wahr [...], dass es augenblicklich weniger aussichtslos ist, eine Zeitschrift für irgend eine der 120,000 Insectenarten oder für einen Kaferndialekt zu gründen als für die wissenschaftliche Litteraturgeschichte; aber es ist nur eine Frage der Zeit, dass unsere Wissenschaft ihr volles Bürgerrecht erlange." (Archiv für Litteraturgeschichte 2 [1872]: V)

Die Gründung von Literaturarchiven liegt gegenwärtig in der Luft. Das Weimarische Goethe-Archiv ist bald nach seinem Entstehen durch die hochherzige Schenkung des Freiherrn von Gleichen-Rußwurm zu einem Goethe- und Schiller-Archiv erweitert worden und heute stellt es schon ein allgemeines Literaturarchiv vor. In der Deutschen Rundschau hat W. Dilthey [Dilthey 1889] dann der Gründung von Literaturarchiven das Wort geredet und im Februar 1892 ließ der Vorstand einer Berliner ‚Literaturarchivgesellschaft' seine Einladung zum Beitritt oder zu werkthätiger Theilnahme ausgehen. (Minor 1894: 17)

In der Berliner *Gesellschaft für deutsche Literatur* lassen sich diese Modernisierungstendenzen gebündelt aufzeigen.[2] Die *Gesellschaft,* in der Universitäts- und Gymnasialgermanisten sowie das literaturwissenschaftliche Bildungsbürgertum aus allen Berufssparten sich vereinigte, lud zu regelmäßigen Treffen ein, bei denen Forschungsbeiträge geliefert und diskutiert wurden, Mitglieder der *Gesellschaft* beteiligten sich aktiv an den *Jahresberichten für neuere deutsche Literaturgeschichte* und die *Gesellschaft* regte schließlich die von Minor erwähnte Gründung der schnell prosperierenden *Literaturarchivgesellschaft* sowie die Gründung einer *Bibliothek deutscher Privat- und Manuskriptdrucke* an.

Wir möchten im Folgenden zeigen, dass die Gründung des *Euphorion* im Kontext dieser Modernisierungsbestrebungen auf dem Gebiet der neueren deutschen Literaturwissenschaft erfolgte und dass August Sauer sie, wenn auch nicht stets bewusst, so doch insgesamt zielstrebig vorantrieb.

Bevor wir indes auf die Geschichte des *Euphorion* näher eingehen, möchten wir am Beispiel der Bibliographie exemplarisch einmal auf das Gespür hinweisen, dass August Sauer für die organisatorischen Probleme der literaturwissenschaftlichen Forschung besaß. Bereits 1890 machte er in einem Beitrag für die *Zeitschrift für die österreichischen Gymnasien* auf den im *Anzeiger für deutsches Altertum* seit 1885 von Philipp Strauch besorgten bibliographischen Jahresbericht über die Neuerscheinungen auf dem Gebiet der neueren deutschen Literatur aufmerksam. Da ein solches bibliographisches Ein-Mann-Unternehmen unweigerlich unter Mängeln litte, sei es allerdings

unbedingt nothwendig, dass der Jahresbericht, den Strauch gegründet hat, von der Zeitschrift, in der er überdies einen unverhältnismäßig großen Raum einnimmt und die sich sonst fast gar nicht mit neuerer Literatur beschäftigt, losgetrennt werde und eine selbständige Gestaltung annehme, zugleich unter mehrere verantwortliche Mitarbeiter geteilt werde (Sauer 1890: 148).

Genau diese Forderungen lösten die kurz darauf von Julius Elias, Max Herrmann und Siegfried Szamatòlski in Berlin gegründeten Berliner *Jahresberichte für neuere deutsche Litteraturgeschichte* ein. Anlässlich des ersten Bandes, der 1892

---

2    Vgl. dazu die Zusammenfassung einiger Ergebnisse des Hamburger DFG-Projekts über die 1888 gegründete *Gesellschaft für deutsche Literatur* (Nottscheid 2010).

vorlag und umfassend über die neuen Leistungen und Publikationen des Jahres 1890 nicht nur in Büchern, sondern auch in Aufsätzen, Artikeln und Kritiken informierte, verkündete Sauer kurz darauf in der *Deutschen Literaturzeitung* nicht ohne Pathos: „Mit dem Erscheinen dieser Jahresberichte tritt die deutsche Literaturgeschichte in eine neue Phase ihrer Entwicklung." (Sauer 1893: 141) Der Vorzug der *Jahresberichte*, die über ein Team von drei Herausgebern und 34 Mitarbeitern verfügten, bestand darin, dass ausgewiesene Experten Neuerscheinungen nicht allein registrierten, sondern – in Anlehnung an die von Ignaz Jastrow seit 1881 herausgegebenen *Jahresberichte der Geschichtswissenschaft* – in einem größeren Forschungskontext auch kommentierten und bewerteten. „In dieser Scheidung des Wesentlichen und Unwesentlichen", betonte Sauer (1893: 144), „erblicke ich das grösste Verdienst dieses Jahresberichtes, seinen grössten Vorzug vor den bisherigen bibliographischen Verzeichnissen",[3] er fügte im Jahr darauf hinzu: „An dem Gedeihen dieser Jahresberichte dürften wir einen Gradmesser für das Gedeihen der Forschung selbst haben." (Sauer 1894: 145) Welches Gewicht Sauer auf die Rezensionskultur seiner Disziplin legte, geht daraus hervor, dass er trotz der Belastung durch die Herausgabe des *Euphorion* noch selbst jahrelang Mitarbeiter der Berliner *Jahresberichte* blieb[4] und in den *Euphorion* selbstverständlich Referate, Rezensionen und eine Bibliographie integrierte.

Die Annahme, dass Sauer auf die Gründung einer germanistischen Zeitschrift zielstrebig hingearbeitet hätte, ist unbegründet. Über Sauers Werdegang und Pläne sind wir anhand seines Briefwechsels mit Bernhard Seuffert recht genau informiert. Die Korrespondenz zwischen den beiden Gelehrten, über die wir an anderer Stelle ausführlicher berichten werden, ist recht eigenwillig; sie korrespondierten seit 1880 vornehmlich über Editionsprojekte, lernten einander 1883 durch den Austausch von Fotos zumindest ‚in effigie' kennen, bevor es im Oktober 1886 zu einem ersten Treffen kam, aus dem sich sogleich, wie Sauer schreibt, „ein dauerndes persönliches Freundschaftsverhältnis"[5]

---

3 Vgl. dazu kritisch Meyer (1894): „Daß man sich [...] rasch einen Überblick über die Vorarbeiten für ein bestimmtes Thema verschaffen kann, ist schön und wichtig; aber der große Apparat einer Reihe ausführlicher Referate wäre dazu nicht erforderlich. Eine vollständige Bibliographie, etwa noch mit sparsamen Noten über Werth und Unwerth, würde hier vollauf genügen, wie gerade das Beispiel der älteren Jahresberichte darthut. Aber das neue Unternehmen hat vor allem wissenschaftliche Absichten. Ihm genügt es nicht, zu den laufenden Arbeiten einen Index zu liefern – es will aus ihnen das wissenschaftliche Resultat ziehen."

4 Insgesamt acht Jahre hindurch berichtete er über die Gruppe *Lyrik des 18. und 19. Jahrhunderts*.

5 Sauer an Seuffert, Brief vom 6.1.1886 (ÖNB, NL Sauer, Autogr. 422/1-77).

entwickelte. Sauer kannte Seuffert mithin schon vor der Gründung der *Vierteljahrschrift für Litteraturgeschichte*, die von 1888 bis 1893 erschien. Am 3. Oktober 1887 gratulierte er ihm zu einer Gehaltserhöhung und fügte hinzu:

> Aber auch zu dem Zeitschrift-Unternehmen, über das mir Schmidt zuerst leise Andeutungen, später reichere Mittheilungen zukommen ließ, muß ich Sie beglückwünschen. Ich habe die Überzeugung, daß Sie diesem neuen Schiffe ein vorzüglicher Steuermann sein werden und es soll mich freuen auf Ihr Commando als leichter Matrose auf die Raaen klettern zu können oder als Heizer bei dem Keßel der Dampfmaschine Verwendung zu finden.[6]

Im nächsten Brief fügte er hinzu:

> Wie glücklich ich über die Gründung einer neuen Zs. bin, hat Ihnen schon mein letzter Brief bewiesen. Glauben Sie mir: es taugt keiner von uns – denn auch *ich* hätte im heurigen Sommer die Redaction einer neuen Zs. übernehmen können, wenn ich Neigung und Beruf dazu in mir verspürt hätte – zu dieser aufopferungsvollen Stellung als Sie.[7]

Um was für eine Zeitschrift es sich in Sauers Mitteilung handelt, ist unklar – immerhin aber dürfte ihm die Idee der Herausgabe einer Zeitschrift seither nicht völlig fremd gewesen sein. Seufferts Zeitschrift bedachte er in den nächsten Jahren regelmäßig mit Lob und Kritik, und er setzte sich beim Kultusministerium in Wien für ihre Subventionierung ein.[8] Dass die *Vierteljahrschrift für Litteraturgeschichte* ihr Erscheinen bald würden einstellen müssen, dürfte im Frühsommer 1893 bekannt geworden sein. Edward Schröder, mit Gustav Roethe der Herausgeber der *Zeitschrift* und des *Anzeigers für deutsches Altertum*, wurde spätestens Anfang April 1893 darüber informiert, das geht aus seinem Antwortschreiben an Seuffert vom 4. April 1893 hervor:

> Lieber Herr Kollege!
>
> Das ist ja ein schönes Osterei, das uns Böhlau beschert! Und ich bin erstaunt, über die scheinbare Ruhe mit der Sie nicht die Redaction niederlegen (das begriffe ich schon), sondern die Zeitschrift eingehn sehn.
>
> Ihre Voraussetzung, dass ich die Erbschaft oder einen Teil derselben frohgemut antreten würde, trifft leider nicht zu.

Zur Begründung führt Schröder an, es habe früher bei der *Zeitschrift für deutsches Altertum* in der Tat einen Mangel an Manuskripten gegeben, jetzt aber bestün-

---

6    Sauer an Seuffert, Brief vom 3.10.1887 (ÖNB, NL Sauer, Autogr. 422/1-103).

7    Sauer an Seuffert, Brief vom 3.11.1887 (ÖNB, NL Sauer, Autogr. 422/1-105; Herv. i. O.).

8    Vgl. Sauer an Seuffert, Brief vom 28.3.1893: „ich glaube es wäre jetzt der Moment, wo wir das Gesuch um Subventionierung der VJS beim Ministerium erneuern sollten, weil die Germania eingeht, die bisher unterstützt wurde. Diese Summe wird frei und auf die sollten Sie so rasch als möglich Beschlag legen. Kann ich dabei mitwirken, so rechnen Sie auf mich." (ÖNB, NL Sauer, Autogr. 422/1-218)

de, zumal seit dem Eingehen der Konkurrenzzeitschrift *Germania*, ein befriedigender Vorrat. Um die *Vierteljahrschrift* (VJS) zu halten, gab Schröder Seuffert den Rat, er solle Leute um sich scharen, die ohne Honorar an der Zeitschrift mitarbeiteten. Abschließend meinte der Herausgeber des *Anzeigers*:

> Was wir beim besten Willen künftighin der neuern Literatur jährlich zur Verfügung stellen können, sind 6, im äußersten Falle 8 Bogen. Nun gestehe ich offen, dass das, was ich aus der Vierteljahrschrift *gern* nähme, nicht viel mehr im Jahrgange beträgt [...].[9]

Schröders recht herablassender Brief lässt keine große Neigung zur Übernahme von Aufsätzen zur neueren deutschen Literatur erkennen. Dennoch scheint Seuffert ein Einvernehmen mit Roethe und Schröder gesucht und sie gebeten zu haben, den *Anzeiger* etwas zu beschränken, um Platz für die neuere Literaturgeschichte zu gewinnen. Dieses Ansinnen wiesen die beiden brüsk ab, sie sahen es jedoch als vorteilhaft für ihre Zeitschrift an, der neueren Literatur eine begrenzte Heimstätte zu gewähren und baten Seuffert schließlich recht unverblümt, Abonnentenwerbung für ihre Zeitschrift zu betreiben. Bereits am 6. April 1893 schrieb Schröder an Seuffert:

> Lieber Herr Kollege,
>
> Erst heute erhalte ich Röthes definitiven Bescheid: auf eine Beschränkung der Bogenzahl des Anzeigers als Regulativ meint er sich nicht einlassen zu können. Schon jetzt lägen für den *folgenden* Jahrgang 39 fertige Recensionen in seinem Pulte, usw. Aber Röthe ist gleich mir überzeugt, dass wir wichtige Arbeiten aus dem Gebiete der neueren Litteraturgeschichte künftig aufnehmen müssen, soweit es irgend unser Raum gestattet, und er will später räumlich auch mehr entgegenkommen als er jetzt vermag.
>
> Ein Pronunciamento von unserer Seite oder unsrer Verlagsbuchhandlung widerstrebt ihm (wie mir), um so mehr als kürzlich der Verleger Max Kochs natürlich im Geiste dieses kümmerlichen Sudlers das Eingehen der *Germania* benützt hat, um auf sein durchaus ‚parteiloses‘ (freundlicher Seitenhieb gegen uns) Unternehmen werbend aufmerksam zu machen.[[10]]
>
> Wir wären aber Ihnen und Böhlau aufrichtig verpflichtet, wenn sie uns ermöglichten, in Ihre Erklärung resp. in Ihr Abschiedswort einen Satz zu interpolieren, der auf unsre Zeitschrift hinweist. Sie haben wol die Freundlichkeit, mir s. Z. Ihre Fassung mitzuteilen und einen bescheidenen Vorschlag von uns in Erwägung zu ziehen – den ich übrigens

---

9   Schröder an Seuffert, Brief vom 4.4.1893 (StAW, NL Seuffert; Herv. i. O.).

10  Die *Zeitschrift für vergleichende Litteraturgeschichte* erschien im Emil Felber Verlag. Der Literarhistoriker Max Koch (1855-1931) hatte sie 1886 gegründet und gab sie bis 1910 heraus (zwischenzeitlich, nach dem Zusammengehen mit der *Vierteljahrsschrift für Kultur und Litteratur der Renaissance*, gemeinsam mit Ludwig Geiger von 1887 bis 1892 unter dem Titel: *Zeitschrift für vergleichende Litteraturgeschichte und Renaissance-Litteratur*); Koch wurde 1890 als ao. Prof., 1896 als erster o. Prof. für Deutsche Literaturgeschichte (Neue deutsche Literatur) nach Breslau berufen.

auch lieber gleich auf dem nebenstehenden Blatte formulieren kann. Röthe ist natürlich ‚vertraulich' benachrichtigt. Mit aufrichtigem Dank für Ihre zeitige Mitteilung Treulichst Ihres Edw. Schröder

Schröders Vorschlag lautete:

> Die von Edw. Schröder und Gust. Röthe herausgegebene *Zeitschrift für deutsches Altertum und deutsche Litteratur*, deren kritischer *Anzeiger* seit seinem Bestehn der Neuzeit gleiche Aufmerksamkeit und gleichen Raum widmete wie dem deutschen Mittelalter und dem germanischen Altertum, wird künftighin auch wieder, soweit es der Raum gestattet, Abhandlungen und Untersuchungen zur neueren Litteraturgeschichte bringen, welche während des Erscheinens unserer Vierteljahrschrift aus ihrem Programm allmählich ausgeschieden war.[11]

Was Seuffert von diesem kaum gesichtswahrenden Vorschlag gehalten hat, wissen wir (noch) nicht – er hat ihn zumindest nicht befolgt.

August Sauer schrieb Seuffert nach seiner Rückkehr aus Weimar am 18. September 1893: „Überall begegnete ich demselben Bedauern über das Eingehen Ihrer Zs. Es ist ein rechter Jammer. Sollen wir nun ohne ein solches Organ bleiben? Ich habe es den Berlinern ans Herz gelegt ein neues zu gründen, vielleicht zunächst in Form von Mittheilungen des Vereins für Lit."[12] Auf diesen Vorschlag entgegnete Seuffert fünf Tage später:

> Eine neue Zs. auf den Berliner Lit-Verein zu stützen, hat E. Schmidt abgelehnt. Ich hatte proponirt, jenen und den wiener parallelverein zu combiniren zu dem zwecke, selbstverständlich unter der voraussetzung, dass ich mit der leitung nichts zu tun hätte. Ich persönlich bin der ansicht, dass wir ein archiv brauchen – denn gute abhandlungen, untersuchungen werden zu selten geschrieben, um dafür ein organ zu schaffen; u. bin ferner der ansicht, dass sich ein rein productives organ nicht halten kann, bibliographie u. kritik ist unentbehrlich, um kräfte zu gewinnen; der interessent will alles auf einmal kaufen. Mir wäre lieb, es ginge von Österreich aus oder doch nicht von Berlin. Schmidt hat zu wenig Zeit u. Lust und ohne seine Aufsicht ist in Berl. zu Einseitiges zu erwarten.[13]

Über die Notwendigkeit und die Modalitäten einer neuen Zeitschrift korrespondierten Seuffert und Sauer in der Folgezeit intensiver, wobei das Redaktionsgehalt offensichtlich eine nicht zu unterschätzende Rolle spielte. Seuffert warf in diesem Zusammenhang den Gedanken ein, „dass Richard M. Meyer eine neue Zs. gründen könnte: er kann gut auf jeden [sic] Redactionsgehalt verzichten",[14] und am 6. Oktober 1893 brachte er vermutlich erstmalig Sauer selbst – zumindest hypothetisch – als Redakteur ins Gespräch:

---

11  Schröder an Seuffert, Brief vom 6.4.1893 (StAW, NL Seuffert).
12  Sauer an Seuffert, Brief vom 18.9.1893 (ÖNB, NL Sauer, Autogr. 422/1-223). Mit dem „Verein" war die Berliner *Gesellschaft für deutsche Literatur* gemeint.
13  Seuffert an Sauer, Karte vom 23.9.1893 (StAW, NL Seuffert).
14  Seuffert an Sauer, undatierte Karte (StAW, NL Seuffert).

Mir ist recht lieb, L.fr., wenn Sie mit Richard M. Meyer über eine neugründung verhandeln wollen. Ich überlasse es Ihrem ermessen, ob Sie dabei meiner erwähnen oder nicht. Gut wäre, wenn bald etwas geschieht, [Max] Koch darf die mitarbeiter nicht an sich ziehen, wie Sie doch auch nach Ihrem letzten briefe befürchten. Nicht alle kennen ihn so wie Sie und ich u. wissen, dass man seinen namen nicht vor den unsrigen setzen kann. Gegen Koch würde auch Minor zu gewinnen sein. Wollen Sie ihn nicht darauf ansprechen. Wenn ich nicht den verzicht auf redactionshonorar voraussetzte, würde ich niemand als sie um eine neue zs. bitten. Fresenius wäre der verlässigste [sic] helfer, braucht aber auch honorar. Richten Sie alles zum besten![15]

In seinem Antwortbrief vom 10. Oktober dachte Sauer über die Situation gewissermaßen laut nach. Auch er, schrieb er, werde in Zukunft in der ungeliebten Zeitschrift Max Kochs publizieren müssen – „außer ich gründe selber eine neue, wozu ich nicht übel Lust hätte, wenn ich einen Verleger wüßte und wenn ich selber mit Minor besser stünde als ich stehe". Mit August Fresenius, den Seuffert ihm als Helfer empfohlen hatte, vertrage er sich gut, Richard M. Meyer, den Seuffert als solventen Mitherausgeber vorgeschlagen hatte, kenne er noch nicht, aber er gab zu bedenken: „Glauben Sie nicht, daß es der neuen Zs. schadet, wenn Sie von einem Juden redigirt wird? Die Strömung dagegen ist doch so allgemein und so arg, daß man sich manche Kreise gleich von vornherein fernhält." Im Übrigen dürfe das „neue Organ" keine direkte Spitze gegen Koch und dessen Zeitschrift enthalten, denn, so meinte Sauer:

Vielleicht seh ich zu unschuldig in die Welt; aber mir will es scheinen, als ob es in der neueren Litt. Geschichte Parteien wie einst in der Germanistik gar nicht mehr giebt. Wenn Sie mich des Gegentheils belehren, dann will ich mich Ihren Ansichten gerne fügen. Wenden Sie eine Viertelstunde darauf und rechnen Sie auf meine Mithilfe bei einer Neugründung in jeder Beziehung.[16]

Aus Sauers Brief vom 29. Oktober 1893 geht hervor, dass Seuffert ihn mit einem „energischen Vorschlag" gedrängt hatte, sich der neuen Zeitschrift anzunehmen; Sauer allerdings, so Seuffert, war, „keineswegs mit meiner Lust und mit der Überzeugung von meiner Tauglichkeit zu diesem Geschäfte soweit im Reinen [...], um mich rasch dazu zu entschließen. Ich mußte den Plan noch eine Zeit lang mit mir tragen." Dann aber wurde er aktiv und suchte nach einem Verleger für die Zeitschrift, schrieb zuerst an Göschen, aber „der lehnte ab".[17] Er bemühte sich weiter und bat Seuffert für etwaige Verhandlungen um

---

15  Seuffert an Sauer, Brief vom 6.10.1893 (StAW, NL Seuffert).
16  Alle Zitate aus Sauer an Seuffert, Brief vom 8.10.1893 (ÖNB, NL Sauer, Autogr. 422/1-225).
17  Zitate aus Sauer an Seuffert, Brief vom 29.10.1893 (ÖNB, NL Sauer, Autogr. 422/1-227).

Details über Auflagenhöhe, Absatz, Honorare und Subventionen.[18] Bei dem vergeblichen Versuch, die Nicolaische Buchhandlung in Berlin als Verleger zu gewinnen, verlor Sauer drei wertvolle Wochen; am 23. November schrieb er Seuffert: „Zu einer ev. Ankündigung auf dem Umschlag Ihres letzten Heftes wird es leider zu spät werden; vielleicht lassen sich aber noch Prospecte beilegen."[19]

Ebenfalls als ergebnislos erwiesen sich zunächst Sondierungen bei Sauers Freund Rudolf Koch, der von Cotta zum C.C. Buchner Verlag in Bamberg gewechselt war. Weitere Körbe wolle er sich ungern holen, schrieb er Seuffert, „Ich komme mir ohnehin schon wie ein alternder Junggeselle vor, der sich überall aufdrängt und den niemand mehr mag."[20] Seuffert suchte ihn mit den Worten zu trösten: „Es ist recht ärgerlich, dass Sie solange suchen müssen. Nehmen Sie das aber doch nicht persönlich! Sie können nicht verlangen, dass einer um Ihretwillen eine zs. gründet, und können doch auch gewiss sein, dass keiner sie um Ihretwillen ablehnt. Das ist reine geschäftssache."[21]

Am „Nikolo", dem 6. Dezember, hatte sich das Blatt „gänzlich gewendet"; Sauer schrieb stolz:

> Der Brief, in welchem ich Koch-Buchner abschrieb, zündete erst bei ihm; er hat die Verhandlungen in neuer Form wieder aufgenommen, hat Zugeständnisse gemacht, die auch mir einige entlockten und wenn nichts noch dazwischen kommt, so ist die
> Neue Vierteljahresschrift für Litteraturgeschichte
>
> unter meiner Redaction gegründet.

Nach der Information über einige technische Details fügte Sauer hinzu: „Jedes Heft soll aber *einen* größer gedruckten Artikel wo möglich allgemeineren Inhalts enthalten, der mit M. 30 per Bogen honorirt wird. Dagegen habe ich Fraktur zugestanden und einiges andere. Fürchten Sie nicht, daß eine *populäre* Zeitschrift daraus wird; aber in der Art der Vierteljahrschrift gings absolut nicht. Böhlau hat nur mehr 265 Abonnenten."[22] Diese knappen Sätze enthalten zwei wichtige Informationen. Zum einen die über eine Neuorientierung der geplanten Zeitschrift, von der Sauer offensichtlich befürchtete, konservative Fachvertreter könnten sie als „Popularisierung" auslegen. Um die Neuori-

---

18  Auf diese Fragen antwortete Seuffert mit seiner Karte vom 1.11.1893 (StAW, NL Seuffert).
19  Sauer an Seuffert, Karte vom 23.11.1893 (ÖNB, NL Sauer, Autogr. 422/1-229). – Am 27.11.1893 schrieb Seuffert: „Jetzt ist es selbst zu einer Beilage zu spät."
20  Sauer an Seuffert, Karte vom 30.11.1893 (ÖNB, NL Sauer, Autogr. 422/1-231).
21  Seuffert an Sauer, Karte vom 4.12.1893 (StAW, NL Seuffert).
22  Sauer an Seuffert, Brief vom 6.12.1893 (ÖNB, NL Sauer, Autogr. 422/1-232; Herv. i. O.).

entierung zu legitimieren, übte Sauer an Seufferts Zeitschrift eine verhaltene, aber summarische Kritik, die er an der Abonnentenzahl festmachte: So „gings absolut nicht". Dass er Seuffert mit Kritik schonte, ist verständlich: Er wollte den Freund nicht verletzen und auch als Ratgeber für die neue Zeitschrift nicht verlieren. Andere Philologen wurden mit ihrer Kritik deutlicher. Erich Schmidt etwa schrieb an Sauer zunächst, er freue sich sehr darüber, „daß die durch Böhlaus Pfennigfuchserei abgemuckte VJS sobald tuis auspiciis ihre Urständ halten soll", er sei auch völlig einverstanden mit Sauers Plänen, fügte dann aber hinzu, Sauer in seine Kritik ironisch einschließend:

> Die üble Erfahrung bei der VJS war, daß ein entschiedener Mangel an *guten* Mitarbeitern herrscht. Immerhin hatte Seuffert Unrecht, langathmige Seminararbeiten über Hoffmannswaldaus Heroide und die rhetor. Figuren in Wielands Com. Erzählungen aufzunehmen. Auch schien mir ein gewisser A.S. zu freigebig den culte des vieux papiers Göttingens zu betreiben, was er freilich durch andere Gaben versüßte.[23]

Doch kehren wir noch einmal zu Sauers Nikolo-Brief an Seuffert zurück, den er mit den Sätzen beschloss: „Lieber Freund! Wird aus der Zeitschrift etwas Tüchtiges, so gebührt Ihnen allein das Verdienst; denn Sie haben mir den Gedanken nahe gelegt und haben mich ermuntert. Ich danke Ihnen herzlich und vielmals. Bleiben Sie mein treuer Berather und Mitarbeiter. Ich werde noch oft an Ihre Güte appellieren müssen."[24] Wenngleich diese Sätze vornehmlich als Zeugnis der Dankbarkeit zu verstehen sind, so wird aus ihnen doch zugleich etwas deutlich, was bislang so nicht bekannt war: Bernhard Seuffert hatte einen entscheidenden Anteil daran, dass August Sauer nach dem Scheitern der *Vierteljahrschrift für Litteraturgeschichte* tatsächlich eine neue Zeitschrift gründete. Freilich war sein Beitrag am Programm und an der Konzeption der Zeitschrift kaum nennenswert.

Am 8. Dezember 1893 waren die Verhandlungen mit dem Verlag C.C. Buchner abgeschlossen, Sauer teilte Seuffert mit: „Das Geheimnis ist öffentlich."[25] Seuffert scheint mit dem Verhandlungsergebnis, nicht aber mit dem Titel *Neue Vierteljahresschrift für Litteraturgeschichte* einverstanden gewesen zu sein; am 9. Dezember schrieb er, auch Schönbach, der Sauer im Übrigen alles Glück wünschte, er fände den Titel ungeschickt gewählt.[26] Sauer entgegnete „Den

---

23 Erich Schmidt an August Sauer, Brief vom 13.12.1893 – die Transkription dieses Briefs verdanken wir Volker Ufertinger (München). – Zur Kritik an Seufferts Zeitschrift vgl. auch den Brief von Daniel Jacoby an August Sauer vom 6.7.1894 (WBR, NL August Sauer).

24 Sauer an Seuffert, Brief vom 6.12.1893 (wie Anm. 22).

25 Sauer an Seuffert, Karte vom 8.12.1893 (ÖNB, NL Sauer, Autogr. 422/1-233).

26 Seuffert an Sauer, Karte vom 9.12.1893: „Auch Schönbach ist – aus freien stücken – entschieden dagegen, dass Sie den titel beibehalten; ich muss diese absicht voraussetzen nach

Titel wollte der Verleger. Ich war dagegen. Da er aber einen noch näheren Anschluß an die alte Zeitschrift wollte, so gab ich nach." Selbstbewusst fügte er sogleich hinzu: „Tatsächlich wird es allerdings ein ganz neues Organ und auch ein anderes." Nähere Ausführungen zum Programm machte er nicht, fügte aber hinzu: „Heute ist der erste große Correspondenztag."[27] Noch am gleichen Tag informierte Sauer zahlreiche Kollegen und Freunde von der Zeitschriftengründung. Einer der entsprechenden Briefe war an Albert Leitzmann gerichtet, dem er bereits am 10. November „eine große litterarische Neuigkeit"[28] angekündigt hatte. Am 9. Dezember lüftete er das Geheimnis:

> Also das grosse litterarische Ereignis ist, dass ich die VJS unter neuem Titel und auch in neuem Verlage (C.C. Buchner in Bamberg) fortführe. Sie wird allerdings auch ein andres Gesicht bekommen; die wichtigste Änderung ist, dass jedes Heft einen allgemeineren Artikel enthalten soll und dass Recensionen nach Art der Zs. f. d. A. [*Zeitschrift für deutsches Altertum*] aufgenommen werden sollen. Auch der Geist soll ein andrer sein, ein freierer und frischerer. Dass auch die Geschichte der *Presse* gepflegt werden soll, das werd ich im Prospect ausdrücklich betonen.[29]

Wie er sich mit der Zeitschriftengründung bei Kollegen empfahl, die er persönlich nicht kannte, lässt sich einem Brief Sauers an Konrad Burdach vom 15. Dezember 1893 entnehmen:

> Sehr geehrter Herr College!
>
> Ich erlaube mir Ihnen mitzuteilen, daß ich mich entschlossen habe die Seuffertische VJS in neuer Form und in neuem Verlage (C.C. Buchner in Bamberg) von Neujahr ab fortzusetzen. Die Hauptneuerung ist, daß jedes Heft einen Artikel allgemeineren Charakters (Darstellendes, Essays, Zusammenfassendes, Methodisches) enthalten soll, das durch den Druck ausgezeichnet und auch ein klein wenig besser (M. 20. per Bogen) honorirt wird. Ferner werden Recensionen nach Art des ‚Anzeigers‘ [*Anzeiger für deutsches Altertum*] aufgenommen. Ich hoffe, wenn mich die Fachgenossen nicht im Stiche lassen, mit der Zeit auch einen größeren Abnehmerkreis zu gewinnen; denn die alte Zeitschrift siechte elend dahin. Ich gestatte mir, Sie um Ihre freundliche Mitwirkung und Förderung zu bitten. Ich pflege selbstverständlich *neuere* Litteratur; aber ein gelegentlicher Übertritt über die Grenze nach rückwärts braucht nicht als Frevel aufgefasst zu werden. Insbesondere wären mir Vorschläge zu Recensionen äußerst willkommen.[30]

---

der art, wie Sie den titel in anführungszeichen geschrieben haben. Schönbach wünscht Ihnen erfreut alles glück." (StAW, NL Seuffert)

27 Sauer an Seuffert, Karte vom 9.12.1893 (ÖNB, NL Sauer, Autogr. 422/1-234).

28 „Auf Ihre ‚grosse literarische neuigkeit‘ bin ich äusserst begierig", schrieb Leitzmann an Sauer am 10.11.1893. – Die Briefe von Leitzmann an Sauer sowie die von Sauer an Leitzmann (Universitätsarchiv Jena) machte uns dankenswerterweise Jeanette Godau zugänglich.

29 Sauer an Leitzmann, Brief vom 9.12.1893; Herv. i. O.

30 Sauer an Konrad Burdach, Brief vom 15.12.1893 (BBAW, NL Konrad Burdach).

Am 9. Dezember 1893 informierte Sauer auch die beiden Herausgeber der *Zeitschrift* und des *Anzeigers für deutsches Altertum*. An Schröder, den er aus der Studienzeit bei Wilhelm Scherer in Berlin kannte, schrieb er:

> Lieber Freund!
>
> Denken Sie sich, ich habe mich einigen in mich drängenden Freunden und meinem alten Cottaschen Gönner Rudolf Koch (jüngst C.C. Buchner in Bamberg) zuliebe entschlossen, das Erbe der seligen VJS anzutreten. Es wird allerdings eine andere Zeitschrift werden, denn so wie sie jetzt ist, kann sie kein Verleger der Welt fortführen. Wir wollen in jedem Heft einen allgemeinen Artikel (darstellender, zusammenfassender Essay, Methodisches etc.) bringen, der *lesbar* sein soll […]. Dann sollen Rezensionen aufgenommen werden. Indem ich mir zunächst Ihre freundliche Mitwirkung erbitte, möchte ich auch gern von vornherein zu Ihrer Zs. ein gutes nachbarliches Verhältnis haben.

Literaturgeschichtlich werde es keine Überschneidungen geben, kündigte er an:

> Aber mit dem *Anzeiger* werde ich mich stark berühren, ja dessen Recensionen schweben mir gerade als Muster vor. Seuffert ist der Meinung, daß die neue Zeitschrift sich nur halten könne, wenn sie auch Recensionen bringt. Ich möchte mich aber gerne auf wichtige Bücher beschränken und diese sehr ausführlich besprechen. Ich habe nun Roethe den Plan vorgelegt und richte an Sie dieselbe Frage, ob es nicht vielleicht möglich wäre, hier eine gewisse Arbeitstheilung vorzunehmen und eine Einigung zu erzielen. Vielleicht in der Weise, daß wenn Sie für ein Werk einen geeigneten Recensenten gefunden haben, ich dann auf eine Besprechung desselben Buches verzichte und umgekehrt. Ob das durchführbar ist, werden Sie und Roethe besser beurtheilen können als ich, der ich in diesen Redactionsgeschäften noch ganz unerfahren bin. Für alle Fälle liegt mir daran, daß die beiden Zeitschriften in gutem Einvernehmen nebeneinander bestehen, wie es bei der VJS der Fall war.[31]

Roethe beantwortete Sauers Schreiben am 23. Dezember 1893 auf eine sehr grundsätzliche Weise:

> Hochverehrter Hr. College,
>
> Ich danke Ihnen zunächst herzlich für Ihren liebenswürdigen Brief: daß ich ihn erst heute beantworte, werden Sie dem Hausvater zu Weihnachten zu Gute halten. Weiter spreche ich Ihnen meine Freude aus, daß die Vierteljahrschrift durch Sie vor dem Erlöschen bewahrt wird: hoffentlich halten Sie die drückenden Redactionslasten länger mit guter Laune aus als Seuffert. Ein Vergnügen ist das redigiren nicht. Gewis werde ich, wenn ich Geeignetes habe, es gerne Ihrer Zeitschrift einsenden.
>
> Nicht ganz so erfreulich ist es mir, daß Ihre Zeitschrift nun auch Recensionen bringen soll. Wir kommen uns dadurch ja wirklich ins Gehege, und, wenn ich daran denke, welche Mühe es mir jetzt schon macht, grade für die neuere Litteratur geeignete Referenten zu finden, so beunruhigt mich der Gedanke einer weitren Concurrenz doch ein wenig. Auch kann ich das Bedürfnis eines neuen recensirenden Organs kaum einsehen, da ja doch DLZ

---

31  Sauer an Schröder, Brief vom 19.12.1893 (SUB Göttingen Cod. Ms. E. Schröder 894).

[*Deutsche Literaturzeitung*], Lit. Centralblatt und Koch, Jahresberichte, Zeitschr. f. deutsche Philologie und Behaghels Literaturblatt gleichfalls die neuere Litteratur berücksichtigen, die beiden letztern auch im ausführlichen Anzeiger. Mir tut es da leid um jeden Bogen, der durch Recensionen den Aufsätzen, Briefpublicationen und sonstigen Materialsammlungen entzogen wird in Ihrer Zeitschrift.

Aber das werden Sie alles selbst erwogen haben. Mir gieng nun wol einen Augenblick der Gedanke durch den Kopf, ob es nicht angebracht wäre, unter diesen Umständen die neuere Litteratur ganz aus dem Anzeiger zu verbannen. Aber wir sind von diesem Gedanken sofort zurückgekommen. Scherer hat den Anzeiger recht eigentlich mit der Absicht gegründet, daß die Einheit unsrer Wissenschaft repraesentire; zu diesem selben Zwecke ist der alte Titel der Zeitschrift geändert worden; und wenn allmählich auch die neure Litteratur in der Zs. wider ganz zurückgetreten ist der *Vierteljahrschrift* zu Liebe, so sind wir es Scherers Andenken, dem Verleger und unsern Lesern schuldig, unser Gebiet nicht noch weiter einzuschränken, um so mehr als auch uns beiden daran liegt, die Einheit von Philologie und Litteraturgeschichte dadurch zu bestätigen, daß wir ihre Verbindung im Anzeiger erhalten.

Ich führe Ihnen die Gründe an, die mich abhalten, unser Gebiet gegenseitig sauber abzugrenzen. Ich bin überzeugt, daß Sie mir Recht geben: Sie selbst regen den Gedanken, der mir sofort kam, ja auch gar nicht an.

Wenn ich nun auch nicht auf die Besprechung der neuern Litteratur im Anzeiger zu verzichten gedenke, so erwidere ich doch herzlich die freundnachbarlichen Gesinnungen, die sie mir so freundlich entgegenbringen, und den Weg, den Sie vorschlagen, halte auch ich für gangbar. Ich werde gerne bei Büchern, deren Besprechung mir nicht unbedingt notwendig erscheint, auf die Besprechung verzichten, wenn der Recensent, den ich ins Auge gefaßt hatte, Ihnen bereits seine Zusage gegeben hatte.[32]

Aus Roethes Brief wird deutlich, dass seine Weigerung, den Rezensionsteil im *Anzeiger* zugunsten der neuen Zeitschrift auf die ältere deutsche Literatur zu beschränken, nicht allein aus wissenschaftlichen Gründen erfolgte: Konkurrenz- und Opportunitätsgründe spielten dabei eine wichtige Rolle – neben der Sorge um die Einheit der Philologie möglicherweise auch die, bei einer Beschränkung auf das deutsche Altertum marginalisiert zu werden.

Dass es bei der Zeitschriftengründung nicht allein um die Wissenschaft, sondern auch um die Positionierung auf dem inzwischen entstandenen Markt wissenschaftlicher Zeitschriften ging, war selbstverständlich auch Sauer und Seuffert klar. Letzerer schrieb Ende Dezember 1893:

Ich war überzeugt, dass Ihre gründung jubel erzeuge; Sie sind beliebt u geschätzt und das bedürfnis nach einem Blatte ist gross. […] Vielleicht ist es klüger, wenn Sie auch [Max] Koch und [Oskar] Erdmann einladen, Sie zeigen so, dass Sie Ihre Zs. für etwas anderes halten und nicht konkurrenz machen wollen. [Veit] Valentin würde ich des Hochstifts wegen nicht umgehen. C.[arl] Heine ist nicht viel schlechter als viele andere. In summa: ich würde möglichst alle laden; in den manuscripten müssen Sie ja dann noch kleinlicher sein

---

32   Roethe an Sauer, Brief vom 23.12.1893 (WBR, NL August Sauer).

als ich, da Sie 16 bogen weniger haben durch die recensionen; da fallen die unreifen doch fort; nur von vornherein weniger böse stimmung machen als ich! Sie packen alles frischer an als ich tat, eifriger, geschickter. Ich liess die leute kühl an mich herankommen. Die VJS war ja pedantisch – gelehrt – vornehm; so erzielt eine zs. keinen absatz. Seien Sie etwas journalistischer. Sie verstehen sich auch besser darauf als ich, was ich beneide. Schröder-Roethe: behandeln Sie das folgende so streng vertraulich, wie ich Ihre mitteilung behandle. Schröder war schon in manuscr.-not, deshalb wäre ihm vielleicht etwas nhd. gelegentlich willkommen; in letzter zeit hat er aber wieder reichlich althochdeutsch, so dass er gegen Roethes <???> Anz. einengen möchte. Roethe will oder wollte wenigstens den Anz. erschöpfend machen, alles ansprechen lassen und kürzere recensionen infolge dessen ausbedingen. Ich halte das für ein unglück. Ich weiss das nicht von Roethe, aber authentisch. Ich würde an *Ihrer* stelle kurze und lange recensionen bringen wie der referent es beliebt. Daraus verstehen Sie vielleicht das befremden der herren besser. Ich halte mit versprechen für Sie keineswegs aus rücksicht auf den anzeiger zurück; ich habe zu ihm nicht mehr das verhältnis wie zu steinmeyers zeit. Lediglich deswegen, weil ich nichts neues versprechen will, bis ich verjährte schulden an die gött. Gel., den Anz. u. die DLZtg abgetragen habe, wozu mir der Goethedienst keine zeit läßt. – Überlegen Sie doch, ob Sie nicht auch zs.- u. ztgs-artikel von bedeutung recensieren lassen wollen, dem spät erscheinenden *Jahresbericht* etwas konkurrenz zu machen, wäre gut. Halten Sie nur den recensionsteil (auch im prospect) recht beweglich.[33]

Es ist zu vermuten, dass sich Sauer früh über Programm und Konzeption seiner Zeitschrift in großen Zügen klar war, dass er aber die Formulierung in Einzelheiten erst im Dezember 1893 vornahm;[34] der Prospekt mit dem Programm, der im ersten Heft wieder abgedruckt wurde, war am 28. Dezember fertig.[35] Die von mehreren Kollegen geäußerte Vermutung, er habe die Zeitschrift von langer Hand geplant, wies Sauer stets zurück. Als Albert Leitzmann seine Bewunderung darüber ausdrückte, dass Sauer bei dem gemeinsamen Rügenaufenthalt im Sommer das Geheimnis so „vorzüglich gewahrt"[36] habe, entgegnete

---

33  Seuffert an Sauer, zwei Karten vom 29.12.1893 (StAW, NL Seuffert). – Zum Identifikationsbegriff der „Vornehmheit" vgl. auch Schröder an Roethe, Brief vom 27.7.1894: „Der Euphorion gefällt mir in Heft 2 noch weniger als in Heft 1. Sauer ist doch ein ganz kritikloser, stofftrunkener Kumpan […]. Ich habe auf das Abonnement für meine Person verzichtet und schäme mich fast, vor den Studenten der Philologie dies Zeug im Seminar auszulegen. Da nahm sich die Vierteljahrsschrift doch in jeder Beziehung vornehmer aus!" (Roethe/Schröder 2000: Bd. 1, Nr. 1581, S. 616)

34  Noch am 30.12.1893 schrieb Sauer auf einer Karte an Leitzmann: „Einer Anregung Heinzels folgend wird die neue Zeitschrift auch Referate über solche litterarhist. Bücher u. Aufsätze bringen, welche in Deutschland schwerer erreichbar sind; nordamerikan., slavische, ungarische etc. Glauben Sie, dass man dazu auch schwedische (dän. norwegische) rechnen dürfte. Ich glaube ja. Und möchten Sie mir dazu behilflich sein."

35  Vgl. Sauer an Leitzmann, Karte vom 29.12.1893: „Der Prospect gieng gestern in die Drukkerei."

36  Leitzmann an Sauer, Brief vom 11.12.1893; ‚<???>' bezeichnet ein unlesbares Wort.

Sauer: „Wie können Sie mir zumuthen, lieber Freund, dass ich Ihnen den Plan der Zeitschrift den ganzen Sommer hindurch verschwiegen hätte. Er ist ganz neu, erst eine Folge herbstlicher Correspondenz mit Seuffert".[37]

Weder der Titel noch die genaue Konzeption oder auch die Mitarbeiter des ersten Heftes der neuen Zeitschrift standen also fest, als Sauer sich mit dem Verleger über die neue Zeitschrift einigte; lediglich seinen langjährigen Grazer Kollegen Anton E. Schönbach hatte er schon um einen „einleitenden Artikel"[38] gebeten. Erst nach dem „ersten großen Correspondenztag" am 9. Dezember liefen bei ihm längere Listen von Namen und Empfehlungen potenzieller Beiträger ein, wie beispielsweise Erich Schmidt sie seinem Brief vom 13. Dezember anfügte. Am selben Tag konnte Sauer Seuffert melden, Schönbach habe den Einleitungsartikel zugesagt, Minor „Methodisches", Max Rubensohn[39] einen Artikel über Opitz „mit hübschen neuen Resultaten". Ferner teilte er ihm mit, der Verleger sei „bereit, den Titel etwas zu verschieben, ‚Neue Vierteljahresschrift['] als Untertitel zu lassen und noch einen anderen nom de guerre zu finden. Aber was? Germania? Goethe? (wie es eine Zeitschrift Humboldt gibt)? Vielleicht fällt Ihnen was Passendes ein."[40] Ohne die Antwort abzuwarten, schickte Sauer am selben Tag eine zweite Karte:

> Es ist alles in Ordnung bis auf den Titel. Der Verleger gibt ihn mir nicht ganz frei. Was meinen Sie zu Euphorion? Oder ganz einfach ‚Deutsche Zeitschrift für Litteraturgeschichte'? Was doch nur Weiteres ist als ‚Zeitschrift für deutsche Littgesch' oder ‚Litterarhistor. Zeitschrift'. Das bloße ‚Zeitschrift für Litteraturgeschichte', was Schönbach vorschlägt, ist mir doch ein wenig zu kahl und könnte zu Verwechslung mit Koch Anlaß geben. Nicht?[41]

Seuffert hielt den Vorschlag *Euphorion* für sehr glücklich; er schrieb am 16. Dezember 1893:

> Euphorion inhaltlich u. dem klange nach sehr schön. Nur fragen Sie ihren sortimenter, ob der titel nicht schon verwendet ist, mir kommts so vor. Ich *für meine person* bin gegens antikisiren. Zs.f.lg ist zu Kochisch. Litterarhistorische Zs. lässt sich nicht als einzeiler Titel drucken. Deutsche zs. f. lg ist gut; ausländer werden sich ja dadurch nicht abhalten lassen. Z. f geschichte der schönen litteratur wäre allenfalls auch möglich, und eine kleine variante. Dass Schmidt Ihnen freundlich entgegenkomme, setzte ich voraus. Suphan wird brüten, wie er seinen namen über den Ihrigen setzen kann.[42]

---

37  Sauer an Leitzmann, Brief vom 12.12.1893.

38  Sauer an Seuffert, Karte vom 8.12.1893 (wie Anm. 25).

39  Zu dem Privatgelehrten und Opitzforscher Max Rubensohn (1864-1913), einem Schüler von Johannes Vahlen, vgl. Seidel (2005).

40  Sauer an Seuffert, Karte vom 13.12.1893 (ÖNB, NL Sauer, Autogr. 422/1-235).

41  Sauer an Seuffert, Karte vom 13.12.1893; die zweite Karte (422/1-236) vom selben Tag.

42  Seuffert an Sauer, Karte vom 16.12.1893 (StAW, NL Seuffert).

Die Titelfrage scheint Sauer auch an Erich Schmidt gerichtet zu haben, denn dieser antwortete ihm am 22. Dezember: „Der Litthistor. Gesellschaft[43] habe ich Dein nasciturus beim Stiftungsfest angekündigt, zu großer Freude. Aber 1 schönen Titel wußte niemand. Nur Imelmann schlug Pallas vor – aber was Antikes (darunter: Euphorion wäre nicht übel trotzdem) geht nicht, so sehr ich Namenstitel wie Eos, Hermes, Prometheus, etc. liebe."[44] Sauer blieb bei seinem Vorschlag; am 26. Dezember schrieb er an Albert Leitzmann: „Ich will einen aparten Titel. Am besten gefällt mir ‚Euphorion' oder ‚Deutsche Wälder', das erste meine eigene Erfindung, das zweite Schmidts Leistung"[45]; drei Tage später war die Entscheidung getroffen: die Zeitschrift „heisst wohl nun definitiv ‚Euphorion. Zeitschrift für Litteraturgeschichte'".[46]

Schwieriger als die Wahl des Titels erwies sich die Suche nach einem geeigneten methodischen Einleitungsaufsatz für die Zeitschrift. Für diesen Zweck konnte Sauer Anton E. Schönbachs Brief, der statt des erwünschten Artikels einging, ebenso wenig verwenden wie Minors Beitrag über die Literarischen Centralanstalten (Schönbach 1894; Minor 1894). Am 29. Dezember schrieb er an Leitzmann, der ihm einen Besuch bei Rudolf Haym, dem langjährigen Herausgeber der *Preußischen Jahrbücher*, angekündigt hatte, er möge bei diesem für die Zeitschrift

> ein gutes Wort einlegen. Er hat mir die Mitwirkung nicht abgeschlagen, aber auch nichts versprochen und ich kann nicht in ihn drängen. Aber wenn Sie ihm vorstellen könnten, wie sehr ein Aufsatz von ihm, oder eine Recension, überhaupt die kleinste Kleinigkeit der *Sache, mir* u. der Zs. nutzen könnte, wenn Sie ihm in Erinnerung an unsere Gespräche schildern könnten, dass ich die Sache im grossen u. freien Style anpacke: vielleicht thut ers. Am liebsten wäre mir ein Einleitungsartikel über Wert u. Bedeutung der Litteraturgeschichte von ihm gewesen.[47]

Sauer hatte auch Erich Schmidt um etwas ‚Methodisches' gebeten, denn dieser schrieb ihm am 2. Februar 1894:

> Es lebe Euphorion! Über Methodologisches habe ich lange nachgedacht, kann mich aber nicht entschließen: 1) müßte es etwas Höheres, Reiferes sein, und ich lebe in lauter Unrast 2) erweckt man, wie auch Burdach meint, bei vielen den Verdacht der Bemutterung 3) hab ich mich eben in der sehr vergrößerten Urfaust-Einleitung ausführlich und abwehrend gegen falsche Philologie ausgesprochen und möchte nicht gleich wieder als Warner und Mahner auftreten.

Auch nach einem Stück aus dem Nachlass Wilhelm Scherers hatte Sauer bei Schmidt angefragt, denn der meinte entschuldigend: „Scherer?? Ich habe

---

43  Gemeint ist wiederum die Berliner *Gesellschaft für deutsche Literatur*.
44  Schmidt an Sauer, Brief vom 22.12.1893 (wie Anm. 23).
45  Sauer an Leitzmann, Karte vom 26.12.1893 (wie Anm. 28).
46  Sauer an Leitzmann, Karte vom 29.12.1893 (wie Anm. 28).
47  Sauer an Leitzmann, Karte vom 29.12.1893 (wie Anm. 28); Herv. i. O. von Sauer.

eben Burdach von neuem gemahnt, endlich die Papiere zurückzuschicken, die seit ein paar Jahren bei ihm lagern." Seinem Brief fügt er ein „Nota bene" an: „wann willst Du losschießen? Ich dächte: erst im Oktober."[48] Schmidt wusste nicht, dass Sauer, vermutlich um den Abstand zwischen dem Ende der alten und dem Beginn der neuen Zeitschrift nicht zu groß werden zu lassen, mit dem ersten Heft schon am 15. April[49] herauskommen wollte – tatsächlich erschien es am 9. Mai 1894.[50] Noch am 16. Februar konnte Sauer Albert Leitzmann den Inhalt nur in Umrissen wiedergeben:

> Das erste Heft gestaltet sich allmählich. Sicher steht bis jetzt ein Brief von Schönbach über das Programm (über die stärkere Berücksichtigung der modernen Litteratur); *Minor:* Centralanstalten für [...] litterarhistorische Hilfsarbeiten; Niejahr: Goethes Helena. Reinhold Köhler über die Schnelligkeit des Teufels [sic!]; Erich Schmidt über die Quelle von Heines Bimini; Krauss: Moerike und die Politik. Andres ist noch schwankend.[51]

Das erste Heft des *Euphorion* wurde, wie aus Sauers weiterer Korrespondenz hervorgeht, unter hektischem Termindruck zusammengestellt. Mitte Februar schrieb er an Seuffert:

> Ich wache und träume nur *Euphorion.* Nachts tanzen mir Corpus, Borgis, Klein und Groß Petit Csardas vor den Augen; der Briefträger ist eine Staatsperson für mich geworden und immer gaukelt mir das erste Heft schwankend und irrlichterisierend vor dem Blick. Ich hoffe, daß ich mit der Zeit ruhiger werde, sonst ist die Zeitschrift mein Ruin. Sie aber werden Gott danken, wenn ich Sie etwas mehr in Ruhe lasse.[52]

Seuffert hatte noch mehrfach Grund zu intervenieren. Am 5. März schrieb er Sauer:

> Dass Sie mit Scherer eröffnen, gibt ein parteiansehen, aber Sie wollen das und *mir* ists gewiss sehr lieb. Können Sie Schönbachs brief nicht vor den Harnacks stellen? Ich fürchte, er wird durch die nachstellung empfindlich. Ihm dürfen Sie jedenfalls den ein- und ausgang nicht streichen: er hat mehr freude am stil seines schreibens als am inhalt dieses briefes; ich glaube es ist ihm jedes wort wichtig u. er hat wol recht damit, denn wenn man einmal eine solche form wählt, muss sie als kunstform gehandhabt werden, und dazu gehören die wendungen zu anfang u. ende.[53]

---

48  Schmidt an Sauer, Brief vom 2.2.1894 (wie Anm. 23).
49  Vgl. Sauer an Leitzmann, Karte vom 9.3.1894 (wie Anm. 28): „Gerne möchte ich bis zum 15. April heraussen sein."
50  Vgl. Sauer an Seuffert, Karte vom 9.5.1894 (ÖNB, NL Sauer, Autogr. 422/1-262).
51  Sauer an Leitzmann, Karte vom 16.2.1894 (wie Anm. 28).
52  Sauer an Seuffert, Brief o. D. (ÖNB, NL Sauer, Autogr. 422/1-253) – chronologisch geht eine Karte vom 10.2.1894 voraus.
53  Seuffert an Sauer, Karte vom 5.3.1894. – Am 8.3. fügte Seuffert hinzu: „Scherer vor Schönbach zu stellen, beleidigt diesen gewiss nicht, ich scheute Scherers führung lediglich, weil sein name als parteiname gilt." (StAW, NL Seuffert)

Trotz aller Probleme und Empfindlichkeiten gelangte das Manuskript des ersten Hefts vier Tage später, am 9. März, in die Druckerei; „es wird sehr vielseitig und reich",[54] schrieb Sauer an Leitzmann und führte in Stichworten den Inhalt auf, wie er sich dann im Druck des ersten Hefts findet, mit Scherers *Wissenschaftlichen Pflichten* als Einleitung und Notbehelf für den fehlenden Aufsatz zur Methode, den keiner der von Sauer angeschriebenen Kollegen zustande gebracht hatte.

„Die Schwächen des Hefts sind mir nur allzu deutlich",[55] gestand Sauer Seuffert sofort nach dem Erscheinen des Heftes, und auf Seufferts Heftkritik wiederholte er:

> Im Großen und Ganzen denke ich über die Zs. und über das 1. Heft insbesondere sehr kühl und ruhig, worüber ich meiner Gesundheit wegen froh bin. Die Bibliographie hat wol allgemeinen Anklang gefunden und ihr verdanke ich wol einen großen Theil des Absatzes. Dann haben die theoretischen Artikel allgemein interessiert, am meisten Schönbachs Artikel.[56]

Seuffert informierte Sauer auch über die Einschätzung des langjährigen Herausgebers der *Zeitschrift für deutsches Altertum*, Elias Steinmeyer – und fügte in Klammern jeweils seinen eigenen Kommentar hinzu:

> Lfrd., es interessiert Sie vielleicht doch, was mir Steinmeyer über den Euphorion schrieb: die bibliographie sei schön und bequem, nur werde sie durch den Jahresbericht wertlos (Richtig, aber wir brauchen ja gerade, dass wir vor dem Jahresbericht unterrichtet werden). Steinmeyer hält zu sehr an der vorstellung, eine zs. dürfe nicht ephemer sein, sie müsse dauernd lauter unersetzte artikel enthalten. Der Euphor. sei unterhaltender als die VJS (Sehr gut für den absatz). Von den recensionen habe ihm nur die über Roquette gefallen (mir nicht), die Seemüllerschen am wenigsten, obwohl wie er anfügt, er außerordentlich viel von diesem halte. Im ganzen meint er, mit der neueren Litteraturgeschichte sei heutzutage wenig los (Leider hat er recht).[57]

Erheblich mehr Probleme als das Programm und die Vielzahl eingegangener Manuskripte bereitete Sauer in der Folgezeit der Absatz des *Euphorion*. Am 9. Juni meldete er Seuffert: „Bis jetzt haben wir erst 107 Abonnenten. Kläglich";[58] am 19. Juli: „Über den Euphorion hab ich wenig Gutes zu berichten. Er geht gar nicht. Noch nicht 200 Abonnenten; das preuß. Minist. hat ablehnend geantwortet; ich krieg mancherlei schmeichelhafte Briefe; aber Geld wär meinem Verleger lieber."[59] Im September hatte der *Euphorion* 209,

---

54  Sauer an Leitzmann, Karte vom 9.3.1894 (wie Anm. 28).

55  Sauer an Seuffert, Karte vom 9.5.1894 (ÖNB, NL Sauer, Autogr. 422/1-262).

56  Sauer an Seuffert, Brief vom 13.6.1894 (ÖNB, NL Sauer, Autogr. 422/1-264).

57  Seuffert an Sauer, Karte o. D. (Poststempel: 1.7.1894, StAW, NL Seuffert).

58  Sauer an Seuffert, Karte vom 9.6.1894 (ÖNB, NL Sauer, Autogr. 422/1-263).

59  Sauer an Seuffert, Brief vom 19.7.1894 (ÖNB, NL Sauer, Autogr. 422/1-265).

im Dezember 260 Abonnenten,[60] und während die Zeitschrift sich inhaltlich zu konsolidieren und ein eigenes Profil zu gewinnen begann,[61] geriet sie ökonomisch in die Krise. Edward Schröder meinte schon im November 1894 einer Äußerung Schönbachs entnehmen zu können, „daß man dem Euphorion das frühe Ende seines ominösen Taufpaten zutraut", und präzisierte: „Wie die Zeitschrift ist, gönn ich ihr dies Schicksal, über das Gedeihen einer *guten* vornehm-tüchtigen Kollegin würd ich mich aufrichtig gefreut haben."[62] Am 23. Februar 1895 schrieb Sauer an Seuffert:

> Der *Euphorion* macht mir große Sorge. Es sind Abonnenten um Neujahr abgesprungen, mehr als der Zuwachs bedeutete. Die genaue Zahl weiß ich nicht; aber wir sind noch immer unter 300. Mit 330 führt Koch die Zs. weiter. So viel aber braucht er unbedingt. Er legte mir vor kurzem eine Liste von Städten vor, nach denen bis jetzt kein Exemplar geht; es sind Universitätsstädte wie Würzburg und Kiel darunter; Centren wie Rom und Chicago. Kurz und gut: es ist trostlos.[63]

Als die erhoffte Unterstützung vom Wiener Unterrichtsministerium ausblieb, meinte Sauer: „Das besiegelt wol nun das Ende der Zs."[64] Anfang Mai 1895, also ein Jahr nach dem Erscheinen des ersten Hefts, erhielt Sauer einen Brief des Verlegers, in dem dieser mitteilte, dass er unter diesen Bedingungen die Zeitschrift nicht werde weiterführen können. Sauer bat Seuffert um Rat, was er tun solle. Subventionen stünden kaum zu erwarten, eine Kostenminderung könne er nur durch Streichung des Rezensionsteils erreichen – „diese Demüthigung", schrieb er, „ertrüge ich leichter als den so raschen Tod der Zeitschrift." Schließlich hatte er noch die Idee, den *Euphorion* mit den in Berlin bei Göschen erscheinenden *Jahresberichten* zu verschmelzen:

> So daß z. B. die Arbeit, die dort gemacht wird, zugleich der Bibliographie des *Euphorion* (in geringerem Maße) zu gute käme u. das eine Unternehmen das andere stützte; denn auch die *Jahresberichte* stehen schlecht. Göschen lehnte allerdings vor 2 Jahren die Zeitschrift, die ich ihm bei meiner Verbindung mit ihm pro forma wenigstens antragen mußte, ab.

---

60  Vgl. Sauer an Seuffert, Karte vom 9.12.1894 (ÖNB, NL Sauer, Autogr. 422/1-280).
61  Vgl. Sauer an Seuffert, Brief vom 6.12.1894 (ÖNB, NL Sauer, Autogr. 422/1-278) „Überhaupt denk ich daß die Sache mit der Zeit sich ganz gut anlassen wird, wenns der Verleger aushält. Aber die Früchte meiner jetzigen Bemühungen zeigen sich erst in einem Jahre oder noch später." Am 23.2.1895 schrieb er Seuffert: „Ich bin allerdings der Ansicht, daß sich der Euphorion, wenn er noch ein paar Jahre ungehindert existiert und immer besser wird, worauf manches hindeutet, sich dann schon durch- und festsetzen werde." Sauer an Seuffert, Karte vom 23.2.1895 (ÖNB, NL Sauer, Autogr. 422/1-283).
62  Schröder an Roethe, Brief vom 20.11.1894 (Roethe/Schröder 2000/I: 644, Nr. 1655).
63  Sauer an Seuffert, Brief vom 23.2.1895 (ÖNB, NL Sauer, Autogr. 422/1-284).
64  Sauer an Seuffert, Karte vom 1.5.1895 (ÖNB, NL Sauer, Autogr. 422/1-294).

Er schloss seinen Brief mit einer persönlichen Wendung: „L. F. für mich, meine Ruhe, meine Gesundheit, meine Arbeiten, meine Zukunft wärs tausendmal besser, ich ließe die Zeitschrift eingehen. Aber kann ich das, darf ich das ehrenhalber? Hab ich nicht zu laut: siegessicher in d. Posaune geblasen, als daß ein so rascher Rückzug eine zu starke Blamage wäre?"[65] Als Rettungsversuch für die Zeitschrift wollte der Verleger, wie Sauer Seuffert kurz darauf mitteilte, einen Aufruf verfassen, „den wir an alle Interessenten versenden würden, unterzeichnet von Schmidt, Ihnen […], Suphan etc., worin erklärt würde: die Zeitschrift sei für die Wiss. nothwendig, könne aber nur durch das Zusammenwirken aller Factoren gehalten werden etc."[66] Der Aufruf erhielt den folgenden Wortlaut:

> Der *Euphorion*, von Prof. Dr. A. *Sauer* seit 1894 im Buchnerischen Verlag zu Bamberg herausgegeben, soll das Archiv und die Vierteljahrschrift für neuere deutsche Litteraturgeschichte ersetzen und unserer gerade während der letzten beiden Jahrzehnte so reich entfalteten Wissenschaft das unentbehrliche selbständige Centralorgan für Forschungen, Quellen und Uebersichten bieten.
>
> Diese Zeitschrift nicht nur zu erhalten, sondern auch nach Gehalt und Umfang zu vervollkommnen und durch weitere Verbreitung den Zusammenhang aller Fachgenossen zu befestigen, muß unser gemeinsames Bemühen sein, und wir bitten Sie dringend, in Ihrem Kreise das Unternehmen zu fördern, indem Sie Bibliotheken, Institute, Vereine und einzelne Freunde werben, so wie in jüngster Zeit die ‚Gesellschaft für deutsche Litteratur' in Berlin und die ‚Gesellschaft zur Förderung deutscher Wissenschaft, Litteratur und Kunst in Böhmen' in Prag die Vertheilung von Exemplaren, besonders an Mittelschulen, denen das Abonnement auf eigne Hand erschwert oder unmöglich ist, betreiben. Zuschriften bitten wir an die Verlagsbuchhandlung oder an einen der Unterzeichneten zu richten.[67]

Der Aufruf war von 30 namhaften Germanisten unterzeichnet, angeführt von Erich Schmidt, der es „als Schimpf für uns alle" bezeichnete, „wenn das Knäblein in so zartem Alter abscheiden müsste".[68] Auch Gustav Roethe erklärte:

> Selbstverständlich bin ich sehr gerne bereit, meinen Namen unter den von Ihnen vorbereiteten Aufruf zu setzen: ich würde es *sehr* bedauern, wenn der ‚Euphorion' auch früh dahin stürbe. Hoffentlich ist es nur Vorsicht und nicht ernstliche Gefahr, die Sie zu der beabsichtigten Maßregel veranlaßt. Wie wäre es nur zu begreifen, daß eine Zeitschrift dieses Characters so schwer sich durchsetzen sollte? Wenn Kochs dürftige Zeitschrift existieren kann, dann sollte es dem Euphorion doch glänzend gehen. Daß unsere Zs. an Abonnenten darbt, ist bei ihrem vorwiegenden Stoffgebiet und der sehr erheblichen Concurrenz wahrlich kein Wunder. Aber der Euphorion ist doch nach beiden Seiten besser dran.[69]

---

65 Sauer an Seuffert, Karte vom 1.5.1895 (ÖNB, NL Sauer, Autogr. 422/1-294).

66 Sauer an Seuffert, Brief vom 13.5.1895 (ÖNB, NL Sauer, Autogr. 422/1-296).

67 Der Aufruf liegt bei den Briefen Sauers an Seuffert (ÖNB, Autogr. 422/1-301; Herv. i. O.).

68 Erich Schmidt an August Sauer, Brief vom 18.5.1895 (ÖNB, Autogr. 416/12).

69 Roethe an Sauer, Brief vom 11.9.1895 (WBR, NL August Sauer).

Erich Schmidt hatte noch zu bedenken gegeben:

> Ob vielleicht bei sachtem *mündlichen* Sondiren, wobei ich gern den Secundanten machen würde, unser Millionario Richard M[eyer][70] zur Theilnahme an der Redaction gebracht werden könnte?[71]

Am 2. November 1895 verwandte sich Schmidt in einem Brief an den Ministerialdirektor im preußischen Kultusministerium, Friedrich Althoff, noch einmal nachdrücklich für eine Subventionierung des *Euphorion*:

> Euer Hochwohlgeboren haben mir bei Gelegenheit einer sommerlichen Unterredung, die zwei sehr subventionsbedürftige Unternehmungen auf dem Gebiete der deutschen Litteratur streifte, freundlich gestattet, Ihnen diesen Gegenstand im Herbst wieder vorzulegen, und geäußert, es werde dann eher hilfreich einzugreifen sein.
>
> Erlauben nun Euer Hochwohlgeboren, daß ich die Frage in knappen Worten zusammenfasse und mir später einen mündlichen Bescheid hole.
>
> Das Hohe Ministerium hat von 1888 an die *Vierteljahrschrift für Litteraturgeschichte* (Weimar, Böhlau. Unter Mitwirkung E. Schmidts und B. Suphans herausgegeben von B. Seuffert) durch Abnahme einer Anzahl von Exemplaren gefördert. Diese Zeitschrift ist 1894 eingegangen, theils weil der Redacteur sich zu bedrängt sah, theils weil der Verleger nicht länger mit Unterbilanz arbeiten wollte, obgleich die Frau Großherzogin von Sachsen Weimar das Redactionsgehalt beisteuerte. Da wir eine solche Zeitschrift dringend brauchen, begründete der Prager Professor A. Sauer, dem alle Rechtstitel für ein solches Unternehmen zuzusprechen sind, 1894 den *Euphorion* (Bamberg, Büchner) im Verein mit zahlreichen Fachgenossen des deutschen Reiches, Österreichs und der Schweiz. Ein von uns gemeinsam an das Hohe Ministerium gerichtetes Gesuch, die jener Vierteljahrschrift vergönnte Subvention auf den *Euphorion* zu übertragen, wurde als ‚nicht angängig‘ abgelehnt. Wir erfahren wieder, daß solche Zeitschriften sich nicht durch das spärliche Abonnement lebensfähig halten können, und ich fürchte, dieser *Euphorion* werde so sterblich sein wie sein faustischer Namensvetter, wenn uns die Regierung nicht zu Hilfe kommt. Die hiesige ‚Gesellschaft für deutsche Litteratur‘, in der sich akademische und Gymnasiallehrer vereinigen, bestreitet aus ihren geringen Einnahmen den Bezug von 10 Exemplaren. Auch

---

70  Sauer kommentierte Schmidts Vorschlag in seinem undatierten Brief von Mitte Mai 1895 an Seuffert mit den Sätzen: „E Schmidt wirft ferner den Gedanken hin, ob ich nicht RMMeyer als Mitredacteur annehmen möchte. *Er* würde den Vermittler machen. Nun an u. für sich hätte ich dagegen nichts einzuwenden. Zu eigentlicher Redactionsthätigkeit wird er seiner Sauschrift wegen schlecht taugen. Aber ein kritischer Kopf wie er ist, würde er in der Annahme strenger sein als ich; und das wäre gut. Im Moment kann ich aber kaum darauf eingehen, weil die Bewilligung von Seiten der hiesigen Förderungsgesellschaft [für deutsche Wissenschaft, Litteratur und Kunst in Böhmen] ihre einzige Berechtigung eben nur darin hat, daß der Herausgeber der Zeitschrift hier am Orte wirkt und sonst statutenwidrig wäre." (ÖNB, NL Sauer, Autogr. 422/1-297)

71  Schmidt an Sauer, Brief vom 18.5.1895. – Meyer trat bekanntlich nicht in die Redaktion ein, unterstützte die Zeitschrift aber Zeit seines Lebens, seine Frau gewährte den Zuschuss sogar bis über seinen Tod hinaus mit einer jährlichen Subvention von 400 M., was einer Festabnahme von 25 Exemplaren gleichkam.

lassen wir einen Aufruf zur Unterstützung circuliren. Erlischt diese Zeitschrift, so ist ein neuer Versuch kaum zu erwarten.[72]

Dieser und anderer Überlegungen und Maßnahmen zur Rettung der Zeitschrift wurde Sauer durch die Ende Mai 1895 erfolgte Mitteilung des Verlegers überhoben, dass er den Herausgebervertrag zunächst um zwei Jahre verlängere.[73] Den Ausschlag gab vor allem die durch eine Schnellaktion eingeleitete Unterstützung der *Gesellschaft zur Förderung deutscher Wissenschaft, Litteratur und Kunst in Böhmen*. Der Antrag betonte die nationalpolitische Förderungswürdigkeit einer Zeitschrift, in der

> ältere und jüngere Vertreter der neueren Litteratur [aus Böhmen] Beiträge geliefert [haben]. Es ist im höchsten Grade wünschenswert, dass die deutsch-böhmischen Gelehrten [...] ein Organ besitzen, in welchem sie ihre Untersuchungen und Besprechungen niederlegen können. Sie haben daher an dem gesicherten Fortbestande derselben ein unmittelbares Interesse.

Dem Antrag vom 16. Mai wurde Anfang Juni stattgegeben und die *Gesellschaft* verpflichtete sich, für das laufende Jahr mit 300 Gulden, d. h. 498 Mark, 30 Exemplare des *Euphorion* zur Verteilung an deutsch-böhmische Gymnasien und Realschulen abzunehmen.[74]

Die Vereinbarung zwischen Sauer und dem C.C. Buchner Verlag hielt indes kaum länger als ein Jahr. Am 17. Juni 1896 schrieb Sauer an Seuffert:

> Buchner hat mir vor circa 3 Wochen vorgeschlagen, wir möchten unseren Contract mit dem letzten Heft dieses Jahrganges freundschaftlich lösen; er habe die Lust am Euphorion verloren. Kurz vorher theilte mir Nagl in Wien mit, im Anschluß an den von ihm + Zeidler hrsgg. Leitfaden zur öst. Lit. Gesch. sei eine Zeitschrift für österreich. Lit. Gesch. geplant. Da aber die Neubegründung einer Zs. große Schwierigkeiten habe, so mache er den Vorschlag, die neue Zs. als Beilage zum Euphorion erscheinen zu lassen. Fromme in Wien sei bereit, diesen im Verlag zu übernehmen. Da ich mich während meiner Anwesenheit in Berlin zur Genüge überzeugte, daß eine Hilfe für den Euphorion von dort nicht zu erwarten sei und man sein seliges Ende von dort auch nicht verhindern werde, so trat ich mit Fromme in Verhandlung und heute ist der Contract perfect geworden. Ich will Sie mit den Details der Verhandl. verschonen + Ihnen nur die Resultate mittheilen. Zunächst: Fromme steht famos, ist ein tüchtiger Geschäftsmann – zuverläßig u. für die Sache eingenommen. Der Euphorion erscheint vom 4. Jahrgang in s. Verlag.

72  Erich Schmidt an Friedrich Althoff, Brief vom 2.11.1895 (Geheimes Staatsarchiv, Preußischer Kulturbesitz, Rep. 92, NL Althoff, Abt. B, Nr. 165, Bd. 1, Bl. 79f.).

73  Vgl. Sauer an Seuffert, Brief vom 30.5.1895 (ÖNB, NL Sauer, Autogr. 422/1-300).

74  Vgl. den von Kelle, Knoll und Marty unterzeichneten Antrag vom 16.5.1895 sowie den Brief von Rudolf Koch (C.C. Buchner Verlag) vom 7.6.1895, beide an die *Gesellschaft zur Förderung deutscher Wissenschaft, Litteratur und Kunst in Böhmen*. AAČR, Bestand: Gesellschaft zur Förderung deutscher Wissenschaft, Kunst und Litteratur in Böhmen (1892-1945).

Die zeitliche Koinzidenz zwischen dem Auflösungsbegehren des Buchner Verlags und dem Angebot des angesehenen Verlags Carl Fromme ist bemerkenswert – da eine Korrespondenz Sauers mit den Verlegern nicht überliefert ist, lassen sich die Dinge kaum genauer aufklären. Einzelheiten finden sich in Gerhard Renners ausführlichem Beitrag über die „Deutsch-österreichische Literaturgeschichte" (Renner 2000) und immerhin ist die Äußerung Sauers, „daß eine Hilfe für den Euphorion von dort [Berlin] nicht zu erwarten sei und man sein seliges Ende von dort auch nicht verhindern werde", angesichts der wiederholten tatkräftigen Unterstützung Erich Schmidts und der Subvention sowohl durch die Berliner *Gesellschaft für deutsche Literatur* als auch durch die persönliche Richard M. Meyers erstaunlich.

Sauer konnte Seuffert im gleichen Brief mitteilen, dass sich am Umfang und Bild des Euphorion nichts ändere, lediglich die einleitenden populären Artikel fielen weg – „(Sie haben mich immer genirt; sie waren eine Concession an den Verleger u. haben sich gar nicht bewährt)" – und die Publikation unbearbeiteter Brief werde stark eingeschränkt; völlig neu sei aber, dass der *Euphorion* nun eine österreichische Zwillingsschwester bekommen sollte:

> Von Jahrgang *1898* an erscheint eine selbständige Beilage zum Euphorion: Zeitschrift für die Geschichte der deutschen Lit. in Öst.-Ungarn, hersgg. von Nagl+Zeidler, mit deren Redaction ich nichts weiter zu thun habe, als daß mir das Einspruchsrecht gegen die Aufnahme der einzelnen Artikel zusteht. Ich habe mir ausbedungen, daß jede der beiden Zs. einzeln käuflich ist, daß die Abonnenten des Euphorion nicht gezwungen werden dürfen, die Beilage zu halten, wol aber wird für die Abonnenten *beider* Zeitschriften ein Vorzugspreis fixiert werden. – Der Hauptvortheil des neuen Arrangements ist der, daß mir nun eine Subvention des öst. Ministeriums gewiß ist, des österreich. Verlegers und der Beilage wegen.
>
> Ich denke, die Beilage wird mir für Deutschland nichts schaden, für den Absatz in Oesterreich aber sehr nutzen. Bewährt sich die Verquickung nicht, so kann sie ja wieder beseitigt werden u. es ist doch ein besserer (vor allem wolsituirter, unabhängiger) Verleger gewonnen. Mit Buchner ließ sich nicht mehr arbeiten.[75]

Auf diesen Brief scheint Sauer von Seuffert eine geharnischte Kritik erhalten zu haben; jedenfalls räumte er in seinem nächsten Brief an Seuffert ein, dass er seinetwegen von der Geschäftsgrundlage mit Nagl und Zeidler und dem Wiener Verleger abgerückt sei:

> Ihr langer Brief im Juli hat tiefen Eindruck auf mich gemacht. Ich habe mich in Wien darnach gerichtet und zunächst erreicht, daß wie Sie bereits gesehen haben, in dem neuen Prospect von der Beilage vorderhand nicht die Rede ist. In der Conferenz mit Fromme, Nagl+Zeidler, in der das Programm für die Beilage entworfen werden sollte, habe ich mich sehr unverschämt benommen und es dahin gebracht, daß wir ausmachten: übers Jahr

---

75  Sauer an Seuffert, Brief vom 17.6.1896 (ÖNB, NL Sauer, Autogr. 422/1-320).

dieses Programm erst festzustellen. Zeit gewonnen, alles gewonnen. Vielleicht überzeugt sich Fromme, daß die Verquickung der Zeitschriften überflüssig ist, vielleicht springen die beiden andern ab. Fromme selbst ist sehr energisch, will alles für die Vorbereitung thun, läßt alle möglichen Briefe, Aufforderungen etc. drucken, den Prospect ins Französ. u. Englische übersetzen u. so fort. Läßt sich die Zeitschrift buchhändlerisch überhaupt halten, so wird es ihm wohl gelingen. Er ist ein junger sehr netter Mann u. geht auf alle meine Intentionen ein.[76]

Was Sauer hier andeutete, geschah tatsächlich: Fromme übernahm den *Euphorion* und ließ Nagl und Zeidler, die ihm den Weg zu Fromme gebahnt hatten, mit ihrer *Zeitschrift für die Geschichte der deutschen Literatur in Österreich-Ungarn* im Regen stehen. In Sauers Nachruf auf Otto Fromme las sich das dann über 20 Jahre später allerdings etwas anders:

Ich bin mit Otto Fromme auf dem Umwege über die Deutschösterreichische Literaturgeschichte bekannt geworden. Die Herausgeber, Nagl und Zeidler, der letztere ein Studienkollege von mir, waren bei der Leitung des weitschichtigen und verdienstvollen Werkes zur Überzeugung gelangt, daß die lang vernachlässigte Erforschung der deutschen Literaturgeschichte im Umkreis der österreichisch-ungarischen Monarchie dringend einer eigenen Zeitschrift bedürfe. Es sollte die damals in Bamberg bei C.C. Buchner erscheinende Zeitschrift *Euphorion* als allgemein-literarische Vierteljahrsschrift weitergeführt, ihr aber in Form von Beiheften eine zweite Zeitschrift angegliedert werden, die die Literatur aller in der Monarchie vertretenen deutschen Stämme und Landschaften zu ihrer besonderen Aufgabe machen sollte. Wir hätten dadurch vielleicht die Begründung der wissenschaftlich gerichteten landschaftlichen deutschen Literaturgeschichte um zwei Jahrzehnte früher anbahnen und einleiten können. Leider wurde dieser Plan später fallen gelassen. In einer Reihe von Aufsätzen war mehrere Jahre hindurch diese ursprüngliche Absicht deutlich zu erkennen. (Sauer 1921: IX)

Mit der Übernahme durch den Fromme Verlag beginnt ein neues Kapitel der Geschichte des *Euphorion*. Diese Zeitschrift wurde, das dürfte die vorangegangene Dokumentation veranschaulicht haben, hineingegründet in ein komplexes und vitales Kommunikationssystem, das sich durch Konkurrenz und zahlreiche Antagonismen auszeichnete. Da war zum einen der ‚topographische' Gegensatz innerhalb der Vertreter der neueren Literaturgeschichte, ja sogar innerhalb der sogenannten ‚Scherer-Schule' selbst: Deutschland vs. Österreich oder auch: Berlin vs. Wien; programmatisch ging es um die Einheit der Philologie gegen die Aufspaltung in ältere vs. neuere Literaturgeschichte; auf der personellen Ebene manifestierten sich die verschiedenen Fraktionen beispielsweise in der Zusammensetzung der Redaktionsstäbe und Mitarbeiter der verschiedenen Zeitschriften. Die Situation der neueren Literaturwissenschafter der zweiten Generation war in der Aufbruchphase der

---

76 Sauer an Seuffert, Brief vom 19.10.1896 (ÖNB, NL Sauer, Autogr. 422/1-322).

Disziplin bestimmt von Wettbewerb und Profilierungsdruck: als Herausgeber oder Mitarbeiter an Neu-Ausgaben, an Grundrissen (Goedeke), als Verfasser von Überblicksdarstellungen oder Handbüchern mussten die zahlreichen Nichtordinarien unter den Neugermanisten auf höchst professionelle Weise ihren Lebensunterhalt verdienen, im Kampf gegen die Konkurrenz und zugleich im Bewusstsein, dass dieser Konkurrenzkampf nur bei einem Mindestmaß an Kooperation möglich war.

All das lässt sich am Beispiel von August Sauer zeigen, den Seuffert in seinem Nachruf als „seiner ganzen Richtung nach aufs Erschließen unbekannter Briefe und Texte, auf das Verbreitern der Forschungsgrundlagen eingestellt" charakterisierte, der „Bearbeitung, Untersuchung, Erläuterung, Einreihung in Bekanntes, Vertiefung" (Seuffert 1927: 332) gefordert habe: „Er wollte Literarhistoriker bleiben, nicht Literaturwissenschaftler ungeschichtlicher Art werden, obgleich das Weitausholen der Euphorion-Bibliographie großzügige Synthese förderte." (Seuffert 1927: 337) Der existenziellen Not zwar war Sauer als Ordinarius in Prag enthoben,[77] jedoch dort mit weiteren Problemen konfrontiert, zu denen die geographische Randlage der Prager Germanistik, eine miserable Ausstattung von Seminar und Bibliothek und eine angespannte politische Lage zählten. Er gehörte folgerichtig zu denen, die forderten, dass die gelehrte Kommunikation nach einheitlichen theoretischen Vorgaben und nach einer allgemein akzeptierten Systematik ‚organisiert' werden müsse. Zu den Zielen zählte neben einer möglichst umfangreichen systematisierenden Dokumentation von Forschungsvorhaben und -ergebnissen insbesondere eine Öffnung des Adressatenkreises von Experten und Nachwuchswissenschaftlern hin zu einer breiteren interessierten Leserschaft. Dass solche Hinweise und Forderungen wie die Sauers an anderer Stelle aufgenommen, weitergedacht und konkret umgesetzt wurden, verdeutlichte das unmittelbar darauf in Berlin gegründete ehrgeizige Unternehmen jener kommentierten Bibliographie der *Jahresberichte für neuere deutsche Litteraturgeschichte*, zu deren Beiträgern auch Sauer selbstverständlich zählte. Das Verhältnis des *Euphorion* schließlich zur Vorläuferzeitschrift,[78] sein lockerer Zusammenhang mit

---

77 Zur Situation Sauers in der unmittelbar vorausgegangenen Lemberger Zeit vgl. den Beitrag von Mirko Nottscheid in diesem Band.

78 Exakter müsste es eigentlich heißen: zu ‚den' Vorläuferzeitschrift*en*; der *Euphorion*-Prospekt nannte neben der Seuffert'schen *Vierteljahrschrift* das von Richard Gosche begründete und von 1874 oder 1874 bis 1887 (Bd. 3-15) von Franz Schnorr von Carolsfeld herausgegebene *Archiv für Litteraturgeschichte* (vgl. Anm. 1). Schon der Prospekt der *Vierteljahrschrift* hatte im Dezember 1887 angekündigt: „In Weimar verlegt, knüpft die Vierteljahrschrift an die dort altvererbten und neubelebten Bemühungen an und möchte, ein anderes ‚Weimarisches

österreichischen Blättern – und sei es bloß aus finanziellen Gründen der staatlichen Unterstützung in Ablösung der *Germania* – und österreichischen literaturgeschichtlichen Unternehmen, die Konkurrenz mit der *Zeitschrift für vergleichende Litteraturgeschichte* und der *Zeitschrift* und des *Anzeigers für deutsches Altertum* dokumentieren, in welch vielfältiger Weise die Gründung des *Euphorion* mit den Publikationsorganen der jungen Disziplin der neueren Literaturgeschichte und deren Modernisierung um 1890 verknüpft war.

## Abkürzungen für Archive und Bibliotheken

AAČR: Archiv Akademie věd České republiky (Prag).

BBAW: Archiv der Berlin-Brandenburgischen Akademie der Wissenschaften.

ÖNB: Österreichische Nationalbibliothek, Wien, Handschriftenabteilung.

SUB Göttingen: Staats- und Universitätsbibliothek Göttingen.

WBR: Wienbibliothek im Rathaus, Handschriftenabteilung.

StAW: Staatsarchiv Würzburg.

---

Jahrbuch', den grossen Idealen der Litteraturgeschichte im Sinne Herders, Goethes, Schillers dienen. Sie strebt das ‚Archiv für Litteraturgeschichte' zu ersetzen und will die selbständige Ergänzung der ‚Zeitschrift für deutsches Alterthum und deutsche Litteratur' sein, die, durch ihre Geschichte vorwiegend auf die ältere Zeit angewiesen, für neuere Litteratur nicht genügenden Raum zur Verfügung hat. Neben ihr und den ‚Beiträgen zur Geschichte der deutschen Sprache und Litteratur' möchte die Vierteljahrschrift als neue Heimstätte deutscher Philologie stehen." (Universitätsbibliothek Leipzig, NL 249: Friedrich Zarncke: Beilage zur Korrespondenz von Bernhard Suphan).

# Literatur

Adam, Wolfgang (1994): Einhundert Jahre Euphorion. Wissenschaftsgeschichte im Spiegel einer germanistischen Fachzeitschrift. – In: *Euphorion* 88, 1-72.

Dainat, Holger (1994): Von der Neueren deutschen Literaturgeschichte zur Literaturwissenschaft. Die Fachentwicklung von 1890 bis 1913/14. – In: Fohrmann, Jürgen/Voßkamp, Wilhelm (Hgg.), *Wissenschaftsgeschichte der Germanistik im 19. Jahrhundert*. Stuttgart, Weimar: Metzler.

Dilthey, Wilhelm (1889): Archive für Literatur. – In: *Deutsche Rundschau* 58, 360-375.

Gosche, Richard (1865): *Jahrbuch für Litteraturgeschichte*. Berlin: Dümmler.

Meyer, Richard M. (1894): Jahresberichte für neuere Literaturgeschichte. – In: *Vossische Zeitung* Nr. 106, *Sonntagsbeilage* No. 9 (4.3.1894).

Minor, Jakob (1894): Centralanstalten für die literaturgeschichtlichen Hilfsarbeiten. – In: *Euphorion* 1, 17- 26.

Nottscheid, Mirko (2010): „Brücke zwischen germanistischen Universitäts- und Gymnasialkreisen in Berlin". Die Gesellschaft für deutsche Literatur (1888-1938), ein literarisch-philologischer Verein in Berlin zwischen Kaiserreich und Nationalsozialismus. – In: *Zeitschrift für Germanistik* 20/2, 290-306.

Renner, Gerhard (2000): Die „Deutsch-österreichische Literaturgeschichte". – In: Ammann, Klaus/Lengauer, Hubert/Wagner, Karl (Hgg.), *Literarisches Leben in Österreich 1848-1890* (= Literaturgeschichte in Studium und Quellen, 1). Wien: Böhlau, 859-889.

Roethe, Gustav/Schröder, Edward (2000): *Regesten zum Briefwechsel zwischen Gustav Roethe und Edward Schröder*. Bearb. von Dorothea Ruprecht und Karl Stackmann (= Abhandlungen der Göttinger Akademie der Wissenschaften. Philologisch-Historische Klasse, 3. Folge, 237). 2 Teilbde. Göttingen: Vandenhoeck und Ruprecht.

Seidel, Robert (2005): Nachwort. – In: Ders. (Hg.), *Max Rubensohn: Studien zu Martin Opitz*. Mit einem wissenschaftshistorischen Nachwort (= Beihefte zum *Euphorion* 49). Heidelberg: Winter, 153-164.

Sauer, August (1890): Ein Jahresbericht für neuere deutsche Literaturgeschichte. – In: *Zeitschrift für die österreichischen Gymnasien* 41, 146-148.

Sauer, August (1893): Jahresberichte für neuere deutsche Litteraturgeschichte 1890. – In: *Deutsche Literaturzeitung* 5, 141-146.

Sauer, August (1894): Jahresberichte für neuere deutsche Litteraturgeschichte 1891. – In: *Euphorion* 1, 144-148.

Sauer, August (1921): Otto Fromme †. – In: *Euphorion* 23, IX-XII.

Schönbach, Anton Emanuel (1894): Offener Brief an den Herausgeber. – In: *Euphorion* 1, 4-12.

Seuffert, Bernhard (1927): August Sauer, geboren 12. Oktober 1855 in Wiener Neustadt, gestorben 17. September 1926 in Prag. – In: *Akademie der Wissenschaften in Wien. Almanach für das Jahr 1927.* Jg. 77. Wien u. a.: Hölder, Pichler, Tempsky, 323-339.

Weimar, Klaus (1989): *Geschichte der deutschen Literaturwissenschaft bis zum Ende des 19. Jahrhunderts.* München: Fink.

Jeannette Godau

# „ … solang ich die ‚DArbeit' redigieren muss, bin ich für die Menschheit tot".
# Der Briefwechsel zwischen August Sauer und Albert Leitzmann und die Zeitschrift *Deutsche Arbeit*

Die Briefe zwischen August Sauer und Albert Leitzmann gingen seit 1891 fast dreißig Jahre lang ihren Weg von der deutschen Universität in der böhmischen Hauptstadt zur Salana in Jena und zurück.[1] Die Korrespondenz umfasst rund achthundert Postkarten und Briefe, die um vier Schwerpunkte kreisen: Im Zentrum des Briefwechsels steht die Zeitschrift für Literaturgeschichte *Euphorion*, die Sauer 1894 ins Leben rief. Als Herausgeber spricht Sauer Leitzmann an und lädt ihn zur Mitarbeit ein. Regelmäßig trägt dieser Rezensionen, Miszellen und kleinere Abhandlungen bei, über die korrespondiert wird. Einen zweiten Schwerpunkt des Briefwechsels bildet bis etwa 1908/1909 der Austausch über das berufliche Fortkommen Leitzmanns. Leitzmann spricht Sauer als Vertrauensperson an und bittet ihn um Rat und Hilfestellung. Mit diesem Thema verbunden ist drittens der Meinungsaustausch über Kollegen, über die Berufungslage und über gesellige Zusammenkünfte wie zum Beispiel bei Philologen- und Goethetagen. Der vierte Themenkreis bewegt sich schließlich um Privates, um die beiden Frauen Hedda Sauer und Else Leitzmann, um Freizeit und Urlaubspläne.

Während im Briefwechsel zwischen Gustav Roethe und Edward Schröder die persönliche Nähe der Korrespondenzpartner und ihre herausgehobenen beruflichen Positionen den Quellenwert maßgeblich mitbestimmen (Ruprecht/Stackmann 2000) und sich etwa Andreas Heusler in den Briefen an Wilhelm Ranisch als treffender Kommentator des zeitgenössischen Geschehens präsentiert (Düwel/Beck 1989), fällt in Sauers Briefen an Leitzmann eine Fehlstelle auf. Neben den für einen gelehrten Briefwechsel typischen Themen wird ein zentraler Tätigkeitsbereich Sauers darin nur am Rande behandelt: die

---

1 ThULB Jena, Handschriftenabteilung, Nachlass Albert Leitzmann VII, 6: 1-3 Briefe von Albert Leitzmann an August Sauer und VII, 1 S 129 bis S 658 Briefe von August Sauer an Albert Leitzmann. Der Briefwechsel wurde von der Autorin transkribiert und für die Dissertation „Germanistik in Prag und Jena – Universität, Stadt und Kultur um 1900" erstmals ausgewertet (erscheint 2010 im Hirzel-Verlag).

*Deutsche Arbeit.* Sauer war einer der Gründungsväter der im Oktober 1901 erstmals erscheinenden *Monatschrift für das geistige Leben der Deutschen in Böhmen* und prägte sie vor allem in den Jahren seiner leitenden Redaktionstätigkeit in inhaltlicher und formaler Hinsicht. Ebenso wenig verliert Sauer kaum ein Wort über seine zeitraubenden und mit vielen Reisen verbundenen Auftritte auf kultur- und universitätspolitischem Parkett. Sporadisch baut er Hinweise auf solche Aktivitäten kurz nach redaktionellen Erörterungen ein oder er streift in der Abschiedsformel die sonst verschwiegenen Verpflichtungen. Die *Deutsche Arbeit* ergänzt den gelehrten Briefkorpus um die kulturpolitische Dimension. Lässt sich aus der Rollenverteilung in den Briefen und den darin verhandelten Themen eine Typologie zweier Gelehrter ableiten, beleuchtet das Studium der von Sauer mitbegründeten Monatsschrift eine neue Facette von Sauers Persönlichkeit zwischen renommiertem Wissenschaftler und polemisierendem Kulturpolitiker. Die inhaltliche Analyse der von Sauer für die deutschböhmische Revue verfassten Beiträge zeigt, dass die von der Wissenschaftsgeschichtsschreibung vornehmlich rezipierten kulturpolitischen Schriften Sauers nur etwa die Hälfte dieser ausmachen.[2]

Wolfgang Adam (1994: 15) hat auf die von Sauer praktizierte Trennung von kulturpolitischer Aktivität in der *Deutschen Arbeit* und wissenschaftlicher Präsenz in dem von ihm geleiteten literarhistorischen Periodikum hingewiesen. Ein Blick in die Bibliographien der beiden Zeitschriften bestätigt diese Separation in kulturpolitischer Hinsicht und legt zugleich eine bisher unbeachtet gebliebene Verweisung auf literarhistorischem Gebiet offen.

## 1. Der Briefwechsel und der Korrespondenzpartner Albert Leitzmann

Der um 12 Jahre jüngere Leitzmann wurde am 3. August 1867 in Magdeburg geboren, wo er seine Kindheit und Jugend verbrachte. Seine schulische Aus-

---

2   Sauers kulturpolitische Schriften sind durch den später von Josef Pfitzner herausgegebenen Band *Kulturpolitische Reden und Schriften* leicht zugänglich (Sauer 1928). Über Sauer ist noch keine Monographie erschienen. Vgl. zuletzt Takebayashi (2005); Becher (2007); Faerber (2004); Krolop (2004); Buxbaum (2000); Hofman (1995); Adam (1994).

bildung erhielt er am Pädagogium *Kloster unser Lieben Frauen*. Zwei Monate nach Erhalt der Hochschulreife siedelte Leitzmann nach Freiburg im Breisgau über, wo er sich 1886 für deutsche Philologie immatrikulierte. Dort hörte er unter anderem bei Hermann Paul, während eines Gastsemesters in Berlin auch bei Erich Schmidt und Edward Schröder. Er promovierte bereits im 6. Semester 1889 bei Hermann Paul „Zur Laut- und Formenlehre von Grieshabers Predigten". Die Herkunft als ‚Paul'-Schüler brachte ihm bei Edward Schröder den Vorwurf „kritikloser Paulianer" ein.[3] In der Folge behinderten er und sein einflussreicher Schwager Gustav Roethe Leitzmanns Karriere. Leitzmann versuchte sich zunächst vergeblich in Göttingen, Halle und anderen Orten zu habilitieren. Schließlich wurde er in Jena angenommen, wo am 27. April 1891 die öffentliche Disputation stattfand.[4] Mit 23 Jahren lag er beim Erreichen dieser nächsten Qualifikation erheblich unter dem Durchschnittsalter von 30 Jahren.[5] Trotz dieser frühen Weichenstellungen stagnierte seine Karriere anschließend. Neben persönlichen Gründen waren es universitätspolitische und fachliche, die sein Fortkommen behinderten. Abgesehen von einer zweijährigen Tätigkeit am Goethe- und Schillerarchiv in Weimar von Oktober 1894 bis Juni 1896 verblieb Leitzmann in Jena und erhielt erst im Jahr 1930 eine ordentliche Professur.

Sauer agierte vor allem in den ersten Jahren der Korrespondenz als väterlicher Freund und Mentor und unterstützte Leitzmann bei der Auswahl von Themen und bietet ihm mit Gründung des *Euphorion* eine Mitarbeiterschaft an, die Leitzmann vor allem durch Briefeditionen und seine Schillerrezensionen prägt.

Das erste Schreiben geht von Sauer aus. Er wendet sich nach der Übernahme der Reihe *Deutsche Litteraturdenkmale des 18. und 19. Jahrhunderts* auf Empfehlung des früheren Herausgebers Bernhard Seuffert an Leitzmann als potentiellen Mitarbeiter (Brief S 129 vom 29.3.1891).[6] Doch das erste Projekt

---

3  Vgl. Ruprecht/Stackmann (2000): Schröder an Roethe Nr. 528, zw. 26.11. u. 1.12.1889. – Schröders Eindruck von Leitzmann in seinem Berliner Seminar führte dazu, „ein jahrzehntelang wirkendes Vorurteil zu prägen." (Joost 2001: 54f.)

4  Er habilitierte mit einer „Untersuchung über Bertold von Holle". Die Probevorlesung hielt Leitzmann zwei Tage später über „Georg Forster, ein Bild aus dem Geistesleben des 18. Jahrhunderts". Die Einladung zur öffentlichen Disputation an seine spätere Frau Else Altwasser befindet sich in Leitzmanns Nachlass. Vgl. Thüringische Universitäts- und Landesbibliothek Jena, Handschriftenabteilung, Nachlass Albert Leitzmann I, 4b.

5  Das Durchschnittsalter ist errechnet aus den zwischen 1875 bis 1894 in Jena Habilitierten (Rasche 2005: 180).

6  Die Korrespondenz wird im Text nach folgendem Schema zitiert: Brief S 129/130 vom 29.3.1891. „Brief" verweist auf die Korrespondenz, wobei keine Unterscheidung zwischen

einer Neuauflage von Georg Forster verläuft wegen Vorbehalten des Verlegers Göschen schnell im Sande. Es tritt eine längere Korrespondenzpause ein, bevor sich Leitzmann, ermutigt durch neue Funde, im Dezember 1892 wieder an Sauer wendet, woraufhin ein Vertrag über den Druck kleinerer Schriften Georg Forsters zustande kommt (Brief L vom 16.12.1892). Als Sauer im Juli 1893 im Weimarer Goethe-Archiv arbeitet, nutzt er die Gelegenheit für ein persönliches Kennenlernen in Jena, auch die beiden gleichaltrigen, künstlerisch ambitionierten Ehefrauen sind dabei (Brief S 142 vom 28.7.1893). Kurz entschlossen wird entschieden, gemeinsam den Urlaub auf Rügen zu verbringen. Einen ganzen Monat lang sind die beiden Ehepaare in Lohme auf Rügen. Leitzmann notiert dazu in sein Tagebuch:

> am 12. früh nach Stettin und mit dampfer nach Sassnitz, zu wagen nach Lohme. strandhotel. August und Hedda Sauer die ganze zeit auf Rügen unsre tägliche gesellschaft. [...] die schönen buchenwälder unser täglicher spaziergang, meist nach Stubbenkammer zu. Angenehmer literarischer umgang mit Sauer, wenn auch nicht ohne schwächen, im altersunterschied und seiner nervosität begründet. die frauen bald auf du. Humboldtaufsätze und reisetagebuch auf Rügen von Tegel erhalten, letzteres abgeschrieben. Plan einer Sammlung von quellenschriften zur neueren deutschen literatur- und geistesgeschichte im verlag von Felber (Berlin) durch Sauers vermittlung glücklich unter dach gebracht.[7]

Ein Jahr nach dem Urlaub gibt Leitzmann das Tagebuch Wilhelm von Humboldts heraus, das er „Den lieben Freunden August und Hedda Sauer zur Erinnerung an Rügen und Tegel 1893" widmet und so die entstandene Freundschaft für die wissenschaftliche Gemeinschaft sichtbar dokumentiert (Leitzmann 1894; Joost 2001: 63, 65). So blieb der gemeinsame Urlaub auch Edward Schröder und Gustav Roethe nicht verborgen, was ersterer bissig kommentiert.[8]

Leitzmanns Tagebucheintrag verweist auf die Rollenverteilung der Korrespondenzpartner und dokumentiert, wie Sauer seine Verlagskontakte nutzte, um Leitzmann zu unterstützen. Der erste Band der angesprochenen *Quellenschriften zur neueren deutschen Litteratur- und Geistesgeschichte* erschien 1894 und

---

Brief oder Postkarte erfolgt. „S" kennzeichnet die Schreiben von Sauer, dann folgt die laufende Nummer des Stücks, bei doppelter Zählung handelt es sich um mehrere Blatt pro Schreiben, dann folgt das Briefdatum. Da Leitzmanns Schreiben noch keine Einzelnummerierung tragen, werden sie nur mit Datum zitiert, analog zu Sauer wird der Großbuchstabe L vorangestellt: Brief L vom 5.3.1894.

7   Vgl. ThULB Jena, Handschriftenabteilung, Nachlass Albert Leitzmann II b 11. Tagebuch vom August-November 1893, Eintrag vom 11. August 1893.

8   „Was ist dieser Sauer, der mit Leitzmann richtig Busenfreundschaft geschlossen hat (die beiden Familien waren im Sommer zusammen im Seebad), für ein Jammerkerl!" Vgl. Schröder an Roethe Nr. 1657 vom 22.11.1894 (Ruprecht/Stackmann 2000; Joost 2001).

wird von Leitzmann (1894b) selbst im *Euphorion* rezensiert. Der im Tagebuch angesprochene Altersunterschied bedingt ein asymmetrisches Verhältnis zwischen beiden und prägt die Umgangsformen im Briefwechsel. Auch beruflich begegnen sie sich nicht auf gleicher Höhe, denn Sauer ist zu diesem Zeitpunkt bereits ordentlicher Professor, Leitzmann Privatdozent. Die Divergenz ihrer Positionen schlägt sich in den Anredeformeln nieder. Nach dem gemeinsamen Urlaub geht Sauer bald zur Anrede „Lieber Freund" (Brief S 155 vom 2.11.1893) über. Leitzmann behielt über viele Jahre hinweg seine Anrede „lieber herr professor" bei. Erst im 18. Jahr ihrer Korrespondenz 1909 wagt Leitzmann in Aussicht auf ein Wiedersehen – das letzte lag schon einige Jahre zurück – die Anrede „Verehrter freund" (Brief L vom 6.7.1909) und nach dem geglückten Treffen endlich „Lieber freund" (Brief L vom 8.9.1909).

Asymmetrisch ist das Verhältnis im ersten Jahrzehnt der Korrespondenz auch wissensbedingt. Als Sauer von Leitzmanns Stellenkündigung im Weimarer Goethe- und Schiller-Archiv hört, wird der Tonfall patriarchalisch-zurechtweisend: „obwol […] ich Sie hinlänglich gewarnt hatte" (Brief S 244/245 vom 2.1.1896). Väterlich-wohlwollend folgen Ratschläge, wie Leitzmann zu rezensieren habe (Brief S 246 vom 5.1.1896), und in zwei ausführlichen Briefen listet er für Leitzmann unbearbeitete Themen, Autoren und Stoffe für eine monographische Darstellung oder längere Abhandlung auf (Brief S 272/273 vom 13.6.1896, Brief S 274 vom 16.6.1896). Sauer agiert zu diesem Zeitpunkt in der Rolle des arrivierten Wissenschaftlers, der als Kenner des Wissenschaftsbetriebs dem Jüngeren Rat gebend zur Seite steht. Und Letzterer fügt sich ganz in seine Rolle, denn in seinen Briefen gibt es unzählige Fragen wie „Sie finden das doch auch am richtigsten?" (Brief L vom 27.5.1894) und „was meinen Sie dazu?" (Brief L vom 16.8.1894), „raten Sie mir!" (Brief L vom 25.11.1895).

Diese Position Sauers kehrt sich nur punktuell einmal um. Wenn es geschieht, ist dies einer spezifischen Situation geschuldet. Sauers seelische Verfassung gibt den Ausschlag, als er 1911 „vereinsamt", abgeschieden von der Welt in Wien an Grillparzer arbeitend „sich vor[kommt], als ob man schon unter der Erde läge." Er bittet Leitzmann darum, ihn aus seiner Abgeschiedenheit mit einem „Plauderbrief" zu befreien (Brief S 595/596 vom 30.4.1911). Abgesehen von rein redaktionellen Nachfragen, die den *Euphorion* betreffen, wendet sich Sauer nur vereinzelt mit einer Bitte an Leitzmann. Der Jenaer Kollege ist gefragt, wenn er über Sprachkenntnisse verfügt und etwas übersetzen soll (Brief S 169 vom 10.1.1894) oder wenn etwa seine bibliographischen Kenntnisse zum Nachweis eines Erstdrucks verhelfen können (Brief S 621 vom [26].[1].1914).

Nach dem gemeinsamen Urlaub im August 1893 steigt die Brieffrequenz beträchtlich. Schon innerhalb des Monats Dezember 1893 versendet Leitzmann sechs und Sauer sieben Postkarten und Briefe. Von August Sauer sind 452 Briefe überliefert, von Leitzmann 342. Trotz dieser Differenz ist Leitzmann der aktivere Korrespondenzpartner, denn Sauer schreibt häufiger kurze Postkarten, die rein redaktionelle Themen betreffen. Inhaltsreichere und längere Briefe sowie wiederholte Aufforderungen häufiger zu schreiben stammen aus der Feder Leitzmanns. Die Überlieferung endet 1923 mit einem Brief von Sauer. Die Brieffrequenz erleidet 1910 einen Einbruch, drei Jahre später liegt sie nur noch im einstelligen Bereich und beläuft sich in den Jahren nach 1918 auf ein bis zwei Schreiben jährlich. Doch bis zum Ersten Weltkrieg bleibt Sauer ein dauernder Ansprechpartner und Ratgeber für Leitzmann.

## 2. Vom Nutzen und von den Grenzen des Briefwechsels als wissenschaftsgeschichtliche Quelle

In den Briefen an Leitzmann wird deutlich, dass Sauer als österreichischer Wissenschaftspolitiker seinen Einfluss in Reichsdeutschland nur begrenzt geltend machen kann.

Als Leitzmann beruflich vor dem Neuanfang steht, nachdem er seine Stelle im Weimarer Goethe- und Schillerarchiv gekündigt hat, bemerkt Sauer zum universitätspolitischen Abseits der böhmischen Hauptstadt: „von einem Ort wie Prag aus kann man Niemandem nützen oder auch nur rathen. Es liegt ausser der deutschen Machtsphäre" (Brief S 247 vom 26.1.1896). Auf eine Nachfrage Leitzmanns hin thematisiert Sauer im Jahr 1899 die umgekehrte Konstellation der Aussichtslosigkeit der Berufung eines Reichsdeutschen auf einen österreichischen Lehrstuhl. In Prag ist im Jahr 1899 der ältere Lehrstuhl in der Nachfolge Johann von Kelles vakant und Leitzmann bittet Sauer offen um eine Berufung nach Prag – wenn auch nicht in der Absicht, die Berufung anzunehmen, sondern um dadurch seine Chancen in Jena zu erhöhen. Sauer beschreibt daraufhin ausführlich die Einstellungspolitik in Österreich und begründet, warum er Leitzmann nicht helfen könne:

> Ihren lieben Brief, theuerster Freund, will ich sofort in voller Aufrichtigkeit beantworten. Die Angelegenheit zerfällt in zwei Theile. Was für Sie einzig und allein einen Werth hätte,

wäre ein Ruf durch unser Ministerium. Ein solcher ist unter den gegenwärtigen Umständen sehr schwer zu erreichen, nur wenn gar keine Fachleute in Österreich vorhanden sind oder wenn es sich um Wien handelt […]. Seit der Ablehnung Jacobis (in Bonn), der unter höchst beschämenden Umständen in letzter Stunde absagte, soll der Kaiser für dgl. nicht zu haben sein. Als wir in der Mineralogie zwei Ausländer vor kurzem vorschlugen, hat man sie vom Ministerium aus gar nicht gefragt; sondern hat uns einen nicht vorgeschlagenen Wiener Privatdozenten hergeschickt, den wir auf vorherige Anfrage sogar abgelehnt haben. Um nun etwas Ähnliches zu verhindern, bin ich gegen Vorschläge von Ausländern, die wir nicht nur nicht bekämen, sondern die gar nicht einmal gefragt würden … (Brief S 358-361 vom 30.3.1899)

Sobald die nationalen Gegebenheiten Bewandtnis für Leitzmann als Fachkollegen hatten, finden sie Eingang in Sauers Briefe. Die aktuellen Prager Lebensumstände, der Nationalitätenhader, die politischen Kampagnen und universitären Konflikte werden hingegen selten thematisiert, geschweige denn ausführlich kommentiert. Selbst als Sauer durch die Übernahme des Dekanatsamtes der Philosophischen Fakultät der Prager deutschen Universität im Studienjahr 1897/1898 nicht nur persönlich von Ausschreitungen an der Universität betroffen, sondern unmittelbar beruflich involviert war, schweigt er darüber. Auslöser für die Krawalle waren die Sprachenverordnungen des Ministerpräsidenten Badeni. Sie legten fest, dass ab 1. Juli 1901 alle Beamten im Königreich Böhmen die Kenntnis von Deutsch und Tschechisch nachweisen mussten (Sutter 1960: 11). Deshalb kam es im November 1897, während Sauers Dekanat, zu Aufständen, flankiert von Petitionen der deutschen Universitäten in Österreich, weil diese um die beruflichen Chancen ihrer Studenten in Böhmen nach Studienabschluss fürchteten. Als daraufhin Ministerpräsident Badeni Ende 1897 entlassen wurde, hatte dies einen tschechischen Aufstand in Prag zur Folge, Institute der deutschen Universität wurden verwüstet und Wohnungen von Professoren und Studenten angegriffen. Doch Leitzmann erfuhr nicht von August Sauer, sondern aus den Briefen Hedda Sauers an Else Leitzmann davon.

In Fragen des unmittelbaren Zeitgeschehens wird der fachliche Briefwechsel durch eine Parallelüberlieferung seitens der Frauen ergänzt. Die beiden im Jahr 1875 in Prag und Berlin geborenen Frauen schlossen im Urlaub Freundschaft und tauschten daraufhin kolorierte, mit romantischen Schäferszenen verzierte Briefbögen aus. Auf Rügen entstanden Aphorismen wie dieser: „wenn zwei frauen zusammen sind, fühlen sie sich als eine macht". (Friemel 1991: 156, Aphorismus Nr. 28)[9] Eine Macht bildeten beide auch

---

9  Die Aphorismen im Original vgl. ThULB Jena, Handschriftenabteilung, Nachlass Albert Leitzmann VI, 12.

mit ihrem jeweiligen Ehemann, denn dieser wusste jeweils vom Inhalt der weiblichen Korrespondenz. Leitzmann erspart sich die genaue Schilderung von Urlaubseindrücken, die er in anderen Briefen gern selbst übernimmt, mit dem Verweis, „… wie meine frau wohl schon, wenn ich nicht irre, der Ihrigen eingehend geschildert hat" (Brief L vom 15.10.1894). Sauer schreibt aus einem Urlaub in Kammer am Attersee: „Lieber Freund! Sie wissen durch den Brief meiner Frau wo wir sind und wie es uns geht" (Brief S 195/196 vom 15.8.1894). Dieses Verfahren war eine selbstverständliche, offen praktizierte Rollenaufteilung, wenn Sauer ankündigt: „Ich trachte alles rasch zu berichten, was litterarisches betrifft, meine Frau wird das ‚Menschliche' auf sich nehmen" (Brief S 146/147 vom 18.9.1893).

Hedda Sauer schildert die Ausgangssperre, berichtet von der Schließung von Theatern und Schulen, Polizei und Militär in den Straßen und dem notgedrungenen Zuhausesein während der Badeni-Krise.[10] Während August Sauer über das Menschliche, das heißt auch über das unmittelbare Zeitgeschehen schweigt, das im Jahr 1897 das universitäre Leben zum Erliegen brachte, greift Leitzmann das Thema auf: „Wir lesen mit bedauern und furcht von Ihren exzessen. wo soll das noch hin? Sie sind ja Ihres lebens nicht sicher. möchten Sie persönlich mit den Ihrigen immer ungefährdet bleiben!" (Brief L vom 2.12.1897) Von Sauer erfolgt keine Reaktion darauf. Ohne konkret zu werden klagt er im Oktober 1898: „Und nun beginnt die Semesterarbeit und der politische Ärger vom Neuen" (Brief S 341/342 vom 10.10.1898). Die eigentümliche Zurückhaltung Sauers, brieflich aktuelle Geschehnisse zu kommentieren, spiegelt sich auch in den Briefen, die Jakob Minor an ihn richtete. Von dieser Korrespondenz sind nur wenige Briefe Sauers erhalten; die Schreiben Minors legen diesen Schluss jedoch nahe. Obwohl Minor die Verhältnisse in Prag aus seiner dortigen Lehrtätigkeit vom Wintersemester 1882/83 bis zum Sommersemester 1885 aus eigener Anschauung kannte, blieben von seiner Seite Politik und Ideologisches „völlig ausgespart" (Faerber 2004: 61, 99), was wohl einer Schweigsamkeit auf Sauers Seite entspricht.

Auch während Sauers Amtseinführung als Rektor 1907 kam es zu Protesten, die er mit keinem Wort gegenüber Leitzmann erwähnt. Schriftlich äußert sich Sauer über seine universitätspolitische Funktion nur mit Blick auf die Forschung: „Ich bin höchst mismutig, über die Arbeitsentfremdung, die mir durch das Rektorat aufgedrängt ist" (Brief S 545 vom 23.12.1907).

---

10  ThULB Jena, Handschriftenabteilung, Nachlass Else Leitzmann III, 13a, Brief vom 3. Dezember 1897.

## 3. Die *Deutsche Arbeit* als ergänzender Quellenfundus

Ohne sich in Details zu ergehen nennt Sauer die *Deutsche Arbeit* gegenüber Leitzmann lediglich als Grund für seine Arbeitsüberlastung. Zudem ist die Erwähnung selten, nur fünf Mal innerhalb von zwanzig Korrespondenzjahren (gerechnet vom Zeitpunkt der Gründung im Oktober 1901) lässt sich der Titel *Deutsche Arbeit* in der Sauer-Korrespondenz nachweisen. Die seltene Thematisierung steht im Widerspruch zu der Wichtigkeit der Monatsschrift in Sauers Leben ab der Jahrhundertwende. Es handelt sich zwar nicht um eine literaturwissenschaftliche Zeitschrift und Leitzmann konnte hier nicht als Mitarbeiter angesprochen werden, aber Leitzmann hätte als Ansprechpartner und Multiplikator fungieren können, denn es war Sauer ein Anliegen, bei den Reichsdeutschen Aufmerksamkeit und Verständnis für die Lebensumstände der Deutschböhmen zu wecken.

Das erste Mal erwähnt er die *Deutsche Arbeit* zwei Monate nach ihrem Erscheinen im Zusammenhang mit dem ersten Redakteur der Zeitschrift, Richard Batka.[11] An Leitzmann berichtet er:

> Noch mehr Mühe u. Sorge machte mir aber meine neuste Schöpfung die ‚Deutsche Arbeit', da wir uns in dem Redacteur ganz vergriffen hatten und alle Arbeit selbst machen mussten, bis wir ihn endlich seiner Stelle enthoben. Jetzt hat Hauffen die Redaction übernommen und damit ist nun freilich die Sorge für mich zu Ende. (Brief S 416/417 vom 31.12.1901)

Die Redaktion, der Sauer von Beginn an angehörte, rekrutierte sich aus den Mitgliedern der *Gesellschaft zur Förderung deutscher Wissenschaft, Kunst und Literatur in Böhmen*, die, 1891 gegründet, die *Deutsche Arbeit* herausgab (Míšková/Neumüller 1994: 17, 37). Eine neunköpfige Redaktionskommission, die auf der Vollversammlung der Förderungsgesellschaft gewählt wurde, bestellte den dreiköpfigen verantwortlichen Redaktionsausschuss (Köpplová 2000: 154).

Sauer übernahm ab Juli 1905 die Funktion des verantwortlichen Redakteurs. In der Folge klagt er Leitzmann in zwei Briefen nicht nur von seiner „Überbürdung" durch Seminare und Kollegien, sondern bemerkt ferner: „daneben musste ich unsere nationale Zeitschrift aus dem Schlamm ziehen" (Brief S 504 vom 19.11.1905). Vier Monate später heißt es dann: „Dass ich nicht ausführlich antworten kann, daran ist meine Überbürdung schuld; so-

---

11  Richard Batka zeichnet auch verantwortlich für die Zusammenstellung des Registers im ersten bis dritten Band des *Euphorion*. Seit 1898 war Batka Redakteur des in Dresden erscheinenden *Kunstwart* (Binder 1979: 265-270).

lang ich die ,DArbeit' redigieren muss, bin ich für die Menschheit tot" (Brief
S 510 vom 12.3.1906). Neben den normalen Redaktionsgeschäften, dem
Kontakt zu Autoren, der Auswahl von Beiträgen und der Einwerbung von
Geldern wurde Sauers Zeit durch die Umsetzung inhaltlicher und formaler
Neuerungen beansprucht.

Unter seiner Leitung stieg der Anteil literaturgeschichtlicher Beiträge in
der Revue (Köpplová 2000: 167, Anm. 30). Dazu konnte er Fachkollegen wie
Otto E. Lessing, Anton E. Schönbach und Richard Moritz Meyer als Autoren
gewinnen.[12] Auf Leitzmanns eigene Initiative ging die kleine Miszelle *Die Abfassungszeit des Ackermanns aus Böhmen* für die *Deutsche Arbeit* zurück (Leitzmann
1906/1907).[13] Über die Rekrutierung wissenschaftlicher Mitarbeiter hinaus
schöpfte Sauer selbst aus seinem fachlichen Repertoire und verarbeitete literarhistorische Themen zu Zeitschriftenartikeln. Von den knapp 40 eigenen
Beiträgen, die er zwischen 1901 und 1912 in der *Deutschen Arbeit* publizierte,
geht rund ein Drittel auf seine wissenschaftlichen Studien zurück. Wenn eine
fachliche Motivation vorlag, übersandte Sauer die Monatsschrift an Leitzmann, wie im Jahr 1904: „Nächster Tage kommen die Aufzeichnungen der
Ulrike v. Leevetzow [*sic*]" (Brief S 465 vom 11.1.1904) (Sauer 1903/1904).
Den „Erinnerungen an Goethe" vorangestellt ist eine wissenschaftliche Erör-
terung zu Editionsprinzipien, und nach der Wiedergabe der Aufzeichnungen
folgen Ausführungen zur vermuteten Datierung, die auf den damaligen Forschungsstand rekurrieren. Die „Erinnerungen" hätte Sauer durchaus im *Euphorion* veröffentlichen können. Es ist jedoch anzunehmen, dass die Verbindung mit Böhmen und der in weiten Bevölkerungskreisen bekannte Weimarer
Klassiker ihn dazu veranlassten, die Publikumswirksamkeit für die deutsch-
böhmische Zeitschrift zu nutzen. Reichsdeutsche Feuilletons nahmen den
Artikel auf und zitierten dabei die *Deutsche Arbeit* als Quelle.[14] Mit solchen
Referenzen konnte auf die Existenz der Revue und ihre Ziele aufmerksam

---

12  Unter Sauers Redaktionsleitung erschienen z. B. Meyer (1906/1907): *Ein Plagiat Sealsfields*;
Lingg (1906): *Sozialphilosophische Studien über die Frauenfrage in der dramatischen Literatur der
Gegenwart*; Lessing (1906): *Walt Whitmann*; Schönbach (1906/1907): *Über die ,Deutschen Texte
des Mittelalters' der Berliner Akademie*; Klaar (1906/1907): *Über Methoden der Literaturgeschichte*.

13  Leitzmann fragte dazu an: „Sie besitzen doch gewiss Wolkans böhmische literaturgeschichte, die ich hier nicht kriegen kann. sagen Sie mir doch, bitte, ob dort als entstehungsjahr
des ,ackermanns aus Böhmen' 1399 angegeben ist und *auf welcher seite*!" (Brief L vom
22.10.1906; Herv. i.O.).

14  Die Resonanz ist in der *Deutschen Arbeit* dokumentiert, die Wiederabdrucke sind in der
Beilage der Münchener *Allgemeinen Zeitung*, der Berliner *National-Zeitung*, in den *Münchener
Neuesten Nachrichten*, der *Münchener Zeitung*, der *Vossischen Zeitung* und der *Weser-Zeitung* ange-
führt (*Deutsche Arbeit* 1903/1904, Heft 5: 456).

gemacht werden. Für die wissenschaftliche Rezeption der Quelle erwies sich diese Entscheidung jedoch als hinderlich, wie Sauer anlässlich einer Rezension Jahre später bemerkt.[15]

Ein weiteres Beispiel für die Überschneidung des wissenschaftlichen und des kulturpolitischen Arbeitsgebietes ist Sauers Würdigung Anton E. Schönbachs. Schönbach hatte eines der beiden Geleitworte in der ersten Nummer des *Euphorion* verfasst und Sauer war ihm in langjähriger Freundschaft verbunden (Schönbach/Harnack 1894). Im Juniheft 1908 widmet er ihm *Ein Freundesgruß aus der Heimat zu seinem sechzigsten Geburtstag* (Sauer 1907/1908). Abgesehen von den deutlich auf die Zeitschrift zugeschnittenen Anfangs- und Endpassagen, die an Heimatverbundenheit und Landesliebe appellieren, kann sich der Geburtstagsgruß an wissenschaftlichen Maßstäben messen lassen. Verweise auf Wilhelm Scherer und die Berliner „Literaturpäpste" sowie die Darlegung der Konkurrenz von protestantischer und katholischer Literaturgeschichtsschreibung des Mittelalters setzen beim Leser einige Vorkenntnisse voraus.

Neben der Vermehrung des literarischen Anteils in der *Deutschen Arbeit* werden unter Sauers Leitung neue Rubriken eingeführt. Neu ist die Einrichtung des „Sprechsaals", „in dem jeder unter eigener Verantwortung" in „allen wichtigen und zeitgemäßen Angelegenheiten des Landes" zu Wort kommen soll (Sauer 1905/1906). Der erste Beitrag für die neue Rubrik ist sogleich ein politisch brisanter (Spina 1905/1906). Der Germanist und Slawist Franz Spina, der auch bei Sauer studiert hatte und 1921 die Prager Professur für tschechische Sprache und Literatur übernahm (Rösel 1995: 16f), plädiert hier für *Die Erlernung des Tschechischen in unseren deutschen Lehranstalten*. Brisant war dieses Thema deshalb, weil die Mehrheit der Deutschen sich den neuen Gesetzen, die die Zweisprachigkeit in den meisten gesellschaftlichen Bereichen vorschrieben, verweigert hatte. Ungeachtet der veränderten Rechtslage beharrten sie weiter auf Deutsch als der allein notwendigen Sprache. Die Forderung nach Erlernung des Tschechischen war ein Politikum und es ist beachtenswert, dass der Beitrag, der Spina viele Anfeindungen einbrachte (Köpplová 2000: 168), in der *Deutschen Arbeit* veröffentlicht wurde.

---

15  Sauer gab später die Briefe nochmals als Faksimile heraus, mit der Begründung, der Abdruck in der *Deutschen Arbeit* sei „an etwas abgelegener Stelle" erfolgt und in der Wissenschaft nicht genügend rezipiert worden (Sauer 1921 und 1919).

## 4. Die bibliographische „Übersicht" in der *Deutschen Arbeit* und die *Euphorion*-Bibliographie

Außer der Einrichtung neuer Rubriken erfolgte unter Sauers Redaktionsleitung ein Ausbau des bibliographischen Teils der *Deutschen Arbeit*. Am Ende eines jeden Heftes stand eine Übersicht über kulturelle Veranstaltungen, Lesungen und Vorträge, die im Vormonat in Böhmen stattgefunden hatten. Zudem wurde darin die in und über Böhmen erschienene Literatur ausgewertet sowie Beiträge deutschböhmischer Autoren nachgewiesen. Sauer sorgte zunächst dafür, dass die Bibliographie ausgebaut wurde, neue Unterrubriken erleichterten das Auffinden.

Ab dem 6. Jahrgang wird die bisher monatlich zusammengestellte bibliographische „Übersicht" durch eine jährliche ersetzt. Es erscheint eine separate Beilage am Ende der *Deutschen Arbeit* 6/2 im Umfang von 168 Seiten, der ein Personen- und ein Sachregister vorangestellt ist. Sauer betätigte sich auch wissenschaftlich als Bibliograph, unter anderem an Goedekes *Grundriss zur Geschichte der deutschen Dichtung aus den Quellen* und den *Jahresberichten für neuere deutsche Literaturgeschichte* arbeitete er mit.[16] Er überträgt das philologische Handwerkszeug auf die Kulturzeitschrift, indem er durch die sachlich feinere Gliederung und die Indizierung für eine bessere Benutzbarkeit sorgt.

Die Bibliographie bezeichnet auch in anderer Hinsicht eine Schnittstelle zwischen den von Sauer geleiteten Zeitschriften. In der „Übersicht" der ersten Hefte der *Deutschen Arbeit* werden in der Rubrik „Zeitschriftenschau" alle Titel der *Euphorion*-Beiträge sowie Autoren von Miszellen und Rezensionen veröffentlicht, deutschböhmische Autoren werden durch Sperrdruck hervorgehoben.[17] Ab Heft 5 vom Februar 1902 werden nur noch die deutschböhmischen Autoren mit ihren Beiträgen aufgelistet. In der Folge wird der *Euphorion*

---

16  Diese Tätigkeit erwähnt er vielfach in den an Leitzmann gerichteten Briefen: Vgl. u. a. Brief S 153/154 vom 27.10.1893, Brief S 211/212 vom 23.2.1895, Brief S 230 vom 5.9.1895, Brief S 248/249 vom 30.1.1896, Brief S 278 vom 28.7.1896, Brief S 285/286 vom 24.11.1896, Brief S 293/294 vom 9.4.1897, Brief S 296 vom 8.5.1897, Brief S 407/408 vom 27.8.1901, Brief S 436 vom 8.6.1902, Brief S 516 vom 10.7.1906.

17  *Deutsche Arbeit* 1 (1901/1902, Heft 3: 259): „Zeitschrift für Literaturgeschichte. Hrsg. von August Sauer. VIII. (Wien, Fromme) Heft 2." Im Sperrdruck erscheinen Adolf Hauffen und aus dem fünften Ergänzungsheft der Beitrag von Josef Wihan *Matthäus von Colling und die patriotisch-nationalen Kunstbestrebungen in Oesterreich zu Beginn des neunzehnten Jahrhunderts*.

nur noch in der Rubrik aufgeführt, wenn deutschböhmische Autoren darin vertreten waren.[18]

Auch im *Euphorion* werden Artikel aus der *Deutschen Arbeit* nachgewiesen. Die Aufnahme erfolgte selektiv. Das Erscheinen der Revue wird in der Zeitschrift für Literaturgeschichte nicht eigens erwähnt. Die Bibliographie des *Euphorion* 1902 berücksichtigt nur die Titel literarischer Beiträge. Die *Deutsche Arbeit* erscheint in der Rubrik „Allgemeines" (nicht etwa „Historische Provinzial- und Lokalzeitschriften") an dritter Stelle (*Euphorion* 9 [1902]: 219). In den folgenden Jahrgängen steht die Revue in der Rubrik an erster oder zweiter Stelle und es werden alle literarhistorischen Beiträge wiedergegeben.[19] Manchmal folgt der bibliographischen Angabe eine Kurzbesprechung, so wie im Band 16 eine Rezension des Sauer-Beitrags *Zur Prager Literaturgeschichte* (Sauer 1906/1907a). Für Heft 4 bis 12 des 6. Jahrgangs *Deutsche Arbeit* und das 1. Heft des 7. Jahrgangs sind dort über 30 literarhistorische Beiträge nachgewiesen (*Euphorion* 16 [1909]: 641f.). Sauers kulturpolitische Aufrufe *Deutsche Studenten – nach Prag!* (Sauer 1906/1907 b), die in diesem Zeitraum ebenfalls erschienen, sind in der *Euphorion*-Bibliographie nicht erfasst. Bei der Verweisung achtet Sauer also peinlich genau auf die Trennung von Kulturpolitischem und wissenschaftlich Relevantem. Auch für die folgenden Jahrgänge der *Deutschen Arbeit* werden die Titel literar- und musikhistorisch relevanter Artikel zitiert.[20]

Die beiden Organe verweisen demnach aufeinander, aber die Kulturpolitik fand keinen Eingang in die wissenschaftliche Arbeit. Analog zu der von Sauer gehandhabten Praxis, Literaturwissenschaftliches und Kulturpolitisches

---

18  Dann wieder in *Deutsche Arbeit* 2 (1902/1903), Heft 2 vom November 1902: 186.

19  *Euphorion* 10 (1903): 402. – *Euphorion* 11 (1904): 243f, 655. – *Euphorion* Band 12 ist ein Schiller-Band und enthält keine allgemeine Bibliographie. Vgl. weiterhin *Euphorion* 13 (1906): 380f. und *Euphorion* 14 (1907): 445f.

20  Anhand der aufgeführten Titel kann schnell ein Überblick über die Anzahl und das Gewicht literarhistorischer Artikel in der Revue erreicht werden, die ab dem 8. Jahrgang (1908/1909) stetig abnehmen. Diese Entwicklung deutet auf den schwindenden Einfluss Sauers, der sich 1908 aus der leitenden Redaktionstätigkeit zurückzieht. Seit etwa 1910 wird die zunehmende Nationalisierung des Blattes immer deutlicher. Band 18 des *Euphorion* wird vom 9. Ergänzungsheft begleitet, das nur eine Bibliographie über Bücher der Jahre 1907/10 bringt und keine Zeitschriften nachweist. Die Bibliographie der Jahre 1910/11 erscheint im 10. Ergänzungsheft. Dort sind für die *Deutsche Arbeit*, Jahrgänge 9 bis 11, nur noch zwölf literarhistorische Titel aufgelistet. Vgl. *Euphorion*. 10. Ergänzungsheft (1913): 104f. Das 11. Ergänzungsheft berücksichtigt Artikel der *Deutschen Arbeit* der Jahrgänge 11 bis 13, die Anzahl literarhistorischer Arbeiten hat zu diesem Zeitpunkt erheblich abgenommen. Vgl. *Euphorion*. 11. Ergänzungsheft (1914): 105. Jahrgang 15 bis 17 der *Deutschen Arbeit* bibliographisch erfasst in: *Euphorion*. 12. Ergänzungsheft (1922): 189.

in einem jeweils eigenen Publikationsorgan zu verbreiten, hielt er seine kultur-
und universitätspolitischen Aktivitäten als nicht-fachliche Angelegenheiten
aus dem Briefwechsel mit Leitzmann weitgehend heraus. Seine redaktionelle
Tätigkeit für die *Deutsche Arbeit* und seine universitätspolitischen Aktivitäten
waren untrennbar mit nationaler Agitation verbunden und daher unvereinbar
mit dem Anspruch wissenschaftlicher Objektivität. Wenn Sauer seine Tätigkeit für die Revue im Briefwechsel thematisiert, dann nicht, um seine kulturpolitischen Aktivitäten zu kommunizieren, sondern um auf literarische Arbeiten in der *Deutschen Arbeit* zu verweisen und für den Wissenschaftsstandort
Prag zu werben.

Diese von Sauer praktizierte Trennung sollte bei der Rezeption seiner
kulturpolitischen Schriften berücksichtigt werden. Die darin niedergelegten
Forderungen und die damit verfolgten Intentionen entstanden zielgruppen-
spezifisch und können nicht ohne weiteres auf sein wissenschaftliches Instrumentarium übertragen werden.

## Ungedruckte Quellen

ThULB Jena, Handschriftenabteilung, Nachlass Albert Leitzmann I, 4b: Einladung
zur öffentlichen Disputation am 27. April 1891 für Else Altwasser.

ThULB Jena, Handschriftenabteilung, Nachlass Albert Leitzmann II b 11. Tagebuch
von August-November 1893.

ThULB Jena, Handschriftenabteilung, Nachlass Albert Leitzmann VI, 12. „Kalender
für das Jahr 1891", darin: „ostseeschlamm: aphorismen eines ertrunkenen".

ThULB Jena, Handschriftenabteilung, Nachlass Albert Leitzmann VII, 6: 1-3 Briefe
von Albert Leitzmann an August Sauer und VII, 1 S 129 bis S 658 Briefe von
August Sauer an Albert Leitzmann.

ThULB Jena, Handschriftenabteilung, Nachlass Else Leitzmann III, 13a. Briefe von
Hedda Sauer an Else Leitzmann 26.11.1893 bis 15.11.1899.

# Literatur

Adam, Wolfgang (1994): Einhundert Jahre „Euphorion". Wissenschaftsgeschichte im Spiegel einer germanistischen Fachzeitschrift. – In: *Euphorion* 88, 1-72.

Binder, Hartmut (Hg.) (1979): *Kafka-Handbuch in zwei Bänden.* Bd. 2: Das Werk und seine Wirkung. Stuttgart: Kröner.

Becher, Peter (2007): August Sauer als Gründer der wissenschaftlichen Stifter-Forschung. – In: *Jahrbuch. Adalbert-Stifter-Institut des Landes Oberösterreich.* Hrsg. v. Milan Tvrdík und Wolfgang Wiesmüller. Linz: Stifterhaus, 33-38.

Buxbaum, Elisabeth (2000): August Sauer – Germanist, Herausgeber und Mentor. – In: Buxbaum, Elisabeth/Kriegleder, Wynfried (Hgg.), *Prima le parole e poi la musica.* Festschrift für Hermann Zeman zum 60. Geburtstag. Wien: Ed. Praesens, 268-276.

Düwel, Klaus/Beck, Heinrich (Hgg.) (1989): *Andreas Heusler an Wilhelm Ranisch. Briefe aus den Jahren 1890-1940.* In Zusammenarbeit mit Oskar Bandle herausgegeben. Mit einem Geleitwort von Hans Neumann (= Beiträge zur nordischen Philologie, 18). Basel, Frankfurt/M: Helbing und Lichtenhahn.

Faerber, Sigfrid (2004): *Ich bin ein Chinese. Der Wiener Literarhistoriker Jakob Minor und seine Briefe an August Sauer* (= Hamburger Beiträge zur Germanistik, 39). Frankfurt/M.: Lang.

Friemel, Berthold (1991): Albert Leitzmann. ostseeschlamm: aphorismen eines ertrunkenen. In: *Zeitschrift für Germanistik* NF 1/1, 155-160.

Hofman, Alois (1995): Aufbruch der Stifter-Forschung in Prag. August Sauer und sein Kreis. – In: Lachinger, Johann (Hg.), *Adalbert Stifter. Studien zu seiner Rezeption und Wirkung. 1868-1930* (= Schriftenreihe des Adalbert-Stifter-Institutes des Landes Oberösterreich, 39). Linz: Stifterhaus, 79-95.

Joost, Ulrich (2001): Rastlos nach ungedruckten Quellen der deutschen Geistesgeschichte spürend. Albert Leitzmann, Philologe und Literaturhistoriker. – In: *Brüder-Grimm-Gedenken* 14, 46-79.

Klaar, Alfred (1906/1907): Über Methoden der Literaturgeschichte. – In: *Deutsche Arbeit* 6/7 (April), 121-125.

Köpplová, Petra (2000): Die ‚Gesellschaft zur Förderung deutscher Wissenschaft, Kunst und Literatur in Böhmen' und die ‚Deutsche Arbeit'. – In: *brücken* NF 8. Prag: Lidové noviny, 143-178.

Krolop, Kurt (2004): Ein Pionierprojekt, aber keine Pionierleistung. – In: *brücken* NF 12. Prag: Lidové noviny, 265-290.

Leitzmann, Albert (Hg.) (1894 a): *Tagebuch Wilhelm von Humboldts von seiner Reise nach Norddeutschland im Jahre 1796* (= Quellenschriften zur neueren deutschen Literatur- und Geistesgeschichte, 3). Weimar: Felber.

Leitzmann, Albert (1894 b): Rez. Haym, Briefe von Wilhelm von Humboldt an G. H. L. Nicolavius, Berlin 1894. – In: *Euphorion* 1, 647-649.

Leitzmann, Albert (1906/1907): Die Abfassungszeit des Ackermanns aus Böhmen. – In: *Deutsche Arbeit* 6/11 (August), 759-760.

Lessing, Otto E. (1906): Neue Bahnen in der Weltliteratur. I. Walt Whitmann – In: *Deutsche Arbeit* 5,2/11 (August), 392-403.

Lingg, Emil (1906): Sozialphilosophische Studien über die Frauenfrage in der dramatischen Literatur der Gegenwart. – In: *Deutsche Arbeit* 5,2/7 (April), 1-14.

Meyer, Richard M. (1906/1907): Ein Plagiat Sealsfields. – In: *Deutsche Arbeit* 7/8 (Mai), 510-512.

Míšková, Alena/Neumüller, Michael (Bearb.) (1994): *Společnost pro podporu německé vědy, umění a literatury v Čechách (Německá akademie věd v Praze). Die Gesellschaft zur Förderung deutscher Wissenschaft, Kunst und Literatur in Böhmen (Deutsche Akademie der Wissenschaften in Prag).* Materialien zu ihrer Geschichte und Inventar des Archivbestandes 1891-1945. Prag: Archiv Akademie věd ČR.

Rasche, Ulrich (2005): Studien zur Habilitation und zur Kollektivbiographie Jenaer Privatdozenten 1835-1914. – In: Steinbach, Matthias/Gerber, Stefan (Hgg.), *„Klassische Universität" und „akademische Provinz". Studien der Universität Jena von der Mitte des 19. bis in die dreißiger Jahre des 20. Jahrhunderts.* Jena: Bussert & Stadeler, 129-191.

Rösel, Hubert (1995): *Die deutsche Slavistik und ihre Geschichte an der Universität Prag* (= Erträge böhmisch-mährischer Forschungen, 1). Münster: Lit.

Ruprecht, Dorothea/Stackmann, Karl (Bearb.) (2000): *Regesten zum Briefwechsel zwischen Gustav Roethe und Edward Schröder.* 2 Bde. (= Abhandlungen der Akademie der Wissenschaften in Göttingen. Philologisch-historische Klasse, Folge 3, 237). Göttingen: Vandenhoeck & Ruprecht.

Sauer, August (1903/1904): Ulrike von Levetzow und ihre Erinnerungen an Goethe. Zur hundertsten Wiederkehr ihres Geburtstages (4. Februar 1904). – In: *Deutsche Arbeit* 3/4 (Januar), 293-307.

Sauer, August (1905/1906): An unsere Leser. – In: *Deutsche Arbeit* 5,1/1 (Oktober), 1-3.

Sauer, August (1906/1907a): Zur Prager Literaturgeschichte [Rez. A. G. Przedak: Vergessene Söhne Prags. Literaturhistorische Skizze aus dem Vormärz. Sonderabdruck aus der Prager Zeitung. Prag 1906]. – In: *Deutsche Arbeit* 6/7 (April), 452-455.

Sauer, August (1906/1907b): Deutsche Studenten – nach Prag! – In: *Deutsche Arbeit* 6/5 (Februar), 274-276; 6/7 (April), 477-478 und „Ein Schlußwort" 6/8 (Mai), 544-545.

Sauer, August (1907/1908): Anton E. Schönbach. Ein Freundesgruß aus der Heimat zu seinem sechzigsten Geburtstag. – In: *Deutsche Arbeit* 7/9 (Juni), 623-628.

Sauer, August (Hg.) (1919): *Ulrike von Levetzows Erinnerungen an Goethe* (= Veröffentlichungen der Gesellschaft deutscher Bücherfreunde in Böhmen, 2). Prag: Haase.

Sauer, August (1921): Rez. Goethes Freundinnen. Briefe zu ihrer Charakteristik ausgewählt und eingeleitet von Gertrud Bäumer. Dritte, unveränderte Auflage. Leipzig, Berlin 1921. – In: *Euphorion* 23, 560-561.

Sauer, August (1928): *Kulturpolitische Reden und Schriften.* Im Auftrage der Deutschen Gesellschaft der Wissenschaften und Künste für die Tschechoslowakische Republik eingeleitet und herausgegeben von Josef Pfitzner. Reichenberg i. B.: Franz Kraus.

Schönbach, Anton E. (1906/1907): Über die ‚Deutschen Texte des Mittelalters' der Berliner Akademie. – In: *Deutsche Arbeit* 6/1 (Oktober), 12-19.

Schönbach, Anton E./Harnack, Otto (1894): Zwei offene Briefe an den Herausgeber. 1. Von Anton E. Schönbach in Graz. 2. Von Otto Harnack in Rom. – In: *Euphorion* 1, 4-16.

Spina, Franz (1905/1906): Die Erlernung des Tschechischen in unseren deutschen Lehranstalten. – In: *Deutsche Arbeit* 5,1/6 (März), 438-442.

Sutter, Berthold (1960): *Die Badenischen Sprachenverordnungen von 1897. Bd. 1. Ihre Genesis und ihre Auswirkungen vornehmlich auf die innerösterreichischen Alpenländer* (= Veröffentlichungen der Kommission für Neuere Geschichte Österreichs, 46). Graz, Köln: Böhlau.

Takebayashi, Tazuko (2005): *Zwischen den Kulturen. Deutsches, Tschechisches und Jüdisches in der deutschsprachigen Literatur aus Prag. Ein Beitrag zur xenologischen Literaturforschung interkultureller Germanistik.* Hildesheim, New York: Olms.

Ralf Klausnitzer

# Wissen und Werte. August Sauer als Hochschullehrer und Erzieher

## 1. Ein Lehrer und seine Schüler

Am 24. August 1902 schreibt der gerade 19 Jahre alt gewordene Student Franz Kafka an den Freund Oskar Pollak und berichtet unter anderem über seine Eindrücke vom Hochschullehrer August Sauer, bei dem er im Sommersemester 1902 die Vorlesung *Geschichte der deutschen Litteratur in der Periode des Sturms und Drangs* sowie *Deutsche Stilübungen* gehört und eine Übung *Gerstenbergs Briefe* belegt hatte.[1] Die Äußerungen über Sauer müssen nicht besonders erfreulich gewesen sein, denn der erste Herausgeber von Kafkas Korrespondenz, Max Brod, sah sich gezwungen, „einen großen Teil dieses ausführlichen Briefes" zu unterdrücken, „weil er eine sehr unhöfliche, ja derbe Polemik gegen einen damaligen Prager Universitätsprofessor der Literaturgeschichte enthält, deren posthume Veröffentlichung gewiß nicht im Sinne Kafkas gewesen wäre." (Kafka 1937: 345) Der Verbleib des nur unvollständig überlieferten Briefes ist unbekannt; es lässt sich also nicht mit Bestimmtheit sagen, was Franz Kafka an August Sauer auszusetzen hatte. Erhalten – und mehrfach auch auf August Sauer bezogen – ist jedoch Kafkas Urteil über die Germanistik: „in der Hölle soll sie braten" (Obwohl aus dem Kontext des Briefes hervorgeht, dass es sich dabei wohl eher um einen Kommentar zu Pollaks ergriffenem Bericht über seinen Besuch im Goethe-Nationalmuseum in Weimar handelt).[2]

---

1  ‚Absolutorium'. Verzeichnis der vom Wintersemester 1901/02 bis zum Ende des Sommersemesters 1905 von Kafka besuchten Veranstaltungen, Archiv University Karlovy v Praze. Hier nach Kafka (1999: 392).

2  Franz Kafka an Oskar Pollak. Brief vom 24. August 1902 (Kafka 1999: 13), wo es über Pollaks Besuch im Weimarer Goethe-Nationalmuseum heißt: „Denn was Du vom Arbeitszimmer, deinem Allerheiligsten schreibst, ist wieder nichts anderes als eine Einbildung und ein Schulgedanke und ein klein wenig Germanistik, in der Hölle soll sie braten". – Dieses Urteil über die Germanistik wird oft zitiert und nicht selten auch in Zusammenhang mit

23 Jahr später zeichnet Alfred Rosenbaum, der seit 1894 Mitarbeiter bzw. später (1927-1934) alleiniger Herausgeber von Karl Goedekes *Grundriß der Geschichte der Deutschen Dichtung* ist und von 1911 bis 1922 umfassende Jahresbibliographien der deutschen Literaturforschung für die Zeitschrift *Euphorion* erstellt, ein ganz anderes Bild des Prager Universitätsprofessors:

> Sauer ist kein einsam für sich Arbeitender. Der temperament- und lebensvolle Mann braucht Resonanz, strebt nach Wirkung ins Weite. Er ist der geborene Hochschullehrer, richtungweisend, anfeuernd; der prädestinierte ideen- und anregungsreiche Leiter wissenschaftlicher Sammelwerke und Zeitschriften. So erzieht er sich Schüler, wirbt Mitarbeiter und Helfer bei Ausführung seiner Pläne, sammelt Freunde und Verehrer um sich. (Rosenbaum 1925: o. S. [Vorwort])

Rosenbaums bescheiden als „bibliographischer Versuch" titulierte Dokumentation der wissenschaftlich-publizistischen Tätigkeit Sauers zeigt dann auch eine beeindruckende Vielfalt von Wirkungen: Die Abteilung I, „Von Sauer herausgegebene und geleitete Sammelwerke und Zeitschriften", nennt die Reihen *Wiener Neudrucke* (mit 11 Titeln), *Beiträge zur Geschichte der deutschen Litteratur und des geistigen Lebens in Österreich* (mit 4 Titeln), *Deutsche Literaturdenkmale des 18. und 19. Jahrhunderts* (deren Leitung Sauer von Bernhard Seuffert übernahm und vom 39. bis zum 128. Band betreute); die *Bibliothek älterer deutscher Übersetzungen* (in der sechs Teile erschienen), die *Bibliothek deutscher Schriftsteller aus Böhmen* (die es bis 1924 auf 37 Bände brachte) und nicht zuletzt die von August Sauer und Carl v. Kraus herausgegebene Reihe *Prager Deutsche Studien*, in deren Rahmen die Promotionsschriften zahlreicher Sauer-Schüler gedruckt wurden; hier wurden zwischen 1905 und 1925 insgesamt 36 Titel veröffentlicht. Verzeichnet sind in dieser Abteilung ebenfalls die von Sauer begründeten Periodika *Euphorion* und *Deutsche Arbeit*. Die umfangreichste Abteilung ist den selbständigen Werken und Abhandlungen in Periodischen und Sammelwerken gewidmet, zu denen auch die von Sauer selbst erstellten Editionen (Werk- und Briefausgaben) hinzugefügt werden; hier kommt die Bibliographie Rosenbaum auf 801 Nummern.

Nicht uninteressant ist schließlich die dritte Abteilung, die Bücher und Publikationen verzeichnet, die August Sauer zugeeignet wurden: Unter den 38 Widmenden finden sich nicht nur Schüler wie Wilhelm Kosch und Josef Nadler, Ferdinand Josef Schneider und Georg Stefansky, sondern auch be-

---

Sauer gebracht, so wieder durch Peter André Alt (2007: 103f.), der Kafkas Briefzeilen vom August 1902 umstandslos mit der Rektoratsrede vom 18. November 1907 kurzschließt, um „Sauers nationales Jubelpathos" und die „chauvinistische Nationalphilologie Sauers" als Gründe für das nur kurzzeitige Intermezzo des späteren Schriftstellers mit der universitären Literaturwissenschaft anzugeben.

freundete Philologen wie Albert Leitzmann und Richard Moritz Meyer sowie die Schriftstellerin Marie von Ebner-Eschenbach, die ihre 1916 erschienenen Erinnerungen an Grillparzer „in tiefster, wärmster Verehrung" Sauer zueignete (Ebner-Eschenbach 1916: 8). Der letzte Eintrag in dieser Liste verzeichnet die Widmung in Hedda Sauers Buch *Goethe und Ulrike*, das 1925 im Sudetendeutschen Verlag von Franz Kraus in Reichenberg erschien: „meinem geliebten Mann zu eigen" (Sauer, H. 1925: 3).

Rosenbaums „bibliographischer Versuch" führt nicht alle Schüler von August Sauer auf. Zu den von ihm in Lemberg, Graz und Prag ausgebildeten Germanisten, die eine wissenschaftliche Laufbahn einschlugen, zählen u. a. der Erforscher der Tiroler Literaturgeschichte Moritz Enzinger,[3] der Frühneuzeitforscher und Volkskundler Adolf Hauffen,[4] der Stifter-Forscher Franz Hüller (1885-1967), der Eichendorff-Editor und Lexikograph Wilhelm Kosch;[5] der Li-

---

3  Moritz Enzinger (1891-1975) begann 1911 das Studium der Germanistik, Geschichte und Geographie an der Universität Graz, wechselte bald darauf zu Germanistik und Romanistik und studierte dann an den Universitäten Freiburg (Schweiz), Wien und Prag, u. a. bei Josef Nadler und August Sauer. 1916 schloss er das Studium mit einer Dissertation über die Entwicklung des Wiener Theaters vom 16. bis zum 19. Jahrhundert an der Universität Prag ab. Zuerst als Lehrer tätig, wurde er 1922 als Professor an die Universität Innsbruck berufen; 1954 folgte er einem Ruf auf den Lehrstuhl für Österreichische Literaturgeschichte und allgemeine Literaturwissenschaft an der Universität Wien.

4  Adolf Hauffen (1863-1930) hatte seit 1883 deutsche und englische Philologie, Geschichte und Geographie an den Universitäten Wien, Leipzig, Berlin und Graz studiert, wurde 1886 promoviert und habilitierte sich 1889 mit der Arbeit *Caspar Scheidt, der Lehrer Fischarts* (Hauffen 1889). An der Karl-Ferdinands-Universität in Prag wurde er 1898 außerordentlicher, 1919 ordentlicher Professor. Er engagierte sich in der Erwachsenenbildung für die deutsche Minderheit in Böhmen und begründete 1896 die Zeitschrift *Beiträge zur deutschböhmischen Volkskunde* (seit 1926 *Beiträge zur sudetendeutschen Volkskunde*). Seit 1918 dehnte er sein volkskundliches Forschungsgebiet auf Mähren, Schlesien und die Karpaten aus.

5  Wilhelm Franz Josef Kosch (1879-1960) studierte Rechtswissenschaften in Wien sowie deutsche Philologie, Geschichte und Kunstgeschichte in Breslau und Prag und wurde hier 1904 mit der Dissertation *Adalbert Stifter und die Romantik* promoviert; sie erschien 1905 als erster Band der *Prager deutschen Studien* (Kosch 1905). Unmittelbar danach mit der Einrichtung des Adalbert-Stifter-Archivs in Prag betraut, war er seit 1905 im Bibliotheksdienst der Deutschen Universität tätig, bevor er im folgenden Jahr a. o. Prof. in Freiburg (Schweiz) wurde und 1911 an die Universität Czernowitz wechselte. Seit 1918 lehrte er als Gastprofessor an der Montanistischen Hochschule Leoben in der Steiermark; von 1923 bis zu seiner Emeritierung 1950 wirkte er als ord. Prof. der deutschen Literatur und Theatergeschichte sowie der Lexikographie an der Universität Nimwegen in den Niederlanden. Gemeinsam mit Sauer und Philipp Becker begründete Kosch 1908 die große historisch-kritische Ausgabe von Eichendorffs Werken.

teraturkritiker Otto Eduard Lessing;[6] der Verfasser der vierbändigen *Literaturge-schichte der deutschen Stämme und Landschaften* und spätere Wiener Ordinarius Josef Nadler;[7] der Aufklärungsforscher und seit 1921 an der Hallenser Universität wirkende Ferdinand Josef Schneider;[8] der Romantikforscher und *Euphorion*-Herausgeber Georg Stefansky[9] und der Komparatist Josef Wihan.[10]

Zu Schülern, die im Kultur- bzw. Literatursystem tätig wurden, zählen u. a. der Bibliothekar und Schriftsteller Karl Wilhelm Gawalowski,[11] der Heimater-

6    Otto Eduard Lessing (1875-1935) promovierte bei August Sauer mit der Studie *Grillparzer und das Neue Drama* (Lessing 1905), bevor er als Übersetzer und Literaturkritiker wirkte.

7    Josef Nadler (1884-1963) begann 1904 sein Studium an der Prager Universität und wurde 1908 mit der Arbeit *Eichendorffs Lyrik. Ihre Technik und ihre Geschichte* (Nadler 1908) promoviert. Seit 1912 Dozent, wurde er 1914 als Nachfolger Wilhelm Koschs ordentlicher Professor für Literaturgeschichte in Freiburg (Schweiz). Seit 1925 lehrte er in Königsberg, bis er 1931 an die Universität Wien wechselte. Nadler, der über 300 germanistische Arbeiten veröffentlichte, wurde insbesondere durch seine 1912-18 erstmals erschienene *Literaturgeschichte der deutschen Stämme und Landschaften* bekannt, in der er die Entwicklung der deutschen Literatur in stammesethnographischer Perspektive beschrieb. In die 4. Auflage des Werks mit dem Titel *Literaturgeschichte des deutschen Volkes* (1938-41) nahm Nadler partiell rassentheoretische Thesen auf. Nach Kriegsende scharf kritisiert wurde ihm 1946 der Lehrstuhl entzogen.

8    Ferdinand Josef Schneider (1879-1954) hatte an der an der Deutschen Universität Prag studiert und wurde mit der Dissertation *Jean Pauls Altersdichtung* (Schneider 1901) durch August Sauer und Adolf Hauffen promoviert. Danach habilitierte er sich in Prag für neuere deutsche Sprache und Literatur mit der Schrift *Jean Pauls Jugend und erstes Auftreten in der Literatur. Ein Blatt aus der Bildungsgeschichte des deutschen Geistes im 18. Jahrhundert* (Schneider 1905); erhielt 1920 eine außerordentliche Professur und ging 1921 als Ordinarius an die Universität Halle.

9    Georg Stefansky (1897-1957) hatte an der Prager Universität zuerst Naturwissenschaften studiert, bevor er zur Philologie wechselte und 1922 bei August Sauer mit der Arbeit *Das Wesen der deutschen Romantik. Kritische Studien zu ihrer Geschichte* promovierte. Nach weiteren Studien bei Julius Petersen in Berlin habilitierte er sich mit der Arbeit *Das hellenisch-deutsche Weltbild. Einleitung in die Lebensgeschichte Schellings* (Stefansky 1925) in Prag und wurde hier Privatdozent. Nach kurzer Tätigkeit als Oberassistent bei Julius Petersen (WS 1928/29) habilitierte er sich 1929 nach Münster um und wirkte hier als Privatdozent, bis er 1933 sowohl aus der Universität wie aus der Redaktion des *Euphorion* vertrieben wurde. Nach einer sechsjährigen Arbeit als Privatgelehrter in Prag ging er 1940 nach New York, wo er noch einmal Soziologie studierte und dann als Lehrer an der Graduate School der New York University unterrichtete.

10   Josef Wihan (1874-1930) promoviert mit der Arbeit *Johann Joachim Christoph Bode als Vermittler englischer Geisteswerke in Deutschland* (Wihan 1906), übernahm im Herbst 1899 den Deutschunterricht am „Staatsgymnasium mit deutscher Unterrichtssprache in Prag-Altstadt", das auch Kafka besuchte.

11   Karl Wilhelm Gawalowski (1861-1945) studierte Germanistik und Geschichte an den Universitäten Prag, Leipzig und Graz. 1883 trat er in den Dienst der Steiermärkischen Landes-

zähler und Mundartdichter Rudolf Greinz;[12] der Dramatiker Rudolf Christoph
Jenny;[13] der Journalist Paul Kisch,[14] der Gymnasiallehrer Friedrich Thieberger
und nicht zuletzt der Dichter Rainer Maria Rilke, den Sauer seit Beginn seiner
Prager Lehrtätigkeit gefördert hatte und der noch lange jedes seiner Bücher mit
schmeichelnden Widmungen nach Prag senden sollte.[15] Rilke – doch das sei nur
nebenbei bemerkt – war auf vielfältige Weise mit August Sauer verbunden: Er
fand nicht nur bereits als Student Zugang zum berühmten Salon der Sauers, der
eine wichtige Rolle im literarisch-akademischen Leben Prags zur Jahrhundertwende spielte. Rilke unterhielt auch nähere Beziehungen zu Hedda Sauer, deren
Vater Alois Rzach als Altphilologe an der Prager Universität wirkte. Glaubt man
den Erinnerungen von Hedda Sauer, dann wurde Rilke durch Reproduktionen
eines Apollo-Torsos im Arbeitszimmer ihres Vaters zu dem berühmten Ge-

---

bibliothek in Graz, deren Direktor er 1919-23 war. Beteiligte sich führend am steirischen
„Volkstumskampf", war Sammler und Anreger steirischer Mundartliteratur und betätigte
sich als Fremdenverkehrsfunktionär. Gawalowski schrieb deutschnationale Lyrik sowie das
Hand- und Reisebuch *Steiermark*, das erstmals 1911 erschien.

12 Rudolf Greinz (1866-1942) studierte 1884-87 in Graz und Innsbruck Germanistik, Philosophie und Kunstgeschichte, musste sein Studium jedoch krankheitsbedingt abbrechen.
Seit 1889 lebte er als freier Schriftsteller in Meran, später in Innsbruck und seit 1911 in
München. 1911-13 arbeitete er für die Zeitschrift *Jugend* und veröffentlichte unter Pseudo-
nym satirisch-politische Artikel.

13 Rudolf Christoph Jenny (1858-1917) hatte eine militärische Laufbahn eingeschlagen, die
er 1886 aus gesundheitlichen Gründen aufgeben musste; war vorübergehend als Schau-
spieler in Linz tätig und studierte dann an der Universität Prag. Schrieb Dramen (u. a. das
Volksstück *Not kennt kein Gebot*, 1894), die mit großem Erfolg am Innsbrucker Stadttheater
aufgeführt wurden. Seit 1898 war Jenny Redakteur der *Innsbrucker Nachrichten*, gab seit 1900
die in Mundart verfasste humoristisch-satirische Wochenschrift *Der Tiroler Wastl* heraus
und lebte zuletzt als Schriftsteller und Buchdruckereibesitzer in Innsbruck. 1907 erschien
seine Autobiographie *Auf steinigen Wegen*.

14 Paul Kisch (1883-1944), Bruder des „rasenden Reporters" Egon Erwin Kisch und Schul-
freund von Franz Kafka, hatte nach Besuch des Altstädter Deutschen Gymnasiums zum
Wintersemester 1901/02 ein Germanistikstudium an der Ferdinand-Karls-Universität aufgenommen und trat – wie Kafka und die meisten seiner Mitschüler – in die „Lese- und Redehalle der deutschen Studenten" ein. Im Wintersemester 1902/03 setzte er das Studium
in München fort; kehrte aber schon im Sommersemester 1903 wieder nach Prag zurück.
Dort trat er einer schlagenden Verbindung bei, promovierte 1912 mit der Arbeit *Hebbel
und die Tschechen* bei Sauer (Kisch 1913) und wurde nach seinem Bruder Egon Erwin Kisch
Redakteur der Tageszeitung *Bohemia*.

15 Rainer Maria Rilke (1875-1926) studierte nur kurze Zeit bei August Sauer: Im Juli 1895
immatrikuliert er sich an der Prager Universität zum Studium der Philosophie und der
Kunst- und Literaturgeschichte; wechselt aber schon im Sommersemester 1896 zum Studium der Rechtswissenschaften und ging dann nach München, um dort Kunstgeschichte
und Ästhetik zu studieren.

dicht *Archaischer Torso Apollos* inspiriert. Eine nähere Beziehung zu ihrer jüngeren Schwester Edith, der sich Rilke mit dem 1894 erschienenen, noch ziemlich belanglosen Gedichtband *Leben und Lieder* sowie Gedichten auf ihre Schönheit genähert hatte, scheint möglich gewesen zu sein, kam aber nicht zustande – sie war eine gefeierte Ballkönigin, der Rilke als erklärter Nicht-Tänzer nicht zu folgen vermochte. Die erhaltenen Stücke des Briefwechsels zwischen Sauer und Rilke dokumentieren die tiefe Verehrung des jungen Dichters für den erfahrenen Philologen, der seinerzeit schon zeitig von Rilkes Begabung überzeugt war. Als der Autor im Januar 1916 fürchtet, eingezogen zu werden, schreibt er eilige Briefe an Förderer und Gönner und ersucht um ihre Unterstützung bei seiner Befreiung vom Armeedienst. Um seine Bedeutung für die deutsche Kultur zu nachzuweisen, sammelt er beglaubigende Aussagen – und eine davon kommt vom Hochschullehrer aus Prag.

August Sauer, so eine erste und noch unspektakuläre Beobachtung, hat als Hochschullehrer in Lemberg, Graz und Prag einen nicht unbedeutenden Einfluss ausgeübt. Den Voraussetzungen und Wirkungen will dieser Beitrag nachgehen und dabei drei Thesen verfolgen. (1) Der Hochschullehrer und Wissenschaftsmanager August Sauer vermittelt nicht nur ein spezifisches Wissen an seine zahlreichen Studenten, sondern vor allem auch Normen und Werte, die Textumgangsformen ebenso konditionieren und regulieren wie die Formate der kulturellen Bedeutungs- und Wissensproduktion. (2) Diese Werte korrespondieren jedoch weniger einem engstirnigen Nationalismus oder gar Chauvinismus (wie es eine ältere ideologiekritische Fachgeschichtsschreibung behauptet hatte). Bei genauerer Beobachtung zeigt sich die besondere Wirksamkeit des Hochschullehrers und Erziehers August Sauer vielmehr in einer Kombination von philologischem Ethos und sinnstiftenden Orientierungsangeboten, deren Implikationen und Konsequenzen nur vor dem Hintergrund der Umbrüche im Kultur- und Wissenschaftssystem um 1900 verständlich werden. Diese Verknüpfung von philologischem Ethos und persönlichem Engagement versucht Hedda Sauer zu bestimmen, wenn sie im Vorwort des ersten Bandes seiner *Gesammelten Studien* mit etwas schiefer Metaphorik über ihren Ehemann feststellt:

> Mensch und Beruf waren eins; sein Ethos rann als Blut in den Adern seiner Wissenschaft, von der Nietzsche sagte, daß sie eine Beschäftigung für Aristokraten, für Mandarinen des Geistes sei; was Elemente seiner Persönlichkeit waren, Treue, Ehrlichkeit, Liebe, Geduld, das sind Elemente der Philologie. (Sauer, H. 1933: VII)[16]

---

16 Die im Frühjahr 1933 bei Metzler in Kommission veröffentlichten *Gesammelten Studien* wurden mit Unterstützung des Ministeriums für Schulwesen und Volkskultur in der ČSR gedruckt und sind dem „Minister Professor Dr. Franz Spina in herzlicher Dankbarkeit

Der in München wirkende Franz Muncker wird in seinem Beitrag zur Sau-
er-Festschrift von 1925 von einer „hingebenden Liebe" sprechen und konstatieren, kein anderer der Fachgenossen habe wie Sauer seinen Gegenständen einen „solchen mühsam suchenden, geradezu unheimlichen, aber auch
scharfsinnig findigen, Verborgenes aufhellenden Fleiß gewidmet." (Muncker
1925: 166) (3) Die Verknüpfung von Wissen und Werten, die in der Rede vom
„philologischen Ethos" umrissen wird, hat historische Wurzeln, die sich in
der universitären Sozialisation Sauers auffinden lassen. Und sie hat Konsequenzen, die auf drei Ebenen sichtbar und folgenreich werden: einerseits in
der Gestaltung seiner Lehrtätigkeit an der Prager Karl-Ferdinands-Universität
und in seinen Wirkungen auf die universitäre und außeruniversitäre Öffentlichkeit; andererseits in der Ausbildung eines Schülerkreises, dessen Ange-
hörige nicht nur in der akademischen Literaturwissenschaft, sondern auch
im kulturellen und politischen Leben wirken werden. Die Verknüpfung von
Wissen und Werten schlägt sich aber nicht zuletzt auch in Auseinandersetzungen mit anderen Literatur- und Wissenschaftsauffassungen nieder. Und auch
davon wird hier zu reden sein.

Um das ‚philologische Ethos' des August Sauer und sein Wirken als Hochschullehrer und Erzieher hier knapp skizzieren zu können, erweist sich eine
segmentierende Schrittfolge als günstig. In einem ersten Abschnitt sollen kurz
die Bedingungen skizziert werden, die den 1855 geborenen und bei Pater
Hugo Mareta (1827-1913) und Karl Tomaschek (1828-1878) in Wien philologisch sozialisierten sowie bei Wilhelm Scherer und Karl Müllenhoff (1818-
1884) in Berlin weiter ausgebildeten Sauer als Hochschullehrer und Erzieher
prägten. In einem zweiten Schritt sind die Adaptationen und Umsetzungen
dieser Prägungen in Sauers Lehrtätigkeit zu dokumentieren, die auf universitärer Ebene zum überwiegenden Teil in der traditionellen Form des Vor-
lesungs- und Seminarbetriebs blieben, im außeruniversitären Rahmen noch
näher zu bestimmende Innovationen und Veränderungen einführten. Der ab-

---

gewidmet" – was wiederum auf mehrfach dimensionierte Verbindungen schließen lässt.
Denn Franz Spina (1868-1938) hatte nicht nur das Studium der Germanistik und slawischen Philologie in Prag und Wien mit Promotion zum Dr. phil. abgeschlossen und als
Gymnasiallehrer gearbeitet; er veröffentlichte seine Qualifikationsschrift *Beiträge zu den
Deutsch-slawischen Literaturbeziehungen. Die alt-tschechische Schelmenzunft, ‚Frantova práva'* von
1909 auch in Sauers Reihe *Prager Deutsche Studien* und war Sauer also schon frühzeitig verbunden. Nach der Habilitation an der Deutschen Universität Prag für slawische Philologie
lehrte er hier als a. o., später als ordentlicher Professor der tschechischen Sprache und
Literatur; wurde 1920 als Abgeordneter des Bundes der Landwirte in das Prager Parlament
gewählt und 1926 Minister für öffentliche Angelegenheiten.

schließende dritte Abschnitt widmet sich Sauers Schülern und zeigt, wie Sauer als geschickter und gut vernetzter Wissenschaftsmanager seine Doktoranden beeinflusste, förderte und unterstützte.

## 2. „Treue, Ehrlichkeit, Liebe, Geduld". Die Bildung des Philologen

August Sauer, der von 1865 bis 1873 das Gymnasium des Schottenstiftes („Schottengymnasium") in Wien besucht, erhält ab der sechsten Klasse 1870/71 Deutschunterricht bei Pater Hugo Mareta (1827-1913) – und empfängt hier gemeinsam mit den Mitschülern Jakob Minor und Josef Seemüller wesentliche Impulse für eine weitergehende Beschäftigung mit der deutschen Literatur. Die ersten sind es freilich nicht – schon als Knabe hat Sauer ungeheuer viel gelesen. In dem Lebensbild, das sein letzter Schüler Georg Stefansky von seinem Lehrer entwirft, heißt es:

> Auf der Straße ging der schmächtige, blasse Gelehrte nicht anders als in ein Buch versenkt, in der Nacht, heimlich bei einem Kerzenstümpfchen, das er mit der Hand beschattete, um vor den Eltern verborgen zu bleiben, las und erlebte er die ersten Schauer Shakespeares. [...] Damals mag Sauer auch den Grund seiner umfassenden Belesenheit gelegt und in seinem Lesehunger ... die Wiener Leihbibliotheken leer gelesen, das durch Privatstunden mühsam verdiente Taschengeld für manchen Bücherkauf verwendet haben. (Stefansky 1925: 650)

Auch wenn die hier entworfene Darstellung des heimlichen Lesers zu den topischen Bildern des Gelehrtenlebens gehört, belegt dieser Bericht doch die immense Rezeptivität, die den späteren Prager Professor bis an sein Lebensende auszeichnen soll. Bei Pater Mareta wird der Gymnasiast Sauer nicht nur in die neuere, ältere und mittelhochdeutsche Literatur eingeführt, sondern auch zu Redeübungen angehalten und für Fragen des Dialekts, speziell des Österreichischen sensibilisiert. Aus diesen Anregungen wird ein anderer Pareta-Schüler, Josef Seemüller, den Plan zu einem bayerisch-österreichischen Wörterbuch gewinnen; Sauer wird in seiner Liebe zur einheimischen Literatur gestärkt, die besonders in der Beschäftigung mit Grillparzer von Bedeutung sein wird.

Die Lehrer an der Wiener Universität, die Sauer ab dem Wintersemester 1873/74 besucht, sind Karl Tomaschek und Richard Heinzel. Der von Sigfrid

Faerber edierte Briefwechsel zwischen Jakob Minor und August Sauer zeigt ambivalente Haltungen. Einerseits schätzt man die von Tomaschek vermittelte „historische Methode", die sich auf „Daten und Details" konzentriert und übergreifende Synthesen als „Spekulationen" ablehnt;[17] Minor verteidigt ihn gar mit der Begründung, seitdem er wieder Kant studiert habe, sei ihm die „Berechtigung auch dieser Art der wissenschaftlichen Behandlung sehr bewusst geworden".[18] Andererseits sehen die beiden noch jungen Freunde sehr genau die Begrenzungen dieses Philologen, der „im Grunde eine unproduktive Gelehrtennatur und ein unpersönlicher Lehrer war." (Stefansky 1925: 650) Wie wenig geeignet Tomaschek zur geistigen Führung des akademischen Nachwuchses gewesen zu sein scheint, wird deutlich, wenn man sich vergegenwärtigt, auf welche Randfigur der Literatur er die kognitiven Energien seines Studenten lenkt: Seine Dissertation schreibt August Sauer auf Tomascheks Anregung über Joachim Wilhelm von Brawe (1738-1758), einen mit 20 Jahren sowie zwei heute vergessenen Tragödien verstorbenen Autor des 18. Jahrhunderts. Möglicherweise ist diese Gegenstandswahl aber gar nicht so abseitig und unglücklich, wie sie Sauers Schüler Georg Stefansky später bewerten wird: Sauers Beschäftigung mit Brawe mündet nicht nur in einer bis heute maßgeblichen Monographie; sie bestätigt ihn auch in jenem philologischen Ethos, das als „Andacht zum Unbedeutenden" zuerst pejorativ gegen die Brüder Jakob und Wilhelm Grimm gewendet und später zur Salvierung eines spezifischen Aufmerksamkeitsverhaltens verwendet wurde.

Wesentlichere Einflüsse empfängt Sauer vom zweiten Wiener Lehrer Richard Heinzel. Dieser partizipiert an der anti-spekulativen Wende der Literaturforschung, die sich im Gefolge eines übergreifenden Theoretisierungsschubs in den Geistes- und Kulturwissenschaften seit den 1870er und 1880er Jahren beobachten lässt – vermittelt er doch Konzepte und Methoden des seit 1872 in Straßburg, seit 1877 in Berlin lehrenden Österreichers Wilhelm Scherer an die Wiener Studenten. Die Bestimmungen des später als Positivismus stigmatisierten Umgangs mit Texten sind an dieser Stelle nicht weiter

---

17  Symptomatisch ist etwa das Gutachten von Karl Tomaschek zu Jakob Minors Promotionsarbeit *Schillers Theorie des Dramas. Ein Maßstab für die Schillerkunde. Nach Schillers eigenen Äußerungen* (zit. n. Faerber 2004: 36f.): „Für den selbständigen wissenschaftlichen Character und Wert der Abhandlung wäre es jedoch ersprießlich gewesen, wenn der Verfasser ausschließlich und strenger, als dieß innerhalb seiner synthetischen Disposition der Fall ist, an einer historischen Methode festgehalten hätte, welche überall dem Werden und der Ausbildung von Schillers Ansichten über das Drama im Zusammenhange mit seiner Geistesentwicklung überhaupt nachgegangen wäre."

18  Jakob Minor an August Sauer. Brief vom 30. Juli 1876 (zit. n. Faerber 2004: 317).

auszuführen; hier muss ein Hinweis auf den Ausgangs- und den Zielpunkt dieses Wissenschaftsprogramms genügen. Für Scherer – aber auch für den mit ihm befreundeten Philosophen Wilhelm Dilthey, den Sprachwissenschaftler Hermann Paul, den Historiker Karl Lamprecht oder die Völkerpsychologen Moritz Lazarus und Heymann Steinthal – besteht die spezifische Wissenschaftlichkeit der eigenen „positiven" Forschung in einer durchgehenden empirischen Fundierung, die durch historische und vergleichende Beobachtung von Phänomenen die Muster und Gesetzmäßigkeiten ihrer Entstehung und Wirkung ermittelt (dazu umfassender Klausnitzer 2007: 81-91). Und genau diese Prinzipien sollen für Richard Heinzel und nachfolgend auch für August Sauer wichtig werden. Heinzel plädiert für „ausgedehnteste Empirie" und orientiert sich am Klassifikationsprozess der Naturwissenschaften: Das historisch agierende Individuum soll in der Geschichte der Gattung aufgehen; der Wertbegriff der Persönlichkeit ist im Typenmerkmal der Klasse aufzulösen. Ergebnis ist eine Gleichbehandlungsmaxime, die der tendenziell selektionslosen Aufmerksamkeit der Philologie eine epistemologische Grundlage liefert: Für den Literarhistoriker ist der bedeutende Autor von gleichem Wert wie der Vielschreiber, denn schließlich sei für den Zoologen der Löwe auch nicht interessanter als der Regenwurm.

Diese Überzeugung leitet August Sauer seit seiner Dissertation über Brawe; noch 1921 wird er formulieren: „Der Literarhistoriker kann nicht wählen; er muß Kraut und Unkraut hinnehmen, wie Gott es geschaffen hat und oft verschlingen magere Jahre und öde Strecken die Reichtümer der fetten Zeiten und der fruchtbaren Gelände."[19] Bedingt und kultiviert wird dieses besondere Aufmerksamkeitsverhalten durch Dispositionen zu Akribie und nüchterner Sachlichkeit, die Sauers Freund Jakob Minor explizit beklagt:

> Ich habe oft lebhaft bedauert, daß Du für Spekulation so wenig Sinn hast. Ich kann es nicht läugnen, daß ich deshalb auch nicht an Deine literarische Produktion glaube. [...] Deine Plane ersticken alle unter dem Unkraut des wissenschaftlichen Details. Wie Du sie nur aufzählst, glaube ich eine Literaturgeschichte zu lesen, wo es heißt: Im Sommer 76 war Herr Sauer mit ... beschäftigt, aber die Vorbereitungen auf das Doktorat einerseits, ... andererseits hinderten ihn an der Ausführung. Dieser Abschnitt aber würde in jedem Jahr einzurücken sein, bis es einmal heißt: Das Studium Kants hat Herrn Sauer endlich vom Bandwurm befreit. (Jakob Minor an August Sauer. Brief vom 30. Juli 1876; zit. n. Faerber 2004: 317)

Vom „Bandwurm" der spekulationslosen Detailbesessenheit wird August Sauer jedoch nicht durch das Studium Kants befreit, sondern durch akademische Lehrer, die er im Wintersemester 1877/78 in Berlin kennen lernt: Wilhelm

---

19  August Sauer: Widmung der Freunde an den Verfasser (in Bettelheim 1921: VII).

Scherer und Karl Müllenhoff. Hier hat Sauer drei zentrale Bildungserlebnisse, die an dieser Stelle nur kurz anzudeuten sind. Zum einen erlebt er in direktem Kontakt und gleichsam ‚in persona' Philologie als jene Lebensform, die Akribie und Entsagungsbereitschaft fordert, dafür besondere Kompetenzen im Umgang mit Texten und historischen Konstellationen entwickelt. Ich zitierte aus Wilhelm Scherers programmatischem Aufsatz *Goethe-Philologie*, der 1877 in der populären Kulturzeitschrift *Im neuen Reich* erscheint und also genau in jene Zeit fällt, in der Sauer in unmittelbarem Kontakt mit Scherer steht:

> Die Philologie ist die schmiegsamste aller Wissenschaften. Sie ist ganz auf das feinste Verständnis gegründet. Die Gedanken und Träume vergangener Menschen und Zeiten denkt sie nach, träumt sie nach. [...] Aber alles Verstehen ist ein Nachschaffen: wir verwandeln uns in das, was wir begreifen; der Ton, der an unser Ohr schlägt, muß einen verwandten in uns wecken, sonst sind wir taub; und die partielle Taubheit ist leider gemeines Menschenloos. Die Philologie ist allumfassend, allverstehend, allbeleuchtend: die Philologen stehen unter den Gesetzen endlicher Beschränkung. (Scherer 1877/1900: 3)

Scherer projektiert jedoch nicht nur eine Intimkommunikation zwischen dem poetischem Werk und einer „auf das feinste Verständnis" gegründeten Philologie, die in ihrer Gesamtheit die Defizite ihrer einzelnen und stets beschränkten Glieder ausgleichen soll. Die immer wieder angemahnte „peinliche Gewissenhaftigkeit" für „Einzelheiten" und noch die „kleinsten Veränderungen" markiert zugleich die Bedeutung der eigenen Zunft und erhebt den philologischen Umgang mit Texten zur Athletik:

> Jedem Philologen wird das Streben nach der Wahrheit an sich, nach dem Echten, Ursprünglichen, Authentischen, eine Art von Sport, dem wir uns mit einem gewissen humoristischen Behagen hingeben. (Scherer 1877/1900: 21)

Das Erlebnis der Philologie als Lebensform ist die erste der in Berlin gewonnenen Einsichten, die für den späteren Hochschullehrer und Erzieher Sauer prägend werden. Ein zweiter wesentlicher Gewinn ist die Entdeckung eines Gegenstandsbereichs, den er zuerst gemeinsam mit dem Freund Jakob Minor bearbeiten wird: Begleitet von der interessierten Teilnahme Wilhelm Scherers beginnt er mit Goethe-Forschungen, die in die 1880 in Zusammenarbeit veröffentlichten *Studien zur Goethe-Philologie* eingehen; sie sind „unserm Lehrer Richard Heinzel in Dankbarkeit und Verehrung" gewidmet. (Zum Vergleich: Die 1878 in Scherers Buchreihe *Quellen und Forschungen zur Sprach- und Culturgeschichte der germanischen Völker* veröffentlichte Dissertation ist „Karl Tomaschek in Dankbarkeit zugeeignet".) In der Beschäftigung mit dem Werk Goethes entwickelt Sauer zugleich Prinzipien, die über die Tätigkeit des Editionsphilologen hinausgehen. Für ihn ist der Autor nicht nur der Verfasser eines mit größter Sorgfalt und Sicherheit wiederherzustellenden Textes, sondern – so formuliert es später seine Frau Hedda Sauer – „immer sah er im Werk das Problem und die Gestalt des Dichters." (Sauer, H. 1933: VII) Ein damit verbundener Grundgedanke, den Sauer von Scherer übernimmt, ist die Idee der historischen Persönlichkeit, in der schon Scherer eine natürliche Kraftsteigerung und nicht eine genialische Begabung sieht. Von diesem Gedanken führt ein Weg zu jenem Determinismus, den Sauer mehr oder weniger erfolgreich schulbildend entfalten und insbesondere an Josef Nadler weitergeben wird – doch dazu später mehr.

Dritter und nicht zu unterschätzender Ertrag des Berliner Aufenthalts ist schließlich das Erlebnis von Lehr- und Vermittlungsformen, die Scherer 1872 in Straßburg eingeführt hatte und seit dem Wintersemester 1877/78 als erster ordentlicher Professor für Neuere deutsche Literaturgeschichte an der Berliner Friedrich-Wilhelms-Universität fortsetzt: Es ist die gemeinsame seminaristische Arbeit, in der Studierende unter Anleitung und Teilnahme der Lehrenden zu wissenschaftlicher Tätigkeit herangezogen werden.[20] Sauer nimmt an den seminaristischen Übungen teil, die wöchentlich am Freitag stattfinden und in denen Studenten der höheren Semester ihre Arbeiten in Form von Vorträgen vorstellen. Hier erlebt er einen ergebnisorientierten Umgang zwischen Lehrern und Schülern, den er in seinen eigenen Übungen an der Ferdinand-Karls-Universität in Prag fortsetzen wird – wöchentlich am Samstag zwischen 9 und 12 Uhr.

Die Bedeutung dieser auf dem Gebiet der neueren deutschen Literatur zu dieser Zeit innovativen Arbeitsform ist noch einmal zu unterstreichen. In der gemeinsamen Beschäftigung mit Texten und vorbildlichen, d. h. gelungenen philologischen Exegesen – ausgedrückt etwa in Ulrich von Wilamowitz-Moellendorffs (1921: 59) Würdigung von Lachmanns Lukrez-Edition, „an" der man die kritische Methode erlernt habe – werden in intensiver Interaktion zwischen Lehrer und Schülern nicht nur Konzepte und Methoden für den Umgang mit Texten ausgebildet. Eingeübt und habituell internalisiert werden

---

20  Ein Resultat der so auf Dauer gestellten Wissenskultur ist die Gründung des Germanischen Seminars im Jahr 1887, das ein Jahr nach Scherers frühem Tod und relativ spät erfolgt: Das erste Germanische Seminar war 1858 in Rostock unter der Direktion von Karl Bartsch gegründet worden; ihm folgten 1872 Tübingen und Straßburg, 1873 Heidelberg, Würzburg und Leipzig, 1874 Freiburg, 1875 Kiel und Halle, 1876 Marburg und Greifswald, 1877 Breslau, 1881 Jena, 1883 Erlangen, 1887 Berlin und Königsberg, 1888 Bonn, 1889 Göttingen und Gießen, 1892 München und schließlich 1895 Münster (Meves 1987: 72f.) An der Universität Wien wurde 1881 das Seminar für Deutsche Philologie gegründet, dessen Leitung Sauers Lehrer Richard Heinzel und der Scherer-Schüler Erich Schmidt übertragen wurde; in Prag war die Einrichtung eines Seminars für deutsche Philologie bereits 1874 erfolgt.

vor allem auch die Normen und Werte der wissenschaftlichen Beschäftigung
mit der literarischen Überlieferung sowie der vielbeschworene philologische
Takt. – Wie schwierig die Durchsetzung dieser Arbeitsform ist, zeigt etwa
der Widerstand von Sauers Berliner Lehrer Karl Müllenhoff gegenüber der
Einrichtung neuphilologischer Seminare. Er beharrt darauf, dass auch der
Neuphilologe seine „philologische Vorbildung" im hergebrachten altphilolo-
gischen Seminar zu erlangen habe – und zwar nicht im Sinn eines allgemeinen
und explizit begründeten philologischen Regelwissens (critica und herme-
neutica artificialis), sondern im Sinn des Erwerbs von Fertigkeiten (*hermeneuti-
ca utens*), die vorrangig durch mündliche Unterweisung weitergegeben werden
(Müllenhoff 1854: 189). Diese Direktkommunikation erfährt August Sauer in
besonderer Weise, wenn er etwa gemeinsam mit Richard Maria Werner den
verehrten Müllenhof den „weiten Weg nach Hause" oder Scherer durch den
Tiergarten begleiten darf:

> Da hat er [Müllenhoff] denn eine gewaltige Freude und erzählt uns alles mögliche, wissen-
> schaftliches und erlebtes. Das hätte ich mir nie träumen lassen, dass ich an der Seite die-
> ses literarischen Wauwau harmlos und furchtlos einhergehen und mit ihm gemütlich über
> gewöhnliche Dinge sprechen werde. Auch mit Scherer gehen wir manchmal, bes. Freitag
> nach den Übungen, mit längeren Umwegen durch den Thiergarten, oder ich begleite ihn
> abends von der Kneipe nach Hause. Einem Norddeutschen fiele das nie und nimmer ein,
> einen Professor zu begleiten oder ihm eine Gefälligkeit zu erweisen; darum hat man uns
> aber auch recht gerne. (August Sauer an Jakob Minor. Brief vom 23. Januar 1878; zit. n.
> Faerber 2004: 328f.)

Sauer wird diese Prägungen – Philologie als Lebensform, innovativ erwei-
terter Gegenstandsbereich mit Orientierung auf Gestalt und Problemgehalt,
direkte Kommunikationen zur Vermittlung von Wissen und Normen – als
Hochschullehrer in Lemberg, Graz und Prag umsetzen. Diese Vorgänge stehen im Zentrum der folgenden Erörterungen.


## 3. Adaptationen und Umsetzungen


Sieht man sich die im Anhang dieses Beitrags aufgelisteten Lehrveranstaltungen August Sauers an der Prager Ferdinand-Karls-Universität zwischen 1892
und 1920 an, dann fallen zum einen Lehrdeputat und Verteilung, zum anderen

Veranstaltungsthemen und -formen auf. Der ordentliche Professor August Sauer hatte pro Woche sieben Stunden zu unterrichten; verteilt auf die Tage einer Arbeitswoche, die von Montag bis Samstag reicht. Den zumeist Montag, Mittwoch und Freitag angebotenen „großen" Lektionen, meist als Übersichtsvorlesungen über eine literarische Epoche oder ein Jahrhundert angelegt, korrespondieren Collegien bzw. Übungen, die an alternierenden Wochentagen stattfinden. Die anfänglich am Donnerstag, später durchgehend Samstag abgehaltenen „Übungen" finden im Rahmen des Seminars für deutsche Philologie statt – hier vollzieht sich die Initiation der zugelassenen bzw. eingeladenen Teilnehmer in den Kreis des wissenschaftlichen Nachwuchses durch konzentrierte Arbeit an ausgewählten und begrenzten Themenstellungen, die Sauer nicht selten in Bezug auf das Thema seiner großen Vorlesung wählt. Diese Vorlesungen sind, wie schon erwähnt, historisch ausgerichtet und ergeben im Verbund ein Gesamtbild der Geschichte der deutschen Literatur von der Frühen Neuzeit bis zur Mitte des 19. Jahrhunderts. So liest Sauer im Winter 1892/93 *Geschichte der deutschen Literatur im 16. Jahrhunderte*, im anschließenden Sommersemester folgt *Geschichte der deutschen Literatur im 17. Jahrhunderte*; Winter 1893/94 gibt es die *Geschichte der deutschen Literatur des 18. Jahrhunderts* und im Sommersemester 1894 folgt – wen wunderts? – *Geschichte der deutschen Litteratur in der Periode des Sturms und Drangs*. Das Wintersemester 1894/95 bringt die *Geschichte der deutschen Litteratur während der classischen Periode*, das folgende Sommersemester 1895 widmet sich *Goethe und Schiller in den Jahren 1894-1805*. Das Wintersemester 1895/96 bietet den zeitlichen Anschluss; hier geht es um die *Geschichte der deutschen Litteratur in der ersten Hälfte des 19. Jahrhunderts*; das nachfolgende Sommersemester (1896) behandelt *Das junge Deutschland*. Damit ist der Turnus absolviert und mit dem Wintersemester 1896/97 geht es von vorn los: *Geschichte der deutschen Literatur im 16. Jahrhundert – Geschichte der deutschen Literatur des 17. Jahrhunderts – Geschichte der deutschen Literatur im Zeitalter Lessings* usw. Später werden insbesondere in den Vorlesungen zur Klassischen Periode gewisse Differenzierungen vorgenommen: Nun gibt es Lektionen zur Entwicklung Goethes und Schiller bis zu ihrer Vereinigung, in bzw. während ihrer Vereinigung sowie zu Goethes poetischer Produktion nach Schillers Tod.

Wenn in dieser Abfolge der Lehrveranstaltungen etwas interessant zu sein scheint, dann sind es die Themenstellungen der seminaristischen Übungen. Hier greift Sauer mehrfach auf aktuelle Problemstellungen seiner Disziplin zurück, die in den Jahrzehnten zwischen 1890 und 1920 einen nicht zu unterschätzenden Modernisierungs- und Differenzierungsprozess erlebt. Schon im Sommersemester 1895 bietet er *Uebungen auf dem Gebiete der neuhochdeutschen Literaturgeschichte* an – was zu dieser Zeit als Stellungnahme für die weitere

methodische Separierung von „älterer" und „neuerer" Literaturgeschichte
verstanden werden kann. (Nur erwähnt sei, dass Sauers Wiener Lehrer Karl
Tomaschek bereits 1862 für die Besetzung einer zweiten Lehrkanzel für Neuere deutsche Sprache und Literatur vorgeschlagen wurde – was das Ministerium aber aus finanziellen Gründen ablehnte. 1868 berief man Tomaschek
nominell für das Gesamtgebiet „deutsche Sprache und Literatur", wonach er
zunächst überwiegend, ab 1870 ausschließlich das „neuere Fach" an der Universität Wien vertrat.) Im Wintersemester 1897/98 erfolgen *Litterar-historische
Uebungen an den Werken Adalbert Stifters*, die kurz vor der Stifter-Renaissance
um 1900 eine neue Form der wissenschaftlichen Aufmerksamkeit generieren
bzw. katalysieren. Im Wintersemester 1898/99 folgt eine Übung *Wissenschaftliche Streitfragen der neueren Literaturgeschichte* und im Sommersemester 1899 gibt
es *Uebungen auf dem Gebiete der neueren deutschen Literaturgeschichte* – hier werden
vermutlich die Modernisierungsprozesse des Faches und die breiter disku-
tierten Neuerscheinungen aus der Feder von „Innovatoren" wie Ernst Elster,
Rainer Maria Werner und Hubert Roetteken diskutiert.

Nur marginal präsent erscheint das eigene Konzept einer ethnographisch
bzw. kulturgeographisch begründeten Schrifttumsgeschichte, das Sauer (1907)
in seiner Rektoratsrede *Literaturgeschichte und Volkskunde* im November 1907
umreißt sollte. Von einer stammeskundlich-landschaftlichen Gliederung der
literarischen Überlieferung ist in seinen Vorlesungsthemen nicht die Rede.
Und auch die Diskussionen, die etwa sein Schüler Josef Nadler aufwirbeln
wird, finden sich in den Übungen nicht reflektiert. Zwar bietet Sauer einige
Vorlesungen zur Literaturgeschichte Österreichs an, so etwa im Wintersemester 1901/02 *Geschichte der deutschen Literatur in Oesterreich seit der Errichtung des
Kaiserthums (1804)* oder im Wintersemester 1906/07 *Ausgewählte Kapitel aus der
österreichischen Literaturgeschichte des 19. Jahrhunderts*. Im Wintersemester 1902/03
gibt es als *Übungen für Vorgeschrittene* den Themenschwerpunkt *Österreichische
Dichter des 19. Jahrhunderts* und im Wintersemester 1906/07 als *Übungen für Vorgeschrittene* den Bereich *Österreichische Dichter und Zeitschriften des 19. Jahrhunderts*.
Doch verweisen diese Themenstellungen eher auf ein stärkeres Interesse an
der literarischen Kultur der Monarchie als an stammeskundlichen Redukti-
onen. – Erst im Sommersemester 1919 behandelt eine Übung *Literarhistorische
Forschungen über die Landschaften des Erzgebirges* und im Sommersemester 1920
widmet man sich den *Grundlagen der Literaturgeschichte*.

Was sich zudem konstatieren lässt, ist eine gewisse Korrespondenz der
Lehrveranstaltungen mit den eigenen editorischen und literaturgeschichtli-
chen Arbeiten: Im Sommersemester 1908 – Sauer hat gemeinsam mit Philipp
August Becker und Wilhelm Kosch gerade die Historisch-Kritische Eichen-

dorff-Ausgabe im Regensburger Verlag von Josef Habbel begonnen – bietet er *Übungen an der Hand der Werke Eichendorffs* an; im Wintersemester 1916/17 liest er – wieder einmal – *Ausgewählte Kapitel aus der Geschichte der neueren deutschen Literatur in Österreich* – und wird 1917 in der neugegründeten *Österreichischen Zeitschrift für Geschichte* den Aufsatz *Die besonderen Aufgaben der Literaturgeschichtsschreibung in Österreich* veröffentlichen.

Sichtbar ist also – und das ist noch einmal zu betonen – eine Konstanz in den Themenstellungen und ein Beharren auf einmal eingefahrenen Gleisen, das sich sogar in wiederkehrenden Veranstaltungszeiten manifestiert. Erst nach dem Wintersemester 1915/16, also im Alter von 60 Jahren, wird es sich Sauer gönnen, um 11 Uhr – statt wie zuvor 9 oder 10 Uhr – zu beginnen. Die Resonanz auf seine Lehrveranstaltungen muss nicht unbedeutend gewesen sein: Mehrfach werden die Teilnehmerzahlen an seinen Übungen beschränkt. Aus diesen Übungen gehen schließlich Schüler hervor, die sein wissenschaftliches Vermächtnis entfalten und weitertragen werden – unter anderem Wilhelm Kosch und Josef Nadler, Ferdinand Josef Schneider und Georg Stefansky.

Bevor ich auf diese für die Literaturforschung bedeutsamen Philologen eingehe, sei in ganz knappen Strichen die Wirksamkeit Sauers als Erzieher jenseits der Karl-Ferdinands-Universität skizziert. Denn August Sauer ist nicht nur Hochschullehrer, sondern – und das muss an dieser Stelle nicht wiederholt werden – ein Aktivist in der kulturellen Öffentlichkeit und der Volksbildungsbewegung. Als Wissenschaftsmanager und Volkserzieher nutzt Sauer vor allem die von ihm 1901 gegründete und bis 1918 mit geleitete Zeitschrift *Deutsche Arbeit*, um Ideen und Pläne zu unterbreiten. Aus diesen greife ich hier nur diejenigen heraus, die im weiteren Sinne für die Vermittlung philologisch-literaturwissenschaftlichen Wissens von Bedeutung sind und den Konnex von Wissen und Werten in besonderer Weise demonstrieren (dazu schon Hauffen 1915/16: 9f.).

Ein erster Vorschlag betrifft die Herstellung einer materialen Basis für die Sammlung der literarischen Überlieferung: Sauer schlägt die Schaffung einer *Deutschen Nationalbibliothek in Böhmen* vor, die sämtliche literarische Erzeugnisse seiner Heimat sowie alle wichtigen Bücher und Zeitschriften zu ihrer wissenschaftlichen Forschung zusammenführen soll. Ein besonderes Sammelgebiet soll die Zeit zwischen 1770 und 1810 sein, in der es in Prag eine blühende Theaterliteratur gab, deren Zeugnisse aber gegenwärtig nicht mehr vorhanden sind). Als Ort hat Sauer die Volksbücherei in Aussig [Usti nad Labem] im Auge, die mit ihrem geräumigen Neubau zu einer Nationalbibliothek umgestaltet werden könnte.

Zum zweiten regt Sauer die Erstellung einer deutsch-böhmischen Biographie an, die in Ergänzung zu den bislang vorliegenden allgemeinen biographischen Nachschlagewerken und Lexika vor allem die regional bedeutsamen Autoren und Kulturschaffenden verzeichnen soll.

Neben einem ausführlichen Plan für den Neubau der Universitätsbibliothek gibt Sauer detaillierte Hinweise an die Adresse des Deutschen Nationaltheaters in Prag: Dessen Leitung schlägt er vor, sorgsam einstudierte Schüleraufführungen von Dramen der Klassiker und bedeutender Autoren des 19. Jahrhunderts zu veranstalten, die einen festen Kern für den allgemeinen Spielplan auf Jahre hinaus bieten sollen. Damit werde nicht nur die Bildung, sondern auch das Nationalgefühl der Jugend und breiter Bevölkerungskreise gestärkt.

Volkserzieher im direkten Wortsinn wird Sauer durch entschiedene Schritte zur Angliederung der volkstümlichen Hochschulkurse an die Ferdinand-Karls-Universität, als deren Gründungsvorsitzender er zwischen 1902 und 1914 wirkt. Er selbst hält mehrere Kurse in Prag und in anderen Städten des Landes ab und wird – nachdem der „Deutsche Kulturtag" am 19. März 1911 in Prag die Gründung eines „Landesverbandes für Volksbildungswesen in Böhmen" beschlossen hat und die eigentliche Verbandsgründung nach Schwierigkeiten am 16. März 1912 endlich zustande kommt – zum ersten Obmann gewählt.[21]

Diese Kurse sind – wie auch die Redaktionspolitik in der 1901 gegründeten Zeitschrift *Deutsche Arbeit* – vom kulturellen Selbstbehauptungswillen der Deutschen in Böhmen, Mähren und Sudetenschlesien geprägt, der sich auch in den wesentlich von August Sauer initiierten Vereinen *Bund der Deutschen in Böhmen* (gegründet 1894) und *Gesellschaft zur Förderung deutscher Wissenschaft, Kunst und Literatur in Böhmen* (seit 1891) manifestiert. Dabei geht es in erster Linie um die Sammlung der deutschen Bevölkerung, deren Differenzierung dem kulturpolitischen Beobachter Sauer durchaus bewusst ist. Eben deshalb lautet sein Credo „Verständigung und Annäherung" – jedoch nicht primär zwischen Deutschen und Tschechen (wie es noch die literarischen Zeitschriften des 19. Jahrhunderts, allen voran das Periodikum *Ost und West* beabsichtigt hatten),

---

21 Die Grundsätze seines kulturpolitischen Wirkens legt Sauer in der ausgreifenden Programmrede zur Eröffnung des Deutschen Kulturtages in Prag am 19. März 1911 nieder, auf dem sich unterschiedliche Träger der deutschen Kultur versammelt hatten. Nachdem der hier beschlossene Landesverband für Volksbildungswesen in Böhmen nach diversen Schwierigkeiten am 16. März 1912 endlich gegründet ist, fixiert der zum ersten Obmann gewählte Sauer seine Eckpunkte in dem Aufsatz *Die neuen Volksbildungsbestrebungen der Deutschen in Böhmen*, der in der *Deutschen Arbeit* als dem designierten Periodikum des Bundes veröffentlicht wird.

sondern zwischen Deutschen und Deutschen. Für die Integration sämtlicher deutschsprachiger Kulturträger aus der deutschen Landbevölkerung wie aus den deutschsprachigen Einwohnern der Hauptstadt sind liberale Grundsätze notwendig. Und darum findet sich in der 1901 gegründeten „Monatsschrift für das geistige Leben der Deutschen in Böhmen" *Deutsche Arbeit* (die Sauer als eine Zeitschrift ‚von' der Heimat, ‚für' die Heimat und ‚über' die Heimat gestaltet) in den elf Jahren seiner Chefredaktion ein betont liberaler und überparteilicher Geist; deshalb sind die Jahrgänge 1901 bis 1912 eine bunte Mischung deutschsprachiger Dichtung aus Böhmen, Mähren, Sudetenschlesien und Prag.

Gleichwohl finden sich beim liberal gesinnten kultur- und wissenschaftspolitischen Erzieher August Sauer auch Züge eines offenen Dezessionismus – deutlich etwa bei seinem Verhalten bei den Studentenunruhen der Jahre 1908 und 1909, die schon am Tage seiner Rektor-Inauguration am 18. November 1907 anklingen und sich durch die Wahrmund-Affäre bis hin zu Streikaktionen aufschaukeln; deutlich aber auch in seinem Einspruch gegen die Grundsteinlegung des Neubaus der Universität, den er in seiner Funktion als Prorektor im Wintersemester 1908/09 erhebt, oder in seiner Intervention gegen eine Kundgebung des vierten Kongresses der tschechischen Naturforscher und Ärzte, die am 10. Juni 1908 stattfindet (und in der er eine illegitime Nachahmung der deutschen Versammlungen erblickt). Alle diese öffentlichen Auftritte lassen sich als Reaktionen auf einen erstarkenden tschechischen Nationalismus interpretieren. Denn die Radikalisierung der tschechischen Politik gegen die deutschen Universitäten, die ihren Ausdruck in der erbitterten Pressefehde zwischen Sauer und dem Professor der tschechischen medizinischen Fakultät Oskar Srdinko findet, ist unübersehbar.

Um es zusammenfassend und zugespitzt zu sagen: Gegen eine Selbständigkeit suchende und sich durch Abgrenzung von der deutschen Kultur formierende tschechische Nation kann der wissenschafts- und kulturpolitische Akteur August Sauer nur das Beharren auf Normen und Werten einer traditionsreichen und sich offensichtlich bedroht fühlenden Gemeinschaft setzen. Darum finden sich in den kulturpolitischen Äußerungen des von Zeitgenossen als durchaus unpolitisch geschilderten Philologen heute nur schwer zu ertragende Formulierungen wie etwa die Würdigung der deutschen Hochschulen Prags als „eines unserer kostbarsten Besitztümer", die in ungebremster Metaphernmixtur eine organisch-metallische Symbiose von Geist und Macht imaginiert:

> In ihnen [den deutschen Hochschulen] vereinigt sich die geistige Kraft unseres Volksstammes, in ihnen pulsiert der nationale Herzschlag, in ihnen schlägt das nationale Gewissen. [...] Ihre Angehörigen, über das ganze Land zerstreut, bilden einen eisernen Ring von unzerstörbarer Festigkeit. (Sauer 1907/1928: 28)

Liest man diese markigen Worte, dann glaubt man nicht, dass ein gewissen-
hafter Bibliograph wie Alfred Rosenbaum dem Hochschullehrer August Sauer später ein Loblied singen konnte, in dem es heißt:

> Vor mehr als einem Vierteljahrhundert durfte ich Ihnen erstmals persönlich nähertreten.
> Nicht als Ihr Schüler. Und dennoch als solcher. Sie holten aus mir heraus, was etwa in mir
> lag. Als nie versagender Helfer und Rater, stützend und aufrichtend standen sie allzeit zur
> Seite. Auch scheltend, wenn meine kuriose Artung ihnen wider den Strich ging. Nie jedoch
> trübte in diesen langen Jahren ein Zwist das schöne Verhältnis. Wenn deshalb heute An-
> dere, Würdigere Ihre Bedeutung für die Wissenschaft verkünden, so darf ich sie als den
> lautern, gütigen Menschen preisen, den ich immer und unverändert in ihnen lieben durfte,
> darf den Dank für Alles auch öffentlich und freudig zollen. (Rosenbaum 1925: 331)

Mit diesen Worten des Dankes lässt sich zum dritten und letzten Abschnitt
dieses Beitrags überleiten, in denen Fragen nach der personalen Wirksamkeit
des Hochschullehrers August Sauer auf seinen Schülerkreis zu klären sind.

## 4. Hochschullehrer und Schülerkreis

Die Reihe von August Sauers Schülern ist wie erwähnt nicht unbeträchtlich.
Neben Philologen und Hochschullehrern wie Adolf Hauffen und Josef Wihan, Wilhelm Kosch und Josef Nadler, Ferdinand Josef Schneider und Georg Stefansky gehören dazu Schriftsteller wie Rudolf Christoph Jenny (der
Sauer sein „Volksstück" *Ein Weihnachtsmärlein* 1896 „als ein Zeichen inniger
Verehrung und Dankbarkeit" widmet) und der expressionistische Autor Victor Hadwiger, der seinen zweiten Gedichtband *Ich bin* von 1903 „August Sauer
in Dankbarkeit und Verehrung" zueignet.[22] Sauer-Schüler sind aber auch der

---

22  Victor Hadwiger (1878-1911), Sohn eines oberösterreichischen Oberstabsarztes, studierte
    seit 1899 Germanistik und Philosophie in Prag, u. a. bei August Sauer und Adolf Hauffen.
    In der literarischen Gruppe „Jung-Prag" befreundete er sich u. a. mit den Schriftstellern
    Paul Leppin und Oskar Wiener sowie dem Maler Richard Teschner. Nach dem Bruch mit
    seinem Vater 1902 zog Hadwiger ohne Studienabschluss und finanzielle Mittel nach Berlin,
    wo er als Kritiker bei der *Vossischen Zeitung* arbeitete und Kontakte zu Kabarettisten und
    Schriftstellern fand. Zu Hadwigers Werken, die als früheste Zeugnisse des Expressionis-
    mus gelten, zählen auch Erzählungen und Romane (*Abraham Abt*, postum 1912).

Bibliothekar und Raimund-Editor Rudolf Fürst,[23] der Gymnasiallehrer und Judaistikprofessor Friedrich Thieberger (1888-1958), der Kafka seit dem Spätherbst 1914 in Hebräisch unterrichtet, sowie Paul Joseph Harmuth – er gibt 1905 in der von Franz Kafka geschätzten Serie *Die Fruchtschale* im Piper-Verlag eine „Gedankenauslese" aus Stifters Werken heraus und wird mit diesem, dem „hochverehrten Lehrer, Prof. Dr. August Sauer in Prag" gewidmeten Bändchen zum Bestandteil der Stifter-Wiederentdeckung um die Jahrhundertwende. Weitere Sauer-Schüler sind Richard Batka, der seine 1906 veröffentlichte *Geschichte der Musik in Böhmen* dem „verehrten Lehrer A.S. in Dankbarkeit" widmet und die Luxemburger Schriftstellerin Marie Speyer (1880-1914), die 1908 bei Habbel in Regensburg ihre Dissertation *Raabes Holunderblüte* veröffentlicht und sie „A.S. in Prag in Dankbarkeit und Verehrung" zueignet. Kein Schüler, sondern eher Freund ist der Großkaufmann Josef Johann Horschik (1874-1955), der als Lyriker und Romanschriftsteller auftritt und seinen 1908 publizierten Roman *Johannes Lister* „A.S. in Dankbarkeit und Verehrung" widmet.

Für diese breite Wirksamkeit des Hochschullehrers August Sauer lassen sich mehrere Erklärungen geben. Zum einen besetzt August Sauer in Prag eine singuläre Position: Zwischen 1892 – dem Zeitpunkt seiner Ernennung zum ordentlichen Professor – und 1926 ist er, der Einrichtung der historisch-philologischen Fakultät entsprechend, der einzige Ordinarius für neuere deutsche Literaturgeschichte; wer an der Prager Karl-Ferdinands-Universität neuere deutsche Literatur studieren will, kommt an ihm einfach nicht vorbei. Sauers Resonanz lässt sich zum anderen aus der Breite und Vielfalt seiner Interessen erklären: Wie an seinen Lehrveranstaltungen gezeigt, deckt er vom 16. Jahrhundert bis ins 19. Jahrhundert alle Epochen bzw. Zeiten der deutschen Literatur ab, ohne dabei einem besonderen epistemischen Programm oder einer „Richtung" mit Anspruch auf Ausschließlichkeit verpflichtet zu sein. So erinnert sich Franz Hüller, der nach der Promotion bei Sauer als Oberstudienrat in Asch [Aš] lehrte:

> Jeder, der August Sauers Schule entstammt und einstmals mehrere Semester hindurch innerhalb der dicken Mauern des alten Klementinums zu seinen Füßen gesessen, muß heute rückschauend über den Reichtum an Methoden der literarischen Untersuchung erstaunen,

---

23 Fürst (1868-1922) studierte Germanistik in Prag, wurde 1893 mit der Arbeit *August Gottlieb Meißner. Eine Darstellung seines Lebens und seiner Schriften* (Stuttgart 1894) zum Dr. phil. promoviert und war drei Jahre im Bibliotheksdienst tätig. Seit 1905 in Berlin ansässig, veröffentlichte er zahlreiche Werke zur Literaturgeschichte Böhmens, Österreichs und Deutschlands, veranstaltete eine Gesamtausgabe der Werke Ferdinand Raimunds (1907) und bearbeitete Werke Gottfried Kellers, Friedrich Halms und Heinrich Heines (1910). 1897 erschien seine Schrift *Die Vorläufer der modernen Novelle*.

die der Meister lehrte und übte. So pflegte August Sauer auch einmal in einem besonderen Kolleg eine eigene Art der Stiluntersuchung, die uns Hörer damals ungemein fesselte. Unter dem Mikroskope der philologischen, ästhetischen Zergliederung zeigte er uns die Wunder des Wortes und des Ausdruckes und lehrte uns hinhorchen auf den Rhythmus und die Melodie der Sprache. Der Blick auf das Charakteristische eines Dichters wurde geschärft und vertieft. (Hüller 1925: 124)

Schließlich muss August Sauer auch durch persönliche Qualitäten gewirkt haben: Nicht nur der Bibliograph Alfred Rosenbaum, sondern auch Rainer Maria Rilke schätzte an Sauer „Sorgfalt und Erfahrung", und also Eigenschaften, die jeden Liebhaber des Wortes anziehen.

Für seine Schüler entwickelte Sauer ein Engagement, das noch heute beeindruckt – und zugleich irritiert. Denn die Kehrseite dieses Einsatzes für die Angehörigen des eigenen Kreises ist eine ausgeprägte und unter Umständen geradezu militante Züge annehmende Abgrenzung und Opposition gegenüber anderen, nicht dem eigenen Denkkollektiv zugehörenden Angehörigen des Wissenschaftssystems, bei deren Ausgrenzung der Wissenschaftsmanager August Sauer mit harten Bandagen zu kämpfen wusste. Beide Seiten dieser Medaille zeigen sich in jener wissenschaftshistorisch inzwischen gut erforschten Episode um das Habilitationsgesuch des Romantikforschers Josef Körner, in deren Strudel auch August Sauers letzter Doktorand Georg Stefansky hineingezogen wurde.

Die verwickelten Konstellationen sind an dieser Stelle nicht noch einmal auszubreiten. Doch lässt sich mit historischer Distanz und alternativer Optik möglicherweise eine etwas andere Perspektive auf Josef Körners gescheiterten Habilitationsversuch an der Prager Universität gewinnen. Schaut man mit (begründeter) Anteilnahme für das Geschick des unterlegenen Romantikforschers auf diese Geschehnisse, die in einem mehrfach abgelehnten Habilitationsversuch kulminieren, dann scheint die Rollenverteilung rasch klar zu sein: Der institutionell schwache Josef Körner agiert als Opfer und der etablierte Ordinarius August Sauer als Täter in einem Drama, in dem es nicht nur um die Bewertung von Wissensansprüchen geht, sondern vor allem auch um die Durchsetzung von personal- und wissenschaftspolitischen Entscheidungen, die vor allem Sauer nicht immer mit hinreichender Offenheit visibilisierte. Knapp und zugespitzt formuliert lautet die These, dass August Sauer das Habilitationsgesuch des Gymnasiallehrers Josef Körner und dessen Habilitationsschrift *Romantiker und Klassiker* aus vorwiegend „politischen" Gründen abgewiesen habe (Auch wenn die Dinge weitaus komplizierter liegen, als es etwa ideologiekritische Darstellungen mit Antisemitismusverdacht suggerierten[24]. – Widmet man sich dagegen Josef Körners Buch über das Verhältnis von August Wilhelm und Friedrich Schlegel zu Schiller und Goethe und zieht Sauers internes Gutachten sowie seine harsche *Euphorion*-Rezension unter besonderer Berücksichtigung von evaluativen Prinzipien im Umgang mit der literarischen Überlieferung heran, dann zeigt sich, dass es hier ebenfalls und in weitaus stärkerem Maße als bislang angenommen um die ‚Inkompatibilität von Wertmaßstäben‘ geht, die philologische Textumgangsformen regulieren. Denn schon als Körner sich 1919 zum ersten Mal bei August Sauer erkundigt, ob dieser ihn mit einer Ausgabe romantischer Texte habilitieren würde, weist dieser ihn zurück. Der Ordinarius fordert eine „große Arbeit" – und signalisiert seine Haltung gegenüber Körner zugleich in einer Form, die bittere Verwicklungen bereits erwarten lässt. „Indessen habe ich mich, von ein paar Freunden an der hiesigen Universität gedrängt, leider zu einem bedauerlichen Schritt bewegen lassen, einem umso törichteren, als ich den Ausgang doch voraussehen mußte", berichtet Körner am 4. April 1919 an Oskar Walzel nach Dresden:

> Ich bin nämlich Sauer mit der Frage angegangen, ob er mich habilitieren möchte. Seine Antwort war, nachdem er mich zunächst mit allerhand, z.T. der Wahrheit nicht entsprechenden, aus den politischen Verhältnissen bezogenen Scheingründen abzuspeisen, vergebens versucht hatte, ungefähr die folgende: er anerkenne den Wert einzelner meiner Arbeiten, müßte aber, da ich mich in der letzten Zeit vollkommen zersplittert hätte, eine

---

24  Eine erste fachhistorische Darstellung der Querelen um Körners Habilitationsversuch gibt René Wellek (1965: 21): August Sauer als der „dominating man" an der Deutschen Universität hätte in Georg Stefansky bereits seinen Favoriten gefunden und gewusst, „that under the circumstances of the time he could not possibly have two Jewish *Privatdozenten*": Deshalb habe er Körners Habilitationsschrift abgelehnt und im *Euphorion* die verheerende Rezension, „this astonishing piece of piddling destructive criticism" veröffentlicht. Auf diese Quelle stützt sich Rüdiger Wilkenings (1980: 386f.) NDB-Artikel, in dem behauptet wird, dass Sauer das Habilitationsgesuch Körners ablehnte, „[d]a er fürchten mußte, sich zwei jüdische Privatdozenten politisch nicht leisten zu können". – Petra Boden macht in ihrer auf Quellen aus dem DLA Marbach zurückgreifenden Darstellung dagegen Sauers betont nationale Haltung für die Abweisung Körners verantwortlich (Boden 1994: 91). Der hier (Boden 1994: 91) abgedruckte Brief Sauers an Petersen vom 3. Februar 1925 mit der Bitte, beim Gutachten für Körners Habilitationsgesuch „den nationalen Gesichtspunkt in den Vordergrund" zu stellen, da es sich bei Körner um ein „übelbeleumdetes anationales Individuum" handele, vermittelt im Verbund mit der im selben Schriftstück geführten Klage über die „Herren, die den Zionisten und Sozialisten nahestehen" den Eindruck, in diesem Konflikt spielten außerdem politische und antisemitische Attitüden eine Rolle – einen Eindruck, den Konstanze Fliedls Erläuterung zum „Fall Josef Körner" in der Formulierung von der „kaum noch verhüllten antisemitischen Prager Institutspolitik" zementiert (Fliedl 1997: 479).

neue große Arbeit fordern. Auf meine Entgegnung, daß er mir mit dem Vorwurf der Zersplitterung höchst unverdientes Unrecht zufüge, da ich in den letzten vier Jahren das Soldatenkleid trug, aus meiner wissenschaftlichen Tätigkeit gewaltsam herausgerissen war, u. daß man es mir also nur als Verdienst anrechnen dürfe, wenn ich trotzdem während dieser Zeit der Wissenschaft treu u. – sei's nur um ein geringes nützlich blieb – darauf erwiderte er mit jenem billigen, jeden Kriegsteilnehmer bis ins Knochenmark erbitternden Achselzucken: ‚Ja, das ist ein Unglück, das viele befallen hat.' Ich schied darauf von ihm, keineswegs in offener Feindschaft, aber doch nicht ohne ihm zu sagen, daß ich seine Worte als Abweisung betrachte. Er suchte sie freilich auch zu deuteln u. verwies mich – mit mündlichem Ratschlag! – nach Österreich. Daß mich mein Amt nach Prag fesselt, wußte er sehr wohl. Nun ist es natürlich sein, des Ordinarius, gutes Recht, Petenten meiner Art abzulehnen, wenn er dieselben als Gelehrter geringschätzt. Daß er das, ehbevor ich zum erstenmal die Feder gegen Nadler richtete, nicht tat, weiß ich genau.[25]

Eine angemessene Rekonstruktion dieser wissenschaftshistorischen Episode fällt darum schwer, weil sich hier unterschiedliche Intentionen und Maßstäbe überlagern. Den Hintergrund von Sauers Forderung nach einer „neuen großen Arbeit" bildet ein Leistungsethos, das nicht kodifiziert und auch nicht justiziabel ist, doch starke Bindungskräfte und Exklusionspotentiale enthält. Mit ihm können einerseits professionelle Qualitäten gesichert und erhöht werden; andererseits lassen sich damit auch Ausschließungen begründen. Als Körner diese Forderung erfüllt und seine Untersuchung des Verhältnisses der Schlegel-Brüder zu Goethe und Schiller im Frühjahr 1924 als Habilitationsschrift einreicht, reagiert Sauer mit einer Doppelstrategie, in der sich offene Zurückweisung und invisible ‚Kabinettspolitik' vermengen: Zum einen verfasst er ein amtliches Gutachten (das dem Kandidaten nicht ausgehändigt wird); zum anderen publiziert er eine Rezension von Körners Buch in seiner Zeitschrift *Euphorion*, die auf seiner internen (und dem Kandidaten Körner verweigerten) Expertise beruht. Und auch hier greifen Werte in die Evaluierung von Wissen ein. So heißt es über Körners Vorgehen, aus umfassender Detailkenntnis des historischen Geschehens heraus das literarische Leben als komplexes Konstellationsgefüge personaler Akteure zu rekonstruieren:

Alles Geistige verschwindet überhaupt hinter dem aufgebauschten Menschlichen, Allzumenschlichen – Überzeugungen gibt es nicht. Jedes fachliche Urteil wird als Ergebnis von persönlicher Stimmung und Laune, gekränktem Ehrgeiz, verletzter Eitelkeit u.s.w. aufgefasst. Der Augenblick regiert, die Ewigkeit ist verschwunden. Es gibt nur gegenseitigen Neid und Hass, Charakterlosigkeit und Tücke, Treulosigkeit und Hinterlist [...] Gesinnungslosigkeit ist die Gesinnung unserer Schriftsteller, Charakterlosigkeit der Charakter unserer Literatur.[26]

---

25 Josef Körner an Oskar Walzel. Brief vom 4. April 1919, DLA Marbach, A: Walzel, ohne Signatur. Abgedruckt in Körner (2001: 424).

26 A. Sauer et al.: *Gutachten zum Gesuch Josef Körners um Zulassung zur Habilitation für neuere*

Die mit Körners intimer Materialkenntnis einhergehende Profanisierung des literarischen Schaffens trifft Sauer besonders, denn weitere Einwände richteten sich gegen die Markierung gegenseitiger Konkurrenzverhältnisse:

> Die vier misshandelten Opfer erscheinen als vier Wildkatzen, die man in einen Käfig gesperrt hat und die sich gegenseitig kratzen und beissen oder als klägliche Pantoffelhelden, die ihre literarischen Neigungen und Abneigungen nach dem Ton der Gardinenpredigten stimmen, die ihnen von ihren Frauen gehalten werden [...] Aus allen Ecken und Enden wird Schmutz und Klatsch zusammengefegt; auch vom Niedrigsten und Unbedeutendsten wird der Leser nicht verschont.[27]

Die Ablehnung der Habilitationsschrift wurzelt also nicht nur in konzeptionellen und methodischen Divergenzen, sondern auch und vor allem in unterschiedlichen Wertmaßstäben, mit denen Körner und Sauer den historischen Protagonisten gerecht zu werden suchten. Der seit seiner frühzeitigen Beschäftigung mit der Romantik einer literaturgeschichtlichen Rehabilitierung der Brüder Schlegel verpflichtete Josef Körner bewertet die Romantiker entschieden positiver als die Weimarer Dioskuren; Sauers Appellation, in der schwierigen „Beurteilung der rein menschlichen Verhältnisse [...] nur an die Wahrheitsliebe der Menschen zu glauben"[28] und Goethes Äußerungen über sein rein „literarisches" Verhältnis zu den Schlegels als sicheres Indiz für eine unveränderte Haltung aufzufassen, musste mit den Nachweisen einer ambivalenten und uneindeutigen Haltung kollidieren.

Ein Opfer dieses Rigorismus wird der letzte Schüler von August Sauer: Georg Stefansky, der 1923 seine Dissertation *Das Wesen der deutschen Romantik* veröffentlicht. Wie Sauers wohl berühmtester Zögling Josef Nadler strebt auch Stefansky danach, das Programm des gemeinsamen Lehrers zu realisieren, Literaturgeschichte im Kontext gesellschaftlicher, sozialer, kultur- und wissenschaftsgeschichtlicher Zusammenhänge als „Unterabteilung der Kulturgeschichte" (Sauer 1907: 1) zu schreiben, und favorisiert dazu eine Synthese geistesgeschichtlicher Ansätze mit stammesgeschichtlich-landschaftlichen Gliederungsprinzipien. Die Suche nach geistesgeschichtlichen Makrostrukturen verbindet er mit der Zielstellung, „meßbare ursächliche Kräfte ... hin-

---

*deutsche Literaturgeschichte.* Archiv der Karls-Universität Prag, P II 7, ohne Signatur, 4. Abgedruckt in Körner (2001: 429). Nahezu identisch kehren diese Sätze wieder in Sauer (1925: 145). Das Urteil wurde durch Steigerung noch verschärft, denn nun heißt es: „Gesinnungslosigkeit ist die Gesinnung unserer größten Schriftsteller, Charakterlosigkeit der Charakter unserer Literatur der zweiten Blütezeit."

27  A. Sauer et al.: *Gutachten zum Gesuch Josef Körners um Zulassung zur Habilitation,* 4; verstärkt in Sauer (1925: 145f.)

28  A. Sauer et al.: *Gutachten zum Gesuch Josef Körners um Zulassung zur Habilitation,* 8.

ter den geschichtlichen Ereignissen" (Stefansky 1923: 7) aufzudecken. Diese „ursächlichen Kräfte" reduziert Stefansky jedoch nicht wie Nadler auf Blutskräfte und Landschaftscharaktere. Vielmehr strebt er nach einer Ergänzung der stammestheoretischen Literaturgeschichte durch detaillierte geschichtliche und sozialpsychologische Hintergrundinformationen und prägt zur Erklärung des literarhistorischen Prozesses den Begriff der „eigengemäßen Denkform", der an Sauers deterministische Konzeption der historischen Persönlichkeit erinnert.[29] – Auf diese Bemühungen zu einer Vermittlung von Geistesgeschichte und Stammestheorie reagiert der Leipziger Ordinarius Hermann August Korff aber mit einem derartigen Verriss (Korff 1924: Sp. 22-26),[30] dass August Sauer selbst zur Feder greift, um seinen Schüler zu verteidigen (Sauer 1924: 302f.).[31] Korff schlägt den Sack und meint den Esel: Er ist über Sauers harschen Umgang mit Körners Habilitationsschrift gut informiert und gehört zu den Unterzeichnern einer „Erklärung" zugunsten Körners, die, von weiteren namhaften Literaturwissenschaftlern wie Fritz Brüggemann, Eduard Castle, Paul Kluckhohn, Hermann August Korff, Albert Leitzmann, Paul Merker, Leo Spitzer, Carl Viëtor, Oskar Walzel und Georg Witkowski unterschrieben, und im *Literaturblatt für Germanische und Romanische Philologie* erscheint.[32]

---

29  Vgl. Stefansky (1923: 100f.): „Im gleichen Sinne, wie gewisse physische Merkmale sich durch Geschlechter hindurchleiten und die sonst wandelbare körperliche Entwicklung eingrenzen, so ist mit den Generationen wechselnd die allgemeine Richtung erkennbar, die sich mit dem geistigen Ahnengut der schöpferischen Persönlichkeit vererbt. In sie fügen sich unlösbar die ideellen Inhalte ein, wo immer sie sich zur Erscheinung umprägen. Das System der Landschaft, wie es Nadler umfassend entwickelt hat, setzt sich damit folgestreng fort im Theorem der eigengemäßen Denkform, die Stamm und Geschlechterreihe bestimmt."

30  Korff moniert neben Stefanskys Konstruktionen vor allem den Versuch, mit dem Begriff der „Denkform" eine Brücke zwischen Geistesgeschichte und Literaturethnographie zu schlagen, und schließt mit dem Satz: „Im Interesse einer gedeihlichen Entwicklung liegt es deshalb, daß vor den großen Bauplätzen der Literaturwissenschaft Schilder mit der Aufschrift angebracht werden: Unbefugten ist das Betreten verboten."

31  Sauer weist Korffs Rezension als „anmaßend und frech" und „einer sachlichen Erwiderung nicht würdig" zurück.

32  Siehe die Erklärung (1925: Sp. 407f.), wo es explizit gegen die Urteilsbildung Sauers heißt: „Die Unterzeichneten finden es befremdlich, daß ein so ausführliches Urteil wie dasjenige Sauers, in dem auch die unscheinbarsten Flecken des besprochenen Werkes eine so sarkastische Rüge finden, seine positive Leistung nicht einmal zu wägen versucht. Sie erblicken darin einen Mangel an wissenschaftlicher Objektivität, die besonders da notwendig gewesen wäre, wo, wie in dem vorliegenden Falle [...] die Beschäftigung des Rezensenten mit seinem Gegenstande ›amtlichen‹ Charakter hat." Nachgetragen wurden später die Namen

Auch wenn die verletzenden Bemerkungen Korffs gegen Stefansky von
diesem auf Drängen des vermittelnden Julius Petersen zurückgenommen
werden (Korff 1924b),[33] belegen sie doch die ausgesprochene Skepsis, die
etablierte Repräsentanten der Geistesgeschichte einer Synthetisierung ihrer
Forschungsrichtung mit den von Sauer initiierten stammesethnographischen
Erklärungsversuchen entgegenbringen.[34] Gleichzeitig offenbart die Debatte
um Stefanskys Dissertation, die August Sauer mit einer kurzen *Feststellung* im
*Euphorion* für beendet erklärt (Sauer 1924: 713), die Verschärfung der dis-
ziplininternen Fraktionierung, in die eben nicht nur theoretische Faktoren
hineinspielen.[35]

Sauers rigorose Haltung als Hochschullehrer und Erzieher ist zumindest
in Ansätzen deutlich geworden. Was bleibt ist ein ambivalenter Befund: Dem
rückhaltlosen Einsatz für den eigenen Schülerkreis korrespondieren Ausgren-
zungsbestrebungen und Exklusionen gegen das, was als inkompatibel wahrgenommen wird. Wissen und Werte gehören für August Sauer untrennbar
zusammen – in guten wie in schlechten Zeiten und Konstellationen. Und das
sollte auch weiterhin zu denken geben.

---

von Viktor Klemperer und Karl Voßler, die sich ebenfalls mit Körner solidarisiert hatten.

33  Zu den Hintergründen dieses Konflikts, bei dem Julius Petersen als Vermittler auftrat,
siehe Adam (1994: 30-32) sowie Boden (1994: 87-96).

34  So etwa Viëtor (1925) und Böckmann (1933: 48), der zugleich moniert, Stefanskys kul-
turgeschichtlicher Ansatz führe dazu, „daß die Grenzen der Phänomene verschwimmen
und kein fester Zugriff mehr möglich ist. Wenn derart die Literatur nur als ‚Gradmesser‘
der ‚Kultur im allgemeinen‘ genommen wird, gibt die Literaturwissenschaft ihren eigentlichen Gegenstand: Sprache und Dichtung auf, ohne ein wirkliches ‚Wesen‘ dafür einzutau-
schen.“

35  Dass antisemitische Ressentiments bereits 1926 auch Stefansky treffen, bevor dieser im
Jahre 1933 aufgrund des „Arierparagraphen“ seine Dozentur in Münster verliert und die
Leitung des *Euphorion* abgeben muss, verweist dagegen auf Kontinuitäten, die hier nicht zu
beleuchten sind: Als Konrad Burdach 1926 den Vorschlag unterbreitet, den von Richard
M. Meyer gestifteten Scherer-Preis zur Förderung junger Wissenschaftler an Georg Stefansky zu verleihen, begründete der Berliner Ordinarius Gustav Roethe seine Ablehnung
damit, dass Stefansky kein Philologe und „Prager Jude“ sei (Höppner 1993: 378).

# Literatur

Adam, Wolfgang (1994): Einhundert Jahre *Euphorion.* – In: *Euphorion* 88, 1-72.

Alt, Peter Andre (2007): *Franz Kafka. Der ewige Sohn.* München: Beck.

Bettelheim, Anton (1921): *Wiener Biographengänge.* Wien, Leipzig: Wiener Literarische Anstalt, V-XI.

Boden, Petra (1994): Julius Petersen: Ein Wissenschaftsmanager auf dem Philologenthron. – In: *Euphorion* 88, 82-102.

Böckmann, Paul (1933): Ein Jahrzehnt Romantikforschung. – In: *Zeitschrift für deutsche Bildung* 9, 47-53.

Ebner-Eschenbach, Marie von (1916): *Meine Erinnerungen an Grillparzer. Aus einem zeitlosen Tagebuch.* Berlin: Paetel.

Erklärung (1925). Erklärung. – In: *Literaturblatt für germanische und romanische Philologie* 46, Sp. 407-408.

Faerber, Sigfrid (2004): *Ich bin ein Chinese. Der Wiener Literarhistoriker Jakob Minor und seine Briefe an August Sauer* (= Hamburger Beiträge zur Germanistik, 39). Frankfurt/M. u. a.: Lang.

Fliedl, Konstanze (1997): *Arthur Schnitzler. Poetik der Erinnerung* (= Literatur in der Geschichte – Geschichte in der Literatur, 42). Wien, Köln, Weimar: Böhlau.

Fürst, Rudolf (1894): *Gottlieb Meißner. Eine Darstellung seines Lebens und seiner Schriften mit Quellenuntersuchungen.* Stuttgart: Göschen.

Fürst, Rudolf (1897): *Die Vorläufer der modernen Novelle im achtzehnten Jahrhundert. Ein Beitrag zur vergleichenden Literaturgeschichte.* Halle: Niemeyer.

Hadwinger, Victor (1912): *Abraham Abt. Das Buch der Felsen – das Buch der Herberge – Das Buch des Gartens – Das Buch der Sonnenuntergänge und der Sterne. Ein Roman.* Berlin-Wilmersdorf: Meyer.

Hauffen, Adolf (1889): *Caspar Scheidt, der Lehrer Fischarts. Studien zur Geschichte der grobianischen Literatur in Deutschland* (= Quellen und Forschungen zur Sprach- und Culturgeschichte der germanischen Völker, 66). Straßburg: Trübner.

Hauffen, Adolf (1915/16): August Sauer zum sechzigsten Geburtstag. – In: *Deutsche Arbeit* 15, 1-11.

Höppner, Wolfgang (1993): Eine Institution wehrt sich. Das Berliner Germanische Seminar und die deutsche Geistesgeschichte. – In: König, Christoph/Lämmert, Eberhard (Hgg.), *Literaturwissenschaft und Geistesgeschichte 1910-1925.* Frankfurt/M.: Fischer, 362-380.

Hüller, Franz (1925): Der Versschluß in Goethes ‚Hermann und Dorothea'. Eine stilistisch-metrische Studie. – In: Backmann, Reinhold/Bettelheim, Anton (Hgg.), *Festschrift August Sauer. Zum 70. Geburtstag des Gelehrten*. Stuttgart: Metzler, 124-141.

Kafka, Franz (1937): *Tagebücher und Briefe*. Hrsg. von Max Brod (= Gesammelte Schriften, VI). Prag: Mercy.

Kafka, Franz (1999): *Briefe 1900-1912*. Hrsg. von Hans-Gerd Koch (= Schriften, Tagebücher, Briefe. Kritische Ausgabe). Frankfurt/M.: Fischer.

Kisch, Paul (1913): *Hebbel und die Tschechen* bei Sauer. *Das Gedicht „An Seine Majestät König Wilhelm I. von Preussen".* *Seine Entstehung und Geschichte* (= Prager Deutsche Studien, 22). Prag: Bellmann.

Klausnitzer, Ralf (2007): Institutionalisierung und Modernisierung der Literaturwissenschaft seit dem 19. Jahrhundert. – In: Anz, Thomas (Hg.), *Handbuch Literaturwissenschaft Bd. 3: Institutionen und Praxisfelder*. Stuttgart, Weimar: Metzler, 70-146.

Körner, Josef (2001): *Philologische Schriften und Briefe*. Hrsg. von Ralf Klausnitzer (= Marbacher Wissenschaftsgeschichte, 1). Göttingen: Wallstein.

Korff, Hermann August (1924a): Georg Stefansky, Das Wesen der deutschen Romantik. – In: *Literaturblatt für Germanische und Romanische Philologie* 44, Sp. 22-26.

Korff, Hermann August (1924b): Erklärung. – In: *Literaturblatt für Germanische und Romanische Philologie* 44, Sp. 373-376.

Kosch, Wilhelm Franz Josef (1905): *Adalbert Stifter und die Romantik* (= Prager deutsche Studien, 1). Prag: Bellmann.

Lessing, Otto Eduard (1905): *Grillparzer und das Neue Drama. Eine Studie*. München, Leipzig: Piper.

Meves, Uwe (1987): Die Gründung germanistischer Seminare an den preußischen Universitäten (1875-1895). – In: *Deutsche Vierteljahrsschrift für Literaturwissenschaft und Geistesgeschichte* 61, Sonderheft, 69*-122*.

Müllenhoff, Karl (1854): Die deutsche Philologie, die Schule und die klassische Philologie. – In: *Zeitschrift für das Gymnasialwesen* 8, 179-199.

Muncker, Franz (1925): Zu Wielands Jugenddichtungen. – In: Backmann, Reinhold/Bettelheim, Anton (Hgg.), *Festschrift August Sauer. Zum 70. Geburtstag des Gelehrten*. Stuttgart: Metzler, 166-180.

Nadler, Josef (1905): *Eichendorffs Lyrik. Ihre Technik und ihre Geschichte* (= Prager deutsche Studien, 10). Prag: Bellmann.

Rosenbaum, Alfred (1925): *August Sauer. Ein bibliographischer Versuch*. Prag: Verl. d. Gesellschaft der deutschen Bücherfreunde.

Rosenbaum, Alfred (1925): Zwei Briefe von Gottfried Keller. – In: Backmann, Reinhold/Bettelheim, Anton (Hgg.), *Festschrift August Sauer. Zum 70. Geburtstag des Gelehrten*. Stuttgart: Metzler, 331-333.

Sauer, August (1907): *Literaturgeschichte und Volkskunde. Rektoratsrede.* Prag: K.K. Deutsche Karl-Ferdinands-Universität.

Sauer, August (1907/1928): Prag und seine deutschen Hochschulen. – In: *Bohemia* (31. März 1907). Wiederabgedruckt in August Sauer (1928: 28-39).

Sauer, August (1924): Verwahrung. – In: *Euphorion* 25, 302-203.

Sauer, August (1924): Feststellung. – In: *Euphorion* 25, S. 713.

Sauer, August (1925): Rezension Josef Körner, Romantiker und Klassiker. – In: *Euphorion* 26, 142-150.

Sauer, August (1928): *Kulturpolitische Reden und Schriften.* Im Auftrag der Deutschen Gesellschaft der Wissenschaften und Künste für die Tschechoslowakische Republik eingel. u. hrsg. v. Josef Pfitzner. Reichenberg: Kraus.

Sauer, August (1933): *Gesammelte Schriften.* Bd. I: Probleme und Gestalten. Stuttgart: Metzler.

Sauer, Hedda (1925): *Goethe und Ulrike.* Reichenberg: Franz Kraus.

Sauer, Hedda (1933): Vorwort. – In: Sauer, August, *Gesammelte Schriften.* Bd. I: Probleme und Gestalten. Stuttgart: Metzler, VII-IX.

Scherer, Wilhelm (1877/1900): Goethe-Philologie [1877]. – In: Ders., *Aufsätze über Goethe.* Berlin: Weidmann, 3-27.

Schneider, Ferdinand Josef (1901): *Jean Pauls Altersdichtung. Fibel und Komet. Ein Beitrag zur literar-historischen Würdigung des Dichters.* Berlin: Behr.

Schneider, Ferdinand Josef (1905): *Jean Pauls Jugend und erstes Auftreten in der Literatur. Ein Blatt aus der Bildungsgeschichte des deutschen Geistes im 18. Jahrhundert.* Berlin: Behr.

Stefansky, Georg (1923): *Das Wesen der deutschen Romantik. Kritische Studien zu ihrer Geschichte.* Stuttgart: Metzler.

Stefansky, Georg (1925): August Sauer. Ein Bild seiner Persönlichkeit und seiner Lehre. – In: *Hochschulwissen* 2, 648-653.

Stefansky, Georg (1925a): *Das hellenisch-deutsche Weltbild. Einleitung in die Lebensgeschichte Schellings.* Bonn: Cohen.

Viëtor, Karl (1925): Georg Stefansky, Das Wesen der deutschen Romantik. – In: *Deutsche Literaturzeitung* 46, Sp. 807-816.

Wihan, Josef (1906): *Johann Joachim Christoph Bode als Vermittler englischer Geisteswerke in Deutschland* (= Prager deutsche Studien, 3). Prag: Bellmann.

Wilamowitz-Moellendorff, Ulrich von (1921): *Geschichte der Philologie.* Leipzig, Berlin: Teubner.

Wilkening, Rüdiger (1980): Josef Körner. – In: *Neue Deutsche Biographie.* Bd. 12., 386f.

# Anhang
## August Sauer: Lehrveranstaltungen an der Ferdinand-Karls-Universität Prag

| Semester | Veranstaltung | Zeitraum |
|---|---|---|
| WS 1892/93 | *Geschichte der deutschen Literatur im 16. Jahrhunderte* | Mo, Mi, Fr 10-11 |
| | *Goethes Faust und die Faustsage* | Di, Do 10-11 |
| | *Interpretation ausgewählter Schriftsteller des 16. Jahrhunderts* | Sa 10-12 |
| SoSe 1893 | *Geschichte der deutschen Literatur im 17. Jahrhunderte* | Mo, Di, Mi, Fr 9-10 |
| | *Deutsche Stilübungen* | Do 9-10 |
| | *Erklärung ausgewählter Schriftsteller des 17. Jahrhunderts* | Sa 9-11 |
| | *Vorträge der Mitglieder (des Seminars für deutsche Philologie)* | Do 5-6 |
| WS 1893/94 | *Geschichte der deutschen Literatur des 18. Jahrhunderts* | Mo, Mi, Fr 10-11 |
| | *Deutsche Stilübungen* | Do 10-11 |
| | *Erklärung ausgewählter Schriftsteller des 18. Jahrhunderts* | Sa 10-12 |
| | *Vorträge der Mitglieder* [des Seminars für Deutsche Philologie] | Do 5-6 |
| SoSe 1894 | *Geschichte der deutschen Litteratur in der Periode des Sturms und Drangs* | Mo, Di, Do, Fr 9-10 |
| | *Ueber das Drama des 19. Jahrhunderts* | Mi 9-10 |
| | *Ausgewählte Prosaiker des 18. Jhs. (Winckelmann, Lichtenberg, Forster)* | Sa 9-11 |
| WS 1894/95 | *Geschichte der deutschen Litteratur während der classischen Periode* | Mo, Mi, Fr 10-11 |
| | *Erklärung ausgewählter Gedichte Goethe's* | Di, Do 10-11 |
| | *Hebbels Dramen* | Sa 10-12 |
| SoSe 1895 | *Goethe und Schiller in den Jahren 1894-1805* | Mo, Mi, Fr 9-10 |
| | *Geschichte der poetischen Theorie in Deutschland seit dem 17. Jahrhundert* | Di, Do 9-10 |
| | *Uebungen auf dem Gebiete der neuhochdeutschen Literaturgeschichte. Vorträge der Mitglieder* | Sa 9-11 |
| WS 1895/96 | *Geschichte der deutschen Litteratur in der ersten Hälfte des 19. Jahrhunderts* | Mo, Mi, Fr 9-11 |
| | *Goethes Faust und die Faustsage* | Di 10-11 |
| | *Ueber die deutsche Literatur der Gegenwart (Für Hörer aller Facultäten)* | Mo 7-8 |
| | *Deutsche Volksbücher. Vorträge der Mitglieder* | Sa 10-12 |
| SoSe 1896 | *Das junge Deutschland* | Mo, Mi, Fr 9-10 |
| | *Erklärung ausgewählter Gedichte Grillparzers* | Di, Do 9-10 |

| Semester | Veranstaltung | Zeitraum |
|---|---|---|
| | *Uebungen auf dem Gebiete der neuhochdeutschen Literaturge-schichte. Vorträge der Mitglieder* | Sa 9-11 |
| WS 1896/97 | *Geschichte der deutschen Literatur im 16. Jahrhundert* | Mo, Mi, Fr 10-11 |
| | *Deutsche Stilübungen* | Do 10-11 |
| | *Erklärung ausgewählter Schriftsteller des 18. Jahrhunderts. Vorträge der Mitglieder* | Sa 10-12 |
| SoSe 1897 | *Geschichte der deutschen Literatur des 17. Jahrhunderts* | Täglich außer Samstag 9-10 |
| | *Erklärung ausgewählter Schriftsteller des 17. Jahrhunderts. Vorträge der Mitglieder* | Sa 9-11 |
| WS 1897/98 | *Geschichte der deutschen Literatur im Zeitalter Lessings* | Mo, Mi, Do, Fr 9-10 |
| | *Ueber das deutsche Drama in der ersten Hälfte des 19. Jahrhunderts* | Di 9-10 |
| | *Litterar-historische Uebungen an den Werken Adalbert Stifters. Vorträge der Mitglieder* | Sa 9-11 |
| SoSe 1898 | *Geschichte der deutschen Litteratur in der Periode des Sturms und Drangs* | Mo, Mi, Fr 9-10 |
| | *Uebersicht über die Geschichte der deutschen Literatur in der classischen Periode (Für Lehramtscandidaten der nichtphilologischen Fächer, insbesondere der mathematisch-naturwissenschaftlichen Gruppe)* | Di, Do 9-10 |
| | *Herders Volkslieder. Vorträge der Mitglieder* | Sa 9-11 |
| WS 1898/99 | *Goethe und Schiller bis 1798* | Mo, Mi, Fr 9-10 |
| | *Klopstock, Lessing, Wieland* | Di, Do 9-10 |
| | *Uhlands Gedichte und Dramen. Vorträge der Mitglieder* | Sa 9-11 |
| | *Wissenschaftliche Streitfragen der neueren Literaturgeschichte* | 1 Std der Woche nach Uebereinkunft |
| SoSe 1899 | *Goethe und Schiller von 1798 bis 1805* | Mo, Mi, Fr 9-10 |
| | *Deutsche Stilübungen* | Di, Do 9-10 |
| | *Uebungen auf dem Gebiete der neueren deutschen Literaturge-schichte. Vorträge der Mitglieder* | Sa 9-11 |
| WS 1899/1900 | *Geschichte der deutschen Literatur im Zeitalter der Romantik* | Mo, Di, Mi, Do, Fr 9-10 |
| | *Literar-historische Uebungen für Anfänger* | 1 Std der Woche nach Uebereinkunft |
| | *Uebungen für Vorgeschrittene (Literar-historische Untersuchungen an den Werken Jean Pauls)* | Sa 9-11 |
| SoSe 1900 | *Das junge Deutschland* | Mo, Mi, Fr 9-10 |
| | *Erklärung ausgewählter Gedichte Goethes* | Di, Do 9-10 |
| | *Uebungen auf dem Gebiete der neuhochdeutschen Literaturge-schichte. (Deutsche Volksbücher) Vorträge der Mitglieder* | Sa 9-11 |

| Semester | Veranstaltung | Zeitraum |
|---|---|---|
| WS 1900/01 | *Geschichte der deutschen Literatur im 16. Jahrhunderte* | Mo, Di, Do, Fr 9-10 |
| | *Einführung in das Studium der neueren deutschen Literatur-geschichte* | Mi 9-10 |
| | *Erklärung ausgewählter Schriftsteller des 16. Jahrhunderts* | Sa 9-11 |
| | *Besprechung der Seminararbeiten* | 1 Std der Woche nach Uebereinkunft |
| SoSe 1901 | *Geschichte der deutschen Literatur im 17. Jahrhunderte* | Mo, Di, Do, Fr 9-10 |
| | *Einführung in das Studium der neueren deutschen Literaturge-schichte (Fortsetzung)* | Mi 9-10 |
| | *Uebungen für Anfänger: Erklärung von Dichtern des 17. Jahrhunderts* | Sa 9-11 |
| | *Uebungen für Vorgeschrittene: Hebbels Werke* | Sa 11-12 (verlegbar) |
| WS 1901/02 | *Geschichte der deutschen Literatur im Zeitalter der Aufklärung* | Mo, Mi, Fr 9-10 |
| | *Geschichte der deutschen Literatur in Oesterreich seit der Er-richtung des Kaiserthums (1804)* | Di, Do 9-10 |
| | *Uebungen für Anfänger* | Sa 9-11 |
| | *Uebungen für Vorgeschrittene* | Sa 10-12 (verlegbar) |
| SoSe 1902 | *Geschichte der deutschen Litteratur in der Periode des Sturms und Drangs* | Mo, Mi, Fr 9-10 |
| | *Deutsche Stilübungen* | Di, Do 9-10 |
| | *Gerstenbergs Briefe über Merkwürdigkeiten der Litteratur 1766/67 (Deutsche Litteraturdenkmale Nr. 29/30). 2. Vorträge der Mitglieder* | Sa 9-11 |
| WS 1902/03 | *Geschichte der deutschen Literatur in der klassischen Periode. I. Teil* | Mo, Di, Do, Fr 10-11 |
| | *Friedrich Hebbels Leben und Werke (Für Hörer aller Fakul-täten)* | Mi 7-8 abends |
| | *Übungen für Anfänger* | Sa 9-11 |
| | *Übungen für Vorgeschrittene (Österreichische Dichter des 19. Jahrhunderts)* | Sa 11-12 |
| SoSe 1903 | *Geschichte der deutschen Literatur in der klassischen Periode II* | Mo, Di, Do, Fr 9-10 |
| | *Gottfried Keller* | Mi 9-10 |
| | *Übungen zur Geschichte der poetischen Stoffe und Motive* | Sa 9-11 |
| | *Vorträge der Mitglieder* | Sa 11-12 |
| WS 1903/04 | *Geschichte der deutschen Literatur im Zeitalter der Romantik* | Mo, Mi, Fr 9-10 |
| | *Einführung in das Studium der neueren deutschen Literaturge-schichte (für Anfänger)* | Di, Do 9-10 |
| | *Übungen für Anfänger im Anschluß an Goethes Iphigenie (Ausgabe von Bächthold)* | Sa 9-½10 (Auf 20 Teiln. beschränkt) |
| | *Übungen für Vorgeschrittene* | Sa ½10-12 (Auf 20 Teiln. beschränkt) |
| SoSe 1904 | *Geschichte der deutschen Literatur von 1832-1848* | Mo-Fr 9-10 |

| Semester | Veranstaltung | Zeitraum |
|---|---|---|
| | *Übungen auf dem Gebiete der deutschen Romantik (Nur für Studierende, welche bereits ein Kolleg über Geschichte der Romantik gehört haben)* | Sa 9-11 (Auf 20 Teiln. beschränkt) |
| WS 1904/05 | *Erklärung ausgewählter Gedichte Goethes mit einer Einleitung über Goethes Altersdichtung (1805-1832)* | Mo, Mi, Fr 9-10 |
| | *Kleist und Grillparzer* | Di 8-9 |
| | *Übungen für Anfänger* | Sa 9-½11 |
| | *Übungen für Vorgeschrittene (Hebbels Dramen). Besprechung der eingereichten Seminararbeiten* | Sa ½11-12 |
| SoSe 1905 | *Geschichte der deutschen Literatur im 17. Jahrhundert* | Tägl. außer Sa 9-10 |
| | *Erklärung ausgewählter Schriftsteller des 16. Jahrhunderts und Vorträge der Mitglieder* | Sa 9-12 |
| WS 1905/06 | *Geschichte der deutschen Literatur im 18. Jahrhundert. I* | Mo, Mi, Fr 9-10 |
| | *Deutsche Stilübungen. (18. und 19. Jahrhundert)* | Di, Do 9-10 |
| | *Übungen für Anfänger im Anschluß an Goethes Werther (Ausgabe von Bächthold)* | Sa 9-½10 |
| | *Übungen für Vorgeschrittene: Erklärung ausgewählter Schriftsteller des 17. Jahrhunderts und Vorträge der Mitglieder* | Sa ½10-12 |
| SoSe 1906 | *Geschichte der deutschen Literatur im 18. Jahrhundert, II. Sturm und Drang* | Mo, Mi, Do, Fr 9-10 |
| | *Gottfried Keller* | Di 9-10 |
| | *Erklärung ausgewählter Lyriker aus der Mitte des 18. Jahrhunderts* | Sa 9-11 |
| | *Vorträge der Mitglieder* | Sa 11-12 |
| WS 1906/07 | *Schiller und Goethe bis zu ihrer Vereinigung* | Mo, Mi, Fr 9-10 |
| | *Lessing und seine Zeit* | Di 9-10 |
| | *Ausgewählte Kapitel aus der österreichischen Literaturgeschichte des 19. Jahrhunderts* | Do 9-10 |
| | *Übungen für Anfänger* | Sa 9-½10 |
| | *Übungen für Vorgeschrittene: Österreichische Dichter und Zeitschriften des 19. Jahrhunderts* | Sa ½10-12 |
| SoSe 1907 | *Schiller und Goethe zur Zeit ihrer Vereinigung* | Mo, Di, Do, Fr 9-10 |
| | *Ausgewählte Kapitel aus der österreichischen Literaturgeschichte des 19. Jahrhunderts (Fortsetzung)* | Mi 9-10 |
| | *Übungen zur österreichischen Literaturgeschichte des 19. Jahrhunderts: Robert Hamerlings Werke* | Sa 9-11 |
| | *Vorträge der Mitglieder* | Sa 11-12 |
| WS 1907/08 | *Geschichte der deutschen Literatur im Zeitalter der Romantik* | Mo, Mi, Fr 9-10 |
| | *Goethe in der Epoche seiner Vollendung (1805-1832)* | Di, Do 9-10 |
| | *Österreichische Dichter des 19. Jahrhunderts (Grillparzer, Sealsfield)* | Sa 10-12 |

| Semester | Veranstaltung | Zeitraum |
|---|---|---|
| SoSe 1908 | *Geschichte der deutschen Literatur in der Zeit von 1830 – 1848* | Mo-Fr 9-10 |
| | *Übungen an der Hand der Werke Eichendorffs* | Sa 9-11 |
| | *Vorträge der Mitglieder* | Sa 11-12 |
| WS 1908/09 | *Geschichte der Literatur des 16. Jahrhunderts* | Mo, Di, Do, Fr 9-10 |
| | *Kleist und Hebbel als Dramatiker* | Mi 9-10 |
| | *Übungen für Vorgeschrittene: Ausgewählte Schriftsteller des 16. Jahrhunderts* | Sa 9-11 |
| SoSe 1909 | *Geschichte der deutschen Literatur im 17. Jahrhundert* | tägl. außer Sa 9-10 |
| | *Methodologische Besprechung ausgewählter literarhistorischer Untersuchungen* | Sa 9-11 |
| | *Vorträge der Mitglieder* | Sa 11-12 |
| WS 1909/10 | *- Liest nicht -* | |
| SoSe 1910 | *Geschichte der deutschen Literatur in der Sturm- und Drang-Periode* | Mo, Mi, Fr 9-10 |
| | *Erklärung von Goethes Gedichten* | Di, Fr 9-10 |
| | *Textkritische und stilistische Übungen. Vorträge der Mitglieder* | Sa 9-12 |
| WS 1910/11 | *Geschichte der deutschen Literatur in der klassischen Periode I* | Mo, Mi, Fr 9-10 |
| | *Übungen für Anfänger: Immermanns „Münchhausen"* | Di, Do 9-10 |
| | *Übungen für Vorgeschrittene: der deutsche Roman des 18. und 19. Jahrhunderts* | Sa 9-11 |
| | *Vorträge der Mitglieder* | Sa 11-12 |
| SoSe 1911 | *Geschichte der deutschen Literatur in der klassischen Periode II* | Mo, Mi, Fr 9-10 |
| | *Gottfried Kellers Leben und Werke* | Di, Do 9-10 |
| | *Übungen über Platens Gedichte und Vorträge der Mitglieder* | Sa 9-12 |
| WS 1911/12 | *Geschichte der deutschen Literatur im Zeitalter der Romantik* | Mo, Mi, Do, Fr 9-10 |
| | *Goethe in der Epoche seiner Vollendung (1805-1832)* | Di 9-10 |
| | *Übungen für Anfänger: Goethes erste Weimarer Gedichtsammlung* | Sa 9-½10 |
| | *Übungen für Vorgeschrittene: Technik des Dramas* | Sa ½10-12 |
| SoSe 1912 | *Geschichte der deutschen Literatur von 1830 – 1848* | täglich außer Sa, 9-10 |
| | *Übungen auf dem Gebiete der neueren deutschen Literaturgeschichte.* <br> *Vorträge der Mitglieder* | Sa 9-12 |
| WS 1912/13 | *Das junge Deutschland* | Mo, Mi, Fr 9-10 |
| | *Ausgewählte Kapitel aus der Geschichte des Dramas im 19. Jahrhundert* | Di, Do 9-10 |
| | *Übungen für Anfänger* | Sa 9-11 |
| | *Vorträge der Mitglieder und Besprechung der Seminararbeiten* | Sa 11-12 |
| SoSe 1913 | *Geschichte der deutschen Literatur im XVII. Jahrhundert.* | 5stündig, Mo-Fr 9-10 |

| Semester | Veranstaltung | Zeitraum |
|---|---|---|
| | *Die politische Lyrik der Jahre 1830-1848. Vorträge der Mitglieder* | Sa 9-12 |
| WS 1913/14 | *Geschichte der deutschen Literatur im Zeitalter der Aufklärung* | Mo, Mi, Do, Fr 9-10 |
| | *Grillparzers Leben und Werke* | Di 9-10 |
| | *Erklärung ausgewählter Schriftsteller des 17. Jahrhunderts. Vorträge der Mitglieder* | Sa 9-12 |
| SoSe 1914 | *Geschichte der deutschen Literatur in der Periode des Sturm und Drang* | Mo, Mi, Fr 9-10 |
| | *Erklärung von Goethes Jugendgedichten in chronologischer Folge* | Di, Do 9-10 |
| | *Übungen auf dem Gebiet der neueren deutschen Literatur Tieck und Wackenroder. Besprechung der Seminararbeiten und Vorträge der Mitglieder* | Sa 9-12 |
| WS 1914/15 | *Goethe und Schiller bis zu ihrer Vereinigung* | Mo, Mi, Fr 9-10 |
| | *Erklärung ausgewählter lyrischer Gedichte des 19. Jahrhunderts* | Di, Do 9-10 |
| | *Übungen auf dem Gebiet der neueren deutschen Literatur Tieck und Wackenroder. Besprechung der Seminararbeiten* | Sa 9-12 |
| SoSe 1915 | *Goethe und Schiller in der Zeit ihrer Vereinigung* | 5stündig, Mo-Fr 9-10 |
| | *Goethes Romanfragment „Wilhelm Meisters theatralische Sendung". Vorträge der Mitglieder und Besprechung der Seminararbeiten* | Sa 9-12 |
| WS 1915/16 | *Geschichte der deutschen Literatur im Zeitalter der Romantik* | Mo, Mi, Fr 9-10 |
| | *Goethe und Schiller in der Zeit ihrer Vereinigung (Schluß)* | Di 11-12 |
| | *Goethes Leben und Werke von 1805-1832* | Do 11-12 |
| | *Erklärung ausgewählter lyrischer Gedichte des XIX. Jahrhunderts. Besprechung der Seminararbeiten und Vorträge der Mitglieder* | Sa 10-12 |
| SoSe 1916 | *Geschichte der deutschen Literatur in der Zeit von 1830 – 1848* | täglich Mo-Fr, 11-12 |
| | *Fichtes „Reden an die deutsche Nation". Besprechung der Seminararbeiten und Vorträge der Mitglieder* | Sa 10-12 |
| WS 1916/17 | *Geschichte der deutschen Literatur im 17. Jahrhundert* | Mo, Mi, Do, Fr 11-12 |
| | *Ausgewählte Kapitel aus der Geschichte der neueren deutschen Literatur in Österreich* | Di, Do 11-12 |
| | *Übungen an den Werken Heinrich von Kleists. Besprechung der Seminararbeiten und Vorträge der Mitglieder* | Sa 10-12 |
| SoSe 1917 | *Geschichte der deutschen Literatur im Zeitalter der Aufklärung* | Mo, Di, Do, Fr 11-12 |
| | *Gottfried Kellers Leben und Werke* | Mi 11-12 |
| | *Übungen über die deutsche Literatur des 17. Jahrhunderts* | Sa 10-12 |

| Semester | Veranstaltung | Zeitraum |
|---|---|---|
| WS 1917/18 | *Geschichte der deutschen Literatur im Zeitalter des Sturms und Drangs* | Mo, Di, Do, Fr 11-12 |
| | *Friedrich Hebbels Leben und Werke* | Mi 11-12 |
| | *Grillparzers Gedichte und Epigramme zur Zeitgeschichte. Vorträge der Mitglieder* | Sa 10-12 |
| SoSe 1918 | *Geschichte der deutschen Literatur in der klassischen Periode I* | Mo-Fr 11-12 |
| | *Stilübungen. Vorträge der Mitglieder* | Sa 10-12 |
| WS 1918/19 | *Geschichte der deutschen Literatur in der klassischen Periode II* | Mo, Mi, Fr 11-12 |
| | *Übersicht über die Geschichte der neueren deutschen Literatur mit Wiederholungsübungen (Für Studierende, die Semester verloren haben)* | Di, Fr 11-12 |
| | *Übungen über österreichische Schriftsteller des 19. Jahrhunderts (Enk und Feuchtersleben). Besprechung der Seminararbeiten. Vorträge der Mitglieder* | Sa 10-12 |
| SoSe 1919 | *Die ältere romantische Schule* | Mo, Mi, Fr 11-12 |
| | *Übersicht über die Geschichte der neueren deutschen Literatur seit dem 16. Jahrhundert (mit Wiederholungen). Fortsetzung* | Di, Fr 11-12 [sic] |
| | *Literarhistorische Forschungen über die Landschaften des Erzgebirges* | Sa 10-12 |
| WS 1919/20 | *Geschichte der deutschen Literatur in der Zeit von 1805 bis 1832* | Mo, Mi, Fr 9-10 |
| | *Übersicht über die Geschichte der neueren deutschen Literatur seit dem 16. Jahrhundert (mit Wiederholungen). Fortsetzung* | Di, Do 9-10 |
| SoSe 1920 | *Geschichte der deutschen Literatur in der Zeit von 1830 bis 1848* | Mo, Di, Do, Fr 9-10 |
| | *Die Grundlagen der Literaturgeschichte* | Mi 11-12 |
| | *Erklärung ausgewählter deutscher Lyriker des 19. Jahrhunderts. Vorträge der Mitglieder* | Sa 10-12 |

Václav Petrbok

# August Sauer und die Bohemistik

## 1. Vorbemerkung

Sauers Beitrag zu den bohemistischen – also die Sprache und Kultur der Tschechen (oder „Tschechisch schreibenden" Böhmen) betreffenden – Studien für die deutsche Slawistik sowie auch für die tschechische Bohemistik – wurde meines Wissens bisher nicht analysiert.[1] Zu erwähnen wären Sauers Verdienste um die Errichtung des Lektorats und später der Professur für Bohemistik an der deutschen Karl-Ferdinands-Universität. Diese Studie widmet sich jedoch primär Sauers Forschungen zum Schaffen zweisprachiger Schriftsteller im Rahmen der deutschböhmischen Biographik und in der literarischen Lexikographie. Eng damit zusammen hängen Sauers Editionen zu den deutsch-tschechischen kulturellen und wissenschaftlichen Beziehungen in der Wiedergeburtszeit. Sauer war – wie bekannt – Spiritus agens verschiedener wissenschaftlicher sowie pädagogischer oder volksaufklärischer Projekte in Prag, was auch Arne Novák im Nekrolog hervorhob (Novák 1926). Deshalb wird auch die Rede von dem wissenschaftlichen Nachwuchs sein, der in den von Sauer initiierten bohemistischen Projekten weiter wirkte. Einen ganz besonderen Problemkreis stellt die Bewertung von Sauers literaturhistorischen Postulaten dar, programmatisch formuliert in seiner Rektoratsrede *Literaturgeschichte und Volkskunde* (Sauer 1907) so-

---

1  Auch über Sauers Leben und Wirken existiert meines Wissens keine umfangreiche Monographie, wie schon 1931 von Franz Spina gefordert. Zum Stichwort „August Sauer" von Max Kaiser mit weiterführender Literatur siehe König (2003), ferner etwa ein anonymer Eintrag im *Biographischen Lexikon zur Geschichte der böhmischen Länder*, von Robert Pichl im *Österreichischen Biographischen Lexikon*; über Sauer informieren zudem einige zeitgenössische tschechische Enzyklopädien (ein Anonymus im *Ottův slovník naučný* [Ottos Konversationslexikon], wohl aus der Feder von Jan Krejčí oder Arnošt Kraus, und *Ottův slovník naučný nové doby* [Ottos Konversationslexikon der neuen Zeit], signiert A. N. (= Arne Novák). Aus der neuesten Literatur sei auf Tvrdík/Vodrážková-Pokorná (2006: 185-193), Vodrážková-Pokorná (2007) oder Ranzmaier (2008) verwiesen.

wie in den literaturhistorischen Werken seiner unmittelbaren und indirekten Schüler, die sich mit bohemistischen Themen – charakteristischerweise in komparatistischen Arbeiten – befasst haben. Ich denke in diesem Zusammenhang besonders an Josef Nadler (*Literaturgeschichte der deutschen Stämme und Landschaften* oder *Das stammhafte Gefüge des deutschen Volkes*) und Josef Pfitzner (1926) (*Das Erwachen der Sudetendeutschen im Spiegel ihres Schrifttums bis zum Jahre 1848*). Das Buch des zuletzt Genannten erschien im Todesjahr Sauers mit der bezeichnenden Widmung „Dem Andenken August Sauers".

## 2. Sauers Verdienste um die Prager deutsche Universitätsbohemistik

Zur Geschichte der Prager deutschen Bohemistik hat Zdeněk Šimeček vier materialreiche Studien veröffentlicht (Šimeček 1988, 1989, 1990, 1994). Aus ihnen geht hervor, dass man nicht ohne weiteres ein Engagement Sauers für die Bohemistik konstatieren kann, wofür nur einige – jedoch unbelegte – Beweise sprechen. Verdienste um die Prager deutsche Universitätsbohemistik nennt explizit nur der ostdeutsche Slawist Rudolf Fischer (1962) in seiner Studie über Reinhold Trautmann, während nach Šimeček (1990: 48) der deutsche vergleichende Sprachwissenschaftler und Slawist Erich Berneker (1874-1937) „den entscheidenden Einfluss" auf Franz Spina ausübte. Nach Šimeček (1990: 42f., 48f.) verlangte die Studentenschaft die Errichtung eines Lektorates für Bohemistik. Diese Forderung wurde auch vom Deutschen Volksrat in Böhmen während der Vorbereitungen zum mährischen Ausgleich erhoben, erwartete man doch Reformen im Hinblick auf den obligatorischen Unterricht in der zweiten Landessprache an allen mährischen Mittelschulen. Darüber hinaus spielten auch die wissenschaftlichen Aufgaben der *Gesellschaft zur Förderung deutscher Wissenschaft, Kunst und Literatur* und ein sich verstärkender wissenschaftlicher Wettbewerb mit der tschechischen Volkskunde und Philologie eine große Rolle. Sauer selbst soll seinen ehemaligen Schüler Franz Spina zur wissenschaftlichen Erforschung der deutsch-tschechischen Literaturbeziehungen angeregt haben; „für slavische Dinge hatte [er], ein geborner Niederösterreicher, immer Interesse" (Spina 1931). Von der Wichtigkeit der Errichtung des Lehrstuhles für Bohemistik war

Sauer zweifellos überzeugt, wie es auch aus seiner zeitgenössischen kultur-
politischen Publizistik, wenn auch manchmal indirekt, offensichtlich wird
(Sauer 1907: 14f., 30).[2] Auch in diesem Fall kann man von persönlicher
Sympathie für Franz Spina ausgehen, den ersten Lektor der tschechischen
Sprache an der deutschen Universität (ab 1906).[3] Spinas (1909) Habilitation
*Die alttschechische Schelmenzunft Frantowa práva* gab Sauer in seiner Editionsrei-
he Prager deutsche Studien auch heraus.[4]

2   Im politisch besonders angespannten Jahr 1897 wandte sich Sauer als Dekan noch entschie-
    den gegen die Einrichtung bohemistischer Kurse an der Deutschen Universität (Šimeček
    1990: 40, 58, Anm. 56).

3   Wahrscheinlich hat Sauer schon früher Spinas bohemistisches Engagement initiiert. Im
    Brief von Franz Spina an August Sauer aus 20.11.1896 (Wien Bibliothek im Rathaus,
    Wien) liest man z. B. „Ich erlaube mir ferner zu bemerken, daß ich des Czechischen
    soweit mächtig bin, um über Zeitungen, die czechisch geschrieben sind, referieren zu
    können." Spinas Habilitationsthema sowie kulturpolitische Artikel und Rezensionen
    zum Thema der deutschen Bohemistik werden hier besprochen. Spina war allem An-
    schein nach Sauers persönlicher Informant in bohemicis (z. B. schreibt er am 13.3.1916
    kritisch über Zweigs Studie über Otokar Březina in der *Österreichischen Rundschau* (Zweig
    1909) und schließt weitere Beobachtungen über die neueste tschechische Belletristik an.
    Damals versuchten Hugo von Hofmannsthal und Paul Eisner, ein weiterer Schüler von
    Sauer und Spina, die *Tschechische Bibliothek* zu gründen, und zwar mit Unterstützung gera-
    de von Franz Spina (Šimeček 1989: 58f.). Die Briefe von Spina an Sauer werden derzeit
    vom Autor dieser Studie eingehender analysiert.

4   Vgl. die Edition aller relevanten Archivalien zur Habilitation von Franz Spina, bei denen
    Sauer anwesend war, bei Šimeček (1994), z. B. Spinas Habilitationsantrag (Šimeček 1994:
    117-119), den „Kommissionsantrag betreffend das Gesuch des Lectors Dr. Franz Spina
    um Erteilung der venia docendi für čechische Sprache und Literatur, unterz. Berneker
    – Sauer – v. Kraus" (Šimeček 1994: 121-123), den „Kommissionsbericht über das Ha-
    bilitations-Colloquium des Prof. Dr. Spina für čechische Sprache und Literatur vor ver-
    sammelten Professorencollegium, Kommission: Berneker, Sauer, v. Kraus; 11.3.1909"
    (Šimeček 1994: 124), „Protokoll, aufgenommen in der Sitzung der phil. Facultät der
    deutschen Univ. am 13. März 1909" (Šimeček 1994: 125f.), „ante 3.7.1914 Kommissions-
    bericht über die Beförderung des Dozenten Spina" (Šimeček 1994: 140f.). Ordentlicher
    Professor für Tschechische Sprache und Literatur mit Berücksichtigung weiterer west-
    slavischer Sprachen wurde Spina jedoch erst 1921.

## 3. Sauers bio-bibliographische Leistungen zur Erforschung des Schaffens zweisprachiger Schriftsteller in den Böhmischen Ländern und zu den deutsch-tschechischen literarischen Beziehungen

Wie allgemein bekannt interessierte sich August Sauer in seinem fachlichen Schaffen fast ausschließlich für germanistische, und zwar philologische editorische und literaturhistorische Themen. Seine Aufmerksamkeit konzentrierte er auf die deutsche Literatur der zweiten Hälfte des 18. Jahrhunderts, die deutschsprachige Literatur in Österreich im 19. Jahrhundert und die Beziehungen zwischen der deutschen und österreichischen Literatur. Die notwendige Basis für seine stilistischen sowie biographischen Studien bildete seine philologische Genauigkeit. Er benutzte die Methode der höheren und niederen Textkritik, erworben von seinem Lehrer Wilhelm Scherer. Die erste befasst sich mit der Untersuchung der Echtheit des literarischen Werkes, sie stellt fest, wann und wo das Werk entstand, an welche Quellen es sich anlehnte, welche Einflüsse auf das Werk wirkten. Die zweite Methode, für die die notwendige Voraussetzung gerade die erste Methode ist, zielt auf den eigentlichen Text und seine Herausgabe. Die editorische Tätigkeit war also unentbehrlicher Teil von Sauers wissenschaftlicher Tätigkeit. Seine Editionen der Werke von Johann Wilhelm Ludwig Gleim, Friedrich von Hagedorn, Johann Peter Uz, Gottfried August Bürger, später auch Ferdinand Raimund, Johann Wolfgang von Goethe und vor allem Franz Grillparzer und Adalbert Stifter sind mit mikrologischen Anmerkungen und/oder Studien ergänzt, die die Teilrekonstruktion des weiteren zeitgenössischen kulturellen und literarischen Kontexts mit dem Akzent auf den Gestalter und das Milieu ermöglichen.

Mit seiner fundierten Kenntnis des damals fast unbekannten literarischen Materials der zweiten Hälfte des 18. Jahrhunderts wurde Sauer einer der wichtigsten Mitarbeiter des Meisterstückes der deutschen positivistischen literarischen Lexikographie, des bio-bibliographischen Handbuches *Grundriss zur Geschichte der deutschen Dichtung aus den Quellen*, entworfen 1856 von einem Schüler Jacob Grimms, Karl Goedeke. Sauer wurde schon 1890 von dem Münchner Literaturhistoriker Franz Muncker für die Mitarbeit an diesem Projekt gewonnen. Er bearbeitete viel Material über die deutschsprachige Literatur aus Österreich, besonders für den sechsten Band (Zeit des Weltkrieges, Paragraph

298), nicht nur für die Jahre 1800-1815, er lieferte aber auch weitere, bisher
vernachlässigte Autoren und Zeitschriften, Ergänzungen und Korrekturen
als Anhang für die früher herausgegebenen Bände (Goedeke 1898: 499-794,
811-814; 1900: 3-35; weiter Sauer 1894: 139-144, 1896: 215-218, für weitere
bibliographische Angaben Rosenbaum 1925: 57).

Die damals verbreitete Vernachlässigung der deutschsprachigen Literatur
in Österreich aus ideologischen, konfessionellen sowie ästhetischen Gründen
(Arlt 2000) kam jedoch deutlich in den Worten des Herausgebers, Edmund
Goetze, im Vorwort zum Ausdruck:

> Wer an der Ausführlichkeit des § 298, Österreich, Anstoss nehmen sollte, weil er darin so-
> gar solche Schrifsteller aufgeführt findet, deren dichterische Erzeugnisse als elende Verse
> oder als gereimter Unsinn bezeichnet wurden, als sie ans Licht traten, der vergegenwär-
> tige sich, was ein Grundriss eigentlich geben will. Während die Litteraturgeschichte von
> dem Einflusse spricht, den die Schriftwerke auf die Zeitgenossen ausüben, berichtet der
> Grundriss, dass die Dichtungen da sind oder da waren. Nur in den zusammenfassenden
> Einleitungen sollen Wertungen vorgenommen und nur bei einzelnen hervorragenden Per-
> sönlichkeitem Charakteristiken angeknüpft werden. (Goedeke 1898: V)

Sauer verteidigte den Anteil der deutsch schreibenden österreichischen Autoren
im *Grundriss* taktvoll und verhüllt. „Bei der ausschliesslichen Benutzung nord-
deutscher Bibliotheken war die österreichische Literatur besonders stark zu
Schaden gekommen." Bei dieser Gelegenheit erklärte er auch seine Methodik:

> Die ungefüge Masse grundverschiedener Elemente, die auf solche Weise zusammenkam,
> verlangte notwendigerweise eine sinngemässe Gliederung, und als solche ergab sich eine
> Scheidung der Dichter nach den österreichischen Kronländern, die ebenso viele verschie-
> dene Kulturgebiete bedeuten. Der Föderalismus mag politisch ein Unding sein,

formulierte Sauer sein politisches Credo, „litterarhistorisch ist er eine
Notwendigkeit".[5] In seinem mehr als 300 Seiten umfassendem Beitrag bearbeitete Sauer auch mehrere zweisprachige, also deutsch und tschechisch
schreibende Autoren aus Böhmen und Mähren (Karl Agnell Schneider/Ka-
rel Sudimír Šnajdr, Alexius Parzizek/Aleš Pařízek, Alois Uhle, Wenzel Aloys
Swoboda/Václav Alois Svoboda, Johann Hanke von Hankenstein/Jan Hanke
z Hankenšteina, Gregor Dankowsky/Řehoř Dankovský). Er informierte ferner über die Übersetzungen von Werken einiger Autoren ins Tschechische
(z. B. bei Pařízek oder Alois Klar). Weiterhin ergänzte er das ausführliche Literaturverzeichnis, auch um Titel tschechischer Provenienz, und berücksich-

---

5   Diese Äußerung von Sauer ist Teil der Vorrede von Edmund Goetze zum dazu gehörigen
    Band von Goedekes *Grundriss* [...] (1898: VI); vorher wurde sie auch im *Euphorion* veröf-
    fentlicht.

tigte die thematisch relevante zeitgenössische tschechische Buchproduktion, die er auch gelegentlich rezensierte (Sauer 1904b).

Als symptomatisch und zeitbedingt, z. B. durch Erklärung der Entstehung der neutschechischen Literatur im Zusammenhang mit den Fälschungen der Königinhofer und Grünberger Handschriften,[6] – und zugleich auch prägend für die weiteren literaturgeschichtlich komparatistischen Versuche bis heute – gilt Sauers Interpretation der Entstehung der beiden Landesliteraturen in Böhmen:

> Die entscheidenden Anregungen zur dichterischen Bethätigung gehen in Böhmen länger als ein halbes Jahrhundert hindurch von den Professoren der Ästhetik an der Prager Universität aus (Seibt, Meissner, Meinert, Dambeck, Klar), die die verschiedenen litterarischen Richtungen, vom Gottschedianismus bis zur Romantik nach Böhmen verpflanzen [...]. Von ihnen beeinflusst wirkten, über das ganze Land zerstreut, mehrere Generationen von dichtenden Gymnasiallehrern und dichtenden Beamten. [...] Dieser Anregung parallel ging die Kräftigung des Nationalgefühls und die auf Erforschung der heimischen Geschichte, Sprache, Litteratur und Kunstgeschichte gerichtete Thätigkeit der Pelzel, Cornova, Prochaska, Joseph Dobrowsky, Ungar, Dlabacz, J. J. Jungmann, Hanka und Swoboda, die schliesslich in die Neubegründung der tschechischen Nationalliteratur und Fälschung der dieser fehlenden Dokumente auslief [...]. Die dichterische Behandlung national-böhmischer Stoffe bei W. A. Swoboda und Anton Müller leitet direkt zu den Bestrebungen Eberts, der Anteil des reichen und kunstverständigen böhmischen Adels an der geistigen Kultur des Landes zu den Bemühungen des Grafen Sternberg in der folgenden Epoche hinüber (Goedeke 1898: 690).

Sauers bio-bibliographische Bearbeitung dieser Zeitepoche in den böhmischen Ländern, eine Pionierleistung im gesamten deutschsprachigen Raum, fällt in eine Zeit neu belebten Interesses tschechischer wissenschaftlicher Kreise an der so genannten „tschechischen nationalen Wiedergeburt" [české národní obrození]. Dieses Interesse wurde von dem Soziologen Tomáš Garrigue Masaryk sowie dem Historiker Josef Pekař durch den Streit um den Sinn der böhmischen Geschichte geweckt (Havelka 1995; Bláhová 2008; Wögerbauer 2008). In diesem Kontext spielten die von Sauer gelieferten Materialien auch eine kulturpolitische Rolle gegen das tradierte nationale Bild der tschechischen Erneuerung. Kurz nach den Auseinandersetzungen um die Echtheit der beiden Handschriften waren diese Tatsachen für die konservative tschechische intellektuelle Öffentlichkeit nicht gerade gefällige Informationen, nämlich dass einige verehrte Koryphäen der tschechischen Erneuerung deutsch schrieben bzw. durch deutsche Literatur beeinflusst waren.

Sauers bio-bibliographischen Informationen ersetzten jedenfalls die veralteten und ungenügenden Angaben im Wurzbach'schen *Biographischen Lexikon des*

---

6   Man vergleiche etwa Otto Wittners (1906: 27f.) Einführung zu seiner Biographie von Moritz Hartmann und die darauffolgende Kritik Josef Pekařs (1907:120-121).

*Kaisertums Österreich* (1856-1891). Sie spielten eine große Rolle bei der Herausarbeitung der tschechischen literaturhistorischen Projekte, die ab dem Beginn des 20. Jahrhunderts zielbewusst auf die Epoche der nationalen Erneuerung, in der damaligen Sprache „Wiedergeburt", orientiert waren. In diesem Zusammenhang sei z. B. auf Jaroslav Vlčeks *Dějiny české literatury* [Geschichte der tschechischen Literatur] (1893-1921, das 18. Jahrhundert erschien nach Heften 1902-07) oder bis heute das unübertroffene Gemeinschaftswerk *Literatura česká 19. století I – II* [Die tschechische Literatur des 19. Jahrhunderts I – II] von führenden Vertretern der tschechischen Literaturhistoriographie der Jahrhundertwende Jaroslav Vlček, Josef Hanuš, Jan Jakubec, Jan Máchal, Emil Smetánka, Josef Pekař (1902, 1903, 2. erg. Aufl. 1911, 1917) verwiesen. Aber auch auf deutschböhmischer Seite entstand eine wichtige Studie über die deutsch-tschechischen Literaturbeziehungen am Anfang des 19. Jahrhunderts, und zwar der erste Versuch einer Synthese von Adolf Hauffen *Die deutschböhmische Literatur am Beginne des 19. Jahrhunderts* (Hauffen 1899), die ausdrücklich auf Sauers Angaben im *Grundriss* [...] und das Buch des slowenischen Slawisten und Germanisten Matija/Matthias Murko *Deutsche Einflüsse auf die Anfänge der böhmischen Romantik* (Graz 1897) aufbaut. Nicht zufällig wird dann die Entstehung der tschechischen Literatur in derselben Zeitperiode auch für das deutschsprachige Publikum aus tschechischer Sicht (Wondrák 1900) thematisiert.

Sauers Interesse für die literarische Biographik und Lexikographie setzten seine Nachfolger fort. Alfred Rosenbaum promovierte 1908/09 mit der *Fortsetzung der Bio-Bibliographie für den IX. Band des K. Goedeke's Grundriss*.[7] Ab Band XI leitete Rosenbaum zusammen mit Franz Muncker die Herausgabe des gesamten *Grundrisses* und bereitete zusammen mit seinem Lehrer Sauer den Paragraphen 336 *Österreich – Vom Weltfrieden bis zur französischen Revolution*, der 231 Seiten umfasste, vor. Dieser Band enthielt die auch für die Bohemistik unentbehrlichen Stichwörter wie z. B. zum Librettisten von Smetanas Opern *Libuše* und *Dalibor* Josef Wenzig, ferner Einträge zu Michael Joseph Fesl, Kaspar Graf von Sternberg, Gregor Wolny/Řehoř Volný, Magdalena Rettig/Magdalena Dobromila Rettigová, Ludwig von Rittersberg/Ludvík Rittersberk, Dominik Kinsky/

---

7   Rosenbaums Arbeit wurde später in K. Goedeke´s *Grundriss zur Geschichte der deutschen Dichtung* 25. Heft, IX. Band, Bogen 1-10 veröffentlicht. Der verdiente Redakteur des Werkes, der Prager Privatgelehrte und Bibliograph Alfred Rosenbaum (geb. am 12.1.1861 in Prag), der seine gesamte Existenz in die Vollendung des Werkes einbrachte, 1935 jedoch von seiner Stelle verdrängt wurde. Er verlor sein Leben im Ghetto Theresienstadt/Terezín am 12.9.1942; wenige Jahre danach verbrannte das von ihm geschaffene Archiv des Grundrisses in Dresden (zit. nach www.bbaw.de/bbaw/Forschung/Forschungsprojekte/goedeke/de/Uberblick (Zugang: 11.6.09). Zu Rosenbaum s. auch Sauer (1914).

Dominik Kinský oder Anton Boczek/Antonín Boček. Allerdings erschien der Band erst drei Jahre nach dem Tode Sauers (Goedeke 1929: 290-397). Bis 1926 (Sauers Todesjahr) erschienen nur die Bogen 12-21 (Rosenbaum 1925: 48). Aus Sauers Feder stammen die komparatistischen Einführungen zum bio-bibliographischen Teil Böhmen und Mähren, wo neben einer idealisierten Harmonisierung der deutsch-tschechischen kulturellen Beziehungen in der Vormärzzeit u. a. Goethes Aufenthalte in Böhmen und seine Äußerungen zum zeitgenössischen literarischen Leben hervorgehoben werden, die sozusagen die Tätigkeit der böhmischen deutschsprachigen Schriftsteller legitimieren:

> Eine emsige Übersetzertätigkeit aus dem Tschechischen setzt ein. Es bildet sich etwas heraus, was man böhmisches Nationalgefühl nennen könnte; noch herrscht Einvernehmen zwischen den beiden Völkerstämmen des Landes, und der Gründer des böhmischen Nationalmuseums und Schöpfer der neuen Landeskultur, Graf Kaspar von Sternberg, bestimmt diese großartige Einrichtung für beide Völkerschaften; auch der aus italienischer Familie stammende bedeutende Philosoph Bernard Bolzano nimmt eine vermittelnde Stellung ein. Gekrönt und für die deutsche Literatur wichtig werden alle diese Unternehmungen dadurch, daß Goethe während seiner lang ausgedehnten Aufenthalte in den auf altem deutschen Kulturboden gelegenen böhmischen Bädern innige Fühlung gewinnt, mit dem Grafen Sternberg bekannt und befreundet wird, mit dem geistvollen Grafen Bucquoi in wissenschaftlicher Beziehung tritt, in Grüner einen bequemen Gastfreund und Vermittler, in seinem Herold Zauper einen begeisterten und hingebenden Jünger und Schüler, allenthaben Verehrer und Korrespondenten findet, für alle – auch die bescheidensten Äußerungen der Kultur in Böhmen, für Sprache, Dichtung, Volkskunde, Geschichte regste Aufmerksamkeit bekundet, durch seine verständnisvollen öffentlichen Zurufe diesen Aufschwung auf freudigste begrüßt und das Land dadurch aus langer Verborgenheit in den europäischen Gesichtskreis rückt. (Goedeke 1929: 290)

Sauer äußerte sich noch mehrmals über die Bedeutung von zuverlässigen und umfassenden biographischen Angaben zu deutschen Literaten in den böhmischen Ländern, wie z. B. im Artikel *Eine deutsch-böhmische Biographie* (Sauer 1905; Vodrážková-Pokorná 2007: 165ff.). Dabei reflektierte er auch die Problematik der kanonischen Zugehörigkeit bzw. Nicht-Zugehörigkeit einzelner Persönlichkeiten zu dem geplanten Werk:

> Am schwierigsten wird – für frühere Jahrzehnte und selbst Dezennien – die Frage der sicheren Zugehörigkeit zu unserer Nationalität zu lösen sein. Die Humanisten des 16. Jahrhunderts haben lateinisch geschrieben und viele Tschechen des 19. Jahrhunderts deutsch. Manche führende Männer wird man der Vollständigkeit wegen kaum entbehren können, obgleich ihnen niemand wird nachsagen können, dass sie gute Deutsche gewesen seien. (Sauer 1905/06)

Hier wird deutlich, wie Sauer ungeachtet aller nationalen Stellungnahme, für wissenschaftliche Objektivität eintrat. In diesem Zusammenhang überrascht auch seine Anmerkung über die slawischen Nachbarn nicht.

Man könnte das Werk auch auf die Angehörigen der tschechischen Nation ausdehnen, soweit sie im Lande gewirkt haben und es wäre durchaus nicht von Übel, wenn man über die tschechischen Dichter, Schrifsteller und Künstler objektive Berichte von berufenen Männern unseres eigenen Volkes erhielte.[8] (Sauer 1905/06)

Aber durchaus realistisch fügte er gleich hinzu:

Aber abgesehen davon, das die Mitarbeiter für diesen Teil des Werkes sehr dünn gesät sind und sehr schwer zu gewinnen wären, würde das Werk dadurch nur zu leicht einen ganz veränderten Charakter erhalten.[9] (Sauer 1905/06)

## 4. Sauers Editionen zu den deutsch-tschechischen kulturellen und wissenschaftlichen Beziehungen in der Erneuerungszeit

Aus dem gesammelten, beschreibenden und beurteilenden bohemistischen Material entstanden einige musterhafte Editionen mit kritischem Apparat, Anmerkungen und Erläuterungen. Schon im Jahre 1895 gab Sauer unter dem Titel *Einige Bemerkungen zu einer im Besitze des Vereines befindlichen Autographensammlung*[10] den Briefwechsel von Paul Alois Klar heraus, der besonders die Prager Theaterkreise der dreißiger Jahre des 19. Jahrhunderts dokumentiert. Der Kult der zeitgenössischen Goethephilologie findet bei Sauer mehrfach Ausdruck. Für den Zweck dieses Beitrages ist vor allem Sauers Edition *Der Briefwechsel zwischen Kaspar Graf Sternberg und Johann Wolfgang Goethe* (1902) wichtig (Vodrážková-

---

8  Bald darauf erschien die *Čechische Revue* von Arnošt (Ernst) Kraus, der im Wesentlichen der Richtung T. G. Masaryk folgte. Die unterschiedlichen Interpretationen der tschechischen und deutschböhmischen kulturellen und politischen Beziehungen sowie unterschiedliche Intentionen bei der Darstellung der tschechischen Kultur- und Wissenschaftsleistungen führten mehrmals zwischen der *Čechischen Revue* und der *Deutschen Arbeit* zu polemischen Auseinandersetzungen. Seine Forderungen wiederholte Sauer auch unter geänderten Umständen 15 Jahre später (Sauer 1920: 198).

9  Auf diesen Artikel reagierte engagiert Franz Spina mit dem Artikel *Die Erlernung des Tschechischen in unseren deutschen Lehranstalten* (*Deutsche Arbeit* 1905/V: 438-446). Zur Rolle Spinas in diesen Auseinandersetzungen s. Petrbok (2007: 254f.).

10  Die Edition hat den Untertitel *Aus dem Nachlasse des Kreiskommisärs Paul Alois Klar. Briefwechsel K. E. Eberts, Jos. Führichs, Anton Günthers, Karl Herloßsohns, U. Horns, Just. Kerners, Alfred Meißners und J. St. Zaupers mit Klar.*

Pokorná 2007: 162ff.). Obwohl der Briefwechsel zwischen Goethe und dem Begründer des böhmischen vaterländischen Museums, des späteren Nationalmuseums vorwiegend von naturhistorischen Themen der Disziplinen Botanik, Zoologie, Geologie oder Meteorologie geprägt ist, trug Sauer in der Einführung sowie in den mikrologischen Anmerkungen auch viele Informationen über die Interessen der beiden Autoren in bohemicis zusammen, nicht immer ohne Kontroversen mit der tschechischen Fachliteratur (z. B. über die Nationalität Sternbergs oder Bohuslaus von Hassensteins, über Goethes Kenntnis der Tschechischen oder das Interesse Goethe's für die tschechische Sprache und Kultur). Ferner wurde ein Brief Dobrovskýs und die angebliche Rezension der Prager deutschsprachigen Museumszeitschrift von Goethe abgedruckt; Sauer attribuierte sie dem Prager Professor der Ästhetik an der Prager Universität Anton Müller. Die tschechische Kritik – Arnošt Kraus (1903), Čeněk Zíbrt (1903) sowie auch Sauers Schüler Jan Krejčí (1903) – begrüßten diese Edition ebenso wie den zwei Jahre zuvor herausgegebenen Vortrag Sauers (1901) *Goethes Freund Graf Kaspar Sternberg und sein Einfluss auf das geistige Leben in Böhmen.* Sie würdigten nicht nur die solide Editionsarbeit, sondern auch die symbolische Dimension dieses Unternehmens als Ausdruck der deutsch-tschechischen wissenschaftlichen und kulturellen Verständigung, so Arnošt Kraus:

> V jeho […] přednášce, což budiž výslovně uvedeno, neozývá se již stará otřepaná fráze o dobrodiní a nevděčnosti […]. Poznáváme z těchto slov a vůbec z míst týkajících se písemnictví českého, jak pěkně působil Murkův spis o romantické škole v Čechách. (Kraus 1903: 148)[11]

> [In seinem […] Vortrag, was ausdrücklich erwähnt sei, hört man nicht mehr die abgedroschene Phrase über die Wohltat und die Undankbarkeit […]. Wir erkennen aus diesen

---

11  Zur tschechischen Rezeption von Murko siehe Tureček (2005). – Sauer äußerte sich mit dem damals auch in der tschechischen Literaturgeschichtsschreibung verbreiteten Stereotyp des Niederganges der Literatur in der Barockzeit: „Die lang vernachlässigten slavischen Sprachen und Literaturen erwachten aus ihrem tiefen Schlaf. An der damals Europa beherrschenden deutschen Kultur und Literatur entzündeten die slavischen Völker die vor langem erloschenen Fackeln ihres Volkstums; eine Kulturübertragung setzt ein, wie sie eine gewohnte und häufig wiedekehrende, ganz selbstverständliche und unetbehrliche Erscheinung in der Weltgeschichte ist, wie sie von den romanischen Ländern aus die deutsche Literatur und Geistesart vom Mittelalter bis zu dem Höhepunkt an der Wende des 18. und 19. Jahrhunderts befruchtet hatte. Nun streuen die Deutschen den Samen auf dem empfänglichen Boden ihrer Nachbarvölker aus […]. Der übertriebene Teutonismus findet in einem bald forcierten Slavismus, in einem erträumten Panslawismus seine Nachahmung". (Sauer 1903: 64). Der Vortrag wurde bei der von der *Gesellschaft zur Förderung deutscher Wissenschaft, Kunst und Literatur in Böhmen* am 4. März 1901 aus Anlass einer Festsitzung zum zehnjährigen Bestehen gehalten.

Worten und aus den Stellen über das tschechische Schrifttum, wie schön das Werk von Murko über die romantische Schule gewirkt hatte.]

Auch in diesem Falle fand Sauer einen Nachfolger für sein Vorhaben, das Leben und Werk von Kaspar Graf Sternberg zu dokumentieren und zu analysieren. Sein Schüler Wladimir Helekal promovierte 1909 mit der musterhaften *Ausgabe der Selbstbiographie des Grafen Kaspar v. Sternberg* samt einer einführenden Studie, die 1909 als Teil 2 der *Ausgewählten Werke des Grafen Kaspar Sternberg. 2. Band: Materialien zu meiner Biographie* erschien.[12] Diese Ausgabe verwendete der tschechische Literaturhistoriker Josef Hanuš zusammen mit der Ausgabe der genannten Korrespondenz Sternberg-Goethe für seine zweibändige Monographie *Národní museum a naše obrození* [Das Nationalmuseum und unsere Wiedergeburt, 1921, 1923]. Das Buch schrieb Hanuš auf Anregung des Begründers der tschechischen historischen Schule, Jaroslav Goll, zum 100. Jahrestag des Nationalmuseums im Jahre 1918. Die Analyse des patriotischen Bewusstseins des böhmischen Adels und seiner politischen Aktivität wurde zwar auf die Beschreibung „des böhmischen kulturellen Aufstiegs" ausgerichtet, aber die Zeit der Herausgabe dieser zweibändigen Monographie, also die Zeit nach der Entstehung der Tschechoslowakischen Republik und die damit verknüpfte Bodenreform, favorisierte andere Interpretationen (Petrbok 2004).

Außer einigen Briefen der böhmischen Absender beider Sprachen – sowohl der deutschsprachigen (z. B. Karl Egon Ebert, Karl Johann Nepomuk Ernst Joseph Auersperg, Johann Karl Braun Ritter von Braunthal, Anton Dittrich, Johann Carl Liebich) und der tschechischen (Simeon Karel Macháček, František Ladislav Čelakovský, Václav Jan/Wenzel Johann Tomášek)[13] in der Sammlung *Goethe und Österreich. 2. Theil.* (Sauer 1904a) – ist noch eine wichtige Edition Sauers für die Geschichte der deutsch-tschechischen wissenschaftlichen und kulturellen Beziehungen in der Erneuerungszeit zu erwähnen.

Dass ich es wagen durfte, ein mir so fremdes Gebiet zu betreten, machte mir nur die stete Hilfsbereitschaft des Verwahrers dieser Schätze [d. h. der Materialien zur Geschichte der Slavischen Philologie, VP], des Herrn Bibliotheksdirektors Čeněk Zíbrt, und die kollegiale Unterstützung Bernekers möglich (Sauer 1908: 586),

so Sauer in der Widmung seiner Edition *Aus Jacob Grimms Briefwechsel mit slavischen Gelehrten* in der *Festschrift für Johann Kelle. Untersuchungen und Quellen zur*

---

12  Wladimir Helekal, geb. am 3.6.1885 in Littau/Litovel, Todesdaten bis jetzt nicht eruiert, Mittelschullehrer, Autor von Lesebüchern des Tschechischen. Zu Goethe und Sternberg und zur Goethe-Forschung bei Sauer und seinem Kreis s. Schweizer (2004).

13  Für die tschechische Fachöffentlichkeit veröffentlichte Kraus (1904) diese Briefe aus der Edition Sauers und ergänzte sie mit eigenen Kommentaren.

*germanischen und romanischen Philologie*.[14] Die meisten der veröffentlichten Briefe adressierte Jacob Grimm an Josef Dobrovský, den „Patriarchen der Slavistik". Einen interessanten Beweis für die unzweifelhaft positive Einstellung Grimms zur Echtheit der Königinhofer Handschrift erbringt auch eine kurze durch Sauer mitgeteilte Nachricht von Pavel Josef Šafařík. Auch diese Edition wurde in der tschechischen Presse lobend angenommen. Čeněk Zíbrt bewertete „zajímavý výhled do duševní dílny hlavně obou velikánů [interessanter Ausblick in die geistige Werkstatt der beiden Riesen (d. h. Dobrovskýs und Grimms, VP)], Otokar Fischer, der ehemalige Hörer der Germanistik an der Prager deutschen Universität und Lieblingsschüler Sauers,[15] reflektierte und aktualisierte Grimms Beziehung zur Slawistik und Bohemistik und stellte fest: „úcta k novým poznatkům vědy slovanské a radost z nich mluví takřka z každé řádky" [die Achtung vor neuen Erkenntnissen der slavischen Wissenschaft und die Freude über sie spricht sozusagen aus jeder Zeile] (Fischer 1909).

Sauers Verdienste um die Erforschung der deutschsprachigen Literatur Böhmens sind – wie schon angedeutet – auch in zahlreichen Dissertationen sichtbar (siehe Anhang). Nicht wenige Arbeiten wurden später auch (u. a. in der Reihe *Prager deutsche Studien*) herausgegeben oder bei der Edition verschiedener Werke (z. B. Adalbert Stifters) benutzt. Als Ausnahme gilt eine von Sauer begutachtete, ausgesprochen komparatistische deutsch-tschechische Dissertation von Otto Parkus *Heine und Neruda* aus dem Jahre 1910/11.[16]

---

14  In dieser Festschrift für ihren ehemaligen Lehrer und/oder Kollegen trafen die tschechischen und die deutschen Germanisten aus den böhmischen Ländern ausnahmsweise zusammen (Vodrážková-Pokorná 2007: 261).

15  Sauer öffnete ihm den *Euphorion* für Beiträge aus dem Bereich der psychologischen Literaturwissenschaft und für Rezensionen. Über ihr enges fachliches sowie menschliches Verhältnis gibt auch ihr Briefwechsel ein eindrucksvolles Zeugnis. Während nur eine Ansichtskarte von Fischer in Sauers handschriftlichem Nachlass in der Wiener Bibliothek im Rathaus vorhanden ist, gibt es im Nachlass von Otokar Fischer im Prager *Literární archiv Památníku národního písemnictví* [Literarisches Archiv beim Denkmal des nationalen Schriftums] 72 (sic!) Briefe von A. Sauer und 4 Briefkonzepte von Fischer an Sauer.

16  Otto Parkus, geb. 20.4.1887 Prerau/Přerov, wurde nach Kárný (1995) mit dem Transport Au 1-Prag in das Ghetto Theresienstadt/Terezín und am 16.10.1944 nach Auschwitz [Oświęcim] deportiert, wo er ermordet wurde. In der *Čechischen Revue* (5, 1911/12, 303-329) veröffentlichte er eine literaturpsychologische und biographische Studie *Neue Anschlüsse über Nerudas Liebesleben*, wobei er noch die direkten Informationen von Nerudas erster Liebe Anna Holinová veröffentlichen konnte.

# 5. Fazit


Sauers Persönlichkeit verkörperte noch die liberal-emanzipatorische deutsche Tradition des josephinischen Erbes des alten Österreich, sein Wirken stellt in der Wissenschaftsgeschichte und im Fall der komparatistischen Literaturwissenschaft in Böhmen einen Meilenstein dar. Für ihn ist immer noch der Nationalbürger zugleich Weltbürger (Bollenbeck 1996: 232ff.) und das ermöglichte ihm auch Respekt vor der wissenschaftlichen und kulturellen Leistung des ‚nationalen Gegners'. Obwohl nur ein Teil des fachlichen bohemischen Schaffens von August Sauer zumindest indirekt auch für die Bohemistik bestimmend wurde, stellte es zu seiner Zeit einen wichtigen sowie auch provokanten Anlass zur vorurteilsfreien Erforschung der deutsch-tschechischen literarischen und wissenschaftlichen Beziehungen während der Aufklärungs- sowie Vormärzzeit dar. In seinem Gesamtwerk steht das Thema eher am Rande, für die tschechische sowie für die deutschböhmische Bohemistik und die zeitgenössische Kulturpolitik spielte es hingegen eine zentrale Rolle. Sauer hat sich immer den hohen Standard des wissenschaftlichen Kritizismus bewahrt und niemals die nationalistische Polemik – im Unterschied zu einigen seiner Schüler – in seine Forschungen Eingang finden lassen. Das und die guten wissenschaftlichen Beziehungen zu den tschechischen Literaturwissenschaftlern wussten auch seine Kritiker zu würdigen, es sei hier nochmals Otokar Fischer (1926: 3) erwähnt, der im Nekrolog seinen Lehrer würdigte:

> Zwar hatte der Herausgeber der Deutschen Arbeit in der Vorkriegszeit sich zu nationalistischen Grundsätzen bekannt […], doch diese nationale Stellungnahme hinderte den hochverdienten Gelehrten durchaus nicht, mit Vertretern tschechischer Literaturwissenschaft […] die denkend besten ‚freundnachbarlichen' Beziehungen zu unterhalten […]. Auch die bereits seit Jahrhundertbeginn auf Prinzipien einer Stammesgeschichte aufgebaute Literaturbetrachtung Sauers brachte es mit sich, dass er auf Eigenheiten des deutschböhmischen und des deutschmährischen Schrifttums aufmerksam machend, das Deutschtum der Tschechoslowakei von demjenigen Österreichs als auch des Reiches prägnant absonderte.[17]

---

17 Eine hohe – jedoch nicht eindeutig positive – wissenschaftliche Bewertung von Sauers „deutschböhmischen" literaturgeschichtlichen Forschungen gibt auch Fischer (1926/27: 80f.), hier auch Erwähnung über dessen Unkenntnis der tschechischen Sprache.

# Literatur

Arlt, Herbert (2000): Zur Geschichte der Darstellung der österreichischen Literatur. – In: *Die slawischen Sprachen* LXIV, 67-82.

Becker, Peter (2007): August Sauer als Gründer der wissenschaftlichen Stifter-Forschung. – In: *Jahrbuch Adalbert-Stifter-Institut des Landes Oberösterreich* XIV, 33-38.

Bláhová, Kateřina (2006): Historie literární. Emancipace vědní disciplíny na přelomu 19. a 20. století [Die Geschichte der Literatur. Emanzipation der Fachdisziplin an der Wende des 19. und 20. Jahrhunderts]. – In: *Česká literatura* LIV, 45-86.

Bollenbeck, Georg (1996): *Bildung und Kultur. Glanz und Elend eines deutschen Kulturmusters*. Frankfurt/M.: Suhrkamp.

Fischer, Otokar (1910): Bohemica ve sborníku Kellově [Bohemika im Sammelband Kelles]. – In: *Český časopis historický* XVI, 104-106.

Fischer, Otokar (1926): Sauer und die Tschechen. – In: *Prager Tagblatt* LI/221 (18. 9.1926), 3.

Fischer, Otokar (1926/27): Nekrology germanistické I [Die germanistischen Nekrologe I]. – In: *Časopis pro moderní filologii* XIII, 78-83.

Fischer, Rudolf (1962): Reinhold Trautmann in der deutschen Slawistik. – In: *Wissenschaftliche Zeitschrift der Karl-Marx-Universität Leipzig. Gesellschaftlich- und sprachwissenschaftliche Reihe* 11, 512-515.

Goedeke, Karl (1898): *Grundrisz zur deutschen Dichtung aus den Quellen, [...] fortgeführt von Edmund Goetze. Sechster Band, Zeit des Weltkrieges, Siebentes Buch, erste Abteilung.* Leipzig, Dresden, Berlin: Ehlermann.

Goedeke, Karl (1900): *Grundrisz zur deutschen Dichtung aus den Quellen, [...] fortgeführt von Edmund Goetze. Siebenter Band, Zeit des Weltkrieges, Siebentes Buch, zweite Abteilung.* Leipzig: Ehlermann.

Goedeke, Karl (1906): *Grundriss zur deutschen Dichtung aus den Quellen, [...] fortgeführt von Edmund Goetze. VI. Band, Siebentes Buch, Zeit des Weltkrieges, zweite Abteilung.* Dresden: Ehlermann.

Goedeke, Karl (1929): *Grundriss zur Geschichte der deutschen Dichtung aus den Quellen [...], herausgegeben von Edmund Goetze, von Band XI ab fortgeführt von Franz Muncker und Alfred Rosenbaum. Zwölfter Band. Vom Weltfrieden bis zur Französischen Revolution 1830. Achtes Buch, Fünfte Abteilung.* Dresden: Ehlermann.

Gress, Franz (1971): *Germanistik und Politik. Kritische Beiträge zur Geschichte einer nationalen Wissenschaft*. Stuttgart, Bad Cannstatt: Fromann-Holzboog.

Hauffen, Adolf (1899): Die deutschböhmische Literatur am Beginne des 19. Jahrhunderts. – In: *Mitteilungen des Vereines für die Geschichte der Deutschen in Böhmen* XXXVII, 221-232.

Havelka, Miloš (1995): *Spor o smysl českých dějin* [Der Streit um den Sinn der böhmischen Geschichte]. Praha: Torst.

Kárný, Miroslav (Hg.) (1995): *Terezínská pamětní kniha: židovské oběti nacistických deportací z Čech a Moravy 1941–1945.* 1-2. Praha: Melantrich [englisch: *Terezín memorial book. Jewish victims of Nazi deportations from Bohemia and Moravia 1941-1945: a guide to the Czech original with a glossary of Czech terms used in the lists.* Praha: Academia 1996].

Kisch, Egon Erwin (1978): *Briefe an den Bruder Paul und an die Mutter 1905-1936.* Hrsg. v. Josef Poláček. Berlin (O.): Aufbau.

Kisch, Paul (1913): *Hebbel und die Tschechen. Das Gedicht „An seine Majestät König Wilhelm I. von Preußen", seine Entstehung und Geschichte* (= Prager deutsche Studien XXII). Prag: Bellmann.

König, Christoph (2003): *Internationales Germanistenlexikon 1800-1950.* Berlin, New York: de Gruyter.

Kraus, Arnošt (1903): A. Sauer, Ausgewählte Werke von Kaspar Graf Sternberg. – In: *Listy filologické* XXX, 145-148.

Kraus, Arnošt (1904): Čelakovský a Macháček Goethovi [Čelakovský und Macháček an Goethe]. – In: *Listy filologické* XXI, 244-247.

Krejčí, Jan (1903): August Sauer, Ausgewählte Werke des Grafen Kaspar von Sternberg [...]. – In: *Český časopis historický* IX, 100-103.

Murko, Matthias (1897): *Deutsche Einflüsse auf die Anfänge der böhmischen Romantik.* Graz: Styria.

Nadler, Josef (1929-1931): *Literaturgeschichte der deutschen Stämme und Landschaften.* Regensburg: Habbel.

Nadler, Josef (1934): *Das stammhafte Gefüge des deutschen Volkes.* München: Kösel & Pustet.

Novák, Arne (1926): Augustin Sauer zemřel [Augustin Sauer ist gestorben]. – In: *Lidové noviny* XXXIV/474 (19.9.1926), 9.

Parkus, Otto (1911/12): Neue Anschlüsse über Nerudas Liebesleben. – In: *Čechische Revue* 5, 303-329.

Pekař, Josef (1907): Otto Wittner: Moritz Hartmanns Leben und Werke [...] . – In: *Český časopis historický* XIII, 120-121 [signiert J. P.].

Petrbok, Václav (2004): Josef Hanuš – historik české a slovenské literatury 17. a 18. století [Josef Hanuš – Historiker der tschechischen und slowakischen Literatur des 17. und 18. Jahrhunderts]. – In: Vojtech, Miloslav (Hg.), *Príspevky k dejinám literárnovednej slovakistiky na Filozofickej fakulte Univerzity Komenského v Bratislave* [Beiträge zur Geschichte der literaturgeschichtlichen Slowakistik an der Philosophischen Fakultät der Komenský-Universität in Bratislava]. Bratislava: Filozofická fakulta UK, 45-52.

Petrbok, Václav (2007): Der Unterricht aus deutscher Literatur an tschechischen Gymnasien und aus tschechischer Literatur an deutschen Gymnasien von 1850 bis 1914 anhand einer Analyse der Lesebücher. – In: *brücken* NF 15, 249-278.

Pfitzner, Josef (1926): *Das Erwachen der Sudetendeutschen im Spiegel ihres Schrifttums bis zum Jahre 1848* (= Ostmitteldeutsche Bücherei. Arbeiten zur Landes- und Kulturgeschichte der Sudetenländer und der angrenzenden Gebiete. Anstalt für Sudetendeutsche Heimatforschung der Wissenschaftlichen Gesellschaft in Reichenberg, 2). Augsburg: Stauda.

Ranzmaier, Irene (2008): *Stamm und Landschaft. Josef Nadlers Konzeption der deutschen Literaturgeschichte* (= Quellen und Forschungen zur Literatur- und Kulturgeschichte, 48). Berlin, New York: de Gruyter.

Rosenbaum, Alfred (1909): *Fortsetzung der Bio-Bibliographie für den IX. Band des K. Goedeke's Grundriss.* Prag: Selbstverlag.

Rosenbaum, Alfred (1925): *August Sauer. Ein bibliographischer Versuch.* Prag: Verlag der Gesellschaft deutscher Bücherfreunde in Böhmen.

Sauer, August (1894): K. Goedeke, Grundriß zur Geschichte der deutschen Dichtung aus den Quellen. 2. Aufl. 5. Bd. 1893. – In: *Euphorion* I, 139-144.

Sauer, August (1895): Einige Bemerkungen zu einer im Besitze des Vereines befindlichen Autographensammlung. – In: *Mittheilungen des Vereines für die Geschichte der Deutschen in Böhmen* XXXIII, 292-309, 354-378.

Sauer, August (1896): K. Goedeke, Grundriß zur Geschichte der deutschen Dichtung aus den Quellen. 2. Aufl. 14. Heft (Bd. VI, Bog. 1/7). – In: *Euphorion* III, 215-218.

Sauer, August (1901): Goethes Freund Graf Kaspar Sternberg und sein Einfluss auf das geistige Leben in Böhmen. – In: *Mittheilungen des Vereines für die Geschichte der Deutschen in Böhmen* XXXIX, 427-452 [abgedruckt in Sauer (1903: 51-80)].

Sauer, August (Hg.) (1902): *Ausgewählte Werke des Grafen Kaspar von Sternberg. Erster Band. Briefwechsel zwischen J. W. Goethe und Kaspar Graf von Sternberg (1820-1832)* (= Bibliothek deutscher Schrifsteller aus Böhmen, XIII). Prag: Calve.

Sauer, August (1903): *Gesammelte Reden und Aufsätze zur Geschichte der Literatur in Österreich und Deutschland.* Wien, Leipzig: Fromme.

Sauer, August (Hg.) (1904a): *Goethe und Österreich. Briefe mit Erläuterungen. 2. Theil.* Weimar: Verlag der Goethe-Gesellschaft.

Sauer, August (1904b): V. J. Nováček: F. Palackého Korrespondence a zápisky II. 1902 [Franz Palackys Korrespondenzen und Schriften II]. – In: *Euphorion* XI, 289-290.

Sauer, August (1905/06): Eine deutsch-böhmische Biographie. – In: *Deutsche Arbeit* V, 113-115 [abgedruckt in Sauer 1928: 10-15)].

Sauer, August (1907a): *Literaturgeschichte und Volkskunde. Rektoratsrede*. Prag: K.K. Deutsche Karl-Ferdinands-Universität.

Sauer, August (1908): Aus Jacob Grimms Briefwechsel mit slavischen Gelehrten. – In: *Festschrift für Johann Kelle. Untersuchungen und Quellen zur germanischen und romanischen Philologie. I. Teil* (= Prager Deutsche Studien, VIII). Prag: Bellmann, 585-629.

Sauer, August (1914): Ein Prager Bibliograph. – In: *Bohemia* LXXVII/13 (14. 1. 1914), Morgenausgabe, 1-2 [abgedruckt in Sauer (1933: 249-252)].

Sauer, August (1920): O významu Německé university v Praze [Über die Bedeutung der Deutschen Universität in Prag]. – In: *Nové Athenaeum* II, 106-117, 180-207.

Sauer, August (1928): *Kulturpolitische Reden und Schriften*. Im Auftrage der Deutschen Gesellschaft der Wissenschaften und Künste für die Tschechoslowakische Republik eingeleitet und herausgegeben von Josef Pfitzner. Reichenberg i. B.: Franz Kraus.

Sauer, August (1933): *Probleme und Gestalten*. Stuttgart: Metzler.[18]

Schweizer, Claudia (2004): *Johann Wolfgang von Goethe und Kaspar Maria von Sternberg. Naturforscher und Gleichgesinnte* (= Schriften der Österreichischen Goethe-Gesellschaft, 2). Münster: Lit.

Šimeček, Zdeněk (1988): Slavistika na německé univerzitě v Praze a zápasy o její charakter [Die Slawistik an der deutschen Universität in Prag und die Kämpfe um ihren Charakter]. – In: *Acta Universitatis Carolinae, Historia Universitatis Carolinae Pragensis* 28/1, 31-58.

Šimeček, Zdeněk (1989): Slavistika na německé univerzitě v Praze a zápasy o její charakter [Die Slawistik an der deutschen Universität in Prag und die Kämpfe um ihren Charakter]. – In: *Acta Universitatis Carolinae, Historia Universitatis Carolinae Pragensis* 29/1, 53-78.

Šimeček, Zdeněk (1990): Počátky slavistických studií na německé univerzitě v Praze a zápasy o její charakter [Die Anfänge der slawistischen Studien an der deutschen Universität in Prag und die Kämpfe um ihren Charakter]. – In: *Slovanské historické studie* XVIII, 31-61.

Šimeček, Zdeněk (1994): Dokumente zur Geschichte der Slavischen Philologie an der Deutschen Universität in Prag. – In: *Anzeiger für slavische Philologie* 22/2, 97-145.

Spina, Franz (1909): *Die alttschechische Schelmenzunft Frantowa práva. Beiträge zu den deutsch-slawischen Literaturbeziehungen 1* (= Prager deutsche Studien, 13). Prag: Bellmann.

Spina, Franz (1931): August Sauer zum Gedächtnis. – In: *Deutsche Zeitung Bohemia* CIV/217 (17.9.1931), 1.

---

18 Das Buch erschien als Band I. *August Sauers Gesammelte Schriften*, herausgegeben von Sauers Schüler Otto Pouzar mit „Unterstützung des Ministeriums für Schulwesen und Volkskultur in der ČSR" und mit einer Einführung von Hedda Sauer; es wurde an „Minister Professor Dr. Franz Spina in herzlicher Dankbarkeit gewidmet".

Tureček, Dalibor (2005): Murkovy ‚Deutsche Einflüsse' a jejich české přijetí [Murkos ‚Deutsche Einflüsse' und ihre tschechische Rezeption]. – In: Pospíšil, Ivo/Zelenka, Miloš (Hgg.), *Matija Murko v myšlenkovém kontextu evropské slavistiky* [Matija Murko im Ideenkontext der europäischen Slawistik]. Brno, Ljubljana: Slavistická společnost Franka Wollmana se sídlem v Brně, Ústav slavistiky FF MU v Brně, Inštitut za slovensko literaturo in literarne vede ZRC SAZU, 87-99.

Tvrdík, Milan/Vodrážková-Pokorná, Lenka (Hgg.) (2006): *Germanistik in den böhmischen Ländern im Kontext der europäischen Wissenschaftsgeschichte (1800-1945).* Wuppertal: Arco.

Vlčeks, Jaroslav (1893-1921): *Dějiny české literatury* [Geschichte der tschechischen Literatur]. Praha: Tempský.

Vlček, Jaroslav/Hanuš, Josef/Jakubec, Jan/Máchal, Jan/Smetánka, Emil/ Pekař, Josef (Hgg.) (1902/03): *Literatura česká 19. století I – II* [Die tschechische Literatur des 19. Jahrhunderts I – II]. Praha: Laichter [2. erg. Aufl. 1911, 1917].

Vodrážková-Pokorná, Lenka (2007): *Die Prager Germanistik nach 1882: Mit besonderer Berücksichtigung des Lebenswerkes der bis 1900 an die Universität berufenen Persönlichkeiten.* Frankfurt/M. u. a.: Lang.

Výborná, Milena (Hg.) (1965): *Disertace pražské university 1882-1945.* II. [Dissertationen der Prager Universität 1882-1945. II.]. Praha: Universita Karlova.

Wittner, Otto (1906): *Moritz Hartmanns Leben und Werke* I. Der Vormärz und die Revolution (= Bibliothek deutscher Schriftsteller in Böhmen, 18). Prag: Calve.

Wögerbauer, Michael (2007): Filologie služebnicí národa? Poznámky k funkci dějin literatury v Čechách 1882-1945 [Philologie als Dienerin der Nation? Die Anmerkungen zur Funktion der Literaturgeschichtsschreibung in den Böhmischen Ländern 1882-1945]. – In: Bláhová, Kateřina/Sládek, Ondřej (Hgg.), *O psaní dějin. Teoretické a metodologické problémy literární historiografie* [Über die Literaturgeschichtsschreibung. Die theoretischen und methodologischen Probleme der Literaturhistoriographie]. Praha: Academia.

Wondrák, Wenzel (1900): Zur Renaissance der böhmischen Literatur am Ende des vorigen Jahrhunderts. – In: *Archiv für slavische Philologie* XXII, 46-52.

Zíbrt, Čeněk (1903): August Sauer, Ausgewählte Werke des Grafen Kaspar Sternberg [...]. – In: *Časopis Musea Království českého* LXXVII, 202-204.

Zíbrt, Čeněk (1908): August Sauer, Aus Jacob Grimms Briefwechsel mit slavischen Gelehrten [...]. – In: *Časopis Musea Království českého* LXXXII, 472.

Zweig, Stefan (1909): Ottokar Březiva. – In: *Österreichische Rundschau* XIX, 444-450.

# Anhang

## Dissertationen zur Geschichte der deutschsprachigen Literatur und Volkskunde aus den böhmischen Ländern, betreut (BE) oder begutachtet (BG) von August Sauer (1886-1925)[19]

Richard Rosenbaum: *Zacharias Stellung in der Geschichte des böhmischen Heldengedichtes im 18. Jahrhundert* (BE 1889/90).

Rudolf Fürst: *August Gottlieb Meissner, sein Leben und seine Schriften* (BG 1892/93).

Josef Wihan: *M. v. Collin ästhetische Anschauungen in ihrem Zusammenhang mit der patriotisch-nationalen Kunstentwicklung in Österreich im ersten Viertel unseres Jahrhunderts* (BG 1898/99).

Wilhelm Kosch: *Stifter und die Romantik* (BE 1902/03).

Paul Amann: *Leopold Komperts literarische Anfänge* (BE 1906/07).

Franz Hüller: *Ein Beitrag zu Adalbert Stifters Stil* (BE 1908/09).

Gustav Jungbauer: *Volksdichtung aus dem Böhmerwalde* (BE 1908/09).

Siegmund Bloch: *Alfred Meissners Jugenddichtung* (BE 1908/09).

Alfred Rosenbaum: *K. Goedeke's Grundriss zur Geschichte der deutschen Dichtung* (BE 1908/09).

Franz Schindler: *Bernhard Bolzano. Ein Beitrag zur Kenntniss des Vormärz* (BE 1908/09).

Ludwig Jelinek: *Uffo Horns dramatischer Nachlass* (BE 1908/09).

Wladimir Helekal: *Ausgabe der Selbstbiographie des Grafen Kaspar v. Sternberg* (BE 1908/09).

Oskar Strass: *Das deutsche Drama in Böhmen im letzten Drittel des 18. Jahrhunderts* (BG 1909/10).

Rudolf Frieb: *Adalbert Stifters Novelle Die Narrenburg* (BE 1909/10).

Otto Parkus: *Heine und Neruda* (BG 1910/11).

Otto Brechler: *Einleitung zu Clemens Brentanos „Gründung Prags"* (BE 1910/11).

Gustav Fortwängler: *K. E. Eberts „Wlasta"* (BE 1910/11).

Adolf Raschner: *„Bunte Steine" von Adalbert Stifter* (BE 1912/13).

Wilhelm Oehl: *Deutsche Hochzeitsbräuche in Ostböhmen* (BG 1915/16).

---

19 Überprüft und zusammengestellt nach Výborná (1965). August Sauer hat auch die Dissertation Paul Kischs *Hebbel und die Tschechen* (Kisch 1913: 2) sorgfältig verfolgt, für die Egon Erwin Kisch Übersetzungen aus dem Tschechischen geliefert hat (Kisch 1978: 53, 58, 63, 74, 78). Paul Kisch promovierte schließlich jedoch an der Wiener Universität.

Eduard Finkous: *Die deutschen Genovefa-Schauspiele des Böhmerwaldes* (BG 1915/16).

Josef Budin: *Die Siedler Iglaus* (BG 1915/16).

Alban Julius Prause: *Die Laute der Braunauer Mundart* (BG 1917/18).

Karl Winter: *Vokalismus der Mundart von Karlsdorf, Nordmähren, nebst einer Ergänzung über den Konsonantismus* (BG 1917/18).

Richard Kolitsch: *Das Egerer Fronleichnamspiel, eine Reimuntersuchung* (BG 1918/19).

Richard Richter: *Deutsche und lateinische Gedichte auf Städte in Böhmen im 16. und 17. Jahrhundert* (BG 1919/20).

Editha Przedak: *Die Entwicklung des deutschen Dramas in Prag vom Ende des sechziger bis zum Anfang der achtziger Jahren des 18. Jahrhunderts* (BE 1919/20).

Arthur Ehrlich: *Die Ortsnamen des Egerer und Wildsteiner Gerichtsbezirkes* (BG 1920/21).

Heinrich Scholz: *Kinderlied und Kinderspiel im Egerland und Böhmerwald* (BG 1920/21).

Anton Harbauer: *Literarhistorische Forschungen über die Landschaften des Erzgebirges* (BE 1921/22).

Karl Hoffmann: *Zur Verfasserfrage der Nachtwachen von Bonaventura* (BE 1921/22).

Anna Lukesch: *Die geistige Entwicklung der Bevölkerung in den Städten am Fusse des böhmischen Riesengebirges* (BE 1921/22).

Ernst Leibl: *Literaturdenkmäler, insbesondere der jüngeren Zeit, im Lichte der Vor- und Entwicklungsgeschichte der Menschen* (1921/22).[20]

Franz Müller: *Die deutschen mythischen Sagen in Mähren* (BE 1922/23).

Johann Hille: *Theresia Henschel. Eine Volksdichterin des nordböhmischen Niederlandes* (BE 1923/24).

Franz Thürmer: *Die deutschböhmischen Volksschauspiele Johann von Nepomuk* (BG 1924/25).

Leo Josef Mally: *Hexenglaube im Böhmerwalde* (BG 1924/25).

Wilhelm Schaffař: *Die Olmützer Dichterschule* (BE 1924/25).

Franz Lorenz: *Die deutsche Literatur in Böhmen in der Zeit von der Aufklärung zur Romantik* (BE 1925/26).

---

20  Bei Výborná (1965: 55) ist kein Name der Betreuer und/oder Begutachter verzeichnet, Sauers Mentorschaft ist jedoch wegen der ausgewählten Thematik plausibel.

Alice Stašková

# August Sauers Schiller-Beiträge
# im Dienste der Kulturpolitik

August Sauer setzte sich mit dem Schaffen und der Persönlichkeit Schillers wissenschaftlich nur am Rande auseinander. In Alfred Rosenbaums (1925) Bibliographie zu Sauers 70. Geburtstag können von den insgesamt 800 selbständigen Werken, Abhandlungen, Artikeln und Ausgaben bis 1925 lediglich zehn als Schiller-Beiträge bezeichnet werden. Hierzu zählen sechs Rezensionen über Werke, die mit Schiller zu tun haben, etwa Briefeditionen, ferner ein Artikel zum Wallensteinstoff. Nur drei Texte widmen sich ausschließlich Schiller – alle drei sind anlässlich des Schiller-Jahres 1905 entstanden: eine *Rede auf Schiller*, gehalten bei der Gedenkfeier der deutschen Karl Ferdinand-Universität in Prag am 9. Mai 1905 und abgedruckt in der *Deutschen Arbeit* (Sauer 1933 [1905a]), ein Aufsatz mit dem Titel *Schiller in Österreich* für die Reihe „Schiller im Auslande" der *Berlinischen-Voßischen Zeitung* (Sauer 1933 [1905c]) und der Artikel *Goethes dramatischer Entwurf „Schillers Totenfeier"* für die *Wiener Neue Freie Presse* (Sauer 1933 [1905b]), erschienen ebenfalls am 9. Mai 1905.

Sauers Zurückhaltung war im Kontext der Prager deutschen Germanistik keine Ausnahme; Schiller gehörte eben nicht, wie Lenka Vodrážková-Pokorná (2007: 259) darlegt, „zu den Hauptforschungsgebieten der systematischen literarhistorischen Forschung der ersten Prager Germanisten nach 1882". Doch auch mit Blick auf die Forschungsinteressen Sauers ist seine geringe Beschäftigung mit Schiller nicht verwunderlich. Schiller hatte wenig mit Österreich zu tun, wie Sauer selbst im oben genannten Aufsatz akribisch nachzeichnet. Und daher erstaunt es ebenfalls nicht, dass Sauer den Anlass der Schiller-Feier 1905 vor allem als eine Gelegenheit nutzte, zwei Jahre vor seiner Rektoratsrede *Literaturgeschichte und Volkskunde* (Sauer 1907) seine kulturpolitischen Ziele ansatzweise zu formulieren, wie im Folgenden dargelegt werden soll. Dabei geht es darum zu zeigen, wie und inwieweit Sauer die Persönlichkeit und das Schaffen Schillers in den Dienst der Kulturpolitik stellte. Bereits am Stil ist dieser Zweck ersichtlich und droht uns zunächst in sprachkritische Versuchungen zu verstricken. In der *Rede auf Schiller* heißt es etwa:

> die Klage [ob Schillers Tod] mußte gestillt werden; neuer Segen quoll aus dem Untergang. Erst der Tod vollendete das majestätische Bild seines Lebens und Strebens; von allen

Schlacken des Erdendaseins gereinigt, erschien sein Wesen wie verklärt; im Sternenkranz erstrahlte sein leuchtender Name am Firmament. Wie ein Held auf dem Schlachtfeld war er gefallen, tapfer, unbeugsam, groß. [...] Der Gestorbene trat den Weg der Unsterblichkeit an. Und darum dürfen auch wir heute von der Klage um den vorzeitig Geschiedenen festen Mutes vorwärts schreiten zur Verherrlichung des Verklärten. Nicht seinen Tod feiern wir, sondern seine Auferstehung, nicht seine Grablegung, sondern seine Himmelfahrt. (Sauer 1933 [1905a]: 49)

Angesichts dieser Apotheose möchte man mit Karl Kraus, der sich über die Schiller-Redner des Jahres 1909 ausließ, ausrufen:

Hätte er [Schiller] sie [die Redner der Schiller-Feiern] geahnt, hätte er sie heraufkommen sehen, wie sie die Kultur umwimmeln, wie sie mit ihren Plattköpfen an seinen Himmel stoßen und mit ihren Plattfüßen seine Erde zerstampfen, so daß kein Entrinnen ist vor der Allgewalt ihrer Liebe – er hätte sich die Unsterblichkeit genommen! (Kraus 1987 [1909]: 237)

Allerdings wäre eine solche Würdigung von Sauers Schiller-Beiträgen wissenschaftshistorisch unzulässig, denn, wie es Norbert Oellers mit Blick auf die Geschichte der Schiller-Rezeption formuliert,

[e]s ist müßig, die verwirklichten Möglichkeiten der Schiller-Berurteilung an ihren Bedingungen zu messen und von daher – und zugleich von dem Erkenntnisstand einer viel späteren Zeit – zu qualifizieren. Es ist ebenfalls müßig, aufgedeckte Zusammenhänge mit dem Etikett einer moralischen Wertung zu versehen, weil eine solche Wertung unzulässig dominiert und dadurch komplizierte Sachverhalte simplifiziert, wie gerade die Schiller-Berurteilung drastisch beweist: Schiller hatte das Unglück, als Mensch so zu interessieren, daß seine poetischen Werke immer wieder unter dem Gesichtspunkt ihres – am ‚Menschen' Schiller orientierten – ‚menschlichen Gehalts' betrachtet und damit um ihre eigentümliche poetische Dignität verkürzt wurden. (Oellers 1976: XV)

Daher gilt es im Folgenden Sauers Schiller-Beiträge in mehreren Kontexten zu betrachten, um ihre spezifische kulturpolitische Akzentuierung hervorzuheben. Es handelt sich zunächst um den engeren Kontext von Sauers literarhistorischen Arbeiten, ferner, in synchroner Perspektive, um einen Vergleich mit anderen zeitgenössischen Schiller-Reden des Jahres 1905, schließlich, in diachroner Perspektive, um eine Verortung von Sauers Schiller-Bezügen in der Geschichte der Schiller-Rezeption und Forschung. Diese Bestandsaufnahmen und Kontextualisierungen dürften sowohl zum Verstehen von Sauers Gesamtwerk beitragen, als auch das Bild der Schiller-Rezeption ergänzen.

# 1. Die Schiller-Bezüge in Sauers literarhistorischen Arbeiten

Die Art und Weise, wie Sauer Schiller gelegentlich erwähnt, hat nichts Spezifisches; insgesamt stellt er ihn, wie man erwarten dürfte, positiv dar, und natürlich Goethe zur Seite. Ebenfalls überrascht es nicht, dass er Schillers Einfluss auf Grillparzer hervorhebt und Grillparzers allmähliche Distanzierung nachzeichnet (insb. Sauer 1941 [1892]: 18f.). Vor Calderón und nach dem Wiener Volkstheater gehört der Weimarer Klassiker Schiller zu den drei großen Inspirationsquellen Grillparzers. Auf eine insgesamt positive Wertschätzung nicht zuletzt von Schillers Ideen dürfte auch die Erklärung Sauers zurückgeführt werden, dass die zum Teil milden oder zufallsbedingten Schlüsse mehrerer Dramen Grillparzers nicht als eine platte und epochenbedingte Versöhnungsattitüde zu betrachten sind, sondern vielmehr einen „Nachklang des Humanitätszeitalters" bedeuteten, „als dessen getreuesten Schüler Grillparzer sich immer fühlte" (Sauer 1941 [1892]: 14).

In dem früheren Vortrag zu Friedrich Hölderlin von 1885 nimmt Sauer, allerdings ohne zu argumentieren (oder argumentieren zu können), Schiller gegenüber dem Vorwurf in Schutz, er hätte Hölderlin nicht genug unterstützt. Nachdem er Hölderlins Ausruf Schiller gegenüber zitiert („Von Ihnen dependier' ich unüberwindlich"), formuliert Sauer wohlwollend, wenn auch etwas unbeholfen: „Hätte der mit Geschäften leider so überbürdete Schiller sich Hölderlins noch mehr annehmen können, vielleicht wär es gelungen, den Aufgeregten in ruhigere Bahnen hinüber zu leiten." (Sauer 1903 [1885]: 5). Ähnlich äußert er sich aber auch über Goethe,

> Wäre Hölderlin dem verehrten Manne [Goethe] nicht so schüchtern und linkisch entgegengetreten und hätte Goethe mehr von ihm gekannt als die wenigen Gedichte, die ihm Schiller überschickt hatte, vielleicht wäre uns ein liebevolleres Urteil über den jungen Schwaben aus seiner Feder aufbewahrt. (Sauer 1903 [1885]: 5f.)

Der an dieser Stelle des Textes eher beiläufige Hinweis auf Hölderlins schwäbische Herkunft nimmt bereits die künftigen Interessen Sauers vorweg, die auch in seinen Beiträgen des Schiller-Jahres 1905 zum Vorschein kommen. Zwar hebt Sauer Schillers ‚Stammesangehörigkeit' nicht eigens hervor, wie er dies 1907 in der Rektoratsrede mit lobendem Seitenblick auf die Biographie von Richard Weltrich tut.[1] Das besondere Interesse für die Herkunft des

---

1  Sauer (1907: 10) schreibt in der Rektoratsrede: „In der Tat ist z. B. Weltrichs Schillerbiographie ganz auf diesen landschaftlichen und stammheitlichen Zusammenhang des Dichters

Dichters hatte jedoch Einfluss auf seine Art, literarische Texte zu interpretieren, wie nun gezeigt werden soll.

## 2. Sauers Schiller-Beiträge im Kontext der Reden zum Schillerjahr 1905

Sauers Aufsatz *Schiller in Österreich* für die *Vossische Zeitung* stellt einen detail-
lierten Bericht im schlichten Stil dar, vergleichbar etwa mit seiner einleitenden
Studien zu *Goethe in Österreich* (Sauer 1902) oder mit der Studie *Goethe und
Grüner* (Sauer 1917) in der Einleitung zu der Ausgabe der Briefe Goethes mit
Grüner und Zauper. Man könnte seine Herangehensweise mit der für die
Historiographie des 19. Jahrhunderts zum Teil zutreffenden Formel ‚Sam-
meln und Veranschaulichen' beschreiben.

Wenn wir Sauers Texte stilistisch in zwei Gruppen einteilen, die berichten-
den und auf schlichte Weise veranschaulichenden literarhistorischen einerseits und die im pathetisch-rührigen Stil gehaltenen kulturpolitischen Reden
und Aufsätze andererseits, dann befinden sich die beiden übrigen Beiträge
zum Schiller Jahr 1905, die *Rede auf Schiller* (Sauer 1933 [1905a]) und *Goethes
dramatischer Entwurf: „Schillers Totenfeier"* (Sauer 1933 [1905b]) etwa in der Mitte:
Sie oszillieren zwischen Literaturgeschichte und appellierender Propaganda.
Der Übergang fällt an beiden Texten jeweils stark auf. Rhetorischer Schwung
kommt immer dann zum Einsatz, wenn die philologischen Befunde dem
stammeskundlichen und volkskundlichen Zweck nicht mehr Genüge leisten
können. Die akribische textbezogene Argumentation wird dann prompt –
und oft abrupt – durch Rhetorik abgelöst.

So führt der Hinweis auf die schwäbische Herkunft die überraschende
Pointe im Aufsatz *Goethes dramatischer Entwurf: „Schillers Totenfeier"* herbei. Sauer stellt hier das Goethesche Fragment als einen besonderen Beitrag zur Deu-

---

mit seiner engeren Heimat angelegt und Schillers Wesen darf als durch und durch schwäbisch bezeichnet werden." Dieser Charakteristik der Biographie Richard Weltrichs (1899)
muss nicht unbedingt zugestimmt werden. Es ist ja nur deren erster Teil erschienen, der
Schillers Jugendjahren gewidmet ist; daher thematisiert er natürlich gerade die Herkunft
des Dichters und den Einfluss der Heimat auf seine Persönlichkeit.

tung von Schillers Persönlichkeit dar. Zunächst skizziert er dessen gesamten
Aufriss und schildert das allegorische Personal des Stückes, dann konzentriert
er sich auf eine der Figuren: auf die allegorische Darstellung von „Teutschland". Diese sei zunächst „wie eine Königin, aber voll falscher Ansprüche"
präsentiert, die dann zum „Opfer frecher Ausländer" (Sauer 1933 [1905b]:
42f.) werde, um schließlich in neuer Herrlichkeit zu erscheinen.[2] In Goethes
Fragment sowie im Personenverzeichnis kommt jedoch auch eine Figur auf
die Bühne, die als „Vaterland" bezeichnet wird. Sauer untersucht die Goetheschen Skizzen, um zu schließen, „Teutschland" und „Vaterland" seien nicht
die Personifikation eines einzigen Begriffs unter zwei Namen, sondern sie
stünden für zwei unterschiedliche Vaterländer: für Deutschland als die Gesamtheit der deutschen Fürstentümer und für das Vaterland als die engere
Heimat Schillers – Württemberg. Dies ist eine radikale Interpretation. Meines
Erachtens ist die Argumentation Sauers weder zwingend noch überzeugend.
Zwar tragen zwei verschiedene Sequenzen in Goethes Fragment, die fünfte und die neunte, die Titel „Teutschland" bzw. „Vaterland". Dabei enthält
die Überschrift der fünften Sequenz beide untereinander verzeichnet. Das
„Deutschland" kann hier als eine Entscheidung gegenüber dem nun abgelehnten Ausdruck „Vaterland" gelten: in diesem Sinne deutet Sauer die Än-
derung im Manuskript und nutzt die Variantenlesart als Argument für seine
These von zwei verschiedenen Referenzen. Auf der Rückseite des Blatts ist
von „Rad" und „Rautenkranz" die Rede, mit denen Mainz und Sachsen gemeint sind – auch das spricht, so Sauer, überhaupt für die unterscheidende
Lesart.[3] Die neunte, vorletzte Sequenz mit der Überschrift „Vaterland" bleibt
unausgeführt. Man könnte annehmen – und die Forschung tat es zu Sauers
Zeiten, wie er selbst vermerkt –, dass sich im Laufe des Stückes „Teutschland"
zum „Vaterland" verwandeln oder verklären würde. Die Deutung, dass sich
beide Bezeichnungen auf zwei verschiedene Entitäten beziehen, schließen die
Skizzen zwar nicht aus, sie bieten dazu aber auch keinen zwingenden Anlass.
Sollte Goethe an Württemberg gedacht haben, hätte er es wahrscheinlich ir-
gendwie vermerkt. Allerdings ist das Stück Fragment geblieben, und daher
mag Sauer sowieso Recht behalten. Zumal es an dieser Stelle wohl seine nicht

---

2  Sauer (1933 [1905b]: 44) erwägt eine mögliche Inspiration Goethes durch ein Drama von
   Rist.
3  Vgl. Sauer (1933 [1905b]: 42); Goethe (1894: 568 und die erklärenden Anmerkungen). Sauer argumentiert allerdings auch mit dem Hinweis auf die Korrespondenz. Die Äußerung
   Zelters, wie sie Sauer wiedergibt (Sauer 1933 [1905b]: 42: „daß ‚das Vaterland in dem Stück
   eine breite Figur geben sollte‘"), trägt jedoch zur Frage, ob „Vaterland" Deutschland oder
   Württemberg meint, kaum bei.

mehr philologische, sondern vielmehr rhetorische Argumentation ist, die den heutigen Leser gegenüber seiner Interpretation argwöhnisch stimmen mag:

> Warum also [eingedenk der eigenen Bemerkungen Schillers zu seiner schwäbischen Herkunft] sollte Goethe hier nicht das angestammte Vaterland Schillers, seine engere Heimat Württemberg gemeint haben? Ja, bliebe nicht sogar eine Lücke in der Aufzählung der wichtigsten Lebenselemente Schillers, wenn sein schwäbisches Vaterland hier ganz ignoriert wäre; darf es nicht wenigstens mit ebensoviel Recht seine Stelle hier fordern als seine dänischen Gönner; retteten ihm diese das Leben, so hat Württemberg es ihm geschenkt! Das teure Vaterland, der mütterliche Schoß seines Wesens und seiner Stammesart, die Wiege seines Talents und seines Ruhms, die Stätte seiner ersten Bildung und Erziehung, die verlassene, geschmähte und doch immer geliebte Heimat, ihr wird der große Sohn hier gewissermaßen zurückgegeben. Ist Deutschland als Ganzes auch untergegangen, das einzelne Vaterland bleibt bestehen. (Sauer 1933 [1905b]: 45f.)

Hiermit will Sauer eine „neue sinnreiche Beziehung [...] in dem geplanten und leider unausgeführt gebliebenen Werke [Goethes Fragment] aufgedeckt" (Sauer 1933 [1905b]: 46) haben.[4] Dabei ist aber sein letztes Argument – und der letzte Satz seiner Rede – alles andere als philologisch: „Und wie natürlich, wie selbstverständlich erscheint dies einem Österreicher der Gegenwart, dem auch, wie einst für Schiller, Deutschland und Vaterland getrennte Begriffe sind!" (Sauer 1933 [1905b]: 46)

Einem Reichsdeutschen erscheint das tatsächlich weder natürlich noch selbstverständlich. Erich Schmidt, um bei der Scherer-Schule zu bleiben, beschließt seine Schiller-Rede an der Berliner Universität ebenfalls mit Goethes Entwurf *Schillers Totenfeier*, aber nur um an den Schluss der eigenen Rede eine Apotheose herbeizuzitieren: „Epilog des Vaterlands. Verwandlung ins Heitre. *Gloria in excelsis*" (Schmidt 1976 [1905]: 212). Gerade im Vergleich der beiden Reden, von Erich Schmidt und von August Sauer, tritt die kulturpolitische Ausrichtung des letzteren besonders deutlich hervor. Dass sie beide – so wie manche anderen – auf Goethes Entwurf Bezug nahmen, mag daran liegen, dass dieser im 16. Band der *Weimarer Ausgabe* im Jahre 1894 ediert wurde. Ausschlaggebend ist daher für die Unterschiede zwischen den Schiller-Bezügen beider Germanisten die Interpretation eines anderen Textes, diesmal von Schiller, den sie beide in ihren Reden heranziehen: jene des Gedichtfragments mit dem von Bernhard Suphan hinzugesetzten Titel *Deutsche Größe*.[5]

---

4    Das Goethesche Fragment ist für Sauer (1907: 14) in der Rektoratsrede auch ein Beweis für die „Beziehungen" des Autors „zur volkstümlichen deutschen Kunst". In der *Rede auf Schiller* wiederholt Sauer (1933 [1905a]: 48) ebenfalls seine Vermutung, der Ausdruck „Vaterland" stelle Württemberg da.

5    Es fällt auf, dies sei hier erlaubt zu vermerken, dass Literarhistoriker dann oft zu Schillers selten überlieferten Fragmenten greifen, wenn sie starke Interpretationen vorlegen oder

Dieses Gedicht hat Schiller vermutlich anlässlich des Friedens von Lunéville oder bereits jenes des Campo formio entworfen. Es liegt zum großen Teil nur in einer Prosafassung vor. Insgesamt darf von dieser Dichtung gelten, was Erich Schmidt über sie in seiner Rede äußerte, nämlich dass sie keineswegs in Schillers Gesamtwerk eine nationale Dimension hineinträgt, sondern „im Grunde die als Xenion verdichtete Meinung [wiederholt], statt der fruchtlosen Bildung zum Staat sollten die Deutschen sich freier zu Menschen ausbilden" (Schmidt: 1976 [1905]: 204). Das betreffende Distichon *Deutscher Nationalcharakter* lautet: „Zur *Nation* euch zu bilden, ihr hoffet es, Deutsche, vergebens,/ Bildet, ihr könnt es, dafür freyer zu Menschen euch aus." (Schiller 1943: 321) Schiller stelle hier dar, so Schmidt, dass die Stärke der Deutschen nicht auf dem politischen und auch nicht auf dem militärischen Gebiet beruht, sondern im Sittlichen und in der Kultur gründet. Der Hinweis auf das unausgeführte Gedicht unter vielen anderen zitierten Werken dient Erich Schmidt dazu, politische sowie nationale Vereinnahmungen Schillers zurückzuweisen und zugleich die Tatsache vehement zu kritisieren, dass Schiller durch sein Avancement zum meistzitierten Autor von geflügelten Worten als allgemein verständlich gilt und mithin zur Identifikation aufruft. Schmidts Rede wartet dabei mit überraschenden Wendungen auf. Er konstatiert zunächst mit Befriedigung, die sich im Nachhinein als vorgetäuscht erweist, dass Schiller von allen Deutschen gefeiert werde, und zwar nicht nur in Deutschland: „Allen Deutschen ist er ein Halt in der Diaspora" (Schmidt 1976 [1905]: 202) vermerkt er, um hinzuzufügen, es sei hierfür bezeichnend, dass bei der Schiller-Feier in Chicago ein General aus Schwaben eine Rede halte. Bald wendet sich jedoch Schmidt mit einer mitreißenden sprachlichen Kraft gegen die Vereinnahmung des Dichters insbesondere während der Schiller-Feier des Jahres 1859. In der Folge seiner Rede gehe es ihm darum, Schiller von der „schier unbegrenzte[n] Popularität", und „von blassen landläufigen Vorstellungen" zu „befreien" (Schmidt 1976 [1905]: 203). Die patriotische Wirkung des Dichters gehe bloß in „einem edlen Nationalstolz" (Schmidt 1976 [1905]: 204) auf, der nur und gerade im Sinne des zitierten Xenions zu verstehen sei; es sei unzulässig, Schillers „hohe Werte" „vom Jahr 1870 zu messen" (Schmidt 1976 [1905]: 203). Daraufhin skizziert Schmidt Schillers künstlerische Entwicklung am Leitfaden

---

wenn sie polemisieren; denken wir an die späteren Beiträge von Max Kommerell (1956 [1939]) oder von Gerhard Storz (1960). Storz konzentrierte sich bei seiner gehaltsorientierten, um nicht zu sagen ideologischen Stiluntersuchung ausschließlich auf Fragmente, die die vermeintliche Absicht Schillers deutlicher zeigen sollten: Genealogie übernimmt hier die Funktion der Teleologie. Im Falle von Schiller scheint dieses Verfahren ironischerweise nicht zuletzt deswegen beliebt zu sein, weil er relativ streng darauf bedacht war, wenig Varianten und Entwürfe zu hinterlassen.

der Gattungen und Genres, von der *belle passion* (Schmidt 1976 [1905]: 206) in den Dramen bis hin zu „Orgien der Reflexion" (Schmidt 1976 [1905]: 207) in der Lyrik, um seine Rede vor den Berliner Kommilitonen mit dem Schillerschen Unterschied zwischen den zu schmähenden Brotgelehrten und den philosophischen Köpfen aus dessen Jenaer Antrittsvorlesung zu schließen.

Ganz anders verfährt August Sauer. Die für Erich Schmidt ärgerliche Geläufigkeit von Schillers Sentenzen erfreut Sauer. In diesem Sinne begrüßt er die Entwicklung des Schillerschen Stils zum Epigrammatischen hin, denn „der ganzen Menschheit wird seine Dichtung zugänglich und verständlich" (Sauer 1933 [1905a]: 57). Dadurch, dass Schillers Worte sogar von Menschen verwendet werden, die ihn gar nicht kennen, sei Schiller „der höchste Triumph, der dem Menschen beschert ist" (Sauer 1933 [1905a]: 64), zuteil geworden. Auf dem Wege dieser Popularität dürfe er ja zu seinem Volk zurückkehren.

Ersichtlich wird die kulturpolitische Ausrichtung von Sauers Rede aber bereits in ihrem klaren rhetorischen Aufbau. Nach der einleitenden Verherrlichung, die ich am Anfang dieses Beitrags zitiert habe, folgen weitere vier Teile. Der erste widmet sich dem literaturgeschichtlichen Kontext von Schillers Schaffen. Im Mittelpunkt steht hier der Begriff des Charakters, umrissen an den Eigenschaften der Persönlichkeit. Der Reihe nach sind es: Erzieher, „der eigentliche Mann der Tat, die geselligste Natur" (Sauer 1933 [1905a]: 54), der geborene Dramatiker, „geborene Herrschernatur, der designierte Führer und Organisator im Leben und in der Literatur" (Sauer 1933 [1905a]: 53), ein philosophischer Kopf, der Reformator, ein „Meister der Form" (Sauer 1933 [1905a]: 58) und der „süddeutsche Dichter", der „mit seinem stürmischen Temperament [...] den widerspenstigen, kühleren Norden [erobert]" (Sauer 1933 [1905a]: 60). Die Entwicklung von Schillers Anschauungen wird wie folgt zusammengefasst: „der Pessimist [wird] zum Optimisten, der Satiriker zum Tragiker, der Agitator zum Propheten" (Sauer 1933 [1905a]: 58).

Der zweite Teil ist der „heutigen Perspektive" auf Schiller gewidmet, eingeleitet wie folgt: „Wir Heutigen fragen, wenn wir den Wert eines Dichters bemessen, zuerst nach seiner nationalen Gesinnung" (Sauer 1933 [1905a]: 61), um sogleich zur historischen Reflexion zu mahnen. Obwohl „Zögling eines weltbürgerlichen Zeitalters", sei Schiller, entgegen „der weitverbreiteten, schwer auszurottenden Legende, unsre großen Dichter seien gleichgültig gegen ihr Volk gewesen" (Sauer 1933 [1905a]: 61), stets an den Schicksalen des deutschen Volkes interessiert.[6] Diese Behauptung kann Sauer nur da-

---

6 Diese Problematik nimmt Sauer (1907: 11ff.) in der Rektoratsrede wieder auf, wenn er gegen den Einwand argumentiert, dass die besten Dichter über ihre engste Heimat

durch stützen, dass er Schillers Dramen als Parabeln über Volksgeschicke interpretiert. „Unausgeführte Entwürfe aber sprechen noch deutlicher" (Sauer 1933 [1905a]: 62), vermerkt er und widmet sich nun dem auch vorher von ihm schon erwähnten Gedicht *Deutsche Größe*. Zwar würde Schiller in diesem Fragment „gewissermaßen das Kosmopolitische, Weltumspannende in den deutschen Nationalcharakter als wesentlichen Bestandteil mit auf[nehmen]" (Sauer 1933 [1905a]: 62), dabei ihn jedoch dem englischen und französischen entgegensetzen. Wenn wir den Entwurf zur Hand nehmen, erscheinen allerdings die abgrenzenden Bezüge auf „Franken" und „Britten", auf dem Papierrand unter den Reimvarianten verzeichnet, im doppelten Sinne als eher marginal.[7] Es ist anzunehmen, dass Sauer das Gedicht besonders präsent war, weil es im Schiller gewidmeten Heft des *Euphorion* von 1905 von Albert Leitzmann (1905) mit dem Ziel einer genauen Datierung textkritisch analysiert wurde. Leitzmann selbst sieht im Gedicht allerdings ebenfalls einen Beweis von Schillers nationaler Gesinnung, wenn er vermerkt: „Es war Schiller nicht beschieden, die Wiedergeburt des Vaterlandes zu erleben, dessen künftige weltbeherrschende Größe er voraussah und mit großem Gefühl erahnte [...] Mit welchen Gefühlen würde er Preußens Siegeslaufbahn, die Gründung des Deutschen Reichs, die Persönlichkeit Bismarcks begrüßt haben" (Leitzmann 1905: 25).

Zwar kritisiert Sauer (Sauer 1933[1905a]: 65), ähnlich wie Erich Schmidt (1976[1905]: 203), in seinem Überblick über die Rezeption und Nachwirkung Schillers im 19. Jahrhundert das Zuviel der Schiller-Feier von 1859 und beruft sich kurz auf die diesbezügliche Kritik seitens Hebbels und Grillparzers. War jedoch der Hauptbegriff des ersten Teils seiner Rede der Charakter, so ist es jetzt der Nationalcharakter. Die Ablösung der Beliebtheit Schillers durch diejenige Goethes seit den 70er Jahren des 19. Jahrhunderts wird Sauer zum Anlass, weniger die Ursachen dieser Entwicklung (wie dies etwa in der Rede von Richard Weltrich [1976 (1905)], auf die ich noch eingehen werde, der Fall ist) zu analysieren, sondern zur abschließenden Bestimmung dieses deutschen „Nationalcharakters", der erst durch die Verbindung beider Charaktere – Schillers und Goethes – zur Vollendung gelangt. Den Hinweis auf die Volksnähe Schillers sowie den die gesamte Rede orientierenden Begriff des

---

hinauswachsen und daher mit „landschaftlichen" (im Sinne von regionalen) Merkmalen als Autoren kaum zu erfassen sind.

7  Vgl. „Wo der Franke wo / der Britte" (Schiller 1983: 431), „Fest auf seinem Wellenthrone / Steht der Britte", „Mag der Britte die Gebeine / Alter Kunst, die edeln Steine/Und ein ganzes Herkulan / Gierig nach dem kostbarn greifen / Und auf seiner Insel häufen / Was Schiff nur laden kann." (Schiller 1983: 432)

Charakters führt Sauer in seiner Rektoratsrede später aus und erklärt ihn zu Gegenständen der von der Volkskunde bedienten Literaturwissenschaft.

Der dritte Teil seiner Rede ist durch eine Konzession des Geschmackswandels eingeleitet, der einer Empfänglichkeit für Schillers Pathos zu Sauers Zeit im Wege stehe. Schiller bleibe dennoch als geschmacksbildend eine Leitfigur, denn – Sauer scheut im rhetorischen Schwung gelegentlich die Katachrese nicht – „Schiller rettet uns vor dem Sturz in die Abgründe einer seichten Aufklärung, die rings um uns gähnen." (Sauer 1933 [1905a]: 68) Die Zeit entbehre eben eines großen Dichters der Gegenwart, der „uns das Leben nicht bloß zeigte, wie es ist, sondern wie es sein soll" (Sauer 1933 [1905a]: 69). Wo und wie dies Schiller tut, sagt Sauer nicht. Die Rede beschließt er mit einer, so wörtlich, „letzten Frage", die suggestiv genug ist: „Haben wir Deutsche außerhalb der politischen Grenzen des Deutschen Reiches vielleicht noch einen besonderen Antrieb, uns an unsere großen Dichter mit aller Macht festzuklammern? Ganz gewiß!" (Sauer 1933 [1905a]: 70) Nun folgt eine peroratio, die mit einem Aufruf „zur Pflege unseres Volkstums" aufwartet, die „in noch höherem Grade Pflicht" als für die Reichsdeutschen sei, denn dieses „Volkstum stößt überall auf andere, fremde oder verwandte Nationalitäten, im Gegensatz zu denen es sich entwickelt": Diese Pflege sei hiermit „ein Gebot der Selbsterhaltung" (Sauer 1933 [1905a]: 70). Mehr noch als in der Rektoratsrede kommt die selbsterhaltende Funktion dieser Pflege zu Wort, in einem Duktus, der an einige Beiträge Sauers für die Deutsche Arbeit erinnert (etwa *in partibus infidelium, Deutsche Bildung* oder *Deutsches Theater in Prag*).[8]

Die Schiller-Reden zum Anlass einer Kritik an der Gegenwart zu nehmen, war nicht nur im Jahre 1859, sondern auch 1905 üblich. Selbst wenn es Erich Schmidt nach eigenem Bekunden darum geht, Schiller von ungebührlicher Popularisierung mithin Verflachung seines Gesamtschaffens zu befreien, so dient dennoch im zweiten Teil seiner Rede diese Reinigung von Schillers Bild zur Kritik an der Gegenwart. Schmidt setzt Schiller der Dekadenz des Fin de siècle entgegen, seine Haltung in der Krankheit kontrastiert er mit der „neuerdings beliebten Pathologie der Dichter und Denker" und überhaupt der „heutigen nervösen Schlaffheit" (Schmidt 1976 [1905]: 208). Die Kritik des Berliner Ordinarius gilt jedoch ausschließlich dem literarischen Betrieb.

Während der Prager Österreicher Sauer die Gelegenheit nutzt, ‚pro domo' zu reden und der Berliner Schmidt, Schüler des selbsterwählten Preußen Wil-

---

8   Vgl. zu diesen kulturpolitischen Texten Sauers den Beitrag von Steffen Höhne im vorliegenden Band.

helm Scherer, die Verweichlichung der zeitgenössischen Literatur bespottet, ergründet Richard Weltrich in München in seiner Schiller-Rede die abnehmende Popularität Schillers nach 1870. Er sieht dabei zwei Ursachen am Werk. Die erste wurzele im politischen und kulturellen Gesamtzustand der Zeit, in der Schillers politische Auffassung, die im Weltbürgertum und Humanitätsideal aufging, mit Bismarck endgültig überwunden wurde. Auch Weltrich argumentiert hier mit dem Fragment *Deutsche Größe*. Zwar habe Schiller recht, wenn er die deutsche Kultur angesichts der militärischen Niederlage hervorhebt. Wenn er jedoch beteuert, dass es nicht die Aufgabe der Deutschen sei, „mit dem Schwert obzusiegen" und dass ihre Würde auch den Untergang des Reiches überwinden würde, dann, so Weltrich,

> führte hier des Dichters gute Meinung auf einen Irrweg. Denn die Eigenart eines Volkes samt derjenigen Geisteskultur, auf deren Besitz Schiller den höchsten Wert legt, kann nicht erhalten bleiben, wenn die politische Selbständigkeit eines Volkes nicht erhalten bleibt, vor der Knechtung durch die Nachbarvölker nicht ein starkes Staatswesen schützt. (Weltrich 1976 [1905]: 219)

Die „Wertschätzung aller realer Güter" habe nun den Idealismus abgelöst, konstatiert Weltrich (Weltrich 1976 [1905]: 219) vorerst neutral. Die zweite Ursache der abnehmenden Popularität des Dichters bestehe in der Beschaffenheit des öffentlichen literarischen Urteils und der literarischen Meinung. Hier kritisiert Weltrich (1976 [1905]: 219), ähnlich wie Schmidt, die „literarischen Tagesströmungen, die moderne dichterische Produktion mit ihrer naturalistischen und nicht selten zynischen Wirklichkeitsschilderung [...] und ihrer in der Milieumalerei schwelgenden Kleinkunst". In dieser Situation hätte Schiller in einer doppelten Hinsicht „ein Vermächtnis" an das deutsche Volk hinterlassen und sei damit eine Leitfigur geblieben: Erstens sei er Vorbild in seinem „Heldentum", zweitens in seiner „ethische[n] Hoheit" und im „Gefühl der Verantwortlichkeit für die Führung seines Lebens, für die Verwendung der Kräfte, die ihm gegeben waren" (Weltrich 1976 [1905]: 224).

Alle drei Redner beteiligen sich nun an der für das Schiller-Jahr charakteristischen Suche nach einer starken Persönlichkeit, wie es in seiner Darstellung von 1907 im Rückblick Adolf Dörfuss darlegt (Oellers 1976: XXIV und XXXVIII). Auch für diese drei Reden gilt, was Norbert Oellers (1976: XXXV) für die insgesamt 130 Schiller-Reden des Jahres 1905 hervorhebt: dass „nicht wenige [...] dem *deutschen* Dichter gewidmet" waren (dies gilt hier für Sauer und Weltrich) und „fast alle auf Schillers eminenter Bedeutung für die Gegenwart [bestanden]". Dabei bestätigt der Vergleich der drei Reden die beobachtete Tendenz, dass „die Schiller-Feiern der Auslandsdeutschen in der Regel außerordentlich bombastisch, pathetisch und nicht selten unterschwellig nationalistisch ausfielen" (Oellers 1976: XXXV). Selbst wenn Sauer in diesem Sinne nicht ein „Auslandsdeutscher" war, ist es dennoch auffallend, wie sehr er sich, als „Deutscher außerhalb der politischen Grenzen des Deutschen Reiches" (Sauer 1933 [1905]: 70), auf das Volk beruft. Weltrich dagegen beschwört in München die Nation, Schmidt in Berlin lehnt die nationale Lesart ab und vom Volk redet er gar nicht.

## 3. Sauers Schiller-Beiträge und die Schiller-Rezeption in diachroner Perpektive

Sauers Umgang mit Schiller scheint im Kontext der Schiller-Rezeption des 19. Jahrhunderts einer bestimmten Tendenz nahe zu sein. Wenn er mit einer Apotheose Schillers anfängt und aus dem Gedicht *Deutsche Größe* die Stelle zitiert, dem Deutschen „blieb [...] das Heilige heilig" (Sauer 1933 [1905a]: 63), schreibt er sich in diejenige Rezeptionslinie ein, die wohl am markantesten mit David Friedrich Strauß in seiner Schrift *Der alte und der neue Glaube* von 1872 an den Tag getreten ist. Strauß rechnete hier mit der Offenbarungsreligion und der kirchlichen Institutionalisierung des Glaubens ab und empfahl das Studium der großen deutschen Dichter als deren angemessenen Ersatz. Man erinnert sich allerdings an Nietzsches Kritik an diesem, so Oellers (1976: XXII), „Religions-Surrogat"; Nietzsche ruft an Strauß' Adresse aus:

> Der Philister als der Stifter der Religion der Zukunft – das ist der neue Glaube in seiner eindruckvollsten Gestalt; der zum Schwärmer gewordene Philister – das ist das unerhörte Phänomen, das unsere deutsche Gegenwart auszeichnet. (zit. n. Oellers 1976: XXII)

Es ist daher nicht verwunderlich, dass Richard Weltrich, der seine Rede damit schließt, Schiller wäre der Stifter einer neuen religiösen Lehre, sich zuvor auf Strauß beruft, und im Zusammenhang mit der Kritik an Schiller Nietzsche „in diesem Falle" als „ein[en] große[n] Frevler" bezeichnet (Weltrich 1976 [1905]: 220). Wenn also August Sauer mit Blick auf Schiller und die Epoche nach 1859 vermerkt, „vielen, die den Dogmenglauben verloren hatten, ersetzt er die Religion; er verdrängt die Bibel; Luther wird durch Schiller abgelöst" (Sauer 1933 [1905a]: 64), mag er auch David Friedrich Strauß' Schrift im Sinn gehabt haben.

Es gehört aber zu den markanten Stilzügen von Sauers Rede, dass er überwiegend paraphrasiert und sich in Anspielungen, Umschreibungen und in einer vertraulich wirkenden deiktischen Redensart ergeht. Das auch dem akademischen Publikum wohl nicht ganz geläufige Gedichtfragment *Deutsche Größe* wird „der Entwurf zu einem leider unausgeführt gebliebenen nationalen Gedicht" (Sauer 1933 [1905a]: 50) genannt, Theodor Körner, in der Nachfolge Schillers, als „der Sänger von ‚Leier und Schwert'" (Sauer 1933 [1905a]: 65) apostrophiert. Diese Diktion, die den Zuhörer als Mitwissenden anspricht, macht ihn gleichsam an einer Geheimlehre teilhabend. Der quasi-religiöse Andachtzug der Schiller-Rede Sauers verweist hiermit auch auf den Charakter des kulturpolitischen Ziels, das sie verfolgt: Sauer redet hier, so suggeriert der Stil seiner Rede – anders als Schmidt in Berlin, aber auch anders als der zum Teil in Verzückung geratende Schiller-Biograph Weltrich in München –, zu einem Kreis von Gleichgesinnten, Eingeweihten, Auserwählten. Dies bringt auch eine bestimmte Sicht auf Schillers Darstellungen von politischen Ereignissen und Phänomenen mit sich; eine Sicht, die selbst wiederum politische Implikationen hat. Sauer (1933 [1905]: 55) hebt – gewiss zu Recht – hervor, dass Schillers Hauptfiguren vorwiegend Herrscher- und Führergestalten sind, die jedoch immer die Masse hinter sich haben. Die Art, in der hier Sauer Schillers Politikverständnis darstellt, indem er die Beziehung vom Herrscher zur Masse in den Dramen mit der Fähigkeit des realen Autors, Verschiedenes zu vereinigen und „sich alle Kräfte" im positiven Sinne „dienstbar zu machen", in Analogie setzt, unterscheidet sich radikal etwa von der Interpretation eines späteren Max Kommerell, der sich ebenfalls, wie Sauer, auf das Verhältnis von Schillers Führerfiguren zur Masse konzentriert. Kommerell (1956 [1939]: 216) legte auf eine beeindruckende Art und Weise dar, wie Schiller „den ungeheuren und grundsätzlichen Mißbrauch des menschlichen Vertrauens als politischen Zynismus" darstellt. Schillers Thema wäre mithin, „wie wird eine Tat und wie wirkt eine Tat" (Kommerell 1956 [1939]: 240). Virtuos fasst Kommerell (1956 [1939]: 219) zusammen: „Schiller hat der Nemesis ihre Paradoxie abgesehen."

Der Stil August Sauers erinnert in seinem beschwörenden Charakter dagegen an die „Ellipsen der Intimität" (Oellers 1976: XLVII) in der späteren Schiller-Darstellung des ebenfalls zum Teil in Prag wirkenden Herbert Cysarz (1934), der, (übrigens wie Sauer Schiller in eine Reihe mit Wagner stellend) zum Schluss seiner Schiller-Monographie beteuert:

> Er [Schiller] hat das Pathos des Unendlichen zum Pathos auch des Endlichen verdichtet. [...] Er hat den deutschen Kleinbürger der Aufklärung zum vollen Menschen befreit, zu Urbildern des hohen und schönen Lebens geleitet, zu weltgeschichtlichem Aufbruch und

volklicher Brüderschaft. Auch jedem Heute und Morgen weist er den Weg der Tat, die ohne Ende Gott in die Geschichte trägt, und die Gnade des Bilds, das immer am Ziel ist. Und darum sagen wir Ehre, Liebe und Dank. (Cysarz 1934: 427)

Um mit einem Blick auf Sauers eigene Interessen und Forschungsinteressen zu schließen, gilt es noch hervorzuheben, dass die kulturpolitische Zweck-mäßigkeit seiner Schiller-Beiträge besonders klar wird, wenn wir uns bewusst machen, wen er nicht zitiert, nämlich Grillparzer. Es mag verständlich sein, dass er den berühmten Aphorismus Grillparzers aus dem Jahre 1836, „Schil-ler *geht* nach oben, Goethe *kommt* von oben" (Grillparzer o. J.: 49), nicht in ei-ner Schiller-Rede zitiert, da darin der letztgenannte höher angesiedelt wird als der nun zu Feiernde. Dennoch: Sauer kommt zwar nicht umhin, Grillparzers ablehnende Haltung gegenüber der Schiller-Feier 1859 kurz zu erwähnen, der betreffende Trinkspruch des Dramatikers fängt jedoch an mit den Worten: „Lassen Sie uns Schiller feiern als das was er war: als großen Dichter, als aus-gezeichneten Schriftsteller, und nicht bloß zum Vorwand nehmen für weiß Gott! was für politische und staatliche Ideen." (Grillparzer o. J.: 74) Dieser Trinkspruch ist vom Komitee der Schiller-Feier in Wien, unter Vorsitz von Heinrich Laube, abgelehnt worden.[9] Sauer selbst edierte aus dem Nachlass Grillparzers Erwiderung auf den Artikel im *Abendblatt* der *Presse*, wo er der Schmähung Schillers bezichtigt wurde. Hier äußert sich Grillparzer in seiner typisch lakonischen Art:

> Wenn ich nicht Schiller für einen großen Dichter hielte, müsste ich mich selbst für gar kei-nen halten. Aber nun wird diese Feier mit einem solchen Lärm und einem solchen Hallo vorbereitet, daß die Vermutung entsteht, man wolle dabei noch etwas anderes feiern als Schiller, den ausgezeichneten Dichter und Schriftsteller: etwa das deutsche Bewußtsein, die deutsche Einheit, die Kraft und Machtstellung Deutschlands. Das sind schöne Dinge! aber derlei muß sich im Rat und auf dem Schlachtfelde zeigen. Es ist nichts gefährlicher, als wenn man glaubt, etwas zu haben, was man nicht hat, oder etwas zu sein, was man nicht ist. (Grillparzer o. J.: 75f.)

Die Tatsache, dass Sauer die Schärfe von Grillparzers Kritik an der Schiller-Feier 1859 abmilderte und die von seinem Stammautor so klar formulierten Gründe dieser Kritik mit Schweigen überging, hebt zusätzlich, wenn auch indirekt hervor, in wieweit auch er den „ausgezeichneten Dichter und Schrift-steller Schiller" nicht als das, was er war, zu feiern gedachte.

---

9    Vgl. hierzu die Kommentare von Norbert Oellers (1976, Bd. 1: 583f.).

# Literatur

Cysarz, Herbert (1934): *Schiller*. Halle/S.: Niemeyer.

Goethe, Johann Wolfgang (1894): Schillers Todtenfeyer. – In: *Goethes Werke*. Hrsg. im Auftrage der Großherzogin Sophie von Sachsen (Weimarer Ausgabe), Bd. 16. Weimar: Böhlau, 561-569.

Grillparzer, Franz (o. J.): *Grillparzers sämtliche Werke in 20 Bänden*. Hrsg. von August Sauer. Bd. 18. Wien.

Kommerell, Max (1956 [1939]): Schiller als Psychologe. – In: Ders., *Geist und Buchstabe der Dichtung. Goethe – Schiller – Kleist – Hölderlin*. Frankfurt/M.: Vittorio Klostermann, 175-242.

Kraus, Karl (1987 [1909]): Schrecken der Unsterblichkeit. – In: Ders., *Schriften*. Hrsg. von Christian Wagenbach. Bd. 2: Die chinesische Mauer. Frankfurt/M.: Suhrkamp, 233-237.

Leitzmann, Albert (1905): Schillers Gedichtentwurf „Deutsche Größe". – In: *Euphorion* 12, 2-35.

Oellers, Norbert (1976): Einleitung. – In: Ders. (Hg.), *Schiller – Zeitgenosse aller Epochen. Dokumente zur Wirkungsgeschichte Schillers in Deutschland*. Teil II: 1860-1966. München: Beck, XII-LV.

Rosenbaum, Alfred (1925): *August Sauer. Ein bibliographischer Versuch*. Prag: Ges. deutscher Bücherfreunde.

Sauer, August (1902): Einleitung. – In: Ders. (Hg.), *Goethe und Österreich. Briefe mit Erläuterungen*. (= Schriften der Goethe-Gesellschaft, 17). 1. Theil. Weimar: Verl. der Goethe-Ges., XVII-CXXV.

Sauer, August (1903 [1885]): Friedrich Hölderlin (1885). – In: Ders., *Gesammelte Reden und Aufsätze zur Geschichte der Literatur in Österreich und Deutschland*. Wien, Leipzig: Fromme, 1-24.

Sauer, August (1907): *Literaturgeschichte und Volkskunde. Rektoratsrede*. Prag: Calve.

Sauer, August (1917) (Hg.): *Goethes Briefwechsel mit Joseph Sebastian Grüner und Joseph Stanislaus Zauper (1820-1832)* (= Bibliothek deutscher Schriftsteller aus Böhmen, 17). Prag: Calve.

Sauer, August (1933 [1905a]): Rede auf Schiller. (Im Anschluß an den Gesang von Schillers Nänie) – In: Ders., *Gesammelte Schriften*. Bd. 1: Probleme und Gestalten. Stuttgart: Metzler, 47-71.

Sauer, August (1933 [1905b]): Goethes dramatischer Entwurf: „Schillers Totenfeier". – In: Ders., *Gesammelte Schriften*. Bd. 1: Probleme und Gestalten. Stuttgart: Metzler, 39-46.

Sauer, August (1933 [1905c]): Schiller in Österreich. – In: Ders., *Gesammelte Schriften*. Bd. 1: Probleme und Gestalten. Stuttgart: Mohr, 72-82.

Sauer, August (1941 [1892]): Franz Grillparzer. Eine literarhistorische Studie. – In: Ders., *Gesammelte Schriften*. Bd. 2: Franz Grillparzer. Stuttgart: Metzler, 1-85.

Schiller, Friedrich (1943): *Gedichte in der Reihenfolge ihres Erscheinens 1776-1799. Schillers Werke. Nationalausgabe.* Hrsg. von Julius Petersen und Friedrich Beißner. Bd. 1. Weimar: Böhlau.

Schiller, Friedrich (1983): *Schillers Werke.* Nationalausgabe. Hrsg. von Norbert Oellers. Bd. 2, Teil I: Gedichte in der Reihenfolge ihres Erscheinens. 1799-1805, der geplanten Ausgabe letzter Hand (Prachtausgabe), aus dem Nachlaß (Text). Weimar: Böhlau.

Schmidt, Erich (1976 [1905]): Schiller-Rede. – In: Oellers, Norbert (Hg.), *Schiller – Zeitgenosse aller Epochen. Dokumente zur Wirkungsgeschichte Schillers in Deutschland.* Teil II: 1860-1966. München: Beck, 202-212.

Storz, Gerhard (1960): Stilelemente in Schillers dramatischem Nachlass. – In: *Friedrich Schiller 1759-1959. Schiller-Zyklus der Goethe-Gesellschaft Hannover im Jahre 1959.* Stuttgart: Klett, 72-88.

Vodrážková-Pokorná, Lenka (2007): Friedrich Schiller und die ersten Prager Germanisten nach 1882. – In: Stašková, Alice (Hg.), *Friedrich Schiller und Europa. Ästhetik, Politik, Geschichte.* Heidelberg: Winter, 235-263.

Weltrich, Richard (1899): *Friedrich Schiller. Geschichte seines Lebens und Charakteristik seiner Werke. Unter kritischem Nachweis der biographischen Quellen.* 1. Bd. [Weitere nicht erschienen]. Stuttgart: Cotta.

Weltrich, Richard (1976 [1905]): Schiller-Rede. – In: Oellers, Norbert (Hg.), *Schiller – Zeitgenosse aller Epochen. Dokumente zur Wirkungsgeschichte Schillers in Deutschland.* Teil II: 1860-1966. München: Beck, 215-226.

Sigurd Paul Scheichl

# August Sauers Historisch-kritische Grillparzer-Ausgabe

Am 9. Januar 2009 waren es genau hundert Jahre, dass die Gemeinde Wien mit August Sauer und dem Verlag Gerlach und Wiedling den Vertrag über die Herausgabe únd Förderung der historisch-kritischen Grillparzer-Ausgabe schlossen. Fast zwei Jahre später erschien der erste Band (I/1),[1] der *Die Ahn-frau* und *Sappho* enthält.[2] Sauer, freilich mit dem Material gut vertraut, hat wohl sehr schnell gearbeitet, der Drucker desgleichen; man wird trotzdem annehmen müssen, dass der Herausgeber schon vor dem Vertragsabschluss an den Texten des Bandes gearbeitet hat. Der kritische Apparat zu Band I/1, nicht von Sauer selbst erarbeitet, ist erst zwei Jahrzehnte später erschienen (I/17; 1931).

Eine Geschichte dieser großen Grillparzer-Ausgabe – der zwei ebenfalls von Sauer herausgegebene, weniger vollständige, aber durch die Einbeziehung des teilweise von ihm geordneten Nachlasses, die früheren *Gesammelte Werke* an Umfang bereits weit übertreffende bei Cotta (Grillparzer 1887 u. 1892) vorher gegangen waren – nach den Quellen zu schreiben dürfte die Möglichkeiten selbst eines Dissertanten überschreiten.[3] Im Nachlass Sauers in der Wien Bibliothek im Rathaus, die sich ihres alten und ruhmreichen Namens *Wiener Stadtbibliothek* bzw. *Wiener Stadt- und Landesbibliothek* zu schämen scheint, gleichwohl eine hervorragende wissenschaftliche Bibliothek ist und bleibt, finden sich insgesamt 1.600 inventarisierte Briefe des Prager Germanisten, dazu noch 3 Kartons mit unbearbeiteter Korrespondenz; man muss annehmen, dass ein nicht geringer Teil dieses nur bibliothekarisch und selbst unter diesem Kriterium nicht ganz vollständig erschlossenen Materials Sauers opus maximum, eben die Grillparzer-Ausgabe, betrifft. Der in der gleichen Bibliothek liegende Nachlass des mit der Ausgabe von Anfang an eng ver-

---

1 Die Bände der Ausgabe werden mit römischer Abteilungs- und arabischer Bandzahl zitiert, allenfalls mit Erscheinungsjahr (wenn es sich nicht aus dem Zusammenhang ergibt) und Seitenzahl, wo möglich im Fließtext.

2 Der Band ist zwar mit 1909 datiert, lag aber im Oktober 1910 erst seit einigen Wochen vor (Reich 1912: 151).

3 Einiges dazu, mit Benützung Wiener Akten, aber ohne Einsicht in Nachlassmaterialien, bei Gladt (1966). Der Bericht ist von Abneigung gegen Sauer und gegen Backmann (den Gladt persönlich gekannt hat) gekennzeichnet.

bundenen Reinhold Backmann (1884-1947)[4] enthält 16 Kartons mit Briefen und 15 Kartons mit Materialien zur historisch-kritischen Grillparzer-Ausgabe (Renner 1993: 7f. [Backmann], 153 [Sauer]); ein beachtlicher Teil dieser Unterlagen dürfte mit Sauer zu tun haben, mit dem der sächsische Germanist Backmann, der in Leipzig über Grillparzer promoviert hatte, also kein Schüler Sauers gewesen ist, schon seit 1908 in Hinblick auf die große Edition zusammengearbeitet hat. Dazu kommen 364 Briefe von Sauer an Backmann in der Österreichischen Nationalbibliothek (Michler 2003: 67), die vermutlich ausnahmslos das gemeinsame Editionsvorhaben zum Thema haben, und in eben dieser Bibliothek noch 1375 Briefe an, 2062 Briefe von Sauer (Kaiser 2003: 1571), die zum Teil mit Gewissheit ebenfalls die Grillparzer-Ausgabe betreffen. Die Fülle dieses Materials zu sichten ist im Rahmen eines Beitrags ausgeschlossen, so ergiebig es für Editions- und Kommentierungsstudien – über Grillparzer hinaus – sein dürfte. Zum Umfeld der Ausgabe könnte sich auch einiges im Nachlass Castles (in der Wien Bibliothek), im (allerdings verschollenen) Nachlass von Stefan Hock und im Archiv der Grillparzer-Gesellschaft (Suchy 1992) finden, dazu dürfte es einschlägige Akten im Wiener Stadt- und Landesarchiv und im Archiv der Wien Bibliothek geben (Gladt 1966). Sollten nennenswerte Bestände aus den betroffenen Verlagsarchiven erhalten und zugänglich sein, wäre wohl auch dort das eine oder andere über Sauers Aktivitäten als Herausgeber zu finden.

Derzeit ist auf die Vorworte zu den einzelnen Bänden angewiesen, wer abschätzen will, wie die Arbeit an der Ausgabe fortgeschritten ist. Nicht einmal der wohl im Lauf des Jahres 1909 ausgeschickten, mutmaßlich von Sauer geschriebenen Einladung zur Subskription und der mit Reinhold Backmann gemeinsam verfassten *Grundsätze für die Wiener Grillparzer-Ausgabe* (Prag: Kopp-Bellmann ca. 1909) (*Bibliographie* 1941: X) konnte ich habhaft werden; diese offensichtlich gesondert veröffentlichten *Grundsätze* konnte ich in keiner der in Frage kommenden Bibliotheken nachweisen.[5]

Bevor ich einige Informationen zum Entstehen und zur Anlage der trotz manchen Mängeln (Gladt 1966: u. a. 92) monumentalen[6] Edition gebe, einiges zum Vorwort („Zur Einführung") Sauers im ersten Band, datiert mit Dezember 1909. Dieses ist geradezu ein kulturpolitisches Bekenntnis des ja stets kulturpolitisch engagierten Herausgebers, jedenfalls weit mehr als eine

---

4  Zu Backmann vgl. Werner Michler (2003). Backmann hat neben seiner Einbindung in die Vorbereitung der Ausgabe 1913 alleinverantwortlich den Band I/2, *Das Goldene Vließ*, betreut.

5  Vielleicht ist sie in Backmanns Nachlass erhalten.

6  Am Rang der Ausgabe sei nicht zu zweifeln – so Seidler (1964: 229).

captatio benevolentiae gegenüber dem Förderer der Ausgabe, der Stadt Wien. Sauer betont aufs nachdrücklichste, Grillparzer sei „der Schöpfer unseres geistigen Lebens, [...] der erste Vertreter österreichischen Geistes".[7] Ausführlich wird das ‚Österreichische' und speziell das ‚Wienerische' am Dichter gerühmt und vielfach seine, allen Lockungen aus dem Ausland (zumal aus anderen deutschen Staaten) widerstehende Bindung an seine Heimat unterstrichen, auch ‚typisch Österreichisches' an der Form seiner Werke wie an seiner Sprache hervorgehoben – und doch zugleich sein Rang in der deutschen Kultur unterstrichen:

> Grillparzers Werke waren das Patengeschenk, welches das von Deutschland nunmehr abgetrennte Österreich dem neuen Deutschen Reich als sein kostbarstes Besitztum in die Wiege legte, und zugleich die Gewähr dafür, daß die beiden nun getrennten Staaten zu einer höheren idealen Einheit sich zusammenfinden würden. (Sauer 1941: 85)

Das sind typische Formulierungen eines, um in der Sprache der Zeit zu bleiben, ‚Deutsch-Österreichers', der einerseits die kulturelle Einheit aller Deutschsprachigen – damals eben „Deutschen" – betont, andererseits sich doch österreichisch-patriotisch artikuliert. Ganz ähnliche (im Deutschen Reich übrigens kritisch aufgenommene und als sozusagen separatistisch gewertete) Formulierungen finden sich fast gleichzeitig in einem Unternehmen, dem Sauer – wie die etwa gleichaltrigen Begründer des Werks Absolvent des Wiener Schotten-Gymnasiums[8] – zwar geistig nahe, im Einzelnen aber, mag sein aus persönlichen Gründen, eher kritisch gegenüber stand (Renner 2000):[9] der *Deutsch-Österreichischen Literaturgeschichte* von Nagl und Zeidler. Die manifeste kulturpolitische Intention der Einführung in die Grillparzer-Ausgabe ist in Parallele zu diesem bedeutenden Werk und auch vor dem Hintergrund von Sauers wenig bekannten Plänen zur Gründung eines Forschungsinstituts für die Literaturgeschichte Österreichs zu sehen (Nadler 1951: 530).[10]

Dieses ‚Vorwort' Sauers enthält einige Informationen zum Plan der Edition, der einerseits mit der detailliert berichteten Übergabe von Grillparzers Nachlass an die Stadt Wien zu tun hat, andererseits mit den vom Herausgeber verantworteten Gesamtausgaben des Cotta-Verlags, vielleicht auch mit dem Ablauf der Schutzfrist (1903). Wenn es dann heißt: „Die Anregung, den oft erörterten Plan einer kritischen Ausgabe von Grillparzers Werken

---

7    August Sauer: *Zur Einführung* (aus I/1: VI-XXXVII); s. Sauer (1909: 86).

8    Zum Schottenstift und seinem Gymnasium als dem „Vaterhaus" österreichischer Literaturgeschichtsschreibung vgl. Nadler (1951: 529).

9    Zu den kulturpolitischen, auch österreichisch-deutschen Spannungen im Umfeld dieses Werks vgl. auch Scheichl (2008a).

10   Nadler war ein Schüler von August Sauer.

im gegenwärtigen Zeitpunkte zu verwirklichen, ging von seiner Exzellenz dem Herrn Bürgermeister Dr. Karl Lueger selbst aus." (Sauer 1941: 103), so unterschlägt Sauer wahrscheinlich, wer dem 1909 noch amtierenden großen Kommunalpolitiker, den man heute zu Unrecht nur noch als Antisemiten (der er leider auch gewesen ist) kennt, diese Anregung eingeflüstert hat. Es könnte Sauer selbst gewesen sein, vielleicht im Zuge seiner Bemühungen, an die Universität Wien berufen zu werden. 1906 jedenfalls, bald nach Luegers „Anregung", durfte Sauer, der 1904 in der von ihm gegründeten Zeitschrift *Euphorion* eine Übersicht über neuere Grillparzer-Ausgaben veröffentlicht und darin viele Verbesserungen des Textes der Cotta'schen Ausgaben zusammengetragen hatte (Sauer 1904),[11] ein erstes Konzept zur Ausgabe ausarbeiten (Sauer 1941: 103), 1907 erfolgte der Beschluss des Stadtrats, die Ausgabe zu finanzieren – in der Ersten Republik beteiligte sich dann auch der österreichische Staat – , im Jänner 1909, eben vor wenig mehr als hundert Jahren, wurden die Verträge mit Verlag und Herausgeber geschlossen. In diesem Jahr wurden von Sauer und Backmann auch die schon erwähnten und selbstverständlich notwendigen Grundsätze der Ausgabe erstellt (*Bibliographie* 1941).

Dagegen, dass der Entschluss zu dieser Edition so schnell gefasst worden wäre, spricht der eben erwähnte, 1904 erschienene Aufsatz Sauers zu editorischen Fragen, der in Hinblick auf eine solche große neue Ausgabe geschrieben worden sein mag, dafür der Umstand, dass im regelmäßig erscheinenden *Jahrbuch der Grillparzer-Gesellschaft* von einem derartigen Plan vor 1908 nie die Rede ist. Erst im *Bericht über die achtzehnte Jahresversammlung der Grillparzer-Gesellschaft* konnte Emil Reich den Freunden des Dichters mitteilen:

> Glücklicherweise dürfen wir diesen Bericht mit einem weitwirkenden stolzeren und würdigeren Ereignis abschließen. Die Stadt Wien, deren getreuer Sohn unser genialster Poet war, hat beschlossen, eine kritische Gesamtausgabe seiner Werke zu veranstalten, der die reichen Schätze des Grillparzer-Archivs in unserer Stadtbibliothek dienstbar gemacht werden. Bis längstens 1917 muß diese Monumentalausgabe der Werke Grillparzers, für die 80.000 Kronen bewilligt wurden, vollständig sein […]. (Reich 1908: 316f.)

An diesem Bericht ist nicht nur die Information über die Fördersumme wertvoll (Gladt 1966: 91), sondern auch auffällig, dass der Name des Herausgebers nicht genannt wird. Auch die folgenden *Jahrbücher* der Grillparzer-Gesellschaft nennen zwar einmal Sauer den „berufenen Herausgeber" der Werke Grillparzers (Reich 1912: 149), schreiben aber erstaunlich wenig und manch-

---

11  In diesem Artikel ist weder von der Notwendigkeit noch von dem Projekt einer historisch-kritischen Ausgabe die Rede.

mal gar nichts über dieses wichtigste Vorhaben der damaligen Grillparzer-Forschung. Obwohl der Prager Professor in der Grillparzer-Gesellschaft eine Festrede zum 70. Geburtstag Marie von Ebner-Eschenbachs gehalten und einige Beiträge für ihr Jahrbuch geschrieben, obwohl er mit dem Redakteur dieses Jahrbuchs, Karl Glossy (1848-1937), dem damaligen Leiter der Wiener Stadtbibliothek, bei der Einzelausgabe von Grillparzers Tagebüchern zusammengearbeitet hatte (1903) und ihm an einer Stelle in der Ausgabe (III/1; 1913: XIX) ausdrücklich dankt, deutet diese Nicht-Nennung und die angesichts seiner Forschungsschwerpunkte insgesamt doch eher geringe Präsenz Sauers im *Jahrbuch* auf Spannungen zwischen ihm und dem Wiener Grillparzer-Establishment hin. Mehr noch als eine denkbare Enttäuschung der Grillparzer-Gesellschaft darüber, dass sie bei der Ausgabe keine Rolle spielen sollte, dürften für diese Distanz zu Ausgabe und Herausgeber (nie explizit ausgesprochene) politische Gegensätze den Ausschlag gegeben haben: Die Grillparzer-Gesellschaft war vom liberalen, ‚freisinnigen' Wiener Bürgertum getragen und hatte auch jüdische Vorstandsmitglieder, die Ausgabe wurde von der christlichsozial-antisemitischen Stadt Wien initiiert, also vom politischen Gegner.

Jedenfalls scheint Sauers Verhältnis zum Wiener Grillparzer-Forscher Stefan Hock (1877-1947), der, vielleicht wegen seiner jüdischen Abstammung, als möglicher Herausgeber übergangen worden war, der als Privatdozent freilich auch nicht die notwendige Infrastruktur gehabt hätte, und zu dem nachmaligen Wiener Universitätsgermanisten Eduard Castle getrübt gewesen zu sein (Gladt 1966: 94). Noch 1966 schreibt der Wiener Bibliothekar Karl Gladt: Sauer sei „wohl ein Österreicher" gewesen, „aber seine langjährige Lehrtätigkeit in Lemberg, Graz und Prag hatte ihn mehr und mehr seiner engeren Heimat, dem Boden Grillparzers, entfremdet." (Gladt 1966: 92) Es ist schwer in solchen späten Äußerungen des damals nicht mehr jungen Gladt nicht ein Echo weit zurückliegender Spannungen zwischen Sauer und den Wiener Grillparzer-Bewunderern zu hören.

Andererseits wäre unter den damals in Österreich tätigen Germanisten kaum jemand anderer als Sauer für die Leitung dieser Ausgabe in Frage gekommen. Durch kleinere Ausgaben von Autoren des 18. Jahrhunderts und durch seine Mitwirkung an dem prestigereichsten Editionsvorhaben des späten 19. Jahrhunderts, der Weimarer Goethe-Ausgabe (Betreuung des *Götz* in Band 8, 1889), hatte er editorische Erfahrung. Auch in einem gemeinsam mit

Jacob Minor verfassten schmalen Werk (Minor/Sauer 1880)[12] hatte er sich mit Editionsproblemen beschäftigt – ganz abgesehen von seinen Grillparzer-Ausgaben bei Cotta.

Zurück zu Sauers Einführung von 1909. Über den Plan des Werks sagt er noch relativ wenig; immerhin teilt er mit: „Die Ausgabe, die auf ungefähr 25 Bände angelegt ist und zunächst in langsamerer, später in rascherer Folge erscheinen wird, soll bis zum Herbst 1915 vollständig vorliegen." (Sauer 1941: 104)[13] Wieweit diese mit dem Bericht Reichs halbwegs übereinstimmende Fehleinschätzung aus der Sicht des Jahres 1909 realistisch gewesen ist oder (wie das noch bei aktuellen Editionsvorhaben als erforderlich empfunden wird) eher der Beruhigung von Subventionsgebern und Subskribenten dienen sollte, bleibe dahin gestellt. Das „ungefähr" im Zusammenhang mit der Erscheinungsweise lässt vermuten, Sauer habe 1909 noch keinen wirklich genauen Plan für die Anordnung der Edition, für die Aufteilung der Texte auf einzelne Bände (und Bandbearbeiter) und für die Abfolge von deren Erscheinen gehabt.

Über den Umfang von Grillparzers Nachlass – mit der großen Menge ungedruckter Fragmente – und die sich daraus ergebenden Schwierigkeiten steht in der Einführung wenig. Nur darüber, dass die Edition aus diesen Papieren einiges Unbekannte an den Tag bringen werde. Dass Grillparzer so viel aufbewahrt hat, hat für den Herausgeber in der Tat nicht nur Vorteile, es hat im Gegenteil seine Arbeit sehr erschwert, insbesondere die Apparate sehr unübersichtlich gemacht.

Die Varianten scheinen Sauer selbst freilich eher wenig interessiert zu haben; er hat zwar Teile der Apparate – „Anmerkungen" – verfasst, über die gleich zu berichten sein wird, jedoch kein einziger textkritischer Apparatband ist von ihm selbst erstellt worden. Diese sind durchwegs erst nach seinem Tod herausgekommen; Vorarbeiten Sauers werden gelegentlich erwähnt. Gladt (1966: 92) weiß aufgrund von Dokumenten der Wien Bibliothek zu berichten, Sauer habe den Nachlass vor Beginn der Ausgabe nicht besonders gründlich durchgesehen. Der Begründer der Ausgabe selbst weist auf eine Lücke in den zur Verfügung stehenden Materialien hin: Das Archiv der Grafen von Seilern, in dem Briefe und Dokumente zu erwarten waren, ist für die Ausgabe nicht zugänglich gewesen (III/1; 1913: Vorrede, XVIII).

---

12  In den von beiden Autoren gemeinsam verantworteten Aufsätzen sind zumal *Goethes älteste Lyrik* (Minor/Sauer 1880: 1-71) mit zahlreichen Verweisen auf Parallelstellen und *Die zwei ältesten Bearbeitungen des Götz von Berlichingen* (Minor/Sauer 1880: 117-236) im engeren Sinn für Editionsfragen relevant; zumal der erste Beitrag sehr den Anmerkungen Sauers im 1. Band der Ausgabe ähnelt.

13  Näheres zur geplanten Erscheinungsweise bei Gladt (1966).

Sauers eher essayistisch formulierte Einführung enthält neben den angedeuteten panegyrisch-patriotischen Absätzen interessante Überlegungen zur Sprache Grillparzers und zur ästhetischen Qualität seines Werks. Das ist insofern bemerkenswert, als Sauers Vorworte zu den noch von ihm selbst edierten (oder verantworteten) Dramenbänden nicht anders als seine Anmerkungen von ödestem Positivismus geprägt sind (etwa zur *Ahnfrau*) und kaum mehr als freilich genaue Quellenforschung betreiben; Sauer bringt da erstaunliche Details zum Vorschein und präsentiert entlegene Vorlagen, manchmal wohl doch zu detailreich und in recht spekulativer Weise.

Einige Bemerkungen zu den editorischen Grundsätzen sind noch zu referieren. Sauer hält sich grundsätzlich an Grillparzers Orthografie; nur die für das Publikum seiner Zeit besonders wichtigen „Werke der reifen Zeit" will er durch Modernisierung der Rechtschreibung leichter zugänglich machen (Sauer 1941: 105), eine Entscheidung, die er mit Argumenten der Sprachwissenschaft begründet. Bei den unveröffentlicht gebliebenen Schriften soll hingegen streng Grillparzers Schreibweise gelten. Das ist eine nachvollziehbare Vorgangsweise, deren notwendige Folge aber eine uneinheitliche Darbietung der Texte ist.

Nicht neu, doch recht modern muten die Überlegungen zur strengen Bewahrung der Interpunktion an; begründet wird dieses Konzept mit präzisen Überlegungen zur spezifischen Funktion der Satzzeichen für den Dichter, der sie mehr aus rhythmischen denn aus syntaktischen Gründen gesetzt habe. Bei der Interpunktion ist Sauer vom Anspruch her so konsequent, dass er selbst bei den von Grillparzer persönlich zum Druck gebrachten Werken auf die Handschriften zurückgeht, um angenommene Druckerwillkür ‚im Sinne des Dichters' zu korrigieren. Wieweit er sich dann im Detail an dieses Prinzip gehalten, wieweit er speziell seine Mitarbeiter angeleitet und kontrolliert hat, bleibe dahingestellt. Im 1940 veröffentlichten Apparatband zur noch von Sauer verantworteten, aber von Leopold Hradek bearbeiteten *Jüdin von Toledo* (I/7; 1924) merkt Backmann jedenfalls säuerlich an, dass Hradek mit den Satzzeichen sehr eigenmächtig umgegangen sei, und führt am Ende des Apparats zu diesem Drama über 100 Stellen an, an denen „eine Verbesserung unseres Textes erforderlich ist." (I/21; 1940: 372, 403)[14]

Nicht in der Einführung zur Gesamtausgabe, sondern in der zum 1. Band der III. Abteilung unterstreicht Sauer mit Berufung auf einige damals neuere

---

14 Vgl. als weiteres Beispiel auch die Korrekturen Backmanns im Apparatband zum *Treuen Diener* (I/18; 1939: 607, 313); Backmann wirft dem für den Text (I/3; 1931) verantwortlichen Edwin Rollett explizit Unachtsamkeit bei der Herstellung des Texts vor.

Editionen die Notwendigkeit, aus psychologischen und anderen Gründen die Briefe eines Autors nicht allein, sondern in Verbund mit den Gegenbriefen zu edieren, eine heute fast selbstverständliche Vorgangsweise (III/1; 1913: XV). Dass von dieser Vorgangsweise erst an dieser Stelle die Rede ist, lässt wiederum darauf schließen, dass das Editionskonzept Ende 1909 noch nicht fertig gewesen ist.

Schließlich legt Sauer zwar nicht ausdrücklich dar, dass er von in mehreren Fassungen erhaltenen Dramen nur eine Fassung druckt und die Rekonstruktion der anderen einer aufwändigen Arbeit der Leser mit dem Apparat überantwortet, aber er geht so vor, mit etwas mehr Recht als die Weimarer Goethe-Ausgabe, welche die Unterschiede zwischen verschiedenen Schaffensepochen zugunsten der Fassung letzter Hand ziemlich einebnet. Denn die Fassungen stehen bei Grillparzer im Allgemeinen in größerer zeitlicher Nähe zueinander und es gibt keine Ausgabe letzter Hand.[15]

Zu den weiteren Schicksalen der Edition, zu Spannungen mit dem Drucker, zu den Schwierigkeiten nach 1920, zum Verlagswechsel von Gerlach und Wiedling zu Schroll (1923), zu Problemen zwischen Herausgeber und Verlagen nicht viel (Gladt 1966: 92ff.). Man kann sich des Eindrucks nicht erwehren, dass ab einem gewissen Zeitpunkt, vielleicht wegen seiner Prager Verpflichtungen, vielleicht wegen Krankheit oder einfach wegen seines Alters, vielleicht auch wegen seines geringen Interesses an der lange aufgeschobenen textkritischen Detailarbeit, Sauers Engagement für die Ausgabe nachgelassen hat.

Der Wiener Bibliothekar Oskar Katann hat sie 1921, offenbar noch in Zusammenarbeit mit Sauer, wieder in Schwung gebracht; nach Sauers Tod übernahm schließlich (1929) der alte Mitarbeiter Reinhold Backmann, der dann aus Plauen nach Wien übersiedelte und sich frei von anderen Verpflichtungen ganz der Ausgabe widmen konnte, die Verantwortung für deren Fortführung und Abschluss. 1926, im Jahr von Sauers Tod, lag etwa die Hälfte der Bände vor, einige weitere scheinen im Druck oder (fast) fertig für den Druck vorbereitet gewesen zu sein; der Druck der mehrfach zu korrigierenden Bände dürfte ja jeweils ziemlich lang gedauert haben. Abgeschlossen wurde die Arbeit etwa zwei Jahrzehnte nach dem Tod ihres Begründers; der letzte Band, der Apparatband zu den Gedichten und Epigrammen (I/23), dessen Fertigstellung auch Backmann nicht mehr erleben sollte, kam nicht 1915, sondern 1948 heraus. Die Ausgabe ist allerdings nie völlig unterbrochen worden; die Abstände zwischen den doch relativ kontinuierlich erschienenen

---

15  Das Fehlen entsprechender Verfügungen Grillparzers konstatiert Sauer (1909: 104f.).

Bänden überschreiten nur ganz selten drei Jahre. Auch eine Einstellung des Vorhabens scheint nie erwogen worden zu sein.[16]

Ein Erscheinungszeitraum von knapp 40 Jahren kann für eine so monumentale Ausgabe eines umfangreichen, obendrein vielfach vor 1909 noch ungedruckten Gesamtwerks, erst recht in Hinblick auf die Zeitumstände, als nicht unangemessen erachtet werden. Dass die Ausgabe in 38 Jahren zum Abschluss gekommen ist, ist wohl allein dem von Anfang an eingebundenen Backmann zu verdanken. Mit der Wahl dieses dem Projekt gegenüber so loyalen Mitarbeiters hat der Begründer der Ausgabe eine glückliche Entscheidung getroffen, selbst wenn Backmann, aus Wiener Perspektive, nie ein richtiges Verhältnis zur österreichischen Mentalität gefunden hat und Gladt ihm „seiner geistigen Haltung wegen absprechen [muss], Grillparzer richtig interpretiert zu haben." (Gladt 1966: 95) Das mag ja stimmen, aber bei einer Ausgabe kommt es immer noch mehr als aufs Interpretieren aufs sorgfältige Edieren an.

Insgesamt ist über zwei Weltkriege hinweg und durch sie hindurch 38 Jahre an dieser Ausgabe gearbeitet worden. Das ist lang, und dieser Zeitraum allein erklärt manche Widersprüchlichkeiten in ihrer Anlage. Zur Ehre Backmanns sei gesagt, dass zu diesen Widersprüchlichkeiten Kompromisse mit dem Nationalsozialismus nicht gehört haben; er, der sehr wohl der NSDAP beigetreten ist, hat selbst im heiklen Apparatband zur *Jüdin von Toledo* (I/21; 1940) den politischen Anstand gewahrt.

Historisch-kritische Ausgaben sind eben langwierige Projekte, deren Dauer schwer abzuschätzen ist; die Schiller-Nationalausgabe beispielsweise hat deutlich länger gebraucht. Vielleicht, ja wahrscheinlich ist an Sauer zu kritisieren, dass er zu schnell Ergebnisse vorlegen wollte und nicht genug Zeit für die Vorarbeiten veranschlagt hat. Der große, im Fall der *Jüdin* (Text – I/7; 1924; Apparat – I/21; 1940) beispielsweise 16 Jahre betragende zeitliche Abstand zwischen den Text- und den Apparatbänden, die obendrein von verschiedenen Personen erarbeitet worden sind, hat der Ausgabe nicht gut getan. Sauer

---

16 Allerdings spricht Georg Stefansky (1927: 6) in seinem Nachruf auf Sauer davon, dass dieser in „Kummer und Sorge" um dieses große Werk gestorben sei; die sehr pathetisch formulierten Appelle Stefanskys, der wie Sauer selbst kulturpolitisch-patriotisch argumentiert, die Ausgabe möge trotz aller äußeren Not fortgeführt werden, lassen vermuten, dass um 1926 tatsächlich an einen Abbruch der Edition gedacht worden ist, vermutlich von den Geldgebern. Stefansky könnte andeuten wollen, dass es in Österreich auch parteipolitische Querelen um Fortführung oder Einstellung der Ausgabe gegeben hat – etwa zwischen dem sozialdemokratischen Land Wien und der christlichsozialen Bundesregierung? Die Andeutungen bleiben recht verschwommen.

mag den Aufwand für die textkritische Arbeit (der er selbst sich entzogen hat) und den Variantenapparat unterschätzt haben.

Eine Aufzählung der 42 Bände ist sinnlos.[17] Ein mehrfach angekündigter 43. Band – Backmann sollte ihn später „Inventarband"[18] nennen – mit Registern und einer Analyse der von Grillparzer verwendeten Papiersorten ist, vermutlich wegen des Tods von Backmann, ebenso wenig erschienen wie der Registerband, den zuletzt Gladt und Paul O. Straubinger in den 60er Jahren in Angriff nehmen wollten (Gladt 1966: 96).

Eine knappe Übersicht über die Ausgabe ist jedoch erforderlich. Sie bietet das Werk und die Texte aus dem Nachlass in 3 Abteilungen dar:

I. Werke der reifen Zeit nach 1816 (16 Text-, 7 Apparatbände), wobei in dieser Abteilung inkonsequenter Weise auch unveröffentlichte Werke aus dem Nachlass enthalten sind, z. B. die Epigramme, aber auch einige Prosatexte, was zu Überschneidungen mit der II. Abteilung geführt hat;

II. Jugendwerke (vor 1816), Tagebücher, literarische Skizzenhefte; die Abteilung umfasst 13 Bände (darunter nur einen Apparatband);

III. Briefe und Dokumente in 6 Bänden.

Geplant waren zunächst 2 Abteilungen (Sauer 1941: 104), die erste mit Grillparzers veröffentlichten Werken, die zweite mit den Jugendschriften, den Tagebüchern sowie den Briefen und Dokumenten (Sauer 1941: 105). In der *Vorrede zu der dritten Abteilung* (*Briefe und Dokumente* 1; III/1; 1913, XV-XIX, hier XV) gibt Sauer sehr knapp einen recht äußerlichen und angesichts des ohnehin unregelmäßigen Erscheinens der Bände auch nicht recht einsichtigen Grund – die Beschleunigung der Ausgabe – dafür an, warum er sich nun, 4 Jahre nach Erscheinen des ersten Bands, für eine eigene 3. Abteilung zur Sammlung der Briefe und Dokumente entschlossen hat.

Die einzige Abteilung, die fast ganz von Sauer selbst bearbeitet worden ist, ist die zweite mit den Jugendwerken sowie den Tagebüchern und literarischen Skizzenheften. Allein Band II/12 ist erst nach Sauers Tod erschienen; den (einzigen) Apparatband II/13 hat Backmann 1941 herausgebracht. Auf Sauer geht die seither in anderen Ausgaben übernommene Zählung der Tagebuchnotizen zurück, die, aus dem ursprünglichen Kotext gelöst, etwa bei

---

17  Eine genaue Übersicht findet sich bei Hagen (1979: 216). Im Übrigen leistet heute – für die bloße Übersicht der Bände – jeder elektronische Bibliothekskatalog die gleichen Dienste.

18  HKA II/13: Apparat zur zweiten Abteilung. 1941. VIIf. Ein Fragment dieses Manuskripts befindet sich nach Gladt (1966: 96) in der Wien Bibliothek im Rathaus.

Frank und Pörnbacher (Grillparzer 1960-1965) in den Prosabänden jeweils dort eingefügt werden, wo sie thematisch hinpassen.

Band 12 der II. Abteilung (1930) enthält das Verzeichnis der Bibliothek Grillparzers mit Druck der Randnotizen des Dichters sowie Angaben zu An- und Unterstreichungen.[19] Dieser Teil der Ausgabe ist wohl nur aufgrund der außerordentlich günstigen Nachlassverhältnisse möglich gewesen; solche, selbstverständlich sehr aufschlussreichen[20] Verzeichnisse finden sich nur in wenigen Ausgaben, sind auch nur selten möglich.

Eine letzte Bemerkung zur Organisation der Ausgabe gilt der unscharfen Unterscheidung zwischen Veröffentlichtem und Unveröffentlichtem. In seiner Vorrede zum ersten erschienenen Band begründet Sauer diesen Verzicht auf eine – an sich nahe liegende und in vielen Editionen praktizierte – strenge Trennung zwischen dem, was Grillparzer hat drucken lassen, und dem nie Gedruckten aus dem Nachlass damit, dass vieles zu Lebzeiten des Dichters nur aus äußeren Gründen, zumal wegen denkbarer Schwierigkeiten mit der Zensur, unveröffentlicht geblieben sei. Dass eben durch den Verzicht auf die Drucklegung manches nicht ein letztes Mal überarbeitet worden ist,[21] rückt solche unveröffentlichte Schriften zuletzt doch in die Nähe des Unfertigen, der Pläne und Entwürfe, deren Aufnahme in gesonderte Bände Sauer von Anfang an geplant hatte.

Eine Reihe von Bänden hat Sauer Mitarbeitern (und immerhin schon einer Mitarbeiterin) anvertraut oder er erscheint zusammen mit Mitarbeitern als Bandherausgeber. Außer Backmann sind, in alphabetischer Reihenfolge und ohne Gewichtung ihres Anteils, auch ohne Datierung ihrer Beiträge, zu nennen: Friedrich Adler, Karl Eßl, Rudolf Hartmann, Adolf Hoffmann, Leopold Hradek, Karl Kaderschafka, Oskar Katann, Alfred Orel, Rudolf Payer-Thurn, Otto Rauscher, Edwin Rollett, Adolf Rosenkranz, Hilda Schulhof (eine Dissertantin Sauers), Richard Smekal, Gustav Wilhelm, Wolfgang v. Wurzbach. Nicht wenigen dieser Personen ist schon begegnet, wer sich mit österreichischen Autoren des 19. Jahrhunderts beschäftigt. Offenbar hat der Editor auch Studenten als Hilfskräfte herangezogen; zumindest Kaderschafka wird von Sauer einmal ausdrücklich als „cand. phil.", d. h. als Dissertant (an der Universität Wien) erwähnt. In manchen Fällen hat er diese Mitarbeit weniger gedankt als verborgen, etwa in I/7 (1924), wo der Name Hradeks in kleinem Schriftgrad auf der Rückseite des Inhaltsverzeichnisses steht und nicht einmal

---

19  Eingestandenermaßen unvollständige „Nachträge" Backmanns zu diesem Verzeichnis in II/13, 1941, 33-44.
20  Zu den Auswertungsmöglichkeiten solcher Informationen vgl. Stingelin (1996).
21  Zu formalen Schwächen der Epigramme Scheichl (2008: 72).

klar wird, ob das Vorwort zur *Jüdin* und zu *Esther* nun noch von Sauer selbst stammt oder (was wahrscheinlicher ist)[22] doch von dem Bearbeiter des Bandes geschrieben worden ist. Zu interpretieren sind ohne Einsichtnahme in die Korrespondenzen um die Ausgabe solche Beobachtungen nicht.

Das gilt auch für den vielleicht zu-, aber doch auffälligen Umstand, dass die nachmals prominenten Schüler Sauers – Enzinger, Kosch, Nadler, Schneider[23] – zur Mitarbeit an der Grillparzer-Ausgabe nicht eingeladen worden sind oder an ihr nicht mitarbeiten wollten.

Die Bände sind nach dem Muster von I/1 gleich aufgebaut, Unterschiede ergeben sich aus den im jeweiligen Band enthaltenen Werken. Auf eine Einleitung, die sich streng auf die Entstehung des Werks und auf Untersuchungen zu seinen Quellen beschränkt und jeden Ansatz zu Interpretation und ästhetischer Wertung meidet, folgt der Text. An ihn schließen sich „Anmerkungen" an. Der zugehörige, zumeist von Backmann verfasste und viel später gedruckte Apparatband bietet genaue Angaben und Dokumente zum Entstehungsprozess, überwiegend Notizen aus den Tagebüchern oder aus Briefen und Mitteilungen aus Grillparzers „Gesprächen". Daran schließen sich Quellen zur frühen Rezeption an, denen die vor allem Grillparzers Korrekturen dokumentierenden Varianten folgen. Mehr oder minder verborgen enthalten diese Bände Vorschläge zur Verbesserung des (viel) früher gedruckten Texts.

Zwei Bereiche sind dabei problemträchtig. Einmal sind das die „Anmerkungen", die in den frühen Bänden von Sauer selbst stammen. Darin stehen manchmal nützliche Informationen, etwa eine Auflistung der überlangen (d. h. 6hebigen) Verse bei Grillparzer in den Anmerkungen zum *Treuen Diener* (I/3; 1931: 363); zweifellos erleichtert eine solche Zusammenstellung eine Analyse der Funktion dieser häufigen metrischen Merkwürdigkeit. Die überwiegende Anzahl dieser Anmerkungen sind allerdings von immensem Fleiß und breitester Lektüre zeugende Nachweise von Parallelstellen, sowohl im jeweiligen Drama als auch in Grillparzers Werken überhaupt – etwa mit einem Verweis auf seinen häufigen Gebrauch von „arg" (zu *Sappho* – I/1; 1909; 453) – als auch in beliebigen anderen Werken der deutschen und der Weltliteratur,

---

22  Wäre es von Sauer verfasst worden, hätte er Hradek wohl gedankt; dass ein solcher Dank im Vorwort fehlt, lässt mich Hradeks Verfasserschaft vermuten. Andererseits gibt es aber auch keinen Dank Hradeks an Sauer.

23  Offen lassend, wieweit sich daraus Rückschlüsse auf Sauers Haltung ziehen lassen, scheint es mir doch des Festhaltens wert, dass gerade seine nachmals bekanntesten Schüler entgegen der in der Prager deutschen Studentenschaft vorherrschenden Tendenz dezidiert katholisch gewesen sind; das gilt für Enzinger, in besonders hohem Maß für den im akademischen Katholizismus sehr engagierten Wilhelm Kosch und in seinen Anfängen auch für Nadler.

im Fall der *Ahnfrau* beispielsweise in Zacharias Werner, Müllner, Calderón, Schiller, Klopstock und Jean Paul (I/1; 1909: 384-386), im Fall der *Sappho* u. a. in Wieland (sehr oft, z. B. I/1; 1909: 437), Ovid (I/1; 1909: 439) und Homer (I/1; 1909: 441). Der Grillparzer-Kenner Sauer stellt hier einen Steinbruch für Interpreten zur Verfügung, dessen Steinbruch-Charakter allzu evident ist. Gelegentlich spricht der Herausgeber selbst von einem „entfernten Anklang" (I/1; 1909: 446); wie entfernt diese Anklänge oft sind, merkt der Leser selbst, wenn zum *Sappho*-Vers „Jetzt kam der Tag für des Gesanges Kämpfe" an eine Parallele zu den „Kranichen des Ibykus" (I/1; 1909: 442) erinnert wird … Dass dieses Zusammentragen entfernter und entferntester Anklänge dem (dort wegen des kleinen Textcorpus und des ausgeprägt intertextuellen Charakters der griechischen und lateinischen Dichtung sehr sinnvollen) Muster der Editionen antiker Autoren folgt, braucht nicht ausdrücklich gesagt werden.

Wo nicht der Meister selbst an den Anmerkungen gearbeitet hat, entsteht ein unentschiedenes Hin und Her zwischen (wenig konsequenten) Erläuterungen, Materialien von der Art der skizzierten Verweise auf Parallelen und doch interpretatorischen Ansätzen, die hier eigentlich nichts zu suchen hätten. In den Anmerkungen zur *Jüdin* von Leopold Hradek (I/7; 1924), also in einem noch von Sauer verantworteten Band, steht etwa u. a.:

> Die Ellipse der Hilfszeitwörter sowohl im Indikativ als auch im Konjunktiv findet sich in Grillparzers Altersdramen außerordentlich häufig. Sie ist ein Ausfluß von Grillparzers Streben nach Kürze des Ausdrucks und verleiht seinen Altersdramen ein durchaus persönliches, charakteristisches Gepräge. (I/7: 174)

Solche Leerformeln waren wohl auch 1924 nicht ‚state of the art' bei Editionen, was für den expliziten Hinweis auf ein Wortspiel (I/7: 175) nicht anders gilt als für den Satz: „Das Grundproblem des ganzen Dramas ist ferner in diesen beiden Versen ausgesprochen." (I/7: 176) und für den mit Lob für den Dichter verbundenen Vorgriff auf die Interpretation: „Durch diesen Zug charakterisiert Grillparzer sehr fein das kühle, temperamentlose Wesen der Königin, das sich auch im folgenden offenbart […]" (I/7: 179)

Eine Kommentierung in heutigem Sinn sollte wohl über geplante „Register" erfolgen, die zumindest sprachliche Besonderheiten erläutert hätten (Backmann 1929). In den Apparatbänden ist dieses Vorhaben aber nicht durchgeführt worden. Einzig und allein die Gedichte und Epigramme sind in einer heute noch brauchbaren Form kommentiert – im zuletzt erschienenen Band der Ausgabe (I/23; 1948).

Anmerkungen wie die zitierten von Hradek zeigen, dass das streng positivistische Konzept Sauers im Lauf der Zeit bis zu einem gewissen Grad aufgeweicht worden ist. Wahrscheinlich hätte nicht einmal Sauer selbst den Standpunkt der positivistischen Edition so emphatisch formuliert wie der mit ihm bekannte Altgermanist Albert Leitzmann, der noch 1942 bzw. 1948 schreibt:

> Vorschläge zur textgestaltung sind seit langem nicht mehr vorgelegt worden, wie denn über-haupt die heutige art, Wolfram und seine werke zu betrachten, mit philologisch-historischer forschung, ja mit wissenschaft nicht das mindeste zu tun hat […]. (Leitzmann 1961: VI)

Aber fremd ist diese Position dem Begründer der Grillparzer-Ausgabe nicht; es ist wissenschaftsgeschichtlich interessant, dass Mitarbeiter der 20er Jahre die Literaturwissenschaft nicht mehr so verstanden haben und da und dort vom ursprünglichen Konzept der Edition abweichen. Diese Uneinheitlich-keit der Ausgabe hängt eben mit dem Methodenwandel der Literaturwissen-schaft zusammen, dem sich jüngere Mitarbeiter wie z. B. Hradek nicht ver-schließen konnten noch wollten; Leitzmanns Auffassung von Wissenschaft war eben in den 20er Jahren nicht mehr zu halten. Vielleicht waren manche Sauer-Schüler auch wegen der postivistischen Editionsprinzipien nicht für die Ausgabe zu gewinnen.

Das zweite Problem der Ausgabe möchte ich als ‚Backmanns Rache' be-zeichnen. Das verdienstvolle, klar strukturierte *Handbuch der Editionen* von Wal-traud Hagen (1979: 217), in dem bei den Informationen über die historisch-kri-tische Grillparzer-Ausgabe auf den ersten Blick deren im Vergleich zu anderen Editionen verwirrende Anordnung auffällt, spricht etwas weniger zugespitzt von sich ändernden Editionsgrundsätzen. In der Tat hat Backmann 1929 sich im *Euphorion* Gedanken über die Gestaltung des Apparats der Grillparzer-Aus-gabe gemacht, die von den seinerzeit gemeinsam festgelegten Grundsätzen deutlich abweichen. Im ersten erschienenen Apparatband (*Grundsätze zur Ap-paratgestaltung* – I/17; 1931: 1-19, hier 1) gibt Backmann zu, dass er in der Praxis nicht nur von den überholten gemeinsamen *Grundsätzen* von 1909, sondern auch von seinen eigenen Überlegungen aus dem Jahr 1929 abweichen musste.

Backmanns Apparatbände weisen dann nicht selten Schlampereien Sau-ers und früherer Mitarbeiter nach; das Beispiel der *Jüdin* habe ich erwähnt. Im Apparat zu den Jugendwerken (II/13; 1941: VII) beispielsweise kritisiert Backmann editorische Entscheidungen Sauers in der Darbietung der *Blanka von Kastilien*; im gleichen Band weist er eine – von ihm loyaler Weise nicht so genannte – Schlamperei Sauers nach, dessen Angaben zu einem Manuskript-blatt so wenig ausreichen, dass unklar bleibe, ob er es überhaupt gesehen hat (II/13; 392; ähnlich 435). Vergleichbares findet sich in Ausführungen Back-manns zum Text der *Ahnfrau* in I/1 und zu dessen Grundlagen.

Zur Verteidigung Sauers wäre freilich anzuführen, dass er, 1879 nach Lemberg, 1883 nach Graz, 1886 schließlich nach Prag berufen, fern von Wien gearbeitet hat und Jahrzehnte vor dem Siegeszug der Fotokopie allein auf

Abschriften angewiesen war, in die wie bei ihrer Übertragung in ein Druck-
manuskript und neuerlich beim Druck sich erfahrungsgemäß viele Fehler ein-
schleichen und gegenseitig verstärken können. Ob Sauer seine Bände in Wien
an den Originalen kollationiert hat, ob ein engagierter Ordinarius und Rektor
dazu überhaupt Zeit hatte, wissen wir vorerst nicht.

Der Vollender der Grillparzer-Ausgabe dürfte ein Pedant gewesen sein,
was einerseits zu Gladts Mäkeln über Backmanns Ferne von der Wiener Mentalität passt — wenn auch ich mir ein nationales Klischee erlauben darf —, andererseits für einen Editor kein Nachteil sein sollte. Man meint in diesen pe-
niblen Nachweisen von Mängeln der Textdarbietung Sauers die Verärgerung
Backmanns aus lange zurückliegenden Diskussionen mit dem Begründer der
Ausgabe zu spüren, den späten Versuch einer Korrektur früher editorischer
Fehlentscheidungen, vielleicht auch Enttäuschung darüber, dass ihm nur ein
einziger Textband anvertraut worden ist, *Das Goldene Vließ* (I/2; 1913); daher meine Formulierung ‚Backmanns Rache‘. Sie beruht nicht auf brieflichen
Zeugnissen, sondern auf einem Eindruck, der bei mehrfachem Arbeiten mit
dieser Edition entstanden ist: Einerseits war Backmann gewiss für die Möglichkeit dankbar, an der historisch-kritischen Grillparzer-Ausgabe mitzuar-
beiten; andererseits dürfte er an Sauers schnellem Arbeiten gelitten und sich
vielleicht überhaupt zurückgesetzt gefühlt haben.

Mir fehlt die Zeit, um die Berechtigung von Backmanns Kritik an den
Manuskripten nachzuprüfen; auf den ersten Blick wirken seine für Sauer und
andere nicht unbedingt schmeichelhaften Einwände überzeugend.

Seidler (1964: 230, 232) weist zu Recht daraufhin, dass paradoxerweise
spätere Leseausgaben, zumindest die von Backmann (Grillparzer 1947-1949)
und die von Frank und Pörnbacher (Grillparzer 1960-1965), einen besseren
Text bieten als die historisch-kritische Ausgabe — weil sie alle (zumeist Backmann zu verdankenden) Korrekturen aus deren Apparatbänden in den Text
eingearbeitet haben (während die Einzelausgaben bei Reclam so verständli-
cher wie bedauerlicher Weise den Textbänden der historisch-kritischen Ausgabe folgen, mit deren von Backmann besonders oft korrigierter Interpunktion). Das ist richtig und deutet auf den Hauptmangel der Ausgabe hin: das
Verschieben der textkritischen Untersuchungen an das Ende der Arbeit. Die
Einzelfehler der historisch-kritischen Ausgabe gehen vor allem auf diese pla-
nerische Fehlentscheidung Sauers zurück.

Andererseits sind die erwähnten Besserungen des Texts in den späteren
Leseausgaben letztlich doch dem Vorhandensein einer historisch-kritischen
Ausgabe zu verdanken; ohne die Arbeit an ihr wäre es auch zu Backmanns
verspäteten Korrekturen nicht gekommen, die in den Leseausgaben Früchte

getragen haben. Und dass es zu dieser Ausgabe gekommen ist, bleibt trotz manchen Irrtümern mehr das Verdienst Sauers als das Karl Luegers. Vielleicht wirkt keine andere Arbeit Sauers in der Literaturwissenschaft bis heute so nach wie diese Edition.

Gestatten Sie mir einen kurzen Epilog: Trotz des enormen geistigen und intellektuellen Aufwands für die historisch-kritische Grillparzer-Gesamtausgabe sind heute zwar Einzelausgaben aller wichtigen Werke des Wiener Dichters im Handel, aber keine einzige brauchbare Grillparzer-Ausgabe, nicht einmal als reprografischer Nachdruck. Da Literaturwissenschaftler ohnehin lieber mit den an sich ja zuverlässige Texte bietenden Reclamheften arbeiten als mit historisch-kritischen Ausgaben[24], scheint das niemand als gravierenden Mangel zu empfinden ... Außer jenen, die sich einmal in den labyrinthischen Apparaten der Ausgabe[25] verloren und dort vieles gefunden haben.[26]

## Literatur

Backmann, Reinhold (1929): Die Gestaltung des Apparates in den kritischen Ausgaben neuerer deutscher Dichter. – In: *Euphorion* 30, 629-662.

*Bibliographie* (1941). – In: Sauer, August, *Gesammelte Schriften*. Mit einem Vorwort von Hedda Sauer. Hrsg. v. Otto Pouzar. Bd. 2: Franz Grillparzer. Stuttgart: Metzler, X-XIII.

Faerber, Sigfrid (2004): *Ich bin ein Chinese. Der Wiener Literarhistoriker Jakob Minor und seine Briefe an August Sauer* (= Hamburger Beiträge zur Germanistik, 39). Frankfurt: Lang.

Gladt, Karl (1966): Die Historisch-kritische Gesamtausgabe der Werke Franz Grillparzers. – In: *Grillparzer Forum Forchtenstein* [2], 91-97.

Grillparzer, Franz ([4]1887): *Grillparzers Sämmtliche Werke*. Hrsg. v. August Sauer. 16 Bde. Stuttgart: Cotta.

---

24  Man vergleiche Eberhard Sauermanns (1986) die Literaturwissenschaft beschämende Analyse der Trakl-Forschung.

25  Die historisch-kritische Grillparzer-Ausgabe ist jetzt digitalisiert verfügbar unter <http://www.literature.at/collection.alo?from=1&to=50&orderby=author&sortorder=a&objid=132&page>.

26  Nicht eingesehen habe ich Faerber (2004).

Grillparzer, Franz (⁵1892): *Grillparzers Sämtliche Werke.* Hrsg. v. August Sauer. 20 Bde. Stuttgart: Cotta.

Grillparzer, Franz (1947-1949): *Werke in 5 Bänden.* Kritische Ausgabe von Reinhold Backmann. Vaduz: Liechtenstein.

Grillparzer, Franz (1960-1965): *Sämtliche Werke.* Hrsg. von Peter Frank und Karl Pörnbacher. 4 Bde. München: Hanser.

Hagen, Waltraud u. a. (1979): *Handbuch der Editionen. Deutschsprachige Schriftsteller. Ausgang des 15. Jahrhunderts bis zur Gegenwart.* Berlin (O.): Volk und Wissen bzw. München: Beck, 215-219.

Kaiser, Max (2003): August Sauer. – In: König, Christoph (Hg.), *Internationales Germanistenlexikon 1800-1950.* 3 Bde. Berlin: de Gruyter, 1568-1572.

Leitzmann, Albert (⁷1961): Vorwort [zur 4. bzw. 5. Auflage]. – In: Wolfram von Eschenbach, *Parzival.* Hrsg. von Dems. (7. Auflage, hrsg. v. Wilhelm Deinert) (= Altdeutsche Textbibliothek, 12). Erstes Heft. Tübingen: Niemeyer.

Michler, Werner (2003): Reinhold Backmann. – In: König, Christoph (Hg.), *Internationales Germanistenlexikon 1800-1950.* 3 Bde. Berlin: de Gruyter, 65-67.

Minor, Jacob/Sauer, August (1880): *Studien zur Goethe-Philologie.* Wien: Konegen.

Nadler, Josef (²1951): *Literaturgeschichte Österreichs.* Salzburg: Müller.

Reich, Emil (1908): Bericht über die achtzehnte Jahresversammlung der Grillparzer-Gesellschaft. – In: *Jahrbuch der Grillparzer-Gesellschaft* 18, 313-319.

Reich, Emil (1912): Bericht über die einundzwanzigste Jahresversammlung der Grillparzer-Gesellschaft. – In: *Jahrbuch der Grillparzer-Gesellschaft* 21, 146-153.

Renner, Gerhard (1993): *Die Nachlässe in der Wiener Stadt- und Landesbibliothek. Ein Verzeichnis.* Wien: Stadt- und Landesbibliothek, 7f. [Backmann], 153 [Sauer].

Renner, Gerhard (2000): Die „Deutsch-österreichische Literaturgeschichte". – In: Amann, Klaus/Lengauer, Hubert/Wagner, Karl (Hgg.), *Literarisches Leben in Österreich 1848-1890* (= Literaturgeschichte in Studien und Quellen, 1). Wien: Böhlau, 859-889.

Sauer, August (1904): Die neuen Grillparzer-Ausgaben. – In: *Euphorion* 11, 195-206.

Sauer, August (1941 [1909]): Zur Einführung. – In: Ders., *Gesammelte Schriften.* Mit einem Vorwort von Hedda Sauer. Hrsg. v. Otto Pouzar. Bd. 2: Franz Grillparzer. Stuttgart: Metzler, 85-109.

Sauermann, Eberhard (1986): Entwicklung bei Trakl. Methoden der Trakl-Interpretation. – In: *Zeitschrift für deutsche Philologie* 105, Sonderheft: Editionsprobleme der Literaturwissenschaft, 151-181.

Scheichl, Sigurd Paul (2008): Grillparzers josephinische Epigrammatik. – In: Müller-Salget, Klaus/Ders. (Hgg.), *Nachklänge der Aufklärung im 19. und 20. Jahrhundert. Für Werner M. Bauer zum 65. Geburtstag* (= Innsbrucker Beiträge zur Kulturwissenschaft. Germanistische Reihe, 73). Innsbruck: iup, 69-84.

Scheichl, Sigurd Paul (2008a): Hermann Bahrs Kritik an der „Deutsch-österreichischen Literaturgeschichte". Mit einem Ausblick auf Hugo v. Hofmannsthal. – In: *Germanistik in Ireland. Jahrbuch der/ Yearbook of the Association of Third-Level Teachers of German in Ireland* 3: Weg und Bewegung. Medieval and Modern Encounters. Festschrift in honour of Timothy R. Jackson and Gilbert J. Carr (Gastherausgeber Cordula Politis und Nicola Creighton), 97-111.

Seidler, Herbert (1964): Franz Grillparzer. Ein Forschungsbericht. – In: *Zeitschrift für deutsche Philologie* 83, 228-242, 472-504.

Stefansky, Georg (1927): August Sauer †. – In: *Euphorion* 28, 1-8.

Stingelin, Martin (1996): *„Unsere ganze Philosophie ist Berichtigung des Sprachgebrauchs." Friedrich Nietzsches Lichtenberg-Rezeption im Spannungsfeld zwischen Sprachkritik (Rhetorik) und historischer Kritik (Genealogie)* (= Figuren, 3). München: Fink.

Suchy, Viktor (1992): Hundert Jahre Grillparzer-Gesellschaft. – In: *Jahrbuch der Grillparzer-Gesellschaft* 3. Folge, 18, 1-173.

Karoline Riener

# August Sauer und Adalbert Stifter

## 1. Adalbert Stifter als „Dichter des Böhmerwaldes"

Der Literaturhistoriker Rolf Selbmann (1996: 110-128) veröffentlichte im Jahr 1996 im Jahrbuch des oberösterreichischen Adalbert-Stifter-Instituts einen Aufsatz, in dem er die Geschichte der Denkmäler und Würdigungen für Adalbert Stifter im Zeitraum von 1870 bis 1992 skizzierte. Ausgehend von der These, dass die Ikonografie des Denkmals Aufschlüsse gibt über das spezifische Dichterbild, verwies er etwa auf die „monumentale Glätte" der 1954 in der Walhalla enthüllten Stifter-Büste – augenfälliges Beispiel der kulturpolitischen Funktionalisierung Stifters als „Galionsfigur der bayerischen Vertriebenenpolitik" (Selbmann 1996: 111) der 1950er Jahre. Daneben findet aber auch die 1989 entstandene Büste Alfred Hrdlickas Erwähnung, die vielleicht am deutlichsten ein gewandeltes Stifter-Bild symbolisiert.

Schon seit mehreren Jahrzehnten hat sich in der literaturwissenschaftlichen Fachwelt die Sichtweise durchgesetzt, dass Stifters Schreibstil als Vorläufer der literarischen Moderne anzusehen ist. Dass sich eine „Neigung zum Exzessiven, Elementar-Katastrophalen, Pathologischen" gerade unter der Oberfläche der „stillen, innigen Genauigkeit" von Stifters Naturbeobachtungen" (Mann 1981: 773f.) verberge, wie Thomas Mann 1949 festgestellt hat, ist dabei geradezu zum Allgemeingut der Stifter-Forschung geworden. Selbmann nun bezeichnete als „wirkungsvollste Traditionslinie in der Geschichte der Stifter-Denkmäler" die Würdigung Stifters als „landschaftsgebundener Dichter des Böhmerwaldes." (Selbmann 1996: 111)

Die regionale Einordnung Stifters als Böhmerwaldschriftsteller scheint aus mehreren Gründen nachvollziehbar: Geboren 1805 in Oberplan [Horní Plana] hatte Stifter seine Kindheit dort verbracht. In mehreren seiner Erzählungen ist die Gegend um seinen Geburtsort die Handlungskulisse: Die Gegend um den Plöckenstein schildert Stifter im *Hochwald*, in *Der beschriebene Tännling*, im *Waldbrunnen*, in *Granit*, im *Witiko* und in *Aus dem Bairischen Walde*. Das Moldautal ist

Schauplatz im *Haidedorf*, im *Waldgänger*, im zweiten Teil des *Abdias* und in der *Mappe meines Urgroßvaters*. Insbesondere in der Erzählung *Hochwald* schöpfte Stifter reichlich aus dem romantischen Fundus der Waldbeschreibung, etwa durch häufige Überblendungen der realen Topographie durch Seelenlandschaft oder auch durch die Integration von Märchen und Sagen.

Um die Wende vom 19. zum 20. Jahrhundert entdeckte man – parallel zur wachsenden Popularität von Heimatkunst- und Provinzkunsttheorien – den Böhmerwald auch als literarische Landschaft. Es entstanden regional operierende literarisch und literaturwissenschaftlich intendierte Sammlungen, Unternehmungen, Zeitschriftengründungen. Als exemplarisches Beispiel kann hier die ab 1899 von dem aus Buchwald [Bučina] stammenden Lehrer und Schriftsteller Johann Peter (1858-1935) herausgegebene Zeitschrift *Der Böhmerwald* gelten, die Böhmerwaldliteratur als regional-ästhetisch und national-kulturell – und durchaus dezidiert antitschechisch – intendierte „Heimatkunst" begriff (Maidl 2000: 81-104). Neben dieser Zeitschrift finden sich verschiedene Einzelstudien, die mehr oder minder ausführlich über Dichter des Böhmerwaldes referieren. Stifter nahm darin naturgemäß einen prominenten Platz ein. Allerdings hat eine Durchsicht dieser Beiträge zu Stifter ergeben, dass viele Verfechter einer Böhmerwaldliteratur Stifter und seinem Werk nicht viel mehr als regionale Repräsentativität, die jenseits des topografischen Realismus und eines kontemplativen Innerlichkeitspathos jedoch sehr vage bleibt, abgewinnen konnten. Diese regionalistische Inszenierung Adalbert Stifters bediente sich meist an Versatzstücken aus Leben, Werk und Briefen und komponierte sie zu einem harmonisierenden Gesamtbild. Relativ schnell fällt der Blick bei der Frage, ob und inwieweit Stifters Herkunft und Erzählweise für Interpretation und Vermittlung seines Werkes genutzt, ja, instrumentalisiert wurden und welche personelle und institutionelle Disposition die besondere Stifter-Rezeption gefördert hat, auch auf August Sauer. Sauer war, wie in diesem Forschungsband hinreichend dargelegt, in vielfältiger Weise in die zeitgenössischen universitären, literaturwissenschaftlichen, gesellschaftlichen und kulturellen Diskurse in Prag sowie Deutschland und Österreich eingebunden und hat auch Teile der Stifter-Deutung maßgeblich gelenkt. In Sauers Rektoratsrede *Literaturgeschichte und Volkskunde* (Sauer 1907: 10) wurde Adalbert Stifter gemeinsam mit den weniger bekannten Josef Rank und Joseph Messner als ethnographisch zu Oberösterreich gehörender Böhmerwaldschriftsteller in Sauers Modell einer regional-ethnografischen „Stammes-Literaturgeschichte" eingeordnet.

Auch hielt Sauer zur Enthüllung des Adalbert Stifter-Denkmals in Oberplan im Jahr 1906 die Festrede. In seiner Rede erkennt man bestimmte rhetorische Strategien einer regionalen Stifter-Rezeption und -Vermittlung: Sauer unternahm hier den Versuch der Vereinnahmung von Literatur und ihren Produzenten als Projektionsfläche für die Abwehr der Differenzierungsprozesse der gesellschaftlichen und literarischen Moderne, die politisch intendierte Vereinnahmung des Schriftstellers als Ikone eines „Volkstumkampfes" in Abwehr tschechischer Emanzipationsbestrebungen. Nicht zuletzt versuchte er, eine bestimmte Region zu konstruieren und den Schriftsteller als darin autochthon zu verorten.

In Sauers Konstruktion zeigt sich neben der kulturpolitischen Funktionalisierung Stifters auch das Bemühen, Autor, Denkmal und die es umgebende Landschaft mit Bedeutung aufzuladen. Der Böhmerwald erscheint dabei als eine sagenhafte Geschichts- und regional-volkstümliche Landschaft, in der die Sehnsucht nach einer naturhaften Lebens- und Gesellschaftsordnung ausgedrückt wird. Gleichsam als Schlagwort für diese Einordnung dient die Romantik. Sauers Modell einer regional-stammheitlichen Fundierung eines deutschen Nationalcharakters, der sich aus Persönlichkeit und Werk eines jeden Schriftstellers extrahieren lasse und somit literarische Erzeugnisse an eine konkrete Landschaft als „spiritus loci" zurückbindet, findet zwar besonders in seinen Dichter- und Denkmalreden Anwendung, doch die folgende Analyse wird an eine weitergehende Frage gebunden, mit der sich nach gegenläufigen Tendenzen suchen lässt, die nicht nur das Regionalismuskonzept Sauers selbst hinterfragen, sondern es auch an seine Selbstverpflichtung als Wissenschaftler binden. Ein erkenntnisleitender Aspekt wird deswegen in der Frage bestehen, ob und inwieweit Sauer über eine von ihm selbst inszenierte kulturpolitische und regionalistische Funktionalisierung Adalbert Stifters hinausgeht. Hierbei bietet sich vor allem der literaturwissenschaftliche Kontext der ersten kritischen Stifter-Werkedition an. Für eine Wissenschaftsgeschichte, die die Etablierung einer Fachdisziplin im Kontext kultureller, politischer Diskurse untersucht und außerdem darlegen will, „welche Aufgabe sie dabei übernimmt" (Nutz 1994: 608), eignet sich die Stifter-Rezeption August Sauers in besonderer Weise.

## 2. Die kritische Edition des Gesamtwerks Stifters

Dass man relativ schnell an eine grundlegende Neuedition der Werke Stifters
dachte, lag vor allem an der Unzulänglichkeit der bis dahin einzigen Werk-
sammlung, die Stifters Verleger Gustav Heckenast bald nach dem Tod des
Dichters in 21 Bänden unter dem Titel *Gesammelte Werke* herausgegeben hatte.
Diese Ausgabe war auf Grundlage der alten Drucke entstanden und enthielt
naturgemäß viele Fehler. Den Anspruch, einen historisch-kritisch gesicherten, ‚gereinigten' Text zu präsentieren, erfüllten die von Heckenast herausgegebenen *Gesammelten Werke* nicht, so dass man relativ leicht eine grundlegende
Neuedition der Werke Stifters legitimieren konnte. Der entscheidende Impuls
für dieses Vorhaben ging von August Sauer und der Prager *Gesellschaft zur
Förderung deutscher Wissenschaft, Kunst und Literatur in Böhmen* aus (im Folgenden:
*Fördergesellschaft*): Bereits 1893 hatte Sauer die Gründung einer *Bibliothek Deutscher Schriftsteller aus Böhmen*,[1] gedacht als Sammlung bedeutender literarischer
Werke deutschböhmischer Provenienz von Beginn des 16. Jahrhunderts an,
beantragt. Als erster Verleger konnte Josef Kochs Buchhandlung J. G. Calve
gewonnen werden, später übernahm die *Fördergesellschaft* die Edition bis zum
Jahr 1927 im Selbstverlag. Der Plan der Herausgabe des Gesamtwerks Adalbert Stifters sollte eine textkritische und literaturgeschichtlich fundierte Aufarbeitung des Werks ermöglichen. Bereits kurz nach dem Ablauf der Schutzfrist
für die Werke Stifters Ende Dezember 1898 wurde in einer Vollversammlung
der *Fördergesellschaft* am 24. April 1899 der Plan genehmigt, dass die mit der Herausgabe der *Bibliothek deutscher Schriftsteller* beauftragte Kommission eine Gesamtausgabe vorbereiten sollte. Im März 1899 wurde die textkritische Ausgabe unter Leitung Sauers im Rahmen der „Bibliothek" beschlossen (Hofmann
1995: 79-97). Um die Sammlung aller verstreuten Handschriften und Drucke
zu gewährleisten, entschied die *Fördergesellschaft* auf einer Versammlung am
3. März 1902, ein Stifter-Archiv zu gründen. Zu diesem Zweck startete man
Aufrufe an Besitzer und Sammler, Stifter-Handschriften dem Archiv zu spen-
den, unter Wahrung des Besitzrechts zur Verfügung zu stellen oder aber den
Ankauf zu ermöglichen. Die Leiter des Archivs waren seit der Gründung mit

---

1    Die Tatsache, dass die Bibliothek erst später (wahrscheinlich nach dem Ersten Weltkrieg)
     eine Erweiterung ihres Wirkungsgebiets erfuhr, zeigt die beabsichtigte regionale Beschrän-
     kung; offensichtlich sah man sich nicht als Vertreter von mährischen und schlesischen
     Deutschen.

August Sauer, Adolf Hauffen (ab 1926), Herbert Cysarz und Otto Grosser bedeutende Persönlichkeiten des Prager kulturellen und universitären Lebens (Hofmann 1985: 110). Bekannte Kunstmäzene wie der Wiener Großindustrielle Karl Adolf Freiherr Bachofen von Echt d. Ä. oder Adalbert Freiherr von Lanna schenkten der *Fördergesellschaft* Handschriften, Tagebuchaufzeichnungen, Bilder, Zeichnungen und Briefe und unterstützten so die Sammeltätigkeit des Archivs. Der Wiener Gymnasialprofessor Adalbert Horčička tat sich ebenfalls durch seine intensive Sammel- und Forschungstätigkeit hervor. Die *Vermischten Schriften*, als Band 14 der Werkausgabe bereits im Jahr 1902 erschienen, basierten größtenteils auf Forschungen Horčičkas und dokumentierten Stifters Anfänge als Maler und seine Tätigkeiten als Kunstkritiker. Sauer hob in einem Bericht in der *Deutschen Arbeit* insbesondere die Pionierarbeit Horčičkas hervor, der erstmals Stifters Plan, sich als professioneller Maler ausbilden zu lassen, darlegte und auf die Tatsache aufmerksam machte, dass Stifter über den Umweg der Malerei zur Schriftstellerei gelangt sei.

Wenige Jahre nach der Gründung war das Archiv im Besitz großer Teile der Briefe Stifters, etwa an seine Frau Amalie und an Gustav Heckenast (Sauer 1906). Daneben befanden sich beispielsweise die Originalhandschrift der Umarbeitung der *Mappe meines Urgroßvaters* und wichtige Werkausgaben Stifters, Verlagsverträge, Rechnungsbücher, Dokumente, Zeichnungen und Gemälde sowie Abgüsse seiner Totenmaske im Besitz des Archivs. Weitergehende Planungen sahen vor, das Stifter-Archiv über kurz oder lang zu einem Nationalarchiv, einem „allgemeinen deutschböhmischen Dichterarchiv, das allen Forschern zugänglich wäre" (Sauer 1906: 516), zu erweitern. Vorbild dieses Plans waren sicherlich Bestrebungen in Deutschland, zentrale Literaturarchive zu schaffen, wie es Wilhelm Dilthey bereits 1889 in seinem vor der *Berliner Gesellschaft für Literatur* gehaltenen Vortrag *Archive für Literatur* gefordert hatte. Die zu Beginn in zwanzig und später in fünfundzwanzig Bänden geplante Prager Stifter-Ausgabe wurde bis zum Ausbruch des Zweiten Weltkrieges nicht vollendet, ein aktuelles Verzeichnis der Bestände des Stifter-Archivs erstmals 1962 veröffentlicht. Erst im Jahr 1979 konnte die Ausgabe mit dem Erscheinen des 25. Bandes abgeschlossen werden.

Die Herausgabe der Werke Stifters geschah in einem Zeitraum, in dem in Deutschland mehrere groß angelegte neugermanistische Editionsprojekte gestartet wurden, mit denen man sich nahezu zeitgleich zur Etablierung der Neuphilologie gegen die dominante Alt-Germanistik durchsetzen wollte. Zwischen 1880 und 1914 wurden Ausgaben von Johann Gottfried Herder, Wilhelm von Humboldt, Christoph Martin Wieland, Friedrich Hebbel, Jeremias Gotthelf und Heinrich von Kleist – um nur einige zu nennen – in

Angriff genommen. Innerhalb dieser ersten „gründerzeitliche[n] Epoche der
neugermanistischen Edition", wie Manfred Windfuhr, Herausgeber der Düs-
seldorfer Heine-Ausgabe diesen Zeitraum von 1880 bis 1914 genannt hat, ist
auch das damals umfassendste Editionsprojekt situiert – die große, insgesamt
147 Bände umfassende Weimarer Ausgabe der Werke Goethes (1887-1914).
Editionsprojekte offenbaren nicht nur einen Blick auf damals gültige wissenschaftliche Arbeitsformen, sondern verweisen auch auf zeitgenössische
Erkenntnisinteressen zu Autor, Leben und Werk und können durch Text-
fassung, aber auch Einleitungen und Kommentierungen rezeptionssteuernd
wirken. Teilweise äußert sich in den Editionen auch die Tendenz, einen Autor als „National-Denkmal" zu installieren. Die von Erich Schmidt besorg-
te *Kleist*-Ausgabe (1904-1906) bildete etwa einen Grundstein im Prozess der
„Kanonisierung Kleists als Autor von nationaler Bedeutung in der wilhelminischen Ära" (Hamacher 2005: 266) und bestimmte so die nationalistisch
motivierte Kleist-Rezeption dieser Zeit wesentlich mit.

## 3. Goethe-Philologie als methodisches und editorisches Vorbild

Fruchtbar für den Hintergrund der ersten kritischen Edition der Werke Stifters erweist sich besonders ein Forschungszweig, der als „größtes Segment
der deutschen Neuphilologie" (Kruckis 1994: 451) seine besondere Symbol-
wirkung für die Selbstverortung der sich konsolidierenden neueren deutschen
Germanistik entfaltet hatte: die Goethe-Philologie. Die paradigmatische
Funktion, die der Goethe-Philologie für die Literaturwissenschaft im 19. Jahrhundert zugesprochen wird,[2] erlaubt die Bestimmung exemplarischer Formen und Methoden der wissenschaftlichen Erforschung von Dichtern und
Dichtung. Ziel der ‚neuen' Goetheforschung war die quellenkritisch und philologisch abgesicherte und vor allem objektivierte Präsentation und Deutung
der „Goethe-Reliquien", was zum einen durch eine Neuedition der Werke
und zum andern durch eine erweiterte biografische Forschung erreicht wer-

---

2   Vgl. zur Geschichte der Goethe-Philologie Mandelkow (1992: 209-222) und Kruckis (1994:
    451-493). Der Terminus „Goethe-Philologie" ist eine distanzierend gemeinte Erfindung
    von Karl Gutzkow aus dem Jahr 1861 (Kruckis 1994: 451).

den sollte. Die große Menge bislang unausgewerteten Archivmaterials provozierte ebenfalls eine innerphilologische Diskussion über seine Ordnung und
Wertung, an der vor allem neben Wilhelm Dilthey auch Wilhelm Scherer bis
zu seinem frühen Tod beteiligt war (Kruckis 1994: 484). Scherer und insbesondere Schmidt gelang es durch enormes wissenschaftspolitisches Geschick,
sowohl die Weimarer Goethe-Ausgabe, als auch die neu gegründete *Goethe-
Gesellschaft* zu dominieren.

Die Beschäftigung mit Goethe bot die Möglichkeit zur Positionierung
des einzelnen Gelehrten sowohl im innergermanistischen Diskurs, als auch
im Diskurs mit der außeruniversitären Öffentlichkeit. Nicht zuletzt bildete
die Editionsarbeit gewissermaßen den ‚Prüfstein‘ für den Philologen, der
sich damit anschickte, seine Funktion innerhalb des germanistischen Wissenschaftssystems unter Beweis zu stellen: Wesentlich befördert durch die
Goethe-Philologie wurde Archiv- und Editionsarbeit zur „entscheidenden
Sozialisationsphase ganzer Generationen zukünftiger Hochschullehrer.“
(Kruckis 1994: 484) Eine der ersten Publikationen Sauers nach seiner Dissertation war eine gemeinsam mit Jakob Minor bereits im Berliner Seminar
Scherers begonnene Sammlung mit vier Aufsätzen unter dem Titel *Studien
zur Goethe-Philologie* (1880). Er edierte mehrere Goethe-Briefwechsel und war
eingebunden in die institutionelle Machtposition der Scherer-Schule innerhalb der Goethe-Philologie. Für die Sophienausgabe gab Sauer den *Götz von
Berlichingen* (= achter Band, 1889) heraus – wofür er sich bereits in den *Studien
zur Goethe-Philologie* mit seiner synoptischen Untersuchung der beiden ältesten
Fassungen empfohlen hatte.

Außenwirkung erzielte er auch durch mehrere Vorträge zum Verhältnis
Goethes zu Österreich und Böhmen: Im Herbst 1896 hielt er in Teplitz einen
Vortrag mit dem Titel *Goethe in Böhmen*, wovon Auszüge, die Goethes Aufenthalt in Teplitz betrafen, im *Teplitz-Schönauer Anzeiger* abgedruckt wurden. Auf
der Festveranstaltung zum zehnjährigen Bestehen der *Gesellschaft* erhellte er
in einem Vortrag die Beziehungen zwischen Goethe und Graf Kaspar Sternberg. Seine *Rede zur Enthüllung des Goethe-Denkmals in Franzensbad* druckte der
Scherer-Schüler Ludwig Geiger in seinem *Goethe-Jahrbuch* ab. Sauer war also
sozusagen „vorgebildet“ durch die wissenschaftlichen, methodischen und po-
pularisierenden Strategien der Goethe-Philologie. Insofern lassen sich durchaus
Ähnlichkeiten in den Aktionen entdecken, mit denen Adalbert Stifter wissenschaftlich, methodisch und editorisch vermessen wurde.

Auch hinsichtlich der Organisations- und Vernetzungsformen der wissenschaftlichen Akteure und der für die Öffentlichkeit bestimmten Popularisie-
rungsstrategien ergeben sich gewisse Übereinstimmungen: So gab es verschie-

dene Bemühungen, im Umfeld des Stifter-Archivs ein literaturwissenschaftliches Forschungszentrum einzurichten: Die wesentlichen wissenschaftlichen Publikationen, die 1905 anlässlich von Stifters 100. Geburtstag veröffentlicht wurden, stammten von Schülern Sauers; auf seine Vermittlung hin wurde die erste große Stifter-Biographie Raimund Alois Heins in Prag gedruckt. Zwar fehlte ein zentrales Transfermedium zwischen Wissenschaft und interessierten Gebildeten der Öffentlichkeit, wie dies etwa Ludwig Geigers *Goethe-Jahrbuch* war, doch sowohl in den Mitteilungen des *Vereins für Geschichte der Deutschen in Böhmen*, als auch in der von der *Gesellschaft* herausgegebenen Kulturzeitschrift *Deutsche Arbeit* wurden regelmäßig Forschungsergebnisse zu Stifter publiziert. Bereits am ersten „Stifter-Heft" der *Deutschen Arbeit* (1902), das als solches eigentlich nur an der im vorigen Heft erfolgten Ankündigung erkennbar war, wird deutlich, dass die *Deutsche Arbeit* nicht nur als Forum zeitgenössischer Literatur und Literaturkritik dienen sollte, sondern auch eine popularisierte Form aktueller Ergebnisse der wissenschaftlichen Forschung bot. Das reichhaltig ausgestattete und aufgrund seiner Bildbeilagen und Faksimile bibliophil zu nennende Stifter-Heft anlässlich des 100. Geburtstags des Dichters geht ebenfalls einen Doppelweg – den der Präsentation wissenschaftlicher Forschung und der verehrenden Darbringung. Man schöpfte sozusagen aus dem Vollen des Stifter-Archivs, indem man viele Quellenforschungen, meist unter Hinzunahme bislang ungedruckter Briefe präsentierte und darin Widmungsgedichte und Texte zeitgenössischer Schriftsteller aus Deutschland, Österreich und der Schweiz einstreute. Die einführenden Worte Adolf Hauffens (1905: 757) betonen gleichermaßen die national-kulturelle Bedeutung Stifters als einen „der edelsten Söhne des deutschböhmischen Stammes" und die Leistungen der deutschböhmischen Wissenschaftler, die richtungsweisend in der Stifter-Forschung gewirkt hätten. Ähnlich wie Goethe diente Stifter also teilweise als „kulturelles Aushängeschild" (Nutz 1994: 610), über das die Verbindung der Forschung mit der gesellschaftlichen und kulturellen Öffentlichkeit her- und sichergestellt wurde.

Betrachtet man etwa die Artikel anlässlich des 100. Geburtstages Stifters im Jahr 1905 in den beiden großen Prager Tageszeitungen *Bohemia* und *Prager Tagblatt*, zeigt sich, dass der Minimalkonsens darin lag, den mit dem Etikett „deutschböhmisch" versehenen Stifter als integratives, bei Bedarf gegenüber dem „nationalen Gegner" einzusetzendes Symbol wahrzunehmen (Binder 1995: 159-202). Die Initialisierung Stifters als „deutschböhmischer Klassiker" als Antwort auf nationale Spannungen leistete auch der Prager Literaturwissenschaftler und Sauer-Schüler Spiridion Wukadinović, der im *Literarischen Echo* in seiner *Neues über Stifter* (1905) betitelten Übersicht ebenso wie Hauffen den Hinweis auf die deutschböhmische Zentralposition der Stifter-Forschung mit der Vorbildfunktion Stifters als kulturellem Symbol verbindet.

## 4. Sauers Motivation für die Edition

Mit seiner Stifter-Edition wollte Sauer explizit an die großen zeitgenössischen Editionsprojekte anschließen, die „im edelsten Wetteifer die großen Schöpfungen deutscher Dichtung und deutscher Prosa in monumentalen Ausgaben zu sammeln bemüht sind." (Sauer 1901: 578) Auch positionierte Sauer sich innerhalb der Debatte um Neu- und Altphilologie deutlich auf der Seite der Neuphilologen. So bezeichnete er in einem Bericht zur Stifter-Ausgabe Lachmanns Lessing-Ausgabe als „misslungen" und konstatierte:

> es fehlte nicht an Versuchen, die neuere deutsche Philologie zum Aschenbrödel zu erniedrigen. Ein stiller Kampf spielte sich ab, in dem die jüngere Wissenschaft schließlich Siegerin blieb. Das Wertvollste und Bleibendste, was sie bisher geleistet hat, sind eben die großen Ausgaben der deutschen Klassiker. (Sauer 1901: 578)

Die Intention, große Werkausgaben als Repräsentations- und Demonstrationsobjekt einer nationalen Identität zu installieren, zeigt sich auch bei Sauers Verweis auf Jeremias Gotthelf, für den die „heimatliche Dankbarkeit dem großen Volksdichter Jeremias Gotthelf aus seinen Werken das verdiente Denkmal" bereitet habe. Die Signalwirkung, die diese Editionsprojekte nach außen haben sollten, wird dadurch deutlich: Texte sollten wie steinerne Denkmäler inszeniert werden (Plachta 2001: 378).

Editorisches Vorbild war für Sauer vor allem die Weimarer Goethe-Ausgabe, an der er selbst mitgearbeitet hatte: Jens Stüben hat auf diese Vorbildfunktion in Fragen der Präsentation der Abweichungen, der Orthografie und Interpunktion verwiesen. So wie Bernhard Suphan für das Weimarer Projekt wollte Sauer vor allem die „Reinheit" und Vollständigkeit" der Werkausgabe sicherstellen (Stüben 2005: 403-431).[3] Allerdings wurde nicht die „Ausgabe letzter Hand" als Textgrundlage verwendet. Zumindest punktuell wollte Sauer hier einen anderen Weg gehen und einen Einblick in die „Werkstatt" des

---

3   Stüben bietet insgesamt einen sehr guten Überblick über die Editionsgeschichte der Werke Stifters.

„Stilkünstlers" geben, wenn er auch seine Auffassung, Umarbeitungen als Verbesserungen bis hin zur ‚vollendeten' Form zu begreifen, nicht revidiert. Vor allem anhand der Präsentation der vollständigen handschriftlichen Überlieferung sollte Forschern erstmals ermöglicht werden, die komplette Textgenese der Werke nachzuverfolgen.

Zwar scheiterte Sauer mit diesem Anspruch, weil die Erstfassungen im Variantenapparat nicht als zusammenhängender Text präsentiert wurden, doch er zog gleichzeitig aus den Umarbeitungen Stifters Folgerungen für die Textinterpretation, die er eigentlich mithilfe seines Variantenapparates auch dem Leser der Werkausgabe nachvollziehbar machen wollte. Seine Entscheidung zu einem textgenetischen Verfahren bestimmte also trotz des Scheiterns Teile der Rezeption. Denn Sauer (1904: X) ging es in der Neubewertung Stifters vor allem um die Revision eines „förmliche[n] Rattenkönigs von weitverbreiteter Legende", dass Stifter nur ein leidenschaftsloser Naturschilderer gewesen sei. Die Revision dieser Legende sei durch die Lektüre von Stifters Werken „in ihrer ersten Gestalt und ihrer allmählichen Umformung" nebst Deutung ausgewählter Selbstbekenntnisse möglich geworden. Der Schluss, dass Stifter „von Haus aus eine leidenschaftliche, eine vulkanische Natur" (Sauer 1904: XI) gewesen sei, zieht Sauer dabei größtenteils aus der Betrachtung der Textgenese.

> In allen seinen Werken steht die Leidenschaft im Hintergrunde oder sie liegt ihnen zugrunde. Ja in den ersten Fassungen der Jugendnovellen geben sich seine Personen ihren leidenschaftlichen Affekten sogar maßlos hin. Hier dämpfte und milderte er später; immer seltener brechen solche leidenschaftliche[!] Affekte bei ihm hervor; immer mehr zügelt er die Leidenschaft, schränkt sie ein; ja er vermeidet sogar das Wort Leidenschaft. So wurde schließlich die verhaltene Leidenschaft nur mehr für den seiner fühlenden und seelenverwandten Leser erkennbar. (Sauer 1904: XI)

Die Textgenese, unterstützt durch Selbstaussagen, erlaubt also eine direkte Decodierung der Künstlerpersönlichkeit und -psyche. Dadurch, dass in dieser Konstruktion Empfindungen, Auffassungen, charakteriche Eigenschaften direkt in die Dichtung einfließen, hilft das Werk bei der Entschlüsselung der Persönlichkeit und die Persönlichkeit bei der Entschlüsselung des Werkes. Schreiben ist hier vor allem ein psychologischer, ein sublimierender, Leidenschaften dämpfender Akt. Dieses Schreiben als Selbstbeschränkung hatte Sauer bereits 1880 in seiner Untersuchung der ersten Fassungen von Goethes *Götz von Berlichingen* konstatiert. In diesem Konzept ist die Persönlichkeit des Schriftstellers von zentraler Bedeutung. Ablesbar ist dies auch an der Struktur der Einleitungen in den einzelnen Bänden der Stifter-Werkausgabe, in denen man neben Quellen-, Stoff- und Motivforschung Wert legte auf die Entschlüsselung ‚persönlicher Grundlagen' eines jeden Werkes.

## 5. Das Vorwort August Sauers in der Stifter-Werkausgabe

Die Einleitung August Sauers erschien im Jahr 1904 innerhalb des ersten Bandes von Stifters Erzählsammlung *Studien*. In dieser Einleitung zeigt sich nicht nur Sauers Selbstlegitimation als Wissenschaftler im inner-universitären Diskurs, er konnte sich gleichzeitig als kompetent in zeitgenössischen kulturellen und literarischen Fragen ausweisen: So findet sich neben Theoremen der „Heimatkunst" und der Instrumentalisierung Stifters als regional-kulturelle Identifikationsfigur im deutsch-tschechischen Konflikt auch eine ausführliche komparatistische Analyse der *Studien*, die den konventionellen nationalistischen Rahmen sprengen. Sauer trennt – so scheint es – ganz bewusst zwischen populär-wissenschaftlicher „Einführung" und streng literaturwissenschaftlicher „Einleitung". Erstere ist als kurze Einführung in Leben und Werk Stifters konzipiert. Zunächst betont Sauer die Vorbildfunktion Stifters nicht nur durch seine innovative und impulsgebende Natur- und Seelenschilderung, sondern auch durch seinen Einfluss auf bekannte Schriftsteller der Gegenwart. Diese Vorbildfunktion Stifters wird im Folgenden noch auf seine regional-identifikatorische Wirkung erweitert: „Ein um sein angestammtes Volkstum mutig ringendes Geschlecht sieht in ihm ein weithin ragendes Wahrzeichen seines teuren heimatlichen Landes." (Sauer 1904: VIII) Dieser mehr oder minder deutliche Hinweis auf die virulente deutsch-tschechische Konfliktsituation verleiht der Stifter-Rezeption kulturkämpferische Impulse – ein Zeichen dafür, dass Sauer seine Werkausgabe keinesfalls nur im Hinblick auf fachinterne germanistische Spezialistenkreise legitimierte. Außerdem drückt sich hierbei seine literaturwissenschaftlich-methodische Konzeption aus, Literatur als Spiegelbild des regionalen, im Endeffekt nationalen Volkscharakters und damit als integrative Projektionsfläche zu betrachten. Dass Sauer populäre zeitgenössische, kulturkritisch motivierte Strömungen in seine Betrachtungen mit einbezog, zeigt die nächste Passage, die eine weitere, über den regionalen Rahmen hinausweisende Aktualisierung leistet:

> der kräftige Realismus, auf dem seine Dichtung ruht, verleiht seinen bodenständigen Schöpfungen eine eiserne Gesundheit. In einer Zeit, die die Heimatskunst über alles hochschätzt, wird der Wert dieses echten Heimatskünstlers immer stärker empfunden. (Sauer 1904: VIII)

Sauer nennt hier also explizit – in seiner – die „Heimatskunst" als wichtige zeitgenössische Bewegung. Der Terminus „Gesundheit", den Sauer als Wertungsbegriff für die Poesie Stifters benutzt (bevor er auf die Bedeutung

Stifters für die „Heimatskunst" hochschätzende Gegenwart verweist), wird, wie es scheint, absichtsvoll mit einer biologistischen Konnotation gebraucht. Denn den Dualismus gesund-krank nutzten die Theoretiker der Heimatkunstbewegung als maßgebliche Wertungseinheit ihrer antizivilisatorischen Kulturkritik – der „gesunde Volkscharakter" war schlussendliches Ziel. Auch der „Realismus", zu dem Sauer hier Stifter rechnet, ist weit mehr als ein bloßer Epochenbegriff: Durch die biologistischen Attribute erhält er einen wertenden Charakter, der mit der von Theoretikern der Heimatkunst vorgenommenen Umwertung des im *Bürgerlichen Realismus* ästhetisch motivierten ethnografischen Interesses zu einer Literaturform, die regional-spezifische vorzivilisatorische, eben ursprüngliche Lebens- und Gesellschaftsentwürfe darstellt und archiviert, korrespondiert (Dohnke 1999: 651-684; Rossbacher 1975). Dass Stifter seinem „weiteren Vaterland" durch „seine Kunstwerke ein Volkserzieher ersten Ranges" gewesen sei, korrespondiert ebenfalls mit der populären Auffassung von Kunst und Dichtung als erzieherischem Auftrag, wie es spätestens seit Julius Langbehns *Rembrandt als Erzieher* (1890) als programmatisches Schlagwort etabliert wurde. Dass bei Sauer die forcierte Emphase manchmal in unfreiwillige Komik umschlägt, zeigt der Passus über Stifters äußere Erscheinung: „Wie einer der mächtigen Baumriesen im Urwald seiner Heimat wuchs er langsam und zäh empor zur stämmigen kraftvollen Erscheinung." (Sauer 1904: VIII) Auffällig ist insgesamt der inhärente Dualismus, der Sauers biologistisch-vitalistischer Kulturdeutung anhängt: „kräftiger Realismus", „bodenständige Schöpfungen", „eiserne Gesundheit", oder auch die „geschlossene Lebens- und Weltanschauung", die er bei Stifter konstatiert – wenn auch nicht explizit ausgesprochen, ist hier der Gegensatz durchaus mitgedacht. Spätestens hier zeigt sich, dass Sauer die Textphilologie doch instrumentalisiert: Er beruft sich zwar auf zeitgenössische Editionsprojekte. Dahinter steht jedoch die Konstruktion einer überragenden Persönlichkeit. Dies führt wiederum zum Ausgangspunkt der Betrachtungen in dieser Untersuchung: Stifter als leidenschaftlicher „Genius" gewinnt damit Profil, dass er sich für eine landschaftsorientierte Deutung anbietet, die gleichzeitig gegen die literarische und gesellschaftliche Moderne gewendet werden kann.

Interessanterweise gerät die explizit regionale Einordnung Stifters als Böhmerwaldschriftsteller im weiteren Verlauf des Einleitungswortes jedoch mehr und mehr in den Hintergrund. Die literarhistorische Einordnung Stifters erfolgt über die Romantik.

# 6. Stifter als Romantiker

Dass bereits in zeitgenössischen Kritiken Stifters Verhältnis zur Romantik diskutiert wurde, ist nicht verwunderlich angesichts der romantischen Erklärungs- und Deutungsmuster, die Stifter insbesondere in seinen *Studien* benutzt. Joseph von Eichendorff rezipiert in seinen literaturhistorischen Studien (die Passagen zu Stifter wird er, wie den ganzen Aufsatz, wörtlich in seiner 1857 veröffentlichten *Geschichte der poetischen Literatur Deutschlands* wiederholen) Stifter als Vertreter der „Romantik", als derjenigen Richtung, die den vorherrschenden „rationalistischen" Literaturströmungen etwas entgegenzusetzen habe. Die Vereinahmung Stifters als Romantiker erfolgt bei Eichendorff durch die Montage von frei (und teilweise ungenau) zitierten Passagen aus den *Studien*, die wahrscheinlich auch Eichendorffs eigenes Romantikverständnis legitimieren und stützen sollten:

> Wir meinen Adalbert Stifter, dessen Novellen (Studien. Pest, 1844) sich eben durch das auszeichnen, was sie von der jetzigen Modeliteratur unterscheidet. Sie können und wollen sämmtlich ihre romantische Herkunft nicht verläugnen, aber es ist eine der Schule entwachsene Romantik, welche [...] aus den Trümmern jener Schule nur die religiöse Weltansicht, die geistige Auffassung der Liebe und das innige Verständniß der Natur sich glücklich herübergerettet hat. Nicht eine Spur von moderner Zerrissenheit, von selbstgefälliger Frivolität oder moralisch experimentirender Selbstquälerei ist in dieser gesunden Poesie. (Eichendorff 1962: 56)

Drei wesentliche Gesichtspunkte sind also von Bedeutung in der historischen Stifter-Rezeption: Stifter erscheint als Fortführer einer religiös-ganzheitlich motivierten romantischen Naturverbundenheit und als Exponent gegen die Moderne, die als ‚zerrissene' Tagesliteratur charakterisiert wird. Dazu nahm man ihn auch späterhin meist als Autor der *Studien* wahr, während seine späten Werke als misslungen galten. Auch Sauer konstatiert, wie bereits Eichendorff, die selektive Aufnahme romantischer Topoi bei Stifter und ähnlich wie Eichendorff unterzieht er sie auch einer subjektiv-moralischen Wertung.

> Aus innerer Verwandtschaft und äußerer Anregung ist er [Stifter] ein selbständiger und bewußter Schüler Tiecks, Jean Pauls und E.T.A. Hoffmanns geworden und als Fortsetzer und Erneuerer aller gesunden Elemente der Romantik in die Literatur eingetreten, ohne ihr sklavischer oder ihr mattherziger Epigone zu sein. (Sauer 1904: XI)

Interessanterweise wertet Sauer die Dichter der Frühromantik auf und dies gerade mit den Kategorien, die man – etwa in den neo-romantischen literarischen Bewegungen des frühen 20. Jahrhunderts oder in literaturgeschichtlichen Darstellungen des Wilhelminischen Kaiserreiches – eigentlich den späteren Romantikern zuschrieb. So hatten sich für eine Literatur-Historiographie, die als konstitutives Merkmal die Rekonstruktion einer sich analog zur Nationwerdung entwickelnden eigenständigen Nationalliteratur ansah, bestimmte Wertungs- und Ordnungskategorien etabliert, auf die das Textmaterial hin untersucht wurde: Als wesentliches Bewertungskriterien dienten „Volkstümlichkeit" und „Patriotismus", die als integrative kulturelle Kräfte das deutsche Nationalbewusstsein festigen sollten. Demgemäß bildete sich eine Art Kulturkanon heraus, in dem insbesondere die dichterischen Werke der Frühromantik meist abwertend beurteilt wurden. Gegen die ‚phantasierenden' Autoren Tieck, Brentano und Hoffmann wurden die spätere, namentlich die Heidelberger Romantik und die Lyrik der Befreiungskriege in Stellung gebracht – erstere, weil sie dem Kriterium der Volkstümlichkeit am besten zu entsprechen schien, letztere aufgrund ihres pathetischen Nationalismus (Schumann 1991). Sauer nun betont ja gerade die „Volkstümlichkeit" Stifters. Weiterhin deutet er Stifter vor allem eskapistisch: als ‚Bollwerk' gegen die Moderne, gestützt durch die Attribute der Naivität, des Primitivismus und der Unschuld, getrieben von der Sehnsucht nach Wiederherstellung eines in der Vergangenheit situierten Paradieses, dass dem modernen Menschen entfremdet ist, aber durch Stifter wieder zurückgewonnen werden kann. Als Kronzeuge und Negativgestalt dient Sauer hierbei Theodor Mundt, aus dessen *Madonna* (1835) er ausführliche Passagen zitiert, um in einem kurzen Satz Stifters Poesie als Positivfolie dagegen zu halten. Auf die in den Zitaten durchaus deutlich werdenden, zwiespältigen zeitdiagnostischen Reflexionen Mundts etwa zu Natur und Stadt geht er dabei nicht ein.

Dazu fällt auf, dass Sauer sich durchaus konventioneller Muster zur Bestimmung der Romantik bedient: Neben den Postulaten der Volkstümlichkeit, des Patriotismus und der Religiosität ist es vor allem die Rückgewinnung des Mittelalters. Dies erinnert nun an Eichendorff und nicht zufällig wird dieser im Schlusspassus explizit erwähnt: Die literarhistorische Stellung Stifters nämlich habe „niemand mit größerer Sicherheit erkannt, als der mit ihm befreundete Eichendorff" (Sauer 1904: XXIII), dessen Werke und literarhistorischen Aufsätze unrechtmäßig in Vergessenheit geraten seien. Durch den Topos Wald, der bei Mundt als poetischer Ort schlicht nicht mehr funktioniert, schlägt Sauer nun wieder die Kurve zur Romantik, insbesondere zu Frühromantik Tiecks. Für Sauer (1904: XVII) macht Stifter nicht nur den Ablösungsprozess von der „Waldromantik" Tiecks wieder rückgängig, ihm gelinge auch die Verknüpfung dieser „Waldromantik der Tieckschen Frühzeit mit den Anregungen seiner [Tiecks] reiferen Novellen.". „Waldeinsamkeit",

das von Tieck erfundene Kompositum wird nun für Stifter in Anspruch genommen – Stifter habe diese „Waldeinsamkeit" wieder für den Leser erfahrbar
gemacht, ein „Gegenmanifest des Waldes" geschrieben: „Und nun steht diese
Waldeinsamkeit bei Stifter in ihrer ganzen Pracht wieder auf und tausendfach
tönte das Lob des Waldes den Zeitgenossen entgegen." (Sauer 1904: XVIII)
Zentraler Fluchtpunkt und Refugium ist der Wald als Ort der Einsamkeit und
Ursprünglichkeit – Stifter erscheint als jemand, der als nostalgisch-restaurati-
ver Idylliker wieder scheinbar nahtlos an die Frühromantik anknüpft.

Der literarhistorischen Einordnung Stifters als „später Erbe" der Frühromantik widmete sich auch Sauers Schüler Wilhelm Kosch in seiner Dissertation *Adalbert Stifter und die Romantik* (1904). Er betont übrigens sehr viel deutlicher als Sauer die angeblich nationale Bestimmung der Romantik: Leitfrage
seiner Untersuchung war, inwieweit der „katholische und deutschnationale
Wesensgehalt der Romantik mit Stifter als Menschen und Dichter im Zusammenhang steht" (Kosch 1905: 10).

## 7. August Sauer als Komparatist

Anders als das Einführungswort widmet sich die eigentliche Einleitung Sauers der komparatistischen Textanalyse. In der, in einem etwas nüchterneren
Duktus gehaltenen Einleitung bestimmt Sauer die Entstehungszeit der ersten Erzählungen und vermisst die motivische, stoffliche Beeinflussung Jean
Pauls, Ludwig Tiecks und E.T.A. Hoffmanns. Begrifflich und methodisch
richtet er sich dabei nach Wilhelm Scherers Theorie des „Ererbten, Erlebten
und Erlernten", getreu nach der von Scherer erhobenen programmatischen
Forderung, dass man in „sorgfältiger und besonnener Aufsuchung von Ähnlichkeiten in dem Leben und der Bildung eines Dichters einerseits und in
seinen Werken andererseits gar nicht weit genug gehen" (Scherer 1886: 126)
könne. Als das „Erlernte" wird hier der Bildungsweg Stifters in Wien bezeichnet: Theater, wissenschaftliche Studien, Lektüre, Salons, wobei Sauer, wenn er
Stifter als „ungelenken Waldbären" bezeichnet, dem sich „allmählich die Welt
erschlossen" habe, seine Vorliebe für bilderreiche Sprache nicht gänzlich verleugnen kann. Doch dieses „Erlernte" trete bei Stifter schon „früh" zurück
hinter dem „Erlebten": So sei Stifter auch kein Epigone, weil er sich die Mo-

tive für seine Erzählungen „aus der eigenen Seele" hole (Sauer 1904: XXXV).
Nun setzt Sauer aber auch vergleichende Verfahren ein: Er vergleicht die
Landschaftsschilderungen Stifters mit „fremden Landschaften", mit den
Heidebildern Annette von Droste-Hülshoffs, mit Präriebeschreibungen bei
Cooper, Irving und Sealsfield und mit Herders morgenländischen Dichtun-
gen und kommt zu dem Schluss, dass die Einwirkung „fremder Dichtung" in
die literarische Reminiszenz mit dem eigenen Erlebnis einfließe, so dass das
eine in dem anderen aufgehe (Sauer 1904: XXXIX).

An dieser Stelle mag hinzuzufügen sein, dass der Einfluss Coopers und
Sealsfields auf Stifter bereits im Jahr 1863 vom mährischen Literaturhistoriker Franz Thomas Bratranek in seiner Abhandlung *Adalbert Stifter. Eine literaturhistorische Skizze* erwähnt wurde. Sauer selbst nimmt übrigens auch gar
nicht die Entdeckerschaft dieser angeblichen Verbindung zwischen Stifter
und Cooper für sich in Anspruch. In einer Fußnote macht er geltend, dass
ihn auf den Zusammenhang des *Hochwalds* mit Coopers Erzählungen zuerst
Adalbert Horčička aufmerksam gemacht habe und er die ausführliche diesbezügliche Untersuchung des Studenten Karl Wagner in seiner Einleitung durch
eigene Beobachtungen ergänzen werde (Sauer 1904: XLVI).

Zwar steht hier immer noch die Dichterpersönlichkeit im Vordergrund
und die Einordnung in größere historische, kulturelle, soziale Zusammenhänge geschieht nur sporadisch und nicht konsequent, doch auch das nationale
Moment tritt in den Hintergrund. Denn eine Landschaftsschilderung, die sich
nicht mehr nur aus dem eigenen Erleben oder „Ererbten" konstituiert, hat
einen gewissen konstruktivistischen Charakter, weil sie nicht mehr gänzlich
aus einem ahistorisch-immanenten Dichterwesen erklärbar ist. Und so eröffnet Sauer anhand des von ihm so geschätzten *Hochwald* den Blick auf literarische Vorbilder, die sich über nationale Grenzen hinweg ergeben. Mit dem
Vergleich von Stifters *Hochwald* mit J. F. Coopers *Lederstrumpf*-Erzählungen
wählt Sauer ein komparatistisches Verfahren. Mit der Erprobung der Verfah-
rensweisen und Methoden der vergleichenden Literaturwissenschaft bewegte
sich Sauer durchaus auf der Höhe der Zeit – wurden doch im Kontext des
Methodenpluralismus in der Germanistik gegen Ende des 19. Jahrhunderts
vergleichende Konzepte als anti-philologische Stellungnahme ebenso wie als
„Fortschreibung" und zugleich „Transzendierung der Nationalphilologien"
(Dainat 1995: 44) intensiv diskutiert. Sauer konnte sich dabei auf Wilhelm
Scherer, aber auch auf Erich Schmidt berufen. Sowohl Scherer als auch
Schmidt hatten sich nämlich offen für eine auch international vergleichen-
de Literaturgeschichte gezeigt. Scherer hatte in seiner *Geschichte der deutschen
Literatur,* die er dezidiert als Konkurrenzunternehmen zur äußerst populären

Literaturgeschichte August Vilmars (*Geschichte der deutschen Nationalliteratur*, 27 Auflagen bis 1913) sah, eine national-chauvinistische Verfälschung des literaturgeschichtlichen Prozesses kritisiert: Scherer hielt trotz seines national-philologischen Konzeptes fest

> an der Achtung kultureller Leistungen anderer Völker und bewahrte sich den Blick für die Einbettung der deutschen Literaturentwicklung in übernationale, insbesondere europäische Prozesse, deren produktive Wechselwirkung er in seiner Literaturgeschichte mehrfach ins Bewußtsein rief. (Höppner 1993: 77)

Erich Schmidt veröffentlichte im Jahr 1875 unter dem Titel *Richardson, Rousseau und Goethe* eine Studie, in der er die „literarischen Voraussetzungen" von Goethes *Werther* anhand der Briefromane *Julie, où la Nouvelle Héloise* und *Pamela, or Virtue Rewarded* erhellte. In seiner 1880 gehaltenen Wiener Antrittsvorlesung *Wege und Ziele der deutschen Literaturgeschichte* charakterisierte er Literaturgeschichte als „Entwicklungsgeschichte des geistigen Lebens eines Volkes mit vergleichenden Ausblicken auf die anderen Nationalliteraturen." (Schmidt 1886: 486) Diese „vergleichenden Ausblicke" sollten historisch, bildungsgeschichtlich sowie auf der Sprachebene erfolgen. Und so kommt Schmidt zu dem Schluss: „Der Begriff der Nationallitteratur duldet gleichwohl keinen engherzigen Schutzzoll; im geistigen Leben sind wir Freihändler" (Schmidt 1886: 488). Für Sauer (1904: XLVI) ergab sich nun zwar das Problem, dass Stifter Cooper nie erwähnt hatte, aber für Sauer ersetzte der „innere Einfluß [...] die äußeren Beweise." Im Folgenden beleuchtete er die Ähnlichkeiten in der Schilderung des Waldes bei beiden Autoren und zählte eine eindrucksvolle Anzahl an Textbelegen auf – Ähnlichkeiten im Beschreibungsvokabular, der Handlung, den Situationen, Örtlichkeiten und Charakteren – die den Einfluss Coopers auf Stifter belegen sollen. Besonders Coopers *Hirschtödter (The Deerslayer)* habe Stifter nachhaltig beeinflusst:

> Der nordamerikanische Dichter hat, obwohl er künstlerisch weit tiefer als sein deutscher Nachahmer steht, die Phantasie Stifters in hundertfacher Weise befruchtet, die in diesem schlummernde Erinnerung an die frühesten Eindrücke der Kindheit zu kraftvollem Leben erweckt, ihm die dichterische Verwertung der ihm längst vertrauten Landschaft nahegelegt und aus der Verbindung fremder und fremdartiger Anregungen mit der Kenntnis der eigenen Heimat und den Erfahrungen des eigenen Herzens ist Stifters eigentümlichste Dichtung erwachsen. (Sauer 1904: LVI)

Sauer sieht anscheinend den Gewinn einer vergleichenden Methode vor allem in der erweiterten Motiv- und Stoffgeschichte, denn internationale historische Zusammenhänge kommen nicht zur Sprache – die auch im nationalen Kontext geübte stoffliche und motivische Einflussforschung wird also auf einen internationalen Rahmen erweitert. Auch haben die Einflüsse auf Stifter in

Sauers Konstruktion vor allem den Stellenwert der befruchtenden Anregung: Das spezifisch „Eigene", das Stifter für Sauer besitzt, das „Ererbte" und vor allem das „Erlebte", hier eben die „frühesten Eindrücke der Kindheit", sind die eigentlich wichtigen Determinanten, die durch „fremde" Einflüsse nur geweckt werden können. Vor allem dient Sauer die Komparatistik als Modell, ‚Fremdes' vom ‚Eigenen' deutlich scheiden zu können, das spezifisch ‚Eigene' mithin also über die Differenz zu bestimmen.

Ein ganz anderes Problem verbirgt sich im Übrigen hinter dem Vergleich zwischen Stifter und Cooper, deren Ähnlichkeit lange Jahre hindurch eine anerkannte Tatsache in der Stifter-Forschung bildete.[4] Im Jahr 1974 machte Barton Browning auf einen grundsätzlichen Denkfehler in Sauers Beweissystem aufmerksam: Stifter hatte den *Hochwald* bereits geschrieben, als Coopers *Deerslayer* (der noch im gleichen Jahr ins Deutsche übersetzt wurde) erschien (Browning 1974: 821-828). Dieser Umstand mag vielleicht als Warnung gegen eine allzu leichtfertig argumentierende Einflussforschung zu verstehen sein; trotzdem lohnt es sich, Sauers komparatistisches Modell anhand seines Vortrages auf dem *International Congress of Arts und Science* im Jahr 1904 zu untersuchen. Es zeigt nicht nur, dass Sauer aktuellen literaturwissenschaftlichen Methoden keineswegs abgeneigt war, sondern dass er durchaus bereit war, über regionalistische und nationalistische Kategorien hinaus zu denken – auch wenn er diese nie völlig ausblendete.

## 8. August Sauer auf dem International Congress of Arts and Science

Im Rahmen der Weltausstellung in St. Louis, die zeitgleich mit den Olympischen Spielen auch an das Jubiläum der Abtretung Louisianas an die Vereinigten Staaten durch Napoleon im Jahr 1804 erinnerte, wurde der groß angelegte *International Congress of Arts and Science* durchgeführt. Dieser Kongress stellte den Versuch dar, das Wissen der Welt an einem Ort zu versammeln und somit die Universalisierung und Harmonie der wissenschaftlichen Welt zu be-

---

4   Noch im Jahr 1992 benutzte Eva Geulen in ihrer bemerkenswerten Arbeit diesen Vergleich. Vgl. Geulen (1992: 99).

fördern und zu bestätigen. Die Verantwortlichen der Weltausstellung stellten
großzügige finanzielle Mittel zur Verfügung, so dass jedem Vortragenden ein
Honorar von 500 Dollar garantiert werden konnte und zudem die Publikation der Beiträge gesichert war. So gingen auch an den Universitäten Europas
Einladungen zur Teilnahme an diesem Kongress ein. Vom 19. bis zum 25.
September 1904 versammelten sich in St. Louis Vertreter der medizinischen,
geistes- und naturwissenschaftlichen Disziplinen aus nahezu ganz Europa,
aus Japan, Kanada und den USA, um in verschiedenen Sektionen ihre Forschungen zu präsentieren.[5]

August Sauers Freund Jakob Minor, zu dieser Zeit Ordinarius in Wien,
informierte Sauer über den Kongress, an dem außer ihm selbst fünf weitere
Professoren der Universität Wien teilnehmen sollten. Nach der Absage Franz
Munckers schlug er Sauer vor, anstelle Munckers mit in die USA zu kommen.
Nach einigem Zögern stimmte Sauer einer Teilnahme zu, vor allem wohl, weil
ihm der deutsch-amerikanische Psychologe und Vizepräsident des Kongresses, Hugo Münsterberg, ausdrücklich dazu geraten hatte. Wie aus einem Brief
an Minor vom 1. April 1904 hervorgeht, sorgte sich Sauer hauptsächlich um
die Finanzierung der Reise. Seine Fragen an Minor kreisen zu dem Zeitpunkt
um die Auszahlung des Honorars und die finanzielle Absicherung der Weltausstellung selbst. Minor fasste die Fragen offensichtlich als Ablenkung auf.
In seiner Erwiderung (2. April) schrieb er ungeduldig:

> Die Reise ist heute, wie vor 23 Monaten ein Risiko, keine Spazierfahrt. Sie kann herrlich
> und sie kann ungemütlich werden, wie alles außergewöhnliche. Ich bin nicht der Einzige,
> der dafür ist, und wir sind nicht die Einzigen, die das Risiko auf sich nehmen. Eine Ver-
> antwortung lehne ich ab und überlasse es deiner freien Entscheidung. Nur besonders lege
> ich dir nahe Ja zu sagen, als ich in begreiflicher Weise jetzt in einer schwierigen Lage bin
> (Faerber 2004: 448).

Probleme hatte Sauer ebenfalls mit der Themenfindung. Verlangt wurde ein
Thema, das die „Beziehungen der Literaturgeschichte zu den Grenzgebieten,
Geschichte, Kunstgeschichte, Musikgeschichte" erhellen sollte. Sauer beklagte
sich bei Minor darüber, dass ihm dieses Thema „absolut nicht" liege (Faerber
2004: 448). Seine Bitte an Münsterberg um Präzisierung der Themenstellung
blieb wohl in der folgenden Zeit ebenfalls ohne Antwort. Letztendlich hielt
Sauer auf dem Kongress keinen streng interdisziplinären Vortrag – geplant
hatte er eigentlich Ausführungen über Beethoven und Grillparzer – sondern
steckte mit seinem innerhalb der Sektion *History of Literature* gehaltenen Vortrag *Über den Einfluss der amerikanischen Literatur auf die deutsche* das Feld der

---

5    Die Ergebnisse des Kongresses wurden 1908 in 15 Bänden veröffentlicht.

vergleichenden Literaturgeschichte ab.[6] Das ambitionierte Projekt eines interdisziplinären Weltkongresses, der von dem idealistischen Impetus getragen war, Wissenschaft über disziplinäre Spezialisierung und nationalen Grenzen hinweg als universales Verständigungs-, Wahrheits- und Fortschrittsmittel und gleichzeitig als Medium des friedlichen internationalen Wettbewerbs zu installieren (analog zum Konzept der Weltausstellung), bewog Sauer wohl, ebenfalls international ausgerichtete Untersuchungsmodi anzulegen. So unterscheidet sich sein Vortrag, in dem er den Einfluss Coopers auf Stifter beleuchtet, vor allem von seinen anderen öffentlichen Vorträgen zu Adalbert Stifter.[7] Schon zu Beginn seiner Rede stellt Sauer seine Thematik dezidiert in den Kontext einer komparatistischen Literaturforschung. Die Geschichte aller Literaturen sei ein „einheitlicher Organismus, dessen einzelne Teile im innigsten und unlösbaren Zusammenhange stehen und die regste Wechselwirkung bis in die kleinsten und feinsten Äderchen hinein entfalten." (Sauer 1906a: 22) Auch der Organismusgedanke ist ein programmatischer Punkt der Komparatistik, wie ihn etwa Fernand Brunetière auf dem 1900 in Paris veranstalteten *Congrès d'histoire Comparé* unter europäischen Vorzeichen betont hatte: Alle Nationalliteraturen seien demgemäß auch Teil einer europäischen Literatur, die wiederum als ‚organische Einheit' zu verstehen sei. Interessant an der Rede Sauers ist, dass er gewissermaßen über den rein literarischen Hintergrund des Vergleichs zwischen Cooper und Stifter hinausgeht und eine Theorie des Kulturtransfers entwirft.

> Die Geschichte der Literatur eines Volkes ist eine fast ununterbrochene Folge von Kulturübertragungen, von Einflüssen, Einmischungen, Anregungen fremder Literaturen. Ist ein Volk kulturell, sozial, politisch dem anderen überlegen und zugleich in nächster geographischer Berührung und in regem Verkehr, so ist das schwächere, jüngere, unreifere, zurückgebliebene dem geistigen Einflusse des anderen völlig ausgeliefert. Bei einer solchen Kulturübertragung, wobei Welt- und Lebensauffassung, soziale Einrichtungen, technische Errungenschaften, Sitten und Gewohnheiten von einem Volk auf das andere übergehen, kann auch die Kunst des einen Volkes einfach in das fremde Erdreich verpflanzt werden (Sauer 1906a: 23).

Natürlich fällt an Sauers Konstruktion der „Kulturübertragung" der darwinistische Duktus auf – bereits die Attribute „schwächer", „jünger" „zurückgeblieben" können hier auch biologistisch verstanden werden. Der Transfer von Kultur bedeutet für Sauer eine durchaus gewaltsame, „auslöschende",

---

6    Der Vortrag wurde 1908 im sechsten Band der Kongresspublikation, *Literature and art*, unter dem Titel *The Influence Of North American Literature on German Literature* (S. 477-497) veröffentlicht.

7    1906 wurde der Vortrag im *Jahrbuch der Grillparzer-Gesellschaft* veröffentlicht.

alle gesellschaftlichen und kulturellen Lebensbereiche umfassende Koloni-
sierung. Literarische Gattungen werden so zu Kampfgebieten, die zeitweise
„Invasoren" ausgesetzt seien. Ähnlichkeiten in Stoff und Form in der Literatur verschiedener Kulturen entstünden also durch eine „das ganze Leben
und Denken eines Volkes durchdringende und umgestaltende Kulturübertragung", und die weitere Selbständigkeit sei vor allem durch die Hervorhebung der Abweichungen gekennzeichnet (Sauer 1906a: 23). Dies entspricht
Sauers deterministischem Weltbild, mit naturwissenschaftlicher Exaktheit alle
Partikel kultureller Eigenschaften bestimmen und mikrologisch definieren zu
können, was das ‚Eigene' und was das ‚Fremde' ist: Die im komparatistischen
Verfahren aufgezeigten Beziehungen zwischen verschieden Dichtern können
nämlich laut Sauer (1906a: 25) benutzt werden zur

> Abwägung der Mischungsverhältnisse, um dann angeben zu können, wo Selbständigkeit
> erreicht ist, wo Persönliches, Subjektives, Eigenes, Ursprüngliches zu erkennen ist, wo der
> Nationalcharakter von allen Hüllen sich befreit und in greifbarer Deutlichkeit herrlich und
> strahlend sich in die Lüfte erhebt.

Die Absicht, streng naturwissenschaftlich das „Mischungsverhältnis" for-
melhaft bestimmen zu können, führt also auch in diesem Theoriemodell
zur Herauskristallisierung des Nationalcharakters, der nun nicht mehr durch
Einschließungsprozesse, sondern mithilfe eines Ausschließungsverfahrens
bestimmbar wird. Auch in seiner Rektoratsrede drei Jahre später hatte Sauer
(1907: 3) Literatur als „Teilerscheinung großer Kulturübertragungen [...], wie
sie durch die Jahrtausende zu verfolgen sind", definiert und die Verfahren
der Komparatistik, die in der vergleichenden Untersuchung vieler Literaturen
bestimmte, als typisch geltende Gesetzmäßigkeiten herleiten könnten, als einen wirksamen wissenschaftlichen Weg gekennzeichnet, der die Darstellung
der Nationalliteraturen erleichtern könne. Bedeutsam ist Sauers Kulturmodell
ebenfalls aus dem Grund, weil er für Cooper und Stifter zu dem Ergebnis
kommt, dass trotz aller naturwissenschaftlich-mikrologischen Zergliederung,
die er in Bezug auf den Nationalcharakter durchführen will, ‚Fremdes und Eigenes' durchaus zu einem „wertvollen neuartigen Dichtwerke" verschmelzen
können. So geschehen in Stifters Erzählung *Hochwald*, die ein „merkwürdiges
und lehrreiches Beispiel [sei] für die nahe und fruchtbare Berührung zweier
Dichter, zweier Literaturen, zweier Weltteile." (Sauer 1906a: 51)

## 9. Fazit

Rainer Kolk (1990) hat in einer soziologischen Studie einen neuen, sich im Kaiserreich herausbildenden Gelehrtentypus charakterisiert, der seine Wissenschaft nicht mehr nur durch die Annäherung an die „Wahrheit", sondern zunehmend auch extern legitimiert sieht. Dieses neue Wissenschaftsverständnis resultierte ebenfalls in einer veränderten Auffassung der Repräsentationsfunktion des Gelehrten gegenüber Gesellschaft und Öffentlichkeit: Anders noch als Karl Lachmann, dessen Habitus die Tugenden einer ‚disziplinierten' Lebensart wie Einsamkeit und Askese widerspiegelte, ist der neue Typ des Gelehrten „elegant, weltmännisch und in die Habitusformen der Gesellschaft integriert." (Kolk 1990: 81) Erich Schmidt gilt Kolk (1990: 86) als „harmonische Einheit von moderner Persönlichkeit und zeitgemäßer Wissenschaft."

Auch August Sauer passt in diese Kategorie des Gelehrten, der bestrebt ist, seine Wissenschaft in den Dienst einer national-kulturellen Selbstfindung zu stellen, ohne dabei unbedingt seine philologischen Grundsätze zu verleugnen. So verlaufen bei ihm philologische Textkritik und kulturpolitische Funktionalisierung teilweise parallel. Gleichzeitig lässt seine wissenschaftliche Selbstverpflichtung auch Raum für komparatistische international ausgerichtete Methoden, die nicht mehr auf eine regionalistisch-stammheitliche Literaturtheorie begrenzt sind.

Insgesamt hat sich gezeigt, dass sich Sauer in seiner literaturwissenschaftlichen Argumentationsweise weniger von Polemik oder Kulturpolitik leiten ließ – die Analyse der komparatistischen Studien zu Adalbert Stifter und Cooper, sowie des gesamten zweiten Teils der einführenden Passagen zu Stifters erstem *Studien*-Band haben dies deutlich gemacht. Wie bereits Hans-Harald Müller und Myriam Richter anhand der Gründungsgeschichte der Zeitschrift *Euphorion* herausgearbeitet haben,[8] offenbart sich auch in Teilen von Sauers Stifter-Rezeption ein wissenschaftliches (Selbst)-Bild, das sich in seiner Betonung von Modernität und Urbanität von dem dominanten Bild des „stammheitlich"-regionalistischen Wissenschaftlers unterscheidet, das man zumeist mit ihm zu verbinden gewohnt ist.

---

8   Vgl. den Aufsatz von Heinz-Harald Müller und Myriam Richter in diesem Band.

# Literatur

Binder, Hartmut (1995): Kafkas Weg zu Stifter. Mit besonderer Berücksichtigung August Sauers. – In: Lachinger, Johann (Hg.), *Adalbert Stifter. Studien zu seiner Rezeption und Wirkung I, 1868-1930*. Linz: Adalbert-Stifter-Institut des Landes Oberösterreich, 159-202.

Browning, Barton W. (1974): Cooper's Influence on Stifter: Fact or Scholarly Myth? – In: *Modern Language Notes* 89, 821-828.

Dainat, Holger (1995): Zwischen Nationalphilologie und Geistesgeschichte. Der Beitrag der Komparatistik zur Modernisierung der deutschen Literaturwissenschaft. – In: Brius, Hendrik (Hg.), *Germanistik und Komparatistik*. Stuttgart u. a.: Metzler, 37-53.

Dohnke, Kay (1999): Völkische Literatur und Heimatliteratur 1870-1918. – In: Puschner, Uwe u. a. (Hgg.), *Handbuch zur völkischen Bewegung 1871-1918*. München u. a.: Saur 651-684.

Eichendorff, Joseph von (1990): Zur Geschichte der neueren romantischen Poesie in Deutschland. – In: Ders., *Werke in sechs Bänden*. hrsg. v. Hartwig Schultz. Bd. VI: Geschichte der Poesie. Schriften zur Literaturgeschichte. Frankfurt/M.: Dt. Klassiker-Verl., 13-60.

Faerber, Sigfrid (2004): *Ich bin ein Chinese. Der Wiener Literarhistoriker Jakob Minor und seine Briefe an August Sauer*. Frankfurt/M.: Peter Lang.

Geulen, Eva (1992): *Worthörig wider Willen. Darstellungsproblematik und Sprachreflexion in der Prosa Adalbert Stifters*. München: Iudicium.

Hamacher, Bernd (2005): Kleist-Editionen. – In: Nutt-Kofoth, Rüdiger/Plachta, Bodo (Hgg.), *Editionen zu deutschsprachigen Autoren als Spiegel der Editionsgeschichte*. Tübingen: Niemeyer, 263-283.

Hauffen, Adolf (1905): Einführung. – In: *Deutsche Arbeit. Monatschrift für das geistige Leben der Deutschen in Böhmen* IV, 756-762.

Hofmann, Alois (1985): Bericht über das Prager Adalbert-Stifter-Archiv. – In: *Vierteljahresschrift Adalbert-Stifter-Institut des Landes Oberösterreich* 33, 109-114.

Hofmann, Alois (1995): Aufbruch der Stifter-Forschung in Prag. August Sauer und sein Kreis. – In: Lachinger, Johann (Hg.), *Adalbert Stifter. Studien zur seiner Rezeption und Wirkung I*, 1868-1930. Linz: Adalbert-Stifter-Institut des Landes Oberösterreich, 79-97.

Höppner, Wolfgang (1993): *Das „Ererbte, Erlebte und Erlernte" im Werk Wilhelm Scherers. Ein Beitrag zur Geschichte der Germanistik*. Köln u. a.: Böhlau.

Kolk, Rainer (1990): *Berlin oder Leipzig? Eine Studie zur sozialen Organisation der Germanistik im „Nibelungenstreit"*. Tübingen: Niemeyer.

Kosch, Wilhelm (1905): *Adalbert Stifter und die Romantik*. Prag: Bellmann.

Kruckis, Hans-Martin (1994): Goethe-Philologie als Paradigma neuphilologischer Wissenschaft im 19. Jahrhundert. – In: Fohrmann, Jürgen/Voßkamp, Wilhelm (Hgg.), *Wissenschaftsgeschichte der Germanistik im 19. Jahrhundert*. Stuttgart u. a.: Metzler, 451-493.

Mandelkow, Karl Robert (2001): Goethe-Forschung als Paradigma literaturwissenschaftlicher Methodendiskussion im 20. Jahrhundert (1992). – In: Ders., *Gesammelte Aufsätze und Vorträge zur Klassik- und Romantikrezeption in Deutschland*. Frankfurt/M.: Lang, 209-222.

Maidl, Václav (2000): Die Prachatitzer Monatsschrift ‚Der Böhmerwald' (1899-1907). Rekonstruktion eines Torso. – In: Ehlers, Klaas-Hinrich/Höhne, Steffen/Maidl, Vaclav/Nekula, Marek (Hgg.), *Brücken nach Prag. Deutschsprachige Literatur im kulturellen Kontext der Donaumonarchie und der Tschechoslowakei. Festschrift für Kurt Krolop zum 70. Geburtstag*. Frankfurt/M.: Peter Lang, 81-104.

Nutz, Maximilian (1994): Das Beispiel Goethe. Zur Konstituierung eines nationalen Klassikers. – In: Fohrmann, Jürgen/Vosskamp, Wilhelm (Hgg.), *Wissenschaftsgeschichte der Germanistik im 19. Jahrhundert*. Stuttgart u. a.: Metzler, 605-637.

Plachta, Bodo (2001): Germanistische Editionswissenschaft im Kontext ihrer Geschichte. – In: *Anglia. Zeitschrift für englische Philologie* 119/3, Tübingen, 375-398.

Rossbacher, Karl-Heinz (1975): *Heimatkunstbewegung und Heimatroman. Zu einer Literatursoziologie der Jahrhundertwende*. Stuttgart: Klett.

Sauer, August (1901): Die neue Stifter-Ausgabe der „Gesellschaft zur Förderung deutscher Wissenschaft, Kunst und Literatur in Böhmen". – In: *Deutsche Arbeit. Monatschrift für das geistige Leben der Deutschen in Böhmen* I, S. 578-582.

Sauer, August (1904): Einleitung. – In: *Adalbert Stifters sämmtliche Werke*. Bd. 1: Studien 1. Prag: Calve, XXXIII-LXXVII.

Sauer, August (1906): *Zweiter Bericht über die im Rahmen der Bibliothek deutscher Schriftsteller aus Böhmen erscheinende kritische Gesamtausgabe der Werke Adalbert Stifters, im Verein mit Adalbert Horčička, Wilhelm Kosch und Johann Weyde erstattet von August Sauer* (= Gesellschaft zur Förderung deutscher Wissenschaft, Kunst und Literatur in Böhmen, 16). Prag: Verl. der Ges. zur Förderung dt. Wiss., Kunst und Literatur in Böhmen.

Sauer, August (1906a): Über den Einfluß der nordamerikanischen Literatur auf die deutsche. – In: *Jahrbuch der Grillparzer-Gesellschaft* 16, 21-51.

Scherer, Wilhelm (1886): *Aufsätze über Goethe*. Berlin: Weidmann.

Schmidt, Erich (1886): Wege und Ziele der deutschen Literaturgeschichte. – In: Ders., *Charakteristiken*. Reihe 1. Berlin: Weidmann, 480-494.

Schumann, Andreas (1991): *Nation und Literaturgeschichte. Romantik-Rezeption im deutschen Kaiserreich zwischen Utopie und Apologie*. München: Iudicium.

Selbmann, Rolf (1996): Späte „bunte Steine". Die Denkmäler für Adalbert Stifter. – In: *Jahrbuch des Adalbert Stifter Institutes des Landes Oberösterreich* 3, 110-128.

Stüben, Jens (2005): Stifter-Editionen. – In: Nutt-Kofoth, Rüdiger/Plachta, Bodo (Hgg.), *Editionen zu deutschsprachigen Autoren als Spiegel der Editionsgeschichte*. Tübingen: Niemeyer, 403-431.

Windfuhr, Manfred (1957): Die neugermanistische Edition: Zu den Grundsätzen kritischer Gesamtausgaben. – In: *Deutsche Vierteljahrsschrift für Literaturwissenschaft und Geistesgeschichte* 31, 425-442.

Kurt Krolop

# August Sauer und Josef Nadler.
## Zur tschechischen Rezeption ihrer literaturhistorischen Konzeption in der Zwischenkriegszeit

Josef Körner (1888-1950) hat in seinem Abriss der Geschichte der deutschen Philologie in Österreich ein wissenschaftsgeschichtliches Hauptverdienst August Sauers mit den Worten hervorgehoben:

> Keiner von *Scherers* Schülern – etwa Erich *Schmidt* ausgenommen – zeigt die Fähigkeit des Meisters, eine Schule zu bilden und organisatorische Arbeit zu leisten, in so hohem Grade wie August *Sauer* [...] Von seinen Schülern hat er Wilhelm *Kosch*, Ferdinand Josef *Schneider*, Joseph *Nadler* (und dessen Schüler Moritz *Enzinger*) auf Lehrstühle befördert. (Körner 1935: 85f.; Herv. i. O.)

Zu ergänzen wäre diese Aufzählung noch durch den gebürtigen Wiener, den vor dem ersten Weltkrieg neben Ferdinand Josef Schneider als Privatdozent in Prag lehrenden Spiridion Wukadinović, der dann als Nachfolger Wilhelm Creizenachs (1851-1919) als letzter noch vom Kaiser ernannter nichtpolnischer, germanistischer Ordinarius an die Universität Krakau ging, wo er bis 1938 wirkte. Von ihm stammt die bis in die 60er Jahre des 20. Jahrhunderts gültige Grabbe-Ausgabe (Hýsek 1970: 189).

Unter diesen auf Lehrstühle beförderten Schülern hat Ferdinand Josef Schneider (1879-1954) ab 1921 bis zu seinem Tode 1954 an der Seite des Altgermanisten Georg Baesecke als neugermanistischer Ordinarius gewirkt, so dass ich mich cum grano salis durch meine Studienzeit in Halle als Sauers Enkelschüler bezeichnen könnte.

Vor etwa zwei Jahren ist die Dissertation der Prager tschechischen Germanistin Lenka Vodrážková-Pokorná (2007) unter dem Titel *Die Prager Germanistik nach 1882. Mit besonderer Berücksichtigung des Lebenswerkes der bis 1900 an die Universität berufenen Persönlichkeiten* erschienen. In willkommener Weise wertet sie nicht nur das im engeren Sinne fachwissenschaftliche Material aus, sondern behandelt auch umfassend die national- und kulturpolitischen Aktivitäten der beiden germanistischen Seminare. So untersucht sie meines Wissens die erste Parallelgeschichte einer Fachdisziplin an zwei ortsansässigen Universitäten verschiedener Nationalität. An dem vorbildlichen Literaturverzeichnis gibt es nur Weniges zu ergänzen, so vor allem die Angabe, dass von den *Gesammelten Schriften* August Sauers nicht nur zwei (Vodrážková-Pokorná 2007: 420), sondern drei Bände erschienen sind, und der dritte Band unter dem Titel *Apoll und Mars* (Sauer 1944), so dass dergestalt die Absicht des Autors (nach dem Zeugnis der Herausgeberin Hedda Sauer) seine fachwissenschaftlichen Schriften in drei Bänden versammelt zu sehen (Sauer 1933: VII), doch noch verwirklicht wurde.[1]

In einem Nachruf des tschechischen *Časopis pro moderní filologii* [Zeitschrift für Neuphilologie] heißt es unter anderem, dass Sauer seinen deutsch-nationalen Standpunkt nie auf den Umgang mit seinen Schülern und Kollegen übertrug. Nach dem Umsturz von 1918 arbeitete er nicht selten mit den Kreisen der tschechischen Universität zusammen, schrieb auf Veranlassung Immanuel Radls für dessen Zeitschrift (*Nový Atheneum* [Neue Athenäum]) eine Abhandlung über die Bedeutung der Prager deutschen Universität, hielt im März 1922 eine Vorlesung über die deutsche Wissenschaft in Böhmen in der *Filósofická jednota* [Philosophischer Verein] und sprach über Grillparzers Stellung in der deutschen Literatur im November 1925 im *Klub moderních filologů* [Neuphilologenklub] (*Časopis pro moderní filologii* 1/1926).

Hervorzuheben ist auch, dass August Sauer 1908 in der in zwei voluminösen Bänden herausgegebenen Festschrift zum 80. Geburtstag Johann Kelles, die in der von ihm begründeten Reihe *Prager deutsche Studien* erschien, Prager Hochschullehrer der deutschen wie der tschechischen Germanistik unter einem Dach versammelte, also neben August Sauer (1855-1926) Adolf Hauffen (1863-1930), Hans Lambel (1842-1921), Carl von Kraus (1868-1952), Ernst Martin (1841-1910), Primus Lessiak (1878-1937) sowie auch die Prager tschechischen Germanisten Václav Emanuel Mourek (1846-1911), Arnošt Vilém Kraus (1859-1943), Josef Janko (1869-1947), Jan Krejčí (1868-1942) und auch schon den jungen Otokar Fischer (1883-1938) mit einer Studie über *Die Träume des grünen Heinrich*, wohl der frühesten Arbeit eines zukünftigen Literaturwissenschaftlers, welcher die Arbeit der Freudschen Psychoanalyse zu Interpretationszwecken heranzieht (Rosenbaum 1925: 11f.).

Keineswegs nur am Rande sei der nicht unwichtige Umstand erwähnt, dass das germanistische Opus von Otokar Fischer und die als Dissertation eingereichte fast 100seitige Einleitung zur von Otokar Fischer veröffentlichten Sammlung *H.W. v. Gerstenbergs Rezensionen in der Hamburgischen Neuen*

---

[1]  Das geht auch aus der „Frau Hedda Sauer dargebotenen" Grillparzer-Biographie Josef Nadlers hervor, wo es heißt: „Da Sie mit der Sammlung von Sauers Schriften glücklich zu Ende gekommen sind." (Nadler 1948: 7)

*Zeitung*, die in August Sauers *Deutsche Literaturdenkmale des 18. und 19. Jahrhunderts* erschien, dass diese Einleitung mit Worten schließt, die als keineswegs nur versteckte Widmung gewertet werden können:

> Auch sonst ist mir durch die Vermittlung *des Herausgebers der Literaturdenkmale* manche wertvolle Auskunft zuteil geworden: Ihm aber ist dieser Band gewidmet, wenn auch das Dedikationsblatt fehlen muss. (Rosenbaum 1925: 8; Fischer 1904; Herv. i. O.)

Dieser nicht genannte Herausgeber war natürlich August Sauer.

Dass dagegen in dem Jahrzehnt nach dem Ersten Weltkrieg in der Festschrift für August Sauer von 1925 die Prager tschechische Germanistik, den *Xenia Pragensia* von 1929, der Doppelfestschrift für Arnošt Kraus und Josef Janko, hinwiederum die Prager deutsche Germanistik gänzlich fehlt, kann als ein sprechendes Indiz für eine sich wechselseitig beschleunigende Tendenz zu politisch-ethnischer Absonderung gelten, deren Vorgeschichte weit ins 19. Jahrhundert zurückreicht und in deren Entwicklungsgang die 1882 erfolgte Universitätsteilung nur eine von vielen Stationen darstellt: eine Art ‚ethnic cleansing' zur Wahrung oder Wiedergewinnung eines sogenannten ‚nationalen Besitzstandes' auch in der Wissenschaft, was dieser noch nie gut bekommen ist. Es muss leider als symptomatisch betrachtet werden, dass bei dem bis auf den heutigen Tag bedeutendsten Monumentalwerk deutsch-tschechischer, ja wohl überhaupt germanistisch-slawistischer philologischer Zusammenarbeit, bei den (1963 mit Recht eines Reprints gewürdigten) von 1913 bis 1923 – also über die Kriegszeit hinweg – in 5 Bänden erschienenen *Anmerkungen zu den Kinder- und Hausmärchen der Brüder Grimm* der deutsche Kooperationspartner des berühmten Prager tschechischen Slawisten Georg bzw. Jiří Polivka nicht ein deutscher oder österreichischer Slawist aus Prag oder Wien gewesen ist, sondern Polivkas Stockberliner Generationsgenosse Johannes Bolte (1850-1937).

In der von August Sauer edierten Grillparzer-Ausgabe finden sich zwei Epigramme dieses Dichters aus den Jahren 1866-1868:

*Scheiden aus dem Deutschen Bund*
Man warf einen zur Tür hinaus,
Er stäubt sich ab und geht ruhig nach Haus.
Und als man meint, er hätts übel nehmen sollen,
Versichert er, er hab just selber weggehen wollen. (Grillparzer 1960: 581)

*Deutscher Bund*
Der Deutsche Bund war nicht schlecht von Haus,
Gab auch Schutz auch in jeder Fährlichkeit,
Nur setzt' er etwas Altmodisches voraus:
Die Treue und die Ehrlichkeit. (Grillparzer 1960: 581 u. 586)[2]

Das entsprach fast vollkommen der politischen und kulturpolitischen Geschichtsauffassung August Sauers, der in dem für das von Emanuel Radl herausgegebene *Nový Atheneum* 1919 folgendes geschrieben hat (ich zitiere hier nach der deutschen Fassung):

> Bis zum Jahre 1866 war Böhmen ein Bestandteil des deutschen Bundes. Die Gründung des Deutschen Reiches, der äußere Glanz, der von dem Wilhelminischen Zeitalter ausging, hat auch andere geblendet als die Deutschen in Österreich, hat auch dem Auslande so sehr in die Augen gestochen, daß es aus Gründen der Selbsterhaltung ihm sogar ein Ende bereiten zu müssen glaubte. Mit der Gründung des neuen Reiches ging ein langgehegter Wunschtraum in Erfüllung, wovon ausgeschlossen zu sein vielen Deutschen in Österreich sehr schwer fiel. Es war nur ein Teil der Deutschen in Österreich, der sich unbedingt mit den neuen Verhältnissen aussöhnte oder sich gar durch sie beglückt fühlte. Ein großer Teil der älteren Generation und manche auch aus der jüngeren konnte über das Jahr 1866 über den deutschen Bruderkrieg lange nicht hinwegkommen und der Haß gegen Preußen, der viel lebendiger war als man in der Zeit des Bündnisses zwischen Deutschland und Österreich aussprechen wollte und/oder durfte, war aus vielen Herzen nicht auszurotten. Von der deutschen Wissenschaft aber, von ihren großen Erfolgen, von ihrer in der ganzen Welt anerkannten und nachgeahmten Methode sich abzuwenden oder abzuschließen, war auch nicht der schwächste Grund vorhanden. Man gehörte zum deutschen Volke, man gehörte zum deutschen Kulturkreis und man machte naturgemäß die Wandlungen mit, die das deutsche Volk, die deutsche Kultur mitmachte.
> Diese Kultur nahm aber in der Tat eine gefährliche Wendung. Das neue deutsche Kaiserreich war nicht eigentlich ein *deutsches* Reich, es war ein Großpreußen. Weite Provinzen Deutschlands hatte Preußen unterjocht, und auch im Süden hatte es Fuß gefaßt. Man meinte, die ererbten Unterschiede zwischen den alten deutschen Stämmen ausgetilgt und ein einheitliches, unifiziertes und uniformiertes deutsches Volk hergestellt zu haben. Auch die deutsche Literatur, die deutsche Wissenschaft machte dies bis zu einem gewissen Grade mit. Berlin wollte in Literatur und Kunst tonangebend sein; es zog und sog alles an sich; die preußischen Historiker verfälschten die deutsche Geschichte wie die deutschen Staatsmänner die deutsche Politik verfälschten. Es wird heute immer deutlicher, daß der Widerstand der einzelnen deutschen Landschaften und Stämme gegen diese Tyrannei Preußens der eigentliche und tiefste Grund des Reichsunterganges gewesen ist. Man hatte Unmögliches gewollt, die Einheit war nur höllisches Blendwerk; die Firnis löste sich ab, die alten tief wurzelnden Gegensätze traten wieder hervor. (Sauer 1928: 160-162, 217)[3]

---

2  In die 1925 abgeschlossene Auswahl-Ausgabe hat August Sauer nur das zweite dieser Epigramme übernommen (Grillparzer 1923: 75).

3  Alfred Rosenbaum (1925: 44) verzeichnet in seinem bibliographischen Versuch irrtümlich: „Der Aufsatz wurde auf Wunsch Dr. Emil [anstatt Immanuel] Radls […] verfasst."

Damit wurde auch einem weiteren tschechischen Publikum Einsicht in das politische und literarische Konzept gewährt, das dem Literaturgeschichtsbild August Sauers und auch Josef Nadlers zu Grunde lag. Auf solche Vorkenntnis konnte František Xaver Šalda zurückgreifen, als er in seiner Besprechung von Tomáš Garrigue Masaryks Buch *Světová revoluce* [Die Weltrevolution] (1925; die autorisierte deutsche Übersetzung stammt von Camill Hoffmann) unter anderem schrieb:

> In Nadlers literaturhistorischer Theorie steckt ein gesunde Kern: Man braucht ihn, und sei es auch gegen den Geist ihres Autors, nur zu Ende zu denken, um eine wirkliche Geschichtsphilosophie und ein wirkliches soziologisches Gesetz darin zu finden. Der Hinweis darauf, dass die Romantik an der Peripherie Deutschlands entstanden ist bei den sogenannten Neustämmen, und das erst diese Romantik germanischen und nicht klassischen Idealen gefolgt ist, weil sie in irgendeiner Form die erste und nächste Kulturstufe dargestellt haben, halte ich für einen wertvollen Ausgangspunkt. Auch bei uns konnte ich in einigen Fällen, wo ich dazu Gelegenheit und Mittel hatte, feststellen, dass unsere Chauvinisten oder dem Chauvinismus sich nähernde Leute nicht tschechischer Abstammung sind; dass sie abtrünnige tschechisierte Deutsche sind (denn auch solche Fälle hat es in unserer Vergangenheit gegeben. Nicht immer haben die Deutschen germanisiert, manchmal haben auch die Tschechen tschechisiert.)
>
> Aber darin liegt eine großartige Nemesis der Geschichte [...] die alten Deutschen haben mit Gewalt die baltischen Slawen germanisiert und diese Germanisierten führten nach Jahrhunderten durch ihren Chauvinismus Deutschland in den Krieg, der für sie mit einer schweren, beinahe tödlichen Niederlage endete [...] ein Schauspiel, bei dem man erschauert. (Šalda 1963: 74f.; deutsche Übersetzung von K. K.)

Erneut zurückgekehrt zu dieser Thematik ist F. X. Šalda in seinem vom 4. August 1932 datierten Aufsatz unter dem Titel *Problém německý* [Das deutsche Problem] für seine Ein-Mann-Zeitschrift *Zápisník* [Notizbuch], der zu großen Teilen einer Besprechung des ebenfalls 1932 erschienenen Buches des aus dem Elsass stammenden Romanisten Ernst Robert Curtius (1886-1956) *Deutscher Geist in Gefahr* gewidmet ist, in der „die geniale Forschertätigkeit Josef Nadlers" außerordentlich rühmend erwähnt wird.

> Das geschichtliche Bild, das uns erst durch die geniale Forschertätigkeit *Josef Nadlers* erschlossen wurde, ist [...] folgendes [...] Schon die knappen Andeutungen, die ich hier geben konnte, genügen, um die *geschichtlich* bedingte Problematik unserer Bildung neu zu durchleuchten. Sie erklären erstens die Spannung zwischen dem römisch-deutschen Südwesten und dem slawisch-deutschen Nordosten; zweitens die Spannung zwischen der Reichshauptstadt, die sich weder auf alte Geschichtstradition noch auf lebendiges Volkstum stützen kann, und dem Kulturbesitz der Länder; drittens die Spannung zwischen berlinischem Geist – als Beamtentum sowohl wie als Literatentum – und deutschem Geist. (Curtius 1932: 22f.)

In Hinblick auf die geschichtliche Situation von 1932 wird die Nadlersche Konzeption zusammengefasst:

> Die westlichen Staatsmänner, die den Frieden von Versailles ausgeheckt haben, wussten nicht, dass die Deutschen nicht eine Nation sind, sondern *zwei*: eine alte Nation zwischen Rhein und Elbe und eine neue jenseits der Elbe in Richtung Osten, kolonisiertes Slawentum; und sie wussten nicht, dass dieser neuen Nation der lateinische westliche Gedanke völlig fremd, ja feindlich ist – dass sie im Wesen und Ursprung romantisch ist. Uns, den Literarhistorikern, ist dieses völlig klar: Auf den Unterschied zwischen Altstämmen und Neustämmen hat Josef Nadler seine monumentale ‚Literaturgeschichte der deutschen Stämme und Landschaften' aufgebaut und so die fruchtbare methodologische Anregung des Prager deutschen Literarhistorikers Sauer mit Leben erfüllt und ausgearbeitet. Die Altstämme konnten Goethe und Schiller und die Weimarer Klassik hervorbringen, weil sie längst romanisiert waren, weil sie *römischen* Kolonisationsboden entstammten. Der deutsche Osten, hauptsächlich Preußen, ist vorwiegend Ursprungsland der Romantik, weil ihm der römisch-lateinische Geist völlig fremd blieb, weil er *deutscher* Kolonisationsboden war. (Šalda 1932: 363f.; deutsche Übersetzung von K. K.; Herv. i. O.)

Nur knapp zehn Monate nach dieser erneuten, von der Autorität seines romanistischen Fachkollegen Ernst Robert Curtius gestützten Berufung auf Nadler hielt der Prager germanistische Ordinarius Otokar Fischer unter dem Titel *Dvojí Německo* (Zweierlei Deutschland) am 4. Mai 1933 die erste öffentliche Veranstaltung des unter Šaldas Schirmherrschaft stehenden Hilfskomitees für deutsche Emigranten ab. Der Titel *Zweierlei Deutschland* knüpft – vielleicht nicht ohne kritischen Bezug auf Nadler bzw. dessen zustimmende Übernahme durch Šalda – nicht an eine horizontalbiographische, sondern an eine vertikale Traditionslinie an. Es heißt da unter anderem:

> ‚Wir tschechischen Goetheaner' gehen schon seit Jahren von der emotionalen und rationalen Unterscheidung von zweierlei Deutschlands, zweierlei Deutschtum aus; […] Seit den Tagen Jungmanns und Čelakovskýs hat sich die tschechische Liebe zu deutscher Dichtung unter die Schirmherrschaft der lichtvollsten, menschlichsten deutschen Erscheinungen gestellt, unter die Schirmherrschaft Herders und Goethes (Fischer 1947: 266f., deutsche Übersetzung von K. K.),

das heißt nach Nadlers, Šaldas und Curtius' Auffassung unter die eines Angehörigen der sogenannten Neustämme und eines Angehörigen der sogenannten Altstämme. Im Sinne dieser stillschweigenden Korrektur hat Otokar Fischer etwa ein Jahr später in seinem umfangreichen Aufsatz *Nové směry v literární vědě* [Neue Richtungen in der Literaturwissenschaft] wohlfundierte Einwände gegen die postulierte Unveränderlichkeit von Nadlers Stammes- und Landschaftsbegriff erhoben, jedoch das Positive hervorgehoben, das man trotz dieser Einwände hervorheben kann:

> Gegen konkrete Ergebnisse Nadlers hegen wir berechtigte Vorbehalte, doch ist ihm ein Verdienst ist ihm nicht abzusprechen, nämlich dass er anders als andere Forscher die grundsätzliche Zweigestaltigkeit, ja Vielgestaltigkeit Deutschlands hervorhebt, und dass er auf eine Grundtatsache jeder Nationalliteratur hinweist: dass deren Voraussetzung eine

Vielschichtigkeit von mehreren Kulturschichten ist und nicht die Bindung an ein einziges Volk. Wenn wir zum Beispiel von hier aus Folgerungen für das tschechische Schrifttum ziehen würden, könnten wir erkennen, dass auch bei uns das angestammte, von fremden Elementen nicht berührte Schrifttum nur einen Teil darstellt, aber dass das Leben der Nation und der Nationalkultur sich nicht vorstellen lässt ohne den Einfluss von Nachbarorganismen. Nur versuchs- und andeutungsweise ließe sich sagen: Die Tradition, die durch die Namen Jirásek oder Holeček bezeichnet wird, ist offensichtlich auf eine ländliche, durch und durch autochtone Vergangenheit gerichtet. Aber sobald wir Familiennamen und -geschichten von Tyrš oder Fügner oder Gebauer oder Rieger und hundert anderen tschechischen Patrioten und verdienstvollen Persönlichkeiten betrachten, bricht die Konstruktion eines einzigen, durch fremde Bestandteile unberührten Stammes in sich zusammen. (Fischer 1947: 208, deutsche Übersetzung von K. K.)

Dieser kritische Aufsatz Otokar Fischers ist meines Erachtens die letzte kritische Würdigung von Nadlers Literaturgeschichte im tschechischen fachlichen und weiteren öffentlichen Bereich in der Zwischenkriegszeit gewesen und geblieben, eine Würdigung, die auch deren Herkunft von Sauer nicht verschweigt und welche die oben genannten Verdienste einer solchen Literaturbetrachtung, mit der übrigens auch des Nationalismus unverdächtige Autoren wie Franz Blei oder Hugo von Hofmannsthal übereinstimmten, hervorhebt. Lassen Sie mich schließen mit einer Entdeckung, die keineswegs trivial ist. Als erster kanonischer Text dessen, was man in den zwanziger und dreißiger Jahren des 20. Jahrhunderts als „Prager Schule" des Strukturalismus zu bezeichnen begann, gilt die von dem Anglisten Vilém Mathesius am 6. Februar 1911 eingereichte Abhandlung *O potenciálnosti jevů jazykových* [Über die Potentionalität von Spracherscheinungen]. Jedoch im selben Jahre hat Wilhelm Kosch, einer von Sauers Schülern, seinem „Czernowitz, Weihnacht 1911" datierten Vorwort zu seinem Buch *Menschen und Bücher* (Leipzig 1912) folgende Widmung vorangestellt, die den Begriff Prager Schule in einem früheren und ganz anderem Zusammenhang verwendet: „Marie Speyer und den Genossen der Prager Schule." (Kosch 1912: 3) Marie Speyer (1880-1914) war eine Luxemburgische Germanistin, die in den von August Sauer herausgegebenen *Prager Studien* eine August Sauer gewidmete Dissertation über Wilhelm Raabes *Holunderblüte* (1908) veröffentlichte und die zusammen mit Wilhelm Kosch einen Neudruck von Friedrich Schlegels *Geschichte der alten und neuen Literatur* herausgab (Kosch 1930: Sp. 2523). Der Schulmeister dessen, was hier als Prager Schule bezeichnet wird, hieß August Sauer, dessen in Wilhelm Koschs Vorwort mit den Worten gedacht wird:

Dankbar gedenke ich schließlich meines Lehrers August Sauer. Sein wissenschaftliches Glaubensbekenntnis ist auch das seiner Schule: Die Literaturgeschichte muß wieder ans Leben angeknüpft, dem Leben eingegliedert werden. (Kosch 1912: 8)

Gleichwohl dürfte es in der Zeitabfolge das erste Mal gewesen sein, in dem der Begriff „Prager Schule" im sprach- und literaturwissenschaftlichen Sinne verwendet worden ist. Genau in diesem Sinne hat die „Prager Schule" einen begriffsgeschichtlichen Vorsprung als die „Prager Schule" August Sauers, dessen Werk und Wirkung der Gegenstand dieser Tagung ist. Dazu wollten diese Ausführungen ein bescheidener Beitrag sein.

## Literatur

Curtius, Ernst Robert (1932): *Deutscher Geist in Gefahr*. Stuttgart, Berlin: Deutsche Verl.-Anst.

Fischer, Otokar (1904): *H. W. v. Gerstenbergs Rezensionen in der Hamburgischen Neuen Zeitung*. Berlin: Behr.

Fischer, Otokar (1947): Dvojí Německo [Zweierlei Deutschland]. – In: Ders., *Slovo o kritice* [Ein Wort zur Kritik]. Praha: Petr, 266f.

Fischer, Otokar (1947): Nové sméry v literární vědě [Neue Richtungen in der Literaturwissenschaft]. – In: Ders., *Slovo o kritice* [Ein Wort zur Kritik]. Praha: Petr, 208.

Grillparzer, Franz (1923): *Gesammelte Werke*. Hrsg. von Edwin Rollett und August Sauer. Bd. 2. Wien: Schroll.

Grillparzer, Franz (1960): *Sämtliche Werke*. Hrsg. von Peter Frank u. Karl Pörnbacher. 1. Bd. München: Hanser.

Hýsek, Miroslav (1970): *Paměti* [Erinnerungen]. Brno: Blok.

Körner, Josef (1935): Deutsche Philologie. – In: Nagl, Johann Willibald/Zeidler, Jakob/Castle, Eduard (Hgg.), *Deutsch-Österreichische Literaturgeschichte*. Bd. 3. Wien: Fromme, 85-86.

Kosch, Wilhelm (1912): *Menschen und Bücher. Gesammelte Reden und Aufsätze*. Leipzig: Dyk.

Kosch, Wilhelm (1930): *Deutsches Literaturlexikon*. 2. Bd. Halle/S.: Niemeyer.

Mathesius, Vilem (1964): O potenciálnosti jevů jazykových [Über die Potentialität von Spracherscheinungen]. – In: Vachek, Josef (Hg.), *Prague School Reader in Linguistics*. Bloomington: Indiana UP, 1-32.

Nadler, Josef (1948): *Franz Grillparzer*. Vaduz: Liechtenstein.

Rosenbaum, Alfred (1925): *August Sauer. Ein bibliographischer Versuch*. Prag: Verl. der Ges. deutscher Bücherfreunde.

Vodrážková-Pokorná, Lenka (2007): *Die Prager Germanistik nach 1882. Mit besonderer Berücksichtigung des Lebenswerkes der bis 1900 an die Universität berufenen Persönlichkeiten*. Frankfurt/M.: Lang.

Sauer, August (1928): Über die Bedeutung der deutschen Universität in Prag. – In: Ders., *Kulturpolitische Reden und Schriften*. Eingel. und hrsg. von Josef Pfitzner. Reichenberg: Kraus, 160-162, 217.

Sauer, August (1944): *Apoll und Mars. Zur ehrenden Erinnerung an den Verfasser*. Hrsg. vom Kulturamt der Stadt Wien. Wien: Dt. Verl. Jugend und Volk.

Sauer, Hedda (1933): Vorwort. – In: Sauer, August, *August Sauers Gesammelte Schriften*. Hrsg. von Otto Pouzar. Bd. I: Probleme und Gestalten. Stuttgart: Metzler, IV-IX.

Šalda, František Xaver (1931-1932): Problém německý [Das deutsche Problem]. – In: *Šaldův zápisník* IV, 363f.

Šalda, František Xaver (1963): Na okraj Světové revoluce [Am Rande einer Weltrevolution]. – In: Ders., *Kritické projevy* 13. 1925-1928. Praha: Melantrich, 74f.

Ruth Whittle

# Völkisch-nationale Weiblichkeitsentwürfe bei Ludwig Geiger und August Sauer

Es ist bekannt, dass gerade die Germanisten, die nicht im Zentrum des noch jungen Deutschland wirkten, sondern an dessen Grenzen, etwa in Wien, Zürich, Basel, Lemberg, Königsberg, Breslau oder Prag, sich in besonderer Weise am nationalen Diskurs ihres Faches beteiligten. Josef Nadler (1937), einer der wichtigsten Schüler Sauers, hat das in *Deutscher Geist, deutscher Osten* in unheilverheißend überspitzter Form dargelegt. Die Forderung nach einem literaturwissenschaftlichen Denken, das sich um die Zusammenhänge zwischen Literatur und national relevantem Volkstum kümmert, ist allerdings von Sauer selbst in seiner Rektoratsrede 1907 zum ersten Mal öffentlich formuliert worden. Im Zusammenhang mit meinem Thema interessiert es nur sekundär, ob man Sauer als „noch entfernt vom Deutschnationalismus" einordnet, so Christoph König im *Internationalen Germanistenlexikon* (König 2003, Eintrag August Sauer), oder ob man ihn dadurch, dass Nadler einer seiner Schüler war, in direkteren Zusammenhang mit der späteren Blut-und-Boden-Ideologie bringt (Dainat 1994: 519ff.). Vielmehr geht es mir darum darzustellen, wie wenig sich der nationale Diskurs eines sich geographisch-kulturell marginal fühlenden Wissenschaftlers wie August Sauer von dem eines in anderer Weise marginalisierten Wissenschaftlers wie Ludwig Geiger unterscheidet und inwieweit beide Wissenschaftler trotz – oder wegen – ihrer Beschäftigung mit weiblichem Schreiben zu dessen Marginalisierung beigetragen haben.

Gerade in Randzonen des neuen Kaiserreichs legte die geographische Lage ein besonderes Interesse am nationalen Diskurs nahe – man sah sich erstens genötigt, sich mit dem vermeintlich Eigenen und dem koexistierenden Anderen auseinanderzusetzen. In Prag war das im Zusammenhang mit der Teilung der Universität 1882 besonders akut: Man wollte weder ins Provinzielle absinken (etwa durch eine Verlegung der deutschen Universität nach Reichenberg) noch eine Exilstellung in Prag innehaben. Dieser Zusammenhang wird in anderen Beiträgen in diesem Sammelband deutlich. Zweitens hatten – abgesehen von Basel, Zürich und Bern – gerade die Universitäten in den Randgebieten in den 1870er und 80er Jahren allenfalls einen Lehrstuhl für „neudeutsche Philologie" (Weimar 2003: 438ff.). Man stand in Konkurrenz etwa zu

Bonn, Göttingen und Berlin und befand sich in einem hochschulpolitischen Wettbewerb auf nationaler Ebene. Schließlich war die Germanistik als Fach immer noch damit befasst, ihren „Sozialbezug" und ihre „Nützlichkeit" unter Beweis zu stellen, und dies konnte durch die Anbindung an den nationalen Diskurs geschehen; so hatten es auch andere Fächer gemacht, besonders die Geschichte und die Naturwissenschaften (Dainat 1994: 519).

Dagegen arbeitete Ludwig Geiger in einer der wissenschaftlichen Zentralen des Deutschen Reiches, in Berlin (a. o. Prof seit 1880); er war zwar kein Schüler Scherers wie Sauer, aber wurde von diesem unterstützt. Er bezeichnete sich als einen „deutschen Gelehrten jüdischer Konfession". Er stellte damit heraus, dass er sich als einen Wissenschaftler unter Gleichen betrachtete, während seine Konfession eben jüdisch war, so wie die anderer Wissenschaftler protestantisch. Implizit wehrt er sich dagegen, dass Jüdischsein allein den ganzen Menschen charakterisiere und dass man nur deutsch oder jüdisch sein könne. Obgleich er damit eine Haltung einnahm, die unter gebildeten Juden durchaus üblich war, machte sie ihn nicht automatisch zum Insider in der Institution Universität (König 2002: 64), für die die Ablehnung von Juden zumindest in höheren Positionen nicht zuletzt eine Frage des Trotzes gegenüber staatlicher Universitätspolitik war (König 2002: 65). Trotz des preussischen Judengesetzes von 1847 konnte er es in der Praxis deshalb nur zum außerordentlichen Professor bringen; zudem war er von Haus aus Historiker, galt also als fachfremd in der Neueren Deutschen Philologie (Dainat 1994: 67f.). Drittens wurde er von solchen jüdischen Wissenschaftlern außerhalb der Universität angegriffen, die ihn als zur Assimilation zu bereit einschätzten und dies als Gefahr für die Identität des Judentums verstanden. Damit hat sich Geiger auseinandersetzen müssen, etwa in seiner Rezension (Geiger 1889a) über die *Geschichte des Erziehungswesens und der Cultur des abendländischen Juden* (Güdemann 1888), verfasst von keinem geringeren als dem Oberrabiner von Wien. Mit dieser Rezension schaltete er sich in die Diskussion um den Kulturzionismus ein, in deren Rahmen das ‚richtige' Judentum des jeweiligen Diskussionsgegners wechselseitig in Frage gestellt wurde. Güdemann ist nicht nur als Kritikers eines nationalliberalen Wissenschaftlers wie Geigers bekannt, sondern ebenso als scharfer Kritiker des Zionisten Theodor Herzl, was allein schon auf die vielfältigen Haltungen jüdischer Denker zu Nationalismus, Zionismus und Antisemitismus um die Jahrhundertwende hindeutet, innerhalb derer ein Wissenschaftler wie Geiger Position nahm (Eloni 1976: 634). Umso schwerer wiegen Güdemanns Vorwürfe gegenüber Geiger, Verrat am Judentum zu begehen, indem er ihn, Güdemann, in seiner Rezension als Zionisten denunziere (Güdemann 1889: 4). Viertens war Geiger schon vor der Jahrhundertwende in das Visier des erklärten Antisemiten Adolf Bartels geraten. Dieser verriss Geigers *Dichter und Frauen* (1896) (Bartels 1897/98: 183-186). Geiger war, was seine Stellung in seiner Fachdisziplin, seiner Institution und seiner eigenen Religionsgemeinschaft betraf, im Zweifel noch stärker als Sauer in die ihn umgebenden vielfältigen Machtkämpfe eingebunden und hatte sich dabei offensichtlich entschieden, dass seine Weise, die deutsche Literaturgeschichte zu behandeln, zum nationalen Diskurs beitragen musste. Dies sollte nicht zuletzt dadurch geschehen, dass er sich ‚der‘ zentralen Figur für diesen Diskurs in seinem Fachgebiet und darüber hinaus bemächtigte, nämlich Goethe.[1]

Allerdings beschäftige ich mich in diesem Beitrag gerade nicht mit der Geigers Arbeiten zu Goethe, sondern mit den Frauen, und hier besonders mit jüdischen Frauen. Geigers wissenschaftliche Beschäftigung mit Frauen[2] wie auch Sauers Rektoratsrede und seine Arbeiten zu Frauen folgen zeitlich auf eine Epoche, in der diese in der deutschen Literaturgeschichte relativ erfolgreich behandelt wurden. Bis etwa zur Reichsgründung wurden eine ganze Reihe von Frauen, und darin eingeschlossen auch die jüdischen Frauen, vielfach als für die Entwicklung des deutschen Nationalbewusstseins relevant eingeordnet. Ihre geographische und kulturelle Verortung, etwa Fanny Lewald in Königsberg und Rahel von Varnhagen in Berlin, galt dabei als impulsgebend für das geistige und kulturelle Leben an diesen Orten und darüber hinaus (Whittle 2008). Das ändert sich in den späten siebziger Jahren: Lewald gilt mehr und mehr als überholt – obwohl sie zu diesem Zeitpunkt ja noch schreibt – und die jüdischen Romantikerinnen werden nun von einst liberalen Literaturhistorikern wie Gottschall als eine eigene Kategorie aufgeführt. So fügt Gottschall der Ausgabe seiner Literaturgeschichte 1881 ein neues Kapitel hinzu, das er *Adel und Judentum in der deutschen Literatur* betitelt. Dort behauptet er, dass „das Judentum" seinen „zersetzenden Witz und Scharfsinn und seinen heißblütigen Emanzipationsdrang" in die Salons brächte, dass der „jüdischen Produktion" ein „fragmentarischer Charakter" eigne und nach einer Aufreihung von Problemen bei von Juden geschriebenen Werken empfiehlt er der deutschen Dichtkunst, sich „spröder gegen den jüdischen Stam-

---

1    Dass ihm eine Befruchtung der Goetheforschung gelang, ist allerdings umstritten: „Geiger bleibt methodengeschichtlich zurück, weil er sich schützen muss: sich und seine Treue zur jüdischen Tradition und zwar innerhalb der Universität und als Herausgeber der wissenschaftlichen Zeitschrift des Goethe-Jahrbuchs." (König 2002: 62)

2    Außer den Werken, die in diesem Beitrag angesprochen werden, hat Geiger sich mehrfach mit Therese Huber befasst, am ausführlichsten in Geiger (1901). Außerdem ist er als Herausgeber von Bettine von Arnims Briefwechsel mit Friedrich Wilhelm IV. bekannt (Geiger 1902).

mescharakter [zu] verhalten." Er trennt von nun an implizit den deutschen
vom jüdischen „Stamm" und „Nationalgeist" (Gottschall 1881: 235-237).
Anzumerken ist hier, dass sich Gottschall selbst anscheinend nicht für einen
Antisemiten hielt (Gottschall 1881: 237) und dass er auch kein Einzelfall war.
Vielmehr liegt er mit seinen Bemühungen, den deutschen Gehalt in allem,
also auch in der Literatur, zu messen, im Trend der Zeit nach 1871 (See 1994:
283-85). Geographisch-politisch befand sich Lewald in Königsberg jetzt am
‚falschen' Ort; sie passte nicht mehr in das Bild einer Kulturnation, wie sie vor
1871 vorgestellt wurde, avancierte mit der „Konzeption der Rassentheorien"
doch jetzt der Norden zum „Mutterschoß der Nationen" (See 1994: 285).

Zu der Frage, was deutsche nationale Identität bedeutet, gesellte sich im
letzten Jahrzehnt des 19. Jahrhunderts die mindestens ebenso brisante Fragestellung, was denn jüdisch, semitisch oder zionistisch sei und wie sich diese
Bezeichnungen zum Deutschsein verhielten. Die Verknüpfung dieser Problematik mit der Debatte um die Emanzipation der Frau beeinflusst sowohl die
Stellung historischer wie auch damals zeitgenössischer schreibender Frauen
in der germanistischen Rezeption (und über diese hinaus) wie auch potentiell
die Stellung, die einem Wissenschaftler zugeteilt wurde, der sich mit Frauen
beschäftigte. Die Veröffentlichung von Max Nordaus *Entartung* (1892/93),
Paul Julius Möbius' *Über den physiologischen Schwachsinn des Weibes* zunächst 1900
und dann in erweiterten Auflagen in den folgenden Jahren (Möbius 1903)
zusammen mit Otto Weiningers *Geschlecht und Charakter* (1903) gehen von den
folgenden, ihre jeweiligen Ansätze verbindenden, Prämissen aus:

- Die Stellung zum Judentum ist „die wichtigste und hervorstechendste
  Rubrik des Nationales" [sic] (Weininger 1903: 428). Wo ein Mensch hier
  eingeteilt wird, bestimmt seinen Zivilisationsgrad.

- „Der echte Jude wie das echte Weib, sie leben beide nur in der Gattung,
  nicht als Individualitäten" (Weininger 1903: 412). Juden wird hier also ein
  weiblicher Charakter zugesprochen, Frauen aber ein jüdischer Charakter.
  Die geistig „höchstentwickelten Frauen" sind in Wirklichkeit Prostituier-
  te; das gilt vor allem für die Frauen der Romantik (Weininger 1903: 316).
  Die Romantik als Epoche scheint suspekt und potentiell moralisch zer-
  setzend.

- Die sexuell abartige Frau verbindet Weininger mit dem effeminierten
  Mann (Weininger 1903: 529). Er führt hier Dorothea Schlegel als Beispiel
  einer männlichen Frau an, die in Friedrich Schlegel einen „so weiblichen
  Gatten" habe (Weininger 1903: 529).

- Es existiert eine Verbindung zwischen der zu echter Kreativität und selbständigem Denken unfähigen Frau und dem Krankhaften (Möbius 1904: 25).

- Die Dichtung des ausgehenden neunzehnten Jahrhunderts ist als krankhaft zu bezeichnen (Nordau 1892/93); das beinhaltet: Sie ist „vom Jüdischen" bestimmt (Söder 1991: 477).

- Obwohl, oder vielleicht gerade weil die Frau dem Mann von Natur aus (nicht nur) geistig und körperlich untergeordnet ist, ist sie potentiell gefährlich: Dem „Weib" ist die „Begriffsmoral […] unzugänglich […] Dazu kommt die Heftigkeit der Affecte, die Unfähigkeit zur Selbstbeherrschung. Eifersucht und verletzte oder unbefriedigte Eitelkeit erregen Stürme, denen kein moralisches Bedenken Stand hält. Wäre das Weib nicht körperlich und geistig schwach, wäre es nicht in der Regel durch die Umstände unschädlich gemacht, so wäre es höchst gefährlich." (Möbius 1903: 22)

Für Autor‚innen' muss der (pseudo)wissenschaftliche Diskurs über die Frau in Verbindung mit dem Judentum und mit besonderem Bezug auf die Romantik sowie immer im Zusammenhang mit dem nationalen Diskurs besonders schwerwiegende Konsequenzen haben.[3]

Noch in seiner Grazer Zeit, vor seiner Professur in Prag, hatte sich Sauer das erste Mal mit Frauen beschäftigt und *Deutsche Frauenbilder aus der Blütezeit der deutschen Literatur* (1885) herausgebracht. Im Vorwort behauptet er, von Bettina von Arnim zu diesem Unterfangen inspiriert worden zu sein (Sauer 1885: VII). Wenn man aber genauer nachliest, so wird klar, dass es hier im Wesentlichen darum geht, den Einfluss bestimmter Frauen auf die großen Dichter darzustellen und nicht darum, was die Frauen in ihren Schriften selbst geleistet haben könnten, also nicht um ihre lesbare Intellektualität (für Rahel Varnhagen von Ense s. Sauer 1885: 88). Wichtig ist bei Henriette Herz wie bei Rahel Varnhagen von Ense eben ihre Wirksamkeit in Bezug auf große Männer – bei ersterer auf Friedrich Daniel Ernst Schleiermacher und Ludwig Börne, bei letzterer auf Goethe, dessen Genie sie, laut Sauer, früher als andere erkannt habe, und der sich auch gerne auf sie verließ, um seine Werke durch ihren Salon in Berlin bekannt zu machen.[4]

Während die Beschreibung von Henriette Herz mit der Feststellung beginnt, dass sie dem Schönheitsideal der Zeit entsprach (Sauer 1885: 75), wird

---

3  Zur Bedeutung von Weininger, besonders auch zur Faszination, die er selbst auf seine Kritiker ausübte, s. Sengoopta (2000: 1-12).

4  Sauer erwähnt nicht, dass Henriette Herz Goethe sogar schon früher in den Berliner Salons bekannt machte (Barner 1992:12f.).

Rahel, allerdings nicht gleich auf der ersten Seite, als „nie eigentlich schön"
bezeichnet (Sauer 1885: 84). Ihre Anziehungskraft und die Sinnlichkeit, die in
ihr „tobte", führt Sauer auf ihre jüdische Abstammung zurück. Das Ausleben
dieser Sinnlichkeit führte nicht nur zu Affären mit Männern, die „tief unter
ihr" standen (Sauer 1885) – Sauer zählt sie auf (aber das hätte er wohl auch
bei Goethe gemacht, nur aus anderen Gründen), sondern auch zum psychi-
schen und physischen Zusammenbruch, wenn solche Affären enttäuschend
endeten. Sauer wirft ihr in ihrer extremen Suche nach „Wahrheit", wo sie sich
selbst zum Objekt der Suche machte, nicht Unweiblichkeit vor, „wol aber eine
krankhaft gesteigerte, auf die Spitze getriebene Weiblichkeit" (Sauer 1885:
89). Der (im Nachhinein so benannte) Berliner Antisemitismusstreit Ende
der 1870er und Anfang der 80er Jahre hatte die Verbindung des Krankhaften mit dem Jüdischen schon in den nationalen Diskurs gebracht.[5] Auch die
Verbindung mit weiblicher Sinnlichkeit als potentiell krank findet sich schon
vor Moebius oder Weininger. Die Prämisse, dass die Romantik eine suspekte
Epoche sei, in der Frauen sich entweder prostituierten oder aber männlich
dominierten und damit Männer entmännlichten (und diese in die Krise führten), klingt bei Sauers Charakterisierung der Rahel zumindest an. Es deutet auf zweierlei hin: Einerseits brauchte man nicht erst auf Weininger &
Co. zu warten: Der Diskurs, der Romantik, Frauen, Jüdinnen und Krankheit
verbindet, existierte durchaus schon und wurde durch die oben genannten
Veröffentlichungen allenfalls kodifiziert. Andererseits kann man beobachten,
dass ein wirklich nicht als radikal bekannter Professor sich schon früh dieser
Rhetorik bedient und sie nolens volens gerade durch den Respekt, den seine
wissenschaftliche Arbeit genießt, dazu beiträgt, sie in den wissenschaftlichen
Diskurs einzubauen und dort hoffähig zu machen. Seine Rektoratsrede 1907
bedient sich dieser Rhetorik denn auch noch deutlicher.

  In dieser Rede geht Sauer davon aus, dass selbst „das größte dichterische
Genie mit tausend Wurzeln in dem Boden seiner Heimat verankert" sei und

---

5  Vgl. etwa die erst in neuerer Zeit wieder aufgenommene öffentliche Diskussion, dass der
   Antisemitismus nicht erst eine Erfindung der Weimarer Republik und Hitlers sei, etwa bei
   Julius Schoeps (2003). Selbst Theodor Mommsen, der Heinrich von Treitschke kritisierte,
   sprach von Juden als ein „Element der Dekomposition" (zit. n. Schoeps 2003: 55). Ein
   weiterer interessanter Zeitkommentar zum wachsenden Antisemitismus in Berlin findet
   sich bei Lily Braun (2001). Sie meint (in der Rückschau von 1909), dass der Antisemitismus
   nach dem Wegzug von Adolf Stöcker in den 1880er/90er Jahren in Berlin richtig Fuß gefasst habe. „Seit Stöckers Abschied ist der Antisemitismus geradezu epidemisch geworden,
   gerade so, wie der Kultus Bismarcks – wenigstens in den Kreisen meiner lieben Verwandt-
   schaft – erst nach seinem Sturz ins Kraut schoß" (Braun 2001: 9711).

„daher mit den übrigen Stammesangehörigen zahlreiche völkische Merkmale gemein" habe, „die ihn erst zum deutschen Dichter stempeln" (Sauer 1907: 12). Er zählt dann die Namen einer Reihe von Dichtern auf, wobei er sich mit denen, die er zu Österreich bzw. zum ehemaligen habsburgischen Reich zählt, ja schon durch Publikationen bekannt gemacht habe. Wichtig ist ihm, die „männlichsten unserer deutschen Schriftsteller" (Sauer 1907: 12) zu nennen, und zwar Lessing und Fichte. Allem Anschein nach ist für Sauer aber nur dann die „Blutmischung" wichtig, wenn sie wissenschaftlich fruchtbar zu verwenden sei. Das geht bei Goethe nicht, und so behauptet er, dass dessen Volkstümlichkeit sich nur teilweise durch das Blut der Mutter herleiten lasse, hauptsächlich aber durch Goethes Umgang mit dem einfachen Volk, besonders den Mägden (Sauer 1907: 13). Weder „Weltbildung" noch „alle Einflüsse fremder Literaturen" haben Goethes „angestammtes deutsches Wesen [...] besiegt" (Sauer 1907: 14). Eine solche Argumentationsweise macht es dann auch möglich, sogar bei Schriftstellern mit wenig eindeutiger Herkunft auf einen Stammeskern zurückzugehen, allerdings auf Kosten des Horizonts, der hierbei immer enger wird. Eine volkskundliche Rückführung hat ja für die Bauern schon stattgefunden, nun soll sie auch für Dichter, Soldaten und Arbeiter durchgeführt werden. Ganz klar ist dabei eigentlich nur von Männern die Rede. Das gilt auch dort, wo Sauer die Studenten aufruft, bei sich zu Hause das Volkstum zu pflegen, ohne das der Boden für bedeutende Dichter steril sei (Sauer 1907: 20). Tradierung soll also auch bis in die tiefsten Winkel aller deutschen Sprachgebiete der habsburger Monarchie hinein von Männern betrieben werden (Sauer 1907: 21). Frauen sind in diesem Argumentationszusammenhang, aber auch in der Rhetorik, lediglich zur Fortpflanzung des Stammes nötig. Wird Goethes Mutter bei Sauer – durchaus im wohlmeinenden Sinne – als „Urquell von volkstümlicher Derbheit und Urwüchsigkeit im Blute" (Sauer 1907: 13) beschrieben, so meint Ludwig Geiger, dass sie lebensfroh, gemütstief und vom Ehemann gedrückt war, aber in den Kindern wieder auflebte (Geiger 1910: 3). Im Kontrast dazu ist in der Besprechung einer Ausstellung über diese Frau im September 2008, im Goethe-Museum in Frankfurt, von einer „geistvollen, selbstbewussten und tatkräftigen Frau" die Rede, die auch mit Herzoginnen umzugehen wusste (Balke 2008). In dieser Gegenüberstellung wird klar, wie sehr Sauers Methode in ihrer Zeit steht, wenn er auch nicht explizit gegen einen weiblichen Beitrag zur deutschen Kultur schreibt, der über das Gebären von Kindern hinausginge. Geigers Charakterisierung scheint nüchterner, aber bei beiden Wissenschaftlern geschieht eine Beurteilung auf Kosten einer eigenständigen weiblichen Intellektualität, was sowohl den dominanten von Männern geführten Genderdiskursen wie auch den Nationaldiskursen der Zeit entspricht.

Zusätzlich geht es in Sauers Rektoratsrede insgesamt nur um „große" Dichter, denen man unschwer eine Zentralität durch ihre Volkszugehörigkeit zusprechen kann; hier spielen für Sauer die Deutschen in Böhmen, Mähren und Oberösterreich eine herausragende Rolle (also gerade nicht Goethe) – wobei er den jeweils Nicht-Deutschen das Recht auf eine Beschäftigung mit ihrem eigenen Volkstum nicht abspricht. Interessant an Sauers Auswahl ist, dass er deutschsprachige Dichter hervorhebt, die in einer Zeit, wo der Typus des Nordischen zunehmend privilegiert wurde (See 1994: 293), in südlichen Gebieten schreiben. Seine Neuausgaben etwa von Stifter und Grillparzer, die ja alle mehrere Jahre vor dem 1. Weltkrieg geplant und auch begonnen wurden, könnte man in diesem Zusammenhang als einen Versuch betrachten, den von ihm als gefährdet gesehenen Status quo des habsburgischen Kulturraums deutscher Sprache zu stärken.[6]

In diesem Sinne kann man auch sein Verhältnis zu der einen Autorin charakterisieren, mit der er sich tatsächlich ausführlicher beschäftigt hat, und die in seinem Werk eine herausragende Sonderstellung unter den von ihm behandelten Frauen einnimmt. Er kannte Marie von Ebner-Eschenbach, korrespondierte mit ihr und schrieb mehrfach über sie. Für ihn verkörperte sie viele der Ideale, die er in der Rektoratsrede angesprochen hatte und durch seine Neuausgaben zu verwirklichen suchte. In seinem Beitrag über Ebner-Eschenbach in der *Neuen Österreichischen Biographie* (Sauer 1923: 146-157) beruft er sich interessanterweise auch auf eine Arbeit seiner Frau Hedda über Ebner-Eschenbach (Sauer 1916/17). Ob er (s)einer Frau dann eine gewisse Autorität zubilligte, wenn sie über eine andere Frau schrieb? Er hielt Ebner-Eschenbach jedenfalls für eine der ganz großen Dichterinnen, die neben Keller, Raabe, Heyse und Storm bestehen konnte (Sauer 1923: 157) und die ein Pendant zu Droste-Hülshoff darstellte. Sauer begründet ihre Bedeutung auch biologisch, verkörperte sie doch in seinen Augen eine Mischung zwischen tschechischem und deutschem Erbgut. Sie stand über den nationalen Fragen (Sauer 1923: 146), und war „vielleicht der höchste Triumph der aristokratischen Kultur des sterbenden Oesterreich" (Sauer 1923: 147). Obwohl das natürlich alles eher positiv klingt, ist es gleichzeitig problematisch: Ebner-Eschenbach wird genauso wie Droste-Hülshoff als Ausnahme betrachtet, und als solche in eine Reihe von männlichen Klassikern eingereiht. Das wird nur wenig dadurch gemildert, dass auch ihre Schriftstellerkolleg‚innen' aufgezählt werden. Dane-

---

6  So könnte man auf ihn übertragen, was er selbst von Stifter sagte, nämlich dass dieser „fördernd, führend, zielzeigend in die Entwicklung der deutschen Literatur" eingegriffen habe (Sauer 1904: VII).

ben fällt aber das Paradox „höchster Triumph" und „sterbendes Oesterreich"
auf. Ihr Andenken wird zu einem Zeitpunkt beschworen, wo die Habsburger
Monarchie tatsächlich untergegangen war, die Vorstellung einer friedlich zu-
sammenlebenden multiethnischen Bevölkerung sich – zumindest vorläufig –
als illusorisch erwiesen hatte, die deutschsprachige Kultur isoliert dastand und
Familien wie die der Ebners ihre vormalige Machtposition verloren hatten.
Somit ist sie in der Charakterisierung durch Sauer eher als eine zur Rettung
Österreichs zu spät Gekommene denn als eine Figur in intellektueller Füh-
rungsrolle zu sehen. Ihre Führungsposition konnte aus der Sicht des Jahres
1923 allenfalls eine geschichtliche sein.[7]

Soweit zu dem geographischen Außenseiter und akademischen Insider
August Sauer. Ich komme jetzt zu Ludwig Geiger, und konzentriere mich hier
auf seinen Aufsatz *Dorothea Veit-Schlegel* (1914), seinen Nachruf auf Fanny
Lewald (Geiger 1889b) und auf seine Edition von deren Lebensweisheiten,
*Gefühltes und Gedachtes* (Lewald 1900, s. Whittle 2007: 274-277).

Geiger gibt zwar vorzugsweise Frauenkorrespondenz und Frauenliteratur
heraus, das Kriterium Frau oder Mann ist aber nicht unbedingt entscheidend
für seine Auswahl. Vielmehr will er die von ihm gewählten Werke und damit
sich selbst in den nationalen Diskurs einbinden. Bei Fanny Lewald geschieht
dies über eine direkte Berufung auf Goethe: In seinem Nachruf auf die Dich-
terin will er zeigen, wie Goethes Erzählstil Lewalds Werk positiv beeinflusst
hat, wenn auch Lewald nicht die volle Meisterschaft erreicht habe. „Vollständig
bestimmt und durchaus geleitet" ist sie von Goethe (Geiger 1889b). Ihr Stil
ist klar und „männlich. […] Wie er […] so war sie, freilich in weit beschränk-
terer Art als jener, eine Priesterin geworden, welche der Jugend gerne Rath
erteilte und in milder, versöhnender Weise sich den des Weges Unkundigen
zuneigte" (Geiger 1889b). Anders als andere Kritiker vor ihm macht Geiger
sein Lob nicht an Genderkriterien fest. Lewald darf auch dann als gut gelten,
wenn sie männlich schreibt, auch wenn sie es deshalb nicht versteht, gute
Liebesgeschichten zu Stande zu bringen. Neben dieser in den Augen traditio-
neller Kritiker eher kontroversen Ehrenrettung spricht er über Fanny Lewald,
die Goethe-Nachfolgerin und die Jüdin aus Königsberg, die in ihrem Sehnen
nach „Deutschthum, Freiheit, Humanität" auch die Gleichberechtigung der
Juden zum Ziel hat. Wir sehen hier, wie der Diskurs um die Nation mit dem
jüdischen Diskurs verschmolzen wird – in dem Sinne wie Lewald vor 1871
etwa von Gottschall und Kreyßig rezipiert worden war (Whittle 2008: 131).

---

7    Zur Interpretation der politisch ,neutralen' Position Ebner-Eschenbachs s. Koch (2006:
     205-229).

Durch das Inbeziehungsetzen von Lewald mit Goethe wird ganz klar: Lewald
ist erzdeutsch, genauso wie Goethe, und mit diesem Standpunkt hat Geiger
einerseits etwas mit Sauers Sicht von Marie von Ebner-Eschenbach gemein,
unterscheidet sich von ihm aber darin, dass er sich eine jüdische Schriftstellerin der 1848er Generation ausgesucht hat, die überdies, und im Unterschied
zu den Romantikerinnen, eher den Ruf hat, nicht weiblich genug zu sein.[8]

Geigers Beziehung zu Lewald und seine Haltung gegebenüber einer kulturellen deutsch-jüdischen Integration wird in *Gefühltes und Gedachtes* noch deutlicher. Lewald selbst hatte ihm das Manuskript zur posthumen Veröffentlichung
gegeben und Geiger hatte wohl an eine größere wissenschaftliche Arbeit über
Lewald gedacht, kam allerdings nur an einen Bruchteil ihres Briefwechsels heran und beschränkte sich deshalb darauf, die Herausgabe eines Teilnachlasses
ihres Mannes, Adolf Stahr, zu besorgen (Geiger 1903: Einleitung). Es geht
mir hier nicht darum, Geigers Manipulationen am Text im Einzelnen vorzu-
führen.[9] Wesentlich ist: Er hat all das weggelassen, was wir heute radikal nennen würden, was aber damals als krankhaft oder zumindest überzogen hätte
eingeordnet werden können – Bitteres, Übersentimentales, Unharmonisches
und Ungeordnetes. Sie entspricht nicht dem „jüdischen Typus" (Geiger 1900:
XXI). Sie hat sich, wie auch andere Juden, über das „bildungseifrige Streben
der Juden" (Geiger 1900: XXI) Kultur angeeignet und solche haben sich damit „wahrhaft zu Deutschen gemacht" (Whittle 2008). Auch ihre Affäre mit
Stahr wird harmonisiert: Da gab es nicht nur Leidenschaft, sondern sozusagen als Gegengewicht dazu hat diese Beziehung auch Lewalds mütterliche
Qualitäten hervorgebracht; Stahr war ein kranker Mann und brauchte Pflege
(Geiger 1900: XIII). Das Bild, das uns von Lewald vorgeführt wird, wirkt
harmonisiert; die harten Ecken und Kanten sind ausgemerzt, dafür entsteht
der Eindruck einer Frau, die so harmonisch wohl nie gelebt hat, am wenigsten
aber in den Jahren seit dem Tod ihres Mannes, obwohl sie gerne so abgeklärt
und geordnet hatte wirken wollen. In Geigers Augen ging es nicht nur darum,
ein geglättetes Portrait von dieser Frau zu entwerfen. Vielmehr wollte er sie

---

8   Die Naivität eines Friedrich Spielhagen (1862: 662) in nationalen Dingen ist einfach nicht
    mehr möglich: „und ich hätte nicht übel Lust, ihr zu graturliren, daß sie im Schooße einer
    jüdischen Familie geboren wurde. Jedenfalls hat sie so die Freiheitsliebe oder, negativ ausge-
    drückt, den Haß gegen alles Vorurteil, gegen alle Unterdrückung und Knechtschaft mit der
    Muttermilch eingesogen. [...] An dem Judenstolz nun entzündet sich in Fanny Lewald der
    Menschenstolz, dieser Kampf für die Menschenrechte, den sie ihr Leben lang geführt hat."
9   Boetcher-Joeres (1998: 97f.) hat ihn als selbstzufriedenen Herausgeber bezeichnet, „frozen
    in gendered expectations."

so gestalten, dass der Zusammenhang mit Goethe völlig zweifelsfrei war.[10] Alles andere wäre – in Geigers Sprachduktus – ein Sakrileg an ihr sowie an ihrer nationalen Berufung gewesen. In *Gefühltes und Gedachtes* durfte ihr Ruf als Vertreterin der nationalen Einheit, für Lebenskraft und Harmonie nicht angetastet werden. Lewalds Beitrag zum Schicksal der Nation wird jetzt nicht mehr in sozialpolitischen Begrifflichkeiten definiert wie etwa beim frühen Gottschall, sondern über Bilder friedlicher Häuslichkeit.

Diese anscheinend um die Jahrhundertwende zu Deutschland gehörende Häuslichkeit ist auch ein Zentralthema in Geigers Arbeit über Dorothea Schlegel. Die Fragestellung in einem von einem Wissenschaftler verfassten Aufsatz, der in der Familienzeitschrift *Deutsche Rundschau* erscheint, irritiert zunächst: Wieso muss dem lesenden Volk klargemacht werden, warum sich Dorothea Schlegel hat scheiden lassen und wie sie „zu ihrem geschiedenen ersten Gatten" stand (Geiger 1914: 119)? Gleich im nächsten Abschnitt wird zudem klar, dass Geiger sie weder als Schriftstellerin noch als Übersetzerin schätzte (Geiger 1914: 119). Sie war auch nicht „geistvoll", „etwa im Sinne der Rahel" (Geiger 1914: 125) – es geht also nicht um die Diskussion ihrer Arbeit oder ihrer intellektuellen Persönlichkeit. Es wird im Argumentationsverlauf allmählich klar, worum es Geiger eigentlich zu tun ist: Dorothea Schlegel soll näher an den nationalen Diskurs herangebracht werden, weg von der gängigen frauenfeindlichen und potentiell antisemitischen Einschätzung als „Typus der Frivolität und Unsittlichkeit" (Geiger 1914: 119). Entgegen seiner Behauptung, dass mit diesem Aufsatz „nicht eine Rettung […] versucht werden" soll (Geiger 1914), will er sie also doch rehabilitieren, und dies geschieht über eine Reihe von Umwegen. Nach einer allgemeinen und wie oben angedeutet nicht unbedingt schmeichelhaften Einschätzung bespricht er ihren Roman *Florentin* (1801) und ihre Briefe, soweit sie ihm zugänglich waren (Geiger 1914: 121f). Inhaltlich geht es um die Rolle von Dorothea als Gattin und Mutter, wobei Geiger einen längeren Exkurs über die traditionelle Rolle jüdischer Eltern bei der Gattenwahl ihrer Töchter einflicht (Geiger 1914: 123).

Die Besprechung des Romans ist denkbar uneinheitlich. Geiger erkennt, dass es sich beim *Florentin* nicht einfach um ein „Gegenstück" zu Goethes *Wilhelm Meister* handle (Geiger 1914: 120), dass er andererseits ein Produkt der Zeit sei (Geiger 1914: 121), das aber „umso widriger" ist, da hier eine Frau erotische Szenen dargestellt habe (Geiger 1914: 121). Was Geiger andererseits

---

10  Geiger vollzieht damit einen ähnlichen Akt wie Lewald selbst mit der Herausgabe von Johanna Kinkels Briefen an sie, mit dem sie nicht nur Kinkel, sondern sich selbst in die Tradition der deutschen Korrespondenzliteratur stellt (Whittle 2004: 263f.).

lobt, und zwar ohne irgendeinen Widerspruch zu seiner Kritik festzustellen, ist die Widergabe der „Stimmung der Zeit", „die peinigende Unzufriedenheit mit den Zuständen der Welt" und „eine Lobpreisung wahrhafter, Herz und Sinn gefangennehmender Liebe" (Geiger 1914: 121). Bei dem letzteren Thema verharrt Geiger dann weitgehend: Dorothea wird zunächst einmal als – bei aller Eigenart – mütterliche und treue Frau dargestellt. Sie gilt Geiger (1914: 121) auch als fromm, und zwar in nicht verletzender Weise. Das meint wohl einerseits, dass sie nicht extrem ist (so Geiger), aber andererseits kann man es auch so interpretieren, dass sie den jüdischen Glauben mit ihrer doppelten Konversion in Geigers Augen nicht vor den Kopf gestoßen hat. Mit der Treue zur Familie verknüpft wird die Treue zum Vaterland, „nicht bloß für die Befreiung vom fremden Joche, sondern für die liberale Gestaltung Deutschlands" (Geiger 1914: 121). Zunächst ist diese nationale Treue zu damit einhergehender Begeisterung für Goethe und sein Werk verbunden, später erfolgt ein Rückzug aufs Persönliche (Geiger 1914: 121). Dennoch, Dorothea Schlegel scheint mir hier gewählt worden zu sein, um die im dominanten Diskurs immer stärker werdende Bindung zwischen krankhafter Weiblichkeit, Judentum und defizitärem deutschen Nationalbewusstsein aufzuweichen und explizit als Beispiel für eine gelungene Assimilation einer Jüdin in ein modernes Deutschland zu dienen. Besonders der am Ende des Aufsatzes abgedruckte letzte Brief an ihren Mann, in dem sie die ganze Schuld für die Trennung der Ehegatten auf sich nimmt, führt mich zu diesem Schluss. Er ist nämlich überwiegend in der Form eines christlichen Schuldbekenntnisses gehalten (Geiger 1914: 133f.); Form sowie Stellung im Aufsatz scheinen mir hier auf Geigers Intentionen hinzudeuten.

Dorotheas eigene Kritik an ihrer „Heftigkeit, Leidenschaftlichkeit, meine unselige Unruh, Unzufriedenheit und Phantasterei, ein gewisses sträfliches Treiben nach etwas fremdem, unbekanntem" (Geiger 1914: 133) als junge Frau könnte so interpretiert werden, dass Dorothea Schlegel als junge Frau für ein Judentum steht, wie es Weininger & Co. charakterisieren, während sie in ihrer reifen Zeit als Mutter erwachsener Söhne diese Charakteristika überwunden hat, und zwar durch ihre Konversion und ihren Glauben an Gottes „Barmherzigkeit" (Geiger 1914: 133). Insofern könnte die junge Dorothea Schlegel für das alte Judentum stehen, und die ältere Dorothea für ein neues Judentum, das sich assimiliert hat und über die geistige und geistliche Enge hinausreicht, in der sie, so wie Geiger es darstellt, aufgewachsen ist. Bedeutend ist hier, dass das neue Judentum durch einen Akt der Buße – das Schuldbekenntnis an Veit – sozusagen validiert wird. Auf eine Versöhnung, die über das Persönliche zwischen Simon Veit und seiner geschiedenen Frau hinausgeht, weist auch der Abdruck eines Briefes von Veit an seinen Sohn Philip hin (28. Okt. 1810, Geiger 1914: 131f.). In ihm mahnt der ursprünglich von Dorothea als ungebildet und engstirnig charakterisierte Vater (Geiger 1914: 124) dem Sohn Toleranz gegenüber Andersgläubigen an, ein Hinweis darauf, dass er selbst eine Art Konversion mitgemacht haben muss und nun ein christlich-aufgeklärtes Menschenbild statt ein alttestamentlich-jüdisch bestimmtes vertritt. Geiger weist damit einerseits auf den möglichen Fortschritt im Judentum hin – von einer stark ritualisierten Lebensweise wie bei den Mendelssohns zu einer Denkart, wo es keine Trennung zwischen jüdisch und christlich mehr gibt. Andererseits macht er von den schicksalhaften Epitheta weiblich – krankhaft – jüdisch durchaus Gebrauch – selbst wenn er sie letztendlich widerlegen will – und überwindet sie deshalb nur bedingt.

In der nun scheinbar von religiösem Kampf befreiten unpolitischen Häuslichkeit scheint das Politische auf: auf den nationalen Diskurs reduziert, angebunden an die intakte Familie, die bei Geiger und Sauer die Grundlage zum deutschen Volkstum darstellen muss. In ihren wissenschaftlichen Veröffentlichungen über Frauen setzen sich weder Geiger noch Sauer explizit mit dem durch Güdemann, Weininger, Moebius, Nordau und auch Herzl ausgedrückten Krisenbewusstsein auseinander. Während Geiger durch die starke Zusammenbindung von Judentum und Deutschsein gerade angreifbar wird (etwa durch Bartels), eignet sich Sauers Blut- und Stammesdenken zur Fortschreibung (Nadler). Die Grundlage für die Problematik, die sich in den folgenden Jahrzehnten in Bezug auf die wissenschaftliche Behandlung von Frauen, ihre Stellung in der Literaturgeschichte und ihre Stellung im Kanon verschärft, ist aufgezeigt worden. Die Nationalisierung der Germanistik erweist sich als ein komplexerer Prozess als es etwa der Lebenslauf oder das Literaturverzeichnis eines Geigers oder Sauers ausgewiesen haben könnten. Prekärer ist allerdings die Einsicht, dass sie ohne den Beitrag jüdischer Wissenschaftler kaum denkbar gewesen wäre.

## Literatur

Balke, Florian (2008): 200. Todestag von Goethes Mutter, „Bei mich kommen sie alle ins Haus" – In: *FAZ.NET* (10.9.2008) (Zugriff: 8. April 2009).

Barner, Wilfried (1992): *Von Rahel Varnhagen bis Friedrich Gundolf, Juden als deutsche Goethe-Verehrer*. Göttingen: Wallstein.

Bartels, Adolf (1897/98): Literaturgeschichtliche Plusmacherei. – In: *Der Kunstwart. Halbmonatsschau über Dichtung, Theater, Musik, bildende und angewandte Künste* 11, 183-186.

Boetcher-Joeres, Ruth Ellen (1998): *Respectability and Deviance. Nineteenth-Century German Women Writers and the Ambiguity of Represenation*. Chicago: UP.

Braun, Lily (2001): Memoiren einer Sozialistin (1909) – In: Lehmstedt, Mark (Hg.), *Deutsche Literatur von Frauen. Von Catharina von Greiffenberg bis Franziska von Reventlow* (= Digitale Bibliothek, 45). Berlin: Directmedia, 9168-10712.

Dainat, Holger (1994): Von der Neueren deutschen Literaturgeschichte zur Literaturwissenschaft. – In: Fohrmann, Jürgen/Voßkamp, Wilhelm (Hgg.), *Wissenschaftsgeschichte der Germanistik im 19. Jahrhundert*. Stuttgart: Metzler, 494-537.

Eloni, Yehuda (1976): Die umkämpfte nationaljüdische Idee. – In: Mosse, Werner/Paucker, Arnold (Hgg.), *Juden im Wilhelminischen Deutschland 1890-1914*, Tübingen: Siebeck, 633-688.

Eshel, Armin (2002): Vom wahren Weg. Eine Respondenz. – In: Dowden, Stephen G./Werner, Meike G. (Hgg.), *German Literature, Jewish Critics: The Brandeis symposium*. Rochester: Camden House, 79-86.

Geiger, Ludwig (1889a): Zur Kritik der neuesten jüdischen Geschichtsschreibung. – In: *Zeitschrift für die Geschichte der Juden in Deutschland* 3, 379ff.

Geiger, Ludwig (1889b): Nachruf auf Fanny Lewald – In: *Frankfurter Zeitung* (1.11.1889).

Geiger, Ludwig (1896): *Dichter und Frauen*. Berlin: Paetel.

Geiger, Ludwig (1901): *Therese Huber. 1764-1829. Leben und Briefe*. Stuttgart: Cotta.

Geiger, Ludwig (1902): *Bettine von Arnim und Friedrich Wilhelm IV. Ungedruckte Briefe und Aktenstücke*. Frankfurt/M.: Rütten & Loening.

Geiger, Ludwig (Hg.) (1903): *Aus Adolf Stahrs Nachlass*. Oldenburg: Schulesche Hofbuchhandlung.

Geiger, Ludwig (1914): Dorothea Veit-Schlegel – In: *Deutsche Rundschau* 160, 119-134.

Geiger, Ludwig (1910): *Goethe, Leben und Schaffen dem deutschen Volk erzählt*, Berlin, Wien: Ullstein.

Gottschall, Rudolf von ([5]1881): *Die deutsche Nationalliteratur des neunzehnten Jahrhunderts*, Bd. 2. Breslau: Trewendt.

Güdemann, Moritz S. (1888): *Geschichte des Erziehungswesens und der Cultur des abendländischen Juden*. Wien: Hölder.

Güdemann, Moritz S. (1889): *Ludwig Geiger als Kritiker der neuesten jüdischen Geschichtsschreibung*. Leipzig: Friese.

Koch, Arne (2006): *Between National Fantasies and Regional Realities. The Paradox of Identity in Nineteenth-Century German Literature*. Oxford: Lang.

König, Christoph (2002): Aufklärungsgeschichte: Bemerkungen zum Judentum, Philologie und Goethe bei Ludwig Geiger. – In: Dowden, Stephen G./Werner, Meike G. (Hgg.), *German Literature, Jewish Critics: the Brandeis symposium*. Rochester: Camden House, 59-76.

Lewald, Fanny (1900): *Gefühltes und Gedachtes*. Hrsg. von Ludwig Geiger. Dresden, Leipzig: Heinrich Minden.

Möbius, Paul J. (⁵1903): *Ueber den physiologischen Schwachsinn des Weibes*. Halle/S.: Marhold.

Nadler, Josef (1937): *Deutscher Geist, deutscher Osten, Zehn Reden*. München, Berlin, Zürich: Oldenbourg, Corona.

Nordau, Max (1892/93): *Entartung*. Berlin: Duncker & Humblot.

Sauer, August (1885): *Deutsche Frauenbilder aus der Blütezeit der deutschen Literatur*. Leipzig: Titze.[11]

Sauer, August (Hg.) (1904): *Adalbert Stifters Sämmtliche Werke, Bibliothek Deutscher Schriftsteller aus Böhmen*. Hrsg. im Auftrage der Gesellschaft zur Förderung deutscher Wissenschaft, Kunst und Literatur in Böhmen. Bd. 1: Studien. Prag: Calve.

Sauer, August (1907): *Literaturgeschichte und Volkskunde. Rektoratsrede gehalten in der Aula der K.K. Deutschen Karl-Ferdinands-Universität in Prag am 18. November 1907*. Prag: K. u. K. Deutschen Karl-Ferdinands-Universität.

Sauer, August (1923): Marie von Ebner-Eschenbach – In: Bettelheim, Anton (Hg.), *Neue Österreichische Biographie 1815-1918. 1. Abkteilung: Biographien*. Wien: Wiener Drucke, 146-157.

Sauer, Hedda (1916/1917): Erinnerungen an Marie von Ebner-Eschenbach. – In: *Westermanns Monatshefte* 61, 677ff.

Schoeps, Julius H. (2003): Das Evangelium der Intoleranz, Theodor Mommsen gegen Heinrich von Treitschke: Eine große Dokumentation wirft neues Licht auf den Berliner Antisemitismusstreit. – In: *Die Zeit* 45, 55. <http://www.zeit.de/2003/45/P-Antisemitismus2> (Zugriff 28. April 2009).

See, Klaus von der (1994): *Barbar, Germane, Arier. Die Suche nach der Identität der Deutschen*. Heidelberg: Winter.

Sengoopta, Chandak (2000): *Otto Weininger: sex, science, and self in imperial Vienna*. Chicago: UP.

---

11  Meta Klopstock, Eva Lessing, Auguste Bürger, Caroline Herder, Herzogin Anna Amalie, Herzogin Luise, Charlotte von Stein, Corona Schröter, Charlotte von Kalb, Lotte Schiller, Caroline von Wolzogen, Caroline Schelling, Henriette Herz, Rahel Varnhagen von Ense und Bettina von Arnim.

Söder, Hans-Peter (1991): Disease and Health as Contexts of Modernity: Max Nordau as a Critic of Fin-de-Siecle Modernism. – In: *German Studies Review* 14/3, 473-487.

Spielhagen, Friedrich (1862): Fanny Lewald. – In: *Gartenlaube*, 661-662.

Vodrážková-Pokornová, Lenka (2006): Zu den Beziehungen zwischen den Prager deutschen und tschechischen Germanisten nach 1882. – In: Tvrdík, Milan/Dies. (Hgg.), *Germanistik in den böhmischen Ländern im Kontext der europäischen Wissenschaftsgeschichte (1800-1945)*. Wuppertal: Arco, 81-104.

Weimar, Klaus (2003): *Geschichte der deutschen Literaturwissenschaft*. Paderborn: Fink.

Weininger, Otto (191920): *Geschlecht und Charakter, Eine prinzipielle Untersuchung*. Hrsg. von Hans Babendreyer. Wien, Leipzig: Braumüller.

Whittle, Ruth (2004): ‚Die neue Frau‘ in the Corrrespondence of Johanna Kinkel, Malwida von meysenbug and Fanny Lewald. – In: *German Life and Letters* 57, 256-267.

Whittle, Ruth (2007): The Reception of Women's Political Writing about the 1848 Revolution. – In: Bland, Caroline/Müller-Adams, Elisa (Hgg.), *Frauen in der literarischen Öffentlichkeit 1780-1918*. Bielefeld: Aisthesis, 263-282.

Whittle, Ruth (2008): The Quest of German Nationhood and the Reception of Women in Histories of German Literature, 1835-1872. – In: *German Life and Letters* 61, 137-153.

Ingeborg Fiala-Fürst

# Zum Umfeld von August Sauer: der Germanist Joseph Körner[1]

Nicht als verdienter Romantik-Forscher, Epistologe, Herausgeber, Kämpfer auf methodologischen Feldern, nicht als Kontrahent August Sauers, Josef Nadlers und Herbert Cysarz', nicht als Korrespondenzpartner Schnitzlers und Kafkas, nicht als Zeitzeuge und Opfer antisemitischer Säuberungsaktionen der Nazis steckt mir Josef Körner im Bewusstsein seit 1999 (also noch aus der Zeit vor der verdienstvollen Herausgabe von *Josef Körners Philologischen Schriften und Briefen* durch Ralf Klausnitzer) (Körner 2001), sondern als Fall bedauernswürdiger Schlampigkeit unsererseits (eine Straftat im Philologischen, die gerade Körner aufs strengste verfolgte und in seinen Rezensionen schonungslos bemängelte): Als wir in der Olmützer Arbeitsstelle für deutschmährische Literatur den ersten Band des *Lexikons deutschmährischer Autoren* (Fiala-Fürst u. a. 2002) herausgaben, passierte es, dass wir den Aufsatz zu Körner, den uns aus Saarbrücken Gerhard Sauder schickte, einem anderen Autor zuschrieben. Die Betroffenheit war groß, die Anstrengungen, es wieder gutzumachen, blieben erfolglos.

Zum zweiten Mal dämmerte mir der Name Körners auf, als ich 2003 in der Funktion des Prodekans für Wissenschaft und Forschung in unserer Fakultät die schandhafte Habilitations-Kausa des Troppauer Bohemisten Pavera zu verwalten hatte. Obwohl sich die beiden – in ihrer Zeit jeweils Furore machenden – Habilitationsfälle freilich nicht vergleichen lassen (denn Pavera reichte ein Plagiat ein, das wohlwollend – weil unwissend – aufgenommen wurde, während Körner ein Originalwerk vorlegte, das böswillig abgelehnt wurde – dazu später), nahm hier die „Vermährischung" Körners (die wir in der Olmützer Arbeitsstelle lustvoll mit vielen Autoren betreiben) ihren Lauf. Denn obwohl Körner die meiste Zeit seines Lebens in Prag verbrachte, nur wenig „Mährisches" schrieb und sicher nicht für den „mährischen Sauer"

---

1   Der Aufsatz ist im Zusammenhang des Projektes *Výzkumný záměr Morava a svět. Umění v otevřeném multikulturním prostoru* [Mähren und die weltliche Kunst im offenen multikulturellen Raum], MSM 6198959225 entstanden.

erklärt werden kann, ist er mir schicksalhaft zum „mährischen, zum Olmützer Fall" geworden.[2]

Alles, was einen Sauer-, Nadler-, Kafka-, Schnitzler-Forscher, einen Romantik-, einen Methodologie- und Germanistik-Historiker, einen Kenner der Prager deutschen Literatur an Körner interessieren könnte, ist bereits – in früherer und neuester Zeit – von Eisner, Fischer, Wellek, Klausnitzer, Eichner, Krolop, Fliegl, Härtl, Sauder, Fohrmann gesagt worden. Freilich nicht in zusammenfassender Art etwa eines würdigenden Sammelbandes: Eine selbständige Körner-Tagung und ein Körner-Sammelband würden sich lohnen, denn auf einem solch zeitlich wie räumlich breiter abgesteckten Feld könnte man die (in den genannten Schriften manchmal nur angedeuteten) Thesen und Themen des Körnerschen Werkes breiter ausführen, die methodologischen und weltanschaulichen Kämpfe innerhalb der germanistischen Kreise seit Scherer beleuchten, die Positionen der Prager germanistischen Ordinarien innerhalb dieser Kreise absteckten, das komplizierte Knäuel der deutsch-tschechisch-jüdischen Beziehungen im Prag der Zwischenkriegszeit ansatzweise entwirren. Außerdem verdient Josef Körner, ein großer Kenner der deutschen Romantik, glücklicher Entdecker und verlässlicher Herausgeber verschollen geglaubter romantischer Texte, bissiger, brillianter Rezensent, schonungsloser Kritiker aller Verstöße seiner germanistischen Zeitgenossen gegen wissenschaftliche Sauberkeit, fleißiger Begleiter neuester Literatur und Literaturwissenschaft, Josef Körner, ein bezugsreicher Mann, der am Ende sein Leben und Werk trotzdem nicht anders bewerten konnte als einen Scherbenhaufen, verdient unsere Aufmerksamkeit und Erinnerung.

---

2   Als ich noch anhand der Lebensdaten (Körner, Jahrgang 1888, besuchte das deutsche Staatsgymnasium in Ungarisch Hradisch von 1898 bis 1906), schloss, dass mein jüdischer Großvater (Jahrgang 1890) Körner wohl aus der Schule kannte, denn auch er besuchte das deutsche Staatsgymnasium in Ungarisch Hradisch, war mir endgültig klar, dass Körner auf geheimnisvoll-mystische Weise mit mir zusammenhängt.

## 1. Romantik

Kurt Krolop nennt die Romantikforschungen Körners an erster Stelle in seiner Rezension zu Klausnitzers Herausgabe von Körners Schriften, gleichsam als das einzig Übriggebliebene:

> Josef Körner, ein Germanist, dessen Name über einen engeren Kreis von kundigen Romantikforschern hinaus wohl [nicht mehr] allgemein geläufig sein dürfte. (Krolop 2004: 265)

Trotz der großen Menge der Romantikaufsätze Körners, trotz der geglückten, in seiner Zeit spektakulären Manuskriptfunde[3] und trotz deren akribischer und verlässlicher Edition, auf die freilich die spätere Romantikforschung mit Gewinn zurückgriff, wage ich zu behaupten, dass gerade die Romantikforschungen Körners das am wenigsten Bleibende, am wenigsten Frische und Lebendige in seinem Gesamtwerk ist: Seine Einzelinterpretationen (etwa die als zweite Habilitation eingereichte zu Kleists *Michael Kohlhaas* und *Prinz Friedrich von Homburg*) wurden mit der Zeit durch luzidere, spannendere, modernere überboten, Körners „versuchte Ehrenrettung der romantischen Denker (v. a. der Schlegels) galt einer anderen Epoche und geistigen Lage, als es die heutige ist (was bereits im Jahre 1938 Max Horkheimer [1938: 220] sah, der sie in seiner kurzen Besprechung der Körnerschen Schrift *Krisenjahre der Frühromantik* [1937] als „sehr post festum" glossierte) und ist eher an den – eindeutig lesbareren oder eindeutig witzigeren – Darstellungen einer Ricarda Huch oder eines Egon Friedell zu messen als am Stand der heutigen Romantikforschung.

Andererseits stimmt es aber, dass Körners lebenslange Hingabe an die romantische Epoche sein ganzes Werk lenkte und sogar – wie ich später zu beweisen versuche – sein Germanistenschicksal maßgeblich beeinflusste.

---

3 Wie Klausnitzer darlegt, machte Körner besonders der „Coppeter-Fund" berühmt: Im Sommer 1929 entdeckte er im Schloss Coppet am Genfer See an die 3500 Briefe August Wilhelm Schlegels aus der Zeit 1804-1812, doch bereits als frischer Promovent fand er in den Bibliotheken in Wien, Dresden und Trier große Teile des Nachlasses Friedrich Schlegels und rief die – zwar kurzlebige, doch wichtige – Wiener romantische Zeitschrift *Friedensblätter* ins Gedächtnis der germanistischen Nachwelt usw.

## 2. Noch einmal Romantik: Expressionismus und Prager deutsche Literatur

Das überhaupt spannendste am Thema Romantik ist, wie Körner die Romantik mit den zeitgenössischen literarischen Epochen, sprich dem Expressionismus, verbindet. Freilich ist Körner nicht die Urheberschaft an dieser gedanklichen Verbindung (Romantik-Expressionismus) zuzuschreiben, denn sie ist zeit- und epochensignifikant, und freilich ist mir nicht das Primat zuzuschreiben, ich wäre die erste, die bemerkte, dass Körner expressionistische Werke ‚romantisch‘ interpretiert. Ralf Klausnitzer (2001: 411) macht auf diese Tatsache bereits aufmerksam, indem er auf die „Parallele zwischen romantischen und expressionistisch-gegenwärtigen Heilserwartungen" hinweist, die Körner im Aufsatz über Zacharias Werner ziehe. Doch die Parallelisierung geht weiter, ist tiefer, verdient eingehendere Betrachtung:

Körner lobt, bemerkt an expressionistischen Werken, die er fleißig las und rezensierte,[4] vor allem (überhaupt nur) diejenigen Eigenschaften, die ihn an romantische Ästhetik und Programmatik erinnern. Den ethischen Ernst:

> Das ist anders geworden, seit allerjüngste Literatenkreise Dichtung wieder so ansehen und werten, wie einst Friedrich Schlegel, Novalis, Schelling. Daß die Wortkunst der Ort für das Religiöse und Ethische und alle geistige Erkenntnis [...] sei – die gleiche strenge Forderung spricht aus dem Programm des *Athenäum* wie aus dem Bekenntnisse derer um die *Weißen Blätter*, die *Aktion*, die *Neue Jugend* (Körner 1918: 359),

die religiöse Zielsetzung:

> Beiden ist es letzten Endes weniger um künstlerische Gestaltung ihrer Empfindungen zu tun, als um religiöse Erschütterung und Erneuerung der Menschheit, von *christlicher Sendung*[5] träumen und reden sie, (Körner 1923: 52)[6]

den a-mimetischen Mut: „Das junge Geschlecht unserer neuesten Poeten kümmert sich wenig um getreue Abschilderung irgendwelcher Wirklichkeiten"

---

4    Georg Kaiser, René Schickele, Paul Adler, Franz Werfel, Paul Kornfeld, Max Brod, Franz Kafka, Arthur Schnitzler u. a.

5    Dies ist freilich ein Hinweis auf Werfels Aufsatz von 1918.

6    Zugleich tut Körner noch eine Parallele auf, indem er auf die Gefahr – damals wie heute – der Übersättigung der Dichtung mit geistig-religiösen Inhalten hinweist: „Aber die Gefahr, der vor Zeiten die Frühromantik erlag, beginnt auch der neuen Generation gefährlich zu werden: Daß Übermaß des Geistigen das Gefühlsmäßige, der Prophet den Dichter verdrängt." (Körner 1918: 359)

(Körner 1918: 762), das Primat der Phantasie, „Spontaneität der Seele [...]", „Empfindungsintensität," (Körner 1917a: 776f.) Befreiung des Gefühls, Pathos, Sentimentalität, und weitere ähnliche Stützpunkte mehr.

Diese Erkenntnis, Körner misst den zeitgenössischen Expressionismus an der Romantik, ist auch die Erklärung dafür, wieso Körner – trotz der fleißigen, einfühlsamen Lektüre expressionistischer Werke – kein Verständnis für expressionistischen Stil und expressionistische Sprache hatte. „Die verletzende Ungebundenheit der Problematik" in Kaisers *Versuchung* lässt er gerade noch durchgehen, weil ihn der Aufbau dieses Dramas an Lenz' *Soldaten* erinnert, doch ansonsten sind ihm Kaisers Dialoge „halbdunkel" und „ungeschickt" auf einzelne Figuren verteilt, Gestalten „nicht klar hervortretend" und „banal" (Körner 1917b: 762). Werfels lyrische Sprache wiederum – in den ansonsten ekstatisch gelobten ersten drei Werfelschen Sammlungen – bezeichnet er als „kunstlos und karg", seine Bildschöpfungen als ärmlich, Werfel gefalle sich „ohne ersichtlichen Grund in skurrilen Wortfügungen, die schon an der letzten Grenze der Begreifbarkeit, sowohl als der Sprachmöglichkeit stehen." (Körner 1917a: 782f.) Immerhin entdeckte Körner den Mechanismus und die eigenartige Wirkung des expressionistischen Reihungsstils (ohne freilich diesen viel jüngeren Terminus zu benutzen),[7] alles in allem aber stand er der expressionistischen Erneuerung der Sprache sowie der Form ziemlich verständnislos gegenüber.

Und noch ein Merkmal der romantischen Epoche stellt Körner als Prisma vor seinen Blick auf die allerjüngste Literatur: die Gruppenbildungen. Bereits das oben angeführte Zitat über die ähnliche Anlage der vom *Athenäum* und der von der *Aktion* deutet diese Sichtweise an. Noch deutlicher ist diese Präfabrikation in der Charakteristik der Prager deutschen Literatur des expressionistischen Jahrzehnts zu sehen:

> Wirkten Adler, Salus, Rilke, Meyrink jeder einzeln für sich und von sich aus, so sind Oskar Baum, Max Brod, Rudolf Fuchs, Franz Kafka, Otto Pick, Franz Werfel durch jahrelange, zum Teil bis in die Kindertage zurückreichende Freundschaft miteinander verbunden, denken und dichten gemeinschaftlich, beurteilen und fördern einander in treuer Kameradschaft. (Körner 1917c: 63)

---

7 „Das feste Rückgrat von Werfels Sprache bildet das markige, stets in Massen aufgebotene Substantivum [...] an die Gruppengestalten dieses Malers [Egger-Lienz; IFF] erinnert Werfel umso mehr, als er nicht nur das einzelne Wort, sondern auch die Bilder [...] immer in ganzen Reihen vorführt, nicht darauf bedacht, jedes abgesondert auszupinseln, sondern gerade durch die im einzelnen ungestalte, als Ganzes freilich wohlkomponierte Masse zu wirken. Diese Technik verleiht der Werfelschen Lyrik den eigenartigen Litanaienton." (Körner 1917a: 784). Den Terminus „Reihungsstil" führte m. W. in die Expressionismusforschung erst in den 60er Jahren Walter H. Sokel ein.

Diese kollektivisierende Sicht auf die letzte Generation der Prager deutschen
Literatur hat in den nachfolgenden Jahrzehnten Karriere gemacht, ist tausendmal repetiert worden und wird bis heute oft bemüht, obwohl inzwischen
eingehende Forschungen belegten, dass bei weitem nicht alle Prager deutschen Autoren innerhalb der Freundeskreise beheimatet waren, sondern viele
und vieles viel eher außerhalb und abseits stand. Spannend ist, dass gerade derjenige, welcher 50 Jahre später seinen Rückblick im genannten Sinne
kollektivisierend auffasste und nannte, der Autor der literarischen Memoiren
*Der Prager Kreis*, Max Brod, gegen diese Etablierung des Prager Kreises durch
Josef Körner am heftigsten protestierte:

> Ein Zettelsammelnder Literaturhistoriker, Professor Körner hat […] dieses verzerrte Bild
> von mir in Umlauf zu bringen begonnen […] Die Wahrheit ist, daß die meisten von den
> Autoren, die ein Mißbrauch mit mir in Zusammenhang zu bringen pflegt, weder meine
> Schüler, noch meine Freunde, nicht einmal Wohlwollende sind." (Brod 1918/19, zit. n.
> Klausnitzer 2001: 401f.)

Klausnitzer sieht die Heftigkeit der Reaktion Brods im Kontext der „kulmi-
nierenden Auseinandersetzungen mit Franz Werfel" (Klausnitzer 2001: 402),
was sicher auch richtig ist, doch meine Erklärung ist noch eine andere: Brod
hat Körners Motivation zum Ausrufen, zum Installieren des „Prager Kreises"
aufgrund der Parallelisierung mit dem Romantikerkreis weder gesehen noch
begriffen. Wäre ihm aufgefallen, dass Sätze wie

> Max Brod ist vielleicht nicht der begabteste, gewiss aber der vielseitigste unter den
> Genossen [und] außerordentlich energiebegabt, ein Organisationstalent sondergleichen,
> ist er zum Führer der Freunde prädestiniert. Er ist zugleich die interessanteste und proble-
> matischste Figur seines Kreises (Körner 1917c: 63),

ihn, Max Brod, zum August Wilhelm Schlegel, Hugo Bergmann zum Schelling
oder gar Fichte, Werfel zum Tieck und Kafka zum Novalis des Prager Kreises
machten, hätte er sich vielleicht nicht so sehr aufgeregt.[8]

Zugleich zuerkennt Brod aber Körner – freilich in dementierender Absicht –
die Urheberschaft an der Erfindung des Prager Kreises: „Ein Zettelsammelnder
Literaturhistoriker, Professor Körner hat […] dieses verzerrte Bild von mir
in Umlauf zu bringen begonnen" – Nachfolger und Nachplapperer dieser
Körnerschen Gruppenthese folgten in Scharen nach bis auf die heutigen Tage,
ohne meistens von Körners Urheberschaft das Mindeste zu wissen.

---

8   Körner hat übrigens im Jahr 1924 „zurückgebissen", als er im Aufsatz *Erlebniß – Motiv
    – Stoff* die Werke Max Brods, „eines rein denkerhaft veranlagten Schriftstellers", „totge-
    borene Kinder" nennt – eine Metapher übrigens, die er sechs Jahre früher ähnlich für die
    Charakterisierung der *Zauberflöte* Paul Adlers benutzte (Körner 1918: 359).

Und – kann man nicht genauso gut Körners einleitende Sätze in seiner Prag-Studie,

Einzigartig unter allen Städten Europas ist Böhmens schöne Metropole. Zweifaches, oder noch besser: dreifältig verschiedenes Leben spielt sich ab in ihren Gassen und Gebäuden. Zwei, ja drei nach Wesen, Ziel und Geschichte getrennte Kulturkreise schließt das eine Weichbild in sich ein (Körner 1917c: 55)

als die erste Postulierung der – genauso umstrittenen wie Schule machenden –„Theorie des dreifachen Ghettos" ansehen, obwohl freilich das eigentliche Wort „Ghetto" noch nicht fällt? Ein Jahrzehnt vor Paul Eisner?

## 3. Romantik zum dritten: Romantiker versus Klassiker. Die Habilitationsaffäre

Den Hergang der Habilitationskausa beschreibt Ralf Klausnitzer eingehend und akribisch. Hier also nur eine kurze Zusammenfassung: 1924 legte Josef Körner der Habilitationskommission[9] unter der Führung August Sauers seine Habilitationsschrift *Romantiker und Klassiker* vor, die Sauer jedoch zerpflückte, in seinem Publikationsorgan *Euphorion* vernichtend rezensierte (Sauer 1925) und sie als Habilschrift ablehnte. Körner berief sich auf das Schulministerium (in seiner Eingabe führt er als Grund zur Ablehnung persönliche Animositäten auf – nicht genuine wissenschaftliche Urteile). Körner unterstützend meldeten sich namhafte Germanisten aus dem In- und Ausland zu Wort; Aufsätze, welche Körners Arbeit lobten, provozierten Aufsätze, die den Standpunkt der Prager Professoren verteidigten. Aus der Kausa entwickelte sich eine regelrechte germanistische Affäre, die den Ruf der Prager Germanistik zu beschädigen drohte. Sauer wurde vom Dekan der Philosophischen Fakultät zur Eröffnung eines Rekursverfahrens gezwungen: Allerdings wurde die Arbeit Körners erneut als „dem Standpunkte unserer gegenwärtigen Wissenschaft bezüglich der deutschen Romantik in keiner Weise entsprechend" und „als nicht geeignet,

---

9   Mitglieder der Kommission waren neben Sauer Adolf Hauffen, Erich Gierach, Gerhard Gesemann und Josef Wihan.

das Ansehen der deutschen Literaturgeschichte zu fördern",[10] abgelehnt.[11] Nach Sauers Tod (1926) reichte Körner 1927 – nachdem er sich gezwungenermaßen für seine vormaligen Proteste bei der Leitung der Universität entschuldigt und eine Deklaration über seine deutsche Nationalität abgegeben hatte (Klausnitzer 2001: 442) – eine andere Schrift ein, die erwähnte Kleistinterpretation, die schließlich von der neuen Kommission unter der Leitung Herbert Cysarz', des Nachfolgers Sauers im Amt, angenommen wurde. Cysarz – Körner nicht viel wohlwollender gesinnt als Sauer[12] – ließ den Habilitanden aber bei der Prüfung durchfallen, was (damals wie heute) ein höchst ungewöhnlicher Vorfall war. Erst nach Protesten einiger Prager Ordinarien durfte Körner die Prüfung wiederholen und erreichte 1930 endlich die „venia docendi".

Heute, nach 80 Jahren, müsste Körners Fall eigentlich nur als eine von vielen bedauernswerten akademischen Schändlichkeiten (wie wir sie bis heute erleben) eingestuft werden, doch er stachelt offensichtlich die germanistische Nachwelt nach wie vor zu Spekulationen ob der Gründe der Sauerschen Ablehnung an, wobei einzelne Deuter jeweils die eine oder andere Ursache für die wichtigste halten:

So hielt Körner selbst für die eigentliche Ursache des Sauerschen Missmutes seine (Körners) heftige Kritik an Sauers Lieblingsschüler Josef Nadler, dessen *Literaturgeschichte der deutschen Stämme und Landschaften* er 1919 vernichtend rezensierte. Im Lichte der späteren steilen und bedenklichen Karriere der Nadlerschen Literaturgeschichte ist Körner seine Kompromisslosigkeit hoch anzurechnen, mit welcher er Nadler (gelinde formuliert) wissenschaftliche Unsauberkeit vorwirft, „die üble Manier [...] aus zweiter Hand geholtes Material zu verallgemeinern," „im Haschen nach schmetterlingsbunten Ideen den festen Boden der Tatsachen unter den Füßen zu verlieren", „willkürlich und vorschnell" zu urteilen, die Wahrheit der Dogmatik zu opfern, „dem Systemzwang zuliebe [...] hier Widerstrebendes [zu] harmonisieren und [zu] verbinden, dort Gleichförmiges gewaltsam auseinander[zu]zerren," Effekthascherei, welche das „leidenschaftslose Nachforschen der Wahrheit" durch „prunkvolle Inszenierung, in bengalische Lichter getaucht, von schwüler Rhetorik musikalisch akkompaniert" ersetzt. „Mit Wissenschaft hat sol-

---

10  Aus dem Gutachten des Frankfurter Ordinarius Franz Schultz (zit. n. Klausnitzer 2001: 432f.).

11  Körners Schrift erschien noch 1971 in der Reedition der WBG, was von deren Modernität und zugleich von der Verblendung und wohl tatsächlicher persönlicher Abneigung der damaligen Gutachter zeugt.

12  Wie man aus Cysarz' (1957) Memoiren eindeutig heraushören kann.

ches Verfahren kaum noch etwas gemein", urteilt Körner (1919) unbeirrt –
und erntet fünf Jahre später die Früchte seiner kritischen Lust.

Manche Interpreten halten die jüdische Herkunft Körners für den Grund
der Querelen und schreiben hiermit Sauer eine antisemitische Motivation
zu.[13] Es mag zwar stimmen, dass Sauer kein großer Freund der Juden war,
doch zu öffentlichen antisemitischen Äußerungen ließ er sich (die Kenner des
Sauerschen Werkes sind gefragt) wohl doch nie hinreißen. Mit Krolop (2004:
277 u. 276) bin ich der Meinung,[14] dass andere Gründe als eine ausgesprochene, antisemitisch kodierte Abneigung gegen den ethnischen – gar nicht
orthodoxen – Juden Körner Sauers Urteil leiteten. Zu gerne würde ich Sauer
die Adolf Bartelssche Einstellung nachsagen,

> Ein Jude kann in der Tat nur eine Kritik, keine Geschichte der deutschen Literatur liefern,
> denn er weiß ja nicht, was uns notwendig war und ist. (zit. nach Fohrmann 1989: 237)

Doch dies wäre zugleich ahistorisch wie wahrscheinlich unrichtig, der
Einstellung Sauers zum Judentum seiner Kollegen doch nicht entsprechend.

Was Sauer an Körner viel mehr hat stören müssen als seine jüdische
Herkunft war Körners „unzuverlässige", wenn nicht gar „verräterische"
Haltung im „Kampf ums deutsche Prag" (die aber Sauer m. E. eben der
jüdischen Herkunft Körners zuschrieb). Als Sauer Julius Petersen um ein
Gutachten für das Rekursverfahren bat (welches Petersen allerdings ablehnte
zu schreiben), legte er ihm nahe, er solle „den nationalen Gesichtspunkt in
den Vordergrund stellen," denn bei Körner handele es sich um ein „übelbeleumdetes anationales Individuum", wohl mit Sympathien für Sozialisten und
Zionisten (Boden 1994: 91).

Josef Körner schrieb, handelte und gab sich tatsächlich ziemlich anders,
als man von einem deutschen Germanisten in der „bedrohten Festung des
Deutschtums" erwartete, in der Prager deutschen Universität, deren dekla-
riertes Ziel es spätestens seit der Trennung 1882 war, den Besitzstand der
deutschen Kultur und Sprache gegen „Tschechisierungstendenzen" zu stärken und zu verteidigen – eine Aufgabe, die gerade August Sauer mit aller
Kraft erfüllte. Josef Körner kümmerte sich jedoch wenig um vorgezeichnete

---

13 Etwa René Wellek und Konstanze Fliedl.
14 Krolop legt sogar dar, dass Sauer bei radikalen völkischen Studenten „wo nicht geradezu
als Jude, so doch als eindeutig philosemitisch galt"; zugleich erinnert Krolop an die Tatsache, dass zur gleichen Zeit, als Sauer Körner ablehnte, er einen anderen Germanisten
jüdischer Herkunft problemlos habilitieren ließ – seinen Schüler Georg Stefansky. Diese
Koinzidenz erklärt René Wellek wiederum als „Professor Bernhardis-Problem": „under
the circumstances of the time he could not possibly have two Jewish Privatdozenten."
(zit. n. Klausnitzer 2001: 425)

Linien und eingeschärfte Doktrinen, sondern pflegte unbekümmert freundschaftlichen Verkehr mit tschechischen Germanisten, las und rezensierte
fleißig deren Schriften (v. a. Otokar Fischers) und wurde reziprok von ihnen wahrgenommen (die gesamte tschechische Germanistik, Josef Janko,
Vojtěch Jirát, Otokar Fischer, stellte sich solidarisch hinter Körner in der
Habilitationsaffäre),[15] ließ in seinen Studien nie antitschechische Töne er-
klingen, sondern lobte im Gegenteil alle literarischen Bemühungen, die beiden Kulturen aneinander näher zu bringen (so z. B. die Texte Franz Werfels
oder Jakob Julis Davids) – nahm somit eigentlich die archaische Bolzanosche
Position ein und setzte sich dabei „zwischen alle nationalen Stühle" – wie
übrigens viele Autoren der Prager deutschen Literatur seiner Zeit.

Im Hinblick auf das Romantikthema halte ich noch ein anderes Motiv
für wichtig und erwähnenswert, da es Sauer selbst in seiner fragwürdi-
gen Körner-Rezension unaufhörlich umkreist: Die Körnersche – nicht genügend ehrerbietige – Darstellung der Klassiker. Körner war zwar sicher
kein ‚Klassikerschänder und -verhöhner' (wie etwa die expressionistischen
Dichter), es „ergab sich" ihm nur, gleichsam unter der Hand, aus seiner
Lektüre der Werke romantischer Programmatiker heraussteigend, ein „anderes" Klassikerbild, das Sauer, der damalige „Hüter des Goethe-Schatzes"
nicht gelten lassen wollte und durfte:

> Aus allen Ecken und Enden wird Klatsch und Tratsch und Schmutz zusammengekehrt;
> auch vom Niedrigsten und Unbedeutendsten bleibt der Leser nicht verschont […]
> Anmassung und Respektlosigkeit auf der einen, Dünkel auf der anderen Seite als die trei-
> benden historischen Kräfte […]. Jedes fachliche Urteil wird als Ergebnis von persönli-
> cher Stimmung oder Laune, gekränktem Ehrgeiz, verletzter Eitelkeit usw. aufgefaßt. Die
> Ewigkeit ist verschwunden, der Augenblick regiert. Es gibt nur gegenseitigen Neid und
> Hass, Charakterlosigkeit und Tücke, Treulosigkeit und Hinterlist […] Gesinnungslosigkeit
> ist die Gesinnung unserer größten Schriftsteller, Charakterlosigkeit der Charakter unserer
> Literatur der zweiten Bluetezeit. (Sauer 1925: 145f.)

Für Sauer, dem die Klassiker, Goethe und Schiller, Himmelsgestirne waren, war
die Klassikerdarstellung Körners eine Heiligtumschändung, die eben mit einer
– religiösem Eifer gleichkommenden – Brutalität bekämpft werden musste.

Ferner gehörte Körner zum „falschen Lager", da er nämlich eine andere theoretisch-methodologische Linie vertrat als Sauer und zugleich
Fürsprecher hatte, die Sauers Widersacher auf dem germanistischen Spielfeld
waren. Körner, der Schüler Minors und Arnolds (und somit eher Nachfolger

---

15  Krolop (2004: 276) ärgert sich – völlig zu Recht –, dass diese seltene solidarische Geste der
    tschechischen Kollegen gegenüber einem deutschen Germanisten von Klausnitzer nicht
    erwähnt wurde.

Scherers als Diltheys),[16] hatte von Anfang an missmutig die Wende der
Literaturgeschichtsschreibung zur geistesgeschichtlichen Linie verfolgt. An
den Werken Ungers, Gundolfs, Sauers, Lamprechts, Nadlers, Bartels', Cysarz'
u. a. störte ihn – liest man seine Rezensionen – nicht so sehr die Tatsache,
dass sie die Literaturgeschichte mit der Geschichte des Geistes und somit mit
der deutsch-nationalen Konzeption aufs engste verbinden, nicht so sehr, dass
sie dadurch das Objekt der Literaturgeschichte ins Uferlose erweitern (es um
alle national-kulturellen und national-geistigen Erscheinung und Kontexte an-
reichern), nicht so sehr, dass sie der Literaturgeschichtsschreibung eine neue
(mit jeglicher Wissenschaft inkompatible) Funktion zuschreiben, nämlich die
erzieherische und appelative Funktion, sondern vor allem, dass sie bei alle-
dem das feste Fundament der philologischen Akribie verlassen, die sorgfältige
philologische Arbeit am Text durch spektakuläre zwar, doch meist spekulative
und philologisch unkontrollierbare Geisteskonstruktionen ersetzen.

Körners wissenschaftliches Credo hieß demgegenüber: auf detaillierte
Arbeit mit Quellen und Texten zu bauen, sich nicht mit bekannten und bereits
hundertmal interpretierten Texten zufrieden zu geben, sondern in Archiven
und Sammlungen unermüdlich neue Quellen aufzudecken, nicht mit Fakten
aus zweiter Hand zu hantieren, sondern sich von der Richtigkeit eigener Thesen
immer durch den Blick in den Text zurück zu überzeugen, keine spektakulären
theoretischen Luftschlösser zu bauen, bevor eine anständige historisch-kritische Bearbeitung existiert, die Wahrheit der Quellen und Texte nicht irgend-
welchen Systemzwängen, übersichtlichen und gut ausschauenden Typologien
oder gar Ideologien zu opfern usw. In Körners Studien und Rezensionen gibt
es unzählige Stellen, welche diese Überzeugungen belegen – und gegen alle
Widersacher verteidigen. Angesichts Körners kritischer Heftigkeit ist es kein
Wunder, dass er sich mit seinem philologischen Credo viele Feinde schuf, die
ihn als Positivisten, Detaillisten, „Mikrologen", Pedanten und Haarspalter be-
schimpften. Unter ihnen auch August Sauer,[17] der aber durch Körner sowie

---

16  Zu Körners Einschätzung Scherers vgl. seinen Aufsatz *Wilhelm Scherer 1841-1886* (1916)
    und seine Rez. zu Wolfgang Kaysers *Das sprachliche Kunstwerk* (1949) (beides in Körner
    2001: 42-54, 168-184). Körner teilt zwar die allgemeine kritische Einstellung zu Scherers
    Positivismus, lobt aber andererseits Scherer für seine Erudition und Präzision im Umgang
    mit Fakten und für seine Zielstrebigkeit, mit welcher er versuchte, die Germanistik auf ein
    festes und exaktes methodologisches Fundament zu stellen. Zugleich kritisiert er die Kluft,
    die die spätere Germanistik zwischen Scherer und Dilthey aufriss, betont im Gegensatz
    dazu die relative Nähe der beiden Konzeptionen und die tiefe gegenseitige Achtung beider
    Forscher.

17  Der aber – im Gegensatz zu so manchem seiner Schüler – noch ein anständiger Philologe
    war, was ihm Körner ja auch mehrmals zubilligt: Gemessen an der Wildheit der Angriffe

mittels Körner zugleich seine akademischen Widersacher bekämpfte, hauptsächlich wohl Oskar Walzel und Hermann August Korff.

Diese genuin philologische Methode und der – häufig defensiv motivierte
– Zwang, sich selbst, sein eigenes Werk innerhalb der Überfülle an Methoden
und Konzepten exakt zu verorten, ließ Körner andererseits als zuverlässigen
Editor und Kommentator hervorstechen und zum „Chronisten" der wis-
senschaftlichen Germanistik der ersten Hälfte des 20. Jahrhunderts – in der
Gestalt seines *Bibliographischen Handbuchs des deutschen Schrifttums*[18] – werden.

Neben der Rezeption theoretischer Ansätze anderer trachtete Körner jahrelang, seine eigene Interpretationsmethode zu erarbeiten und zu formulieren. Die endgültige Abrundung und Veröffentlichung scheiterte jedoch an
den Zeitumständen:

> Gerade in dem Augenblick, da ich bezügliche Vorarbeiten von nahezu zwei Jahrzehnten ein
> systematisches Buch zu runden mich anschickte, bereits mit einem bedeutenden Verlage
> abgeschlossen und baldiges Erscheinen der ‚anthropologischen' Poetik, ‚Dichtung als
> Ausdrucksgebilde' angekündigt hatte, bereitete die Weltkatastrophe diesen stolzen Plänen
> ein Ende, politische Diskriminierung machte mich für ein volles Jahrzehnt bürgerlich wie
> literarisch tot. […] Inzwischen sind mir andere mit manchem zuvorgekommen, z. B. Emil
> Staiger. (Körner 2001: 168-185, 175)

Einen Einblick in die Ausrichtung der Methode ermöglicht wohl Körners
Aufsatz *Erlebnis – Motiv – Stoff* von 1924 (publiziert signifikanterweise im
Jahre der Habilitationsaffäre in der Festschrift für Oskar Walzel). Hier weist
Körner – in enger Anlehnung an Freuds Traum- und Neurosendeutungen
– der Interpretationswissenschaft die Aufgabe zu, für jeden Dichter einen
„Motivkatalog" zu erstellen und von ihm rückblickend auf das konstituie-
rende „affektive Erlebnis" zu schließen, das das Kunstwerk entstehen ließ.
Körner überwindet durch seine psychoanalytisch fundierten Formulierungen
den positivistischen Biographismus seiner Lehrer, reiht sich in die Schar der
Motivforscher ein, bleibt aber zugleich abseits der modernen strukturalistisch-
linguistischen Strömungen. Es ist allerdings schwer zu sagen, welche endgültige

---

gegen Nadler und Cysarz sind Körners Attacken gegen Sauer eher selten und mild. Einer
der wenigen direkten Angriffe ist z. B. in Körners Rezension zu Hermann Groenewegs
Schrift über Jakob Julius David zu lesen: „Ich fürchte, zu solchen Albernheiten und Ab-
wegen ist der Verfasser nicht aus eigenem Ungeschick gekommen, sondern verführt durch
eine Methode, die […] letzten Endes auf Sauers Schule zurückführt." (Körner 1931: 32)

18  An diesem Handbuch arbeitete Körner (angeleitet durch Oskar Walzel) sein ganzes Leben
lang, indem er seit den Kriegsjahren so gut wie jede germanistische Schrift las und dokumentierte. Das Handbuch, herausgegeben erst 1949, bis heute gut benutzbar, ist somit als
einer der Höhepunkte des Körnerschen Werkes einzustufen.

Gestalt die Theorie/Methodologie Körners Ende der 30er Jahre angenommen[19] und ob sie die Nachkriegsgermanistik in irgendeiner Weise beeinflusst hätte.


## 4. Das Mährische


Die mystischen Mähren-Bezüge Körners wurden eingangs schon besprochen. Meine Feststellung, Körner habe „wenig Mährisches" geschrieben, beziehe ich hier auf den Aufsatz zur deutschmährischen Literatur, nämlich auf Körners Besprechung der Schrift Hermann Groenewegs, *J.J. David in seinem Verhältnis zur Heimat, Geschichte, Gesellschaft und Literatur* aus dem Jahre 1931, die allerdings viel mehr ist als eine bloße Rezension, nämlich ein Bekenntnis „zum guten Lande Mähren", zu dessen „sanft-schwermütigen, widerstandsschwachen, sinnenfroh-nachdenklichen, [...] mehr betrachtsamen als tatkräftigen" (Körner 1931: 29)[20] Bewohnern und zur Literatur, die dieses Land gebar. Da Körner die rezensierte Schrift Groenewegs für zwar „fleißig", doch „albern", „geistlos", „oberflächlich" und ohne die „Kenntnis von Land und Leuten" geschrieben hielt, ersetzte er das Fehlende durch eine eigene Studie zur deutschmährischen Literatur, zum „deutschmährischen Triumvirat", wobei er – spannenderweise – Jakob Julius David für den größten der Triumviren hält:

> Was hier [Davids *Ruzena Capek*; IFF] und in wenigen ähnlichen Stücken gleicher Art geboten ist, läßt ähnliche Arbeiten Saars und der Ebner weit hinter sich. (Körner 1931: 30)

David siegt bei Körner über die beiden reiferen, berühmteren, vollendeteren mährischen Dichter dank dreierlei Vorzügen:

Erstens durch das Sozial-Empfindsame und Volksnahe, das ihm weder der „distinguierte Wiener Saar, der das mährische Dorf und seine Bewohner, deren Sprache ihm unbekannt und unsympathisch war, nur von außen gesehen und als Kuriosität so betrachtet wie dargestellt," noch die Ebner, die „als hochgeborene Gräfin der Gesellschaftsstufe der Dörfler zu weit entrückt [war]" gleich machen konnten.

---

19  Ob Körners geplante Schrift *Dichtung als Ausdrucksgebilde* zumindest als Manuskript – etwa im Marbacher Archiv unter weiteren Nachlassstücken – vorliegt, weiss ich nicht.

20  Auch diese Betrachtung des „typisch mährischen" Menschenschlags hat in der späteren Forschung Schule gemacht (Fiala-Fürst 2007).

Zweitens durch „das starke Ethos" und „den tieferen Ernst [...] des mit eigenem Herzblut genährten Schaffens" (Körner 1931). Nach der Lektüre bereits weniger Schriften Körners fällt es auf, was für einen hohen Wert er allgemein und wiederholt der Authentizität und der ethischen Dimension literarischer Werke beimisst – und hier eben auch den Werken Davids zuerkennt.

Drittens durch die Nähe zu dem anderen Idiom und der anderen Kultur Mährens, dem Tschechischen: Nicht genug daran, dass Körner Davids tiefe Kenntnis der mährischen (auch der tschechischen) Realien und seinen schöpferischen Umgang mit der slawischen Mundart lobt, er erklärt ihn kurzerhand zum „beinah" tschechischen Dichter: Im Geburtsjahr Davids (1859) galt das Tschechische noch „als Stapfe, als Stigma des niederen Volkes, des Vulgus. [...] Ein Menschenalter später und David wäre ein tschechisches Dichter geworden." Körner scheint es gar leid zu tun, dass David nicht – im Gegensatz zu Karel Hynek Mácha[21] – den Sprung vom deutschen zum tschechischen Dichter geschafft hat:

> Es stellt sich die Frage oft ein, ob dieses ganze Werk sich nicht noch besser, wurzelhafter, echter – und größer in tschechischer Sprache ausgenommen hätte. (Körner 1931: 31)

Angesichts solcher Äußerungen kommen mir Spekulationen ob der Körnerschen Haltung zum Tschechischen als doppelt müßig vor, da – zumindest auf der Ebene der kulturellen Beziehungen – längst beantwortet. In provokanter Art würde ich sogar die These aufstellen: Ein Menschenalter später, einen Krieg und eine Vertreibung weniger und Körner wäre ein tschechischer Germanist geworden. Schon seine – bereits erwähnten – häufigen, immer wohlwollenden Stellungnahmen zu den Arbeiten seiner Prager tschechischen Kollegen, auch die Tatsache, dass er wiederholt in tschechischen wissenschaftlichen Periodika und auf tschechisch publizierte, lassen Körner in einem ganz anderen Licht und Kontext erscheinen, als seine Prager deutschen Kollegen und Kontrahenten Sauer, Nadler und Cysarz.

Ein anderes Mähren-Kapitel wäre mit dem Vergleich der beiden aus Mähren stammenden germanistischen Zeitgenossen, Körner und Cysarz, aufzuschlagen – was allerdings Otokar Fischer bereits 1937 tat. In seinem Aufsatz *Gelehrtentypen* in der *Prager Presse* vergleicht Fischer das Werk der beiden Forscher und obzwar er Cysarz mit einigen positiven Adjektiven bedenkt, („die stürmischere Persönlichkeit", „der berühmtere Fachgenosse", „die anspruchsvollere Methode"), entdeckt er doch sofort mit spürendem Auge die Gefahr des Tendenziösen, welche aus Cysarz' Werk hervorquillt:

---

21  Máchas – von Otokar Fischer dargestellten – Weg vom Deutschen zum Tschechischen zieht Körner als Vergleichsbasis heran (Körner 1931: 31).

> [Cysarz] faßt die Wissenschaft nicht nur als Erforschung des Vergangenen, vielmehr handhabt er sie als Waffe im aktuellen Ringen um ein neu sich formendes Weltbild [...] im Ekstatisch-Methodologischen, im Rhetorischen [ist er] suggestiv, ja berückend und mit der Überredungskunst eines Rattenfängers von Hameln begabt. (Fischer 1937)

Fischers Sympathien liegen eindeutig bei der Methode, dem Werk und der Person Körners. Außerdem erlaubt sich Fischer noch eine kleine Bosheit gegenüber Cysarz: Er verbindet nämlich beide, Cysarz wie Körner, mit dem Tschechischen („tschechisiert" sie gleichsam), indem er – mit sichtlichem Vergnügen – Josef Körner als „aus der Geburtsstadt T.G. Masaryks" stammend und Cysarz als „Nachkommen *wohl nicht deutscher* Vorfahren aus dem Ostrauer Bezirk" (Fischer 1937) apostrophiert. Während Körner dieser Bezug wahrscheinlich nichts ausmachte, hat sich Cysarz sicher schwarz geärgert.

Körners eigene Stellungnahmen zu Cysarz gehören dann zu dem überhaupt Schärfsten, was Körner je geschrieben hat. In seiner Rezension auf Cysarz' Opus *Deutsche Barockdichtung* von 1924 liest man Sätze, die das Herz eines braven Germanisten in der heutigen politisch korrekten Zeit höher schlagen lassen:

> Gänzlich in Verruf geraten ist die heilsame alte [...] Sitte, daß junge Kraft erst am harten Holz historisch-kritischer Detailforschung arbeiten lerne, ehe sie an souveräne Synthesen sich wage. Wie haben sich die Zeiten geändert! Was sonst Abschluss und Ernte eines reichen Forscherlebens war, stellt man heut gleich an den Beginn der wissenschaftlichen Laufbahn, zwanzigjährige Jünglinge deuten und erschließen uns schon in ihren Doktorarbeiten die ‚Probleme und Lebensformen von Hamann bis Hegel' oder ‚Das Wesen der deutschen Romantik'. [...] Wo man mit Analysen noch kaum begonnen hat, will er schon die Synthese erzwingen, als ob man ein Haus einzurichten begönne, ehe der Dachstuhl aufgesetzt worden [...]
> Was aber Geduld und Nerven des Lesers auf die härteste Probe stellt, ist des Buches eigenwillige, übertriebene barocke Sprache, die aber danach angetan ist, den Gedanken zu verbergen, oder doch zu verdunkeln, als ihn zu offenbaren [...] Da wird das selber schon sehr laute Substantivum noch durch ein oder mehrere grelle Adjektive überschrien, daß man vor lauter Lärm schließlich kein Wort mehr versteht [...] Dieser ‚brillante' Stil ermüdet schon nach wenigen Seiten, er blendet das geistige Auge in solchem Maße, daß man bei längerem Lesen nichts mehr wahrnimmt als ein undeutliches Geflimmer [...] Cysarz kommt es nicht darauf an, ob er den Nagel auf den Kopf trifft oder daneben haut; ihm ist der Lärm die Hauptsache [...]
> Dennoch hat man nach beendeter Lektüre das Gefühl, als hätten wieder einmal kreißende Berge ein armsäliges Mäuslein geboren. Es wird ein ungeheures Thema gesetzt, aber es wird im geringsten nicht gelöst, es wird bestenfalls umschrieben [...] [es ist] nicht mehr reine und also minderwertige Wissenschaft. (Körner 2001: 106-116, 107ff.)

Angesichts solcher Sätze nimmt es wunder, dass Cysarz zwei, drei Jahre nach Erscheinen dieser Rezension (1926) Körner habilitieren ließ. Nun, er „ließ" nicht, er hat wohl – dazu von der akademischen Öffentlickeit dazu gezwungen – müssen. Als späte Rache an dem damals bereits besiegten und verstorbenen Körner lassen sich dann Cysarz' sehr herablassende, gewollt unterkühlte, ironisch schmähende Äußerungen zu Körner in seinen Erinnerungen *Zehn Jahre Prag* lesen.

Im nächsten „Mähren-Kapitel" wird dank Körner der große Wiener Arthur Schnitzler an Mähren gebunden:[22] Körner verfolgte Schnitzlers Werk bereits als Student der Wiener Germanistik, persönliche Bekanntschaft mit Schnitzler machte er kurz nach dem 1. Weltkrieg. Er traf ihn und korrespondierte mit ihm regelmäßig – auch noch aus Prag – schrieb über ihn einige Studien und zeitgenau zu Schnitzlers 60. Geburtstag ein ganzes Buch (Körner 1921).

Während die Romantikforscher sich noch heute gerne zu Körner melden – wenn sie ihn denn kennen – wollen die heutigen Schnitzlerianer nichts mehr von ihm wissen: Einer anderen Forschergeneration angehörend, andere Theoreme und Methoden benutzend, v. a. mit erotischen Topoi anders (nach der sexuellen Revolution der 70er Jahre) umgehend und wahrscheinlich demselben „Persönlichkeitskult" verfallen wie Sauer dem Goetheschen, „beleidigen sich"[23] die heutigen Schnitzler-Forscher ob mancher negativer Einschätzungen Schnitzlers aus der Feder Körners und halten Körners Blick auf das Schnitzlersche Werk allgemein für unobjektiv, moralisierend, archaisch, verflossen – gar für antimodernistisch, völkisch und antisemitisch(!)[24]

Seiner Interpretationsmethode treu sucht Körner in Schnitzlers Werk motivische Konstanten, die Einheit des Werkes, das tiefe Erlebnis, Ethos, Ernst und Authentizität – und findet sie häufig verdeckt durch Frivolität, unverbindliches Spiel, L´art pour l´artismus und gezwungene Skandalträchtigkeit, wobei er allerdings dem Spätwerk Schnitzlers die Hinwendung zu diesen – in seinen Augen – wichtigen Werten eines literarischen Kunstwerks zuerkennt (Körner 1927). Schnitzler selbst respektierte (überraschenderweise?) Körners Einschätzungen. Nach dem Erscheinen des Geburtstagsbuches notierte er in sein Tagebuch (1920-1922):

> [ich las] mit grossem Interesse und wechselnden Gefuehlen… In den einzelnen Capiteln voll tief eindringenden Verständnisses, – mit seltnem Blick für die Zusammenhänge, die

---

22 Auch dem Schnitzler-Thema bei Körner widmet sich Ralf Klausnitzer sehr ausgiebig: Nur der Vollständigkeit halber (und für Leser, die diesen Aufsatz nicht parallel mit Klausnitzers [2001] Nachwort lesen werden) fasse ich nur seine Ausführungen zusammen – und bereichere sie um einen einzigen, hypothetischen, weiteren Mährenbezug.

23 Sprachschöpfung von Friedrich Torberg.

24 Diese und ähnliche unsinnige und ohne die Kenntnis des Körnerschen Gesamtwerkes getätigte Äußerungen aus dem Buch Konstanze Fliedls (1997) kritisiert Ralf Klausnitzer in seiner behutsamen und vornehmen Art. Dem ist nichts hinzuzusetzen.

Einheit meines Schaffens – ich interessierte mich gewissermassen selbst und spürte ohne Eitelkeit das ‚bleibende'. (zit. n. Klausnitzer 2001: 407)

Zum Zerwürfnis zwischen Schnitzler und seinem viel jüngeren Kritiker Körner kam es erst, als Körner Schnitzlers Werk mit dem von Jakob Julius David verglich (und hier ist eben der Mähren-Bezug) und es als „zu leicht befunden" hat. Eben beim Vergleich der Bearbeitung erotischer Motive von David und Schnitzler gibt Körner eindeutig David „bessere Noten", bevorzugt den „überzüchteten Verführungsszenen" Schnitzlers Davids „keusches Stillschweigen", dem „Pessimismus der Blasiertheit" Schnitzlers den „Pessimismus der Lebensschwere" Davids und nennt – angesichts Davids „naturgetreuer Widergabe" des mährischen Idioms – Schnitzlers „Salonsprache" konventionell, „dünn und blaß" (Körner 1931: 31 f.).[25]

Das sind für die (großteils affirmative) Schnitzler-Forschung ungewohnt harte Worte und gemessen an der Entwicklung, die den einen Autor zum literarischen Himmel emporwachsen ließ und den anderen in fast vollkommene Vergessenheit stürzte, scheint es, dass Körner tatsächlich „aufs falsche Pferd gesetzt" hat. Doch Körners, auf der Grundlage einer nahen, privaten Beziehung aufbauenden, eigenwillige Schnitzler-Interpretationen erinnern mich (und das ist der nächste und letzte Mähren-Bezug) an die ähnlich ungewohnte und eigenwillige Wittgenstein-Interpretation des Olmützers Paul Engelmann, der auch glaubte, Wittgensteins *Tractatus* besser als andere verstanden zu haben, weil er Wittgenstein als Freund näher stand als andere (Janik 1999; Václavek 1999).

---

25  Ich frage mich, wieso bisher noch keinem Literaturhistoriker eingefallen ist, dass Schnitzlers beleidigte Reaktion gerade ob dieser konkreten Studie (Körner hat weiß Gott Schlimmeres über Schnitzler geschrieben) vielleicht mehr mit David als mit Körner zusammenhängen könnte. David war – wie man von Hermann Bahr weiß – alles andere als beliebt unter den Wiener Modernisten. Den Beziehungen zwischen Schnitzler und David bin ich allerdings nicht nachgegangen.

## 5. Das Jüdische

Ob und wie und inwiefern die jüdische Herkunft Körners der Grund für
die Querelen mit Sauer war, wurde bereits besprochen. Einen weiteren er-
hellenden Blick auf Körners Beziehung zur jüdischen Problematik und
auch zum eigenen Judentum bieten seine Beiträge zur deutsch-jüdischen
Literatur, zum jüdischen Thema in der deutschen Literatur. In dieser Sparte
hat Körner einiges geleistet, indem er beispielsweise – trotz seiner großen
Zuneigung zur Romantik – die starke antisemitische Tendenz einiger romantischer Dichter redlich vermerkte und kritisierte: So wirft er im Nachwort
zu seiner Herausgabe einer bisher unbekannten Erzählung Brentanos, *Die
Schachtel mit der Friedenspuppe*, Brentano einen „judenfeindlichen, antisemitischen Entrechat" vor (Brentano 1922: 67), fasst im Jahre 1930 – in einem
leider viel zu kurzem Aufsatz – vollkommen richtig und auf sehr moderne Art die Gründe für die Entstehung des romantischen Antisemitismus
und die antisemitischen Äußerungen der Romantiker um die Christlich-
deutsche Tischgesellschaft zusammen, kreidet noch im Jahre 1942 (!) der
deutschen Literaturgeschichtsschreibung an, dass „sie zu lange die Augen
schloss vor den antisemitischen Ansichten und Handlungen der Mehrheit der
Romantiker" (Körner 1942: 234)[26] und die Beziehung der Romantik zur jüdischen Problematik nicht genügend untersuchte. Die „brutale Gesinnung in der
Judenfrage" (Körner 1930: 123) seines Lieblingsromantikers Arnim straft er
mit einer pointierten Schmähung Arnims, die auf den ersten Blick als schnell
und kurz erzählte Anekdote anmutet, eigentlich aber über Jahre gewachsen
ist: Während nämlich die „Antikriegshaltung" Arnims, über die sich Körner
und Kafka (vermutlich auf der Grundlage des Körnerschen Aufsatzes *Achim
von Arnim und der Krieg,* 1915) im Jahre 1917 brieflich unterhalten haben (Härtl
2000), hier noch als positiver Charakterzug Arnims dargestellt wird:

> So gibt er sich [Arnim; IFF] keineswegs romantischen Illusionen über das blutige Handwerk
> hin, berauscht sich nie auf Fouques alberne Weise in billiger Hurrahpoesie, sondern spricht
> rundweg von der ‚gemeinen Menschenschlächterei, die wir mit dem Namen Krieg benen-
> nen'. (Körner 1915: 340)

---

26  Abgesehen davon, dass bereits die Tatsache, dass „der Jude Körner" noch 1942 unter
    seinem Namen publizieren durfte (obschon ‚nur' in einer tschechischen Zeitschrift), ein
    Rätsel ist, ist freilich ein weiteres Rätsel, wieso ein Aufsatz dieses – projüdischen – Inhaltes
    erscheinen konnte.

Damit wird die pazifistische Zurückhaltung Arnims 15 Jahre später (im Aufsatz *Romantischer Antisemitismus*) in den Kontext der schandhaften Duellaffäre Arnims gegen den Juden Moritz Itzig gesetzt und zur Geschichte einer feigen und ordinären Kriegsverweigerung umpointiert:

> Und wie sonderbar nimmt sich die Geschichte erst aus, wenn wir neben den gekränkten Juden, der im Jahre 1813, seine höchste Bürgerpflicht erfüllend, bei Lützen gefallen ist, den hochmütigen Beleidiger stellen, den der überlaut bekannte deutsch-christliche Patriotismus nicht gehindert hat, dem großen Volkskriege fernzubleiben. (Körner 1930: 123)

Lange Jahre hat sich Körner mit dem Plan herumgetragen, eine Heinrich-Heine-Monographie zu schreiben,[27] die allerdings – wie vieles andere Geplante – durch Nazitum, Krieg und Nachkriegszeit verhindert wurde. Ein tschechisch verfasster Aufsatz über Heine aus dem Jahre 1947 deutet vielleicht die Stoßrichtung, Zielsetzung und Atmosphäre der geplanten Monographie an: Zwei Haupteigenschaften Heines, zwei grundlegende Lebens- und Werkmotivationen werden hier hervorgehoben: Heines – durch scharfen Intellekt und unkäufliche Luzidität bedingte – lebenslange Weigerung, bei ideologischen Strömungen und Gruppierungen lange oder bedingungslos mitzutun[28] und Heines nur scheinbarer Abfall vom Judentum, den Körner als eine seiner vielen Übeltaten [„darebáctví"] deutet, die einzige aber, die Heine – laut Körner – wirklich tief und lebenslang bereute.[29]

---

27 Vgl. Briefe an Käte Hamburger vom 15.3.1948 und 8.4.1948 (Körner 2001: 273). Spannend wäre der Frage nachzugehen, ob Körner Brods Heine-Monographie gekannt hat, die bereits im Exil-Verlag Allert de Lange in Amsterdam 1934 erschien und womöglich nicht so schnell auf den tschechischen Büchermarkt kam.

28 „Avšak bdělé vědomí a bystrý kritický rozum mu vždycky velmi záhy dávají prohlédnout každou lákavou iluzi […] Tak se stává špatným soudruhem […] opouští všechny tyto bojové tábory, k nimž patřil vždy jen napolo a jež se mu uprostřed boje z duše ošklivily." [Doch sein waches Bewusstsein und sein kritischer Verstand ließen ihn immer sehr bald jede lockende Illusion durchschauen [...] So wird er zum schlechten Genossen [...], der all die Kampflager, zu denen er jeweils nur halbherzig gehörte und die er inmitten des Kampfes bereits verabscheute, verlässt.] (Körner 1947: 366)

29 „Takovým darebáctvím – které sám nikdy jinak neposuzoval – byl Heinův křest. Uvažujeme-li z hlediska sociálně-dějinného o situaci, v níž se pochopitelně, ba nutně jeví nikoli největším darebáctvím jeho života, přesto však jediným, kterého opravdu lituje a přes než se nikdy nepřenesl, na něž stále vzpomíná s upřímnou lítostí a s trapným studem, nikdy s urážlivým cynismem, který doprovází jiné hanebnosti jeho pozemské pouti." [Eine solche Übeltat – nie hat es Heine anders gedeutet – war seine Taufe. Aus der Sicht der sozial-historischen Situation erscheint die Taufe als verständliche Tat und nicht notwendig als die größte Übeltat seines Lebens. Doch für Heine ist es die einzige, die er wirklich bereute, sie nie verschmerzte, sie unaufhörlich mit Scham- und Reuegefühlen erinnerte, sie nie durch beleidigenden Zynismus verklärte – wie so oft die anderen Übeltaten seiner irdischen Laufbahn.] (Körner 1947: 366)

Auf Körners Lebenssituation im Jahre 1947 blickend (von der die Briefe an Käte Hamburger beredtes Zeugnis geben), die Situation nach der Shoa, in der ‚befreiten' Tschechoslowakei, die sich rigoros ihrer Deutschen (auch wenn's deutsche Juden waren) entledigte, kann man vielleicht vermuten, dass Körners Heine-Artikel viel mehr ist als ein Gelegenheitsaufsatz zum Geburtstag eines toten Dichters, nämlich – besonders in den Passagen über die missglückte Assimilation, das „neue Marranentum" nach der Haskala, den scharfen Schmerz und die tiefe Beleidigung ob der Zurückweisung der Juden von den Deutschen – eine subjektive und empfindsame Äußerung zur eigenen jüdischen Identität und Seinsweise.

## 7. Abschluss – keine Zusammenfassung: Romantik zum vierten

Die haarsträubend falsche, weil logisch, rationell gesehen unmögliche Interpretation von Friedrich Hölderlins berühmtestem Gedicht, *Hälfte des Lebens*, ist zugleich – zumindest unter Studenten – die verbreitetste und bestechendste, weil sie irrationale, mystische, unabmessbare Tiefen auftut, indem sie nämlich suggeriert, Hölderlin ahnte in seiner Dichter-Genialität, dass er die zweite Hälfte seines Lebens, „wenn es Winter ist", im Turm verbringen würde. Auch Josef Körner schrieb ein ‚Hälfte-des-Lebens-Gedicht', das zwar bei weitem nicht die Mehrbödigkeit und Großartigkeit des Hölderlinschen Gedichts hat und Körners Leben auch nicht so spektakulär halbiert wie das Hölderlins, das aber immerhin Ende 1931 geschrieben wurde, also knappe eineinhalb Jahre bevor Hitler in Deutschland an die Macht kam und einen menschenvernichtenden Mechanismus in Bewegung brachte, der in Körners Leben und Schaffen einen Bruch verursachte, welcher nicht mehr zu überbrücken war.

Dieses Gedicht bilde – unkommentiert – den Abschluss dieses Beitrages:

*Wehen*
War dies alles nur Beginn
Oder geht es schon zu Ende?
Stehe vor der großen Wende
Zum hinan ich, zum dahin?

Bricht nach Leid und fehlem Trachten,
Nach Verdüstrung und Verzicht
In mein Dasein nun das Licht
Oder will es vollends nachten?

Wer den Sinn der Stunde wüßte!
Ringt aus schwer gewordnem Schoß
Sich ein neues Leben los?
Geht ein altes früh zu Rüste? (Körner 1931)

# Literatur

Boden, Petra (1994): Julius Petersen. Ein Wissenschaftsmanager auf dem Philologenthron. – In: *Euphorion* 88, 82-102.

Brentano, Clemens (1922): *Die Schachtel mit der Friedenspuppe.* Hrsg. v. Josef Körner. Wien, Prag, Leipzig: Strache.

Brod, Max (1918): Prager Dichterschule? – In: *Der Friede* 1918/19, 14.

Brod, Max (1966): *Der Prager Kreis.* Stuttgart, Berlin, Köln, Mainz: Kohlhammer.

Cysarz, Herbert (1957): Zehn Jahre Prag. – In: Jahn, Rudolf (Hg.), *Grenzfall der Wissenschaft: Herbert Cysarz.* Frankfurt/M.: Heimreiter.

Fiala-Fürst, Ingeborg (2007): Das Thema der jüdischen Assimilation. – In: Slawinski, Ilona (Hg.), *Der Mnemosyne Träume. Festschrift zum 80. Geburtstag Joseph P. Strelkas.* Tübingen: Francke.

Fiala-Fürst, Ingeborg/Krappmann, Jörg, Léblová, Silvie (Hgg.) (2002): *Lexikon deutschmährischer Autoren. Beiträge zur deutschmährischen Literatur.* Bd. 5. Olomouc: Univ.-Verl. Univerzita Palackého.

Fischer, Otokar (1937): Gelehrtentypen. – In: *Prager Presse* (3.1.1937, Sonntagsbeilage).

Fliedl, Konstanze (1997): *Arthur Schnitzler. Poetik der Erinnerung*. Wien, Köln, Weimar: Böhlau.

Fohrmann, Jürgen (1989): *Das Projekt der deutschen Literaturgeschichte*. Stuttgart: Metzler.

Härtl, Heinz (2000): Zu Kafkas Briefen an Josef Körner über Arnim. Mit Körners Artikel ‚Achim v. Arnim und der Krieg‘ als Anhang. – In: Ehlers, Klaas-Hinrich/ Höhne, Steffen/Nekula, Marek/Maidl, Václav (Hgg.), *Brücken nach Prag. Festschrift für Kurt Krolop zum 70. Geburtstag*. Frankfurt/Main: Lang, 321-346.

Horkheimer, Max (1938): [ohne Titel]. – In: *Zeitschrift für Sozialforschung* 7, 220.

Janik, Allan (1999): Die Rolle Engelmanns in Wittgensteins philosophischer Entwicklung. – In: Schneider, Ursula (Hg.), *Paul Engelmann. Architektur, Judentum, Wiener Moderne*. Wien, Bozen: Folio, 39-56.

Klausnitzer, Ralf (2001): Nachwort. – In: Körner, Josef, *Philologische Schriften und Briefe*. Hrsg. von dems. Göttingen: Wallstein, 385-461.

Körner, Josef (1915): Achim von Arnim und der Krieg. – In: *Der Zeitgeist, Beiblatt zum Berliner Tageblatt* [Nachdruck in Härtl (2000: 338-342)].

Körner, Josef (1917a): Franz Werfel. – In: *Die Tat* 9, 776f.

Körner, Josef (1917b): Rez. zu Georg Kaiser: Die Versuchung. – In: *Donauland* 1, 762.

Körner, Josef (1917c): Dichter und Dichtung aus dem deutschen Prag. – In: *Donauland* 1 [Nachdruck in Körner (2001: 55-66)].

Körner, Josef (1918): Rez. zu Paul Adler: Die Zauberflöte. – In: *Donauland* 2, 359.

Körner, Josef (1919): Metahistorik des deutschen Schrifttums. – In: *Deutsche Rundschau* [Nachdruck in Körner (2001: 84-87)].

Körner, Josef (1921): *Arthur Schnitzlers Gestalten und Probleme*. Zürich, Leipzig, Wien: Amalthea.

Körner, Josef (1923): Der Narr der Liebe. – In: *Preußische Jahrbücher* 191, 52.

Körner, Josef (1924): *Romantiker und Klassiker. Die Brüder Schlegel in ihren Beziehungen zu Schiller und Goethe*. Berlin: Askan. Verl. [Reprint: WBG Darmstadt 1971].

Körner, Josef (1924): Erlebniß – Motiv – Stoff. – In: Wahle, Julius/Klemperer, Viktor (Hgg.), *Vom Geiste neuer Literaturforschung. Festschrift für Oskar Walzel*. Wildpark-Potsdam: Athenaion, 80-90.

Körner, Josef (1927): Artur Schnitzlers Spätwerk. – In: *Preußische Jahrbücher* 208, 53-83, 153-163.

Körner, Josef (1930): Romantischer Antisemitismus. – In: *Jüdischer Almanach auf das Jahr 5691* [Nachdruck in Körner (2001: 122-126)].

Körner, Josef (1931): Rez. zu Hermann Groeneweg: J.J. David in seinem Verhältnis zur Heimat, Geschichte, Gesellschaft und Literatur. – In: *Literaturblatt für germanische und romanische Philologie* 52, 29-37.

Körner, Josef (1931b): Wehen. – In: *Deutsche Zeitung Bohemia* (29.11.1931).

Körner, Josef (1942): Nové prameny pro poznání německé romantiky [Neue Quellen zum Verständnis der deutschen Romantik]. – In: *Časopis pro moderní filologii* 28, 230-236.

Körner, Josef (1947): Věrný apostata. Ke 150. narozeninám Heinricha Heineho [Ein treuer Apostat. Zum 150. Geburtstag Heinrich Heines]. – In: *Věstník židovské obce náboženské v Praze* 9/18, 365-366.

Körner, Josef (1949): *Bibliographisches Handbuch des deutschen Schrifttums*. Bern: Francke.

Körner, Josef (2001): *Philologische Schriften und Briefe*. Hrsg. v. Ralf Klausnitzer mit einem Vorw. v. Hans Eichner. Göttingen: Wallstein.[30]

Krolop, Kurt (2004): Ein Pionierprojekt, aber keine Pionierleistung. – In: *brücken* NF 12, 265-290.

Sauer, August (1925): Rezension zu Josef Körner: Romantiker und Klassiker – In: *Euphorion* 26, 142-150.

Sokel, Walter H. (1969): *Expressionismus als Literatur*. Bern, München: Francke.

Václavek, Ludvík (1999): Der Engelmann-Kreis in Olmütz. – In: Schneider, Ursula (Hg.), *Paul Engelmann. Architektur, Judentum, Wiener Moderne*. Wien, Bozen: Folio, 37-52.

---

30 Klausnitzers Band (Körner 2001) beinhaltet folgende Aufsätze Körners: *Die Renaissance des germanischen Altertums*, 11-41; *Wilhelm Scherer 1841-1886*, 42-54; *Dichter und Dichtung aus dem deutschen Prag*, 55-66; *Arthur Schnitzlers Gestalten und Probleme*, 67-83; *Metahistorik des deutschen Schrifttums*, 84-87; *Die Wiener „Friedensblätter" 1814-1815, eine romantische Zeitschrift*, 88-105; *Barocke Barockforschung*, 106-116; *Auferstehende Romantik! Bericht über die neu entdeckten Romantiker-Briefe*, 117-121; *Romantischer Antisemitismus*, 122-126; *Achim von Arnim und Frau von Staël*, 127-132; *Persönliche Erinnerungen an Arthur Schnitzler*, 133-136; *Ideologie und Humanität*, 137-162; *Rezension Otto Mann: Der Junge Friedrich Schlegel*, 163-167; *Rezension Wolfgang Kayser: Das sprachliche Kunstwerk*, 168-184.

Karl Braun

# Volkstum aus deutschem Boden und wissenschaftliche Volkskunde oder: August Sauers „warm fühlendes, deutsches Herz"

*Bernd Jürgen Warneken*
*zum 10. Januar 2010*

## 1. Doppelte Heimat als Denkstil

Josef Nadler (1884-1963), „der bedeutendste Schüler Sauers" (Pfitzner 1928: XXX) und von diesem zu einer heimat- und stammesgebundenen Literaturbetrachtung inspiriert, beginnt denn auch den Nachruf auf seinen Lehrer mit dem Nachzeichnen von August Sauers (1855-1926) familiärer Abstammungs-, Migrations- und Bildungsgeschichte.

> *August Sauer*, 1855 zu Wiener Neustadt geboren, kehrte nur in seine Heimat zurück, als er 1886 an die Prager deutsche Universität berufen wurde. Auch seine Familiengeschichte ist typisch für die Verhältnisse im Donautal. Sein Urgroßvater war Schullehrer in Nordböhmen. Sein Großvater wanderte nach Wien aus und wurde Kaufmann. Sein Vater wurde Buchhalter und hatte rege literarische Neigungen. Auch hier machte der Sohn den letzten Schritt in diese Richtung und kehrt in die Heimat zurück. (Nadler 1927: 514)

August Sauers Dienstantritt in Prag ist so als Einnahme des angestammten Platzes, den sein Urgroßvaters bewohnte und den sein Großvater verließ, gekennzeichnet und verortet. Diese Anekdote, die Nadler seinen Lesern zu Beginn des Nachrufs erzählt, ist bedeutungsträchtig; besagt sie doch, dass dieser Rückkehr nach Böhmen unter dem Zeichen des akademischen Lehrberufs – Urgroßvater war Schullehrer – etwas Sinnvolles und fast Notwendiges innewohnt: Das erneute Fußfassen in der vorväterlichen Heimat und das offene Bekenntnis zu dieser Heimat ist für Nadler eine der nachvollziehbaren Bedingungen, aus der ein wahrhaft großes Werk – wie das August Sauers, auf das er würdigend zurückblickt – entstehen kann.

Josef Pfitzner (1901-1945), ebenfalls ein Schüler August Sauers und während des Protektorats Zweiter Bürgermeister von Prag,[1] radikalisiert diese Sicht Nadlers in der Einleitung der 1928 veröffentlichten und damit posthumen Anthologie *August Sauers Kulturpolitische Reden und Schriften* hin zu einem ‚Kapital‘austausch:

> Dennoch weisen bestimmte Angaben über die Abstammung seines Urgroßvaters in die Sudetenländer, nach Nordböhmen, was Sauer stets, wenn er einen Grund für sein rasches Verwurzeln in dieser, ihn im Anfang fremdartig anmutenden Umgebung zu finden suchte, gern anführte. Damit wäre also ein rückläufiger Vorgang jener Bewegung gegeben, die sich bereits jahrhundertelang in der Richtung Sudetenraum – Wien abspielte. War dem so, dann durften die Sudetendeutschen für die mit vollen Zinsen rückerstattete, vor Zeiten dem Wiener Boden geliehene Summe dankbar sein. (Pfitzner 1928: Vf.)

So fremd heutigen Lesern dieser Heimatbezug samt migratorischem Kapitalertrag[2] scheinen mag, so einleuchtend und verständlich musste er einem Gutteil der Zeitgenossen vorkommen, vor allem aber denjenigen, die im Umfeld August Sauers wissenschaftlich-philologisches bzw. nationalpolitisches Denken gelernt hatten oder in anderer Weise daran partizipierten. Und das dürfte ein nicht gering zu achtender Teil der deutschböhmischen Intelligenz gewesen sein. Denn August Sauers Tätigkeit in Prag umfasste nicht nur den Bereich, den ihm die universitären Aufgaben als Lehrstuhlinhaber der Germanistik abverlangten, sondern von Beginn seines Wirkens an förderte und akzentuierte er das deutsche ‚Volkstum‘ erst im Austausch, zunehmend aber in der Frontstellung der beiden böhmischen Nationalitäten. Für beide Facetten seiner Tätigkeit hat August Sauer je ein Publikationsorgan geschaffen: 1894 den *Euphorion. Zeitschrift für Literaturgeschichte*, 1901 die *Deutsche Arbeit. Monatsschrift für das geistige Leben der Deutschen in Böhmen*. Josef Nadler hat die *Deutsche Arbeit* als die „große nationale Kulturzeitschrift“ bezeichnet. „Ursprünglich glänzend ausgestattet, verkörperte sie auf allen Gebieten den selbstbewußten deutschnationalen Schöpferwillen des Landes.“ (Nadler 1927: 515)[3] Und Au-

---

1  Während der Protektoratszeit wurde Pfitzner Vize-Primator von Prag; 1945 wurde er in Prag öffentlich hingerichtet (Míšková/Šustek 2000/01).

2  Pfitzner entwirft hier ein vor-bourdieusches ‚Kapital‘, das weder sozial erworben noch symbolisch eingesetzt wird, sondern aus der ‚Heimat‘, der bodenmäßigen Herkunft des Individuums und der seiner Vorfahren, resultiert.

3  Mit kritischer Distanz zu betrachten, jedoch im Detail sehr aufschlussreich ist Franz Treppesch' Dissertationsschrift von 1944 (*Deutsche Arbeit. Monatschrift für das geistige Leben der Deutschen in Böhmen. Werden und Wirken einer kulturpolitischen Zeitschrift im Sudetenraum*). Seit 2006 läuft ein Gemeinschaftsprojekt der Universitäten Ústí nad Labem und Wien zur digitalen Bereitstellung der mitunter schwer zugänglichen Hefte der *Deutschen Arbeit* (zunächst bis zum Jahrgang 1920). Siehe hierzu: Eine Charakteristik der *Deutschen Arbeit* aus der An-

gust Sauer schreibt selbst: „Die ‚Deutsche Arbeit' ist keine politische, sondern nur eine nationale Zeitschrift." (Sauer 1928: 45)

Es scheint, als hätte August Sauer seine beiden Wirkungsbereiche gut zu trennen gewusst, auf der einen Seite die hochkulturelle, germanistisch-philologische Arbeit mit weit vernetzter, reger und ertragreicher Forschungs- und Editionstätigkeit (Grillparzer, Stifter, Raimund, Goethe, Sturm und Drang, Kleist), auf der anderen Seite die Hinwendung zum regionalen Kulturschaffen in der Spannbreite von Literatur und Kunst bis hin zu Phänomenen der Gestaltung der Alltagskultur. Gibt es – trotz dieser gut durchgehaltenen Trennung im Werk August Sauers – eine Klammer zwischen diesen beiden Schaffensbereichen, oder lässt sich gar eine Schnittstelle auffinden, an der beide in einsichtiger Weise miteinander vermittelt sind?

Meine These lautet: ‚Heimat' ist der Dreh- und Angelpunkt, der August Sauers Denken strukturiert und ihm nachhaltig Form gibt; sie bildet als überindividuelles, dem einzelnen Individuum jedoch regional eingeschriebenes ‚Kapital' die Klammer zwischen den beiden Bereichen im Werk August Sauers: zwischen der lebenslangen Auseinandersetzung mit Produkten nationaler Hochkultur auf der einen Seite und der Unterstützung des Schürfens nach dem zugrunde liegenden Substrat im regionalgebundenen Kulturschaffen auf der anderen Seite. August Sauers Denkstil lebt aus diesem doppelten Aspekt von Heimat: Hochkulturell gesehen ist die deutsche Sprache die überregional Zusammenhang stiftende, also national wirkende Institution, somit ist Sauers erster Bezugspunkt deutsch im weitesten Sinn, ein Deutsch-Sein, das in den Werken der deutschen klassischen Dichtung als nationale Kultur aufgeblüht ist und weiterhin in Blüte steht. Diesem Postulat Heimat als Sprache steht als bedingendes und keineswegs zu unterschätzendes Moment Heimat als Ort zur Seite, wobei Lokalität und Familialität der Heimat als Ort stammgemäßen Gebundenseins fungiert: Erst aus solcher Verwurzelung erwächst die Chance auf ein die Herkunftslandschaft überschreitendes Werk, also einen Platz in der Heimat der Sprache, der literarischen Hochkultur. Heimat ist also nicht einfach als ein Fleckchen Erde

---

kündigung des Projekts (Haring 2006): „Die D.A. verstand sich als Heimat-Zeitschrift, zeigte in ihren künstlerischen Ansprüchen jedoch auch eine auffallende Nähe zum ‚Kunstwart'. Im Fokus der Veröffentlichungen standen Aufsätze und literarische Arbeiten, mit denen sich eine kulturelle Dominanz des Deutschen in Böhmen thematisieren ließ. Mit ihren zahlreichen Illustrationen und ihrem kulturellen Schwerpunkt wurde sie bald zu einem Forum der Prager Moderne. Nach 1911 machten sich in den Beiträgen vermehrt nationalistische Töne bemerkbar. Die Tendenz fortsetzend, wurde die D.A. nach 1918 mehr und mehr zur politisch ambitionierten Kulturzeitschrift der Sudetendeutschen."

zu verstehen, sondern als vielschichtige Potentialität, die von unten her, aus dem Boden heraus alle Kulturphänomene, auch die hoch- und höchstkulturellen, durchdringt und prägt.

Diese Wechselwirkung hat August Sauer anlässlich zweier Reden durchgespielt, der Prager Schiller-Feier zu dessen 100. Todestag am 9. Mai 1905 und der Enthüllung des Goethe-Denkmals am 9. September 1906 in Franzensbad [Františkovy Lázně]. Beide Reden thematisieren die Klassiker im zeitgenössischen Kontext Deutschböhmens; im Falle der Franzensbader Rede erfährt die Einbindung Goethes in den böhmischen Raum zudem eine auf Dauer angelegte Materialisierung als Denkmal. Sauers Klassiker-Reden aktualisieren also jeweils die beiden Heimatebenen, aus denen Sauers Denken lebt. Beides Mal ist die Verknüpfung zum landschaftsbedingten Volkstum hergestellt und wird speziell betont.

> Und darum ist dieses Denkmal nicht bloß eine Huldigung für den Dichter des Faust und der schönsten deutschen Lieder, auch nicht bloß ein Erinnerungszeichen daran, daß ein guter Mensch diese Stätte betreten und für alle Zeiten eingeweiht hat; als ein flammendes Wahrzeichen hebt es sich empor, zu zeugen für das eingeborne deutsche Volkstum dieses Landes und die unerschöpfliche Kraft unseres Stammes. Im Süden der Monarchie, am stillen Marktplatz zu Bozen, erhebt sich ein Denkmal Walters von der Vogelweide, auch eine Quelle deutschen Volkstums wie unser Goethebrunnen, auch ein Symbol uralter Zugehörigkeit zum deutschen Stamm. So halten unsere deutschen Rolande treue Wacht an den Grenzen dieses Österreichs, unsere kostbarsten Güter schützend und schirmend, unsere Sprache, unsere Dichtung, unsere Kunst. Und so sei das neue Denkmal unserer Stadt und unserem Land eine immer erneute Mahnung, auch im erbittertsten Kampf des Tages niemals zu vergessen der heilbringenden Botschaft der deutschen Kunst, unsere Volkskraft immer von neuem zu verjüngen in der alten heiligen Königsquelle der echten Dichtung, wie unser Künstler sie hier versinnbildlicht hat, von der Schönheit behütet und von der Wahrheit. (Sauer 1933: 17f.)[4]

Ging August Sauer bei der Franzensbader Rede von Goethes Präsenz im Egerland aus, um zu Goethes nationaler Wirkung zu kommen, so musste er bei der Jahrhundertfeier von Friedrich Schillers Tod den umgekehrten Weg einschlagen, da dieser keinerlei direkte biographische Beziehung zu Böhmen hatte. In der Charakterisierung der Schriftsteller, „die unser glänzendes dich-

---

4   Bei dem hier von Sauer angesprochenen Künstler handelt es sich um den Bildhauer Karl Wilfert Jr. aus Eger [Cheb], der das 4 Meter hohe und 8 Meter breite Denkmal geschaffen hatte. „Ein stilles Schweigen verbreitete sich zwischen den Zuschauern nach der Enthüllung des mittleren Teils mit der Bronze-Maske Goethes in vierfacher Lebensgröße und dauerte auch nach der Entnahme des Leinens von den marmornen Nebenfiguren an: des Mannes mit Schale als Gestalt am Quell der Wahrheit und die weibliche Figur sich gegen die Wasserfläche vorbeugend als Gestalt sich im Quell der Schönheit spiegelnd." (Boháč 2009: 5)

terisches Jahrhundert von 1750 bis 1850 [...] heraufgeführt und eingeleitet haben" (Sauer 1933: 50), und ihres Beitrags für den Schöpfungsprozess der Nationalkultur (Klopstock, Lessing, Winckelmann, Wieland, Goethe) setzt August Sauer Schiller an die oberste Stelle: Er – „als erzieherische Natur" (Sauer 1933: 53) und „unter allen diesen Männern der eigentliche Mann der Tat" (Sauer 1933: 54) – konnte die anstehende Aufgabe meistern:

> die ganze geistige und sittliche Kraft der Nation war zu heben und zu bilden; [...] ein Volk, das in der Nachahmung des Fremden aufgegangen war und darüber hinaus seinen Nationalcharakter fast eingebüßt hatte, war aus den Wurzeln einer Kraft und Urwüchsigkeit heraus zu neuer Selbstständigkeit emporzuführen; auf den Charakter, nicht bloß auf den Geschmack des Volkes war zu wirken; eine nationale, eine sittliche, nicht bloß eine literarische Leistung war zu vollbringen. Deutschland brauchte [...] einen Volkserzieher im größten Stil, wie Luther einer gewesen und Fichte später war. (Sauer 1933: 51)

Das Schillersche Menschheitspathos – er „war der Zögling eines weltbürgerlichen Zeitalters und so gehörte sein Herz der ganzen Welt" (Sauer 1933: 61) – wird von August Sauer in Schillers eigenen Worten aus dessen Entwurf *Zur Feier der Jahrhundertwende/ Deutsche Größe* zurückgebunden an das deutsche Volk als Vollender und Kern der Menschheit:

> Wie später Fichte glaubte er an die Urkraft des deutschen Volkes und vertraute auf deren Durchbruch und endlichen Sieg. ‚Ihm ist das Höchste bestimmt, die Menschheit, die allgemeine, in sich zu vollenden [...]' Und so wie er in der Mitte von Europas Völkern sich befindet, so ist er der Kern der Menschheit, jene sind die Blüte und das Blatt ...' (Sauer 1933: 62).

Nicht zufällig dürfte August Sauer hier auf Fichte verwiesen haben, sind Schillers Sätze doch in großer Nähe zu Fichtes *Reden an die deutsche Nation* und der dortigen Bestimmung des Deutschen. Nach diesem Vorlauf kann der letzte Abschnitt der Schiller-Rede, nun auf die Situation in Böhmen eingehend, beginnen:

> Noch eine letzte Frage erübrigt: Haben wir Deutsche außerhalb der politischen Grenzen des Deutschen Reiches vielleicht noch einen besonderen Antrieb, uns an unsere großen Dichter mit aller Macht festzuklammern? Ganz gewiss! Die Pflege unseres Volkstums ist für uns in noch höherem Grade Pflicht als für diejenigen, denen dieses etwas Selbstverständliches und Unangetastetes ist. Zwar erfreuen auch wir uns der vollen Freiheit in der Bestätigung unseres angestammten nationalen Wesens; aber dieses Volkstum stößt überall auf andere fremde oder verwandte Nationalitäten, im Gegensatz zu denen es sich entwickelt. Daher ist es für ein Gebot der Selbsterhaltung, eine immer wieder in Erinnerung zu rufende und nie auszusetzende Pflicht: unser Volkstum in liebevollster Hingabe zu hegen und zu pflegen. Unseres Volkstums höchste und edelste Blüte ist unsere deutsche Kunst, ist unsere deutsche Dichtung, in der unsere Muttersprache ihre Vollendung erlangt hat, ihre reifste, feinste, genialste Ausgestaltung erfahren hat. Das ist unser größter Schatz, unser höchstes Gut, in ihrer Pflege ruht unser reinstes Glück. In unserer Kunst liegt

unsere wahre geistige Heimat beschlossen, hier wohnt unser echtes geistiges Vaterland. (Sauer 1933: 70)[5]

Beide Klassiker-Reden August Sauers, die zu Schillers Todestag 1905 wie die zur Enthüllung des Goethe-Denkmals 1906, sind nicht im Umkreis wissenschaftlicher Forschung und Publikationstätigkeit entstanden, sondern als Inszenierungen deutscher Präsenz im umkämpften öffentlichen Raum. Die Erregung über die Badenische Sprachverordnungen, die der Ministerpräsident des zisleithanischen Teils der österreichischen Doppelmonarchie, Kasimir Felix Badeni, 1897 erlassen hatte und welche die doppelte Amtsführung auf Deutsch und Tschechisch auch in den deutschsprachigen Gebieten Böhmens und Mährens vorsah, war auch um 1905 noch nicht ganz abgeklungen und trug nachhaltig zum sich verschärfenden Nationalitätenkonflikt zwischen Tschechen und Deutschen bei. Auch an der 1891 von August Sauer mitbegründeten *Gesellschaft zur Förderung der deutschen Wissenschaft, Kunst und Literatur in Böhmen*, in deren Auftrag er seit 1901 *Die deutsche Arbeit* herausgab, konnte die „intensive Verschärfung des tschechisch-deutschen Gegensatzes" (Urzidil 1960: 199)[6] nicht ohne Einfluss auf die interne Ausrichtung vorübergehen. Als Ausdruck der heftiger werdenden Stimmungslage müssen die in August Sauers Reden eingestreuten Äußerungen zum Schutz des eigenen Volkstums und zur Konfrontation des eigenen mit fremdem Volkstum verstanden werden. Doch es scheint auch, als habe August Sauer Anlässe wie diejenigen, die zu den beiden Klassiker-Reden geführt haben, geliebt: Boten ihm doch sowohl die Materialisierung im Denkmal wie das performative In-Erinnerung-Rufen von Elementen deutscher Nationalliteratur in Böhmen[7] die Möglichkeit, die beiden Aspekte von Heimat, die seinem Denken Form gaben, in eins zu denken und auszuführen.

Doch die theoretische Vermittlung dieser beiden Heimatkonzepte war nicht so einfach, wie es in den für die Öffentlichkeit konzipierten Auftrit-

---

5   Erstdruck der Schiller-Rede in der *Deutschen Arbeit* 4 (1904/05: 461-478). Siehe auch Takebayashi (2005: 106f.).

6   Johannes Urzidil, Schüler August Sauers, charakterisiert 1960 die Auswirkung der Badeni-Verordnungen für Prag wie folgt: „Tschechen und Deutsche bekämpften einander bei jeder sich bietenden Gelegenheit, und Straßenprügeleien zwischen Tschechen und deutschen Prager Corps-Studenten waren an der Tagesordnung. Wiederholte Versuche eines Ausgleichs in Böhmen scheiterten stets an dem beiderseitigen völligen Mangel an Versöhnungsbereitschaft." (Urzidil 1960: 199)

7   Nicht nur das Goethe-Denkmal, sondern z. B. auch das Stifter-Denkmal in Oberplan (1906) und in Wien (1920), nicht nur der 100. Todestag von Schiller, sondern z. B. auch der 100. Geburtstag von Ulrike von Levetzow, der letzten Liebe Goethes, am 4. Februar 1904 war von August Sauer in Reden bedacht worden (in obiger Reihenfolge siehe Sauer 1933: 83-97, 98-104, 19-38).

ten erscheinen mochte. Getrennt funktionierten beide gut: Die Dichtung als sprachliche Heimat des Deutschen bedurfte keiner weiteren Begründung; das Volkstum als regional-stammheitliche und so biographisch-familiäre Verpflichtung bindet jeden an die Heimat als Ort und ruft nach „Heimatarbeit". Zum Geleit des 10. Jahrgangs der *Deutschen Arbeit* (1910) schrieb August Sauer: „Unsere Zeitschrift will eine bloße Heimatszeitschrift sein in der reinsten Bedeutung des Wortes, von der Heimat, für die Heimat, über die Heimat." (Sauer 1928: 82) Aber die von August Sauer in den beiden Klassikerreden behauptete gegenseitige Wechselwirkung von Volkstum und Hochkultur erwies sich durchaus als problematisch.

Der Austausch von oben nach unten, der Einfluss der Nationalliteratur auf Teile der Volkskultur, die Behauptung, Goethes und Schillers Werke hätten nachhaltig auf das gesamte deutsche Volkstum und weit über dessen landschaftliche Fragmentierung hinaus eingewirkt, bis hin zur Schaffung einer neuen Nationalkultur ließ sich – vor allem in der literarischen Ausstrahlung – einigermaßen begründen und nachvollziehbar darstellen. Zu dieser innerliterarischen und nationalpolitischen Wirkung gesellt sich ein zweites, nicht zu vernachlässigendes Element. Denn der allenthalben stattfindende, nicht primär literarische, sondern auf hegemoniale Strukturen im alltäglichen Geschehen abzielende Kult um Goethe fungiert als sich selbst erfüllende Prophezeiung: Die Behauptung des Franzensbader Goethe-Brunnens als Roland erschafft den Roland-Goethe erst, diejenige, verjüngendes Element der Volkskraft zu sein, „verjüngt" in der regional verankerten Nationalerregung der Eröffnungsfeierlichkeit die nationale Identität.

Die Gegenbewegung jedoch, der Austausch von unten nach oben, ist schwieriger darzulegen und noch schwieriger zu inszenieren. In Aussagen wie der folgenden wird sie zumindest versucht: In Goethe „verkörperte sich das Höchste, was Deutschlands Volkskraft hervorgebracht hat" (Sauer 1933: 8); somit ist impliziert, dass dieser also „bodengesättigt" sein müsse, dass also erst aus dieser „Volkskraft"-Verwurzelung heraus die Erhöhung geschehen könne, „für unsere Nation der unversiegliche Feuerquell, das geistige Zentrum, die Sonne unserer Literatur" (Sauer 1933: 8) zu sein. Die Behauptung, Werden und Größe eines Goethe und eines Schiller sei letztlich abhängig von ihrer heimatlichen Geprägt- und Gebundenheit, vom Zustand des jeweiligen landschaftlichen und nationalen Volkstums also, war für den Einzelfall kaum nachzuweisen. Zudem: Wenn alle kreativen Elemente vom Volkstum abhängen, dann eben auch die Klassiker und ihre Werke, wobei jedoch die spezifische Wirkweise des Volkstums ziemlich im Unklaren und Vagen verblieb.

Es dürfte der sprachlogischen Klarheit August Sauers nicht entgangen sein, dass seine diesbezügliche Argumentation tautologisches Postulat blieb. Er dürfte dieses Defizit seiner „Theorie doppelter Heimat" gespürt haben, er kämpfte dagegen an und rang um die Begründbar- und Regelmäßigkeit des Wirkens des Volkstums als unabdingbare Basis hochkultureller Produktion. Die „natürliche" Unmöglichkeit einer Herkunft Goethes aus Böhmen mag hierzu als Beispiel, zudem als eines, das den wissenschaftlichen Positivismus Sauers gut zu illustrieren vermag, dienen.

> Wir Deutschen in Böhmen haben zwar Goethe nicht aus unserer Mitte hervorgebracht, was man uns von gewisser Seite höhnisch zum Vorwurf machen möchte. Die Bedingungen für einen solchen Aufschwung waren bei uns nicht vorhanden. Allzuweit zurückgeblieben war die Entwicklung dieses Landes, als daß die Erneuerung der deutschen Kultur von dieser Stelle hätte ausgehen können. Die Natur kennt keine Sprünge, auch in der Entwicklung des geistigen Lebens nicht. Aber an dem Höchsten, was eine Nation hervorbringt, haben alle ihre einzelnen Volksstämme, auch die entlegensten, ihren Anteil, und so dürften wir Goethe auch selbst dann den unseren nennen, wenn er niemals den Boden unserer Heimat betreten hätte. (Sauer 1933: 9)

## 2. Notwendige Theoretisierung der doppelten Heimat

Die Rede zu Friedrich Schiller und des Gedenkens an ihn wird für August Sauer zum Auftrag an die deutschen Studenten in Prag in dem Sinn, dass sie zur Überzeugung kommen mögen,

> daß diese Universität, die älteste Hochschule deutscher Zunge, in Wahrheit ist eine Hochburg des deutschen Volkstums, des deutschen Gedankens. Nicht bloß eine gediegene fachliche Ausbildung wollen wir Ihnen vermitteln [...] Nein! Erfüllen wollen wir Sie mit einer festen geschlossenen Weltanschauung, erziehen wollen wir Sie zu starken, in ihrer eigenen Wurzel ruhenden Persönlichkeiten, die Totalität Ihres Wesens wollen wir ausbilden im Sinne Schillers [...] festigen wollen wir Ihren deutschen Charakter. Legen aber auch Sie sich in dieser dem Gedächtnis eines unserer größten Genien geweihten Stunde im Innersten Ihres Herzens das Gelöbnis ab, Ihr Leben lang unverbrüchlich festzuhalten an den großen geistigen Errungenschaften der deutschen Vergangenheit, Ihr Volkstum unversehrt und makellos zu bewahren Ihr Leben lang. (Sauer 1933: 70f.)

Das den Studenten abverlangte Gelöbnis ist in Form eines Chiasmus, einer Überkreuz-Aussage gefasst: *ihr Leben lang festzuhalten die großen geistigen Ereignisse*

*der deutschen Vergangenheit, ihr Volkstum zu bewahren ihr Leben lang.* Ein- und zu-
sammengeschlossen in die Klammer der eingeforderten lebenslangen Treue
des Festhaltens und des Bewahrens sind: die großen geistigen Ereignisse der
deutschen Vergangenheit/ihr Volkstum. Hebt man diese festzuhaltenden
bzw. zu bewahrenden Güter auf eine etwas abstraktere Stufe, so ist man un-
versehens beim Titel von August Sauers Rektoratsrede von 1907 angelangt:
*Literaturgeschichte und Volkskunde.* Jetzt zeigt sich auch die Wahl der Verben
und die Verwendung des bestimmten Artikels beim ersten wie die des Posses-
sivpronomens beim zweiten Gut als nicht willkürlich: Festzuhalten sind die
Produkte der Hochkultur, die individuell angeeignet werden müssen und un-
abhängig von dieser Aneignung existieren, während die durch Geburt in die
deutschböhmische Landschaft vermittelte, quasi als überindividueller Besitz
eingeborene Seins-Art zu bewahren ist.

Das den Studenten abverlangte Gelöbnis war nur sinnvoll in der Gegen-
verpflichtung der Dozenten, die August Sauer so benannt hatte: „[...] erzie-
hen wollen wir Sie zu starken, in ihrer eigenen Wurzel ruhenden Persönlichkeiten, die Totalität Ihres Wesens wollen wir ausbilden im Sinne Schillers".
Der Antritt als Rektor der k. k. Deutschen Karl-Ferdinands-Universität am
18. November 1907 – ein wirklich großes und überregional wahrgenommene
Ereignis – bot August Sauer die Möglichkeit, die Wechselwirkung der doppelten Heimat als sprachlich-literarischer Hochkultur und landschaftlich-ge-
bundener Seins-Art publikumswirksam neu zu fassen und die theoretische
Unschärfe in der Argumentationskette seiner Reden von 1905 und 1906 aus-
zuräumen. *Literaturgeschichte und Volkskunde*[8] entspringt dem Wunsch einer
nachhaltigen Klärung des eigenen Selbstverständnisses, den Zusammenhang
der doppelten Verpflichtung, Wissenschaftler in germanistischer Philologie
und nationalkultureller Streiter zu sein, aufzuhellen. Die Rektoratsrede von
1907 will die theoretisch fundierte Zusammenführung des doppelten Aspektes von Heimat leisten; sie reflektiert die Schnittstelle der Vermittlung von
Hochkultur und volkstümlichem Substrat: Heimat als Sprechen und somit
als alltägliches Tun in der jeweiligen regionalen Gegebenheit/Literatur und
Dichtung, das heißt Form gewordene Hochsprache, als nationale Heimat. Als
Auftrag dieses im Werk August Sauers singulären Schnittpunkts, an dem sich
die sonst getrennten und doch untrennbaren Seiten seines Lebenswerkes zur
theoretischen Verschmelzung kreuzen, ergibt sich: Verwissenschaftlichung

---

8　Eingesehen wurde auch die Erstveröffentlichung von 1907, zitiert aber aus der zweiten
　　unveränderten Auflage von 1925, die mit einem Nachwort von Georg Stefansky versehen
　　ist. Eine ausführliche Würdigung der Rektoratsrede siehe Lozoviuk (2008: 99-106) und
　　Hauffen (1930: 267f.).

der erzieherisch-praktischen Heimatarbeit und wissenschaftliche Philologie als Teil nationaler Erziehung.

Worin besteht nun das Neue von *Literaturgeschichte und Volkskunde*? Es gilt zu fragen, ob August Sauer der Nachweis der angestrebten, nach beiden Seiten verlaufenden Vermittlung von Hochkultur und volkstümlichem Substrat gelingt, und wenn ja, wie ihm dies gelingt. Gelingen greift vielleicht etwas zu kurz, weil es als Begriff unter der Hand Dauer als überzeitliche Geltung implizieren könnte. Doch es kann nur um zeitgenössisch nachvollziehbare Kohärenz und Akzeptanz gehen, also um diskursives Gelingen gesicherter Wissensbestände innerhalb des zeitgenössischen Paradigmas.

## 3. *Literaturgeschichte und Volkskunde* revisited

*Literaturgeschichte und Volkskunde* ist in sich symmetrisch angeordnet: Erst werden drei Denkschritte teils behauptend, teils illustrierend präsentiert (Sauer 1925: 1-11), denen drei „Einwendungen […], die widerlegt werden müssen" (Sauer 1925: 11) folgen. Diese Einwände (Sauer 1925: 11-22) sind wohl eher interner Selbstklärung und -vergewisserung geschuldet als der Abwehr von Vorwürfen, die von außen an August Sauers Position herangetragen worden wären.

Erster Denkschritt: Als Einstieg fordert August Sauer die Einbeziehung regionaler und damit nicht hochkultureller Literaturproduktion, mit der Begründung: „aber die Literaturgeschichte muss sich auch mit vielen Literaturprodukten beschäftigen, welche einer solchen ästhetischen Beurteilung [der von Kunstwerken, KB] nicht standhalten" (Sauer 1925: 2). Der ästhetische Gehalt und der daraus resultierende hochkulturelle Gewinn – „Kunst-Vergnügen" – tritt ins zweite Glied zurück: zum Nutzen der Erkenntnis

> einer bestimmten Welt- und Lebensauffassung seines Erzeugers; […] nicht selten ist der ethische oder gedankliche Gehalt von solcher Selbständigkeit oder von solcher Tiefe, daß die betreffenden Werke eine besondere Stelle in der Geschichte der Religionen und der Philosophie verlangen dürfen. (Sauer 1925: 2)[9]

---

9   August Sauer führt meines Erachtens in seinem ersten Denkschritt eine sehr frühe Variante der Rezeptionsästhetik ein, bei der Werke jenseits ihrer ästhetischen Beurteilung dennoch eine weiter reichende interpretatorische Aussagekraft beanspruchen dürfen.

Soweit zur Aussagekraft jener Literaturprodukte, welche der philologisch-hochkulturellen „ästhetischen Beurteilung nicht standhalten". Doch woraus entsteht ihr nicht zu unterschätzender Gehalt, ihre selbständige und tiefe Aussagekraft? Diese ästhetisch nicht zu fassende Qualität lässt sich nur in Abhängigkeit und Verknüpfung von gewissen Regelmäßigkeiten der Literatur und der Erscheinungen des volkskulturellen Substrats festmachen.

> Die vergleichende Betrachtung vieler oder aller Literaturen führt zur Erkenntnis gewisser regelmäßiger, typischer Erscheinungen, die in der Entwicklung verschiedener Literaturen unter gleichen oder ähnlichen Bedingungen wiederkehren und die Festsetzung solcher Normen oder Gesetze, unter deren Herrschaft das literarische Leben der Völker verläuft, würde die wissenschaftliche Darstellung der Nationalliteraturen erleichtern und stützen: eine Stufe der wissenschaftlichen Entwicklung, von der wir noch weit entfernt zu sein scheinen. (Sauer 1925: 3)

Mit der „Festsetzung solcher Normen und Gesetze, unter deren Herrschaft das literarische Leben der Völker verläuft" zielt August Sauer auf die Folklore[10] ab – allerdings verwendet August Sauer den Begriff selbst noch nicht, umspielt ihn aber schon. Mit „Normen und Gesetzen" überschreitet er aber schon deren reine Sammelaufgabe; ginge die Folklore über das Sammeln hinaus, wäre dies eine noch nicht erreichte „Stufe der wissenschaftlichen Erkenntnis". August Sauer nimmt das nur angedeutete „noch-nicht" zurück, relativiert es zu: „noch weit entfernt zu sein *scheinen*". Dieses scheinbare Entfernt-Sein ist ganz bewusst an das Ende des ersten Denkschritts gesetzt: Will August Sauer mit seiner Antrittsrede doch zeigen, dass der Bereich Folklore/Volkstum/Volkskunde bereits näher an diese höhere Stufe wissenschaftlicher Erkenntnis herangeführt ist, als man dies gemeinhin – wir befinden uns im Jahr 1907 – annehmen wollte.

Zweiter Denkschritt: Wenn das volkskulturelle Substrat die vergleichende Betrachtung verschiedener Literaturen zu strukturieren vermag, wenn die Ergebnisse der Folklore Ähnlichkeiten und Differenzen schaffen können, nach denen die hochkulturellen Produkte in einem ersten Schritt überindividuell zu „sortieren" wären, dann würde die Untersuchung der jeweilige Individualität der Hochkulturproduzenten erst als ein zweiter Schritt zu sehen sein. Für August Sauer ergibt sich aus einer solchen Erstsortierung ein regional-landschaftlich gebundener Überblick als Basis allgemeiner Literaturbetrachtung.

> Denn im letzten Grunde ist der Mensch, wie weit sich seine spätere Entwicklung auch in ferne Regionen erstrecken möge, ein Produkt des Bodens, dem er entsprossen ist, ein Angehöriger des Volksstammes, der ihn hervorgebracht hat, ein Glied der Familien, aus

---

10  Zur Begriffsgeschichte und Bedeutungsfeld von Folklore siehe Bausinger (1984).

deren Verbindung er entsprungen ist. [...] Diese Stammesmerkmale bilden die älteste und
festeste Schicht, auf welcher alle anderen Einflüsse und Eindrücke, wie sie Erziehung, Bildung und Leben mit sich bringen, sich aufbauen und wären uns diese Stammesmerkmale
bekannt, wären sie wissenschaftlich erfassbar, so gäben sie ein ausgezeichnetes Kriterium
zu einer gewissermaßen natürlichen Gruppierung auch der Literaten und Dichter eines
Volkes. (Sauer 1925: 5)

Es wird die „landschaftliche Gruppierung der deutschen Dichter" (Sauer
1925: 11), der höheren wie der niedrigeren (denn alle sind an die regional-land-
schaftlichen Bedingungen zurückgebunden), ihre Gruppierbarkeit also mit die
Einflussnahme vom kulturellen Unten ins kulturelle Oben in direkte Korrespondenz gebracht. August Sauer hat für diesen – immer auch die familiäre
Vorgeschichte einbeziehenden – Vorgang den Begriff stammheitlich gesetzt;
er gilt ihm als theoretisch gesicherter Begriff und ist wohl Wilhelm Heinrich
Riehls ‚Paket' der vier S (Sprache, Stamm, Sitte, Siedlung) geschuldet.

Der *dritte Denkschritt* ist weniger Denkschritt als Bilanzierung. Er stellt die
Sichtung bereits geleisteter Arbeit im Bereich stammheitlicher Literaturbetrachtung dar, liefert ein Potpourri an illustrierenden Beispielen und heuristi-
schen Überlegungen:

Der Geburtsort entscheidet allein noch nicht über die Stammeszugehörigkeit; es wird immer zu fragen sein, wie lange die Familien, denen ein Dichter entstammt, in den betreffenden Landschaften ansässig war und woher sie eingewandert sind, ob der Dichter in der
betreffenden Landschaft autochthon ist oder nicht. [...] Überhaupt sagt ein guter Kenner
der schwäbischen Familiengeschichte: ‚Nicht wenige seiner besten Familien hat Schwaben
durch den Irrwahn der Gegenreformation aus Österreich erhalten. Die *Kerner, Hegel, Stock-
mayer, Mohl, Hauff* [...] stammen von Protestanten, die lieber ihr Vaterland als ihren Glauben
aufgegeben haben.' (Sauer 1925: 8f.)

Erste Einwendung: Die Vermittlung des volkskulturellen Einflusses auf die
Literatur sei zwar für „Dichter geringeren Ranges" zu konstatieren,

je höher aber ein Dichter steht, desto mehr meint man ihn dem Nährboden der Heimat
entwachsen zu sehen und für das Genie hat man diesen Zusammenhang oft geleugnet oder
für gänzlich belanglos erklärt. [...] Zwar dürften die Richtungen der Soziologie, welche den
Helden zerrieben, das Genie in seine Elemente auflösten, heute für überwunden gelten.
Der grosse Mann ist wieder als Führer an die Spitze der Massen zurückgekehrt [...] Selbst
das sogenannte Volkslied geht auf die Schöpfung einzelner – sei es ein Kunstdichter oder
ein Volksdichter – zurück [...] *Das Volk als Masse aber dichtet nicht.* Und doch ist auch das
grösste dichterische Genie mit tausend Wurzeln im Boden seiner Heimat verankert und
hat daher mit den übrigen Stammesangehörigen zahlreiche völkische Merkmale gemein,
die ihn erst zum nationalen Dichter stempeln. (Sauer 1925: 11f.)

Dann zieht August Sauer die Register, die er in den Klassikerreden so noch
nicht ziehen wollte oder konnte. Erst konstatiert er nochmals: Die Geis-

tesgrößen der nationalen Hochkultur – Goethe, Schiller, Keller, Eichendorff, Kleist, Hebbel – sind „ohne diesen Heimatsduft und -dunst nicht zu denken" (Sauer 1925: 12), dann aber beginnt er exzessiv nach dem Gebundensein, vor allem der beiden Klassiker, im volkstümlichen Substrat zu schürfen: „Schillers Wesen darf als durch und durch schwäbisch bezeichnet werden" (Sauer 1925: 12); in Goethe „floss" durch seine Mutter, uns aus den „Briefen seiner Mutter" bekannt, „ein solcher Urquell von volkstümlicher Derbheit und Urwüchsigkeit im Blute, dass er nie ganz versiegen konnte" (Sauer 1925: 12f.). Nimmt das Individuum die Prägung durch die „älteste und festeste Schicht" der Stammesmerkmale als Eigenes an, dann kann es – stimmen die äußeren Umstände – gestaltende Kraft entwickeln und diese prägende Kraft auf höherer Ebene weiterentwickeln, und diese Weiterentwicklung geschieht in freigesetzter Beweglichkeit, die für Einflüsse von außen offen, aufnahmebereit und produktiv sind. Als ein Beispiel nennt August Sauer Goethes „eingehenden Entwurf zu einer förmlichen Volkskunde Italiens" (Sauer 1925: 13).

> *Goethe*, weit entfernt also, eine Ausnahme von der Regel zu sein, ist vielmehr der höchste und schönste Beweis dafür, dass das angestammte deutsche Wesen auch durch die dichtesten Schleier der umfassendsten Weltbildung hindurchleuchtet und durch alle Einflüsse fremder Literaturen *nicht* besiegt werden kann. (Sauer 1925: 14)

Die zweite Einwendung fragt, ob dieser „enge Zusammenhang der Literatur mit dem Volkstum" (Sauer 1925: 14), welcher für die Vergangenheit zwar zu konstatieren sei, für Gegenwart und Zukunft ebenfalls gegeben sein müsse. Es bestehe zwar mitunter die Gefahr, dass

> Hyperkultur, Ästhetentum, Spekulation, Künstelei, Spielerei, Virtuosentum das Einfachere, Primitive, Gesunde überwuchert und erstickt. Bisher aber hat sich immer noch das zurückgedrängte Volkstum durch das ärgste Gestrüpp und Unkraut ans Licht zu ringen gewusst. Der oft übertriebene Gegensatz zwischen Grosstadtdichtung [sic] und Dorf- oder Heimatliteratur kann daran nichts ändern. Denn die Grossstädte [sic] saugen ihre Kraft gleichfalls aus dem Volkstum der einzelnen Landschaften und Stämme und erzeugen höchstens ein neues, nicht weniger volkstümliches Wesen, das eben dann die Angehörigen der einen Stadt zu einer Gruppe zusammenschweisst und von anderen städtischen Dichtergruppen wieder scharf sondert. (Sauer 1925: 14f.)

Das Volkstum, das August Sauer im Blick hat, ist kräftig, widerstandsfähig und – sich gleichbleibend – plastisch. Fichtes *Reden an die deutsche Nation*,[11] die zwar selbst nicht zitiert werden, aber sowohl in der Schiller- wie in der Rektoratsrede durchaus präsent sind, liefern den argumentativen Hintergrund:

---

11  Zu Fichte siehe Braun (2010: 272 ff. u. 2005: 6 ff.).

Das Deutsche wie auch seine dialektalen Formen sind für Fichte zwar durch
Einflüsse überformt, aber eigentlich sprudeln sie ununterbrochen aus ihrer
ursprünglichen Quelle, ganz im Gegensatz z. B. zum Französischen, das vom
Germanischen ins Romanische gewechselt habe und dadurch der Verbindung
zum „Urquell" verlustig gegangen und so in sich gebrochen sei. Sauer braucht
die bei Fichte verwendeten Denkfiguren nicht in extenso zu zitieren, es genügt – wie in der Schillerrede – der Hinweis auf ihn: „Und sollte es Zufall
sein, dass die männlichsten unserer deutschen Schriftsteller, dass Lessing und
Fichte die engsten Landleute, beide Oberlausitzer sind?" (Sauer 1925: 12) Es
sei – ohne weitere Ausführung – angemerkt, dass der Nennung ‚Oberlausitz'
ein impliziter Gehalt innewohnt: Grenzdeutschtum, das auf die in ihm auf-
wachsenden Individuen, wird es richtig vermittelt, kräftigend wirkt, weil es
die Erkenntnis, den Wert und die Verteidigungsnotwendigkeit des Eigenen zu
schärfen vermag.[12]

In der Entkräftung der dritten Einwendung nimmt August Sauer die ver-
schiedenen Fäden seiner verschiedenen Argumentationsstränge wieder auf.
Was bisher nur angedeutet und Postulat war, wird – zumindest für August
Sauer und sein damaliges Publikum – nun auf eine höhere wissenschaftliche
Ebene gehoben. Den Einwand formuliert August Sauer so:

> Woher nehmen wir den sicheren Masstab [sic] zur Abschätzung des volkstümlichen We-
> sens? Woran erkennen wir den Zusammenhang des uns bekannten Dichters und seiner
> Werke mit dem angestammten Volkstum? Welche Mittel wissenschaftlicher Art stehen uns
> zur Verfügung, um das Volk, die namenlose Masse, in seinem innersten Wesen zu erken-
> nen? (Sauer 1925: 15)

Nun also soll das Volkstum und sein Wirken in die Hochkultur hinein, von
dem sowohl in den beiden Reden zu Goethe und Schiller wie auch im Beginn der Rektoratsrede so viel die Rede und beschwörende Nennung war, ein
klares wissenschaftliches Profil bekommen. Dazu braucht es einen „sicheren
Masstab zur Abschätzung des volkstümlichen Wesens" oder: Wie kann „das
Volk, die namenlose Masse" wissenschaftlich erfasst werden?

> Es hat sich im Laufe der letzten Dezennien mit und neben den ausgedehnteren Wissen-
> schaften der Ethnographie und Ethnologie eine neue nationale Wissenschaft der Volks-
> kunde, genauer der stammheitlichen Volkskunde, herausgebildet, die uns diese Mittel, die
> Volksseele zu erkennen und die einzelne Individualität des Dichters mit ihr zu vergleichen,
> an die Hand gibt. (Sauer 1925: 15)

---

12   Extrem durchgespielt wird dieser Gedanke von August Sauer in einer Serie von drei Tex-
     ten: *Deutsche Studenten – nach Prag!, Prag und sein deutschen Hochschulen, ‚Deutsche Studenten – nach*
     *Prag!' Ein Schlusswort* (alle 1907; in Sauer 1928: 21–47).

Es zeigt sich auch hier, dass in August Sauers Rektoratsrede der Einfluss der volkskulturellen Gegebenheiten auf die Literatur und die Werke individuell-kreativer Schöpferfiguren im Zentrum steht, das ist es, was er theoretisch begründen will. Dass dabei „eine neue nationale Wissenschaft der Volkskunde" als „stammheitliche" zum argumentativen Joker in der Folklore/Volkstumsarbeit aufsteigt, liegt zwar in der Logik der Denkbewegung, stellt aber dennoch einen Nebeneffekt dar. Wenn es zwischen hochkultureller Literaturproduktion (dasselbe gilt für Musik und bildende Kunst) und volkskulturellem Substrat eine ständige Wechselwirkung, ein gleichrangiges Geben und Nehmen gibt, dann muss neben die literarisch-philologische Textforschung der Germanistik eine deutsche, sprich nationale, Volkskunde als Erforschung der rituellen und performativen Handlungsweisen sowie der materiellen Sachkultur treten.

Der Begründungsweg von Folklore/Volkskunde über eine Volkskunde des Deutschen zu einer deutschen Volkskunde des Deutschen ist ein Crescendo, das August Sauer mit einer Reminiszenz an einen für ihn nachhaltig wirksamen Impuls beginnen lässt: Gustav Meyers „berühmter Essay ‚Folklore' aus dem Jahre 1885" (Sauer 1925: 16).

> Es ist hier nicht der Ort, die merkwürdige Geschichte dieser Disziplin zu verfolgen [...] Nur *eines* Mannes möchte ich gedenken, der in den achtziger Jahren des 19. Jahrhunderts in einem wichtigen Aufsatze die Wiederbelebung der volkskundlichen Forschung verlangte und anbahnte und dessen persönlicher Einwirkung ich es wahrscheinlich verdanke, dass ich mich dieser Wissenschaft niemals ganz entfremdet habe und dass mir seitdem immer die volkstümliche Grundlage als der Prüfstein jeder echten nationalen Dichtung erschienen ist. (Sauer 1925: 16)

In Graz hatten sich die Wege der beiden Wissenschaftler gekreuzt: Aus Prag kommend, wo er am Deutschen Gymnasium und an der Universität unterrichtet hatte, war Gustav Meyer (1850-1900) 1875 erst als außerordentlicher Professor, ab 1881 als Ordinarius an die Universität Graz berufen worden; August Sauer war, von der Universität Lemberg kommend, 1883 nach Graz berufen worden und wechselte 1886 nach Prag. In den Jahren zwischen 1883 und 1886 waren also der Germanist August Sauer und der vergleichende Sprachwissenschaftler, Indogermanist (Spezialgebiet neugriechisch und albanisch) und Märchenkundler Gustav Meyer Kollegen an der Grazer Universität; in diese Zeit fällt auch Meyers Aufsatz *Folklore*. Vielleicht versteckt sich sogar in August Sauers Titel der Rektoratsrede *Literaturgeschichte und Volkskunde* eine Hommage an Gustav Meyer und sein zweibändiges Werk *Essays und Studien zur Sprachgeschichte und Volkskunde*; auf jeden Fall, so August Sauer, verdankt er es Gustav Meyer, dass er sich „dieser Wissenschaft niemals ganz entfremdet habe".

Wie nun argumentiert Gustav Meyer in *Folklore*? Die Folklore, zwar dem
Namen nach aus England kommend, sei jedoch „nicht spezifisch englisch
[...], weil sie eben im eminentesten Sinn national ist." (Meyer 1885: 145) Es
folgt der klassische Folklore-Kanon:

> alles Dasjenige, was das äußere und innere Leben des Volkes in seinen verschiedensten
> Richtungen ausmacht, seine Sagen, Märchen und Lieder, seine Spiele und Tänze, seinen
> Glauben und Aberglauben, seine Rechtsanschauungen, sein Bräuche und Sitten, seinen Hu-
> mor und seine Philosophie. (Meyer 1885: 145)

Jede Nation müsse ihre Folklore, da ihre Mitglieder seit ihrer „ersten Kindheit
auf das Innigste" damit „vertraut" seien, als „hohen ethischen Wert" zur Steigerung des „Familiensinns" und der „Anhänglichkeit an die Heimat" (Meyer
1885: 145f.) erforschen.

> Denn die besten Bestrebungen jeder Art verlangen eine volksthümliche Basis, wenn sie
> wirklich für die Gesammtheit ersprießlich sein wollen; im Boden des eigenen Volkes müs-
> sen die starken Wurzeln unserer Kraft sein. [...] Ja diese Bestrebungen haben trotz ihres
> durchaus nationalen Charakters nicht einmal den Beigeschmack eines feindseligen Gegen-
> satzes gegen andere Nationen. (Meyer 1885: 146)

> Unter allen Völkern und zu allen Zeiten haben die Dichter ihre besten und wirksamsten
> Anregungen aus der Volksüberlieferung geschöpft [...] die beiden tiefsinnigsten Gestalten
> moderner Dichtung, Hamlet und Faust, wurzeln in volksthümlicher Tradition [...] die zar-
> testen Blüthen Goethe'scher und Heine'scher Lyrik haben aus dem Boden der Volkspoesie
> Kraft gesogen. (Meyer 1885: 148)[13]

Die gedankliche Nähe beider Forscher hinsichtlich Folklore/Volkstum ist
verblüffend; das Tableau, das August Sauer entwirft, verlängert – er spricht
es in den ehrenden Worten für Gustav Meyer offen aus – dessen Denklinien:
Nachhaltige Prägung durch den „Boden", Erkenntnismöglichkeit des kollek-
tiv-typischen Eigenen, nicht zu umgehender Zusammenhang von volkstümlicher Grundlage und hochkultureller Produktion. Die Rektoratsrede ist Adolf

---

13  Endlich einmal ist Heinrich Heine genannt! Für die Fachgeschichtsschreibung der Volks-
    kunde ist vor allem Gustav Meyers Bestandsaufnahme der deutschen Folklore von In-
    teresse; er beklagt – 1885 – das Zurückgeblieben-Sein der deutschen Forschung: „fehlt
    in Deutschland ein Mittelpunkt für diese Folklore-Studien gänzlich. Es giebt weder eine
    Zeitschrift [...] noch einen Verein größeren oder geringeren Umfangs" (Meyer 1885: 151).
    Ähnlich sei die Lage in Österreich, er verweist jedoch auf die Arbeit der Anthropologi-
    schen Gesellschaft in Wien und da speziell auf die „ethnographischen Fragebögen, [...]
    deren erster sich an die Südslawen wendet [...] Er ist von Friedrich S. Krauß verfaßt, einem
    jungen und sehr strebsamen Forscher und Sammler auf dem Gebiete der Volksliteratur
    und der Volksüberlieferungen." (Meyer 1885: 152) Als einziger deutschsprachiger Folklo-
    reforscher tritt also Friedrich Salomon Krauß auf!

Hauffen (1863-1930) gewidmet, den August Sauer 1889 aus Graz nach Prag geholt hatte, um innerhalb der Germanistik die volkskundliche Forschung stärker vertreten zu sehen (Lozoviuk 2008: 111). Die Hommage an Gustav Meyer geht in folgenden Satz über:

> Es ist vielleicht auch kein Zufall, dass es gerade ein Zögling der Grazer Universität aus jenen keimkräftigen Jahren ist, der bei uns in Böhmen die wissenschaftliche Erforschung der heimischen Volkskunde zu so hoher Blüte gebracht hat. (Sauer 1925: 16)

Die Definition von Volkskunde übernimmt August Sauer denn auch aus Adolf Hauffens *Einführung in die böhmische Volkskunde* (1896).

> Volkskunde nennen wir nach Professor Hauffens Definition [...] die Wissenschaft ‚deren Aufgabe es ist, die physische Erscheinung, die Lebensweise, Sitte und Recht, Sprache, Poesie und Glauben eines Volkes zu erforschen und zu schildern, und alle diese Erscheinungen in ihrer geschichtlichen Entwicklung, sowie in ihren Beziehungen zu verwandten und fremden Völkern zu verfolgen. Alles, was den unteren, vorzugsweise den ländlichen (von den internationalen Bildungs- und Kulturelementen möglichst unberührten) Schichten der Bevölkerung zukommt, gehört in den Bereich der Volkskunde.' (Sauer 1925: 16; das Zitat im Zitat bei: Hauffen 1896: 11)

In der langen Liste der zu erforschenden Gegenstände, die vom „besonderen Typus der Schädel- und Körperbildung" über „Haus und Hof mit allem Hausrath" bis zu „Sprüchen und Redensarten, Räthsel und Scherzen" (Hauffen 1896: 11) führt, wird der klassische Kanon volkskundlicher Forschung dargestellt und geklagt, dass Deutschland „hinter unsern Nachbarn einen Schritt zurückgeblieben sei." (Hauffen 1896: 14) Es folgt der Verweis auf die Londoner Folklore-Society von 1877, die in ihrer Forschungs- und Publikationstätigkeit „die von W.J. Thoms 1846 so bekannte Wissenschaft von Folklore in neue Bahnen geleitet" (Hauffen 1896: 14) habe. Es erweist sich, dass Hauffens Konzept der Volkskunde eigentlich das Tätigkeitsfeld der Folklore meint:

> Erfreulicherweise kommt man in Deutschland immer mehr davon ab, dieses Fremdwort, das „Volksüberlieferungen" bedeutet, fälschlich statt des guten Wortes Volkskunde zu gebrauchen. (Hauffen 1896: 14)

Auch Adolf Hauffens *Einführung in die deutsch-böhmische Volkskunde* geht — theoretisch — kaum über Gustav Meyer hinaus; mit zwei Erweiterungen gegenüber der eigentlich die „Volksüberlieferung" meinenden Folklore. Im volkskundlichen Konzept Adolf Hauffens findet neben Einbeziehung der materiellen Kultur auch die physische Natur, der „besondere Typus der Schädel- und Körperbildung", Eingang in das Untersuchungsfeld. Beides wird von August Sauer erwähnend übernommen, beides ist im anthropologisch-diskursiven Zusammenhang der Zeit keineswegs ungewöhnlich. Die *Berliner Gesellschaft für Anthropologie, Ethnologie und Urgeschichte* mit einer ihrer Zentralfiguren Rudolf Virchow steht für beides: Im Jahr 1889 war das *Museum deutscher Volkstrachten und Erzeugnisse des Hausgewerbes* in Berlin eröffnet worden; zur Weltausstellung 1893 hatte man ein Spreehaus-Ensemble als „Deutsches Dorf" nach Chicago geschickt; die Kraniometrie blüht und hatte in den 1870er Jahren zu der groß angelegten „Schulkinduntersuchung" geführt – allerdings mit dem Ergebnis, dass sich aus Kopfform und sonstiger physischer Beschaffenheit keine Merkmale zur genauen Differenzierung von Rassen oder gar Stämmen feststellen ließe.[14]

Die Entkräftung des dritten Einwandes ist als Steigerung, als Art theoretischer Apotheose zu sehen: das Aufgabengebiet der Volkskunde als wissenschaftliches Arbeitsfeld so zu setzen, dass die regelmäßige und in sich gleichlaufende Wirkmächtigkeit des Volkstums in die Hochkultur hinein als ‚Tatsache' nicht bezweifelt werden kann. Die Volkskunde tritt so als die Wissenschaft kollektiven Kultursubstrats neben die germanistische Philologie als Wissenschaft von individueller Kulturproduktion, und zwar als Partner in Augenhöhe. Denn: Erst beide zusammen, das „Oben" und das „Unten" nationaler Kultur, erfassen das Nationale ganz.

> Die Volkskunde nimmt aber nicht nur diese Forschungen und Sammlungen nach Stämmen und Landschaften gegliedert vor, sondern sie strebt auch danach, diese volkstümlichen Überlieferungen zu einer Charakterologie der einzelnen Stämme und Landschaften und schliesslich zu einer Charakterisierung des Nationalgeistes zu verwerten; als die letzte und höchste Aufgabe, als das Ziel der Volkskunde muss – wieder nach *Hauffens* programmatischer Aufstellung – gelten: ‚Die wissenschaftliche Formel für den Begriff Volksseele zu finden.' Gelingt es der noch jungen Wissenschaft Volkskunde, diese hohe Aufgabe zu erreichen, [...] dann hat die Literaturgeschichte [...] die von mir gesuchte feste Grundlage und es steht dem Versuch, die Geschichte der deutschen Literatur selbst nach Landschaften und Stämmen zu betrachten, nichts mehr im Wege. (Sauer 1925: 17)

---

14  Siehe zu Rudolf Virchow ausführlich Schönholz (2009: 92-98 [Museum], 125-135 [Schulkinduntersuchung]).

## 4. Tatsachenherstellung oder:
## Die Erklärung der Volkskunde zur Wissenschaft

Man könnte sagen: August Sauer hat in der Rektoratsrede das sich selbst gesetzte Ziel erreicht.

Für ihn dürfte die Rektoratsrede ein Durchbruch gewesen sein: In der Einsetzung und Deklarierung regionaler folkloristischer Forschung als einer Wissenschaft vom Volkstum, als nationale Volkskunde, hat er die für ihn wohl schmerzliche Lücke in der gegenseitigen Wechselwirkung doppelter Heimat theoretisch zu schließen gewusst – in einer für ihn selbst und für das zeitgenössische Publikum akzeptierbaren Form. So wird das anwesende Publikum die regelmäßige und in sich gleichlaufende Wirkmächtigkeit des Volkstums in die Hochkultur hinein als ‚wissenschaftliche Tatsache‘ angenommen und beklatscht haben. Als wissenschaftliche Folgeleistung der Rektoratsrede wird zwischen 1914 und 1918 Josef Nadlers großes Projekt einer monumentalen *Literaturgeschichte der deutschen Stämme und Landschaften* in 3 Bänden entstehen.

Aber lässt sich die Wechselwirkung von Volkstum und Hochkultur wirklich als ‚wissenschaftliche Tatsache‘ sehen und begreifen? Ich glaube ja, und berufe mich dabei auf Ludwik Fleck (1896-1961), einen polnischen Wissenschaftstheoretiker und Mediziner, der 1935 in Basel das Buch *Entstehung und Entwicklung einer wissenschaftlichen Tatsache. Einführung in die Lehre vom Denkstil und Denkkollektiv* veröffentlichte; sein Ansatz wurde von Thomas S. Kuhn in *Die Struktur wissenschaftlicher Revolutionen* (1962) aufgegriffen und weiterentwickelt. Für Fleck ist Wissenschaft immer kollektiv betriebene Tätigkeit, sein Interesse bezieht sich somit vor allem auf die Abhängigkeit der Wissensproduktion von den in der Forschergemeinde gültigen Vorannahmen über das zu Wissende:

> Als konzeptionelle Instrumente, mit denen Fleck diese Eigenschaft des Wissens erfassen will, prägt er die Begriffe des *Denkkollektivs* und des *Denkstils*. Ersterer bezeichnet die soziale Einheit der Gemeinschaft der Wissenschaftler eines Faches, letzterer die denkmäßigen Voraussetzungen, auf denen das Kollektiv sein Wissensgebäude aufbaut. Dahinter steht das epistemologische Konzept, daß Wissen nie an sich, sondern immer nur unter der Bedingung inhaltlich bestimmter Vorannahmen über den Gegenstand möglich ist. Diese Annahmen sind nach Fleck nicht a priori, sondern nur als soziologisches und historisches Produkt eines tätigen Denkkollektivs verständlich zu machen. (Schäfer/Schnelle 1980: XXV).

Die Erforschung von Literaturgeschichte war als wissenschaftlicher Gegenstand längst akademisch etabliert, das Sammeln von Folklore und Volkstum

boomte zwar in national-identitärer Sinnsuche, doch war die methodische
Forderung, dass Sichtung und Klassifizierung des aufgehäuften Folklorema-
terials wissenschaftlichen Zuschnitt besitzen müsse, kaum als eingelöst zu betrachten. So schreibt Gustav Meyer: „Arbeitstheilung ist hier notwendig wie
überall. Die einen müssen sammeln, andere das Gesammelte aufbewahren,
anordnen, bearbeiten, wie der Botaniker in seinen Herbarien die Pflanzen
aufbewahrt" (Meyer 1885: 150). Die wissenschaftliche Arbeit am Folklore-
material gleicht der in naturwissenschaftlichen Disziplinen; wertvoll wird das
Material „nur in der Hand des methodisch geschulten Kenners" (Meyer 1885:
151). Ganz in diesem Sinn hat Georg Stefansky, Nachfolger Sauers als Herausgeber des *Euphorion* seit 1925, August Sauers Position als eine, „auf dem
Boden eines naturwissenschaftlichen Positivismus" stehende bezeichnet (Stefansky 1925: 24). Die „Herbarien" von Folklore/Volkstum sind die allgegen-
wärtigen handbuchartigen, nach klarem Kanon geordneten Listen und Raster
für die Klassifikation des erhobenen Materials.[15] International akzeptiertes
Wissen war, dass die methodische Aufbereitung gesammelten Folkloreguts
nachhaltige Aussagekraft über die Herkunft und spezifische Eigenart der soziologischen Gruppe, bei der das Material gesammelt worden war, besitzen
würde und dass über diese Wissensbereitstellung, sei es nun für eine Nation
und deren etwaige Untergliederung in Stämme, sei es für sogenannte primitive Gruppen, Einmaligkeit, Spezifik und Definition der jeweiligen Gruppe
nachprüfbar geliefert werden könne.

Dieser Denkstil war, abhängig von den legitimatorischen Notwendigkeiten der Nationalstaaten und kolonialer Hegemonie, international akzeptiert
– August Sauer konnte ihn bei seinen Zuhörern und Lesern als gegeben
voraussetzen; daneben existierte ein Denkkollektiv, das für eine Erfassung
der typischen Eigenart der Deutschen in Böhmen inhaltlich und institutionell bestens vorbereitet war. Mit der Berufung Adolf Hauffens hatte August
Sauer die volkskundliche Tätigkeit an der deutschen Universität Prag – wohl
eine der ersten derartigen akademischen Stellen an einer deutschsprachigen
Hochschule (Dehnert 1995) – als Teil der germanistischen Ausbildung ins-
talliert; nun hatte er selbst – Antritt als Rektor! – eine Theorie der deutschen
Nationalkultur im Wechselspiel von hochkultureller Produktion und boden-
verhaftetem kulturellem Substrat geliefert, die auf die Situation in Böhmen
Anwendung finden konnte. Bei den Zuhörern des antretenden Rektors, alle

---

15  Bei Karl Weinholds Präsentation der *Zeitschrift der Vereine für Volkskunde* (Weinhold 1891:
    3-9) findet sich eine derartige und zudem extrem ausdifferenzierte Liste der Klassifikation
    des zu erhebenden Materials. Die etwas knappere in Adolf Hauffens (1896) *Einführung in
    die deutsch-böhmische Volkskunde* wurde schon zitiert.

mit der Situation des deutsch-tschechischen Konflikts um National- und Kulturhoheit vertraut, handelte es sich um Kollegen und Weggefährten des neuen Rektors, um die Studentenschaft der deutschen Universität, darunter seine und Adolf Hauffens Schüler, wie auch um einen größeren Kreis deutschböhmischer Intellektueller, die ihn nicht zuletzt als Herausgeber der *Deutschen Arbeit* kannten: So war an diesem 18. November 1907 ein Denkkollektiv in der Aula der Prager Deutschen Universität versammelt, das bestens auf August Sauers Theorie eines aussagekräftigen Wechselspiels der Hochkultur und „unseres angestammten Volkstums" (Sauer 1925: 22) – sicher nicht zufällig als letztes Wort der Rede gesetzt – vorbereitet und aufnahmefähig dafür war. Denn aus Sicht dieses Denkkollektivs war die hier vor sich gehende „Verwissenschaftlichung" der Volkskunde als Gegenpart der wissenschaftlichen Behandlung von Literatur bereits wissenschaftliche Tatsache, ein theoretisch gesichertes Wissen mit methodischem Anspruch, das durch August Sauer auf eine neue und operativ umzusetzende Ebene gebracht worden war.

## 5. Morgenröte der wissenschaftlichen Deutschen Volkskunde

Aber was bedeutet *Literaturgeschichte und Volkskunde* für die Ausbildung der deutschsprachigen Volkskunde? Der zeitgenössischen Rezeption, die – so ist zu vermuten – frenetisch ausgefallen sein dürfte,[16] steht eine gewisse Schwergängigkeit bei einer heutigen Lektüre entgegen; selbst die eigentlich klare Gliederung und der symmetrischen Aufbau mit der sich steigernden Parallelführung ist kaum mehr wahrzunehmen und bedarf intensiver Rekonstruktion. Denn inzwischen ist der zentrale Begriff der Rede, das ‚Volkstum', derart verblasst, dass in ihr aus heutiger Sicht inhaltlich fast nichts transportiert wird. Zum Zeitpunkt des Vortrags aber, denkstilgebunden, wohnte dem Begriff ‚Volkstum' eine mächtige Strahlkraft inne, die ihm in der Phase der Ausbildung und Verfestigung nationalstaatlichen Denkens zugewachsen war. ‚Volkstum' war wegweisender Stern, Navigationssystem beim Suchen und Finden

---

16 Ein Nachklang ist noch bei Hauffen (1930: 267) zu spüren: „ Seine berühmt gewordene Rektoratsrede [...] bringt gleich einem früchteschweren Baum eine Fülle von Anregungen."

des jeweils Nationalen; es ist – nach dem von den Deutschen als ‚Turnvater‘ auserkorenen Friedrich Ludwig Jahn (1778-1852) – „eines Schutzgeistes Weihegabe, ein unerschütterliches Bollwerk, die einzige natürliche Grenze" (Jahn 1991: 37; Braun 2009: 6-11). Innerhalb des Volkstumsdenkens stellt August Sauer diese „einzige natürliche Grenze" auf die Basis einer wissenschaftlichen Tatsache. Dadurch bekommt die Rektoratsrede eine ganz spezielle Dynamik: Das Sammeln deutscher Folklore/Volkstum wird zu einer Wissenschaft des Deutschen geadelt und diese Wissenschaft des Deutschen beginnt sich – recht zögerlich noch – als eine deutsche Wissenschaft aus der allgemeineren ethnologischen Forschung herauszuschälen. Die Denklinie, die sich abzeichnet, heißt: ‚Volkstum/Folklore des Deutschen‘ wird zu einer ‚Volkskunde des Deutschen‘, und am Horizont dieser Volkskunde des Deutschen wiederum beginnt sich eine ‚deutsche Volkskunde des Deutschen‘ abzuzeichnen.

Flecks Theorie der Herstellung von wissenschaftlichen Tatsachen aus dem – zum einen historisch, zum anderen gruppen- und generationssoziologisch bestimmten – „Geist" des forschenden Kollektivs ist eine in sich offene; mancherlei Annahme kann zu einer wissenschaftlichen Tatsache gerinnen. „Die Welt ist alles, was der Fall ist. [...] Was der Fall ist, die Tatsache, ist das Bestehen von Sachverhalten", schreibt Ludwig Wittgenstein im *Tractatus logico philosophicus* (1984: 11). Ludwik Flecks Theorie hat dieses Bestehen von Sachverhalten entontologisiert und der kollektiven Dynamik der Forschergemeinde zugeschrieben; Wittgensteins späteres Denken – die „Gebrauchstheorie der Bedeutung" in den *Philosophischen Untersuchungen* – und die ausdrückliche Hinwendung zur Alltagssprache geht in die gleiche Richtung, bei ihm wird das ganze gesellschaftliche Wissen, über ein wissenschaftliches Denkkollektiv hinaus, abhängig von den logisch-semantischen, diskursiven Aushandlungen, was denn die „Sachverhalte" seien. Die sozial-kulturellen Sachverhalte verändern sich, die Zuschreibungen und inneren Zusammenhänge gehen andere Verknüpfungen ein, bilden neue gesellschaftliche Konstellationen und Artikulationen und treten im gesellschaftlichen Prozess ständig zu neuer semantisch-logischer Geographie[17] zusammen. Kurz: die Sachverhalte, die geglaubten gesellschaftlichen Tatsachen unterliegen dem unaufhörlichen Geschehen kultureller Konstruktion oder, wie Lacan sagen würde, „dass das Signifizierte unaufhörlich unter dem Signifikaten gleitet" (Sarasin 2003: 166).

Die damals als gültige Tatsache akzeptierte kräftige Wirksamkeit des Volkstums wird heute als solche kaum mehr Akzeptanz finden können; denn

---

17  Nach Ryle (1969: 5); dort ist „von der logischen Geographie von Begriffen" die Rede. Siehe Braun (2006: 26-31).

der dem Volkstum zugeschriebene Reichtum an gesellschaftlich einflussreichem und praktisch umsetzbarem Wissen wird eher als national-muntere Differenzierungslust in tautologischer Befangenheit denn als aussagekräftige Argumentation wahrgenommen. Das Volkstum als Leitmetapher für das gesamte Ensemble der kulturellen Äußerungen unterer Volksschichten, ihrer Kultur und Lebensweise, des ständigen Aushandelns ihrer Lebenswelt ist obsolet geworden, trägt nicht mehr und ist zudem – durch die exzessive Benützung dieses Begriffs in nationalsozialistischer Volkspolitik – durch und durch kompromittiert. Dennoch bleibt die Frage: Wie konnte ein Begriff wie ‚Volkstum' überhaupt zu einer Tatsache mit scheinbar gesicherten Wissensbeständen werden, wie konnte sich aus ihm heraus und um ihn herum eine wissenschaftliche Disziplin ausbilden?

Einen Schritt in Richtung der Herausbildung *einer deutschen Volkskunde des Deutschen* haben wir in der Rede August Sauers vor uns: Die generationelle „Züchtung" eines Denkkollektivs in institutioneller Verankerung lässt aus einer wissenschaftlichen Annahme qua Autorität, hier Antritt eines geachteten Wissenschaftlers als Rektor, eine wissenschaftliche Tatsache entstehen.

Wenn der Tübinger Kulturwissenschaftler Bernd Jürgen Warneken beim Freiburger Volkskundekongress 2009 fragend feststellt „Kein Riehl, nirgends", um die vergleichenden und übernationalen Tendenzen ethnographischer Kulturforschung im ausgehenden 19. Jahrhundert und um die Jahrhundertwende zu betonen, dann möchte ich antworten, Wilhelm Heinrich Riehl steckt 1907 – eine Art russische Puppe – in August Sauer, in Wilhelm Heinrich Riehl wiederum steckt Friedrich Ludwig Jahn; in den zwanziger Jahren wird die August-Sauer-Puppe in derjenigen von Adolf Spamer verschwinden.

August Sauers Intention, den Einfluss des kulturellen Substrats auf Produzenten und Produkte der Hochkultur wissenschaftlich zu fundieren, gibt seiner Volkskundekonzeption eine spezielle Dynamik: Ist der Sammelkatalog für die jeweils nationale Folkloreforschung auf internationalen ethnographischen Vergleich – unter Einbeziehung außereuropäischer ‚primitiver' Gruppen – angelegt und wird somit die behauptete Primitivität unterer Volksschichten verschiedener Kulturen und Gesellschaften horizontal betrachtet, so verschiebt sich bei August Sauer die Hauptrichtung der vergleichenden Tätigkeit in die vertikal-hierarchische Ordnung von kulturellem Substrat und Hochkultur einer Nationalkultur. Zwar will August Sauer den horizontalen Vergleich, z. B. mit der tschechischen oder anderer slawischen Volkstums-

forschung, nicht aussetzen,[18] doch hat für ihn die gegenseitige vertikale Verschränkung von Hochkultur und kulturellem Substrat, „Volk, die namenlose
Masse" (Sauer 1925: 15), in der „Charakterisierung des Nationalgeistes" und
der „Volksseele" Vorrang. Nationalgeist und Volksseele dienen binnennatio-
naler Selbstverständigung und Selbsterkenntnis; mit der Äußerung, „neben
den ausgedehnteren Wissenschaften der Ethnographie und Ethnologie" sei
„eine neue nationale Wissenschaft der Volkskunde" entstanden, klinkt August
Sauer die Volkskunde des Deutschen aus der internationalen ethnologischen
Forschung aus und knüpft dabei direkt an das Konzept Wilhelm Heinrich
Riehls an: Erkennen der eigenen „Volkspersönlichkeit".

Nicht, dass August Sauer sich allzu sehr auf Wilhelm Heinrich Riehl bezogen hätte – er nennt ihn zwar den „vortrefflichen Riehl", bezogen auf
dessen Buch *Die Pfälzer* (Sauer 1925: 18) –, geht aber in der Rektoratsrede
nicht weiter auf dessen Werk ein. Und doch ist Wilhelm Heinrich Riehl im
Werk August Sauers präsenter, als es zunächst scheint. Schon die Benennung
der für das Volkstum und die Heimat zuständigen Zeitschrift *Deutsche Arbeit*
muss als Hommage an Wilhelm Heinrich Riehls Buch *Die deutsche Arbeit* und
als dessen Fortschreibung in Deutschböhmen entziffert werden.

> Der Mensch ist jedoch nicht bloß persönlich als Einzelwesen; auch sein *Gemeinleben* in Fa-
> milien, Ständen, Stämmen, Völkern gestaltet sich persönlich. Darum darf man von einer
> Volkspersönlichkeit reden, indem man sich das ganze Volk als einen Charakter denkt. Je
> mehr sich ein Volk selbstbestimmend entwickelt, um so größeres Recht gewinnt es auf den
> Ehrentitel der Volkspersönlichkeit. (Riehl 1862: 56)

Genau darin besteht das Ziel der *Deutschen Arbeit*: das deutschböhmische Volk
in der Frontstellung zum tschechischen „sich selbstbestimmend zu entwickeln". Die kosmopolitische Ausrichtung, die Gustav Meyers Folkloreaufsatz
noch geprägt hatte – „nicht einmal den Beigeschmack eines feindseligen Gegensatzes gegen andere Nationen" (Meyer 1885: 160), wird bei August Sauer
unter den Bedingungen des deutsch-tschechischen Nationalitätenkonflikts zurückgenommen. Was Gustav Meyer für die Deutschen des Deutschen Reichs
sagt: „Ein Volk, das sich national wiedergewonnen hat, sollte mit um so grö-
ßerem Eifer den Wurzeln seiner Existenz nachspüren" (Meyer 1885: 160; zit.
a. bei Warneken 1999: 173), ist für die Deutschösterreicher und besonders für
die Deutschböhmen – bei ihrer Zersplitterung in vier Stämme – Auftrag, etwas

---

18 Lozoviuk (2008: 108f.) betont für Hauffen die Wechselwirkung der tschechischen Volksforschung auf die deutschböhmische; sowohl Hauffen wie Sauer zollen den tschechischen
Bestrebungen höchste Anerkennung, was aber in der Rektoratsrede als innerdeutsche Verständigung keinerlei Niederschlag findet.

in der Zukunft zu Leistendes, eben: „Deutsche Arbeit". Endet die programmatische Einführung Karl Weinholds in der ersten Nummer der *Zeitschrift des Vereins für Volkskunde* von 1891 mit: „Unbefangenheit in allen nationalen Fragen ist unser Grundsatz" (Weinhold 1891: 10), so schlägt August Sauer zum Schluss der Rektoratsrede schon die Tonart eines Abwehrkampfes an:

> Aber wollen wir Deutsche in Österreich unsere Stellung in Wissenschaft, Kunst und Literatur behaupten, so müssen wir alle unsere Kräfte vereinigen auf die sorgsamste und liebevollste Pflege unseres angestammten Deutschtums. (Sauer 1925: 22)

Riehls Volksvorstellung ist eine organische, sie ist in der Metaphorik einer aus einer Wurzel in die Höhe hervorstrebenden Pflanze gedacht. Die Metaphorik der Wurzel setzt Entitäten, die von anderen klar geschieden sind: Aus der Tiefe der Wurzel entsteht der nach oben wachsende Baum. Gerade der Auslands- und Grenzvolkskunde, welche aus der Konfrontation mit anderen Volkstümern, sprich anderen nationalen Gruppen lebt, ist die Wurzel-Metaphorik eingeschrieben. Die Existenz der verschiedenen „Volkstümer" ist, gemäß dem Modell des Nationalstaats, aber auch der graphischen Darstellung von Sprachfamilien oder der darwinistischen Abstammungsbäume, als nebeneinander wachsende Pflanzen gedacht: Jede für sich, jede als autark, als nicht von fremdem Einfluss kontaminiert und somit als rein imaginiert. In der von August Sauer propagierten vertikalen Austauschrichtung innerhalb eines Volkes, hier: des ‚Deutschtums', die von Unten nach Oben und von Oben nach Unten verläuft, wird, ohne dies explizit zu machen, diese organische Metapher Riehls wieder aufgenommen und verdrängt so den horizontal zu denkenden internationalen Vergleich von unterschiedlichen Volkstümern. Denn das gesellschaftswissenschaftliche Denken zur Zeit August Sauers findet für horizontale Gleichzeitigkeit keine Sprache; die Metapher des Wurzelgeflechts, des rhizomatischen Gebildes ohne klaren Ursprung und mit mehreren in sich vernetzten und in die Höhe strebenden Gewächsen, ist, obwohl ebenfalls organisch, nicht im Denkstil des ausgehenden 19. Jahrhunderts vorgesehen: hier soll Reinheit aus ‚einem' Ursprung herrschen, nicht Durchmischung, Vernetzt-Sein mit Fremden und Hybridisierung.

Dieser den Zeittendenzen ethnographischer Forschung entgegenlaufenden Rückbindung an Wilhelm Heinrich Riehl ist durch die Verschränkung mit der Literaturgeschichte durchaus innovatives Potential eingeschrieben.

Volkstum kann für August Sauer nicht statisch, es muss plastisch gestaltbar und modifizierbar sein; steht es doch im ständigen Austausch mit den hochkulturellen Phänomenen, gibt ab und nimmt Einflüsse auf. Zwar ist auch für August Sauer die festeste Schicht des kulturellen Substrats die der bäuerlichen Lebensweise, aber ein reines Beharren auf bäuerlich-agrarischem

Terrain wird – aus dem Geist der Literatur – verworfen. Volkstum schließt
die Großstadt und die Industrie nicht aus, im Gegenteil: Großstädter wie Industriearbeiter kommen als Produktivkraft „neu entstehenden Volkstums"
ins Blickfeld.

> Der oft übertriebene Gegensatz zwischen Großstadtdichtung und Dorf- oder Heimat-
> dichtung kann daran nichts ändern. Denn die Großstädte saugen ihre Kraft gleichfalls aus
> dem Volkstum der Landschaften und der Stämme und erzeugen höchstens ein neues nicht
> weniger volkstümliches Wesen [...]. (Sauer 1925: 15)

> [...] dass bisher im wesentlichen das Leben der Bauern berücksichtigt worden sei, weniger
> das der Arbeiter, der Soldaten, der Stadtbewohner; auch die geistige Physiognomie dieser
> Stände wird man aber mit der Anwendung derselben Methode erforschen können; neben
> dem für die Volkskunde wichtigsten Stand der Landbevölkerung wird sie mit der Zeit alle
> Stände zu berücksichtigen haben. (Sauer 1925: 18)

Eine Großstadt- und Industrievolkskunde impliziert eine Gegenwartsvolks-
kunde, braucht die Auseinandersetzung mit den jetzt vor sich gehenden Tendenzen des Volkstums, erfordert soziologische Methoden der Erfassung. So
sehr August Sauers Konzept für die Hochkultur von philologischer Kleinar-
beit und Präzision abhängt, so sehr bedarf das plastische Konzept der Subs-
tratforschung empirischer Verfahren und Fragestellungen, um die überindivi-
duellen Entwicklungen fassen zu können.

August Sauer dürfte wohl mit einem Gutteil der Volkskundler im deutschsprachigen Raum in Verbindung gestanden haben. Ein Beispiel: Die von mir
benützte Ausgabe von 1907, die sich im Nachlass von Adolf Spamer (1883-
1953) an der Humboldt-Universität zu Berlin (früher Volkskundliche Abteilung der Akademie der Wissenschaften der DDR) befindet, trägt auf dem
Titel im oberen Teil die handschriftliche Widmung: „Mit herzlichen Früh-
lingsgrüssen 21/3 08 AS". Es ist anzunehmen, dass der im März 1908 gerade
vierundzwanzigjährige Adolf Spamer die ihm zugeschickten Ausführungen
August Sauers mit „roten Ohren" gelesen haben dürfte; öffneten sie doch
den Blick auf eine Volkskunde jenseits der agrarischen Welt und der Her-
kunftsbezogenheit, wie sie Adolf Spamer (1933/34) dann für die Volkstums-
forschung in der Großstadt,[19] für Industriearbeiter[20] oder Seeleute entworfen
hat, wobei in dem von ihm benützten Begriff des „Volksmenschen" die Anbindung an Riehls organisches Modell nachhaltig wirksam blieb. Aber auch

---

19  Siehe hierzu die Studie von Scholze (1990) zur sich ausbildenden Großstadtvolkskunde.

20  Siehe z. B. die von ihm vorbereitete *Studie über die Lage der Haararbeiterinnen im Kreis Wetz-
    lar* (Weber-Kellermann 2003: 109). Für den behandelten Zusammenhang siehe beson-
    ders das dortige wichtige Kapitel *Volkskunde in der Zwischenkriegszeit* (Weber-Kellermann
    2003: 97-122).

Hans Naumanns Stilisierung des „primitiven Gemeinschaftsgeistes" bäuerlicher Gesellschaften – „Lacht einer, so lachen sie alle mit, schimpft einer, so tun sie alle das gleiche [...] sie denken in Rudeln, und sie handeln in Rudeln" (Naumann 1921: 17) – und die daraus entwickelte Theorie des gesunkenen Kulturguts könnte als radikalisierte Fortschreibung von August Sauers „festester Kulturschicht" – ganz im Sinn der Unproduktivität des Volkes bei August Sauer, wenn er schreibt „Das Volk als Masse aber dichtet nicht" (Sauer 1925: 12) – gesehen werden.

Die Folklore, die Rettung der „Kunde des Volkes", der Volksüberlieferung, wird in der wissenschaftlichen, nun national orientierten Volkskunde Bestandteil einer neuen Wissensformation, der „Kunde über das Volk" (Bausinger 1984: 1399) – in dem Sinn, dass das unbewusst ausagierte Wissen des Volks zu einer Epistemologie, zu einer Erkenntnismöglichkeit dessen wird, was die jeweils spezielle Nation und ihre Untergliederungen als typisch gekennzeichnet ausmacht: eine Epistemologie also in Abhängigkeit von der spezifischen ‚Volkspersönlichkeit'. Die von August Sauer postulierte deutsche Volkskunde des Deutschen – nun theoretisch abgetrennt von vergleichenden Ethnologien, weil nur nach innen gerichtet – wird zu einer nationalen Wissenschaft, zur Wissenschaft der Eigen-Art des eigenen, des deutschen Volkes. Das bedeutet die Wiederaufnahme der Linie Wilhelm Heinrich Riehls; nicht zufällig hat Adolf Spamer Riehls Text *Volkskunde als Wissenschaft* als die „Riehlsche Taufrede unserer Wissenschaft" (Spamer 1933: 43) bezeichnet.

Der durch August Sauers Rektoratsrede mit neuem Schwung versehene Denkstil einer nationalgebundenen Volkskunde – ich sehe *Literaturgeschichte und Volkskunde* weder als Ausgangspunkt noch als alleinigen Trieb aus einer alten Wurzel, sondern als Teil eines größeren Netzwerks nationalgebundenen Denkens – führt in seiner Konsequenz zu Aussagen wie der folgenden von Adolf Bach, welche den Notwendigkeiten nationalsozialistischer Volksforschung schon gänzlich konform ist:

> Mit der Betonung des raumgebundenen nationalen Charakters jeglicher Volkskunde lehnen wir [...] eine allgemeine oder vergleichende Volkskunde im traditionellen Sinne ab, ohne damit natürlich in Frage zu stellen, daß es Probleme gibt, die für die Erkenntnis des Volkstums der verschiedenen Völker von Bedeutung sind und nur in vergleichender Betrachtung aufgeklärt werden können. Mit ihrer Lösung beschäftigt sich aber längst eine Reihe selbständiger Wissenschaften (die Ethnologie, die Völkerpsychologie, die Religionswissenschaft, die Soziologie usw.), so daß eine allgemeine Volkskunde von hier aus gesehen nicht als Notwendigkeit erscheint. (Bach 1937: 82)

## 6. Von der deutschböhmischen zur sudetendeutschen Volks- und Heimatbildung

Am 19. März 1911 hielt August Sauer einen Vortrag zur Eröffnung der soge-
nannten Kulturversammlung im Deutschen Haus, dem der Herausgeber des
Textes, Josef Pfitzner, 1928 den Titel *Die Organisation des Volksbildungswesens in
Deutschböhmen* (Sauer 1928: 217) gab.

> Seit mehr als einem Menschenalter saust uns Deutschen in Böhmen der politische Wirbel-
> wind betäubend um die Ohren und es ist nur allzu selbstverständlich, daß dadurch manche
> leiseren Regungen der Volksseele übertönt werden. Wenn ein Volksstamm täglich und
> stündlich um die völkische Existenz kämpfen muß, wenn er jeden Fußbreit Landes gegen
> feindlichen Ansturm verteidigen muß, wenn er politisch und wirtschaftlich immer auf dem
> Vorposten stehen muß, wo soll da gleichzeitig diejenige Ruhe, diejenige Muße, diejenige
> Sammlung gefunden werden, um der eigenen Ausbildung zu leben, das Innenleben zu
> pflegen, um sich den Künsten zu widmen. *Inter arma silent musae.* Unter den Waffen schwei-
> gen die Musen. So ist der Kriegszustand bei uns chronisch geworden. Einen mehr als
> dreißigjährigen Krieg haben wir hinter uns. [...] Die Politik hat uns, gegen unseren Willen
> alles verdorben. Mit der Variation eines Grillparzerschen Epigramms könnte man sagen:
> die Politik hat bei uns die Kultur erschlagen. (Sauer 1928: 93f.)

August Sauer erkennt die Leistung der Gegner in diesem Krieg – fast ein
bisschen neidisch – an: In der Volksbildung „leisten die Tschechen Außeror-
dentliches" (Sauer 1928: 93). Für August Sauer folgt daraus, „unsere besten
Kräfte, mehr als es bisher geschehen ist, (zu) vereinigen" (Sauer 1928: 99).
Was August Sauer als Kampf drastisch schildert, bleibt im Abwehrgestus zi-
vile Entgegnung in einer zivil geführten Auseinandersetzung. In einem Text
von 1920 *Über die Bedeutung der deutschen Universität in Prag* – die erste tschechoslowakische Republik ist gegründet – ist der Ton rauher geworden:

> Wir glauben nach wie vor an die Kraft und Stärke des deutschen Volkes und an einen neu-
> en Aufstieg; wir glauben fest an die deutsche Wissenschaft. Das deutsche Volk ist besiegt,
> aber es ist nicht beseitigt. Oder wie es einer unserer schneidigsten Publizisten (Emil Leh-
> mann sehr gut ausgedrückt hat: ‚Das deutsche Schwert ist zerschlagen, aber die deutsche
> Bildung lebt noch'. Neue Kräfte sind am Werke: die Jugend hat die Schwächen und Fehler
> der Vergangenheit erkannt, wendet dieser schroff den Rücken und schaut nach neuen
> Zielen aus. (Sauer 1928: 171)

Es ist hier nicht der Ort, an dem nachgezeichnet werden könnte, wie August Sauers Konzept der Zugehörigkeit Deutschböhmens zu vier Stämmen
(schlesisch, sächsisch, bayerisch, österreichisch) und der Pflege sowie der

Bewahrung dieser Stammeszugehörigkeit[21] von einem sich radikalisierenden Teil seiner Schüler bereits als überholt angesehen wurde: Die Aufgabe für die neue Generation, welche die Niederlage des Weltkriegs und die ungewollte Staatsgründung zu erleben hatte, ist eine andere: Aus den vier Stämmen der Deutschen in Böhmen sowie denen aus Mähren und auch der Slowakei einen neuen Stamm zu formen: die Sudetendeutschen. Bei einigen Schülern August Sauers, Josef Nadler, Josef Pitzner, Emil Lehmann, verschob sich ihre Prägung durch die Sauer'sche Heimat- und Bodenbindung hin zur nationalsozialistischen Blut-und-Boden-Ideologie, in welcher Kultur und Bildung, und damit die wissenschaftliche Objektivität, zugunsten politischer Ideologie über Bord geworfen werden konnte.[22] Man muss sagen: Diese Tendenzen sind bereits im Werk ihres Lehrer angelegt; man könnte August Sauers Grillparzersches Bonmot, diesmal nicht als Einfluss von außen, sondern als Bewegung von innen, wiederholen: „Die Politik hat bei uns die Kultur erschlagen." (Sauer 1928: 94) So wird August Sauer, weniger der Germanist als der aus dem Boden heraus argumentierende Volkstumskämpfer, als durchaus ambivalente, aber äußerst einflussreiche Figur des deutsch-tschechischen Nationalitätenkampfs stehen bleiben.

In seiner Edition der *Preussichen Kriegslieder von einem Grenadier*, das ist Johann Wilhelm Ludwig Gleim, hatte er diesem „ein warm fühlendes, ein deutsches Herz" (Sauer 1882: VII) zugeschrieben, und dies mag, verstärkt durch das Wissen, dass es sich hierbei um ein verdecktes Zitat Johann Gottlob Fichtes handelt: „und vor allem ein treues, und liebendes Gemüt" (Fichte 2008: 106), nun August Sauer selbst als Charakterisierung zugeschrieben werden.

## Literatur

Bach, Adolf (1937): *Deutsche Volkskunde. Ihre Wege, Ergebnis und Aufgaben. Eine Einführung*. Leipzig: Hirzel.

---

21  Siehe hierzu August Sauer *Noch ein Wörtchen über Heimatbildung* von 1920 (Sauer 1928: 204-206, hier 205).
22  Siehe für Emil Lehmann z. B. Braun (2010) oder Josef Pfitzners Agieren als Prager Primator (Mίšková/Šustek 2000/2001).

Bausinger, Hermann (1984): Folklore, Folkloristik. – In: *Enzyklopädie des Märchens*. Bd. 4, Sp. 1397-1403.

Boháč, Jaromír (2009): Das Johann-Wolfgang-Goethe-Denkmal. – In: *Franzensbader Blätter* 10/9, 5.

Braun, Karl (2006): Grenzziehungen im Imaginären – Konstitution von Kultur. – In: Hengartner, Thomas/Moser, Hannes (Hgg.), *Grenzen & Differenzen. Zur Macht sozialer Grenzziehungen.* 35. Kongress der Deutschen Gesellschaft für Volkskunde Dresden 2005. Leipzig: Leipziger Univ.-Verl., 19-39.

Braun, Karl (2009): Vom Volkskörper. Deutschnationaler Denkstil und die Positionierung der Volkskunde. – In: *Zeitschrift für Volkskunde* 105, 1-27.

Braun, Karl (2010): „Der Waffenmeister neben den Kämpfenden". Zur politischen sudetendeutschen Volkskunde. – In: Höhne, Steffen/Udolph, Ludger (Hgg.), *Deutsche, Tschechen, Böhmen. Kulturelle Integration und Desintegration im 20. Jahrhundert* (= Bausteine zur Slavischen Philologie und Kulturgeschichte, 66. Intellektuelle in Prag. Personen, Kontexte, Diskurse, 1), Wien, Köln, Weimar: Böhlau, 265-285.

Dehnert, Walter (1995): Volkskunde an der deutschen Universität Prag 1918-1945. – In: Dröge, Kurt (Hg.), *Alltagskulturen zwischen Erinnerung und Geschichte. Beiträge zur Volkskunde der Deutschen im und aus dem östlichen Europa.* München: Oldenburg, 197-212.

Fleck, Ludwik (1980): *Entstehung und Entwicklung einer wissenschaftlichen Tatsache. Einführung in die Lehre vom Denkstil und Denkkollektiv.* Mit e. Einl. hrsg. von Lothar Schäfer und Thomas Schnelle. Frankfurt/M.: Suhrkamp.

Fichte, Johann Gottlob (2008): *Reden an die deutsche Nation.* Mit e. Einl. hrsg. von Alexander Aichele. Hamburg: Meiner.

Haring, Ekkehard W. (2006): *Deutsche Arbeit. Monatsschrift für das geistige Leben der Deutschen in Böhmen.* In: <http://www.literaturhaus.at/zirkular/projekte/haring/> (Zugriff: 27.04.2010).

Hauffen, Adolf (1896): *Einführung in die deutsch-böhmische Volkskunde nebst einer Bibliographie.* Prag: Calve.

Hauffen, Adolf (1930): August Sauer. – In: Gierach, Erich (Hg.), *Sudetendeutsche Lebensbilder.* Bd. 2. Reichenberg: Stiepel, 263-272.

Jahn, Friedrich Ludwig (1991): *Deutsches Volkstum.* Berlin: Aufbau.

Lozoviuk, Petr (2008): *Interethnik im Wissenschaftsprozess. Deutschsprachige Volkskunde in Böhmen und ihre gesellschaftlichen Auswirkungen.* Leipzig: Leipziger Univ.-Verl.

Meyer, Gustav (1885): Folklore. – In: Ders., *Essays und Studien zur Sprachgeschichte und Volkskunde.* Bd. 1. Berlin: Oppenheim, 145-162.

Míšková, Alena/Šustek, Vojtěch (Hgg.) (2000/2001): *Josef Pfitzner a protektorátní Praha v letech 1939-1945* [Josef Pfitzner und Prag unter dem Protektorat in den Jahren 1939 -1945] (= Documenta Pragensia monographia, 11/1 u. 11/2). 2 Bde. Praha: Scriptorium.

Nadler, Josef (1926/27): Die Vier einer Ernte. – In: *Hochland* 24, 510-518.

Naumann, Hans (1921): *Primitive Gemeinschaftskultur.* Jena: Diedrichs.

Pfitzner, Josef (1928): August Sauer als Kulturpolitiker. Einleitung. – In: Sauer, August, *August Sauers Kulturpolitische Schriften und Reden.* Reichenberg i. B.: Sudetendt. Verl. Kraus, V-LVI.

Riehl, Wilhelm Heinrich (²1862): *Die deutsche Arbeit.* Stuttgart: Cotta.

Ryle, Gilbert (1969): *Der Begriff des Geistes.* Stuttgart: Reclam.

Sarasin, Philipp (2003): Die Wirklichkeit der Fiktion. Zum Konzept der „imagined communities". – In: Ders., *Geschichtswissenschaft und Diskursanalyse.* Frankfurt/M.: Suhrkamp, 150-176.

Sauer, August (1882): Vorwort. – In: Gleim, Johann Wilhelm Ludwig, *Preussische Kriegslieder von einem Grenadier.* Hrsg. v. August Sauer (= Deutsche Literaturdenkmale des 18. Jahrhunderts, 4). Heilbronn: Henninger, III-XXXVI.

Sauer, August (²1925 [1907]): *Literaturgeschichte und Volkskunde. Rektoratsrede, gehalten in der Aula der Deutschen Universität in Prag am 18. November 1907.* Stuttgart: Metzler.

Sauer, August (1928): *Kulturpolitische Schriften und Reden.* Im Auftr. der Dt. Ges. der Wiss. u. Künste für die Tschechoslowak. Republik hrsg. von Josef Pfitzner. Reichenberg i. B.: Sudetendt.Verl. Kraus.

Sauer, August (1933): *Probleme und Gestalten.* Hrsg. von Otto Pouzar. Stuttgart: Metzler.

Schäfer, Lothar/Schnelle, Thomas (1980): Einleitung. – In: Fleck, Ludwik, *Entstehung und Entwicklung einer wissenschaftlichen Tatsache. Einführung in die Lehre vom Denkstil und Denkkollektiv.* Frankfurt/M.: Suhrkamp, VII-XLIX.

Schönholz, Christian (2009): *Rudolf Virchow. Zur kulturwissenschaftlichen Bedeutung seiner Anthropologie.* Marburg (unveröffentlichte Magisterarbeit).

Scholze, Thomas (1990): *Im Lichte der Großstadt. Volkskundliche Erforschung metropolitaner Lebensformen.* Wien: Österr. Kunst- und Kulturverl.

Spamer, Adolf (1933): *Die Volkskunde als Wissenschaft.* Stuttgart: Kohlhammer.

Spamer, Adolf (1933/34): Die Tätowierung in den deutschen Hafenstädten. – In: *Niederdeutsche Zeitschrift für Volkskunde* 11, 1-55, 129-183.

Stefansky, Georg (²1925): Nachwort. – In: Sauer, August, *Literaturgeschichte und Volkskunde.* Stuttgart: Metzler, 23-28.

Takebayashi, Tazuko (2005): *Zwischen den Kulturen. Deutsches, Tschechisches und Jüdisches in der deutschsprachigen Literatur aus Prag. Ein Beitrag zur xenologischen Literaturforschung interkultureller Germanistik.* Hildesheim, Zürich, New York: Olms.

Treppesch, Franz (1944): *Deutsche Arbeit. Monatsschrift für das geistige Leben der Deutschen in Böhmen. Werden und Wirken einer kulturpolitischen Zeitschrift im Sudetenraum.* Diss. München.

Urzidil, Johannes (1960): Die Tschechen und Slowaken. – In: Kohn, Hans (Hg.), *Die Welt der Slawen*. Bd. 1: Die West- und Südslawen. Frankfurt/M.: Fischer, 111-205.

Warneken, Bernd Jürgen (2006): *Ethnographie popularer Kulturen. Eine Einführung*. Wien, Köln, Weimar: Böhlau.

Warneken, Bernd Jürgen (1999): „Völkisch nicht beschränkte Wissenschaft". Eine Erinnerung an die Gründungsphase des Faches vor 100 Jahren. – In: *Zeitschrift für Volkskunde* 95, 169-196.

Weber-Kellermann, Ingeborg/Bimmer, Andreas C./Becker, Siegfried (³2003): *Einführung in die Volkskunde, Europäische Ethnologie. Eine Wissenschaftsgeschichte*. Stuttgart: Metzler.

Weinhold, Karl (1891): Zur Einleitung. – In: *Zeitschrift des Vereins für Volkskunde* 1, 1-10.

Wittgenstein, Ludwig (1984): Tractatus logico philosophicus. – In: Ders., *Tractatus logico philosophicus*. Werkausgabe. Bd. 1. Frankfurt/M.: Suhrkamp, 7-85.

# Personenregister

# Ortsregister

# Adressen Herausgeber / Reihenherausgeber

Prof. Dr. Steffen Höhne

Hochschule für Musik FRANZ LISZT
Platz der Demokratie 2/3
D-99423 Weimar
steffen.hoehne@hfm-weimar.de

PhDr. Václav Petrbok PhD.

Ústav pro českou literaturu AV ČR
Na Florenci 3
CZ 110 00 Praha 1
petrbok@ucl.cas.cz

Dr. Alice Stašková

Institut für Deutsche und
Niederländische Philologie
Freie Universität Berlin
Habelschwerdter Allee 45
D-14195 Berlin
staskova@zedat.fu-berlin.de


# Adressen Autoren

Prof. Dr. Karl Braun

Universität Marburg
Europäische Ethnologie/
Kulturwissenschaft
Biegenstr. 9
D-35037 Marburg
braunk@staff.uni-marburg.de

Prof. Dr. Cepl-Kaufmann

Heinrich-Heine-Universität
Düsseldorf
Germanistisches Seminar II /
Gebäude 23.21 Raum 02.51
Universitätsstr. 1
D-40225 Düsseldorf
Cepl-kaufmann@gmx.de

Prof. Dr. Ingeborg Fiala-Fürst

Univerzita Palackého v Olomouci
10 Křížkovského
CZ 771 80 Olomouc
ingeborg.fialova@centrum.cz

Dr. Jeannette Godau

Wirtschaftsarchiv Baden-Württemberg
Schloss Hohenheim
D-70593 Stuttgart
jeannette.godau@web.de

PD Dr. Ralf Klausnitzer

Humboldt-Universität zu Berlin
Institut für deutsche Literatur
Unter den Linden 6
D-10099 Berlin
ralf.klausnitzer@staff.hu-berlin.de

Professor Dr. Hans-Harald Müller

Universität Hamburg
Institut für Germanistik II
Von-Melle-Park 6
D-20146 Hamburg
harrym@uni-hamburg.de

Dr. Mirko Nottscheid

Universität Hamburg
Institut für Germanistik II
Von-Melle-Park 6/IV
D-20146 Hamburg
Mirko.Nottscheid@uni-hamburg.de

Dr. Karoline Riener

Windscheidstraße 20
D-40239 Düsseldorf
karoline.riener@googlemail.com

Myriam Richter M.A.

Universität Hamburg
Institut für Germanistik II
Von-Melle-Park 6
D-20146 Hamburg
myriam.richter@uni-hamburg.de

Prof. Dr. Kurt Krolop

Na Hřebenkách 4a
CZ-150 00 Praha 5
Krolop-Fam@gmx.net

Prof. Dr. Sigurd Paul Scheichl

Universität Innsbruck
Institut für Germanistik
Innrain 52
A-6020 Innsbruck
Sigurd.P.Scheichl@uibk.ac.at

Doc. Dr. Milan Tvrdík

Univerzita Karlova
Ústav germánských studií FF
Nám. Jana Palacha 2
CZ-116 38 Praha 1
milan.tvrdik@ff.cuni.cz

Dr. Justus H. Ulbricht

Herkulesstraße 21
D-01277 Dresden
jhujena@web.de

Dr. Ruth Whittle

Department of German Studies
Ashley Building
University of Birmingham
Birmingham B15 2TT
Großbritannien
r.whittle@bham.ac.uk

## BAUSTEINE ZUR SLAVISCHEN PHILOLOGIE UND KULTURGESCHICHTE

NEUE FOLGE

HERAUSGEGEBEN VON
KARL GUTSCHMIDT, ROLAND MARTI,
PETER THIERGEN, LUDGER UDOLPH
UND BODO ZELINSKY

REIHE A:
SLAVISTISCHE FORSCHUNGEN

Eine Auswahl

böhlau

Bd. 53:  Stefan Fleischmann
SZYMON BUDNY
EIN THEOLOGISCHES PORTRAIT
DES POLNISCH-WEISSRUSSISCHEN
HUMANISTEN UND UNITARIERS
(CA. 1530–1593)
2006. VII, 278 S. Gb.
ISBN 978-3-412-04306-3

Bd. 54:  Eva Behrisch
»ABER LOTS WEIB BLICKTE
ZURÜCK...«
DER DIALOG MIT DER BIBEL IN DER
DICHTUNG ANNA ACHMATOVAS
2007. X, 361 S. Gb.
ISBN 978-3-412-13906-3

Bd. 55:  Tatjana Marčenko
RUSSISCHE SCHRIFTSTELLER
UND DER LITERATURNOBEL-
PREIS (1901–1955)
2007. 626 S. Gb.
ISBN 978-3-412-14006-9

Bd. 56:  Isolde Baumgärtner
WASSERZEICHEN
ZEIT UND SPRACHE IM LYRISCHEN
WERK IOSIF BRODSKIJS
2007. X, 385 S. Gb.
ISBN 978-3-412-14106-6

Bd. 57:  Konstantin Ju. Lappo-
Danilevskij
GEFÜHL FÜR DAS SCHÖNE
J.J. WINCKELMANNS EINFLUSS AUF
LITERATUR UND ÄSTHETISCHES
DENKEN IN RUSSLAND
2007. XIV, 476 S. 1 Frontispiz. Gb.
ISBN 978-3-412-19006-4

Bd. 58:  Joachim Klein
RUSSISCHE LITERATUR IM
18. JAHRHUNDERT
2008. XVIII, 369 S. Gb.
ISBN 978-3-412-20002-2

Bd. 59:  Jana Nechutová
DIE LATEINISCHE LITERATUR
DES MITTELALTERS IN
BÖHMEN
Aus dem Tschechischen übersetzt von
Hildegard Boková und Václav Bok.
2007. 371 S. Gb.
ISBN 978-3-412-20070-1

Bd. 60:  Viviane Kafitz
SPRACHARTISTISCHE LYRIK
GEMÄLDE- UND SKULPTUREN-
GEDICHTE DES RUSSISCHEN
SYMBOLISMUS
2008. XII, 224 S. 9 farb. Abb. auf 8 Taf. Gb.
ISBN 978-3-412-20130-2

Bd. 61:  Bodo Zelinsky (Hg.)
DAS BÖSE IN DER
RUSSISCHEN KULTUR
Unter Mitarbeit von Jessica Kravets.
2008. VI, 331 S. Gb.
ISBN 978-3-412-20167-8

BÖHLAU VERLAG, URSULAPLATZ 1, 50668 KÖLN. T: +49(0)221 913 90-0
INFO@BOEHLAU.DE, WWW.BOEHLAU.DE | KÖLN WEIMAR WIEN

SG053

## BAUSTEINE ZUR SLAVISCHEN PHILOLOGIE UND KULTURGESCHICHTE NEUE FOLGE

HERAUSGEGEBEN VON
KARL GUTSCHMIDT, ROLAND MARTI,
PETER THIERGEN, LUDGER UDOLPH
UND BODO ZELINSKY

REIHE A:
SLAVISTISCHE FORSCHUNGEN

Eine Auswahl

**Bd. 62:** Dirk Uffelmann
DER ERNIEDRIGTE CHRISTUS
METAPHERN UND METONYMIEN IN
DER RUSSISCHEN KULTUR UND
LITERATUR
2010. XI, 1046 S. Gb.
ISBN 978-3-412-20214-9

**Bd. 63:** Yvonne Pörzgen
BERAUSCHTE ZEIT
DROGEN IN DER RUSSISCHEN
UND POLNISCHEN GEGENWARTS-
LITERATUR
2008. X, 246 S. Gb.
ISBN 978-3-412-20234-7

**Bd. 64:** Steffen Höhne,
Justus H. Ulbricht (Hg.)
WO LIEGT DIE UKRAINE?
STANDORTBESTIMMUNG EINER
EUROPÄISCHEN KULTUR
2009. 246 S. mit 2 s/w-Abb. Gb.
ISBN 978-3-412-20347-4

**Bd. 65:** Walter Koschmal
DER DICHTERNOMADE
JIŘÍ MORDECHAI LANGER – EIN
TSCHECHISCH-JÜDISCHER AUTOR
2010. X, 443 S. Gb.
ISBN 978-3-412-20393-1

**Bd. 66:** Steffen Höhne,
Ludger Udolph (Hg.)
DEUTSCHE – TSCHECHEN –
BÖHMEN
KULTURELLE INTEGRATION UND DES-
INTEGRATION IM 20. JAHRHUNDERT
2010. 379 S. Gb.
ISBN 978-3-412-20493-8

**Bd. 67:** Ines Koeltzsch,
Michaela Kuklová, Michael
Wögenbauer (Hg.)
ÜBERSETZER ZWISCHEN DEN
KULTUREN
DER PRAGER PUBLIZIST
PAUL/PAVEL EISNER
2010. Ca. 304 S. Gb.
ISBN 978-3-412-20550-8

**Bd. 68:** Anne Hultsch
EIN RUSSE IN DER
TSCHECHOSLOWAKEI
LEBEN UND WERK DES PUBLIZISTEN
VALERIJ S. VILINSKIJ (1901–1955)
2010. 432 S. Mit 6 s/w-Abb. Gb.
ISBN 978-3-412-20552-2

**Bd. 69:** Rolf-Dietrich Keil
PUŠKIN- UND GOGOL-STUDIEN
2010. 429 S. Gb.
ISBN 978-3-412-20565-2

**Bd. 70:** Ingrid Stöhr
ZWEISPRACHIGKEIT
IN BÖHMEN
DEUTSCHE VOLKSSCHULEN
UND GYMNASIEN IM PRAG DER
KAFKA-ZEIT
2010. 497 S. Gb.
ISBN 978-3-412-20566-9

böhlau

BÖHLAU VERLAG, URSULAPLATZ I, 50668 KÖLN. T: +49(0)221 913 90-0
INFO@BOEHLAU.DE, WWW.BOEHLAU.DE | KÖLN WEIMAR WIEN

SG053